Simone De Angelis
Anthropologien

Historia Hermeneutica
Series Studia

Herausgegeben von
Lutz Danneberg

Wissenschaftlicher Beirat
Christoph Bultmann · Fernando Domínguez Reboiras
Anthony Grafton · Wilhelm Kühlmann · Ian Maclean
Reimund Sdzuj · Jan Schröder · Johann Anselm Steiger
Theo Verbeek

6

De Gruyter

Simone De Angelis

Anthropologien

Genese und Konfiguration
einer ›Wissenschaft vom Menschen‹
in der Frühen Neuzeit

De Gruyter

ISBN 978-3-11-065629-9
e-ISBN 978-3-11-021735-3
ISSN 1861-5678

Bibliografische Information der Deutschen Nationalbibliothek

Die Deutsche Nationalbibliothek verzeichnet diese Publikation in der Deutschen Nationalbibliografie; detaillierte bibliografische Daten sind im Internet über http://dnb.d-nb.de abrufbar.

© 2019 Walter de Gruyter GmbH & Co. KG, Berlin/New York

Dieser Band ist text- und seitenidentisch mit der 2010 erschienenen gebundenen Ausgabe.

Druck: Hubert & Co. GmbH & Co. KG, Göttingen
∞ Gedruckt auf säurefreiem Papier
Printed in Germany
www.degruyter.com

Für Yvonne S.

Vorwort

Die Entstehung dieses Buches hat viel mit einem Text zu tun, den ich vor einigen Jahren in der *Biblioteca Universitaria di Padova* konsultiert habe. Es handelt sich um ein Manuskript zu einer Vorlesung über Aristoteles' *De anima* aus dem späten 16. Jahrhundert. Wenige hatten den Text bislang eingesehen. In digitalisierter Form konnte ich auch kleinste Details der Schrift lesen und dadurch in die Kultur eindringen, in die der Text eingebettet war. So habe ich versucht, das Wissen über die Seele und den Körper, das in diesem Text niedergelegt ist, zu rekonstruieren. Viele andere wichtige Texte, die mir halfen, das Feld der ›Wissenschaften vom Menschen‹ in der Vormoderne zu verstehen, habe ich an der *Herzog August Bibliothek* in Wolfenbüttel sowie an der *British Library* und an der *Wellcome Library* in London studiert. Manche Stunden habe ich damit verbracht, diese in neulateinischer Sprache verfassten Texte zu übersetzen, mit dem Ziel, einige relevante Wissenszusammenhänge sichtbar zu machen. Dies wäre aber alles nicht zustande gekommen, hätten mich auf diesem Weg nicht auch eine ganze Reihe kompetenter Leute unterstützt. Bereichert und inspiriert wurde ich vor allem durch die vielen Gespräche, die ich in all diesen Jahren mit anderen Forschern, Kollegen, Freunden und Bekannten führen durfte. Speziell erwähnen möchte ich Emilio Bonfatti (†), Giuseppe Ongaro, Antonino Poppi, Riccardo Pozzo, Herbert Jaumann, Thomas Leinkauf, Martin Mulsow, Jill Bepler, Barbara Mahlmann-Bauer, Friedrich Vollhardt, Sally Bragg, Vivian Nutton, Bob Sharples, Cesare Vasoli, Hiro Hirai, Volkhard Wels. Dem *Schweizerischen Nationalfonds zur Förderung der wissenschaftlichen Forschung* sowie der *Herzog August Bibliothek* danke ich für die Gewährung grosszügiger Stipendien. Wolfgang Pross hat die Forschungen zur Anthropologie der Aufklärung massgeblich geprägt und mein Projekt *ab origine* angeregt. Lutz Danneberg danke ich für die Aufnahme des Titels in seiner Studienreihe beim Verlag De Gruyter in Berlin. Andrés Fischer danke ich ganz herzlich für seine kompetenten Ratschläge bei der elektronischen Herstellung des Textes. Dem Cheflektor des Verlages, Dr. Heiko Hartmann, danke ich für seine Begeisterung, Frau Angelika Hermann für ihre gute Betreuung.

Bern und Zürich, im Februar 2010

Inhaltsverzeichnis

Vorwort VII

Einleitung 1
   1. ›Anthropologische Wende‹? 1
   2. Naturalismus und Naturgesetz 5
   3. Die Konkurrenz von Machtstrukturen 8
   4. Medizinische Argumentationsweisen und Autoritäten 13
   5. Naturrecht als Begründungsdiskurs 16
   6. Literatur und Wissen(schaft) 18

1. Kapitel: Zur Wissensformation ›Anthropologie‹ im 16. Jahrhundert 22
   1. Anthropologie und Naturgesetz 22
      1.1. Vives 22
      1.2. Melanchthon 31
      1.3. ›Anthropologia‹ als Textgattung – Die Melanchthon-Kommentare von
           Johannes Stigelius (1581) und Johannes Magirus (1603) 54

2. Kapitel: Entwicklungslinien des anthropologischen Wissens
im Renaissancearistotelismus (1495-1600) 64
   1. Transformationen des Aristotelismus 64
      1.1. Die doppelte Betrachtung der Seele 66
      1.2. Alexander von Aphrodisias und Pomponazzis Argument
           des *in puris naturalibus* 78
      1.3. Die Transformation der aristotelischen Seelenlehre 85
   2. Zwischen Textexegese und Rechristianisierung:
   Die *De anima*-Kommentare von Federico Pendasio 93
      2.1. Der *cursus artium* des Jahres 1566 97
      2.2. *Intellectus materialis*. Von der Seelenlehre zur Anatomie 101
      2.2. Die physiologischen Grundlagen der *vis intellectiva*:
           Pendasios Exegese von *De intellectu* 112, 11-18 113
      2.3. »ut possit separata a corpore sine phantasmate intelligere« –
           Die Rechristianisierung der Seelenlehre 120
   3. Die anatomische ›Entdeckung‹ des Menschen 123
      3.1. Die anthropologische Grundperspektive der ›Selbsterkenntnis‹ ... 124
      3.2. Seelenerkenntnis, Körpersektionen und Würde des Menschen:
           Paolo Aicardos Vorrede zu Costanzo Varolios
           De nervis opticis (1573) 126
      3.3. Gehirnautopsien (1570-1572) 137

3.4. *De anima*-Exegese, Augenanatomie und Autorität um 1600 – Fabrici da Acquapendente, Harvey, Platter und Kepler 142

3. Kapitel: Anthropologie in Deutschland um 1600 158
1. Die Ambivalenz des Seelenbegriffs: Rudolph Goclenius und Julius Caesar Scaliger – Einleitung 158
2. Die Darstellungsform des anthropologischen Gegenstandes in Goclenius' *Adversaria ad exotericas exercitationes* (1594) 160
3. Psychologie und Embryogenese: Die Funktionen und Operationen der vegetativen Seele 167
4. Das intellektive Vermögen der Seele 178
5. Kreativität Gottes und Realitätsbegriff: die *creatio* der menschlichen Seele 190
6. Perzeptive Formen der Natur und die ›Wissenschaften des Lebens‹ im 17. und 18. Jahrhundert – Ausblick 193
7. Die Begründung der dualistischen Anthropologie von Körper und Geist in Otto Casmanns *Psychologia anthropologica* 198
8. Die Stabilisierung der Anthropologie als Textgenre – Zwischenbilanz 203
9. Die Darstellung des anthropologischen Wissens der Renaissance in Lehrbuchform: Gregor Horsts *De natura humana* (1612) 208

4. Kapitel: Die Medizin als Leitdisziplin –
Argumentationsweisen, Wissensansprüche und Autorität (1540-1660) ... 213
1. Einleitung 213
2. *Natio germanica* 1625 216
3. Autorität 223
4. Epistemische Situation 1540-1660 228
5. Die ›Theorie des Testimoniums‹ 232
6. Neue Wissensansprüche und Autorität 234
   6.1. Erstes Beispiel: *Cerebellum* 236
   6.2. Zweites Beispiel: *Ventriculi* 239
   6.2.1. Erste Argumentfolge (A): 240
   6.2.2. Zweite Argumentfolge (B): 241
   6.2.3. Schlussfolgerungen (C) 242
   6.3. Drittes Beispiel: *spiritus* oder Blut? 245
7. Entautorisierung 248
8. *autopsia* und *historia anatomica* 253
9. *demonstratio ocularis* 256
10. *Anatomische Tafeln Verdeutschet* (1656) 261
11. Historisierung und *experientia* 265
12. *nova oeconomia corporis* und *anthropologia* um 1660 –
    Gerhardus de Neufville und Jacob de Back 268

5. Kapitel: Pufendorf und der Cartesianismus:
Die Ausdifferenzierung der *ethica civilis* 280
   1. Einleitung 280
   2. Medizinische und bibelhermeneutische Argumentationsformen 284
   3. Die Debatte um das ›Doppelte Kappa‹ (1630-1660) 292
   4. Die Akkommodationstheorie 303
   5. Die theologische Reaktion auf das ›Doppelte Kappa‹ 309
   6. Melanchthon bei den cartesianischen Theologen 318
      6.1. Heidanus' und Wittichs *Consideratien* (1676) 318
      6.2. Modi des Sprechens und der *sermo exterior* 323
      6.3. *philologia* und *hermeneutica sacra* 329
   7. Ein neues System von Moraldisziplinen 334
      7.1. Pufendorf und die Medizin 334
      7.2. Die Trennung von *ethica* und *theologia practica* 338

6. Kapitel: Naturrecht und Medizin 349
   1. Naturgesetz und Anthropologie 349
   2. Biologie der Moral 363
      2.1. Die Kategorie des Vorreflexiven 363
      2.2. Die naturale Basis der Artifizialität 370
   3. Die Physiologie des Humanen 375
      3.1. Einbildungskraft und Gedächtnis 375
      3.2. Die Nerven der Moral 383
   4. Die ›posthobbessche‹ Entwicklung der Anthropologie 393
      4.1. Die Probabilität des Moralinstinkts 393
      4.2. Der Seelenbegriff der Anthropologie 397
      4.2.1. Die vorreflexive Tätigkeit des Geistes 399
      4.2.2. Anthropologie als ›discours ethnologique‹ 408

Epilog 416

Literaturverzeichnis 418
   1. Quellen 418
   2. Forschungsliteratur 435

Namenregister 470

Einleitung

1. ›Anthropologische Wende‹?

Diese Studie erforscht die Genese und die Entwicklung der Anthropologie in der Frühen Neuzeit. Die Anthropologie entsteht aus der Beziehung von Medizin, Physiologie und Psychologie, die als Domänen des Wissens im frühen 16. Jahrhundert eine Konjunktur erfahren. Ihr Gegenstand ist das Verhältnis von Körper und Seele bzw. Geist im Menschen sowie in anderen belebten Körpern. Im 17. Jahrhundert wird die Anthropologie im Anschluss an William Harveys Entdeckung des Blutkreislaufs um den Bereich der Blutlehre erweitert und greift in den 1670er Jahren auf Ethik und Rechtslehre aus.[1] Damit unterscheidet sich diese Arbeit in ihrer Grundanlage von der Debatte um die sogenannte ›anthropologische Wende‹ der Aufklärung,[2] der sich in den letzten Jahren vor allem die Literaturwissenschaften im Zuge ihrer Transformation zu Kulturwissenschaften zugewendet haben.[3]

Bei der Fokussierung auf das 16. und 17. Jahrhundert handelt es sich nicht um eine neue ›Vordatierung‹ der ›anthropologischen Wende‹.[4] Ich möchte vielmehr zeigen, dass die Entwicklung der Anthropologie im 18.

---

1 Roger Smiths Geschichte der Psychologie geht von der Annahme aus, dass die Psychologie als Disziplin des 20. Jahrhunderts mehrere Wurzeln hat, von denen einige in die Renaissance und ins 17. Jahrhundert führen; hier legt er den Schwerpunkt u.a. auf die aristotelische Seelenlehre und auf die Geschichte des Naturrechts; vgl. Roger Smith: The Norton History of The Human Sciences. New York/London 1997, bes. Kap. 2 u. 3. Vgl. auch Pol-P. Gossiaux: L'Homme et la Nature. Genèses de l'anthropologie à l'âge classique 1580-1750. Anthologie. Bruxelles ²1995, der die Abfolge von ›Anthropologien‹ – ›anthropologie biblique‹, ›anthropologie cartésienne‹, ›anthropologie culturelle‹ – zwar etwas zu starr anlegt, jedoch wichtige Quellen zu diesem Thema erschliesst. Auch Gossiaux sieht die Prämissen der Genese der ›anthropologie culturelle‹ durch das Naturrecht gegeben; vgl. ebd., Sect. III, Kapp. 2 u. 3.
2 Carsten Zelle: Johann August Unzers Gedanken vom Träumen (1746) im Kontext der Anthropologie der "vernünftigen Ärzte" in Halle. In: Zwischen Empirisierung und Konstruktionsleistung: Anthropologie im 18. Jahrhundert. Hg. von Jörn Garber und Heinz Thoma. Tübingen 2004, S. 19-30. Zelle versteht die "anthropologische Wende der Aufklärung" als "den Wechsel von frühaufklärerischem System- zu spätaufklärerischem Erfahrungsdenken" (ebd., S. 19).
3 Vgl. hierzu die kritische Rezension des oben genannten Anthropologie-Bandes von Gideon Stiening. In: Das Achtzehnte Jahrhundert, Jahrgang 29, Heft 2 (2005), S. 244-254. Vgl. auch Yvonne Wübben: Aufklärungsanthropologien im Widerstreit? Probleme und Perspektiven der Anthropologieforschung am Beispiel von Hans-Peter Nowitzkis *Der wohltemperierte Mensch*. In: Archiv für das Studium der neueren Sprachen und Literaturen, 244. Band, 159. Jahrgang, 1. Halbjahresband 2007, S. 3-26.
4 Carsten Zelle: Sinnlichkeit und Therapie. Zur Gleichursprünglichkeit von Ästhetik und Anthropologie um 1750. In: "Vernünftige Ärzte". Hallesche Psychomediziner und die Anfänge der Anthropologie in der deutschsprachigen Frühaufklärung. Hg. von Carsten Zelle. Tübingen 2001, S. 5-24, hier S. 10f.

Jahrhundert auf Probleme reagiert, die sich bereits im 16. Jahrhundert in der Debatte um die Unsterblichkeit der Seele konstituiert haben und die im 17. Jahrhundert zu der Ausdifferenzierung von wissenschaftlichen Disziplinen geführt haben: Ein Prozess, der erst im modernen Naturrecht – als dem fundamentalen Begründungsdiskurs über den Menschen – zum Teil wieder rückgängig gemacht wurde.[5]

Zu Beginn der 1770er Jahre beurteilt der Leipziger Arzt und Medizinprofessor Ernst Platner die Abkoppelung der Medizin von der Philosophie wie folgt: Wenn das Wachstum der Medizin nach den Zeiten des Hippokrates deren Trennung von der Philosophie notwendig gemacht habe, so habe die medizinische Wissenschaft durch ihr Wachstum mehr verloren als gewonnen.[6] Platner versteht unter Philosophie die ›Wissenschaft des Menschen‹ und subsumiert darunter das, was in der Renaissance, als Hippokrates als antiker Autor noch gelesen wurde, mehr als selbstverständlich war: das Studium des Menschen "und anderer Körper und Geister, die zu seiner Natur ein Verhältnis […] haben."[7] Es ist kein Zufall, dass Platner die reduktionistische Betrachtung des Menschen auf dessen Körper, die er in seiner Zeit konstatiert, durch den antiken medizinischen Wissenshorizont kontrastiert und diesen mit dem Namen des Hippokrates verbindet. Eine Monografie, welche die Genese der modernen Anthropologie in der Renaissance und Frühen Neuzeit erforscht, hat nicht zuletzt dieses Problem der Trennung von Medizin und Philosophie genau zu bedenken.[8] Auch weil die antike Medizin und Philosophie, welche die Renaissance auf der Grundlage neuer gedruckter Texteditionen der Werke

---

[5] Hans Erich Bödeker und Istvan Hont: Naturrecht, Politische Ökonomie und Geschichte der Menschheit. Der Diskurs über Politik und Gesellschaft in der Frühen Neuzeit. In: Naturrecht – Spätaufklärung – Revolution. Hg. von Otto Dann und Diethelm Klippel. Hamburg 1995, S. 80-89 sprechen vom Naturrecht als "das umfassende Konzept aller Diskurse über den Menschen, das die angemessenen ›natürlichen‹ Begründungen der Moralphilosophie und der politischen Philosophie, der Rechtswissenschaft, der Geschichte und der Theologie umgriff" (S. 82). Zu ergänzen wäre hier auch die Beziehung des Naturrechts zur Medizin und zu den Naturwissenschaften, wie ich im Laufe dieser Studie zeigen werde. Vgl. hierzu auch Wolfgang Proß: »Natur« Naturrecht und Geschichte. Zur Entwicklung der Naturwissenschaften und der sozialen Selbstinterpretation im Zeitalter des Naturrechts (1600–1800). In: Internationales Archiv für Sozialgeschichte der deutschen Literatur, 3 (1978), S. 38-67.

[6] Ernst Platner: Anthropologie für Aerzte und Weltweise. Erster Theil. Leipzig 1772 (Reprint Hildesheim 2000), Vorrede, S. III.

[7] Ebd. Vgl. zu Platner jetzt den Sammelband: Ernst Platner (1744-1818). Konstellationen der Aufklärung zwischen Philosophie, Medizin und Anthropologie. Hg. von Guido Naschert und Gideon Stiening. Hamburg 2007 (= *Aufklärung* 19, 2007). Vgl. dazu die kritische Rezension von Tanja van Hoorn. In: Das Achtzehnte Jahrhundert, Jahrgang 33, Heft 1 (2009), S. 132-135.

[8] Vgl. hierzu auch Simone De Angelis: Unbewusste Perzeptivität und metaphysisches Bedürfnis. Ernst Platners Auseinandersetzung mit Haller in den *Quaestiones physiologicae* (1794). In: Aufklärung. Interdisziplinäres Jahrbuch zur Erforschung des 18. Jahrhunderts und seiner Wirkungsgeschichte, 19 (2007), S. 243-273.

der antiken Autoren seit dem späten 15. Jahrhundert ›wiederentdeckt‹, ihre Sprache, ihre Begriffe und Themen teilen.⁹ Und ausserdem entsteht im Laufe des 16. Jahrhunderts die ›Anthropologie‹ *auch* als neues Textgenre.

Es ist wichtig, die Gründe, die zur Herausbildung eben dieser Textgattung darzulegen, auch wenn die ›Anthropologie‹ in der Frühen Neuzeit nicht auf die Textgattung ›Anthropologia‹ reduziert werden kann und das Thema ›Anthropologie‹ in philosophischer und theologischer Hinsicht älter ist als die Textgattung, wie Thomas Leinkauf hervorgehoben hat.¹⁰ Wichtig deshalb, weil erst bei der genauen Analyse dieser Textgattung, wie sie Otto Casmann 1594 spätestens begründet,¹¹ begreiflich wird, warum es zum Beispiel zu der Trennung von Körper und Geist (und zwar lange vor Descartes) bzw. zu der Trennung von Medizin und Philosophie, von der Platner spricht, gekommen ist.

Deshalb darf eine Darstellung der Genese und Entwicklung der modernen Anthropologie, wie sie hier vorliegt, nicht eine Perspektive aus dem 18. Jahrhundert einnehmen. Blickt man nämlich vom 18. Jahrhundert auf die Seelenlehre, wie dies neulich Wolfgang Riedel getan hat, so können die anthropologischen Ansätze der Frühen Neuzeit noch bis zu Christian Wolff nicht anders als ›metaphysisch-theologisch‹ bzw. ›rationalistisch‹ betrachtet werden, gegen die dann die ›empiristischen‹ Ansätze in der Psychologie und Anthropologie ab der Mitte des 18. Jahrhunderts abgesetzt werden (was hier ›empiristisch‹ auch immer heissen mag).¹² Dies ist – vordergründig betrachtet – ja auch nicht falsch. Die Frage ist nur, wie es zu diesem ›Umbau des Seelenbegriffs‹, von dem Riedel spricht, denn genau gekommen ist und was dieser eigentlich bedeutet. Eine Antwort auf diese Frage liefert eben gerade jenes anthropologische Textmaterial *vor* dem 18. Jahrhundert, das man als ›metaphysisch‹ bzw. ›theologisch‹ ansieht und von dem sich die ›empirische‹ Psychologie und Anthropologie ab 1750

---

9   Simone De Angelis: Zur Galen-Rezeption in der Renaissance mit Blick auf die Anthropologie von Juan Luis Vives. Überlegungen zur der Konfiguration einer ›Wissenschaft vom Menschen‹ in der Frühen Neuzeit. In: Tradita et Inventa. Beiträge zur Rezeption der Antike. Hg. von Manuel Baumbach. Heidelberg 2000, S. 91-109.

10 Thomas Leinkauf: Selbstrealisierung. Anthropologische Konstanten in der Frühen Neuzeit. In: Bochumer Philosophisches Jahrbuch für Antike und Mittelalter 10 (2005), S. 129-161, hier S. 132f.

11 Gideon Stiening: Verweltlichung der Anthropologie im 17. Jahrhundert? Von Casmann und Magirus zu Descartes und Hobbes. In: Säkularisierung in den Wissenschaften seit der Frühen Neuzeit. Hg. von Lutz Danneberg et al. Bd. 2: Zwischen christlicher Apologetik und methodologischem Atheismus. Berlin/New York 2002, S. 174-218. Vgl. auch Udo Benzenhöfer und Maike Rotzoll: Zur "Anthropologia" (1533) von Galeazzo Capella. Die früheste bislang bekannte Verwendung des Begriffs Anthropologie. In: Medizinhistorisches Journal, Bd. 26 (1991), S. 315-320.

12 Wolfgang Riedel: Erster Psychologismus. Umbau des Seelenbegriffs in der deutschen Spätaufklärung. In: Zwischen Empirisierung und Konstruktionsleistung, S. 1-17, hier S. 3-7.

angeblich emanzipiert.¹³ An und für sich ist der Ansatz, die Entstehung der Anthropologie über die Entwicklung der Seelenlehre zu beschreiben, vielversprechend. Zählt man aber das frühneuzeitliche Textmaterial lediglich zur ›metaphysischen und theologischen Vorgeschichte‹ der ›empiristischen Anthropologie des 18. Jahrhunderts‹, so vergibt man sich die Chance, die wissensgeschichtlichen Konstitutionsbedingungen und Begriffsstrukturen der Anthropologie im frühen sechzehnten sowie deren Transformation im Laufe des siebzehnten Jahrhunderts zu ergründen, in deren Horizont die Entwicklung der Anthropologie im achtzehnten Jahrhunderts erst zu verstehen ist.¹⁴

Der Weg, die Entstehung der Anthropologie über die Entwicklung der Seelenlehre zu beschreiben, ist in dieser Arbeit also dezidiert unternommen worden, und zwar aus der Perspektive des 16. und des 17. Jahrhunderts. Betrachtet man nämlich den sich äusserst komplex gestaltenden Textkorpus der Seelenlehre seit dem frühen 16. Jahrhundert, stellt man fest, dass etwa die Lektüre von Aristoteles' *De anima* im Kontext der galenischen Psychologie und der reformatorischen Theologie in Wittenberg ganz andere anthropologische Begriffsstrukturen ausbildet als die, welche etwa die Lektüre desselben aristotelischen Textes im Rahmen des *cursus artium* an einer norditalienischen Universität wie Padua oder Bologna hervorbringt. Dies bedeutet jedoch nicht, eine umfassende These des differierenden konfessionellen Einflusses – ›protestantisch‹/›katholisch‹ – zu stützen. Vielmehr bilden beide erwähnten *De anima*-Lektüretraditionen auf je unterschiedliche Weise den Grundstock einer anthropologischen Wissensformation, die im Laufe des 17. Jahrhunderts – durch die Entdeckungen der Naturwissenschaften und der Medizin einerseits und die Herausbildung eines autonomen ethischen Diskurses andererseits – zur Grundlage einer ›Anthropodizee‹¹⁵ ausgebaut wird, die dem gesamten 18. Jahrhundert zugrunde liegt. Daher bildet die in dieser Arbeit erforschte

---

13 Riedel: Erster Psychologismus, S. 6: "Spätestens ab 1750 begann sich die empirische Psychologie von der Vorherrschaft der rationalen zu emanzipieren, und damit von der Erblast der Pneumatik."

14 Auch Odo Marquard: Zur Geschichte des philosophischen Begriffs »Anthropologie« seit dem Ende des achtzehnten Jahrhunderts. In: Ders.: Schwierigkeiten mit der Geschichtsphilosophie. Aufsätze. Frankfurt/M. [1973] ³1992, S. 122-144 u. S. 213-248 übergeht das frühere Textmaterial, um eine Tradition der ›philosophischen Anthropologie‹ zu konstituieren, deren zentrales Merkmal die doppelte Abkehr von der ›traditionellen Schulmetaphysik‹ und der ›mathematischen Naturwissenschaft‹ sei, die einer Hinwendung zur ›Lebenswelt‹ gleichkomme (ebd., S. 124). Es wird im Gegenteil in dieser Arbeit gezeigt, dass die Entstehung der ›neuzeitlichen‹ Anthropologie nicht ohne ›metaphysische‹ und ›naturwissenschaftlich-mathematische‹ Annahmen auskommen konnte.

15 Vgl. zum Konzept der ›Anthropodizee‹ Wolfgang Pross: Herder und die Anthropologie der Aufklärung. Nachwort zu: Johann Gottfried Herder: Werke. Bd. 2. Hg. von Wolfgang Pross. München, Wien 1987, S. 1128-1216, hier S. 1133.

anthropologische Wissensformation des 16. und des 17. Jahrhunderts eben genau die Vorgeschichte der von Wolfgang Pross beschriebenen ›Anthropodizee‹.

2. Naturalismus und Naturgesetz

Mit dem Anspruch, die Trennung von ›Körper‹ und ›Geist‹ bzw. von ›Natur‹ und ›Kultur‹ zu überwinden, sind in der aktuellen methodologischen Debatte der Geisteswissenschaften besonders die ›Kulturwissenschaften‹, besonders die kulturwissenschaftlich orientierten Literaturwissenschaften hervorgetreten. Gerade weil die Opposition zwischen ›Natur‹ und ›Kultur‹ eine späte Entwicklung des abendländischen Denkens ist,[16] genügt es also nicht, die entstandene Kluft etwa mit kulturwissenschaftlichen Herangehensweisen – den sogenannten ›cultural turns‹[17] – wieder einebnen zu wollen. Sinnvoller ist es, das Problem dieser Opposition zu historisieren und zu fragen, wo die Weichen einer solchen Opposition eventuell bereits in der Frühen Neuzeit gestellt wurden und ob bereits daselbst anthropologische Wissensformen ausgebildet wurden, welche die Basis einer integrativen Betrachtung von ›Natur‹ und ›Kultur‹ legten. Es ist als ob wir – wie dies der Wissenschaftsphilosoph und -soziologe Bruno Latour vorgeschlagen hat – uns besinnen, dass wir nie modern gewesen sind und Natur also ein immer schon durch kulturelle Denkformen geprägtes ›Objekt‹ gewesen ist.[18] Übertragen auf den komplexen Gegenstand der Anthropologie heisst das, dass wir das ›Laboratorium‹ der Vormoderne nutzen sollten, um zu verstehen, wie die Versuche gelaufen sind, Geist und Materie, Seele und

---

16 Philippe Descola: Par-delà nature et culture. Paris 2005 (Bibliothèque des Sciences Humaines), Avant-propos, S. 13.

17 Doris Bachmann Medick: Cultural Turns. Neuorientierungen in den Kulturwissenschaften. Reinbek bei Hamburg 2006. Ein ›turn‹ ermittelt Bachmann Medick zufolge nicht nur neue Erkenntnisgegenstände (z.B. das Ritual, den Raum, das Bild), sondern wird selbst zum Instrument der Erkenntnis (z.B. das Ritual, der Raum, das Bild sind selbst Erkenntnis*mittel*). Dies führt angeblich zu neuen transdisziplinären Formen des Schreibens über kulturelle Phänomene, die nicht nur den textuellen, sondern auch den lebensweltlichen Objektbereich miteinschliessen (ebd., S. 25f.). Vgl. auch Rainer Rosenberg: Literaturwissenschaft als Kulturwissenschaft. In: Weimarer Beiträge 53 (2007) 2, S. 165-187. Allerdings würde jetzt Wolfgang Pross "um einen neuen und tatsächlich originellen ›turn‹ in den Kulturwissenschaften bitten: einen ›scientific turn‹. In ihrer jetzigen Verfassung ist die ›Kulturwissenschaft‹ dabei, zum Synonym für den Mangel an Wissenschaftskultur zu werden." Vgl. ders.: Rezension von: Modell »Zauberflöte«: Der Kredit des Möglichen. Kulturgeschichtliche Spiegelungen erfundener Wahrheiten. Hg. von Mathias Mayer. Hildesheim 2007. In: Scientia Poetica, 12 (2008), S. 340-358, Zitat S. 357f.

18 Bruno Latour: Wir sind nie modern gewesen. Versuch einer symmetrischen Anthropologie [1991], Frankfurt/M. 2008, S. 19f.

Körper oder Kultur und Natur im Verhältnis zueinander zu denken oder aber voneinander zu trennen bzw. von den Vermischungen zu ›reinigen‹. Auch hierzu bieten die frühneuzeitlichen Textquellen zur Geschichte der Anthropologie ein reichhaltiges Anschauungsmaterial.

Den Ausgangspunkt dieser Untersuchung bildet das Problem des ›Naturalismus‹, der sowohl als analytischer als auch als historischer Begriff fungiert. Es geht zunächst darum, zu verfolgen, wie sich ein ›naturalistisches Schema‹ im 16. Jahrhundert ausbildet und wie es sich im Blick auf die Anthropologie auswirkt.[19] So kreist die Anthropologie des 16. Jahrhunderts im Wesentlichen um die Begriffe von Körper (*soma*) und Seele (*psychē*), die in der aristotelischen Konzeption des Menschen in wechselseitiger Beziehung stehen. Dabei macht etwa die Debatte um Pietro Pomponazzis Aristoteles-Rezeption am Beginn des 16. Jahrhunderts einen Grundwiderspruch deutlich: Die aristotelische Auffassung der Seele als Teil der *physica*, aus der ihre Sterblichkeit resultiert, kontrastiert mit den Grundprinzipien des christlichen Glaubens und führt im Laufe des 16. Jahrhunderts zur Trennung von Metaphysik und Anthropologie. Es setzt ein Prozess der Ausdifferenzierung von Disziplinen ein: Die *metaphysica* entwickelt sich zur Seinswissenschaft, der späteren Ontologie, die *anthropologia* spaltet sich auf in die Teildisziplinen *psychologia* (Geist) und *anatomia* (Körper). Dieser Rationalisierungsschub begründet um 1600 die dualistische Aufteilung der Textgattung ›Anthropologia‹ bei Otto Casmann. Dies hat Konsequenzen für die Entwicklung der Anthropologie: Die Seele wird als Rationalseele von der Analyse biophysischer Prozesse ausgekoppelt und der ›entspiritualisierte‹ Körper wird Gegenstand der Anatomie. Nicht zuletzt dadurch erfahren die anatomischen Studien im 16. und 17. Jahrhundert einen Aufschwung. In dieser Entwicklung liegt letztlich der Grund, weshalb das Textgenre ›Anthropologia‹ bzw. ›Anthropographia‹ noch bis weit ins 18. Jahrhundert hinein mit der Textgattung ›Anatomia‹ bzw. ›Physiologia‹ zusammenfällt. Platners Problematisierung der körperzentrierten Medizin, die das Seelische ausklammert, greift im Prinzip noch auf diesen Hintergrund zurück. Die *Entwicklungslinien des anthropologischen Wissens im Renaissancearistotelismus (1495-1600)* und deren Wirkung auf die *Anthropologie in Deutschland um 1600* werden im zweiten und dritten Kapitel dieser Studie genauer erforscht.

Das Schema ›Naturalismus‹ weist im 17. Jahrhundert wichtige Kontinuitäten mit der wissenschaftsgeschichtlichen Situation um

---

19 Insofern geht es auch darum, Wilhelm Diltheys Interpretation eines ›natürlichen Systems der Geisteswissenschaften im 17. Jahrhundert‹ zu revidieren; vgl. hierzu De Angelis: Zur Galen-Rezeption in der Renaissance, S. 92f. sowie jetzt auch Martin Mulsow: Diltheys Deutung der »Geisteswissenschaften« des 17. Jahrhunderts. Revisionen, Aktualisierungen, Transformationen. In: Dilthey und Cassirer. Die Deutung der Neuzeit als Muster von Geistes- und Kulturgeschichte. Hg. von Thomas Leinkauf. Hamburg 2003, S. 53-68.

1600 auf. Die Fragmentierung des Aristotelischen Systems, die aus der naturalistischen Interpretation der Seelenlehre resultiert, erklärt den Ausbau einer (metaphysikfreien) Naturphilosophie im Werk des Descartes, besonders in *Le Monde* und in den *Principia philosophiae*. Descartes naturphilosophische Hypothesen bilden ferner die Grundlage für die ›Naturalisierung‹ des Menschen und dessen Einordnung in den Naturzusammenhang im Werk des englischen Naturrechtstheoretikers Richard Cumberland *De Legibus Naturae* (1672). Wie schon der Titel dieses Werkes suggeriert, handelt es sich beim ›Naturgesetz‹ um einen fundamentalen Begriff, der für die Entstehung der modernen Anthropologie von ausserordentlicher Bedeutung ist. Der Begriff des Naturgesetzes hat nicht nur ermöglicht, einen grossen Teil des in dieser Studie zusammengetragenen anthropologischen Materials zu strukturieren und zu ordnen. Er bildet als begriffliche Struktur der "*long durée*" auch eine Kontinuität, die Transformation einschliesst. Anhand des Naturgesetzbegriffs lässt sich also die Anthropologie als Wissensformation von der Renaissance bis ins 18. Jahrhundert hinein beschreiben. Dabei bildet Cumberland einen Endpunkt in der historischen Entwicklung des Naturgesetzbegriffs, der von Thomas von Aquin, Cusanus, Vives und Melanchthon bis hin zu den Spätscholastikern Luis de Molina und Francisco Suárez sowie von diesen zu Descartes und Bacon reicht.[20]

Für das 16. Jahrhundert steht der Naturgesetzbegriff bei Vives und Melanchthon im Zentrum. Im Rahmen ihrer Psychologie, für die Galens Seelenmodell in der Schrift *De placitis hippocratis et platonis* die Grundlage bildet, bauen die Humanisten Vives und Melanchthon theologische und stoische Elemente in die thomistische Struktur ihres Naturgesetzbegriffs ein. Dabei entwickeln sie anthropologische Fragestellungen ausgehend von der psychophysisch-affektiven und moralischen Natur des Menschen. Den naturphilosophischen und medizinischen Hintergrund ihrer Seelenlehren bilden dabei die Texte des Galenismus und des Aristotelismus der Renaissance. Mit ihren Seelenschriften begründen Vives und Melanchthon ausserdem einen neuen Typus von Kommentar zu Aristoteles' *De anima*, dessen Rezeption sich bis weit ins 17. Jahrhundert

---

20 Vgl. auch Franz Borkenau: Der Übergang vom feudalen zum bürgerlichen Weltbild. Studien zur Geschichte der Philosophie der Manufakturperiode. Ndr. d. Ausg. Paris 1934. Darmstadt 1988, bes. das Kapitel ›Der Begriff des Naturgesetzes‹, S. 15-96. Borkenaus Buch hat zur Behandlung des Themas dieser Studie wichtige methodische Ansätze geliefert. Borkenaus Studie selbst hat diese aber wegen der (von marxistischen Wertungsmassstäben bedingten) Vorurteile gegenüber dem Naturrecht sowie des Fehlens medizingeschichtlicher Aspekte nicht umzusetzen vermocht. Vgl. zum Begriff des Naturgesetzes jetzt auch: Naturgesetze. Historisch-systematische Analysen eines wissenschaftlichen Grundbegriffs. Hg. von Karin Hartbecke und Christian Schütte. Paderborn 2006; Natural Law and Laws of Nature in Early Modern Europe. Jurisprudence, Theology, Moral and Natural Philosophy. Hg. von Lorraine Daston und Michael Stolleis. Aldershot 2008.

verfolgen lässt. Dieser Kommentartypus wird im ersten Kapitel dieser Studie *Zur Wissensformation ›Anthropologie‹ im 16. Jahrhundert* behandelt.

Im 17. Jahrhundert ist es dann die neoscholastische bzw. cartesische Verwendung des Naturgesetzbegriffs, die für Cumberland relevant wird und die es ihm ermöglicht, den physischen und den ethischen Bereich der Wirklichkeit zusammenzuschliessen und die ›natürlichen Gesetze‹ des Menschen als *physisches* und *moralisches* Wesen zu erforschen. Seine Forschungen münden in der These, dass der Mensch von Natur aus ein Moral- und Kulturwesen ist. Herders Anthropologie wird diese These im späten 18. Jahrhundert ausführlich ausbauen.[21] Zentrale Thesen der Anthropologie des 18. Jahrhunderts, die auf Cumberland und Herder zurückgehen, liegen zudem einer neuen Studie über *Philosophische Anthropologie im biologischen Zeitalter* zugrunde und damit einem vieldiskutierten Thema der Gegenwartskultur.[22] Wie Cumberland selbst seine These im Einzelnen begründet, habe ich im sechsten Kapitel dieser Arbeit – *Naturrecht und Medizin* – erörtert. Cumberlands These gibt ferner Anlass, einige allgemeinere Überlegungen über Machtstrukturen in der Theoriebildung anzuschliessen, die auch im Blick auf den Gegenstand ›Anthropologie‹ eine Relevanz haben.

3. Die Konkurrenz von Machtstrukturen

Da Cumberland in *De Legibus Naturae* auf die Psychologie und die Handlungstheorie von Thomas Hobbes reagiert und *gegen* diese argumentiert, kann sein Ansatz in den anthropologischen Grundkategorien von ›Macht und Entscheidung‹ beschrieben werden, auf die Panajotis Kondylis grundsätzlich jede Theoriebildung zurückführt.[23] Der dezisionistische Ansatz erklärt, warum sich Cumberlands Theorie des Menschen als Machtstruktur herausbildet und sich erfolgreich durchsetzt: weil sie eben gegen die ›machiavellistischen‹ Thesen von Hobbes angetreten ist und danach strebt,

---

21 Wolfgang Pross: Naturalism, anthropology and culture. In: The Cambridge History of Eighteenth-Century Political Thought. Hg. von Mark Goldie und Robert Wokler. Cambridge u.a. 2006, S. 318-247, bes. S. 232-238 (›The anthropological history of man‹, hier S. 232f. (zu Cumberland und Herder).

22 Christian Illies: Philosophische Anthropologie im biologischen Zeitalter. Zur Konvergenz von Moral und Natur. Frankfurt/M. 2006, hier S. 121 u. Anm. 4: "Doch es ist eine wichtige und weitreichende Einsicht des 20. Jahrhunderts, daß das Spannungsverhältnis Natur–Vernunft so nicht existiert. Abgesehen von den bekannten Vorläufern dieser Einsicht, also vor allem Herder." Das Stichwort ›Vorläufer‹ im Anmerkungstext spricht Bände darüber, wie der Philosoph und diplomierte Biologe Illies die historische Dimension dieser Einsicht, die eben gerade nicht erst im 20. Jahrhundert entsteht, unterschätzt.

23 Panajotis Kondylis: Wissenschaft, Macht und Entscheidung. In: Ders.: Machtfragen. Ausgewählte Beiträge zu Politik und Gesellschaft. Darmstadt 2006, S. 130-156.

diese – u.a. mit Hilfe von naturwissenschaftlichen und medizinischen Argumenten – als ›Fehler‹ zu entlarven. Dabei geht es nicht so sehr um die Identitätskonstituierung von Subjekt bzw. von Subjektgruppen oder um die Produktion von Sinn- und Ordnungsstrukturen, die mit der Theoriebildung einhergehen.[24] Ich will vielmehr zeigen, dass aus dem Antagonismus divergierender Psychologien und Handlungstheorien bzw. aus der ›Bekämpfung‹ der Hobbesschen Thesen und damit in der Ausübung von Macht im Bereich des Ideellen die Herausbildung der Anthropologie als ›Theorie des ganzen Menschen‹ im späten 17. und 18. Jahrhundert erklärt werden kann.

Versteht man Hobbes' Konzeption der Macht "weniger als Leidenschaft, denn als zweckrationales Kalkül des Menschen zur Realisation des ursprünglichen und einen Triebes nach Selbsterhaltung",[25] wird auch Hobbes' These nachvollziehbar, dass im Naturzustand ein ›Recht auf alles‹ besteht. Zumal nach Hobbes der Mensch, weil dieser Verstand und Sprache hat, diese – anders als das verstandlose Tier – gerade gegen das moralische Naturgesetz einsetzt. Genau diese These demontiert Cumberland in *De Legibus Naturae*, indem er Hobbes nicht nur auf der Ebene der Sprache und des Verstandes als Ort des Machtkalküls begegnet, sondern auch auf der Ebene des Vorreflexiven bzw. Vorbewussten als Ort der Verbindung zwischen der Disposition des Körpers und dem Bewusstsein oder Geist. Die präzise Analyse der *vorreflexiven* Struktur der menschlichen Psyche, die Cumberland gegen den Zweckrationalismus von Hobbes herausarbeitet, hat die Anthropologieforschung bislang vernachlässigt. Deshalb leitet Cumberlands Vorreflexivitätskonzept meine Darstellung seiner ›Biologie der Moral‹ und ›Physiologie des Humanen‹.

Es ist nämlich diese vorbewusste Struktur, die Cumberland veranlasst, gegen die Hobbesschen Thesen nicht nur *physiologische* Argumente über den Bau des menschlichen Körpers, sondern auch *ethologische* und *soziobiologische* Argumente über das *reziprok altruistische* Verhalten von Tieren anzuführen: Die Regulierung der Bedürfnisse durch den Blutkreislauf setze der Selbsterhaltung ›natürliche‹ Grenzen; werden körperliche Bedürfnisse befriedigt, werde die Selbsterhaltung anderer (auch nichtverwandter) Tiere derselben Gattung nicht nur gewährt, sondern – wie etwa in der Nahrungsbeschaffung – auch kooperativ gefördert. Dabei liege das psychologische Motiv u.a. im Gefühl der Hoffnung, vielleicht einmal dieselbe Hilfsbereitschaft zurückerstattet zu bekommen (*è spe parilis auxilii ipsis in compensationem posthaec fortasse praestandi*; De Leg. Nat., II,

---

24 Ebd., S. 133-138.
25 Gideon Stiening: Psychologie und Handlungstheorie im Leviathan. Neue Anmerkungen zum sogenannten 'Strauss-Problem'. In: Der lange Schatten des Leviathan. Hobbes' politische Philosophie nach 350 Jahren. Hg. von Dieter Hüning. Berlin 2005, S. 55-105, hier S. 103.

§17). Denn einzig die Höherentwicklung der körperlichen Organisation und die davon abhängige Höherentwicklung der mentalen Kapazitäten (vor allem der Einbildungskraft und des Gedächtnisses), so Cumberland, unterscheidet den Menschen vom Tier und macht diesen zu einem moral- und konsensfähigen Wesen. Mit seinem Konzept des ›reziproken Altruismus‹ nimmt Cumberland – nebenbei bemerkt – wichtige Ergebnisse modernster empirischer Forschung vorweg.[26] Ausserdem wissen wir heute von Primatologen, dass auch unsere Primatenverwandten – die Bonobo-Affen im Vergleich zu den aggressiveren Schimpansen – das Gefühl der Empathie (auch gegenüber Nichtverwandten) kennen.[27] Nach der Entdeckung der sogenannten ›Spiegelneuronen‹ zu Beginn der 1990er Jahre

---

[26] Zu denken ist hier vor allem an die Arbeiten der Zürcher Wirtschaftswissenschaftler Ernst Fehr und Urs Fischbacher: Social Norms and human cooperation. In: Trends in Cognitive Science, Vol. 8, No. 4 April 2004, S. 185-190, bes. S. 188: "The human capacity to establish and enforce social norms is perhaps the decisive reason for the uniqueness of human cooperation in the animal world. The evidence indicates that other animals largely lack the cognitive and emotional capacities that are necessary for social norms. In comparison with humans, most animals have very high rate of time discounting, lack the ability of precise numerical discrimination, exhibit serious memory constrains or lack inhibitory control. Therefore, powerful ultimate forces, that probably had little impact on animal evolution, supported the evolution of cooperation in humans. Reciprocal altruism, reputation-based altruism, and punishment-based altruism are much more likely to generate successful cooperation norms if the actors are less impatient, exhibit inhibitory control and are less constrained by memory limits"; dies.: The nature of human altruism. In: Nature, Vol. 425, 23 October 2003, S. 785-791, bes. S. 785: "Strong reciprocity is a combination of altruistic rewarding, which is a predisposition to reward others for cooperative, norm-abiding behaviours, and altruistic punishment, which is a propensity to impose sanctions on others for norm violations. [...] We will show that the interaction between selfish and strongly reciprocal individuals is essential for understanding of human cooperation"; dies.: Strong Reciprocity, Human Cooperation and the Enforcement of Social Norms. In: Human Nature 13 (2002), S. 1-25. Es ist in der Tat frappierend, die Geschichtsvergessenheit heutiger Forscher zu konstatieren: Biologen veröffentlichen Studien über den biologisch fundierten Moralinstinkt in der menschlichen Natur im Glauben, sie würden das Rad neu erfinden. Auf der anderen Seite greifen Wirtschaftswissenschaftler die ›Theorie des reziproken Altruismus‹ auf, die ihnen die Biologen liefern, um ökonomische Theorien zu formulieren, die als ›Paradigmenwechsel‹ präsentiert werden. Vgl. Die Weltwoche, Nr. 8, 22. Februar 2007. Bedenkt man Cumberlands Ansatz, müsste zumindest der ›revolutionäre‹ Anspruch solcher Studien etwas relativiert werden. Gerade darin könnte nämlich die Kulturwissenschaft ihren Sinn haben, dass sie in der Lage ist, solche ›Brücken des Wissens‹ zu bauen, für die sich die heutigen (Natur-)Wissenschaftler zu Unrecht nicht mehr interessieren.

[27] Frans de Waal: Der Affe in uns. Warum wir sind, wie wir sind. München, Wien 2006. De Waal schildert u.a. die Episode einer Bonobo-Frau, die einem Vogel hilft, der gegen die Glasscheibe ihres Geheges geflogen war und am Boden liegen blieb: "Sie [sc. die Bonobo-Frau] folgte nicht einfach einem fest verdrahteten Verhaltensmuster, sondern paßte ihren Beistand exakt der spezifischen Situation ihres Tieres an, das von ihr selbst völlig verschieden war. [...] Diese Art von Einfühlung ist bei Tieren so gut wie unbekannt, da sie auf der Fähigkeit beruht, sich eine Vorstellung von den Daseinsbedingungen eines anderen zu machen. [...] Empathie ist es, was den Bonobos erlaubt, die Bedürfnisse und Gelüste ihrer Artgenossen zu verstehen und ihnen zu helfen, sie zu befriedigen" (ebd., S. 10f. u. 13).

werden Empathie und Mitgefühl jetzt auch von den Neurowissenschaften erforscht.[28] Eine Geschichte der Konzepte der anthropologischen Wissenschaften zu schreiben, ähnlich wie dies jetzt auch für die Konzepte der Naturwissenschaften getan wird,[29] wäre vor diesem Hintergrund dringend geboten.

In historischer Perspektive dienen Cumberlands Argumente dazu, die Soziabilitätsthese zu stützen bzw. die Normen gesellschaftlichen Zusammenlebens zu begründen. Sie implizieren aber im Blick auf die Anthropologie weitaus mehr. Cumberlands Argumente basieren nämlich auf einem psychologischen Modell, welches das ganze menschliche Bewusstseinsspektrum – körperlich, affektiv, kognitiv – in den Blick nimmt und welches den Übergang vom Vorbewussten zum Bewussten als Kontinuum begreift. Dieser Seelenbegriff bildet ein entscheidendes Kriterium für die ›posthobbessche‹ Entwicklung der Psychologie und Anthropologie im 18. Jahrhundert. Gleichzeitig markiert dieser Seelenbegriff auch den Unterschied zwischen ›mechanistischen‹ und ›ganzheitlichen‹ bzw. ›animistisch-vitalistischen‹ Konzepten der Physiologie, die sich als zwei dominante Strukturen des anthropologischen Denkens des 18. Jahrhunderts herausbilden. Besonders die Physiologien der ›Lebenskraft‹, die Psychologeme aus der Tradition von Leibniz und Stahl wiederaufnehmen, wenden sich erneut dem Vorbewussten und dessen Beziehung zum Geistig-Bewussten zu.

Prüfstein dieser Entwicklung ist diesmal Platners Physiologie. In den *Quaestiones physiologicae* (1794) konzeptualisiert er eine ›unbewusste Perzeption‹ und versteht diese als eine vorreflexive Tätigkeit des Geistes, die durch eine ›dunkle‹ Empfindung ausgelöst wird. Dadurch ergeben sich zwischen dem Cumberlandschen Seelenbegriff und der Platnerschen Physiologie Kontinuitäten, die eine gemeinsame Zugehörigkeit zum naturrechtlichen Diskurs über den Menschen erkennen lassen.[30] Platner reagiert mit seiner Physiologie – bereits in Gegentendenz zu der neuen dominanten Machtstruktur des Kantianismus – gegen den Prozess der Rationalisierung der Wissenschaften in den 1790er Jahren, der den Graben zwischen den Wissenschaften des Körpers und denen des Geistes erneut nachhaltig aufreissen wird.[31] Die Dynamik dieser Machstrukturen ist im Auge zu behalten, will man die Konstituierung der Anthropologie als

---

28 Giacomo Rizzolatti, Corrado Sinigaglia: Empathie und Spiegelneurone. Die biologische Basis des Mitgefühls. Aus dem Italienischen von Friedrich Griese. Frankfurt/M. 2008.
29 Begriffsgeschichte der Naturwissenschaften. Zur historischen und kulturellen Dimension naturwissenschaftlicher Konzepte. Hg. von Ernst Müller und Falko Schmieder. Berlin 2008.
30 Platner hat in den *Philosophischen Aphorismen* (2. Aufl. 1790) u.a. mit Cumberlands *De Legibus Naturae* (2. Aufl. Lübeck, Frankfurt/M. 1683) gearbeitet. Vgl. hierzu De Angelis: Unbewusste Perzeptivität und metaphysisches Bedürfnis, S. 249f.
31 Vgl. hierzu De Angelis: Unbewusste Perzeptivität und metaphysisches Bedürfnis, S. 245-248.

Theorie des ganzen Menschen im 18. Jahrhundert sowie die Entstehung der Opposition Natur-/Humanwissenschaften nach 1800 verstehen.[32]

Mit einem Ausblick auf die Physiologie Platners ist der äusserste Punkt der Entwicklung der Anthropologie, die diese Arbeit verfolgt, erreicht. Mit dem Antagonismus der Machtstrukturen seit dem 17. Jahrhundert – ›Mechanismus‹, ›Zweckrationalismus‹ vs. ›Anthropologie als Theorie des ganzen menschlichen Bewusstseins‹ – lässt sich hingegen ein Gebilde herauskristallisieren, das weit über den hier betrachteten Zeitraum hinausgeht und unter veränderten Vorzeichen auch noch in den wissenschaftlichen und ästhetischen Dabatten des 19. und des frühen 20. Jahrhunderts weiterwirkt. Zu denken ist hier etwa an die reduktionistische Betrachtung des Menschen in der materialistisch geprägten Hirnforschung des späten 19. Jahrhunderts, die das Bewusstsein mit der Grosshirnrinde gleichsetzt. Oder an die mechanistisch-deterministische Interpretation der Evolution durch den Darwinismus. Gegen diese Phänomene reagiert beispielsweise der Autor und Mediziner Gottfried Benn mit einer anthropologischen Begründung des ›konstruktiven Prinzips‹ seiner Lyrik auf der Organisation des menschlichen Körpers und den ›archaischen‹ vorbewussten Strukturen der Psyche einerseits,[33] auf einer Theorie des Wortes, das an das rhetorische und sprachtheoretische Konzept der ›Nebenideen‹ anknüpft, andererseits.[34] Unter dem Aspekt der hier genannten Machtstrukturen müsste das literatur- und kulturwissenschaftliche Feld, das sich aus der Beziehung zwischen Literatur, Medizin und Naturwissenschaften ergibt, textuell erschlossen und inhaltlich ausgeleuchtet werden. Hierzu legt die vorliegende Studie im Sinne einer ›Archäologie‹ des anthropologischen Wissens seit der Frühen Neuzeit, das bislang weitgehend verschüttet geblieben ist, eine wichtige Grundlage.

---

32 Vgl. hierzu meine Rezension von Thomas Borgard: Immanentismus und konjunktives Denken. Die Entstehung eines modernen Weltverständnisses aus dem strategischen Einsatz einer 'psychologia prima' (1830-1880). Tübingen 1999. In: Arbitrium 1/2002, S. 83-86.

33 Hierzu sind besonders Benns essayistische Studien am Beginn der 1930er Jahre zu erwähnen: *Der Aufbau der Persönlichkeit. Grundriß einer Geologie des Ich* (1930), *Zur Problematik des Dichterischen* (1930), *Nach dem Nihilismus* (1932) und *Akademie-Rede* (1932). In: Gottfried Benn: Essays und Reden. In der Fassung der Erstdrucke. Hg. von Bruno Hillebrand. Frankfurt/M. 2006, S. 111-124, S. 83-96, S. 223-231 u. S. 449-455.

34 Vgl. hierzu Benns Essay *Probleme der Lyrik* (1951). In: Essays und Reden, S. 505-535 sowie den kurzen Text *Beziehungen zu französischen Büchern* (1953). In: Gottfried Benn: Szenen und Schriften. In der Fassung der Erstdrucke. Hg. von Bruno Hillebrand. Frankfurt/M. 2006, S. 301-303.

4. Medizinische Argumentationsweisen und Autoritäten

Es ist bereits deutlich geworden, dass die Medizin, insbesondere die Physiologie, aber auch die Anatomie, im Blick auf die Begründung anthropologischer Positionen seit der Frühen Neuzeit eine strategische Stellung einnimmt. Dies ist auch der Grund, weshalb ich ihr in dieser Untersuchung ein grosses explikatives Gewicht einräume. Die Anatomie erlebte in der Periode zwischen 1540 und 1660, die von Vesal zu Thomas Bartholin und Thomas Willis führt, eine Konjunktur und brachte im 17. Jahrhundert eine Reihe bedeutender Entdeckungen (Blutkreislauf, Lymphgefässe) hervor, die das gesamte physiologische Wissen revolutionierten. Dies ist sozusagen ›nur‹ die äussere Seite eines bekannten medizingeschichtlichen Prozesses. Dessen innere Seite brachte das epistemisch viel wichtigere Problem des Umgangs mit den antiken Autoritäten bzw. deren Büchern durch die Mediziner hervor. Die Diskussion dieses Problems im vierten Kapitel dieser Arbeit – *Die Medizin als Leitdisziplin – Argumentationsweisen, Wissensansprüche und Autorität (1540-1660)* – zeigt, dass sich der Umgang mit den Autoritäten noch bis weit ins 17. Jahrhundert hinein komplex gestaltet: Auf der einen Seite waren die Anatomen durch die Praxis der Menschensektion in der Lage, neue Wissensansprüche zu formulieren, auf der anderen hörten sie nicht auf, in den Texten der antiken Autoren Hippokrates, Galen oder Aristoteles zu lesen. Die Erklärung dieser Situation erfordert die Analyse des Verhältnisses von ›Autopsie‹ und ›Autorität‹ als zwei medizinische Basiskonzepte. Ihnen kommt im Blick auf die Herausbildung einer anthropologischen Wissensformation im 17. und 18. Jahrhundert eine zentrale Funktion zu.[35]

Ich werde aufzeigen, was die Anatomen des 16. und des 17. Jahrhunderts unternahmen und vor allem wie sie argumentierten, als es darum ging, neue Wissensansprüche geltend zu machen und durchzusetzen, und wie sie sich gegenüber den antiken Autoritäten verhielten. Zu diesem Zweck habe ich eine Reihe von anatomischen Texten und Beispielen auf zweierlei Ebenen untersucht: (a) auf der Ebene der kommunikativen Strategien und der Argumentationsmuster; hier ist vor allem der Typ der ›kontrafaktischen Imagination‹ hervorzuheben, die u.a. dazu dient, mit einem neuen Wissensanspruch von der Autorität abzuweichen, ohne diese ganz aufzugeben;[36] (b) auf der Ebene der Techniken der Visualisierung in

---

35   Simone De Angelis: Autopsie und Autorität. Zum komplexen Verhältnis zweier Basiskonzepte und ihrer Funktion in der Formation einer ›Wissenschaft vom Menschen‹ im 17. und 18. Jahrhundert. In: Welche Antike? Konkurrierende Rezeptionen des Altertums im Barock. Akten des 12. Jahrestreffens des Wolfenbütteler Arbeitskreises für Barockforschung, 5.-8. April 2006. Hg. von Ulrich Heinen. Erscheint: Wiesbaden: Harassowitz Verlag (Wolfenbütteler Arbeiten zur Barockforschung).

36   Lutz Danneberg: Überlegungen zu kontrafaktischen Imaginationen in argumentativen Kon-

sprachlicher Form sowie der eigentlichen visuellen Darstellungsformen, auf welche die Anatomen der Frühen Neuzeit besonderen Wert legten; dabei steht das Konzept der *demonstratio ocularis* als ursprünglich rhetorische Technik der nicht-demonstrativen Evidenzherstellung im Vordergrund.[37]

Das vierte Kapitel über die Argumentationsweisen der Mediziner bildet darüber hinaus auch einen Beitrag zur Debatte über die Revision der angeblich veralteten *History of the Scientific Revolution*, welche die Wissenschaftshistorikerin Lorraine Daston durch "[e]ine Geschichte der Erfahrung" ersetzen will.[38] Es geht dabei um eine Historiographie der Praktiken wissenschaftlichen Argumentierens und den ihnen zugrunde liegenden sozialen und kulturellen Formen. Im Besonderen geht es um eine Argumentationsmethode, die Bruno Latour dem berühmten Mitglied der *Royal Society*, Robert Boyle, zuschreibt und die er folgendermassen charakterisiert:

> Boyle [stützt] sich weniger auf Logik, Mathematik oder Rhetorik als auf eine aus der Rechtssprechung abgeleitete Metapher: Glaubwürdige, aufrichtige und unabhängige Zeugen, am Ort des Geschehens versammelt, können die Existenz eines Faktums, *the matter of fact*, bezeugen, selbst wenn sie dessen wahre Natur nicht kennen. So erfindet Boyle den empirischen Stil, in dem wir heute noch arbeiten [...].[39]

Es wird in diesem vierten Kapitel also zu zeigen sein, dass das, was die sogenannte *Social History of Truth* als "Standards des Beweisverfahrens" an den grossen wissenschaftlichen Sozietäten des 17. Jahrhunderts betrachtet,[40] den Frühneuzeitmedizinern – u.a. an den Universitäten von Padua und Bologna – längst bekannt war. Dies ist einerseits aus dem oben angespro-

---

texten und zu Beispielen ihrer Funktion in der Denkgeschichte. In: Imagination und Innovation. Hg. von Toni Bernhart und Philipp Mehne. Berlin 2006 (=Paragrana. Internationale Zeitschrift für Historische Anthropologie, Beiheft 2 (2006), S. 73-100; ders.: Epistemische Situationen, kognitive Asymmetrien und kontrafaktische Imaginationen. In: Ideen als gesellschaftliche Gestaltungskraft im Europa der Neuzeit. Exempel einer neuen Geistesgeschichte. Hg. von Lutz Raphel und Heinz-Elmar Tenorth. München 2006, S. 193-221; ders.: Kontrafaktische Imaginationen in der Hermeneutik und in der Lehre des Testimoniums. In: Begriffe, Metaphern und Imaginationen in Philosophie und Wissenschaftsgeschichte. Hg. von L. Danneberg et al. Wiesbaden 2009, S. 287-449.

37 Vgl. hierzu auch Simone De Angelis: Darstellungsformen medizinischen Wissens. Einführung. In: Kulturen des Wissens im 18. Jahrhundert. Hg. von Ulrich Johannes Schneider. Berlin/New York 2008, S. 571-576; ders.: *Demonstratio ocularis* und *evidentia*. Darstellungsformen von neuem Wissen in anatomischen Texten der Frühen Neuzeit. In: Spuren der Avantgarde. Theatrum Anatomicum. Hg. von Helmar Schramm, Ludger Schwarte und Jan Lazardzig. Berlin/New York 2010 (Theatrum Scientiarum V), S. 168-193.

38 Lorraine Daston: Early Modern History Meets the History of the Scientific Revolution: Thoughts toward a Rapprochement. In: Zwischen den Disziplinen? Perspektiven der Frühneuzeitforschung. Hg. von Helmut Puff und Christopher Wild. Göttingen 2003, S. 37-54, hier S. 48-53.

39 Latour: Wir sind nie modern gewesen, S. 27f.

40 Daston: Early Modern History, S. 45.

chenen Verhältnis zwischen Autopsie und Autorität in den medizinischen Argumentationsweisen zu erklären, andererseits durch das ihnen zugrunde liegende Konzept des *Vertrauens*, das seinerseits auf der antiken und spätmittelalterlichen Autoritäts- und Testimoniumslehre gründet.[41]

Dieser Teil der Studie dient also nicht nur dazu, zu zeigen, wie Wissenschaftsprozesse in der Anatomie im Konkreten funktionierten, sondern soll auch begründen, weshalb die medizinischen Argumentationsweisen auch für andere Disziplinen des 17. Jahrhunderts eine Modellfunktion bildeten. Einige cartesianisch gesinnte Gelehrte und Wissenschafter des 17. Jahrhunderts räumten nämlich der Medizin eine leitende Funktion im Prozess der Erneuerung der Wissenschaften ein. Im Speziellen kann damit die zentrale Bedeutung der Medizin für die Konstituierung der Prämissen der ›Anthropodizee‹ in der zweiten Hälfte des 17. Jahrhunderts auch noch von der Seite ihrer argumentativen Strategien verdeutlicht werden. Zu diesen Prämissen gehörte – neben der Medizin – auch das Naturrecht des 17. Jahrhunderts, das sich ebenfalls empirischer Beweisverfahren bediente.

So hatte bereits der grosse niederländische Rechtsgelehrte Hugo Grotius, der in der ersten Jahrhunderthälfte schrieb, "zum Beweis des darzustellenden Rechts" ebenfalls auf die Autoritäts- und Testimoniumslehre zurückgegriffen und diese zur Auswertung von Zeugenaussagen (*testimonia*) vornehmlich antiker Autoren verwendet; dabei benutzte er die Methode der antiken rhetorischen und topischen Beweisführung (nach Aristoteles und Quintilian).[42] Im Zuge der Durchsetzung des neuen medizinischen und naturwissenschaftlichen Wissens sollten sich in der zweiten Jahrhunderthälfte jedoch besonders die Argumentationsweisen der Mediziner auf die naturrechtliche Argumentbildung auswirken. Kein Geringerer als der Sächsische Naturrechtstheoretiker Samuel Pufendorf bediente sich nämlich in seinen Schriften zur Verteidigung des Naturrechts solcher medizinischer Beispiele und argumentativer Strategien, als es ihm darum ging, die ›zivile‹ Ethik von der Moraltheologie abzuheben. So wird besonders im fünften Kapitel dieser Arbeit – *Pufendorf und der Cartesianismus. Die Ausdifferenzierung der ethica civilis* – gezeigt, wie der Naturrechtslehrer mit seinen neuen *moralphilosophischen* Wissensansprüchen vom autoritativen Text der Heiligen Schrift abweicht, ohne dieser gänzlich Autorität und Wahrheit abzusprechen. Zu diesem argumentativen Muster gehörte im 17. Jahrhundert auch die bibelhermeneutische These der ›Akkommodation‹, die

---

41 Vgl. hierzu ausführlich Simone De Angelis: Sehen mit dem physischen und dem geistigen Auge. Formen des Wissens, Vertrauens und Zeigens in Texten der frühneuzeitlichen Medizin. In: Diskurse der Gelehrtenkultur in der Frühen Neuzeit. Ein Handbuch. Hg. von Herbert Jaumann. Erscheint: Berlin/New York: Walter de Gruyter Verlag.

42 Vgl. Benjamin Straumann: Hugo Grotius und die Antike. Römisches Recht und römische Ethik im frühneuzeitlichen Naturrecht. Baden-Baden 2007 (Studien zur Geschichte des Völkerrechts, Bd. 14), hier S. 106-127, Zitat S. 107.

Pufendorf unter explizitem Hinweis auf die Argumentationsweisen der Mediziner ebenfalls benutzt.⁴³

Ein Resultat der Verwendung dieser Argumentationsmuster ist die Autonomisierung der *ethica civilis* im späten 17. Jahrhundert. Diese bildet den iuristischen bzw. rechtsphilosophischen Hintergrund der Anthropologie als Theorie des ›ganzen‹ Menschen, wie sie im 18. Jahrhundert nicht nur in der Physiologie, sondern auch in der Ästhetik, in der Kunst und in der modernen ›empfindsamen‹ Literatur der Zivilgesellschaft und ihrer Kultur zum Ausdruck kommt.⁴⁴ Anhand der Argumentationsweisen der Mediziner und Gelehrten des 16. und 17. Jahrhunderts kann ausserdem aus historiographischer Sicht gezeigt werden, dass im Prozess der Ausdifferenzierung von Disziplinen und der Herausbildung von ›neuen‹ Wissenschaftspraktiken nicht so sehr von historischen Brüchen, als vielmehr von Gleichzeitigkeiten bzw. von Transformationen in der Kontinuität auszugehen ist.

5. Naturrecht als Begründungsdiskurs

Vom systematischen Standpunkt des Begriffs des Naturgesetzes aus gesehen, zeigt diese Studie Kontinuitäten und Transformationen auf, die sich zwischen Vives und Melanchthon auf der einen Seite, Pufendorf und Cumberland auf der anderen ergeben. Dabei werden einerseits die systematischen Beziehungen zwischen dem Naturgesetz und der Medizin untersucht – in synchroner Perspektive anhand eines vertikalen Schnittes durch die Mitte des 16. Jahrhunderts in den Ansätzen von Vives

---

43 Simone De Angelis: Pufendorf und der Cartesianismus. Medizin als Leitwissenschaft und die Rolle der Bibelhermeneutik in seiner Verteidigung des Naturrechts um 1680. In: Internationales Archiv für Sozialgeschichte der deutschen Literatur, 29/1 (2004), S. 128-171. Den medizinischen und bibelhermeneutischen Argumentationsformen in Pufendorfs Texten trägt jetzt auch die Naturrechtsforschung gebührend Rechnung: vgl. Detlef Döring: Samuel Pufendorf und die Heidelberger Universität in der Mitte des 17. Jahrhunderts. In: Späthumanismus und reformierte Konfession. Hg. von Christoph Strohm et al. Tübingen 2006, S. 293-323, bes. S. 318-320.

44 Wolfgang Pross: Mozart in Mailand. In: Hunderteinundneunzigstes Neujahrsblatt der Allgemeinen Musikgesellschaft Zürich. Auf das Jahr 2007. Korbach (D) 2006. Pross spricht von einem "binäre[n] System von höfisch-absolutistischer Selbstrepräsentation und Ausdrucksformen einer sich konsolidierenden italienischen Zivilgesellschaft und ihrer eigenen Kultur, die sich auch in den Mitteln der Kunst, bis hin zum Musiktheater artikuliert" (ebd., S. 12); vgl. auch ders: Die Konkurrenz von ästhetischem Wert und zivilem Ethos. Ein Beitrag zur Entstehung des Neoklassizismus. In: Der theatralische Neoklassizismus – ein europäisches Phänomen? Hg. von Roger Bauer u.a. Bern u.a. 1986, S. 64-126 sowie Friedrich Vollhardt: Selbstliebe und Geselligkeit. Untersuchungen zum Verhältnis von naturrechtlichem Denken und moraldidaktischer Literatur im 17. und 18. Jahrhundert. Tübingen 2001.

und Melanchthon, in diachroner Perspektive anhand des Aufzeigens der Veränderung des Naturgesetzbegriffs zwischen Melanchthon und Pufendorf. Andererseits führen die systematischen Beziehungen zwischen dem modernen Naturrecht und der ›Naturgeschichte des Menschen‹ im Werk von Buffon unsere Studie weit ins 18. Jahrhundert hinein. Der studierte Jurist und Naturforscher Buffon überprüft nämlich um 1750 Pufendorfs Soziabilitätsthese bzw. den Grad der Realisierung des Naturgesetzes der *socialitas* anhand des reichhaltigen ethnographischen Materials über die ›wilden‹ Völker Amerikas, das ihm die Reiseliteratur zuliefert. Damit transformiert Buffon die Anthropologie in einen ›ethnologischen Diskurs‹. Das erklärt, warum Buffons naturrechtliche Kategorie der ›relations morales‹ die Wahrnehmungsweise ›fremder‹ Kulturen und ihre Darstellungsform in Texten prägt – und zwar noch bis zu Georg Forsters ›philosophischem Reisebericht‹ über seine Fahrt in die Inselwelt der Südsee in den 1770er Jahren. In einer rasch sich transformierenden Wirklichkeit hatte zu diesem Zeitpunkt aus der Sicht der politischen Ökonomie der Konkurrenzkampf der Grossmächte England und Frankreich um die Eroberung neuer globaler Handelsmärkte bereits begonnen.[45]

Die fundamentale Rolle des Naturrechts bei der Formation der modernen Anthropologie ist somit noch einmal deutlich hervorzuheben: Das Naturrecht bündelt systematisch eine Reihe von diskursiven Elementen – medizinisch-anatomische, physiologische, psychophysisch-kognitive, soziobiologische, sozialethische, politische, ökonomische, ethnologische etc. –, die in ihrem Interagieren zwischen 1650 und 1750 das dualistische Anthropologiemodell Casmanns tiefgreifend transformieren und eine ›Wissenschaft vom Menschen‹ begründen. Dies ist denn auch der Grund, weshalb die Anthropologie ab der zweiten Hälfte des 17. und vor allem im 18. Jahrhundert nicht auf die Textgattung *Anthropologia* bzw. *Anthropologie* eingeschränkt werden kann.[46]

---

45 Istvan Hont: Jealousy of Trade. International Competition and the Nation-State in Historical Perspective. Cambridge (Massachusetts)/London 2005. Für die Historiker handelt es sich bei dem Begriff der ›Industriellen Revolution‹ denn auch "um ein komplexer Prozess wirtschaftlichen Umbaus, der sich zwischen 1750 und 1850 [...] auf der britischen Hauptinsel [...] abspielte." Vgl. Jürgen Osterhammel: Die Verwandlung der Welt. Eine Geschichte des 19. Jahrhunderts. München 2009, hier S. 916.

46 Carl Niekerk: Zwischen Naturgeschichte und Anthropologie. Lichtenberg im Kontext der Spätaufklärung. Tübingen 2005, will "die Entstehung der Anthropologie aus der Naturgeschichte" (ebd., S. 165) ableiten. Dabei werde Platners ›Anthropologie‹ zur "Ausnahme, da die Herkunft der anthropologischen Diskussion aus der Naturgeschichte in ihr [...] nicht klar wird." Niekerk sieht weder die Beziehungen Buffons zu Pufendorf noch die naturrechtliche Matrix von Platners ›Anthropologie‹, so dass seine Herleitung "der Entwicklung des Anthropologie-Begriffs des 18. Jahrhunderts" (ebd., S. 167) den eigentlich zentralen Punkt verfehlt.

6. Literatur und Wissen(schaft)

Ich bleibe nach Abschluss dieser Studie fest davon überzeugt, dass die Erforschung von Quellen, deren Darstellung, Übersetzung und Interpretation immer noch die Hauptaufgabe einer mit textphilologischen Instrumentarien arbeitenden Literaturwissenschaft ist – gerade wenn diese im Blick auf den Gegenstand der ›Anthropologie‹ Grundlagenforschung betreibt. Gleichzeitig werden durch das Rekonstruieren und Verstehen der in medizinischen Texten verwendeten argumentativen Formen, Darstellungsweisen und kontrafaktischen Imaginationen, die Wissensansprüche stützen, Aspekte einer Geschichte des Wissens erörtert, die mit der Literatur bzw. mit poetischen Formen eine Beziehung eingeht.

Dies zeigt sich etwa schon in den Techniken und Verfahren der Visualisierung in den Texten der Anatomen des 16. Jahrhunderts, deren Analyse viel zum Verständnis der Darstellung und Vermittlung von (neuem) Wissen in Texten *und* Bildern beiträgt. So ist anhand der *medizinischen* Texte der Frühen Neuzeit einiges darüber zu erfahren, wie auch ästhetische Gegenstände und kulturelles Wissen (einschliesslich des naturkundlichen) in *literarischen* Texten dargestellt und vermittelt werden.[47] Hier liegt also ein möglicher Ansatzpunkt für die Erforschung der Beziehungen zwischen Literatur und Medizin – gerade wenn man die Modellfunktion der Medizin bedenkt, "mit der das Gefüge der frühneuzeitlichen Wissensordnungen insgesamt – und damit auch der Literatur – verändert wird."[48]

Es ist ferner zu fragen, ob sich am Beispiel der Formation des medizinischen Diskurses der Frühen Neuzeit aus der Sicht des hier dargestellten historischen Textmaterials nicht auch eine zentrale Frage der sogenannten "*poétique du savoir*" erörtern lässt, nämlich die Frage nach den ›Regeln, nach denen ein Wissen geäussert und sich als spezifische Rede konstituiert‹.[49] Die Frage stellt sich vor dem Hintergrund, dass es a) verschiedene Arten des Wissens gibt (propositionales, implizites oder prozedurales Wissen etc.)[50] und b) dass bereits seit der Antike rhetorische, topische oder poetische Formen und Formenelemente die Texte der

---

47 Vgl. hierzu De Angelis: *Demonstratio ocularis* und die dort diskutierte Forschungsliteratur; ders.: Die Liebeskrankheit und der Eros-Mythos. Zur Beziehung von medizinischen und poetischen Texten in der Renaissance. In: Medizinische Schreibweisen. Ausdifferenzierung und Transfer zwischen Medizin und Literatur (1600-1900). Hg. von Nicolas Pethes und Sandra Richter. Tübingen 2008, S. 73-97.
48 Walter Erhart: Medizin – Sozialgeschichte – Literatur. In: Internationales Archiv für Sozialgeschichte der deutschen Literatur, 29. Bd. (2004) 1. Heft, S. 118-128, hier S. 122f.
49 Jacques Rancière: Les noms de l'histoire. Essai de poétique du savoir. Paris 1992, S. 21: "La poétique du savoir s'intéresse aux règles selon lequelles un savoir s'écrit et se lit, se constitut comme genre de discours spécifique."
50 Vgl. hierzu die instruktive Diskussion bei Ralf Klausnitzer: Literatur und Wissen. Zugänge – Modelle – Analysen. Berlin/New York 2008, Kap. 1.

Wissenschaften und anderer Wissenskulturen gestaltet haben.⁵¹ Heute werden die poetischen Formenelemente etwa als Zugangsweisen zu der komplexen Wechselbeziehung zwischen *Literatur und Wissen* untersucht.⁵² So zeigt auch die durch diese Studie gemachte Erfahrung im Umgang mit Texten und Wissen aus unterschiedlichen Disziplinen, Sprachen und Kulturen, dass die epistemologischen Fragen der Literatur- und Wissensgeschichtsschreibung – etwa nach der "Sozialität, Historizität, Diskursivität, Konstruktivität und Poetizität des Wissens"⁵³ – gerade dann an Brisanz gewinnen, wenn man zugleich versteht, auf welchen komplexen Prozessen der Transformation des Wissens seit der Renaissance und Frühen Neuzeit sie beruhen.

Wie sich Literatur und Wissen(schaft) aufeinander beziehen können, kann am Beispiel der Einbildungskraft und des Gedächtnisses bzw. an der Art und Weise ihres Funktionierens veranschaulicht werden. Schon für Cumberland ist die Ausbildung dieser mentalen Kapazitäten das entscheidende Kriterium, das den Menschen von demjenigen Tier unterscheidet, das ihm intelligenzmässig am Nächsten kommt, dem Affen. Dabei liegt für Cumberland und die Anatomen seiner Zeit dieser Unterschied im Wesentlichen im Bau des menschlichen Gehirns begründet. Renommierte Philosophen schlagen heute vor, "den Geist in erster Linie als eine Vorrichtung für das Vorstellen zu betrachten. Der Mensch ist ein *homo imaginans*."⁵⁴ Colin Mc Ginn stützt sich dabei auf die Behauptung, dass der Grund, weshalb der *homo sapiens* im Gegensatz zu anderen Hominiden überlebt hat, "in der Macht der Einbildungskraft" liege.⁵⁵ Mit Blick auf das geistige Auge im Inneren des Gehirns begreift er die Visualisierung bzw. die visuelle Vorstellung als ein Sehen, "das man tut".⁵⁶ Zu fragen ist, ob hier nicht eine gute Erklärung vorliegt, die uns hilft, zu verstehen, wie sich die Anatomen der Frühen Neuzeit (und generell die Naturforscher auch späterer Jahrhunderte) ihre Tätigkeit des Visualisierens eigentlich vorstellten.

---

51 Carlo Ginzburg: Montrer et citer. La vérité de l'histoire. In: Le débat, n. 56 (1989), S. 43-54 sowie De Angelis: Darstellungsformen medizinischen Wissens, S. 572f.; zum Konzept der ›Wissenskulturen‹ vgl. jetzt Hans Jörg Sandkühler: Kritik der Repräsentation. Einführung in die Theorie der Überzeugungen, der Wissenskulturen und des Wissens. Frankfurt/M. 2009, S. 68-77.
52 Klausnitzer: Literatur und Wissen, S. 50.
53 Nicolas Pethes: Literatur- und Wissenschaftsgeschichte. Ein Forschungsbericht. In: Internationales Archiv für Sozialgeschichte der deutschen Literatur, 28, 1, (2003), S. 181-231, hier S. 208. Kritisch zu den sogenannten ›Poetologien des Wissens‹ im deutschen Sprachraum vgl. Klausnitzer: Literatur und Wissen, S. 151-159.
54 Colin Mc Ginn: Das geistige Auge. Von der Macht der Vorstellungskraft. Aus dem Englischen von Klaus Laermann. Darmstadt 2007, hier S. 14. (Originaltitel: Mindsight – Image, Dream, Meaning. Harvard 2004).
55 Ebd. u. S. 184.
56 Ebd., S. 57: "Das Auge des Geistes ist also ein aktives Organ. Sein assoziiertes visuelles Erleben ist dem Willen unterworfen. Sehen kann etwas sein, das man *tut* (und intentional tut)."

Denn auch den Medizinern der Frühen Neuzeit war der Unterschied zwischen der Wahrnehmung (Sehen) und der Visualisierung (visuelle Vorstellung) und deren mediale Darstellung durchaus klar. Es genügte nämlich mitunter nicht, bei der Autopsie einen neuen Körperteil zu sehen bzw. zu zeigen oder unter dem Mikroskop oder von blossem Auge einen embryogenetischen Prozess oder eine Muskelbewegung wahrzunehmen. Da die Mediziner auch andere von ihren neuen Wissenansprüchen überzeugen wollten oder mussten, hatten sie diese auch noch in einem Text sprachlich und/oder optisch darzustellen bzw. mit den technischen Mitteln des Buchdrucks zu visualisieren. Dabei benutzten sie die rhetorische Technik der *demonstratio* bzw. des Vor-Augen-Stellens (*ante oculos ponere*). Diese wurde so verstanden, als drücke man mit Worten einen Sachverhalt aus und zwar so, dass man meint, etwas spiele sich ›wirklich‹ vor unseren Augen ab.[57] Hier ist offenbar die geistige Art des Sehens gemeint. Die Visualisierung appelliert also an unser visuelles Vorstellungsvermögen. Die Visualisierung der Anatomen hatte somit die Funktion des Demonstrierens oder Beweisens im Sinne von Vorzeigen, Vor-Augen-Stellen. Die Durchsetzung von neuem Wissen in der Anatomie war also auch von sprachlichen und visuellen Darstellungsformen in Texten abhängig.[58]

Im Prinzip ist die Technik des *ante oculos ponere* der Anatomen – später verfeinert durch die ästhetische Technik der Verdichtung des Assoziationsfeldes, welche die Vorstellung eines Gegenstandes umso plastischer erscheinen lässt – sowohl als ein Verfahren der Literatur als auch der Wissensdarstellung in Texten der Natur- und Kulturwissenschaften bis heute geblieben.[59] Je deutlicher ein Dichter das Assoziationsfeld füllt, umso deutlicher wird die Vorstellung von ›Realität‹, je dichter und plastischer die Details sind, je stärker wird die Illusion des Gegenstandes, das sich vor dem geistigen Auge konstituiert. Das gilt auch von der Darstellung nicht-realer Gegenstände, also von Gegenständen in fingierten, aber vorstellbaren möglichen Welten. So wird etwa in Averroès' Kommentar der Poetik des Aristoteles (übersetzt ca. 1250) das Vor-Augen-Stellen eines Gegenstandes als ein Kriterium der Güte poetischer Narration angesehen (*bonitas narrationis poetice*).[60] Alexander Gottlieb Baumgarten spricht in der Mitte des 18. Jahrhunderts davon, dass "der anmutige Geist" nicht nur so veranlagt ist, dass er "seinen eigenen vergangenen Zustand" im Gedächtnis zu reproduzieren vermag, sondern dass er auch einen von

---

57 De Angelis: Darstellungsformen medizinischen Wissens, S. 572.
58 De Angelis: *Demonstratio ocularis*; ders.: Sehen mit dem physischen und dem geistigen Auge.
59 De Angelis: Darstellungsformen medizinischen Wissens, S. 573.
60 Aristoteles: De arte poetica. Translatio Guillelmi de Moerbeka. Accedunt expositio media Averrois sive 'Poetria' Hermanno Alemanno interprete et specimina translationis Petri Leoni. Hg. von Laurentius Minio-Paluello. Bruxelles-Paris 1968, S. 62 u. S. 52.

der sinnlichen Wahrnehmung abstrahierten Gegenstand oder auch einen fiktiven Zustand "mit angemessenen Zeichen vor Augen stellen kann ("et signis convenientibus ob oculos ponere possit").[61]

Die Darstellung von medizinischem Wissen in Texten ist heute längst auch ein Verfahren der Literatur geworden: Eine Verbindung von Literatur und Wissenschaft ist etwa dann gegeben, wenn ein Gegenwartsroman zum Beispiel den Verlust des Gedächtnisses seines Protagonisten schildert, daran Fragen der Konstitution von Bewusstsein anbindet und damit philosophisches und neurowissenschaftliches Wissen sprachlich darstellt.[62] In diesem Fall ist die Darstellung von medizinischem und philosophischem Wissen in Literatur mit der Darstellung eines anthropologischen Gegenstandes schlechthin verknüpft.

---

61 Alexander Gottlieb Baumgarten: Ästhetik. Hg. von Dagmar Mirbach. Bd. 1. Hamburg 2007, Teil 1: Theoretische Ästhetik, 1. Kap.: Heuristik, 2. Abschnitt: Die natürliche Ästhetik, §39, S. 34f.
62 Vgl. etwa Richard Powers: Das Echo der Erinnerung. Roman. Aus dem Amerikanischen von Manfred Allié und Gabriele Kempf-Allié. Frankfurt/M. 2006. Vgl. auch der teils autobiografische, teils neurobiologisch-wissenschaftliche Text des Gedächtnisforschers Eric R. Kandel: Auf der Suche nach dem Gedächtnis. Die Entstehung einer neuen Wissenschaft des Geistes. Aus dem Amerikanischen von Hainer Kober. München 2006.

1. Kapitel:
Zur Wissensformation ›Anthropologie‹ im 16. Jahrhundert

1. Anthropologie und Naturgesetz

Ziel dieses Kapitels ist es, die Bildung anthropologischer Konzepte in der Renaissance anhand einiger prominenter Beispiele zu verfolgen. Grundlegend für den Neuansatz der Anthropologie im 16. Jahrhundert ist einerseits die Rezeption der antiken Vorstellungen vom Menschen durch die Humanisten und andererseits eine neue Art von Kommentaren zu Aristoteles' *De anima* um 1540, in die zeitgenössisches Wissen aus Medizin und Naturphilosophie eindringt. Das ›anthropologische Wissen‹ des 16. Jahrhunderts formiert sich also aus der zeitgenössischen Medizin, Physiologie und Psychologie.[1] Betrachtet werden im Folgenden Aspekte der Seelenlehre von Vives und Melanchthon, die im Rahmen des Begriffs des ›natürlichen Gesetzes‹ anthropologische Fragestellungen entwickeln.

1.1. Vives

Indem Juan Luis Vives (1492–1540) in dem Titel seiner Schrift über die Seele *De anima et vita* den Begriff „*vita*" hinzufügt, signalisiert er, dass seine Abhandlung nicht ohne den Teil zum ›Leben‹ – im ethischen, aber auch im körperlich-physischen Sinne – auskommen kann. Damit greift er auf eine Definition des Menschen von Lorenzo Valla zurück. Dieser hatte das menschliche Wesen ethisch mit Hinweis auf die Fähigkeit des Menschen zu handeln (*actio*) bestimmt.[2] Valla zufolge sind Verstand, Gedächtnis und Willen Teile der Seele, die Mensch und Tier gemeinsam haben. Hier distanzierte sich Valla von der gewissermassen ›vergeistigten‹ Anthropologie des Boethius, in der die konkret physische Natur des

---

1   Vgl. Paul Mengal: La constitution de la psychologie comme domaine du savoir aux XVIème et XVIIème siècles. In: Revue d'Histoire des Sciences Humaines 2. Les origines de la psychologie européenne (16e-19e siècles). Paris 2000, S. 5-27. Vgl. auch Fernando Vidal: Les sciences de l'âme XVIe-XVIIIe siècle. Paris 2006.
2   Vgl. Laurentii Valle: Repastinatio Dialecticae et Philosophie. Hg. von Gianni Zippel. Padova 1982, Bd. 2, Lib. I, cap. 12, 2-3, S. 401f.: „Quare non video cur [sc. homo] uni predicamento subiciatur et non pluribus, nec modo 'substantie' et 'qualitati' sed etiam 'actioni', sine qua homo non constat. Quocirca cum de substantia sola loqui non liceat, sed conjuncta semper cum qualitate et fortassis etiam cum actione, [...]."

Menschen unterschätzt wurde. In seiner *Repastinatio dialectice et philosophie* (1439 und 1457) hatte Valla die Position des Boethius abgelehnt.³ Vives hatte die *Naturalis historia* des älteren Plinius gelesen, die in der philologisch überarbeiteten und kommentierten Edition von Ermolao Barbaro (1453/54-1493/94) um 1500 von den Humanisten, insbesondere auch von humanistischen Medizinern diskutiert wurde.⁴

Vives' Vorstellung von der menschlichen Natur nimmt ferner Rücksicht auf die *imbecillitas*, die für die Stellung des Menschen im Naturzusammenhang überhaupt typisch sei und von Plinius auf die körperliche Konstitution zurückgeführt worden war. Dass Vives die Mängel der menschlichen Konstitution gebührend hervorhebt und durch sie zu seiner Untersuchung über die menschliche Seele motiviert wurde, belegt sein Verweis auf eine Stelle aus der Einleitung zum siebten Buch der *Naturalis historia*, in der Plinius – nach der Aufzählung einiger Merkmale für die humanen Schwächen – davon spricht, dass kein anderes Lebewesen ausser dem Menschen in Angstsituationen derartig konfus reagiere.⁵ Im Anschluss an Valla erforscht Vives in

---

3   Ebd., Bd. 2, Lib. I, cap. 9, 7, S. 391: „Quod [sc. Boethius in seinem Porphyr-Kommentar] autem vult hominem esse cum diis rationalem preter cetera animalia et mortalem cum ceteris, utrunque negare possumus. Nam et brutis inesse rationem quantam natura illam recipit, et non magis prestare hominem bruto ratione quam aliis duabus anime dotibus, memoria et voluntate, in sequentibus probabo: [...]." Auf die Relevanz dieser Zitatstellen für Vallas Konzeption des Menschen hat bereits Wolfgang Pross aufmerksam gemacht: Le péché et la constitution du sujet à la Renaissance. In: Rue Descartes. Collège international de philosophie, n° 27: Dispositifs du sujet à la Renaissance. Paris 2000, S. 79-116, hier S. 88f. Vgl. zur Position des Boethius seine *In Isagogen Porphyrii Commenta*, z.B. Lib. III, cap. 4: „Sub animali autem rationale atque inrationali, sub rationali homo atque deus; nam si rationali mortale subieceris, hominem feceris, si inmortale, deum, [...]." Zitiert nach der Ausgabe: Anicii Manlii Severinii Boethii. Hg. von Georg Schepps und Samuel Brandt. Wien/Leipzig 1906 (Corpus Scriptorum Ecclesiasticorum Latinorum, Bd. 48), S. 208.

4   Vgl. Vittore Branca: L'umanesimo veneziano alla fine del Quattrocento. Ermolao Barbaro e il suo circolo. In: Storia della Cultura Veneta. Hg. von Girolamo Arnaldi und Manlio Pastore Stocchi, 6. Bde. Vicenza 1976-1986, Bd. 3: Dal Primo Quattrocento al Concilio di Trento, 1. Teilband, 1980, S. 123-175, hier S. 146-156; vgl. auch Arno Borst: Das Buch der Naturgeschichte. Plinius und seine Leser im Zeitalter des Pergaments. Heidelberg 1994, hier S. 312-317; zur medizinischen Rezeption vgl. Nicolò Leoniceno: De Plinii in Medicina Erroribus. Hg. von Loris Premuda, Milano/Roma 1958; vgl. hierzu Daniela Mugnai Carrara: La biblioteca di Nicolò Leoniceno. Tra Aristoteles e Galeno: cultura e libri di un medico umanista. Firenze 1991, S. 25-27 sowie Vivian Nutton: The rise of medical humanism: Ferrara, 1464-1555. In: Renaissance Studies, 11, 1 (1997), S. 2-19, hier S. 3f.

5   Auf diese Stelle bezieht sich Vives in dem Abschnitt über die Angst im 3. Buch von *De anima et vita*. Vgl. Juan Luis Vives: De anima et vita. Basel 1538, L. III, S. 245: „Plinius ait, nulli animantium pauorem esse confusiorem, quàm homini. Fides sit penes illum." Die Zitate folgen dem fotografischen Nachdruck der Erstausgabe: Ioannis Lodovici Vivis Valentini: De anima et vita libri tres. Opus insigne, nunc primum in lucem editum. Basel 1538. Hg. von Mario Sancipriano. Torino 1973. Vgl. C. Plinii Secundi Naturalis Historia, Lib. VII, I, 5: „Nulli vita fragilior, nulli rerum omnium libido maior, nulli pavor confusior, nulli rabies acrior." Vgl. auch Herbert Jaumann: Handbuch Gelehrtenkultur der Frühen Neuzeit. Bd. 1:

seiner Seelenschrift – vier Jahre nach der ersten gedruckten Edition von Galens *De placitis Hippocratis et Platonis* im Jahre 1534[6] – die physiologischen Bedingungen für Leidenschaften und Affekte der menschlichen Seele und deren Konsequenzen für das ethisch bewertbare menschliche Handeln. So stellt Vives z.B. in dem soeben erwähnten Abschnitt seiner Seelenschrift (s. Anm. 5) zwischen unterschiedlichen Ausprägungen der Furchtempfindung bei Mensch und Tier und anatomisch-physiologischen Prozessen einen Kausalzusammenhang her, um die körperliche Auswirkung dieser Leidenschaft zu erklären. Im Zusammenhang mit seinen Ausführungen über den konfusen Zustand, den Angstempfindungen im geistig-mentalen Bereich auslösen könnten, zieht Vives jedoch auch Phänomene der Affektregulierung in Betracht. Die Fähigkeit, seelische Regungen zu kontrollieren, schreibt Vives einem Urteilsvermögen zu, dem die Affekte angeblich folgen. Dieses Urteilsvermögen könne Affekte aber auch verursachen und entscheide über den Vollzug oder Nichtvollzug von Handlungen.[7] Es werde keine Willenshandlung vollzogen, bevor der Geist nicht über die Nützlichkeit oder die Schädlichkeit eines ihm vorgestellten (inneren oder äusseren) Objektes geurteilt hat; dasselbe geschehe auch bei Tieren, bei denen die *vis extimativa* eine urteilsähnliche Funktion übernehme.[8] Diese Art der Affektbildung unterscheidet Vives von den natürlichen Trieben (*impetus naturales*), die ihrerseits durch körperliche Regungen verursacht werden und der Urteilsbildung vorausgehen.[9] Es handelt sich Vives zufolge bei der genannten Urteilsform jedoch nicht primär um ein Urteil der Vernunft (*ratio*). Vielmehr entsteht es in demjenigen Teil der menschlichen Seele, der durch die Bilder der Einbildungskraft bewegt

---

Bio-bibliographisches Repertorium. Berlin/New York, Art. Vives, S. 689a-690a.

[6] Vgl. z.B. Claudii Galeni De Hippocratis et Platonis placitis [...] novem libris (quorum primus desideratur) nunc latinitate donatum. Joanne Guinterio Andernaco interprete. Paris 1534. Vgl. hierzu Vivian Nutton: *De placitis Hippocratis et Platonis* in the Renaissance. In: Le opere psicologiche di Galeno (Atti del terzo colloquio galenico internazionale, Pavia, 10-12 settembre 1986). Hg. von Paola Manuli und Mario Vegetti. Neapel 1988, S. 281-309, hier S. 299: „[...] Guinther of Andernach (1505-74) [...] published in 1534 the first humanist Latin version from the Aldine Greek."

[7] De anima et vita [1538], Lib. III, S. 145: „Quo circa cognitio tum sensuum, tum interior omnis, propter iudicandum est animanti addita: iudicandum uero, ad nos uel impellandos, uel retrahendos."

[8] Ebd., Lib. III, S. 146f.: „non enim mouetur animus, nisi preiudicatum sit bonum esse, aut malum, id quod est obiectum: idemque in brutis usu euenit, in quibus non sola imaginatio parit af[f]ectum, nisi & existimatio accesserit, quæ illis iudicij cuiusdam locum obtinet."

[9] Ebd., Lib. III, S. 146: „Sunt quidam animorum motus, seu impetus uerius naturales, qui ex affecto corpore consurgunt: ut edendi cupiditas in fame, bibendi in siti; moeror in morbo, uel premente atra bili, exhilaratio in liquido & puro sanguine circa cor, offensio ad plagam. ij iudicio anteuertunt: reliqui omnes quantumcumque celeres & præerapidi, iudicij sententiam sequuntur."

wird und der sich – nach dem psychologischen Modell Galens – im mittleren Gehirnteil befindet, wo die Phantasie vorherrsche:

> Um einen Affekt auszulösen, ist nicht immer dasjenige Urteil nötig, mit dem man aufgrund des Vergleichens von Argumenten über einen Sachverhalt befindet: jenes Urteil genügt und ist gewöhnlich in Anspruch genommen, welches von den Bildern der Einbildungskraft aktiviert wird. Daher sind wir, sobald einzig und allein in der Sphäre der Phantasie eine Regung in der Art ähnlich einer Meinung oder Urteil registriert wird, dass das, was ihr Objekt ist, nützlich oder schädlich ist, von allen Leidenschaften der Seele bewegt, wir fürchten uns, wir freuen uns, wir weinen, sind traurig: daher geschieht es, dass sie [sc. die Leidenschaften, SDeA] sich offenbar zu demjenigen Teil des Körpers hinneigen, in dem die Phantasie so sehr herrscht.[10]

Bereits im erkenntnistheoretischen Teil von *De anima et vita* hat Vives die von Aristoteles' Seelentheorie aufgeworfenen Probleme im Bereich der Wahrnehmungstheorie – besonders die Frage nach der Verwandlung des Sinneseindrucks in Reflexion – zurückgedrängt und die physiologische Beschreibung der Sinnesorgane und der Stimulationsprozesse im Wahrnehmungsvorgang privilegiert. Vives konzentriert sich auf die Analyse der abstraktiven Erkenntnisleistungen des Menschen (›innere Erkenntnis‹),[11] der die Wirklichkeit in Bildzeichen erfasst – und darauf beziehen sich auch die Sprachzeichen. Vives' Erkenntnisbegriff gesteht dem Kreislauf des sinnlichen Eindrucks zwischen dem Körper (Sinnesorgane), der Einbildungskraft (*imaginatio*) und der Phantasie (*phantasia*), die als zwei distinkte Vermögen erkannt werden, eine Autonomie zu, ohne dass dabei ein Bezug zu dem höchsten Seelenvermögen, dem Intellekt, hergestellt wird. In einer diesen Kreislauf erläuternden Passage erhalten bei Vives die bei den Aktivitäten des inneren Erkenntnisprozesses involvierten Seelenvermögen eine Lokalisierung im Gehirn nach dem Muster Galens:

> Es besteht daran kein Zweifel, dass die äusseren Sinneswahrnehmungen in einem gewissen Verhältnis zu den inneren stehen, und dies bedeutet, dass eine bestimmte Analogie zwischen ihnen herrscht. Denn die aus der dichten und irdischen Materie gewonnen Eindrücke sind ebenso Bilder wie jene subtilen und körperlosen unseres Inneren, und im Geist gibt es nichts, was den Sinnesorganen so gleicht, wie das Auge. Deshalb scheint es, dass die Bilder des Geistes

---

10 Ebd., Lib. III, S. 147: „Quæ iudicium moueant, inque uarias sententias traducant, dictum est à nobis superiore volumine. Consequens etiam est, ut eadem illa ad concitandos sedandosque animi motus ualeant. Sed non semper ad affectum excitandum opus est iudicio illo, quod ex rationum collatione de rebus statuit: illud sufficit, & est frequentius, quod imaginationi[bu]s moueatur uisis. Itaque sola phantasia trahente ad se tumultu suo speciem quandam opinionis & iudicij, quod bonum sit, aut malum quod se ei obiectum, in omnes animi perturbationes uersamur, timemus, lætamur, flemus, tristamur; quo fit, ut manifesto ad partem corporis uergant, in quo tantopere dominatur phantasia."

11 De anima et vita [1538], L. I („De cognitione interiore"), S. 31-35.

gemäss ihrem Verhältnis zu den realen Dingen, ebenso beschaffen sind, wie die äusseren Bilder. Diese werden in die Augen eingeprägt, jene inneren Bilder aber in den hellen Geist [sc. das „psychikon pneuma"], der sie dauerhafter festhält und sie dem geistigen Auge reiner und einleuchtender vermittelt; und dies ist gewissermassen ein passiver Vorgang des Geprägt- und Affiziertwerdens. Aber sobald der subtile Geist auf jene Vermögen* einwirkt, indem er sie zusammenstellt oder auflöst, so wird er selbst aktiv tätig. Diesen Seelenvermögen hat die Natur verschiedene Werkzeuge bzw. verschiedene Werkstätten in den Regionen des Gehirns gegeben. Denn vom Vorderhirn, so heisst es [sc. seit Galen], entspringen die Sinneswahrnehmungen als ihrem Sitz, und hier sei auch der Einbildungskraft ihre Stelle angewiesen; im mittleren Hirn residieren Phantasie und Urteilskraft, und im Hinterkopf das Gedächtnis. Und man schliesst ferner daraus, dass je nach dem, welcher dieser Teile affiziert wird, die entsprechende Funktion in Tätigkeit gesetzt wird, ohne dass dies Veränderungen bei den übrigen Teilen hervorrufen muss; und dies geschieht auf eine Weise, wie wir es bei den Gliedern unseres Körpers erfahren.[12]

*[Der im Original an dieser Textstelle verwendete Plural „animae" ist den galenischen „δυναμεις" nachgebildet]

Damit wird deutlich, dass das Urteilsvermögen, das Vives im Zusammenhang mit der Analyse der Verursachung und Wirkung der Affekte in den Blick nimmt, sich auf jene abstraktiv-zeichenhafte ›innere Erkenntnis‹ des Menschen bezieht, also auf jenen Kreislauf der Bilder (*visiones*) zwischen dem Körper, der Einbildungskraft und der Phantasie, der autonom vom Intellekt funktioniert. Bezüglich der Regulierung der Angstempfindung beschreibt nun Vives die konkreten physiologischen Voraussetzungen, welche die Ausübung dieses Urteilsvermögens begünstigen:

Dies sind also die Wirkungen der Angst im Körper. Beschäftigt die Angst aber den Geist, stört sie die Gedanken und macht sie konfus. [...] In Gefahrsituatio-

---

[12] Ebd., Lib. I, S. 34: „Sensa exteriora dubium non est, quin proportionem quandam, hoc est analogiam habeant cum interioribus. sunt enim crassa & terrea, subtilium atque spiritalium imagines: & animo nihil est perinde de sensibus simile, atque oculus. itaque imagines animi proportione rerum tales uidentur illic esse, quales externae. istae in oculis imprimuntur, interiores illae in lucido spiritu, qui eas et retinet diutius, & offert animi oculo purius ac manifestius: quae impressio ceu passio quaedam est. at quum in eas animas componendo aut diuidendo incumbit, actio fit illius. Hisce facultatibus diuersa attribuit natura instrumenta, & ceu diuersas officinas in cerebri partibus. nam in anteriore cerebro dicunt esse sensuum fontem sedemque, ibique imaginationem constitui: in medio phantasiam, & extimatiuam: in occipitio memoriam. idque inde colligunt, quod ut quaeque harum partium afficitur, ita & illa functio, reliquis non mutatis, haud aliter quàm in corporis membris experimur." Die dt. Übersetzung hat Wolfgang Pross besorgt. Wesentliche Einsichten in Vives' Erkenntnistheorie gab mir seine unpublizierte Studie: Die Stellung der Phantasie in der Architektonik der Seele. Zur Rezeption der aristotelischen Seelenschrift zwischen 1500 und 1600. In: Ders.: Freiheit und Willkür: Die Selbsterfindung des Menschen in der Renaissance (unveröffentlicht). Vgl. auch De Angelis: Zur Galen-Rezeption in der Renaissance mit Blick auf die Anthropologie von Juan Luis Vives.

nen stark zu bleiben und je nach Situation über einen klaren Kopf zu verfügen, wie Livius von Hannibal und Sallust von Iugurtha berichten, kommt nicht nur [körperlich und psychisch] äusserst stabilen Persönlichkeiten zu sowie solchen Menschen, die sich durch derartige Gefahren nicht über die Massen aus der Ruhe bringen lassen, sondern auch intelligenten und geistreichen Leuten. Diese sind so beschaffen oder werden es, entweder durch Gewohnheit und durch gute und wiederholte Übungen oder durch ihre natürliche Konstitution und Ausstattung; im Herzbereich ist [sc. bei solchen Menschen] das Blut in grossen Mengen vorhanden, es ist warm, flüssig, und in der Lage, das Gehirn reichlich mit subtilen und temperierten Seelengeistern zu beliefern.[13]

Vives' naturalistische Erklärung dieser Phänomene rekurriert auf die *spiritus*-Lehre der Psychologie Galens und weist dementsprechend auf die der psychophysischen Struktur der Affekte zugrundeliegende komplexe Interaktion der Organsysteme des menschlichen Körpers – speziell die Blut-, Herz- und Gehirnfunktionen – hin. Zwar nennt Vives keine konkrete Galen-Stelle, doch erweist sich die von ihm oben zitierte Textstelle als Paraphrase eines Abschnitts des siebten Buches von *De placitis Hippocratis et Platonis*, in dem Galen den Prozess erläutert, wie der lebendige Seelengeist oder das zerebrale Pneuma (ψυχικόν πνεῦμα) im Gefässnetz (*rete mirabile*) an der Gehirnbasis entstehe.[14] Die Seele bedient sich gemäss Galen des materiellen Substrats des zerebralen Pneuma, um Denkprozesse zu vollziehen. Aufgrund seiner Beobachtungen der komplexen Struktur der Arterien zwischen der Karotis (Halsschlagader)

---

13 De anima et vita, L. III, S. 244f.: „Hæc quidem sunt metus opera in corpore. In animo uero hæc exercet, perturbat & confundit cogitationes. [...] In periculis adesse animo, & consilium ex re nata, quasique sub manum posse excogitare, ut de Annibale Liuius, & de Iugurtha Salustius memoriæ tradunt: non solum fortissimorum est, & eorum qui non uehementer eiusmodi periculis mouentur, sed etiam acutorum, magnisque ingenii. tales sunt autem, uel facti usu atque exercitamentis multis et magnis, uel à natura formati et instructi, quibus est sanguis circa cor multus, calidus, liquidus: qui & copiosos, & subtiles, ac temperatos ad cerebrum spiritus mittat" (meine Übersetzung).

14 Vgl. Claudii Galeni De Hippocratis et Platonis Dogmatibus, Iano Cornario Medico Physico interprete, Liber Septimus, c. 6. In: Galeni Operum Primus Tomus Classem Primam Continet, Quae Humani Corporis Fabricam [...]. Ioannis Baptistae Montani Praefatio. Basel 1549, S. 1037: „Magis quoque in eam sententiam induceris, ut crederes spiritum hunc ibi generari, uasis ac præcipue arterijs ipsum in cerebri uentriculos expirantibus, si reticularem contextum animaduerteres. qui ex ijs quæ in caput pertinent, arterijs conficit, cum primum caluariam transgressæ ad ipsum cerebri fundamentum siue basin, sic enim appellant, concurrerint." („Du wärst sogar mehr veranlasst, zu glauben, dass das [zerebrale] Pneuma dann gebildet wird, wenn die Gefässe, insbesondere die Arterien, es in die Gehirnventrikeln befördern, wenn du das Gefässnetz bemerken würdest. Dieses besteht aus denjenigen Arterien, die im Gehirn zusammenlaufen, unmittelbar an der Stelle, wo sie zuerst in den Schädel übergegangen und in ihm drin sind, an der sogenannten Schädelbasis" (meine Übersetzung). Vgl. zu dieser *De placitis*-Stelle auch Claudii Galeni: Opera omnia. Hg. von Carl Gottlob Kühn. 20 Bde., 1821–1833 (Nachdruck Hildesheim 1965), bes. Bd. 5, S. 607 und Galen: On the doctrines of Hippocrates and Plato. Hg. von Phillip De Lacy. Berlin 1978–1980 (Corpus Medicorum Graecorum V, 4, 1, 2), Bd. 2, S. 444.

und dem Gehirn erklärt dann der griechische Arzt den Prozess, wie das zerebrale Pneuma (*spiritus animalis*) im Gehirn aus der Verfeinerung des vitalen Pneumas (*spiritus vitalis*) erzeugt werde, das seinerseits in den Arterien und im Herz durch die Atmung und Verdampfung der Humoralsäfte entstehe.[15] Vives' Theorie der Seele konkretisiert – neben der von Valla – auch eine wichtige Vorstellung Giovanni Picos (1463-1494), die seinem Begriff von menschlicher Freiheit in dem Text *De dignitate hominis* (ca. 1485–86) als Zitatstruktur unterliegt und biblisch-theologischen Ursprungs ist:[16] Mose zufolge sagt Gott (Dtn. 30, 10-20) explizit, dass sein Gesetz dem Menschen weder verborgen sei noch ausserhalb seiner Verständniskraft liege, sondern dass ihm dieses Gesetz vielmehr offenbart worden sei, damit er zwischen einem gottgefälligen Leben und der todbringenden Sünde, zwischen gut und böse zu wählen imstande sei, wobei die Entscheidung ausschliesslich vom Menschen abhänge.[17] Vives konkretisiert Picos Freiheitsbegriff auf der Grundlage von Galens philosophischen und medizinischen Argumenten in *De placitis* in der Analyse der Urteils- und Affektstruktur der menschlichen Seele als der massgeblichen Instanz für die Unterscheidung bzw. die Wahl zwischen gut und böse – und damit für das moralische Naturgesetz (*lex naturalis*), das mit der Psychologie in Zusammenhang gebracht wird. Mit diesem moralischen Urteilsvermögen ist der Mensch von der Natur ausgestattet worden,[18] und dadurch ist er in der Lage,

---

15 De Hippocratis et Platonis Dogmatibus [1549], Liber Septimus, c. 6, S. 1037f.: „Spiritus igitur qui in arterijs continetur, uitalis & est & dicitur, qui in cerebro, animalis. Nonque substantia animæ sit. Sed q[ue] primum est eius, ibi habitantis instrumentum, qualiscunque substantiæ sit. Sicut vero vitalis spiritus, & in arterijs, & in corde gignitur, materiæ generationis ex inspiratione, & humorum exhalatione sumpta, ita animalis ex vitali perfectius concocto oritur". Vgl. auch Ausgabe Kühn, Bd. 5, S. 608 u. Ausgabe De Lacy, Bd. 2, S. 444-446. Vgl. auch Rudolph E. Siegel: Galen on Psychology, Psychopathology, and Function of the Nervous System. An analyses of his doctrines, observations and experiments. Basel/München et al. 1973, bes. S. 134-144 sowie Julius Rocca: Galen on the Brain: Anatomical Knowledge and Physiological Speculation in the Second Century A.D. Leiden 2003.
16 Vgl. Giovanni Pico della Mirandola: Über die Würde des Menschen: „Die Natur der übrigen Geschöpfe ist fest bestimmt und wird innerhalb von uns vorgeschriebener Gesetze begrenzt. Du sollst dir deine ohne jede Einschränkung und Enge, nach deinem Ermessen, dem ich dich anvertraut habe, selber bestimmen." Zitiert nach der lateinisch-deutschen Ausgabe. Hg. von August Buck und übersetzt von Norbert Baumgarten. Hamburg 1990, S. 7. Den Freiheitsbegriff in Picos Konzeption des Menschen bringt Eugenio Garin pointiert auf das Wesentliche: „[...] nel fatto che l'uomo è l'unico essere che si fa, il risultato delle sue opere e delle sue scelte: Per questo, e solo per questo, occupa una posizione privilegiata nell'universo." (Eugenio Garin: La cultura nel Rinascimento. Profilo storico, bes. das Kap. „La nuova filosofia dell'uomo e della natura". Bari 1967, S. 127-141, Zitat 134f.). Vgl. zu Picos *dignitas*-Konzept unten Kap. 2, 3.2.
17 Vgl. hierzu Pross: Le péché et la constitution du sujet à la Renaissance, S. 93.
18 In seiner Definition der Affekte greift Vives – komplementär zur Plinius'schen *imbecillitas* – auf die Ausstattungsthese der antiken Autoren (z.B. Cicero, nat. deor. II, 54-60) zurück;

in einer kontingenten Welt einen individuellen Entscheidungs- und Handlungsspielraum gegenüber seinem Schöpfer zu gewinnen. Denn die Beurteilung der Dinge als nützlich oder schädlich und die damit vollzogene Wertzuschreibung ist nach Vives keineswegs objektiv wahr oder richtig, sondern nur nach subjektivem Ermessen und Dafürhalten.[19] Diese Beurteilung ist auch von der Aussenwelt – Raum, Zeit, Klima, Kultur, Sitten und Bräuche, Gesellschaft, öffentliches und privates Leben – abhängig.[20] Mit Vives rückt somit das natürliche Gesetz (*lex naturalis*), das den mittelalterlichen Autoren zufolge durch Einsicht (*per rationem et voluntatem*) ermittelt wird,[21] auf die Ebene eines sinnlichen Urteilsvermögens der menschlichen Psyche, das auf die Aussenwelt gerichtet ist, um diese u.a. zum Zwecke unserer Selbsterhaltung zu erkennen.[22]

Dass der Humanist Vives in der Interpretation der Natur des Menschen von der scholastischen Tradition abweicht, zeigt schliesslich auch seine providentialistische Deutung der Ausstattung des Menschen mit den "Samen der Wahrheit" (*semina veritatis*) durch die Natur, welche ihm eingeboren sind, und bei denen die Psychologie von Vives auf das ciceronische Theorem der *notiones communes* beziehungsweise *notitiae naturales* rekurriert.[23] Allerdings haben diese eingeborenen Kenntnisse bei Vives nur einen äusserst generellen Charakter und werden als allgemeine Vorgaben (*universalia*) verstanden: „aber sie [sc. die *semina*] sind von sehr allgemeiner Natur, wie es zum Beispiel gemäss den beiden

---

vgl. De anima et vita [1538], Lib. III, S. 146: „Ergo istarum facultatum, quibus animi nostri præditi à natura sunt ad sequendum bonum, uel uitandum malum, actus dicuntur affectus siue affectiones, quibus ad bonum ferimur, uel contra malum, uel à malo recedimus."

19 De anima et vita [1538], Lib. III, S. 146: „Bonum & malum in præsentia id uoco, non tam quod reuera tale est, quam quod quisque sibi esse judicat. nam quid bonum esse existimemus, quid malum, iudicij est: […]."

20 Ebd., Lib. III, S. 148: „Hinc [sc. von Heraklits Klagen über das ständige menschliche Elend] sunt externa: tempus naturale, ut quattuor anni partes, & diei horæ: tum nostrum, quo continet status rerum, seu publice, seu priuatim. locus item naturalis, noster: […]. In loco est habitatio, & uestitus, et comites. Iam negotia et actiones intente, uehementes, laboriose, diliciose, molestæ, difficiles, placide, leues."

21 Vgl. Thomas Aquinas: Summa theologica, qu. 91, art. 2, 2: „Præterea, per legem ordinatur homo in suis actibus ad finem, […]. Sed ordinatio humanorum actuum ad finem non est per naturam, sicut accidit in creaturis irrationalibus, quæ solo appetitu naturali agunt propter finem, sed agit homo propter finem per rationem et voluntatem. Ergo non est aliqua lex homini naturalis." Zit. nach der Ausgabe: Divi Thomæ Aquinatis […] Summa teologica. Hg. von Jacques Paul Migne. 4 in 3 Bänden. Paris 1864, S. 700f. Somit spricht Thomas dem Menschen ein Gesetz, das ihm von Natur aus zukommt, wie dies bei ‚irrationalen' Wesen bzw. den Tieren sei, direkt ab und reduziert beim Tier das natürliche Gesetz auf den natürlichen Trieb.

22 De Angelis: Zur Galen-Rezeption in der Renaissance, S. 108f.

23 Vgl. zum Konzept der *notitiae naturales* die Ausführungen im nächsten Abschnitt 1.2. über Melanchthon.

göttlichen Gaben gut ist, sich selbstzuerhalten und nach dem Glück zu streben."²⁴ Sein Interesse gilt jedoch weniger diesen hohen Sphären des natürlichen Gesetzes als den konkreten psychischen Phänomenen in der Realität des menschlichen Lebens, in dem sich die Leidenschaften und Affekte heftig bis hin zur mentalen Störung manifestieren können: „Aber sobald man von diesem allgemeinen Prinzip zu den besonderen Fällen herabsteigt, ergeben sich beständig grosse Entgleisungen und es eröffnen sich tiefe Abgründe."²⁵

Es steht ausser Frage, dass wir es hier mit einem bedeutenden Grundlagentext der Anthropologie des 16. Jahrhunderts zu tun haben, der auch noch im 17. Jahrhundert präsent war. Mit den vermögenspsychologischen Fragestellungen seiner Seelenschrift setzte sich beispielsweise nicht nur Julius Caesar Scaliger in den *Exotericae exercitationes* (Paris 1557) auseinander – ein Text, der selbst unzählige Editionen bis weit ins 17. Jahrhundert kannte –, sondern auch der Marburger Professor Rudolph Goclenius in seinen um 1600 entstandenen Gegenschriften zu Scaliger.²⁶ Vives' Abhandlung über die Seele war ausserdem auch Descartes bekannt.²⁷ Nach der um 1600 erfolgten disziplinären Ausdifferenzierung der Anthropologie in Psychologie und Anatomie wird Vives' Buch vor allem als Psychologie wahrgenommen und zwar auch bei den Medizinern. So wird beispielsweise seine biologische Definition von Seele nach Aristoteles als aktives Prinzip, das die Lebensfunktionen regelt, in einer Abhandlung zu einem Thema über die Harveysche Blutkreislaufslehre erwähnt.²⁸ Schliesslich sind es

---

24 De anima et vita [1538], L. III, S. 146: „ [...]: sed ea tamen admodum uniuersalia, uelut ex duobus illis Dei muneribus bonum esse conseruationem suiipsius, & beatevivere." Vgl. auch ebd., L. II, 9 („De cognitionibus, seu notitiis"), S. 93-96.
25 Ebd., L. III, p. 146: „quum vero ab hoc capite ad partes descenditur, multi statim existunt lapsus, grandia præcipitia." Panajotis Kondylis deutet Vives' Affektenlehre im Rahmen seiner These der ›Rehabilitierung der Sinnlichkeit‹ im 18. Jahrhundert: vgl. ders.: Die Aufklärung im Rahmen des neuzeitlichen Rationalismus. Stuttgart ²1986, S.132f.: „Das geistesgeschichtlich Charakteristische bleibt dennoch, dass er [sc. Vives, SDeA] die Affekte in ihrem Zusammenhang mit dem Selbsterhaltungstrieb aufmerksam studiert. Das scharfe Urteil über sie ist nur die Kehrseite der Feststellung ihres gewaltigen Einflusses auf das menschliche Verhalten" (S. 133).
26 Vgl. hierzu Kap. 3 dieser Arbeit.
27 Vgl. Juan Luis Vives: The Passions of the Soul. The Third Book of De Anima et Vita. Introduction and Translation by Carlos G. Noreña (Studies in Renaissance Literature Volume 4). Lewiston/Queenston/Lampeter 1990. Noreña bemerkt zur Rezeptionssituation: „We know for certain that the book was repeatedly published in Basel, London, Lyon, Freiburg and Zurich, and that it has been translated into Italian and Spanish. The fact that it was quoted by Descartes in the Traité des Passions as a book well known to the reader seems to suggest that in the middle of the seventeenth century Vives' tract was generally accepted [sic] as one of the leading Renaissance documents on the subject of emotional response and control" (S. xiii).
28 Vgl. Jacob De Back: Dissertatio de Corde. Cum copioso Tam Rerum quàm Capitum indice.

die Polyhistoren in der zweiten Hälfte des 17. Jahrhunderts, die in ihrem Interesse für die Quellen der *historia literaria* oder Gelehrtengeschichte gegen die Schulwissenschaft sich auf die Tradition des erasmianischen Humanismus *à la Vives* zurückbesinnen.[29] Die Polyhistoren verstanden das von der *historia literaria* vermittelte Wissen als vergangene menschliche Erfahrung, die in Büchern enthalten ist. Handelte es sich dabei um Seelenlehren, so konnten sie daraus moralische Konzepte und Exempla praktischen Verhaltens ableiten. Vives selbst verstand seine Überlegungen zur Affektbildung und -regulierung im dritten Buch seiner Seelenschrift als Fundament einer allgemeinen Disziplin der privaten und öffentlichen Moral,[30] also als Teil der praktischen Philosophie.

1.2. Melanchthon

Auch Philipp Melanchthon (1497–1560) hat zum Neuansatz der Anthropologie in den 1530er und 1540er Jahren einen gewichtigen und – wie zu zeigen sein wird – folgenreichen Beitrag geleistet. Im Rahmen seiner Wittenberger Vorlesungen über Physik verfasst Melanchthon zwei Lehrbücher über die Seele, in die er zeitgenössisches Wissen über Anatomie, Psychologie und Naturphilosophie einarbeitet. Dies fällt in eine Phase, in der er auch die Studienordnungen und -programme für die Artistenfakultät in Wittenberg ausarbeitet. Melanchthons Seelenlehren sind also Texte, anhand von denen das Verhältnis zwischen der Anthropologie und einem umfassenden humanistischen Bildungskonzept verfolgt werden kann. Dabei bildet das Studium der Texte naturkundlichen Wissens eine zentrale Voraussetzung.[31] Die Frage nach dem Status der ›Wissenschaften‹ in der Renaissance bzw. die Frage nach der

---

Editio Tertia. Rotterdam ³1660. Ad Lectores Alloquium, S. 18: „*Psychologia doctrina est, quae animam humanam, ejusque effectus rimatur.* [...] *Lubet* Ludov. Vives *praeclarè dictum hic inserere.* Anima est agens praecipuum (inquit lib. 2. de anim.) habitans in corpore apto ad vitam." Vgl. zu De Backs Traktat v.a. Kap. 4 in dieser Arbeit.

29 Vgl. z.B. Adami Tribbechovii De Doctoribus Scholasticis et corrupta per eos divinarum humanarumque rerum scientia [...]. Editio secunda [...]. Jena 1719 (¹1665). Vgl. hierzu Ernst Lewalter: Spanisch-Jesuitische Scholastik und Deutsch-Lutherische Metaphysik des 17. Jahrhunderts. Ein Beitrag zur Geschichte der Iberisch-Deutschen Kulturbeziehungen und zur Vorgeschichte des Deutschen Idealismus. Darmstadt 1967, S. 8.

30 Diese Auffassung verdeutlicht Vives in seinem Widmungsbrief „ad Franciscum Ducem Beiaris, comitem Belalcazaris, & c.": „[...] quod est de Affectibus speculatio, [...] fundamentum universæ moralis disciplinæ, siue privatæ, siue publicæ." Vgl. De anima et vita [1538], *Præfatio*, fol. a3*v*.

31 Simone De Angelis: Bildungsdenken und Seelenlehre bei Philipp Melanchthon. Die Lektüre des *Liber de anima* (1553) im Kontext von Medizintheorie und reformatorischer Theologie. In: Anfänge und Grundlagen moderner Pädagogik im 16. und 17. Jahrhundert. Hg. von Hans-Ulrich Musolff und Anja-Silvia Goeing. Köln/Weimar/Wien 2003, S. 97-119.

›Renaissance‹ der Wissenschaften – im speziellen der Renaissancemedizin – ist im Blick auf Melanchthon aus dem komplexen Zusammenhang von universitäts-, textedititons- sowie textrezeptionsgeschichtlichen Faktoren heraus zu klären.

In den Statuten für die Wittenberger Artistenfakultät von 1526 konzipierte Melanchthon ein enzyklopädisches *artes*-Studium, das die Bildung der Studenten in der Mathematik und Naturphilosophie, Ethik, Dialektik, Rhetorik, antiken Historiographie und Dichtung zum Ziel setzte; für diese Disziplinen hat er selber Lehrbücher verfasst.[32] In den Fakultätsstatuten von 1545 legte er ferner die Aufgabenbereiche der Professoren fest,[33] wobei die Medizinprofessoren, die in Wittenberg (und später auch in Marburg) aus den Schriften des Hippokrates, Galen und Avicenna lehren sollten,[34] zu diesem Zeitpunkt bereits über gedruckte Texte der antiken griechischen Medizin verfügten: 1525 und 1526 waren nämlich bei Aldo Manuzio in Venedig die ersten griechischen Editionen der Werke von Galen und Hippokrates erschienen.[35] Zwischen der Mitte der 1530er Jahre und der Mitte der 1550er Jahre erreichten ferner auch die Drucke der neuen humanistischen Übersetzungen der Werke Galens (bzw. des Hippokrates), die der griechischen Aldina-Edition folgten, einen Höhepunkt.[36] In dieser Zeitspanne konstituierte sich also eine erste Phase der Rezeption der gedruckten Texte dieser

---

32 Walter Friedensburg: Geschichte der Universität Wittenberg. Halle a. S. 1917, S. 215-219. Vgl. auch ders.: Urkundenbuch der Universität Wittenberg, Teil 1 (1502–1611). Magdeburg 1926, S. 146f. u. S. 255-261, bes. S. 146: „Ab his initiis [sc. das Pädagogium] gradus fit ad superiora. porro, qui volet utiliter discere, danda opera est, ut totam ἐγκυκλοπαιδείαν cognoscat, ut et scientiam de tota natura ac moribus recte ac certo judicandi et facultatem quandam dilucide explicandi et illustrandi res abstrusas et de gravioribus causis clare dicendi sibi comparet."

33 Friedensburg: Geschichte der Universität Wittenberg, S. 216-219.

34 Vgl. hierzu auch die Einleitung von Barbara Mahlmann-Bauer in den Katalog der Ausstellung: Melanchthon und die Marburger Professoren (1527–1627). 2 Bde. Hg. von ders. Marburg 1999, Bd. 1, S. 1-29, bes. S. 14. Eine parallele Entwicklung in der akademischen Vermittlung des antiken medizinischen Wissens lässt sich anhand der Statuten der medizinischen Fakultät in Tübingen von 1538 ablesen, wo der Medizinprofessor Leonhart Fuchs (1501–1566) wirkte; vgl. Gerhard Fichtner: Disput mit Leonhardt Fuchs. Die frühesten medizinischen Thesendrucke in Tübingen. In: Medizinhistorisches Journal 36 2 (2001), S. 111-183, bes. S. 116f.: „Die Wiederbelebung griechischer Medizin und der antiarabistische Affekt, also Tendenzen, die den Lehrplan in den Statuten von 1538 beherrschen, finden sich auch in den Thesen wieder" (S. 116).

35 Vgl. zu den griechischen Codices medizinischen Inhalts, die mit der Bibliothek des Kardinal Bessarion (geb. 1403/09?) 1468 nach Venedig kamen Marino Zorzi: I codici di argomento medico della Biblioteca Marciana. In: Dalla scienza medica alla pratica dei corpi. Fonti e manoscritti marciani per la storia della sanità. Hg. von Nelli-Elena Vanzan Marchini. Padova 1993, S. 17-43, zu Manuzios Unternehmen bes. S. 32.

36 Vivian Nutton: Greek Science in the sixteenth-century Renaissance. In: Renaissance and Revolution. Humanists, scholars, craftsmen and natural philosophers in early modern Europe. Hg. von J. V. Field und F. A. J. L. James. Cambridge 1993, S. 15-28, hier 17, Anm. 9.

medizinischer Autoren, in der bei den Gelehrten vor allem philologische und übersetzungstechnische Probleme im Mittelpunkt standen.[37] Der in Marburg und Jena tätige Medizinprofessor Ianus Cornarius (1500–1558) gab zum Beispiel 1546 die von ihm übersetzte Gesamtausgabe des Hippokrates und 1549 seine lateinische Übersetzung der Werke Galens nach dem Muster der Aldina-Ausgaben heraus.[38] Gemäss dem Galenforscher Vivian Nutton kann also eigentlich erst nach 1525 davon gesprochen werden, dass die humanistischen Übersetzungen der galenischen Werke generell die Aufmerksamkeit der Gelehrten auf das neue (vorher weitgehend unbekannte) medizinische Material und auf die neuen Wissensgebiete des galenischen Œuvres lenkten.[39] So wurde zum Beispiel die psychologische Schrift Galens *De placitis Hippocratis et Platonis*[40] zu einem Grundlagentext von Melanchthons Lehrbücher über die Seele.

Damit kann am Beispiel Melanchthons der Wandel im Rezeptionsprozess der antiken griechischen Medizintexte in der Renaissance abgelesen werden: Bei ihm standen nicht mehr philologische Probleme im Zentrum, sondern die medizinischen und psychologischen Inhalte der Schriften Galens, die als wissenschaftliche Begründung oder als Argumente für weiterführende Fragestellungen benutzt wurden.[41] In der vom 1. November 1552 datierten Vorrede zum *Liber de anima*, die in Briefform dem Sohn seines Freundes Hieronymus Baumgartner gewidmet ist, macht Melanchthon die mit diesem Lehrbuch verfolgten Ziele explizit:

> Auch wenn wir also keinen Einblick haben in die Natur der Seele und wir in diesem Leben ihre wundervollen Handlungen, die Formung von Bildern im Denken, die Denkoperationen, das Gedächtnis, die Erinnerung, das Wählen oder die Regungen des Herzens, die aus den Gedanken entstehen, nicht vollständig verstehen; dennoch müssen wir uns mit den Anfangsgründen dieser Lehre beschäftigen. Und dieser Anfang ist für das Verständnis der kirchlichen Lehre und für unser Verhalten im Leben notwendig, wie wir später im ganzen Buch öfters zeigen werden.[42]

---

37 Ebd., S. 19.
38 Vgl. hierzu oben Kap. 1, 1.1. Anm. 76.
39 Nutton: Greek Science in the sixteenth-century Renaissance, S. 20f.: „These exceptions, however, do not significantly change the picture of a medical Renaissance beginning with the publication of the Greek Galen in 1525, or of this accessibility of Greek medicine coming half a generation or more after that of more literary and philosophical texts" (S. 21).
40 Vgl. hierzu oben Abschnitt 1.1. Anm. 68.
41 Ein Modell des Rezeptionsprozesses des antiken medizinischen Wissens zwischen ca. 1500 und 1600 beschreibt Nutton: Greek Science in the sixteenth-century Renaissance, S. 23f.
42 Vgl. Philipp Melanchthon: Liber de anima. Wittenberg 1553, Clarissimi viri Hieronymi Bomgartneri Sapientia et Virtute praestantis, filio, Hieronymo Bomgartnero, Philippus Melanthon, S. D, A3ᵛ: „Quanquam igitur nec animae naturam introspicimus, nec mirandas eius actiones, formationem imaginum in cogitatione, ratiocinationes, memoriam, recordationes,

Um Melanchthons Anthropologie in ihrer Entwicklung adäquat verfolgen zu können, ist also die Berücksichtigung des wissenschaftshistorischen Kontextes der Renaissancemedizin relevant. Dies umso mehr als Melanchthon um 1550 inzwischen auch Vesals Anatomie, dessen Werk *De humani corporis fabrica libri septem* 1543 in Basel erschienen war, rezipiert und dem anatomischen Teil des *Liber de anima* zugrundegelegt hatte.[43]

Von Bedeutung ist ferner auch der entwicklungsgeschichtliche Zusammenhang zwischen den *Loci communes rerum theologicarum* und der Seelenlehre bei Melanchthon. 1550 – also zwei Jahre vor der Publikation des *Liber de anima* – erscheinen in Basel die *Loci communes* in der Spätzeit ihrer Umarbeitung und Entwicklung durch Melanchthon. Diese behält er beim Verfassen des *Liber de anima* genau im Blick: Denn in der Vorrede spricht Melanchthon davon, dass die *anima hominis* uns lehre, welches unveränderliche (moralische) Gesetz in uns sei; sie lege in uns eine Ordnung fest, die nicht ausgelöscht werden könne, so dass Verbrechen von grausamen und schrecklichen Qualen im Herzen begleitet seien.[44] Die sich um 1550 konstituierende Anthropologie Melanchthons wird somit in theologischer Hinsicht vom Gesetzesbegriff, in wissenschaftlich-medizinischer Hinsicht von der Analyse der menschlichen Psyche und der Anatomie des menschlichen Körpers gemeinsam bestimmt. Entscheidend ist dabei, dass Melanchthon in der Behandlung der zentralen Frage des *Liber de anima* – Was ist die Natur des Menschen? – diese beiden Wissenssphären interdisziplinär miteinander verknüpft. Im folgenden Passus der *De anima*-Vorrede legt er dar, weshalb insbesondere die Vermittlung von anatomischen Grundkenntnissen an junge Studenten nützlich sei:

> Um von diesem Büchlein zu sprechen, glaube ich, dass die Form dieses Werkes geeignet ist, um an Universitäten (*Academiae*) gebraucht zu werden und ich zweifle nicht, dass die meisten Dinge richtig übernommen wurden. Ich habe einige Beschreibungen von den Hauptteilen des menschlichen Körpers eingearbeitet.

---

electiones, impulsiones cordis, quae fiunt a cogitationibus, penitus in hac vita intelligimus, tamen incoanda est haec doctrina. Et incoatio ad intelligendam Ecclesiae doctrinam, & ad vitae gubernationem necessaria est; ut postea saepe in toto libro ostendemus" (meine Übers.). Vgl. hierzu auch Philip Melanchthon: Orations on Philosophy and Education. Hg. von Sachiko Kusukawa. Cambridge 1999, bes. S. 152-157.

43 Walter U. Eckart: Philipp Melanchthon und die Medizin. In: Melanchthon und die Naturwissenschaften seiner Zeit. Hg. von Günter Frank und Stefan Rhein. Sigmaringen 1998, S. 183-202, bes. S. 192-198; vgl. in demselben Band auch den Beitrag von Hans-Theodor Koch: Melanchthon und die Vesal-Rezeption in Wittenberg, S. 203-218.

44 Liber de anima [1553], A3^v-A4^r: „Et docet [sc. anima hominis] qualis sit, videlicet, qualis est in nobis lex immota, et testatur iustum ac vindicem esse, quia sanxit ordinem in nobis, qui extingui non potest, ut saevi & horrendi cruciatus in corde comitentur scelera."

Denn die Vermögen der Seele können nicht unterschieden werden, wenn nicht
ihre Sitze oder ihre Vorrichtungen im menschlichen Körper vor Augen geführt
werden. Wie gross ist nämlich die Albernheit, wenn jemand über die lokale
Bewegung spricht, die Nerven aber weder von den Venen noch von den Arterien unterscheidet? Und ausserdem ist es im ganzen Leben nützlich, den Bau
des menschlichen Körpers zu kennen, um seine eigene Gesundheit zu erhalten
und die zahlreichen Bewegungen im Körper sowie das moralische Handeln zu
beurteilen; auch andere Autoren vor mir waren der Auffassung, dass dieses
Grundwissen unverzüglich vom ersten Jugendalter an zu unterrichten sei, speziell im Rahmen der Anfangsgründe der Naturphilosophie. Und wenn also in
diesen Büchlein eine komplette anatomische Lehre nicht erfasst werden kann
und die Jugendlichen nicht sofort mit den Beschreibungen der kleinsten Teile
zu belasten sind, ist es dennoch für alle Menschen sehr nützlich, die Hauptteile
[sc. des menschlichen Körpers, S.DeA.] sowie die grösseren zu kennen. Dabei
bin ich den besten Autoren gefolgt, Galen, Vesal und Leonhart Fuchs, und
gelegentlich habe ich meine Freunde konsultiert, namentlich Jacob Milichius
und [Caspar] Peucer, mein Schwiegersohn.[45][46]

Indem Melanchthon Berührungspunkte zwischen den Disziplinen
Psychologie, Naturphilosophie, Ethik und Anatomie aufzeigt, vermittelt

---

45   Ebd., A5ᵛ: "Ut autem de hoc libello dicam, existimo ad Academiarum consuetudinem, recte
     institutam esse formam huius operis, & pleraque recta tradita esse; non dubito. Intexui autem
     de praecipuis membris humani corporis descriptiones qualescunque. Nam discerni potentiae
     animae non possunt quidem, nisi earum domicilia seu machinae in corpore hominis aliquo
     modo ostendantur. Quanta est enim insulsitas, si quis dicat de motu locali, nec discernat
     Nervos à venis & arterijs? Denique cum in tota vita; ad valetudinem tuendam, & ad multas
     actiones in corpore & in moribus iudicandas, utile sit humani corporis fabricationem
     aliquo modo nosse, haec initia statim primae aetati, praesertim in his physicis elementis
     proponenda esse, etiam alij scriptores ante me iudicaverunt. Etsi igitur doctrina Anatomica
     in his libellis integra comprehendi non potest, nec subito adolescentia exilissimarum partium
     descriptionibus oneranda est, tamen praecipuas partes, & quidem grandiores omnibus
     hominibus notas esse valde prodest. Secutus sum autem scriptores optimos, Galenum,
     Vesalium, et Leonardum Fuchsium, et adhibui amicos interdum Iacobum Milichium,
     et Peucerum generum meum" (meine Übersetzung). Zum Verhältnis von ›physica‹ und
     ›medicina‹ bzw. ›scientia naturalis‹ bei antiken und mittelalterlichen Autoren (bis zum *Canon*
     von Avicenna) vgl. Jerome J. Bylebyl: The Medical Meaning of *Physica*. In: Osiris (1990),
     6, S. 16-41: „ [...] we are permitted to see medical *physica* in all its peculiarity, for as to its
     detailed substance it was, in large measure, theoretical medicine by another name, [...]. The
     two principal motifs of this ideology were a close and optimistic association between the
     word *physica* and the human body in its ‚natural' or healthy state, and the assumption that
     natural science in a broader sense should serve human needs" (S. 41).
46   Leonhart Fuchs war seit 1535 Medizinprofessor in Tübingen; Jacob Milichius (1501–1559)
     war Anatomieprofessor in Wittenberg; in den 1530er Jahren las er auch über die Seele auf
     der Grundlage von Melanchthons Manuskript für die Physik-Vorlesungen (später *Commenta-
     rius de anima*, 1540); Caspar Peucer (1525-1602) war seit 1524 Medizinstudent in Wittenberg,
     1545 erlangte er den Magistertitel. Er war seit 1554 Professor der Mathematik, seit 1560 Pro-
     fessor der Medizin in Wittenberg; vgl. hierzu Barbara Bauer: Naturphilosophie, Astronomie,
     Astrologie. In: Melanchthon und die Marburger Professoren, S. 351 u. 382. Vgl. auch Ric-
     cardo Pozzo: Die Etablierung des naturwissenschaftlichen Unterrichts unter dem Einfluss
     Melanchthons. In: Melanchthon und die Naturwissenschaften seiner Zeit, S. 273-287.

er den Gedanken, dass nur aus dem Studium ihres Zusammenhangs ein Einblick in das Verhältnis von Körper und Psyche des Menschen zu gewinnen sei. Damit lässt sich zumindest eine Vorstellung des universalen bzw. interdisziplinären Bildungskonzepts ableiten, den Melanchthon *in petto* hatte. Grundlegend ist dabei der Gedanke von der Interdependenz des Wissens bzw. der Wissenschaften, der erst verständlich wird, wenn man seine Auffassung von der „Natur als komplexer physischer und final organisierter Wirkungszusammenhang" berücksichtigt.[47] Der oben erwähnte Wittenberger Astronomie- und Medizinprofessor Caspar Peucer teilte die Melanchthonsche Naturkonzeption: In seinen und in Melanchthons Schriften „bildeten Astronomie/Astrologie, Kosmologie, Meteorologie, Ethik, Psychologie und Medizin unter schöpfungstheologischem Aspekt eine Einheit."[48]

In der Seelenlehre erfahren wir dann, dass diese einheitliche Konzeption der Wissenschaften auch seelentheoretisch begründet ist. Dort entwickelt Melanchthon anhand der Struktur der menschlichen Seelenvermögen ein Modell, das eine Ordnung der ›natürlichen Kenntnisse‹ oder *notitiae naturales*, wie sie in der Psychologie des 16. Jahrhunderts genannt werden,[49] darlegt; diese Ordnung scheint er auch als organisatorisches Prinzip der universitären Bildung und des Studiums der Wissenschaften verwendet zu haben. Denn, wie er im *Liber de anima* explizit macht, geht es ihm bei seiner Darstellung besonders darum, dass die „*iuniores*" zwischen dem erkennenden und dem appetitiven Vermögen der Seele und deren jeweiligen Eigenschaften unterscheiden. Dabei werden von den im menschlichen Verstand eingeborenen ›natürlichen Kenntnissen‹ theoretische (θεωρητικαὶ) und praktische (πρακτικαὶ) unterschieden. Aus den theoretischen Kenntnissen, welche die Erkenntnis lenken, gehen die Arithmetik, die Geometrie, die Physik und die meisten anderen Wissenschaften hervor. Aus den praktischen, welche die Handlungen lenken, also aus der Ethik, gehen die sittlich-sozialen Normen und die staatlichen Gesetze hervor; von diesen werde ausführlich auch in der Dialektik gehandelt. Vom appetitiven Vermögen seien u.a. die Affekte abhängig, die sich auf die psychophysische Struktur der Seele beziehen.[50]

---

47 Barbara Bauer: Naturphilosophie, Astronomie und Astrologie. In: Melanchthon und die Marburger Professoren, Bd. 1, S. 345-359, Zitat S. 348.
48 Ebd., S. 358.
49 Vgl. Gideon Stiening: *Deus vult aliquas esse certas noticias*. Philipp Melanchthon, Rudolph Goclenius und das Konzept der *notitiae naturales* in der Psychologie des 16. Jahrhunderts. In: Melanchthon und die Marburger Professoren, Bd. 2, S. 757-787.
50 Philipp Melanchthon: Liber De anima, Wittenberg 1553 (vgl. auch die benutzte Ausgabe: Philippi Melanthonis Opera quae supersunt omnia. In: Corpus Reformatorum, Bd. 13. Hg. von C. G. Bretschneider. Halle a. S. 1846, Sp. 166f.: „Haec enim eo tantum recito, ut iuniores discernant potentiam cognoscentem et potentiam adpetentem, et diversa utriusque accidentia. [...]. Sunt autem aliae noticiae naturales θεωρητικαὶ, quae gubernant cognitionem,

Damit lässt sich anhand der Seelenschrift ansatzweise zeigen, inwiefern die in den Studienprogrammen verfolgten pädagogischen und wissenschaftstheoretischen Ideale der anthropologischen Konzeption Melanchthons folgen.

Was aber lernten die Wittenberger Studenten in der Seelenschrift Melanchthons? Melanchthon beschreibt im *Liber de anima* (1553) den Sitz der Seele und der inneren Sinne nach dem psychologischen Modell Galens:

> Galen lokalisiert die *anima rationalis* im Gehirn, weil dort die inneren Sinne sind, deren unmittelbaren Dienst die *anima rationalis* in der Erkenntnis und in der Schlussfolgerung in Anspruch nimmt. Andere [sc. Aristoteles und Theophrast, SDeA] wollen lieber das Herz zum Sitz der Seele machen, weil das Herz der Sitz des Lebens ist sowie der Sitz aller Affekte, welche der Erkenntnis folgen.[51]

Ferner beschreibt Melanchthon (bereits im *Commentarius de anima*, 1540) den psychophysiologischen Prozess und den Einfluss der gemischten *spiritus* auf die Gehirntätigkeiten und die Affekte der Seele ganz ähnlich wie Vives, gibt aber im Unterschied zu diesem das griechische Zitat mit genauer Stellenangabe aus Galens Schrift *De placitis* explizit an.[52] In Melanchthons *Liber de anima* hat die Lehre von den *spiritus* – anders als bei Vives – ausserdem eine theologische Dimension. In seiner Studie *Zum Verhältnis von Reformation und akademischer Medizin in Wittenberg* (1999) weist der Medizinhistoriker Jürgen Helm darauf hin, dass „die Frage nach den ‚Schnittstellen' von reformatorischer Theologie und medizinischer Theorie"[53] auch in jüngeren Publikationen zum Thema unbeantwortet geblieben sei,[54] wobei er u.a.

---

unde oritur Arithmetica, Geometria, et pleraque aliae doctrinae. Aliae sunt πρακτικαὶ, quae gubernant actiones, unde leges de moribus et de gubernatione civili oriuntur, ut de principiis copiosus dicitur in Dialecticis. In [...] potentia adpetete sunt [...] adfectus." Im Folgenden werden die Zitate aus dieser Ausgabe mit der Sigle CR 13 plus Spaltenziffer vermerkt.

51 CR 13, Sp. 19: „Galenus animam racionalem in cerebro collocat, quia ibi sunt sensus interiores, quorum ministerio proximo anima racionalis in cogitatione et raciocinatione utitur. Alii malunt, core sedem esse animae, quia cor vitae fons est et sedes omnium adfectuum, qui cognitionem sequuntur" (meine Übersetzung. Auch im Folgenden stammen alle lateinischen Übersetzungen ins Deutsche von mir).

52 Jürgen Helm: Die Galenrezeption in Philipp Melanchthons *De anima* (1540/1552). In: Medizinhistorisches Journal, 31 (1996), S. 298–321, hier S. 305f.

53 Jürgen Helm: „Medicinam aspernari impietas est."– Zum Verhältnis von Reformation und akademischer Medizin in Wittenberg. In: Sudhoffs Archiv, Bd. 83 Heft 1 (1999), S. 22-41, hier: S. 23. Vgl. auch ders.: Religion and Medicine: Anatomical Education at Wittenberg and Ingoldstadt. In: Religious Confessions and the Sciences in the Sixteenth Century. Hg. von Jürgen Helm und Annette Winkelmann. Leiden/Boston/Köln 2001, S. 51-68.

54 Helm: Zum Verhältnis von Reformation und akademischer Medizin, S. 23f. nennt vor allem die Arbeit von Vivian Nutton: Wittenberg anatomy. In: Medicine and the Reformation. Hg. von Ole Peter Grell und Andrew Cunningham. London 1993, S. 11-32 und stützt sich in seiner Untersuchung u.a. auf zwei neuere Forschungsergebnisse: Sachiko Kusukawa: The Transformation of Natural Philosophy. The Case of Philip Melanchthon. Cambridge 1995 und Günter Frank: Die theologische Philosophie Philipp Melanchthons (1497-1560).

im Bereich der anthropologischen Fragen Berührungspunkte mit der medizinischen Theorie feststellt.[55] Dabei sieht Helm anthropologische Fragestellungen bei Melanchthon im Gesetzesbegriff verankert.[56] Da jedoch Melanchthon den Gesetzesbegriff unterschiedlich verwendet, bedarf dieser selbst einer Explikation.[57]

Der Begriff des Gesetzes weist bei Melanchthon eine Struktur auf, die in der Unterscheidung von *lex Dei*, *lex naturalis*, *lex divina* und *lex humana* – auf die philosophisch-theologische Tradition der *Summa theologiae* des Thomas von Aquin verweist,[58] aber mit spezifisch reformatorischen Inhalten gefüllt ist. Durch Interaktion und Überlagerung der Begriffe *lex naturalis* und *lex divina*, durch die sich in der Naturgesetzlehre Melanchthons der Inhalt der *lex Dei* auf unterschiedliche Weise ausdrückt, ergibt sich – und das ist die im folgenden zu explizierende These – in seiner Seelenlehre die Möglichkeit einer Verknüpfung mit dem medizinischen Wissen aus der Psychophysiologie Galens. Denn im *Liber de anima* erörtert Melanchthon die Beschaffenheit der menschlichen Seelenvermögen auf der Basis seines komplex strukturierten Gesetzesbegriffs, den er in einzelnen Kapiteln der *Loci communes theologici* in den Ausgaben von 1521 bis 1559 im Rahmen seiner Naturrechtslehre entwickelt hat[59] und die er in der Seelenschrift in dem

---

Leipzig 1995. Vgl. auch Günter Frank: Philipp Melanchthons »Liber de anima« und die Etablierung der frühneuzeitlichen Anthropologie. In: Humanismus und Wittenberger Reformation. Festgabe anlässlich des 500. Geburtstages des Praeceptor Germaniae Philipp Melanchthon am 16. Februar 1997. Hg. von Michael Beyer und Günther Wartenberg. Leipzig 1996, S. 313-326. Frank bezieht sich aber in seiner Untersuchung nicht auf den medizinischen Teil des *Liber de anima*. Vgl. auch Jaumann: Handbuch Gelehrtenkultur der Frühen Neuzeit. Bd. 1 (2004), Art. Melanchthon, S. 444a-446a.

55 Helm: Zum Verhältnis von Reformation und akademischer Medizin, S. 24.
56 Ebd., S. 29 u. 36f.
57 Eine Darstellung des Gesetzesbegriffs bei Melanchthon habe ich bereits an anderer Stelle gegeben: vgl. Simone De Angelis: Anthropologie und Gesetz. Konzepte von der Natur des Menschen im 16. Jahrhundert: Vives und Melanchthon. In: Scientiae et artes. Die Vermittlung alten und neuen Wissens in Literatur, Kunst und Musik. Hg. von Barbara Mahlmann-Bauer. 2 Halbbände. Wiesbaden 2004 (Wolfenbütteler Arbeiten zur Barockforschung, Bd. 38), 2. Halbband, S. 871-893.
58 Summa theologica, qu. 91, art. 1-4; vgl. auch Merio Scattola: *Notitia naturalis de Deo et de morum gubernatione*: die Naturrechtslehre Philipp Melanchthons und ihre Wirkung im 16. Jahrhundert. In: Melanchthon und die Marburger Professoren. Bd. 2, S. 865-882, hier S. 865 u. 870.
59 Vgl. hierzu die grundlegende rechtshistorische und begriffssystematische Rekonstruktion bei Scattola: Die Naturrechtslehre Philipp Melanchthons, S. 865-872; vgl. auch ders.: Das Naturrecht vor dem Naturrecht. Zur Geschichte des ‚ius naturae' im 16. Jahrhundert. Tübingen 1999, S. 28-55; vgl. auch Barbara Bauer: Jurisprudenz und Naturrecht. In: Melanchthon und die Marburger Professoren, S. 551-597, hier S. 553-557. Scattola weist darauf hin, dass Melanchthon bereits in der *Lucubratiuncula* von 1520, „welche die Keimzelle der *Loci theologici communes* bildete", drei Formen des Gesetzes unterscheidet: natürliches, göttliches und menschliches Gesetz. „Dieselbe Dreiteilung wurde 1521 in das Kapitel *De lege* der *Loci communes rerum theologicarum* einbezogen. 1534 wurde sie durch die *lex Dei* vervollständigt, die auch in der Ausgabe vom Jahre 1559 weitläufig abgehandelt wurde." Vgl. Scattola: Die

Abschnitt über das rationale Erkenntnisvermögen gemeinsam mit dem Begriff der *notitia naturalis* erneut diskutiert.[60]

In Melanchthons Gesetzeslehre ist einerseits die Unterscheidung der Begriffe *lex Dei*, *lex naturalis* oder *lex naturae* und *lex divina* wichtig, die unterschiedliche Objekte bezeichnen, andererseits aber auch deren systematische Beziehung zueinander. Die *lex Dei* – das ewige Gesetz und Prinzip aller anderen Gesetze[61] – ist zum einen qua *lex divina* das Gesetz, das von Gott verkündet und in den Büchern Mose und den Evangelien aufgeschrieben wurde.[62] Zum andern ist sie qua *lex naturalis* die natürliche Kenntnis von Gott, der spekulativen Prinzipien der Wissenschaften und derjenigen praktischen des moralischen Urteils,[63] also jenes Gesetz, das (nach Paulus, Röm. 1 u. 2) allen Menschen ins Herz eingeschrieben[64] und (als natürliches Verstandesurteil) "unmittelbar in ihrem Gewissen zugänglich ist"[65]. Melanchthons Definition des natürlichen Gesetzes kombiniert in der Quintessenz die beiden Gesetzesformen: „*Est ergo vera definitio legis naturæ, Legem naturæ esse noticiam legis divinæ, naturæ hominis insitam.*"[66] Die *lex*

Naturrechtslehre Philipp Melanchthons, S. 868f.
60 CR 13, Sp. 137-142 u. 145f.
61 Philipp Melanchthon: Loci communes theologici. Basel 1550, (*De lege divina*), S. 138. Zu diesem Vergleichsmoment mit der *lex aeterna* des Aquinaten vgl. Scattola: Die Naturrechtslehre Philipp Melanchthons, S. 870f. Vgl. zu den *Loci communes theologici* auch die Ausgabe: Philippi Melanthonis Opera quae supersunt omnia. Hg. von Carolus Gottlieb Bretschneider/Henricus Ernestus Bindseil. In: Corpus Reformatorum. Bd. 21. Hg. von C. G. Bretschneider/ H. E. Bindseil. Braunschweig 1854. Im Folgenden werden die Zitate aus dieser Ausgabe mit der Sigle CR 21 plus Spaltenziffer vermerkt; hier CR 21, Sp. 686.
62 Loci communes theologici, (*Divisio legum*), S. 140: „Leges diuinæ sunt, quæ a Deo traditæ sunt, quocumque; tempore, et extant scriptæ passim in Mose, & libris Euangelij" (= CR 21, Sp. 687).
63 Ebd., (*De lege naturae*), S. 183: „Vt lumen oculis diuinitus inditum est, ita sunt quædam noticiæ mentibus humanis inditæ, quibus agnoscunt et iudicant pleraque. Philosophi hoc lumen vocant noticiam principiorum, vocant κοινὰς ἔννοιας & προλήψεις. Ac uulgaris diuisio nota est: alia esse principia speculabilia, ut noticias numerorum ordinis, syllogismi, principia geometrica, physica, hæc omnes fatentur esse certissima, & fontes maximarum utilitatum in uita: qualis enim esset vita sine numeris, sine ordine? Alia sunt principia practica, ut totum discrimen naturale honestorum & turpium. Item Deo est obediendum" (= CR 21, Sp. 711).
64 Ebd., (*De lege naturæ*), S. 184f.: „Hæc Paulus Rom. 1. his verbis exposuit, Veritatem in injusticia detinent: id est, etsi impressa est hominibus vera noticia [...] Sicut et Paulus concionatur Rom. 1. Inquiens: Deus ipsis ostendit. Item Rom 2. Opus legis scriptum in mentibus eorum" (= CR 21, Sp. 712).
65 Scattola: Die Naturrechtslehre Philipp Melanchthons, S. 871f.
66 Loci communes theologici (*De lege naturae*), S. 185 (= CR 21, Sp. 712). Vgl. hierzu Scattola: Die Naturrechtslehre Philipp Melanchthons, S. 872: "Die *lex Dei* kann daher keineswegs ausschliesslich mit der *lex divina* identifiziert werden: sie muss gleichzeitig die Eigenschaften des natürlichen und des göttlichen Gesetzes haben und ihr gemeinsamer Ursprung sein. Man kann die Lehre Melanchthons wie folgend zusammenfassen: Die *lex Dei* ist das von Gott gegebene Gesetz, bevor es zur *lex naturae* durch die Schöpfung oder zur *lex divina* durch die Offenbarung wird. Es kann mit beiden leicht verwechselt werden, weil es denselben Inhalt hat."

Dei, die Melanchthon voluntaristisch als Gebot definiert,[67] wird nicht – im Unterschied zur *lex humana* – auf die äusseren Handlungen des Menschen oder die Affektdämpfung, von der die Philosophen sprechen, beschränkt, sondern impliziert ein dreifaches Gebot, das den vollkommenen Gehorsam verlangt: Der Mensch soll Gott fürchten, auf ihn vertrauen und ihn lieben.[68] Diese Gesetzesauffassung Melanchthons erhält nun im *Liber de anima* eine medizinisch-theoretische Basis, und zwar vor dem Hintergrund der Betrachtung der Situation der Natur des Menschen in seinem Verhältnis zum Gesetz Gottes vor und nach dem Sündenfall, nach dem die im Verstand des Menschen bei der Schöpfung eingegebenen Kenntnisse des *ius divinum*, die seine Gottesebenbildlichkeit ausmachen und die Existenz Gottes beweisen,[69] zwar getrübt, jedoch nicht ausgelöscht worden sind. Sie sind sogar erneuerbar, um den Geist zu bestärken.[70] Melanchthon beschreibt somit im *Liber de anima* die Natur des Menschen mit Hilfe der oben genannten Dreiteilung des Gesetzes: den Zustand des ursprünglichen Menschen (*lex naturae, lex mentis*) in seinem harmonischen Verhältnis zu Gott,[71] den des ›gefallenen‹ Menschen, in dessen Verstand sich die Gebote Gottes verdunkelt haben,[72] und schliesslich

---

67 Loci communes theologici, (*De lege divina*), S. 137: „Lex Dei, est doctrina a Deo tradita, præcipiens quales nos esse, & quæ facere, quæ omittere oportet, et requirens perfectam obedientiam erga Deum, & pronuncians irasci Deum, & punire æterna morte, non præstantes perfectam obedientiam" (= CR 21, Sp. 685).

68 Ebd., (*De lege divina*), S. 139: „At lex dei non tantum requirit externa facta, aut illam diligentiam frenandorum adfectuum, de qua philosophi loquuntur: sed præcipit ut natura integre obediat Deo, firmam de Deo noticiam habeat, verum et perpetuum timorem, firmam fiduciam Dei, ardentem amorem" (= CR 21, Sp. 686).

69 CR 13, Sp. 169: „Indidit igitur menti humanae noticias, quae monstrant et esse Deum, et qualis sit. Nam similitudo vel dissimilitudo non posset iudicari, si prorsus nesciremus qualis sit Deus. Et primus gradus similitudinis est, habere potentiam intelligentem et congruentem sapientiam."

70 Loci communes theologici, (*De lege naturae*), S. 184f.: „Lumen diuinum in mentibus non extinguendum est, sed potius excitandum, & confirmandus animus, ut agnoscat principia practica, eaque amplectatur et statuat revera tam certa et firma esse, quam sunt speculabilia, imo pariter esse decreta immutabilia Dei, [...]" (= CR 21, Sp. 712).

71 CR 13, Sp. 169: „Fuit autem ante peccatum talis imago, ut potentiae omnes congruerent cum Deo. In intellectu fulsit firma Dei noticia, voluntas et cor congruebant cum Deo, id est, habebant rectitudinem et iusticiam congruentem cum Deo, et libertas voluntatis non erat impedita." Vgl. auch CR 13, Sp. 163f.: „Deus condidit in homine potentias adpetentes, quae si natura hominum integra mansisset, tantum ordinatos motus habuissent, et fuisset dulcissima harmonia potentiarum inter se congruentium. Ut regula est unica et aeterna lex Dei in mente, ita non aberrassent ab ea motus voluntatis et cordis, seu adpetitiones sensuum." [...] Et hae adpetitiones et hi adfectus omnes fuissent ordinati, congruentes ad legem mentis, imo etiam accensi ab ipso Spiritu sancto, qui suas flammas miscuisset spiritibus natis in corde et in cerebro."

72 CR 13, Sp. 164: „Sed haec suavissima harmonia turbata est lapsu primorum parentum. Nunc sunt quidem adpetitiones et adfectus, sed vagantur et longe aberrant a lege Dei, et in non renatis non sunt accensi a Spirito sancto. Horribiliter enim haec hominum natura languefacta est. In mente caligo est de Deo, et magnum chaos dubitationum. Voluntas aversa est a Deo, non timet Deum, non ardet fiducia et dilectione Dei, negligit aut tristi fremitu fugit eum."

die Erneuerung des sündigen Menschen durch das Wort Gottes (λόγος) im Evangelium, das die ursprüngliche *lex Dei* wiederherstellt.[73] Dabei setzen die Gesetzesformen im Menschen passende geordnete oder ungeordnete Bewegungen in dem affektiven und voluntativen Bereich seiner Seelenvermögen in Gang. Wie bereits Helms Studien verdeutlicht haben,[74] kommt im *Liber de anima* der psychophysischen Funktion der *spiritus* im Zusammenhang mit der Wirkung des Heiligen Geistes, der sich im Evangelium manifestiert – also im Geltungsbereich der *lex divina*[75] – eine bedeutsame Stellung zu. Auf den Menschen wirkt der Heilige Geist durch den Glauben; denn im Wort Gottes, bei dem nach Melanchthon jede Gottessuche ihren Anfang nehmen muss, kommen drei Ursachen des Heils zusammen: das Wort Gottes, der Heilige Geist und der dem göttlichen Wort zustimmende menschliche Wille.[76] Der Name „*Geist*" *(spiritus)* hat die allgemeine Bedeutung von bewegender Kraft, die von geistiger, göttlicher, intelligenter, unkörperlicher und wirksamer Natur ist, und wird im Kapitel der *Loci communes theologici* mit Gott gleichgesetzt.[77]

Corda varie errantibus adfectibus aliis atque aliis incenduntur, et voluntatem secum rapiunt."

73 CR 13, Sp. 171: "Hic igitur filius aeterni patris, Dominus noster Iesus Christus nobis donatus est, ut fieret victima pro nobis, et placaret iram aeterni patris, et sit sacerdos perpetuus, colligens Ecclesiam voce Evangelii, in qua decretum de reconciliatione patefecit, quod et ipse cum sit λόγος aeterni patris, in mentibus nostri effatur, et ostendit nobis patrem placatum, ac Spiritum sanctum effundit in corda nostra, ut vero amore et laeticia cum aeterno patre et ipso copulemur. Ita restituitur in nobis vita et iusticia aeterna, et renovatur imago Dei verbo lucente in mente, ut agnitio Dei sit clarior et firmior, et Spiritu Sancto accedente motus congruentes cum Deo in voluntate et corde."

74 Helm: Zum Verhältnis von Reformation und akademischer Medizin, S. 36f. sowie ders.: Die »spiritus« in der medizinalhistorischen Tradition und in Melanchthons »Liber de anima«. In: Melanchthon und die Naturwissenschaften seiner Zeit, S. 219-237. Vgl. auch Kusukawa: The Transformation of Natural Philosophy, S. 120 und Daniel P. Walker: Medical *Spirits* and God and the Soul. In: Spiritus. IV° Colloquio Internazionale Roma, 7-9 gennaio 1983. Hg. von Marta Fattori und Massimo Bianchi. Roma 1984 (= Lessico Intellettuale Europeo XXXII), S. 223-244, hier S. 226-229.

75 Scattola: Die Naturrechtslehre Philipp Melanchthons, S. 876: „Der Dekalog stellte das natürliche Gesetz wieder her, weil er die Urnormen des menschlichen Wesens nochmals verkündete. Natürliches und göttliches Gesetz unterscheiden sich daher nach Entstehungszeit und Art des Erlassens, weil das eine mit den ersten Menschen entstanden ist, während das andere erst seit Moses bekannt ist."

76 Loci communes theologici, (*De humanis viribus seu de libero arbitrio*), S. 93: „Sciendum est autem, spiritum sanctum efficacem esse per uocem Euangelij auditam, seu cogitatam: ut Gal. 3. Dicitur, Vt promissionem spiritus accipiamus per fidem. ac sæpe dictum est, Cogitantes de Deo oportere ordiri a uerbo Dei, non quærere Deum sine suo uerbo, Cumque; ordimur a uerbo, hic concurrunt tres causæ bonæ actionis, Verbum Dei, spiritus sanctus, & humana uoluntas assentiens, nec repugnans uerbo Dei" (= CR 21, Sp. 658). Im Unterschied zu der Lehre Calvins lässt Melanchthon in dieser Aufzählung die Prädestination unerwähnt; vgl. hierzu Timothy Wengert: „We will Feast Together in Heaven Forever": The Epistolary Friendship of John Calvin and Philip Melanchthon. In: Melanchthon in Europe. His Work and Influence beyond Wittenberg. Hg. von Karin Maag. Michigan 1999 (Texts and studies in Reformation and post-Reformation thought), S. 19-44, hier S. 26-33.

77 Loci communes theologici, (*De spiritu sancto*), S. 45: „Nomen Spiritus in genere significat

Darüber hinaus zeigt diese Stelle der *Loci communes* den Zusammenhang der Idee der emanierenden Kraft des Heiligen Geistes mit der naturphilosophischen und kosmologischen Konzeption, die Melanchthon in den parallel zu dieser Schrift erscheinenden *Initia doctrinae physicae* von 1549/50 entwickelt hat. Unter anderem akkommodiert dort Melanchthon den Bewegungsbegriff der aristotelischen Physik mit schöpfungstheologischen Prinzipien – „Melanchthon [...] identifizierte Aristoteles' unbewegten ersten Beweger mit der Unveränderlichkeit der göttlichen Trinität" – und nahm in eklektischer Manier an Stelle der aristotelischen *formae substantiales* Platons Ideenbegriff und neuplatonische Emanationsvorstellungen" zu Hilfe, „um die Welt als Realisierung eines göttlichen Schöpfungsplans zu interpretieren."[78] Im Kontext der Fragestellung, ob die Einzelseelen der Menschen in ihren vernünftigen Teilen – „anima rationalis est spiritus intelligens" – *ex novo* von Gott geschaffen und von ihm in die Körper eingegeben oder durch den natürlichen Zeugungsprozess hervorgebracht werden, rekurriert Melanchthon auch im *Liber de anima* auf die Vorstellung von Gott als dem Beweger und Erhalter der Natur: wenn auch eine natürliche *vis seminalis* (gleichsam einer *causa secunda*) existiere, dirigiere Gott den Zeugungsprozess von aussen – und damit durch einen übernatürlichen Einfluss – und pflanze den unsterblichen, nicht von der Materie erzeugten Seelenteil ein. Obwohl Melanchthon hier der Zeugungsproblematik eher aus dem Wege geht, die später erst vom Marburger Professor Rudolph Goclenius behandelt wird,[79] ist für ihn das in die Zeugungslehre eingeführte neoplatonische Philosophem von den göttlichen Emanationskräften in der Welt mit dem vom Apostel Paulus in der Areopagrede geäusserten Satz der Heiligen Schrift – „In ihm [sc. Gott] leben, bewegen und sind wir" (Apg. 17, 28) – zu vereinbaren.[80]

Wie versteht aber Melanchthon die intellektuelle Partizipation des menschlichen Geistes an dem Gedanken Gottes, aus dem sein Wort entsprungen ist? Und wie hängt sein Begriff von Spiritualität und deren

---

agitationem aut naturam seu vim agitantem. [...] Hic significat essentiam spiritualem, id est [di]uinam, intelligentem, incorpoream, efficacem. Deus est spiritus: estque; hoc loco nomen commune patri & alijs personis" (= CR 21, Sp. 629f.).

78 Barbara Bauer: Melanchthons *Initia doctrinae physicae*. In: Melanchthon und die Marburger Professoren, S. 371-376, Zitate S. 373, die sich hier auf die Untersuchung von Frank: Die theologische Philosophie Philipp Melanchthons stützt.
79 Vgl. hierzu Kap. 3 in dieser Arbeit.
80 CR 13, Sp. 16 u. 18: „Et quamvis sit in natura vis seminalis, tamen perpetuo concurrere generalem Dei actionem, sustentantis et foventis naturam, quod verissimum est, sicut scriptum est: In ipso vivimus, movemur et sumus. Et discrimen inter animas heroicas et non heroicas ostendit, vere adesse Deo generationi, cum alias animas aliis donis ornet, quorum aliqua videntur non a corpore oriri." Es handelt sich bei der Paulus-Stelle um ein Zitat aus dem astrologischen Lehrgedicht des Aratos von Soloi (geb. ca. 315-305) *Phainomena*.

Bedingung,⁸¹ mit der Interaktion von erkennenden und affektiven Vermögen der menschlichen Seele bzw. von Gehirn-, Nerven- und Herzfunktionen des menschlichen Organismus zusammen? Melanchthons Vokabular stammt aus der Theologie – *logos, imago, Spiritus sanctus/pneuma*–, aus der philosophisch-erkenntnismethodischen *notitiae*-Lehre – *agnitio, adsensio* (*notitiae subitae* oder *actiones*) und *fides* (*notitia habitualis*) – sowie aus der Psychologie bzw. Medizin – *voluntas* und *adfectus* –; schon seine Terminologie zeugt von der Interferenz von Wissensfeldern, die er im *Liber de anima* in einen (rekonstruierbaren) systematischen Zusammenhang bringt.

Den Ausgangspunkt für die Verbindung von Seelenlehre und Theologie im *Liber de anima* bildet die Augustinische Definition der Seelenvermögen im Menschen, für deren Teile (*mens, cogitatio, voluntas*) der Kirchenvater eine Bedeutungszuweisung gemäss der Trinitätslehre vorgenommen hat: Gott bedeutet den den Gedanken erzeugenden Verstand (*mens*), wobei der Gedanke das Abbild (*imago*) des gedachten Gegenstandes ist; das durch Gedanken geformte Abbild im menschlichen Verstand bedeutet seinen Sohn (*filius*), der Wille (*voluntas*) den Heiligen Geist (*Spiritus sanctus*/πνεῦμα).⁸²
„Denn der in sich selbst schauende und denkende Gott erzeugt das Wort (*verbum*, λόγος), das sein Abbild (*imago*) ist und dieses ist sein Sohn, der ,λόγος et εἰκών' des ewigen Vaters genannt wird."⁸³ Ferner hat die von Augustin übernommene trinitätstheologische Unterscheidung von λόγος (*mens*) und πνεῦμα (*voluntas*)⁸⁴ in Melanchthons Psychologie und Anatomie ein Pendant. Denn die platonische Dreiteilung der Seelenvermögen in ἡγεμονικόν, θυμικόν und ἐπιθυμητικόν, die Melanchthon aus Galens

---

81 Wilhelm Schmidt-Biggemann: Philosophia perennis. Historische Umrisse abendländischer Spiritualität in Antike, Mittelalter und Früher Neuzeit. Frankfurt/M. 1998, S. 52: „ [...] Spiritualität ist die Vorstellung von der Teilhabe an den Gedanken Gottes. [...] Dass dieser [göttliche] Geist den Schöpfungsplan initiiert hat und dass der menschliche Geist an diesem Schöpfungsplan, also am Gedanken Gottes, intellektuell partizipiert und damit begreift, dass er von ihm abhängt, ist die Bedingung der Spiritualität. Denn der Geist der Spiritualität ist kein menschlich-autonomer Geist, es ist immer der Geist der Teilhabe am Göttlichen."
82 CR 13, Sp. 169f.: „Augustinus hoc modo accomodat potentias. In homine haec tria praecipua sunt: Mens gignens cogitationem, Cogitatio quae est imago rei cogitatae, et Voluntas, in qua sunt laeticia et amor. His potentiis aliquo modo discrimina personarum significari inquit. Patrem aeternum significat mens gignens cogitationem, imago formata cogitatione in nobis significat filium, voluntas Spiritus sanctum." Vgl. S. Aurelii Augustini Hipponensis Episcopi De Trinitate Libri Quindecim. In: Opera omnia. Hg. von Jacques Paul Migne. Paris 1845-46 (Patrologia Latina, Bd. 42), Sp. 815-1098, hier VI, Cap. 2, 3, Sp. 925; VII, Cap. 1, 1-2, Sp. 933-34; IX, Cap. 4-5, 7-8, Sp. 964-65 und XI, Cap. 5, 8, Sp. 990-91. Vgl. auch Horst Seidl: La dottrina di Sant'Agostino sulla SS. Trinità dinnanzi ad alcuni problemi attuali. In: Studi tomistici 61 (1996), S. 153-165, hier S. 155.
83 CR 13, Sp. 170.
84 CR 13, Sp. 141f.: „Ut cum dicitur Filius Dei λόγος, esse imago aeterni Patris, et cum discrimen inter λόγον καὶ πνεῦμα utcunque ostenditur, prodest nosse potentiarum discrimen."

De placitis übernimmt[85] und mit der er die traditionelle aristotelische Hierarchisierung der Vermögen („[potentiae] Vegetativa, Sentiens, Adpetitiva, Loco motiva, Rationalis"[86]) überlagert, bezieht die im Rahmen des rational-'herrschenden' Vermögens (ἡγεμονικόν) unterschiedenen intellektuell und voluntativ-affektiv erkennenden Seelenteile[87] auf einzelne Organe bzw. auf das Organsystem des menschlichen Körpers im Hinblick auf die Lokalisierung ihrer Funktionsbereiche: Während die intellektiven Operationen im Kopf bzw. im Gehirn situiert werden,[88] ist die Ausübung der Handlungen des Willens als dem appetitiven Teil der intellektiven Seele,[89] dem die Affekte zugeordnet werden,[90] eng mit der die Gefühle von Freude und Schmerz verursachenden Herzaktivität gekoppelt.[91] Auch werden diese Empfindungen von den Nerven mitverursacht, die das sechste Gehirnnervenpaar mit dem Herzmuskel verbindet.[92] Der empirisch erwiesene Ursprung der Nerven im Gehirn als Instrumente der Sinneswahrnehmung und der lokalen Bewegung ist für Melanchthon ein Grund, sich in der Bestimmung der Funktion des Gehirns als πρῶτον αἰσθητικόν Galen und nicht Aristoteles anzuschliessen, der Melanchthon zufolge fälschlicherweise das Herz privilegiert.[93]

Das durch das Gehör wahrgenommene und daher im menschlichen Verstand gebildete und/oder gedachte Wort Gottes ist ferner für

---

85 CR 13, Sp. 10f. u. Sp. 33.
86 CR 13, Sp. 20.
87 CR 13, Sp. 146: „Ita Platonici coniunctas duas potentias, intellectum recte iudicantem, et voluntatem obtemperantem nominant ἡγεμονικόν."
88 CR 13, Sp. 33: „Supremam partem, in qua est cognitio, ratiocinatio, iudicium, libertas electionis, Plato nominat ἡγεμονικόν, et hanc attribuit cerebro."
89 CR 13, Sp. 153; „Sed in hoc Aristotelico sermone, voluntatem nominemus potentiam seu, ut ita dicam, partem, animae intellectivae appetentem, quae potentia superior est adpetitu sensuum. [...] Voluntas est potentia adpetens, et libere agens monstrato obiecto ab intellectu. Actiones eius sunt: velle ac nolle."
90 CR 13, Sp. 167: „In voluntate seu potentia adpetente sunt haec quatuor: Inclinationes innatae, actiones, habitus et adfectus."
91 CR 13, Sp. 167: „Adfectus ἤθη et πάθη aut sunt actiones, sed cum aliquo dolore coniunctae, vel cum aliqua laeticia, ut irasci est nolle offensionem, et dolere propter laesionem, et velle depellere laedentem. Haec sunt in voluntate. In seriis autem motibus copulantur cor et voluntas. Nam cor proprie organum est adfectum, quod cum velut ictum seu verberatum est ab insuavi obiecto, contrahitur et dolore adficitur propter laesionem, et fugit rem insuavem. In hoc dolore fit torrefactio cordis et incenduntur spiritus." Mit der Beschreibung der Relation der Affekte zum Urteilsvermögen („[s]unt autem adfectus, [...] motus cordis notitiam sequentes, prosequentes aut fugientes obiecta [...], CR 13, Sp. 124) sowie ihrer psychophysiologischen Ursache und Wirkung (CR 13, Sp. 168f.) knüpft Melanchthon direkt an Vives an.
92 CR 13, Sp. 57: „Quanquam autem cor sentit suaves et insuaves motiones per nervos, qui a sexto pari nervorum cerebri in cor deducti sunt, tamen sua quaedam est natura cordis, qua ciet adfectus, laeticia fruitur, et contabescit dolore."
93 CR 13, Sp. 98: „Causa autem erroris Aristoteli fuit, quia putavit, cor esse immediatum principium motus et sensuum. [...] Ideo cum cessant sensuum actiones, quaerenda est causa proxima in cerebro. Hinc adparet, cur ab Aristotele dissentiat Galenus."

Melanchthon Voraussetzung für den Gotteserkenntnisprozess und den Glaubensakt zugleich: es kommt von aussen – von Gott bzw. vom göttlichen Gesetz im Evangelium (Dekalog) – in den menschlichen Verstand, es gehört also nicht zu den *notitiae naturales*, die unter das Naturgesetz fallen,[94] und löst damit den Prozess der Gedankenbildung („*formatio imaginum*") aus, wobei der ‚gefallene' Mensch den göttlichen Gedanken, d.h. der *logos=imago Dei=Filius*), nur schattenhaft begreift.[95] Dies äussert Melanchthon im *Liber de anima* im Zusammenhang mit seiner Erklärung der inneren Sinne (*De sensibus interioribus*). Dort folgt er in der Unterscheidung der Funktionen des *sensus communis* und der inneren Erkenntniskraft, welche die Objekte der sinnlichen Wahrnehmung zerlegt, zusammenfügt und beurteilt, nicht Aristoteles, der diese höhere Stufe des inneren Sinnes nicht vom *sensus communis* unterscheidet, sondern Galen, der sie im mittleren Gehirnteil lokalisiert.[96] Als zwei voneinander zu unterscheidende Vermögen sind somit die *voluntas* an das Herz, der *intellectus* an die inneren Sinne, die diesem die Objekte präsentieren und sein Instrument sind, gekoppelt.[97]

---

94 In diesem Sinn ist m.E. die grundlegende Unterscheidung zwischen Gesetz und Evagelium, die Melanchthon zu Beginn seiner Seelenschrift formuliert, zu verstehen: vgl. CR 13, Sp. 7: „Necesse est omnibus in conspectu esse discrimen legis et Evangelii. Hic si quis recte didicit hanc puerilem doctrinam, scit legem noticias esse nobiscum nascentes, sicut aliarum artium principia et demonstrationes. Sed Evangelium dissimillimam vocem esse, ac nequaquam nobiscum nasci, sed singulari revelatione a Deo illustribus testimoniis patefactum esse."

95 CR 13, Sp. 121: „Ita condita est hominum natura divinitus, ut fieri cogitationes in nobis, et formari ac ordinari imagines sciamus. Quomodo fiant, non cernimus in hac caligine. Sed tamen hanc ipsam formationem imaginum non dubium est umbram esse significantem aliquid de Filio Dei, ut enim aliquo modo consideremus, cur Filius cogitatione genitus nominetur Imago aeterni Patris, etiam in nobis voluit Deus imagines fieri cogitatione." Vgl. hierzu in Anlehnung an Augustin auch Thomas Aquinas: De Veritate, q. 10, a. 7: „Et ideo primo et principaliter attenditur imago Trinitatis in mente secundum actus, prout scilicet ex notitia quam habemus, cogitando, interius verbum formamus, et ex hoc in amorem prorumpimus." (Thomae Aquinatis [...] Quaestiones disputatae Volumen I. De Veritate. Hg. von Raymundus Spiazzi O. P. [...] 8. revidierte Auflage. Torino/Roma 1949, S. 203-205; zitiert nach: Bruno Moretti: Con „L'uomo immagine di Dio" al centro dell'antropologia teologica. In: Studi tomistici, 42 (1991), S. 187-198, hier 192f.).

96 CR 13, Sp. 121: „Nos Galenum sequimur, qui tres sensus interiores recenset: Sensum communem, cogitationem seu compositionem, et memoriam. Nomina apud Galenum haec sunt: φανταστικόν, διανοητικόν et μνημονευτικόν. [...] Sunt autem officia primi sensus interioris, accipere omnium exteriorum sensuum objecta, et ea discernere. Oculus pariter albedinem et nigretudinem percipit. Sed sensus communis discernit. Deinde proximus est sensus, cui tribuuntur compositio, seu aestimatio, seu qualiscunque ratiocinatio et iudicium. Aristoteles a priore non discernit. Sed ut dixi Galenum sequimur, et organum ei in medio cerebro attribuamus." Eine solche Unterteilung nimmt Galen z.B. in der Schrift *De symptomatum differentis* vor; vgl. Siegel: Galen on Psychology, Psychopathology, and Function and Diseases of the Nervous System, S. 141.

97 CR 13, Sp. 139: „[...] necesse sit discerni intellectum et voluntatem, seu potentiam cognoscentem et appetentem, [...]. Aliud esse noticias, aliud serias appetitiones sciri necesse est, [...]. Sunt igitur res diversae noticia et adfectus, et sedes aliae utcunque constituendae sunt, quae quidem in organis coniunctis animae sic ostenduntur. Cum potentia cognoscente copulati

Grundsätzliche – auch theologisch relevante – Überlegungen über den Denkvorgang äussert Melanchthon bereits im gehirnanatomischen Teil des *Liber de anima*: Ausfallerscheinungen des Erinnerungsvermögens durch Verletzungen des Kleinhirns würden zeigen, dass dieses und das hinterste Gehirnventrikel logischerweise das Organ der *memoria* und des im *cerebellum* zeichenhaft eingedrückten Bilderreservoirs seien; trotz Verdunkelung der natürlichen Kenntnisse, die auch das Nachvollziehen sämtlicher Denk- und Erkenntnisoperationen verhindere, sei es absolut gewiss, dass diese durch Gehirnarbeit zustandekämen und dass das Denken in der Gehirnsubstanz stattfinde, die der Sitz des göttlichen Lichts und der göttlichen Handlungen sei.[98]

Die Aufnahme des göttlichen Wortes im menschlichen Verstand und der Akt des Glaubens folgen zudem unterschiedlichen Erkenntnisweisen: Erstere geschieht durch eine Willenshandlung, die vom intellektuellen Akt der *adsensio* begleitet ist; diese stellt eine Stufe der *notitiae subitae* des erkennenden Vermögens dar.[99] Der Glaube ist hingegen eine *notitia habitualis*, die durch Erinnerung und Wiederholung mentaler Gedankenbildungen entsteht und durch die Denkoperationen (wie z.B. die *adsensio*) gelenkt werden.[100] Auch die – teilweise in der Dialektik und Ethik abgehandelten – Begriffe des *habitus* des erkennenden Vermögens hat Melanchthon im *Liber de anima* in Abhängigkeit von der Erkenntnismethode unterschieden: Während die Wissenschaft (*scientia*) ein Wissen (*noticia*) ist, bei dem der Beweis zwingend unsere Zustimmung verlangt, und die Meinung (*opinio*) ein solches Wissen ist, das mit wahrscheinlichen Argumenten arbeitet und die Zustimmung suspendiert, so ist der Glaube ein Wissen, dem wir ohne

---

sunt sensus interiores. At cum potentia serio volente copulatio cordis est."
98 CR 13, Sp. 71: „Cum autem manifestum sit, laeso cerebello, memoriam labefactari, consentaneum est, hunc postremum ventriculum et cerebellum organum esse memoriae et recordationis, rerum imaginibus in cerebellum tanquam notis impressis. Etsi autem in hac caligine non perspicimus, quomodo haec miranda opera, cognitio, ratiocinatio, memoria, recordatio, iudicium fiant: tamen cum fieri ea cerebri ope certissimum sit, cogitemus cerebri substantiam, quae sedes est divinae lucis et divinarum actionum, [...]."
99 CR 13, Sp. 165f.: „Necesse est considerare discrimen potentiae cognoscentis, et potentiae adpetentis, et noticiarum ac adpetitionum, ut saepe dictum est, sciendum est igitur, in potentia cognoscente haec tria esse: Noticias naturales, actiones, et habitus. Ac uno communi nomine haec tria adpellantur Noticiae, vel naturales, vel subitae, vel habituales. Sunt autem gradus actionum, ut supra dixi: Simplicium agnitio, connexio, divisio, ratiocinatio, adsensus, reiectio."
100 CR 13, Sp. 166: „[...] mens cogitans aliquid, format imagines, quae sunt ipsi actus intelligendi. Harum cogitationum memoria, et crebra recordatio ac repetitio nominatur habitus, aut gignit habitum, id est, lumen quoddam in mente, quo reguntur actiones. Sunt igitur in potentia cognoscente hi habitus: Scientia. Ars. Prudentia. Fides. Opinio." Vgl. hierzu auch Th. Aquinas: De Verit., q. 10, a. 7: „[...] Sed quia principia actuum sunt habitus et potentiae, unumquodque autem virtualiter est in suo principio, secundario et quasi ex consequenti imago Trinitatis potest attendi in anima secundum potentias, et praecipue secundum habitus, prout in eis scilicet actus virtualiter existunt." Zit. nach Moretti: Con „L'uomo immagine di Dio", S. 193.

zu zweifeln auf der Basis historischer Zeugenaussagen oder der Autorität zustimmen;[101] im Bereich der Aussagen der *doctrina Ecclesiae* („[i]n prophetico et apostolico sermone") kann jedoch die Zustimmung zum „Wissen" des Glaubens nicht nur auf Grund der historischen Erfahrung von Zeugen erfolgen, sondern bedarf zusätzlich der – zu den Gewissheitsnormen der Philosophie hinzukommenden – Gewissheitsnorm der biblischen Offenbarung, durch die Gott wahrhaftig seine Sorge um das Menschengeschlecht gezeigt habe.[102]

Vor dem Hintergrund dieser differenzierten Position Melanchthons ist somit auch seine Auffassung vom Menschen zu verstehen: Durch den Glauben an das Wort Gottes empfängt somit der Mensch den Heiligen Geist, der sich mit den *spiritus vitales* in seinem Herzen mischt, damit die Erkenntnis Gottes (*agnitio Dei*) im Verstand klarer werde, d.h. damit die an die psychophysiologischen Prozesse des Organsystems des Körpers gekoppelten Willenshandlungen und Affektbewegungen der menschlichen Seele konform werden mit dem göttlichen Willen.[103] Die Affekte sind daher im Rahmen des göttlichen Schöpfungsplans auch ›ausführende Organe‹ des moralischen Urteilsvermögens gemäss den *notitiae naturales*. Durch die Affekte wird eine durch Gotteserkenntnis glückliche menschliche Natur erhalten, die aber auch aufgrund von heftigem Schmerz zerstört werden kann, wenn das Gewissen ein vom göttlichen Gesetz abweichendes sündhaftes und verbrecherisches Handeln nicht ertragen kann.[104] Im Grunde genommen reinter-

---

101 CR 13, Sp. 166: „Scientia est noticia, in qua demonstratio cogit nos adsentiri dicto. Opinio est noticia, in qua probabili ratione movemur, ut magis in unam partem inclinemus, quam in aliam, et tamen suspensa sit adsensio seu adseveratio. [...] Fides est noticia, qua adsentimur dicto sine dubitatione, victi testimoniis vel autoritate."

102 CR 13, Sp. 166: „In prophetico et apostolico sermone fides significat non solum adsentiri historiis, sed etiam promissionibus divinis." Vgl. auch CR 13, Sp. 151: „Sunt igitur normae certitudinis iuxta philosophiam tres: Experientia universalis, noticiae principiorum, et intellectus ordinis in syllogismo. [...] In Ecclesia habemus et quartam normam certitudinis, videlicet patefactionem divinam, illustribus et non fallentibus testimoniis factam, quae extat in libris propheticis et apostolicis. [...] Sed multi audacissime repugnant divinis oraculis, ut Epicurei et alii. Pars tamen aliqua generis humani adsentitur, testimoniis miraculorum mota, in qua voce Evangelii Spiritus sanctus hanc lucem accendit, et flectit mentem ad adsentiendum, et mens obtemperat Spiritui sancto, amplectitur vocem Evangelii, et repugnat dubitationi. Et haec adsensio quae amplectitur sententias a Deo patefactas, dicitur Fides, quae quidem in aliis firmior est. [...] et ea patefactione testatus est, sibi [sc. Gott], vere genus humanum curae esse."

103 CR 13, Sp. 88f: „Spiritu vitali et animali actiones praecipuae efficiuntur, vitae conservatio, nutritio, generatio, deinde sensus, motus, cogitatio, adfectus in corde. [...] Et, quod mirabilius est, his ipsis spiritibus in hominibus piis miscetur ipse divinus spiritus, et efficit magis fulgentes divina luce, ut agnitio Dei sit illustrior, et adsensio firmior, et motus sint ardentiores erga Deum." Vgl. hierzu auch Helm: Zum Verhältnis von Reformation und akademischer Medizin, S. 36f.

104 CR 13, Sp. 125: „Ita vult Deus in ipso homine esse adfectus tanquam executores noticiarum, vult laetari corda, cum noticiis recta praecipientibus obtemperamus. Voluit ita vivere et

pretiert Melanchthon die paulinischen Worte von dem Eingeschriebensein des natürlichen Gesetzes im Herzen aller Menschen im Horizont seiner anatomischen Kenntnisse vom Herzorgan und dessen psychophysischen Funktionen, wenn er sagt, dass Gott die Natur des Menschen so geschaffen habe, dass sich die freudvolle Stimme des guten Gewissens und die qualvolle Pein infolge der Versündigung gegen das göttliche Gesetz in der sensiblen Herzstruktur manifestieren. Das Herz ist der Anfang des Lebens,[105] und folglich muss das Gesetz bereits im Mutterleib in uns vorhanden sein. Unmittelbar davor hatte Melanchthon grob die anatomische Struktur des Herzorgans und der mit diesem verbundenen wichtigsten Arterien und Venen beschrieben.[106]

Melanchthons Position, aus der die theologisch und moralphilosophisch relevante Stellung der Affekte der Seele in seiner Anthropologie resultiert, präsentiert sich somit als Konsequenz aus der Einsicht in die von der Sünde hervorgebrachte Diskrepanz in der menschlichen Natur zwischen dem Gesetz, von dem wir durch die *notitiae naturales* Kenntnis haben, und dem Willen bzw. den Affekten, Begierden und Trieben (*appetitiones contrariae*),[107] die der Mensch in seinem Leben nicht autonom zu überwinden in der Lage ist. Einerseits erklärt der Zwiespalt zwischen Gesetz und Trieb das Bedürfnis seines Geistes nach erlösungsbringender Spiritualität,[108] andererseits motiviert Melanchthon dazu, im *Liber de anima* medizinische bzw. in Anlehnung an

---

conservari hanc naturam laetantem agnitione Dei, et acquiescentem in Deo. Rursus etiam vult in cordibus nostris vindices esse ingentes motus, qui coherceant nos, et puniant facta contra legem. Vult esse flammas irae et doloris, quae destruant naturam, postquam non congruit ad sapientiam et normam divinam. Ita Cain, Saul, Iudas et similes destruuntur ira et dolore post scelera." Zur Pathogenität der Affekte vgl. Ralf Bröer und Ralf Hofheinz: Gesundheitspädagogik statt Tröstung. Die theologische Bewältigung von Krankheit bei Philipp Melanchthon und Caspar Peucer. In: Sudhoffs Archiv 85 (2001), Heft 1, S. 18-44, hier S. 34-37. In bezug auf den Gesetzesbegriff bei Melanchthon herrscht bei den Autoren allerdings Verwirrung; vgl. ebd., hier S. 30 u. 37.

105 CR 13, Sp. 57: „Tertia utilitas est, quod cor non solum sedes est adfectum, sed fons etiam et propria causa. Talis est autem natura hominis, ut vita sit laeticia quaedam. Moesticia vero destructio. Ut igitur vitae initium cor est, ita sedes est propria laeticiae et moesticiae. Ac Deus haec mirando consilio, [...], hoc modo condidit, quia vult in corde sentiri gaudium bonae conscientiae et poenas scelerum."

106 CR 13, Sp. 53-56: „Hactenus de aedificio cordis pauca diximus."

107 CR 13, Sp. 7: „Postea rursus discerni necesse est, noticias et appetitiones. Sunt in mente noticiae verae, rectae, aeternae et immotae. Et tamen appetitiones contrariae sunt. Quare Paulus inquit, homines veritatem Dei, id est, veras noticias divinitus nobis insitas, in iniustitia captivas detinere."

108 CR 13, Sp. 162: „Haec de causis spiritualium actionum tenere prodest, ut fidei exercitia discamus. Mens cogitet mandata Dei et Evangelium, ac fide petat auxilium a mediatore, qui venit, ut destruat opera diaboli. Cum fide erigimur filius Dei vere adest et accendit voluntatem et cor Spiritu sancto. Ita voluntas adiuta repugnat viciis, et cohercet externa membra, ne ruant contra rectum iudicium. Ac scimus nos non nostris viribus vincere, sed auxilio domini nostri Iesu Christi."

die Lehren von Andreas Vesalius auch anatomische Erklärungen für diese seelischen Vorgänge zu finden.[109] Darin liegt m.E. auch ein grundlegender Unterschied zu der pessimistischen Weltvision eines Luthers oder eines Calvins, die an das in der theologischen Tradition angelegte Problem der Sünde anknüpfen.

Wie es die jüngere Renaissanceforschung wieder in Erinnerung gerufen hat,[110] etabliert sich – nach der These von Franz Borkenau – im Werk des Nicolaus von Kues (1401-1464) die Spaltung der menschlichen Seele in einen Teil, der dem natürlichen Gesetz konform ist, und einen Teil, der diesem widerstrebt.[111] Den Gedanken, dass der Sünder Sklave seiner Affekte, Triebe und Ängste sei, während diejenigen, die nach dem Gesetz lebten, frei seien, entnimmt Cusanus einem Brief des Kirchenvaters Ambrosius (ca. 333-397),[112] demzufolge das Gesetz im Herzen des Weisen eingeschrieben sei.[113] Cusanus befürwortet diese Sichtweise in dem theologisch-politischen Traktat *De concordantia catholica* (1434).[114] Borkenau sieht in dieser seelischen Spaltung das Resultat dessen, was er als eine erste Version des Problems des ›modernen‹ Menschen nennt: einen Bruch zwischen der Realität des Lebens in der Kontingenz und dessen Normen, die sich dem menschlichen Leben

---

109 CR 13, Sp. 21: „[...] et extat locupletissimum opus viri peritissimi Wesalii, unde sumi doctrina uberior potest, tamen hic initia quaedam recitabimus, quae ad discernendas potentias et actiones maxime necessaria sunt. Necesse est enim scire aliam sedem esse cognitionis, aliam adpetitionum."

110 Pross: Le péché et la constitution du sujet à la Renaissance, S. 81f.

111 Borkenau: Der Übergang vom feudalen zum bürgerlichen Weltbild (›Der Begriff des Naturgesetzes‹, V.), S. 40-53.

112 Nicolai de Cusa: De concordantia catholica, Lib. III, § 273. Zitiert nach der Ausgabe: Nicholas of Cusa: The Catholic Concordance. Hg. und übersetzt von Paul E. Sigmund. Cambridge/New York et al. 1991, S. 208.

113 Sancti Ambrosii Mediolanensis Episcopi Epistola XXXVII, 937, 31/32: „Servit igitur peccator formidini, servit etiam cupiditati, servit avaritia, servit libidini, servit malitiae, servit iracundiae, et videtur hujusmodi sibi liber: sed magis servit, quam si sub tyrannis positus. Illi autem liberi sunt, qui legibus vivunt. Lex autem vera sermo rectus, lex vera non insculpta tabulis, nec aere incisa, sed impressa mentibus, atque infixa sensibus; quando sapiens non sub lege, sed ipse sibi lex est, opus legis in corde suo continens (*Rom.* II, 14, 15), naturali sibi stylo et quadam inscriptione formatum." Zitiert nach: Sancti Ambrosii Mediolanensis Episcopi Opera omnia. Hg. von Jacques-Paul Migne. Paris 1880 (Patrologia Latina 16), Sp. 1138.

114 Nicholas of Cusa: The Catholic Concordance, Lib. III, § 274. Entsprechend sind bei Cusanus die Weisen auch die Autoren der allgemeinen Gesetze, denen sich die anderen Mitglieder der Gesellschaft freiwillig unterordnen (§ 275). In dieser Schrift interpretierte der Kirchenrechtler „die kirchliche Hierarchie als Gemeinschaft der Gläubigen, die durch das Konzil repräsentiert werde wie das Reich durch die Kurfürsten." Vgl. Wilhelm Schmidt-Biggemann: Wissen und Macht an der Schwelle zur Neuzeit. Ein Beispiel: Nikolaus von Kues. In: Macht des Wissens. Die Entstehung der modernen Wissensgesellschaft. Hg. von Richard van Dülmen und Sina Rauschenbach. Köln/Weimar/Wien 2004, S. 13-38, bes. S. 16-18, Zitat S. 17.

gegenüber gänzlich andersartig gestalten.[115] Wäre der Mensch nicht gefallen, dann wäre das Naturgesetz die Regel des menschlichen Verhaltens; nach dem Sündenfall ist ein gottgefälliges Leben nicht mehr auf ›natürlichem‹, sondern nur auf spirituellem Wege möglich, also – bei Cusanus, der auch die Schriften des Kirchenvaters Dionysius Aeropagita kannte – durch eine mystische Erfahrung und durch einen besonderen Beistand der göttlichen Gnade.[116] Es ist aber gemäss Cusanus' eigenen Vorgaben nur dem Weisen gegeben, diesen Weg zu gehen, nicht der Mehrheit der Menschen. Den Schritt zu einer vollends pessimistischen Deutung der menschlichen Natur, die aus der Position des Cusaners gefolgert werden konnte, vollzieht Melanchthon jedoch nicht, zumindest nicht in der Weise, wie es Luther und Calvin getan haben.[117] Während für Cusanus – als Folge des Vermutungs- und Teilhabewissens[118] – Gott als *Deus absconditus* grundsätzlich unerkennbar bleibt und der Mensch ihn dennoch verehrt – „[q]uia ignoro, adoro"[119] –, ist für Melanchthon das natürliche Gesetz im Herzen aller Menschen eingeschrieben; über den spirituellen Bezug zu Gott und den Glauben an dessen Wort ist es daher prinzipiell auch möglich, diesem Gesetz zu folgen.

Der Weg, den Melanchthon einschlägt, ist allerdings nicht nur spirituell – und darin liegt auch der anthropologiegeschichtlich relevante Ansatzpunkt im Denken des Wittenberger Reformators, der rund einhundert Jahre nach Cusanus im Horizont einer veränderten wissenschaftsgeschichtlichen Situation argumentiert: Die Antinomie zwischen Gesetz und Trieb in der menschlichen Natur führt Melanchthon dazu, die Ursache von Affekten und Trieben mithilfe von psychologischen bzw. medizinischen und naturphilosophischen Theorien zu erklären. So bindet Melanchthon sein psychologisches Erklärungsmodell an die zugrundeliegende Konzeption der *doctrina physica* an, in der er generell den Einfluss äusserer – kosmischer und siderischer – Kräfte auf Körper und Psyche des Menschen annimmt: „Wer

---

115 Vgl. hierzu auch Pross: Le péché et la constitution du sujet à la Renaissance, S. 82.
116 Borkenau: Der Übergang vom feudalen zum bürgerlichen Weltbild, S. 47 u. Schmidt-Biggemann: Wissen und Macht an der Schwelle zur Neuzeit, S. 21.
117 Vgl. zu Luther und Calvin, die den Akzent auf den vom Paradies ›gefallenen‹ Menschen legen, dessen Natur vollends verdorben sei, Pross: Le péché et la constitution du sujet à la Renaissance, S. 92-102.
118 Schmidt-Biggemann: Wissen und Macht an der Schwelle zur Neuzeit, S. 24.
119 Dialogus De Deo Abscondito [...] Editus a domino Nicolao de Cusa, cardinale Sancti Petri ad Vincula. Zitiert nach der Ausgabe: Nicolaus von Cues: Texte seiner philosophischen Schriften, nach der Ausgabe von Paris 1514, sowie nach der Drucklegung von Basel 1565. Bd. 1. Hg. von Alfred Petzelt. Stuttgart 1949, S. 203-207, hier S. 203. Vgl. Schmidt-Biggemann: Wissen und Macht an der Schwelle zur Neuzeit, S. 24: „Deshalb ist die Idee vom verborgenen Gott, wie sie Nikolaus in seinem kleinen Traktat ›De Deo abscondito‹ unmittelbar im Anschluß an seine symbolische Philosophie der Zahlen (›De coniecturis‹) geschrieben hat, die skeptische Konsequenz des Vermutungswissens. Ebenso konsequent ist es, in diesem Teilhabewissen, in dem wir am Göttlichen partizipieren, die Sehnsucht nach der gnadenhaften Erkenntnis dieses verborgenen Gottes zu entdecken."

die Ursachen für sittlich gute Handlungen und für Verbrechen in Erfahrung bringen wolle, müsse sich mit der Natur des Menschen, den Temperamenten und den Einflüssen der Gestirne auf seine Affekte und körperlichen Organe beschäftigen;" daher verlangte er auch vom Theologen „Vertrautheit mit der Anatomie und der Psyche des Menschen" und empfahl dem Arzt das Studium der Astrologie und Astronomie.[120] Das 1552 entstandene Gedicht, *De consideratione humani corporis*, das Melanchthon in ein Werkexemplar von Vesalius' *De humani corpori fabrica* (1543) handschriftlich eingetragen hat, legt ein beredtes Zeugnis davon ab, welche Bedeutung der Reformator dem Studium des menschlichen Körpers zumass. So lassen sich die folgenden Verse (vv. 19-26) gerade vor dem in diesem Abschnitt dargestellten anthropologischen Wissenshintergrund interpretieren:

> Diuina in cerebro radios sapientia spargit,
> Cum uerbo mentes luce suaque regit.
> At cor iusticiae domus est, sentitque dolores.
> Cum punit sontes uindicis ira Dei.
> Adflatu Dei purgatum gaudia sentit.
> Et uita fruitur non pereunte, Dei.
> Formatum ad tantos corpus cum uideris usus,
> Factorem agnoscas, & uenerere Deum.

[Die göttliche Weisheit sendet im Hirn ihre Strahlen aus, indem sie den menschlichen Geist mit ihrem Wort und ihrem Lichte lenkt. Das Herz aber ist das Haus der Gerechtigkeit, und es spürt den Schmerz, wenn der Zorn des rächenden Gottes den Schuldigen bestraft. Gereinigt vom Anhauch Gottes, empfindet es Freude und genießt das unvergängliche Leben Gottes. Wenn du siehst, daß der Körper zu solch erhabenen Zwecken gebildet ist, sollst du den Schöpfer erkennen und Gott verehren.][121]

Für Melanchthon ist es also nicht nur wichtig, zwischen unterschiedlichen seelischen Vermögen und Aktivitäten zu unterscheiden, sondern es ist auch notwendig, sich eine anatomische Kenntnis über den Sitz des geistigen Vermögens (*cognitio*) einerseits und der Triebe und Affekte (*adpetitio*) andererseits im menschlichen Körper zu verschaffen. Nicht zuletzt gewinnt die Medizin mit dieser Begründung für die protestantische Theologie – auch im Hinblick auf die Studienreform der medizinischen Fakultäten, die teilweise auch dem modellbildenden Charakter der italienischen humanistischen Renaissancemedizin folgt[122] – eine wichtige Funktion, die bis ins 17. Jahrhundert Geltung

---

120 Bauer: Naturphilosophie, Astronomie und Astrologie. In: Melanchthon und die Marburger Professoren, S. 345-359, hier S. 347 u. 349.
121 Vgl. Philipp Melanchthon: Epigrammatum Libri Tres [1560]; Text und Übersetzung zitiert nach: Humanistische Lyrik des 16. Jahrhunderts. Lateinisch und deutsch; ausgewählt, übersetzt, erläutert und herausgegeben von Wilhelm Kühlmann, Robert Seidel und Hermann Wiegand et al. Frankfurt/M. 1997, S. 340-343 u. 1146-1148 [Stellenkommentar].
122 Wilhelm Kühlmann und Joachim Telle: Humanismus und Medizin an der Universität Hei-

behält. Gerade wegen des medizinisch-anatomischen Teils im *Liber de anima* „wurde Melanchthons Buch an der Artistenfakultät in Wittenberg als Einführungslehrbuch in der Anatomie benutzt. Die neuen Statuten der medizinischen Fakultät in Wittenberg von 1572 fassen zusammen, was bereits seit mehr als 20 Jahren dort praktiziert wurde."[123]

In den anthropologischen Ansätzen von Vives und Melanchthon zeigt sich somit eine ähnliche Verwendung des Gesetzesbegriffs. Im Blick auf die Analyse der kulturgeschichtlichen Bedingungen der frühneuzeitlichen Anthropologie kommt dem – aus der philosophisch-theologischen Tradition stammenden – Gesetzesbegriff aufgrund der Rezeption der antiken Medizin und Psychologie im 16. Jahrhundert eine relevante historische Funktion zu. In dem zugleich editions- wie wissenschaftsgeschichtlichen Rahmen der Erneuerung des Galenismus und Aristotelismus in der Renaissance ermöglicht der Begriff des Gesetzes die Konstitution einer neuen anthropologischen Denk- und Wissensformation, die zusammenfassend wie folgt umrissen werden kann: Durch die griechischen und lateinischen Editionen der Werke Galens – speziell von *De placitis Hippocratis et Platonis*[124] – werden in der ersten Hälfte des 16. Jahrhunderts die Bedingungen für die Reflexion über den Menschen entscheidend verändert. Bezeichnend ist hierfür die Galenrezeption in den Seelenschriften von Vives (1538)[125] und Melanchthon (1540/1553),[126] die einen neuen Typus des *De anima*-Kommentars begründen. Das hat Folgen für die anthropologische Wissensformation. Konkret heisst dies: Vives und Melanchthon erlangten infolge der Lektüre von Galens Schriften spezifisch medizinische Einsichten in die Natur des Menschen, die auch zur Veranschaulichung und Konkretisierung der Lehre von den Auswirkungen des Sündenfalls tauglich schienen. Der von Vives und Melanchthon begründete Typus von Seelenschrift, der vor allem auf Galens Psychologie in *De placitis* beruht, ist denn auch von den *De anima*-Kommentaren zu unterscheiden, die im 16. Jahrhundert für

---

delberg im 16. Jahrhundert. In: Semper apertus. Sechshundert Jahre Ruprecht-Karls-Universität Heidelberg 1386-1986. Hg. von Wilhelm Doerr. Bd. 1 (1985), Mittelalter und Frühe Neuzeit 1386–1803. Berlin et al., S. 255-289, hier 256f.: „Insbesondere kann kein Zweifel daran aufkommen, dass die vom Renaissance-Humanismus Italiens bereits weit vorangetriebene und nördlich der Alpen zunehmend wachsende Festigung des Vorbildcharakters der antiken Medizin nun auch im Heidelberger Universitätsstatut ihren Niederschlag fand."

123 Stefan Völker und Barbara Bauer: Philipp Melanchthon: *Liber de anima*. Wittenberg 1574. In: Melanchthon und die Marburger Professoren, S. 524-527, Zitat 525. Vgl. hierzu auch Helm: Zum Verhältnis von Reformation und akademischer Medizin, S. 34 u. 38-40 sowie Riccardo Pozzo: Philosophy, Medicine, and Aristotles *De Anima* at Helmstedt at the Close of the Renaissance. In: Scientiae et artes, S. 831-841.

124 Vgl. hierzu Nutton: *De placitis Hippocratis et Platonis* in the Renaissance. Vgl. auch Owsei Temkin: Galenism. Rise and Decline of a Medical Philosophy, Ithaca/London 1973.

125 De Angelis: Zur Galen-Rezeption in der Renaissance.

126 Helm: Zum Verhältnis von Reformation und akademischer Medizin sowie Nutton: *De placitis Hippocratis et Platonis* in the Renaissance, S. 304.

das *artes*-Studium an norditalienischen Universitäten verfasst wurden. Die Philosophieprofessoren erörtern hier keine theologischen Fragen, sondern setzen sich direkt mit dem *De anima*-Text des Aristoteles auseinander und berücksichtigen dabei die unterschiedliche griechische Kommentartradition, deren Texte am Ende des 15. Jahrhunderts im venetischen Humanismus neu rezipiert und neu übersetzt wurden. Die Aristotelesrezeption dieses Kulturraumes bildet eine andere wichtige Komponente der anthropologischen Wissensformation des 16. Jahrhunderts, von der im nächsten Kapitel die Rede sein wird.

Im Blick auf die Vermittlung des antiken medizinischen Wissens spielte die italienische Medizintradition – und ihre Wirkung im alten deutschen Reich – eine relevante Rolle. Dafür möchte ich hier wenigstens noch ein Beispiel nennen: So befasst sich der Medizinprofessor Giovanni Manardi (1462–1536) aus Ferrara in einem Brief von 1533 an einen Kollegen in Bologna, der in Basel 1535 publiziert wurde und in italienischen Sammelausgaben von Briefen medizinischen Inhalts – wie den *Epistolae medicinales diversorum authorum* – mehrfach erschienen ist,[127] auf der Grundlage von *De placitis* mit Galens *spiritus*-Lehre und folgt hinsichtlich der Frage nach der Existenz von Lust und Schmerz den Darlegungen in Buch VII, 6, wo Galen diese Empfindungen der Sinneswahrnehmung, speziell dem Tastsinn, zuschreibt.[128] Der Einfluss der medizinischen Theorien Manardis auf Leonhart Fuchs, der auch, wie bekannt ist, für Melanchthon um 1540 von Bedeutung gewesen war,[129] sind bereits ansatzweise erforscht worden.[130] Die Medizin wird von den Gelehrten

---

127 Vgl. z.B. die Ausgabe: Epistolae medicinales diversorum authorum, nempe Joannis Manardi Med.[ici] Ferrariensis. Nicolae Massae Med.[ici] Veneti. Aloisii Mundellae Med.[ici] Brixiensis. Ioannis Baptistae Theodosii Med.[ici] Bononiensis. Ioannis Langii Lembergii Med.[ici] Principum Palatinor. Rheni. Adjectis Indicibus duobus, quorum prior Epistolarum argumenta, posterior rerum ac vocum toto opere memorabilium elenchum continet. Leiden 1556 (auch Lyon 1556).

128 De Hippocratis et Platonis Dogmatibus [1549], VII, 6; Ausgabe De Lacy, Bd. 2, S. 469. Vgl. auch Nutton: *De placitis Hippocratis et Platonis* in the Renaissance, S. 300f. Die Wiederaufnahme der antiken Lehren in die medizinische Diskussion des frühen 16. Jahrhunderts geht auch aus dem Titel der Erstausgabe von Manardis Briefen hervor: Giovanni Manardi: Epistolae medicinales in quibus multa recentiorum errata et antiquorum decreta, reserantur, Ferrara 1521. Nutton: *De placitis Hippocratis et Platonis* in the Renaissance, S. 304 bemerkt hierzu: „He [sc. Melanchthon] also shows himself aware of the context of the debate going on in Italy between the Aristotelians and the Galenists over the soul, for he reports both views, and, although allowing that Aristotle's location of the soul in the heart might seem at first consonant with scripture, he also indicates by his own account of the workings of the soul that he prefers to follow Galen in setting the rational soul in the brain."

129 Kusukawa: The Transformation of Natural Philosophy, S. 115: „As early as 1540, Melanchthon had been thinking of revising his *Commentarius de anima*. Leonhart Fuchs seems to have been one of his earlier correctors in anatomical matters."

130 Luigi Samoggia: Manardo e la scuola umanistica filologica tedesca con particolare riguardo a Leonard Fuchs. In: Atti del Convegno internazionale per la celebrazione del V centenario della nascita di Giovanni Manardo 1462–1536, Ferrara, 8-9 settembre 1962. Ferrara 1963, S. 241-251; vgl.

des 16. Jahrhunderts immer auch im Verhältnis zu den ›related sciences‹ Physiologie, Anatomie und Psychologie betrachtet, die in ihrer Interaktion zur Ausbildung des anthropologischen Denkmuster dieser Zeit beitragen. Mit dem Gesetzesbegriff ist also auch ein systematischer Gesichtspunkt gegeben, der die Entwicklung der Wissensformation ›Anthropologie‹ – im Hinblick auf die Einbeziehung von Fragen des Rechts, der Ethik und der Gesellschaft im 17. Jahrhundert – im historischen Prozess zwischen dem Humanismus und dem Zeitalter des modernen Naturrechts zu beschreiben ermöglicht.

1.3. ›Anthropologia‹ als Textgattung – Die Melanchthon-Kommentare von Johannes Stigelius (1581) und Johannes Magirus (1603)

Die anthropologische Denkformation etabliert sich am Ende des 16. Jahrhunderts als Textgattung ›Anthropologia‹, die zunächst als Kommentar bzw. als Auslegung und Darstellung von Melanchthons Seelenschrift *Liber de anima* entsteht. Als bedeutsame Rezeptionszeugnisse dieser Schrift sind zum einen den 1581 veröffentlichten Text *De anima Commentarii Philippi Melanthonis explicatio* von Johannes Stigelius (1515-1562),[131] zum anderen die 1603 herausgegebene *Anthropologia* des Marburger Professors Johannes Magirus (1524-1596)[132] zu erwähnen. Bekannt ist Stigelius, der ab 1543 Professor für Poesie in Wittenberg war, vor allem als Verfasser neulateinischer Gedichte,[133] weniger bekannt ist er hingegen als Kommentator der Seelenschrift des mit ihm befreundeten Melanchthons, mit dem er ab 1535 auch brieflich korrespondierte. Denn während seines Studiums der Astronomie, Physik und Medizin war Stigelius auch mit Melanchthons Lehrbücher über die Seele in Kontakt gekommen, mit denen er sich auch in seiner weiteren Karriere beschäftigte. Ab 1548 übernahm Stigelius in Jena die Leitung des neugegründeten Gymnasiums.

---

in demselben Sammelband auch den Kurzbeitrag von Emanuele Djalma Vitali: Manardo e Fuchs di fronte ai problemi medici del loro tempo, S. 286-290.
131 De anima, Commentarii Clarissimi Atque Doctissimi Viri, D. Philippi Melanchthonis, explicatio. Tradita A Iohanne Stigelio. Wittenberg 1581 [220S.]
132 Vgl. Ioannis Magiri, Doctoris Medici et Philosophi Clarissimi, Anthropologia, Hoc est: Commentarius eruditissimus In aureum Philippi Melanthonis libellum de Anima; Completus & locupletatus Opera Georgii Caufungeri D. Med. & Physici Reip. Fridbergensis ordinarii. Frankfurt 1603. [654S.]
133 Humanistische Lyrik des 16. Jahrhunderts. Lateinisch und deutsch; ausgewählt, übersetzt, erläutert und herausgegeben von Wilhelm Kühlmann/Robert Seidel/Hermann Wiegand et al. Frankfurt/M. 1997; zu Stigelius' Poemata (1566-1572 bzw. 1600) S. 572-605, Einführung und Stellenkommentar S. 1286-1310. Vgl. auch Bärbel Schäfer: Die Anfänge der Universität Jena. Johann Stigels Briefwechsel im ersten Fünftel der Hohen Schule (1548-1553). Edition, Übersetzung, Kommentar. Neuried 1999; dies.: Johann Stigels antirömische Epigramme. In: Melanchthon in seinen Schülern. Hg. von Heinz Scheible. Wiesbaden 1997 (Wolfenbütteler Forschungen, Bd. 73), S. 51-68.

Stigelius' Kommentar lag wohl zunächst in Manuskriptform vor, bevor er nach dem Tod seines Autors zu einem Buch gemacht wurde. Gemäss dem Vorwort des Wittenberger Buchherstellers Mathias Welack handelt es sich bei dem *Commentariolus in Libellum de anima* nämlich um den Text, den Stigelius in den Vorlesungen seinen Hörern an der *Academia Ienensi* zu diktieren pflegte und der lange im Besitz eines gelehrten und ehrlichen Mannes gewesen sei.[134] Diesen habe Welack nachdrücklich aufgefordert, er möge das, was die Frucht bedeutender Studien gewesen sei, anderen nicht vorenthalten und den Text zugänglich machen, zumal dessen Edierung besonders von den Studierenden der Naturphilosophie erwartet wurde.[135] Die Herstellung und Herausgabe des Textes könne Welack mit seinem Gewissen vereinbaren, unabhängig von den unternommenen Versuchen, sein Vorhaben mit dem Vorwurf zu verhindern, er verbreite die unkorrigierte Schrift eines berühmten Autors, der, wenn er noch lebte, vielleicht alles eingestellt und ihm vorgehalten hätte, mehr auf die eigenen (finanziellen) Vorteile als auf die der Studierenden bedacht gewesen zu sein; ihnen sollte dennoch Welacks Arbeit vor allem zugute kommen.[136]

Wie auch immer die genauen Umstände und Motivationen waren, die zum Druck von Stigelius' Text führten, die Vorrede des Buchherstellers zeigt vor allem eines: Melanchthons Seelenschrift und die Kommentare, die darüber verfasst wurden, etablieren sich in der zweiten Hälfte des 16. Jahrhunderts als Lehrbücher des akademischen Unterrichts und waren bei den Studierenden sehr gefragt. Melanchthons Textbuch über die Seele war in vielen höheren Schulen des Reichs Bestandteil des *artes*-Studium und bildete die Grundlage für die Ausbildung von Medizinern und Theologen. Obwohl die Verbreitung der Textbücher Melanchthons im Deutschland des 16. und beginnenden 17. Jahrhunderts noch weitgehend zu erforschen ist, kann aufgrund bereits vorliegender Studien festgehalten werden, dass die Lehrbücher – neben Witten-

---

134 De anima, Commentarii, Typographus Lectori, S. A2r.: „LATUIT HACTENUS APUD QUENDAM virum doctum & honestum, optimi viri & Poeta Clariß. IOHANNIS STIGELII commentariolus, in Libellum de Anima beata memoria D. Philippi Melanchthonis: Quem ille auditoribus suis in Academia Ienensi, florente tum viris eruditione doctrinarum praeclarißimis, dictavit."

135 Ebd.: „Eius editionem cum in expectatione plurimorum doctrina Physica studiorum esse animadverterem, hortator ei fui, qui illum secum tenebat, ut communicare cum alijs vellet, ne preaclarißimi studij & diligentiae fructum bonis alijs invidere videretur. Impetravi ego tandem multis precib[u]s, ut faceret quod volebam."

136 Ebd., A2r-v.: „Nec me admodum movebant clamores, & iniqua ac fastidiosa quorundam iudicia, qui hoc factum meum ita interpretaturi videbantur, ut celebritatem nominis ipsius authoris, affici à me labe quadam iudicarent, dum eiusmodi quid divulgare institui, cui ab ipso authore lima non est adhibita, & quod si vixisset forsitan totum suppreßisset, & me quidvis potius quam discentium commoda respexisse. Quod utrumque si evenerit in hac hominum perversitate, ut feram ego ipsum anima aequo necesse erit, fretus conscientiae propriae testimonio. [...] Cui [sc. ad iuventutem, SDeA] ego pro mea parte praecipuè nunc inservire volui, neglectis omnibus, quae eiusmodi conatibus meis obstare potuissent."

berg und Marburg[137] – auch in Jena, Heidelberg[138] und in den Lateinschulen des Baden-Württemberg[139] in der Lehre verwendet wurden. Damit ist für die Periode der Reformation bzw. Spätreformation zwischen ca. 1580 und 1620 mit dem Kurfürstentum Sachsen, der Landgrafschaft Hessen, dem Herzogtum Sachsen und dem Baden-Württemberg ein beträchtliches geopolitisches Gebiet erschlossen worden, in dem Melanchthons Bildungsprogramm auf institutioneller Ebene fussgefasst hatte. Nach der Analyse einiger Aspekte der hier betrachteten beiden Kommentarschriften ist anhand einiger prominenter Akteure ansatzweise zu verfolgen, wie sich dieses Programm konkret auswirkte.

Inhaltlich bringt Stigelius' Kommentar gegenüber der Vorlage keine wesentlichen Neuerungen. Stigelius folgt in der Strukturierung der Kapitel dem Text des *Liber de anima*. Auffällig ist, dass die Kapitel, besonders des medizinischen Teils, mit zusätzlichen Kenntnissen aus Galens anatomischen Texten *De usu partium* und *De anatomicis administrationibus* angereichert wurden. Auch nach der Publikation von Vesals *Fabrica* lasen die Mediziner und Anatomen nämlich nach wie vor in den Texten der antiken Autoren, die – wie schon Galens psychologischer Traktat *De placitis Hippocratis et Platonis* – nun Grundlagentexte für die Verfassung von Lehrbüchern über die Seele bildeten. Das im Unterricht vermittelte medizinische Wissen war somit vorwiegend ein durch das Studium autoritativer Texte ermitteltes Wissen, das in Lehrbuchform gebracht und als Buch nun auch einem breiteren Publikum verfügbar gemacht wurde.

Stigelius verfasst einen Kommentar über die *anima*, also über das menschliche Leben, das aus einem körperlichen und einem seelischen Teil bestehe.[140] Die ›Abhandlung über den Menschen‹ oder *disputatio de homine* – so wird die vorliegende Textgattung bezeichnet – gehe aus der (aristotelischen) Ordnung der Ursachen – *efficiens, materialis, formalis, finalis* – hervor, wie sie bereits von Melanchthon, der *Dominus Praeceptor*, angeordnet wurde.[141] Nach dieser Ordnung werde die gesamte Rede, die in dem Werk enthalten sei, aufgebaut und strukturiert, wobei die Lehre aus drei Ursachen resultiere: 1. aus

---

137 Melanchthon und die Marburger Professoren. Marburg 1999 [²2000].
138 In Heidelberg wurden um 1600 Melanchthons *Loci communes theologici* gelesen; vgl. Herman J. Selderhuis: Ille Phoenix: Melanchthon und der Heidelberger Calvinismus 1583-1622. In: Melanchthon und der Calvinismus. Hg. von Günter Frank und Herman J. Selderhuis. Stuttgart-Bad Cannstatt 2005 (Melanchthon-Schriften der Stadt Bretten 9), S. 45-59.
139 Bruce Tolley: Pastors & Parishioners in Württemberg During the Late Reformation 1581-1621. Stanford 1995, S. 26: „The textbooks of Philip Melanchthon formed the heart of the Latin school curriculum."
140 Breve Argumentum Commentarii de anima, S. 1r: „[Hypokeimenon] huius commentarij est de anima, id est, de vita hominis, quae constat corpore & anima."
141 Ebd.: „Et quoniam scire est res per causas cognoscere, ideó & hoc scriptum ita instituit Dominus Praeceptor, tu ex ordine causarum, ex quibus hac disputatio de homine proficiscitur, extruat atque aedificet omnem sermonem, qui in hoc opere continetur."

der Embryologie bzw. der Generationslehre, 2. aus der Beschreibung der Organe des Körpers bzw. der Anatomie und 3. aus der Vermögenspsychologie. Die vierte Ursache gehöre nicht eigentlich zur Naturphilosophie (*Physica*), sondern zu dem Teil der Philosophie, der Ethik (*Ethica*) genannt wird. Diese erforsche den finalen Grund des Menschen und zwar nicht nur aufgrund der Gottesebenbildlichkeitslehre, sondern auch aufgrund der *notitiae*-Lehre sowie der Ursachen der Affektregulierung.[142]

Von Galens *De usu partium* übernimmt Stigelius allerdings nicht nur das anatomische Wissen, sondern auch das dieser Schrift zugrunde liegende, Platon entnommene Thema der Teleologie, demzufolge jeder einzelne Teil des Körpers planvoll von der Natur bzw. dem Demiurgen entworfen worden sei.[143] Aus der christlich-reformatorischen Version dieses Themas leitet Stigelius den Satz ab, die Wissenschaft der Anatomie sei eine Führerin in der Erkenntnis Gottes: *Anatomiae scientiae ducem nobis esse ad cognitionem DEI*.[144] Stigelius, der hier Melanchthon folgt, fasst diesen Satz als Erkenntnis der Gerechtigkeit Gottes, der *iustitia Dei* gemäss dem göttlichen Schöpfungsplan, noch präziser: Dass Gott die Welt sinnvoll eingerichtet habe, lässt sich an der symmetrischen und harmonischen Struktur der Organe sowie an den vitalen Funktionen und Produktionen von Leber, Blut, Herz (*calor vitalis*) und Gehirn (*spiritus*) erkennen, aus deren Interaktion ein komplexer psychophysischer Zusammenhang resultiert.[145] Die Annahme

---

142 Ebd.: „Sunt autem tres causae, ex quibus hac oritur doctrina, [...]. I. Efficiens, quae primam originem hominis, & formationem in utero materno describit. II. Materialis, quae organa & partes praecipuas, totius corporis aptè discernit, & graphicè depingit. III. Formalis, quae ipsius animae formam, gradus, diversas potentias & actiones describit. [...]. Omttit autem quartam causam, scilicet finalem, Quare homo sit conditus. Nam haec non ad Physicam pertinet, sed explicatur ab ea Philosophiae parte, quae Ethica vocatur. Haec enim finem hominis inquirit. Ita Physica causam hominis scrutatur, Ethica finem inquirit, quem petit cùm ab imagine archetypi, tum à noticijs naturalibus, tum verò etiam à causis gubernantibus affectus."
143 Nancy G. Siraisi: Vesalius and the Reading of Galen's Teleology. In: Renaissance Quarterly 50 (1997), S. 1-37, hier S. 4.
144 Breve Argumentum Commentarii de anima, S. 1*v*. Stigelius stützt diese Sichtweise auch mit der Schrift *De placitis*: „Galenus cum ubique diligenter commendet diligentiam cognoscendi structuram humani corporis, etiam insigni sententia, verram utilitatem, qua Dei cognitio percipitur, describit in libro de decretis Hippocratis & Platonis, unde hic locus videtur esse desumptus."
145 Ebd., S. 23*r-v*. „PRIMO, conducit [sc. die Betrachtung der Funktion der Teile des menschlichen Körpers, SDeA] ad cognoscendam Dei iusticiam, qua aqualiter omnia à se condita gubernat & servat. Hanc ostendi illustris summetria, & admirabilis harmonia & consensus mutui officij, in officijs & actionibus singulorum membrorum. Exemplum sumatur ab insignioribus membris, Epar prima officina est sanguinis, qua chylum acceptum eosque conficit, ac concoquit, dum sanguis effectus ab humoribus disernit & separari poßit. Tum enim humoribus deorsum deiectis, communicat cordi tenuißimum sanguinem, qui calore cordis subactus et purificatus gignit subtilißimm halitum, tanquam flammulam, quae ex corde abiens, & perambulans totum corpus, vitalem calorem singulis membris largitur, & praestat, ac spiritus vitalis dicitur. Hic ex corde ebulliens halitus, à cerebro acceptus eiusque

eines planvollen Interagierens zwischen vitalen Organen und den psychischen Funktionen ist – wie wir bei Melanchthon nachvollziehen konnten – auch entscheidend, um zu erklären, wie sich ein dem göttlichen Gesetz konformes oder ein gegen dieses verstossendes Verhalten im Gewissen auswirkt.[146]

Die Etablierung der Lektüre von Melanchthons Seelenschrift „als medizinisches Sachbuch im akademischen Unterricht" belegt um 1600 auch die Schrift *Anthropologia* des Marburger Professors für Physik Johannes Magirus (1524–1596); nach dessen Tod wurde sie vom Friedberger Arzt Georg Caufunger 1603 in Frankfurt herausgegeben.[147] Wie Caufunger in seiner *Dedicatio* ausführt, habe Magirus begonnen, Melanchthons Text über die Seele in öffentlichen Vorlesungen an der Marburger Akademie zu interpretieren, mit gelehrten Bemerkungen zu erläutern und Melanchthons Argumentation anhand von Disputationen diskutieren zu lassen.[148] Sowohl Caufunger als auch Magirus in seinen *Prolegomena* betonen, dass sie den *animus hominis* bzw. die menschliche Seele insofern betrachten, als diese mit dem Körper verbunden ist (*corpori est connexa*),[149] so dass es kaum erstaunen mag, dass sie die Physiologie der Lebensprozesse, die Fakultätenpsychologie und vor allem die Anatomie des Körpers in Melanchthons Buch über die Seele stärker akzentuieren als die theologische Gesetzeslehre: „Magirus (bzw. Caufunger) liest Melanchthon so, als habe er ursprünglich ein Lehrbuch für angehende Ärzte schreiben wollen."[150] Ihnen bereite diese Abhandlung den Weg vor und leite sie zu der Ausübung der medizinischen Kunst (*ars*) an.[151] Beindruckend ist vor allem das im Text verarbeitete anatomische Material, das – neben einer allgemeinen Darstellung von philosophischen und theologischen Seelendefinitionen (71 S.) und dem auch umfangreichen Teil über die Vermögenspsychologie (271 S.) – den grössten Teil des Kommentars (297 S.) ausmacht. Generell werden neben *De usu partium* jetzt auch kleinere Schriften aus dem *Corpus Galenicum* (*De facultatibus naturalibus, Methodi medendi, De morborum causis, De temperamentis* etc.) und aus dem *Corpus Hippocraticum* (*De alimento, De natura foetus*) zitiert sowie vermehrt auch die Schriften des Aristoteles (*De generatione animalium, De partibus animalium*) berücksichtigt. Ausserdem werden im Kommentar auch

---

virtute factus lucidior, reditur idoneus & conveniens cum actionibus sensuum, tum motibus nervorum, qui incitant ac cient membra corporis, & hac ratione spiritus animalis dicitur."
146 Vgl. hierzu oben den Abschnitt 1.2. über Melanchthon.
147 Barbara Bauer und Giedeon Stiening: Psychologie. In: Melanchthon und die Marburger Professoren, S. 334-341, Zitat S. 335.
148 Anthropologia, Dedicatio, unpag.: „ [...] coepit eundem [sc. Melanchthons De anima, SDeA] insignis etiam Philosophus D. JOANNES MAGIRUS publicis in congressibus Academiae Marpurgensis interpretari, eruditis notis illustrare, & plurimis iucundissimorum problematum & responsionum accessionibus locupletare."
149 Ionannis Magiri in Philippi Melanchthonis Libellum de Anima Prolegomena, S. 8.
150 Bauer/Stiening: Psychologie. In: Melanchthon und die Marburger Professoren, S. 338.
151 Prolegomena, S. 11: „[...] ad Medicorum artem facilem viam ac aditum praeparat."

die Schriften bedeutender Mediziner und Philosophen des 16. Jahrhunderts wie zum Beispiel Girolamo Cardanos *De subtilitate* und Julius Caesar Scaligers *Exotericae exercitationes* erwähnt.

Magirus begründet die Behandlung der Seele im Rahmen der *Physica* auch im Horizont des ›aristotelischen Systems der Wissenschaften‹, wie es sich ihm um 1600 präsentierte. Dieses wiederspiegelte bereits die weitere Entwicklung der Diskussion auf dem Gebiet der Seelenlehre, in der jetzt auch die Metaphysik eine Rolle spielte. Die *Philosophia Theorica* werde demnach in die Disziplinen *Physica*, *Metaphysica* und *Mathematica* aufgeteilt, wobei die Metaphysik die von der Materie abgetrennten Formen bzw. die unkörperlichen Substanzen und deren Eigenschaften behandle; so wollten einige Autoren die Lehre von der *Anima humana* der Metaphysik zuschreiben.[152] Damit wendet sich Magirus nicht nur gegen (den explizit erwähnten) Averroès und dessen Lehre vom einheitlichen, universalen und (vom Körper) abgetrennten Intellekt,[153] sondern auch gegen seinen Marburger Kollegen Rudolph Goclenius, der bereits in der *Disputatio Physica et Metaphysica* (1592) und später in der *Isagoge in Peripateticorum et Scholasticorum Primam Philosophiam, quae dici consueuit Metaphysica* (1598) die menschliche Seele im Rahmen der Metaphysik behandelte.[154] Magirus hingegen verneint, dass die *Anima humana* von der Materie vollends abgetrennt sei, und behauptet, dass die Seele Grund und Prinzip der Bewegungen des Körpers sei, also auch die motorischen Abläufe umfasse; und weil dieselbe mit dem Körper verbunden sei und um kognitive Prozesse auszuführen, die äusseren und die inneren Sinne benötige, sei nicht einzusehen, warum die Psychologie nicht auch zur *Physica* gehöre.[155]

Somit wird verständlich, warum Magirus – am Schluß seiner *Prolegomena* – das Studium von Körper und Seele und ihrer wechselseitigen Funktionen für die Moralphilosophie als wichtig betrachtet und den Akzent auf den Gegenstandsbereich der *lex humana* setzt, welche die äusserlichen Handlungen des Menschen betrachtet und die in Melanchthons Seelenschriften nur eine marginale Rolle spielt. Da die (psychophysisch bedingten) Neigungen des

---

[152] Anthropologia, Prolegomena, S. 7: „Cùm enim secundùm Peripateticos Philosophia sit duplex, Theorica et Practica; & Theorica rursus secetur in Physicam, Metaphysicam, & Mathematicam: cùmque Metaphysica formas Materiae expertes seu substantias incorporeas & harum proprietates inquirat: fuerunt nonnulli qui de Animâ humana doctrinam ad eam pertinere voluerunt; [...]."

[153] Ebd.: „Propterea quod Anima nostra ab omni Materiâ separata, nullus motus est principium, neque movendo ipsa movetur, teste Averroe libr. I. de Anima text. 66."

[154] Zu Goclenius' ›metaphysischer Wende‹ in der Seelentheorie in den 1590er Jahren vgl. Kap. 3 in dieser Arbeit.

[155] Anthropologia, Prolegomena, S. 7f.: „Verùm negamus, Animam humanam à Materiâ prorsus esse separatam, [...]. Deinde eandem Animam esse causam & principium omnis motus, actionis in corpore, nemo sanae mentis negare debet. [...]. Et quia haec eadem [sc. Anima, SDeA] corpori est connexa, & sensibus tum exterioribus tum interioribus ad intelligendum utitur; quidni ad Physici contemplationem pertineret."

Menschen den Temperamenten entsprächen und aus diesen Neigungen dann die *animi mores* und die äusserlichen Handlungen (*externaeque actiones*) folgten, sei es evident, dass die (medizinische) Temperamentenlehre der Moralphilosophie einen guten Dienst erweise.[156] Denn die Gründe für ein tugendhaftes bzw. lasterhaftes Handeln seien in der *natura hominis* zu suchen; es ist Magirus' Überzeugung, dass eine gute Physik die Grundlage für eine gute Ethik bilde: *Bona Physica bonam facit Ethicam*.[157]

Der Melanchthonsche Konzept, dass die Kenntnis des Baus des menschlichen Körpers zum Verständnis des moralischen Handelns beitrage, ist ein Gedanke, den im 17. Jahrhundert besonders die Mediziner im Bewusstsein tragen. In seinem Werk *Dissertationes anatomicae* (1656) weist zum Beispiel der bedeutende Medizinprofessor Werner Rolfinck (1599–1673) auf die Relevanz der Anatomie für die – als Selbsterkenntnis des Menschen aufgefasste – Moralphilosophie hin.[158] Die Verbindung von medizinischem Wissen und Moralphilosophie ist ein Denkmuster, das sich im Zeitalter des modernen Naturrechts nach 1650 stabilisiert hat und auf das in späteren Kapiteln noch zurückzukommen sein wird. Bei dem Mediziner Rolfinck wollen wir aber noch kurz verweilen.

Seine historische Stellung ist deshalb von besonderem Interesse, weil sie um die Mitte des 17. Jahrhunderts eine Phase der Vermittlung zwischen der ›alten‹ und der ›neuen‹ Medizin wiederspiegelt. Rolfinck studierte seit 1616 Medizin in Wittenberg, besonders bei Daniel Sennert, 1618 in Leiden, 1621 in Oxford und war seit 1622 als Medizinstudent der *Natio germanica* in Padua eingeschrieben, wo er 1625 zum *Doctor philosophiae et medicinae* promovierte und sich durch die Praxis der Körpersektion seine Fähigkeiten als Anatom aneignete; seit 1629 war er Professor der Anatomie, Chirurgie und Botanik in Jena, ab 1641 auch Professor der Praktischen Medizin und Chemie.[159] Rolfinck stellt eine wichtige Übergangsfigur dar: Er ist einerseits gelehrter Mediziner, der sich sein Fachwissen aufgrund des Studiums der

---

156 Ebd., S. 12: „Quartò est utilis haec Dissertatio ad Philosophiam moralem. Quoniam enim temperamento corporum respondent inclinationes, & has deinde sequuntur animi mores externaeque actiones; quis non videt doctrinam de Temperamentis Philosophiae morali inservire?"

157 Ebd.: „Causae enim virtutum & vitiorum in natura hominis quaerenda sunt; & veriβimum quod dicitur: Bona Physica bonam facit Ethicam."

158 Werner Rolfinck: Dissertationes Anatomicae methodo syntheticâ exaratae, Sex Libris comprehensae, Theoricis & Practicis veterum, recentiorum, propriisque observationibus illustratae, & ad Circulationem Accomodatae. Nürnberg 1656, Lib. I, Cap. V, S. 83: „Seipsum cognoscere summum bonum. Hoc consequemur, si & animi nostri mores moderari & corporis structuram cognoscere annitamur."

159 Vgl. zu Werner Rolfinck jetzt Jaumann: Handbuch Gelehrtenkultur der Frühen Neuzeit. Bd. 1, S. 565a-566; Matricula Nationis Germanicae Artistarum in Gymnasio Patavino (1553-1721). Hg. von Lucia Rossetti. Padova 1986, S. 197 (Nr. 1604); Ernst Giese und Benno von Hagen: Geschichte der medizinischen Fakultät der Friedrich-Schiller-Universität Jena. Jena 1958, S. 101f.

Texte der antiken Autoritäten aneignete, andererseits ist er einer der ersten Befürworter der Blutkreislaufslehre William Harveys in Deutschland, die er mit eigenen Beobachtungen und quantitativen Methoden untermauerte. Diese Zwischenposition äussert sich auch in der Darstellungsform des medizinischen Wissens in seinen Texten, in denen er neben den Positionen der neueren Mediziner (Harvey, Conring, Bartholin, Riolan etc.) immer auch die Auffassung des Aristoteles und Galen aufführt. Ein Beispiel stellt etwa die Auflistung der *opiniones* dar über die Pulsmessung bzw. über die Blutmenge, die das Herz bei jeder Kontraktion (Systolé) in die Arterien pumpt; nach Harveys Angaben schlage der Puls pro Stunde zwei bis dreitausend Mal und die Zirkulation des gesamten Blutes vollziehe sich in zwei bis drei Stunden.[160] Rolfincks eigene experimentelle Daten werden – gemeinsam mit denen von Bartholin, Cardanus, Conring, Harvey, Lower und Riolan – in der englischen medizinischen Literatur über die Harveysche Blutkreislaufslehre noch um 1700 berücksichtigt.[161] Weil anhand der wissenschaftlichen Biografie Rolfincks viel über die epistemische Situation der Medizin um 1650 und deren Wirkung auf die Erneuerung der Wissenschaften zu lernen ist, lohnt es sich, in einem eigenen Kapitel darauf zurückzukommen;[162] hier diente sein Beispiel lediglich der Veranschaulichung langfristiger Prozesse in der Formation einer akademischen Elite an deutschen Universitäten des 17. Jahrhunderts. Diese Prozesse waren in den 1530er und 1540er Jahren von Melanchthons Bildungskonzeption ausgegangen.

So kann besonders in Sachsen Melanchthons Einfluss auf das höhere Schulwesen am Beispiel der Medizin konkret gezeigt werden. Dabei ergeben sich Kontinuitäten bis weit ins 17. Jahrhundert. Die Universität Wittenberg bildete oft die erste Etappe des Medizinstudiums vieler deutscher Studenten, die später in den grösseren europäischen Zentren der Medizin, vornehmlich in Padua, weiterstudierten und dann wieder nach Deutschland zurückkehrten. So hatte der spätere erste Rektor der Universität Jena – der zu Beginn der 1590er Jahre noch amtierende Medizinprofessor Johannes von Schroeter (1513–1593) – die ersten Impulse zur Absolvierung des Medizinstudiums in Wittenberg durch Melanchthon und Jacob Milichius erhalten; sein Studium setzte er dann in Wien und Padua – u.a. bei dem für seine didaktische und

---

160 Vgl. Werner Rolfinck: Dissertatio De Corde, ex veterum & recentiorum, propriisque observationibus concinnata, et ad Circulationem accomodata. Jena 1654, Cap. XVII: De tempore, quo fit pulsus, et quantitate sanguinis ex corde singulis pulsationibus expulsi aliorum opiniones, S. 70: „*Harveus* horae spacio cor bis terve millies pulsare, in singulâ diastole drachmam sanguinis cor excipere, parem quantitatem in systole in arterias emittere, sicque omnem sanguinem intrâ duas tresque horas circulari, asseverat."
161 Vgl. z.B. John Gardiner: A Discourse Concerning the Circulation of the Blood: Beeing An Answer to the Objections latery alledg'd agaist it; especially by Dr. Brown, in his Anatomical Lecture upon that Subject. London 1702, S. 72.
162 Vgl. unten Kap. 4 in dieser Arbeit.

klinische Methode berühmt gewordene Giovan Battista da Monte[163] – fort und promovierte 1552 in Wien zum *Doctor in arte medica*.[164] In Jena hatte der Melanchthonschüler Johannes Stigelius bereits seit den 1550er Jahren das Terrain für die medizinischen Studien an dieser Universität vorbereitet.

Somit kann ein entscheidendes Argument, das dieses Kapitel zu verdeutlichen und zu begründen versucht hat, abschliessend festgehalten werden. Melanchthons Seelenschrift *Liber de anima*, aber auch die von seinen Schülern und Nachfolgern dazu verfassten Kommentaren – stehen am Anfang eines grossen kultur- und bildungspolitischen Programms im Zeichen der Melanchthonschen Reformation. Die Folgen dieses Programms reichen – nicht nur auf institutioneller Ebene – bis ins 18. Jahrhundert: Dazu gehören zum Beispiel die Professionalisierung und Spezialisierung der Berufe – wie die des Theologen, des Arztes, des Juristen usw.[165] – sowie die Förderung einer Reihe von akademischen Disziplinen, die wir heute als Naturwissenschaften bezeichnen würden. Wichtiger noch ist im Blick auf die Formation der Anthropologie aber die Rolle der Mediziner, wie zum Beispiel diejenige Rolfincks, als es nämlich darum ging, die Wissensansprüche der neuen Medizin des 17. Jahrhunderts im Vergleich zu dem zum Teil noch geltenden Wissen der antiken Autoritäten Galen und Hippokrates angemessen zu reflektieren; darin wiesen die Mediziner auch anderen Disziplinen den Weg.[166]

Um die Diskussion über Seelenlehre und Medizin in Deutschland um 1600 in ihrer historischen Genese zu begreifen, ist im nächsten Kapitel das Augenmerk auf das Phänomen des Renaissancearistotelismus im Venetien des 16. Jahrhunderts zu richten. Dabei geht es darum, dieses Phänomen anhand der interpretativen Kategorie der ›Transformation‹ zu beschreiben. Die Transformation(en) des Aristotelismus war(en) eine Folge der Debatte um die Unsterblichkeit der Seele, die in Padua im frühen 16. Jahrhundert stattfand.

---

163 Giuseppe Ongaro: L'insegnamento clinico di Giovan Battista da Monte (1489–1551). Una revisione critica. In: Physis, 31 (1994), S. 357-369, hierzu bes. S. 367-369.

164 Giese/von Hagen: Geschichte der medizinischen Fakultät der Friedrich-Schiller-Universität Jena, S. 47-65, hier S. 49-51. Auch Schroeters Söhne – Philipp Jacob (1551–1617) und Johann Friedrich (1559–1625) waren in den 1580er Jahren zu Medizinprofessoren der Academiae Ienensis ernannt geworden; beide waren in den 1570er Jahren deutsche Medizinstudenten in Padua gewesen; vgl. ebd., S. 89-94 sowie Matricula Nationis Germanicae Artistarum in Gymnasio Patavino (1553-1721), Ausgabe Rossetti, S. 37 u. 41.

165 Dass z.B. der Beruf des Apothekers auch theologisch legitimiert wurde, zeigt jetzt (u.a. am Beispiel der Schriften des Mediziners Johannes Hartmann in Marburg!) Fritz Krafft: „Die Arzei kommt vom Herrn, und der Apotheker bereitet sie": Biblische Rechtfertigung der Apothekerkunst im Protestantismus: Apotheken-Auslucht in Lemgo und Pharmako-Theologie. Stuttgart 1999 (Quellen und Studien zur Geschichte der Pharmazie, Nr. 76). Vgl. zum ersten Professor der Chemiatrie Johannes Hartmann (1568-1631) in Marburg auch Stefan Völker und Barbara Bauer: Medizin und Chemie. In: Melanchthon und die Marburger Professoren, S. 533-543.

166 Vgl. hierzu unten Kap. 4 u. 5 in dieser Arbeit.

Die Analyse der Faktoren dieser Transformation gibt auch Aufschluss darüber, wie sich die Anthropologie als Wissens- bzw. als Textform formierte und disziplinär ausdifferenzierte. Als Folge dieses Transformationsprozesses stabilisierte sich die Anthropologie als Disziplin im 17. Jahrhundert.

2. Kapitel:
Entwicklungslinien des anthropologischen Wissens im Renaissancearistotelismus (1495-1600)

1. Transformationen des Aristotelismus

Charles B. Schmitt hat sich in seinen Studien nachdrücklich für eine differenzierte Betrachtung des Phänomens ›Renaissancearistotelismus‹ ausgesprochen.¹ Auf der Linie von Schmitt hat Charles H. Lohr mit dem Konzept der ›Transformation des Aristotelismus im 16. Jahrhundert‹ eine grundlegende historische Interpretationskategorie zur Erfassung der Heterogenität und Dynamik dieses Phänomens herausgearbeitet,² das in der Forschung inzwischen auch als gänzlich rehabilitiert betrachtet werden kann.³ Lohrs These besagt, dass die Ablösung der Metaphysik als der Wissenschaft des Seienden (*ens*) von den Prinzipien der aristotelischen Naturphilosophie ein fundamentaler Vorgang gewesen ist, der die Emanzipation der neuzeitlichen Naturwissenschaften von der aristotelischen Philosophie erst ermöglicht hat.⁴ Dieser Ablösungsprozess geht Lohr zufolge aus der Affäre um Pietro Pomponazzi (1462-1525) und dessen Argumentation für die These von

---

1   Charles B. Schmitt: Towards a Reassessment of Renaissance Aristotelianism. In: History of Science, 11 (1973), S. 159-193; ders.: Per una nuova interpretazione dell'Aristotelismo Rinascimentale. In: Ders.: Filosofia e scienza nel Rinascimento. Hg. von Antonio Clericuzio mit einem Nachwort von Charles Lohr. Milano 2001, S. 1-23. Vgl. auch Ch. B. Schmitt: Aristotle and the Renaissance. Cambridge (MA)/London 1983.
2   Charles H. Lohr: The Sixteenth-Century Transformation of the Aristotelian Natural Philosophy. In: Aristotelismus und Renaissance. In memoriam Charles B. Schmitt. Hg. von Eckhard Kessler, Charles H. Lohr und Walter Sparn. Wiesbaden 1988 (Wolfenbütteler Studien, Bd. 40), S. 89-99.
3   Vgl. z.B. Renaissance Readings of *Corpus Aristotelicum* (Proceedings of the conference held in Copenhagen 23-25 April 1998). Hg. von Marianne Pade. Copenhagen 2001; La Presenza dell'Aristotelismo Padovano nella Filosofia della Prima Modernità. Hg. von Gregorio Piaia. Roma/Padova 2002; Der Aristotelismus in der Frühen Neuzeit – Kontinuität oder Wiederaneignung? Hg. von Günter Frank und Andreas Speer. Wiesbaden 2007 (Wolfenbütteler Forschungen, Bd. 115).
4   Lohr: The Sixteenth-Century Transformation, S. 99: „Because the formulation of an independent philosophy dealing with God, the world, and man *sub ratione entis* relieved Scholastic thinkers of the obligation to relate their conclusions to Aristotelian principles, we must distinguish sixteenth-century Scholastic Aristotelianism both from its medieval predecessor and from the secular Aristotelianism in the arts faculties of the Italian universities. Whereas the Italian Aristotelians were reduced to offering simply an exegesis of the Philosopher's text, the Scholastic interpreters could regard cosmology as a part of metaphysics and introduce the latest scientific developments into their commentaries on the *Physics*. It was thus – long before Galileo – that natural science was able to free itself of Aristotle and go its own way."

der Sterblichkeit der menschlichen Seele hervor, die zu Beginn des 16. Jahrhunderts einen Konflikt mit der Kirche auslöste.[5]

Im Blick auf das Thema dieses Kapitels ist aus Lohrs Ausführungen zunächst einmal festzuhalten, dass im 16. Jahrhundert mindestens zwei Formen von ›Aristotelismen‹ zu unterscheiden sind: den scholastischen Aristotelismus, der die Metaphysik zur Suprawissenschaft erklärt, und den säkularen Aristotelismus an den Artistenfakultäten italienischer Universitäten, der sich primär mit der Exegese des aristotelischen Textes befasst. Weil sich die Ausdifferenzierung von Aristotelismen[6] auch auf die Exegese des *De anima*-Textes ausgewirkt hat, ist ferner zu fragen, ob Lohrs Transformationsthese nicht auch für die Beschreibung der Formation des anthropologischen Wissens des 16. Jahrhunderts tauglich ist – gerade wenn man die ›Wissenschaft vom Menschen‹ aus der Transformation der aristotelischen Seelenlehre heraus begreifen will. Dabei geht es darum, zu analysieren, wie sich aus der Transformation der Seelenlehre Dispositive zur Selbstinterpretation des Menschen ausbilden konnten.

Stützen lässt sich diese Sichtweise, wenn wir den Blick nach vorne richten und die Situation um 1600 betrachten, als es im System der Wissenschaften möglich war, die Seele sowohl unter dem metaphysischen als auch unter dem naturphilosophischen Aspekt zu betrachten. Unter diesen Bedingungen konstituiert sich um 1600 auch die Anthropologie als eigene Disziplin bzw. Textgattung, welche die Teildisziplinen Psychologie (Seele) und Anatomie (Körper) umfasst. Wie im Detail noch zu zeigen sein wird, ist diese Systematik anthropologischer Disziplinen unter anderem auch als Resultat der Auseinandersetzung zwischen den genannten beiden

---

5   Ebd.: „Although the debate was between two divergent conceptions of reality and between the two divergent conceptions of society they reflected, men like Pomponazzi wanted to conduct the discussion in terms of the correct understanding of Aristotle's doctrine. Against the notions of infinity and creation which the Scholastics had introduced into their Aristotelianism, the secular Aristotelianism maintained that according to Aristotle God is finite, the world eternal, and man's soul mortal. But in the attempt to defend the metaphysics they needed the Scholastics were ready to abandon Aristotle. By assimilating Duns Scotus's fundamental disjunction between infinite and finite being to the Thomist distinction between uncreated and created being they were able to present a united front behind a science of being, independent of that of the Philosopher, which by the light of natural reason studies God as *ens increatum*, the world as *ens creatum materiale*, and the human soul as *ens creatum immateriale*. Philosophy thus became metaphysics with its three branches, natural theology, cosmology, and psychology, while the subject-matter which had belonged to the Aristotelian physics was free to become natural science." Vgl. auch Étienne Gilson: Autour de Pomponazzi. Problématique de l'immortalité de l'âme en Italie au début du XVIe siècle. In: Archives d'Histoire Doctrinale et Littéraire du Moyen Age, 31 (1961), S. 163-279.

6   Vgl. zu Lohrs ausdifferenzierenden Variante der Transformation auch Martin Mulsow: Frühneuzeitliche Selbsterhaltung. Telesio und die Naturphilosophie der Renaissance. Tübingen 1998 (Frühe Neuzeit, Bd. 41), S. 34.

Formen des Aristotelismus hervorgegangen.[7] Die wissenschaftliche Systematik der Anthropologie, wie sie um 1600 entsteht, ist denn auch sehr einflussreich geblieben. Sie findet sich zum Beispiel in anatomischen Abhandlungen und Anatomielehrbüchern mindestens bis zum Ende des 17. Jahrhunderts. Dies bedeutet, dass die Anatomen ihre Arbeit als Teil der Anthropologie verstanden. Wie es zu diesem disziplinären Verständnis gekommen ist, ist – so meine These – aus der spezifischen Situation der Seelendiskussion im 16. Jahrhundert heraus zu erklären.

1.1. Die doppelte Betrachtung der Seele

Welches ist denn das grundlegende Argument des Transformationskonzepts? Es ist das Argument der doppelten Betrachtung der menschlichen Seele – einmal in der Metaphysik und einmal in der Naturphilosophie –, das zwei einflussreiche Theologen des Dominikanerordens, Tommaso de Vio (1469-1534) und Crisostomo Javelli (1470-1538), herausgearbeitet hatten. Zwar hielten diese die Sterblichkeitsthese nach Aristoteles für philosophisch falsch. Dennoch waren sie bereit, den Argumenten des von ihnen geschätzten Philosophen Pomponazzi bestimmte Konzessionen zu machen. Ihre Auffassung war jedoch nicht ganz neu. Die Möglichkeit der doppelten Erkenntnis der Seele wurde bereits in den an den Universitäten entstandenen *De anima*-Kommentaren seit der Mitte des 13. Jahrhunderts diskutiert: *de anima contingit loqui dupliciter*.[8] So wollten die *magistri* der Artistenfakultät die *scientia de anima* – gegen den Körper-Seele-Dualismus Avicennas und die Metaphysik der Theologen – in der *philosophia naturalis* behandelt haben. Mithin war die Seelenwissenschaft schon damals eine doppelte: *scientia metaphysica* und *scientia naturalis* auf den Grundbegriffen von Essenz und Substanz bzw. Materie und Form.[9]

---

7   Vgl. hierzu das 3. Kapitel dieser Arbeit.
8   Paola Bernardini: La scienza dell'anima. Le questioni epistemologiche del commento al «De anima» conservato nel ms. Siena, Biblioteca Comunale, L.III.21, ff. 134*r*a-177*r*a; ff. 136*r*a-138*v*a. In: Studi medievali, Serie Terza, XL (1999), S. 897-939; Edition des Ms., S. 922-938, hier S. 910: „Già nella prima questione si propone il tema, [...], della duplicità dell'anima, proposto qui in termini epistemologici come la possibilità di averne duplice conoscenza: ,de anima contingit loqui dupliciter'. Vgl. auch dies.: Nota su alcune tematiche dei commenti al *De anima* della facoltà delle arti (ca. 1250-60). In: Il commento filosofico nell'occidente latino (secoli XIII-XV). (Atti del colloquio Firenze-Pisa, 19-22 ottobre 2000, Société Internationale pour l'Étude de la Philosophie Médiévale). Hg. von Gianfranco Fioravanti et al. Brepols 2002, S. 311-325. Vgl. auch Theodor W. Köhler: Grundlagen des philosophisch-anthropologischen Diskurses im dreizehnten Jahrhundert. Die Erkenntnisbemühung um den Menschen im Zeitgenössischen Verständnis. Leiden/Boston/Köln 2000.
9   Quaestiones de anima, ms. Siena, L.III.21, ff. 136vb-137ra: „Dicendum quod de anima duplex est scientia, sicut dicit Avicenna. Uno modo est scientia de anima ut est essencia et

In der sogenannten ›Zweiten Scholastik‹ des 16. Jahrhunderts präsentierte sich die Situation jedoch unter veränderten Vorzeichen. Der dominikanische Theologe, Tommaso de Vio, der spätere Kardinal Cajetanus, setzte in der Seelenfrage die thomistische Tradition fort. 1494-95 dozierte er Metaphysik in Padua, wo wenige Jahre später auch Pomponazzi lehrte. 1497 dozierte er Theologie in Pavia und begann Thomas' *Summa theologiae* zu kommentieren. Er setzte sich auch mit der Philosophie des Aristoteles auseinander und kommentierte u.a. dessen Seelenschrift (1507/1509).[10] Kardinal Cajetanus hatte sich, wie später auch sein Kollege Crisostomo Javelli, Pomponazzis Sterblichkeitsthese gestellt. Pomponazzi hatte seine Auffassung zur Seelenproblematik zuerst in seinen Philosophiekursen über Aristoteles' *De anima* im akademischen Jahr 1503/1504 an der Universität Padua und später ausführlicher in seinem Traktat *De immortalitate animae* (1516) dargelegt. Er war der Meinung, dass die Unsterblichkeit der individuellen menschlichen Seele durch die spezifischen Mittel des Glaubens bewiesen werden müsse, weil keine zwingenden natürlichen Argumente angegeben werden könnten, welche die Unsterblichkeit beweisen und (gleichzeitig) die Sterblichkeitsthese weniger argumentierfähig machen würden.[11]

Pomponazzi klammert damit die Unsterblichkeitsfrage aus dem Bereich des natürlichen Argumentierens, also dem Argumentieren gemäss den Regeln der philosophischen Vernunft, aus. Auf der anderen Seite schliesst er im Bereich des Sprechens oder Argumentierens *ex fide* einen Beweis *sui generis* des christlichen Glaubenssatzes nicht von vornherein aus. Bereits in seinen Vorlesungen über *De anima* von 1503/1504 hatte

---

substantia quedam, et sic consideracio de anima supponitur sciencie metaphysice cum illius sit considerare res in sua simplici essencia. Alia est scientia de anima prout refertur ad corpus cuius est perfectio, et sic cum eiusdem artis sit considerare materiam et formam sibi corrispondentem, sic scientia de anima est naturalis." Zitiert nach P. Bernardini: La scienza dell'anima, S. 929. Vgl. auch Avicenna Latinus, Liber de Anima seu Sextus de Naturalibus. I-III. Hg. von S. van Riet. Louvain/Leiden 1972, S. 94: „[...] tamquam anima nostra habeat duas facies, faciem scilicet deorsum ad corpus, quam oportet nullatenus recipere aliquam affectionem generis debiti naturae corporis, et aliam faciem sursum, versus principia altissima, quam oportet semper recipere aliquid ab eo quod est illic et affici ab illo." Zu Avicennas *De anima* vgl. jetzt Dag Nikolaus Hasse: Avicenna's *De anima* in the Latin West. The formation of a Peripatetic Philosophy of the Soul 1160–1300. London/Turin 2000 (= Warburg Institute Studies and Texts 1).

10 Vgl. zu Tommaso Gaetano, Caetano den Artikel von Eckhart Stöve. In: Dizionario Biografico degli Italiani, 39 (1991), S. 567a-578a.
11 Vgl. Pietro Pomponazzi: Abhandlung über die Unsterblichkeit der Seele. Lateinisch-Deutsch. Übersetzt und eingeleitet von Burkhard Mojsisch. Hamburg 1990, Kap. XV, S. 228 u. 232: „Mihi namque videtur, quod nullae rationes naturales adduci possunt cogentes animam esse immortalem, minusque probantes animam esse mortalem, [...]. Sed animam esse immortalem est articulus fidei, [...]; ergo probari debet per propria fidei." Vgl. auch Pietro Pomponazzi: Trattato sull'immortalità dell'anima. Hg. von Vittoria Perrone Compagni. Firenze 1999, Kap. XV, S. 114 u. 116.

er in den Antworten zu bestimmten Aspekten der Seelenlehre zwischen zweierlei Redeweisen – *unum secundum theologos, alium secundum naturales* – unterschieden.¹² Pomponazzi argumentiert hier – traditionell fideistisch – gemäss der strikten Trennung zwischen Vernunft und Glauben, wie sie sich an norditalienischen Universitäten seit dem Mittelalter etabliert hatte. Anneliese Maier hat darauf hingewiesen, dass die mittelalterlichen Rezipienten des Aristoteles den Thesen des natürlichen Schliessens, die viele von ihnen für richtig hielten, nur eine *Probabilität* zuwiesen. Indem nämlich die Prinzipien der aristotelischen Philosophie auf sinnlicher Wahrnehmung und Erfahrung gegründet seien, verfügten sie daher lediglich über eine *induktiv* gewonnene Gewissheit. Eine höhere Dignität konnte den Argumentationen und Schlussfolgerungen des Stagiriten nicht zukommen. Denn *für wahr* hielten die mittelalterlichen Denker die christlichen Lehren, die sich auf der Autorität einer göttlichen Offenbarung stützen: „Und wir haben im Allgemeinen keinen Grund, an ihrer Aufrichtigkeit zu zweifeln."¹³

Die Einstellung der Denker der Renaissance muss demgegenüber teilweise neu beurteilt werden, weil am Ende des 15. und zu Beginn des 16. Jahrhunderts auch andere Faktoren die historische Situation bestimmten. Das Kriterium, das Paola Zambelli vorgeschlagen hat, um einen Aristoteliker als solchen zu erkennen, ist, zu überprüfen, ob ein bestimmter Autor Aristoteles für den Interpreten des natürlichen Denkens halte oder nicht, „which is often the case and certainly is true of Pietro Pomponazzi."¹⁴ Wie Martin L. Pine in seinem Buch über Pomponazzi erklärt, gaben die ›radikalen Aristoteliker‹ der Renaissance den Satz des Widerspruchs nicht auf und nahmen nicht die Existenz zweier kontradiktorischer Wahrheiten oder einer ›doppelten Wahrheit‹ an. Vielmehr ordneten sie die aristotelischen Ansichten den christlichen unter oder schränkten die Geltung der

---

12 Vgl. Pietro Pomponazzi: ›Utrum anima rationalis sit immaterialis et immortalis‹. In: ders.: Corsi inediti dell'insegnamento padovano, Bd. 2: «Quaestiones Physicae et Animasticae Decem» (1499-1500; 1503-1504). Hg. von Antonino Poppi. Padova 1970, z.B. S. 23, 5-8 u. S. 93, 5-10: „[...] si autem anima rationalis est mortalis ad quid hoc facerent? Ad hoc respondeo et do duos sermones, unum secundum theologos, alium secundum naturales. [...] Ad quintum et ultimum argumentum: si anima intellectiva esset numerata et essent tot animae etc., quis erit custos etc.? Ad hoc argumentum non habeo responsionem aliam nisi theologicam, ideo theologice respondeatis; ipsi enim patres theologici bene vobis respondent ad hoc argumentum."

13 Anneliese Maier: Das Prinzip der doppelten Wahrheit. In: dies.: Metaphysische Hintergründe der spätscholastischen Naturphilosophie. Rom 1955, S. 3-44, hier S. 5-8, Zitat S. 7. Für Maier ist die Annahme der niedrigeren Dignität des Induktionsbeweises bei Aristoteles „der springende Punkt, von dem aus das ganze Problem der sogenannten duplex veritas zu beurteilen ist, und von dem aus allein erhellen kann, welches die Einstellung der mittelalterlichen Denker gegenüber der ‚philosophischen Wahrheit' war."

14 Paola Zambelli: Pietro Pomponazzi's *De immortalitate* and his clandestine *De incantationibus*: Aristotelianism, eclecticism or libertinism? In: Bochumer Jahrbuch für Antike und Mittelalter, 6 (2001), S. 87-115, hier S. 90.

Naturgesetze auf den Bereich der physischen Welt ein.¹⁵ Von dieser Limitierung des philosophischen Denkens ist Pomponazzi in seinem *Oeuvre* aber auch abgewichen, indem er zum Beispiel auch sämtliche religiösen Phänomene vom Naturprozess nicht ausgeschlossen hat. In diesem Licht erscheint die traditionelle Separierung der Argumentationsweisen *secundum theologos* und *secundum naturales*, die Pomponazzi in den frühen *De anima*-Vorlesungen und teilweise auch im *Tractatus de immortalitate* vornimmt, als ein ›strategischer‹ Fideismus, der ihm vermutlich als Deckmantel diente, aber keineswegs zu seinem Denken als Aristoteliker passt. Diese Haltung tritt im selben Unsterblichkeitraktat deutlich hervor, in dem Pomponazzi dem Konflikt zwischen einer schlüssigen philosophischen Argumentation und der geoffenbarten Wahrheit nicht mehr ohne weiteres aus dem Wege geht.¹⁶

Für meinen Argumentationszusammenhang wichtiger ist aber, dass Pomponazzi in seinem *Tractatus de immortalitate* bereits die Richtung wahrgenommen hat, welche die scholastischen Theologen des frühen 16. Jahrhunderts auf dem Feld der Seelenlehre eingeschlagen hatten.¹⁷ Von ihnen war nämlich die Möglichkeit des Beweises des christlichen

---

15 Martin L. Pine: Pietro Pomponazzi: Radical Philosopher of the Renaissance. Padova 1986, S. 236. Vgl. auch ders.: Pomponazzi and the problem of „double truth". In: Journal of the History of Ideas, 29, 2 (1968), S. 163-176.

16 Pomponazzi kehrt die philosophische Argumentation schliesslich gegen seinen ›strategischen‹ Fideismus, wodurch sein Denken durchaus libertinische Züge annimmt. In *De immortalitate animae* (Kap. XIV) entlarvt er in Anlehnung an den Prolog von Averroès' Physik-Kommentar die politische Basis der Unsterblichkeitsdoktrin: diese sei eine Fabel, die ein Gesetzgeber als Verordnung erlasse, ohne sich um ihre Wahrheit zu kümmern (*non curans de veritate*) sowie als Mittel benutze, um die zum Bösen neigenden Menschen zur Tugend zurückzuführen. In *De naturalium effectum causis, sive de incantationibus* (1520, publiziert ¹1556) – eine kritische Schrift über Dämonlogie und Astrologie – führt Pomponazzi die Etablierung von Religionen auf eine Konjunktur von Planeten zurück; auch das Christentum wird zu einem historischen Ereignis zurückgestuft, das sich in die wiederkehrenden Zyklen der Natur einfügt und temporal beschränkt ist. Vgl. hierzu Pine: Radical Philosopher, Kap. III sowie darauf aufbauend Zambelli: Pietro Pomponazzi's *De immortalitate*, S. 100-115. Vgl. auch Martin L. Pine: Pietro Pomponazzi's attack to Religion and the problem of the De fato. In: Atheismus im Mittelalter und in der Renaissance. Hg. von Friedrich Niewöhner und Olaf Pluta. Wiesbaden 1999 (Wolfenbütteler Mittelalter-Studien, Bd. 12), S. 145-172. Vgl. zu Averroés' Prolog Bruno Nardi: Studi su Pietro Pomponazzi. Firenze 1965, S. 129-131.

17 Zambelli: Pietro Pomponazzi's *De immortalitate*, S. 90, Anm. 18. Vgl. auch Nardi: Studi su Pietro Pomponazzi, der zwei Manuskriptstellen zitiert: In einer Vorlesungsmitschrift eines Pomponazzi-Schülers betreffend den *De anima*-Kurs 1514-15 findet sich folgende Anspielung auf Tommaso de Vio: „'praeceptor meus tetigit unam novam opinionem quae est unius excellentissimi doctoris. Iste enim vir doctissimus... Sed ista opinio... contradicit doctori suo Thomae'" (ebd., S. 79). In einem *De sensu et sensato*-Kommentar aus dem akademischen Jahr 1524/25 erinnert sich Pomponazzi ferner an ein Gespräch mit de Vio über die Interpretation von Aristoteles: „,et memini quod Cardinalis Cajeta, cum venisset Bononiae, dixit mihi se non intelligere Aristotelem in fine huius libri de sensu et sensato' [...] ,et mihi dixit Cardinalis Caieta se non scripsisse super hoc libro, quia non intellexit hanc partem'" (ebd., S. 195).

Lehrsatzes *ausserhalb* der aristotelischen Philosophie in Betracht gezogen worden. Pomponazzis Infragestellung des Unsterblichkeitsbeweises im Rahmen der aristotelischen Philosophie war nämlich nicht neu. Skepsis war bereits vor ihm und in seiner Zeit auch vom Paduaner Theologen Tommaso de Vio geäussert worden.[18] Dieser hatte in der Vorrede zu seinem *De anima*-Kommentar das Augenmerk auf Aristoteles' physikalische bzw. biologische Seelendefinition gelegt. Zweifellos habe Aristoteles sehr genau die Vermögen unserer Seele erörtert, solange er diese als die Entelechie des Körpers definiert. Die Unsterblichkeit habe er dennoch mit so ungewissen Schritten angegangen, dass die Möglichkeit, seine Worte *auch anders zu interpretieren*, von gelehrten Männern eher demonstriert als ausgeräumt worden sei.[19] Selbstbewusst drückt de Vio den Willen aus, von den kirchlichen Autoritäten abzuweichen und nimmt bereits die Attacken derer vorweg, die fortfahren wollten, in gut thomistischer Tradition die aristotelische Philosophie mit der christlichen Lehre zu harmonisieren.[20]

De Vio hatte besonders einen Satz aus Aristoteles' Seelenschrift seiner Argumentation zugrundegelegt. Der erste Teil dieses Satzes besteht aus einer disjunktiven Proposition: Wenn (vernünftiges) Erkennen eine Vorstellung oder nicht ohne Vorstellung ist, dann kann die Seele nicht abgetrennt werden.[21] Das zweite Glied der disjunktiven Aussage – Erkennen ist nicht ohne Vorstellung – lässt de Vio, wie gleich zu zeigen sein wird, gelten. Indem er aber das erste Glied verneint, also vernünftiges Erkennen nicht auf eine Vorstellung reduziert, schafft er die Voraussetzung, um eine abstrakte Denkform zu bestimmen, die auch ohne Vorstellungsbilder operiert und – abgelöst vom Körper – Gegenstand der Metaphysik werden kann. Dabei konnte sich de Vio direkt auf Thomas von Aquin berufen, dem er sich aus metaphysischer Sicht wieder annäherte. Thomas war nämlich in seiner Analyse der kognitiven Aktivität des possiblen Intellekts in seiner Theorie des *verbum mentis* über die empirische Erkenntnis-

---

18 Pine: Radical philosopher, S. 109: „The indemonstrability of immortality was upheld, on various grounds, by Siger [of Brabant], [Duns] Scotus, [John of] Jandun, and in Pomponazzi's own day, by Cardinal Cajetan." Vgl. auch Francesco Fiorentino: Pietro Pomponazzi. Studi storici su la scuola bolognese e padovana del secolo XVI. Firenze 1868, S. 187.

19 Vgl. Fratris Thome de Vio Caietani ordinis praedicatorum generalis magistri: ac sacra theologiae professoris praefatio in commentarios super libros Aristotelis de anima [...]: „Aristoteles certe ipse quamquam putetur exactissimus in discutiendis animae nostrae viribus: quatenus eam corporis entelechian appellat. Tamen illis im[m]ortatlitatem sic titubante vestigio delibavit: ut hoc saltem loco: praebita potius studiosis viris quam erepta videatur facultas in alteram quoque partem verba illius interpretandi."

20 Ebd.: „Quocunque autem res cadat: unum illos oro: qui in haec nostra inciderint: ut aequo scilicet animo saltem mei pectoris ingenuitatem accipiant: qui in depromendo conscientiae meae sensu: malui a praeclari nominis auctoribus dissentire: ac propterea me rescripturis fortasse multis obijcere."

21 *De anima*, I, I, 403a 8-9.

theorie des Aristoteles in *De anima* hinausgegangen. Bei Thomas hat der kognitive Akt den produktiven Charakter einer bewussten Reflexion. Dabei hat das in unserem Intellekt konzipierte Wort eine rein intelligible Existenz (*esse intelligibile tantum*) und ist von anderer Natur als der Intellekt, der selbst eine natürliche Existenz hat (*esse naturale*).[22] Damit konnte die Argumentationsweise *ex fide* auf ein solides ontologisches und erkenntnistheoretisches Fundament gestellt werden, aus dem die scholastischen Theologen schliesslich das Argument ableiteten, dass die Unsterblichkeit der Seele rational beweisbar war, nicht jedoch in der Physik, sondern in der Metaphysik.[23]

Gemäss diesen Annahmen unterscheidet Tommaso de Vio in seinem *De anima*-Kommentar zwischen zwei Ordnungen von Dingen (*res*): den *ordo materialis* und den *ordo immaterialis*. Aus der quantitativen Betrachtung der Dinge im *ordo materialis* gehe die *scientia naturalis* hervor. Für den Dominikaner steht fest, dass die Unsterblichkeit der Seele ein Gegenstand der immateriellen Ordnung sei und sich daher für sich genommen der quantitativen Betrachtung des Naturphilosophen entziehe.[24] Dennoch wehrt er sich dagegen, den Gegenstand der menschlichen Seele restriktiv entweder dem Metaphysiker oder dem Naturphilosophen zuzuweisen. Vielmehr bildet das Denken mit bzw. ohne Vorstellungsbilder eine *konstitutive Differenz*, derzufolge die menschliche Seele in unterschiedlichen Wissenschaften behandelt werden kann. So spricht de Vio davon, dass es einen doppelten Modus des Denkens (*duplex modus intelligendi*) gebe:

> Speziell und doppeldeutig ist [die Frage], ob es eine letzte konstitutive Differenz in dieser Sache [gibt], d.h., ob die menschliche Seele von der sinnlich wahrnehmbaren Materie abstrahiert oder nicht. Wenn sie davon abstrahiert, dann wird die Betrachtung der Substanz der Seele metaphysisch, wenn sie nicht abstrahiert, dann wird sie natürlich sein. Wieviel wir aber aus der Natur ihres eigenen Operierens begreifen können, lässt sich aus dem verifizieren, was [Aristoteles] im zweiten Buch der Physik tex. com. 26 schreibt, dass sie teils abgetrennt [vom Körper] und teils [mit dem Körper] verbunden ist. Es ergibt sich nämlich aus ihrer eigenen Beschaffenheit einen doppelten Modus des Denkens, nach dem die ganze Mei-

---

22 Claude Panaccio: Le discours intérieur de Platon à Guillaume d'Ockham. Paris 1999; vgl. bes. S. 179-186, hier S. 183. Panaccio verweist auf Thomas' *Compendium theologiae*, I, 41.
23 Lohr: The Sixteenth-Century Transformation, S. 91.
24 Vgl. Commentaria fratris Thomae de Vio Caietani artium sacrae theologiae et ordinis praedicatoribus professoris eiusdem ordinis Generalis magistri in libros Aristotelis de anima, Lib. I, f. 6vb: „Videtur nam non q. cum duo sint ordines rerum scilicet materialis et immaterialis: et ordo materialium quantitativam considerationem in scientia naturali sortiatur. [...] Constat autem quod supposita immortalitate animae ipsa est de numero immaterialium: secundum se igitur non erit quantitative sumpta de consideratione physici." Zitiert nach der Ausgabe: Commentaria Reverendissimi patris fratris Tho. de Vio Caietani artium sacrae theologiae almique ordinis praedicatorum professoris ac eiusdem ordinis Cardinalis Magistri super tres libros Aristotelis de anima una cum quaestione subtilissima de infinitate primi motoris: novissime recognita cunctisque erroribus castigata. Venedig 1514.

nung ihrer Unsterblichkeit untergebracht werden kann, nämlich das Denken mit Vorstellungsbildern und das Denken ohne Vorstellungsbilder. Und wie aus dem Vorangehenden [hervorgeht], kann die seelische Substanz ohne Vorstellungsbilder denken, so ist sie Objekt der Betrachtung des Metaphysikers, denkt sie mit Vorstellungsbildern, ist sie Objekt der Betrachtung des Naturphilosophen. Daher wird die Substanz der Seele gemäss dieser konstitutiven Differenz teils vom Metaphysiker, teils vom Naturphilosophen betrachtet werden, gemäss dem, was der Heilige Thomas im zweiten Buch der Physik sagt, nämlich, dass die Betrachtung unserer Seele, insofern sie abgetrennt ist [vom Körper], die Angelegenheit des Metaphysikers ist. Und dies stimmt mit dem überein, was über die intellektive Seele gesagt wird, dass sie natürlich das Band zwischen der intellektualen und der sinnlich wahrnehmbaren Ordnung darstellt und dass sie in der Perspektive der Ewigkeit udm. [zu sehen] ist.[25]

Es handelt sich hierbei um eine zentrale Stelle des *De anima*-Kommentars, aus der hervorgeht, dass der doppelte Denkmodus – naturalistisch/metaphysisch – epistemologisch begründet ist, d.h. aus der Analyse der abstraktiven Leistungen der menschlichen Seele resultiert.[26] Damit bringt de Vio in philosophischer Hinsicht eine Systematik in das Denken über die Seele hinein, die Pomponazzi begrüsst haben dürfte und die auch noch über ein theologisches Pendant verfügte.

De Vio hatte nämlich aus der Sicht seines „epistemologischen Naturalismus"[27] für den Menschen eine Sphäre des Natürlichen, der Sinneswahrnehmung und der Objekterkenntnis (mithilfe von Vorstellungsbildern) bestimmt, die auf theologischer Seite die Hypothese des Menschen *in puris naturalibus* spiegelte, also die Vorstellung, der Mensch sei durch keine anderen Kräfte bestimmt als die, welche ihm durch seine eigene Natur zukommen. Damit existiere in ihm, also in

---

25 Ebd., Lib. I, f. 5*v*a-7*r*a, hier f. 6*v*b: „Proprium autem et ambiguum est: an ultima differentia constitutiva illius rei: quae est anima humana abtrahat a materia sensibili aut non. Si nam abstrahit consideratio substantiae animae: erit metaphysicalis: et si non abstrahit: erit naturalis. Quantum autem ex proprie operationis natura concipere possumus: verificatur de ea quod scribit in secundo physi.tex.com.26.s. quod est partim separata: et partim coniuncta. Oritur nam ex suo proprio constitutivo duplex modus intelligendi secundum omnem opinionem supponentem immortalitatem eius. s. intelligere cum fantasmate: et sine fantasmate. Et ut ex praecedentibus potest intelligere absque fantasmate: est de consideratione metaphysici: cum phantasmate vero physici. Unde secundum hoc differentia constitutiva substantiae animae partim spectabit ad metaphysicum: et partim ad naturalem: propter quod S.Thom. in secundo physi. Inquit: quod considerare de anima nostra quatenus est separata metaphysici negotium est. Consonatque hoc his: quae de anima intellectiva dicuntur: quod scilicet est vinculum intellectualis et sensibilis ordinis: et quod est in orizonte eternitatis: et similibus" (meine deutsche Übersetzung).

26 Bruno Pinchard: Présentation générale. L'architecture formelle et le passage de l'histoire. In: Rationalisme Analogique et Humanisme Théologique. La culture de Thomas de Vio 'Il Gaetano'. Actes du Colloque de Naples 1er-3 novembre 1990 réunis par Bruno Pinchard et Saverio Ricci. Neapel 1993, S. 11-27.

27 Ebd., S. 20.

seinem geschaffenen Intellekt, auch kein *desiderium naturale* zu Gott.[28] In seinem bedeutenden Thomaskommentar (veröffentlicht 1507-1522) hatte dies Cajetan damit begründet, dass die Natur den menschlichen Intellekt nicht mit einem Vermögen zur Gottesschau ausgestattet und dieses in das Seeleninnere gelegt habe. Den autoritativen Hintergrund des *natura-pura*-Konstrukts bei Cajetan, aber auch bei den katholischen Theologen des ganzen 16. Jahrhunderts (de Soto, Suárez, Vasquez, Molina), bildet ein Argument aus dem zweiten Buch von Aristoteles' *De coelo*: Wenn die Himmelskörper eine Kraft hätten, sich vorwärts zu bewegen (*vis progressiva*), hätte ihnen die Natur auch die geeigneten Mittel (*organa*) zu einer solchen Bewegung gegeben.[29]

Die Idee der *natura pura* hatten die thomistischen Theologen des 16. Jahrhunderts, allen voran Cajetan und wenig später auch Javelli, gegen die Vorstellungen der Scotisten,[30] aber auch gegen hermetisch-neuplatonische

---

28 Zum „système de la ‚pure nature'" und dessen Formation vgl. Henri de Lubac: Surnaturel. Études historiques [1945/46]. Nouvelle édition avec la traduction intégrale des citations latines et grècques. Édition préparé et préface par Michel Sales, s.j.. Paris 1991, Kapp. V/VI, S. 101-155. Vgl. auch Henri de Lubac: Die Freiheit der Gnade. 1. Band: Das Erbe Augustins. Einsiedeln 1971, S. 154-169, hier S. 162f.: „Nach Cajetan kann der Mensch eine wahrhaft natürliche Sehnsucht nur nach einem Ziel empfinden, das ihm konnatural ist; [...]." Die 1942 formulierte Kritik Henri de Lubacs an den Kardinal Cajetan, dieser habe durch seine Theologie der *natura pura* laizistischen bzw. materialistischen Tendenzen Vorschub geleistet, entkräftet Pinchard durch den Hinweis: „Le naturalisme de Cajétan est de nature plus noétique que physiciste. Il consiste à fonder la nature sur un usage formel de la raison, c'est-à-dire à fonder la réalité de la création *ad extra* sur une exacte analyse des opérations d'abstraction de l'esprit." Vgl. Pinchard: Présentation générale sowie de Lubac: Surnaturel, préface, S. IX: „'le dualisme auquel nous nous sommes, dans un passé récent, trop laissé entraîner a eu le résultat que les hommes, nous prenant au mot, ont écarté tout le surnaturel [...].'" Zur Korrektur idealistisch beeinflusster Thomas-Deutungen, die Cajetan zu dessen Gegner machen vgl. Bernhard Braun: Ontische Metaphysik. Zur Aktualität der Thomasdeutung Cajetans. Würzburg 1995.

29 Vgl. Prima Pars Summae Theologiae Angelici Doctoris S. Thomae Aquinatis, Cum commentariis [...] D. D. Thomae De Vio, Caietani, quaest. 12, art. 1. [Kommentar:] „*Num intellectus creatus naturaliter desiderat videre Deum.* [...]. Non enim videtur verum, quòd intellectus creatus naturaliter desideret videre Deum: quoniam natura non largitur inclinationem ad aliquid, ad quod tota vis naturae perducere nequit: cuius signum est, quoque organa natura dedit cuilibet potentiae quam intus in anima posuit. Et in secundo caeli dicitur, quòd si astra haberent vim progressivam, natura dedisset eis organa opportuna. Implicare igitur videtur, quod natura det desiderium visionis divinae. Et quòd non possit dare requisita ad visionem illam, puta lumen gloriae, & c." Zitiert nach der Ausgabe: Summa Sacrae Theologiae, in qua quicquid in utroque testamento continetur, ut docte, ita et pie et fideliter, per quaestiones et responsiones explicatur, divo Thomae Aquinate Doctore Angelico Autore, in tres potissimum partes quatuor tomis contentas, divisa; nunc à pluribus mendis, quibus antè scatebat, ad Romanum Pij quinti Pontificis maximi exemplar, diligenti collatione, ac summo studio epurgata. Cuius prima pars hoc primo tomo pertractatur, Reverendissimi Thomae A Vio Caietani, Tit.S. Xisti presbyteri Cardinalis Commentariis illustrata. [...]. Antwerpen 1576, S. 53. [In der Aristotelischen Kosmologie werden die Himmelskörper duch die Intelligentien ("Seelen") bewegt].

30 Prima Secundae Partis Summae Sacrae Theologiae [...], quaest. 113. art. 10. [Kommentar:] "*Num anima naturalite sit capax gratiae.* [...]. Videtur enim quod secundum praesentem

und magische Vorstellungen eingeführt, die im Paduaner Kontext des späten 15. Jahrhunderts rezipiert worden waren. Es handelte sich dabei um Tendenzen, die Martin Mulsow als „komplexes Syndrom" beschrieben hat: Voluntarismus, Naturstrebungen, immaterielle Wirkungen, Supranaturalismus und andere unmittelbare Beziehungen zum Göttlichen etc.[31] Das spezifisch theologische Problem, das de Vio aus der Perspektive des beginnenden 16. Jahrhunderts zu bewältigen hatte, betraf das Verhältnis zwischen Natur und Gnade. War die Natur nicht auf Gott gerichtet, so war es denn auch nicht möglich, einen Anspruch auf Gnade abzuleiten, der die Freiwilligkeit eben dieser Gnade auch umgehen konnte. Was Cajetanus der menschlichen Natur lediglich konzediert, ist eine natürliche Disposition zur Gnade, insofern als der freie Willensakt, der zur Gnade vorbereitet, aus dem natürlichen Vermögen des freien Willen hervorgeht. Das Vermögen der Seele zur Gnade ist auf der anderen Seite jedoch übernatürlich (*supernaturalis*), insofern als jener Akt, aus dem die Disposition zur Gnade hervorgeht, einzig durch einen freiwilligen Akt Gottes zustande kommen kann. Der Mensch ist also aufgrund seiner Natur zur Gnade disponiert, nicht aber kann er selbst Ursache von Gnade sein, die einzig bei Gott liegt.[32] Anders als den Aquinaten, der aus theologischer Sicht eine natürliche Sehnsucht des Menschen nach der Gottesschau annehme, spricht Cajetan davon, dass das Vermögen der Seele zur Gnade „non naturalis, sed obedientialis", mithin als ein Vermögen zum Gehorsam zu bezeichnen sei.[33] Das Verhältnis zwischen Gott und Mensch wird daher „als freie, personale *communicatio* (Kommunikation) und *cooperatio* (Mitwirkung) in der Gnade"[34] angesehen.

---

doctrinam in anima sit potentia naturalis ad gratiam: per hoc ad fidem & alia huiusmodi, cuius oppositum in prima parte diximus contra Scotum" (ebd., S. 382).

31 Mulsow: Frühneuzeitliche Selbsterhaltung, S. 159-165. Zum Verhältnis von Averroismus, Scotismus und Thomismus im Padua der 1490er Jahre vgl. Edward P. Mahoney: Antonio Trombetta and Agostino Nifo on Averroes and Intelligible Species: A Philosophical Dispute at the University of Padua. In: Storia e cultura nel Convento al Santo di Padova. Hg. von Antonino Poppi. Vicenza 1976, S. 289-301; vgl. jetzt die überarbeitete Version des Art. in Edward P. Mahoney: Two Aristotelians of the Italian Renaissance. Nicoletto Vernia and Agostino Nifo. Aldershot et al. 2000 (Text IX).

32 Prima Pars Summae Theologiae, quaest. 12, art. 1 [Kommentar:] „Si verò secundo modo consideretur, sic naturaliter desiderat visionem Dei: quia ut sic novit quosdam effectus, puta gratiae, & gloriae: quorum causa est Deus, ut Deus est in seabsolute, non ut universale agens" (vgl. Ausgabe Antwerpen 1576, Bd. 1, S. 53).

33 Prima Secundae Partis Summae Sacrae Theologiae [...], quaest. 113. art. 10. [Kommentar:] „Et hoc modo potentiam animae ad gratiam est quodammodo naturalis, pro quanto actus liberi arbit. quo praeparatur ad gratiam, educitur de potentia naturali lib. arb. Est autem supernaturalis pro quanto actus ille ut dispositio ad gratiam, à sola gratuita Dei motione esse potest. Et forma ipsa, scilicet gratia supremi ordinis est super totum naturae ordinem, ut in praecedenti articulo ad secundum habes. Et quia medium nunc hoc, nunc illud induit extremum, ideo potentiae animae ad gratiam quandoque naturalis, quandoque non naturalis, sed obedientialis, aut supernaturalis vocatur" (vgl. Ausgabe Antwerpen 1576, Bd. 2, S. 382).

34 Barbara Hallensleben: Thomas De Vio Cajetanus. Erneuerer der Theologie für eine erneu-

Für meine Argumentation wichtiger ist die doppelte Perspektive auf den Menschen, die aus Cajetans Analyse der Gnadenproblematik resultiert und die sich etwa in der folgenden Formulierung ausprägt: „creatura rationalis potest dupliciter considerari. uno modo absolute", also in deren rein natürlichen Bestimmung, „alio modo ut ordinata est ad felicitatem", also in deren Bezug zu Gott.[35] Letztere ist die Perspektive des Theologen, erstere die des Philosophen, deren Kompetenzbereiche somit geschieden werden. Somit war – noch deutlicher in den Worten Javellis – die Natur des menschlichen Intellekts aus der Perspektive des Philosophen anders zu betrachten als aus derjenigen des Theologen: Denn der Philosoph betrachte, wie der Intellekt beschaffen sei und wie er aufgrund von dessen natürlichen Eigenschaften Denkoperationen vollziehen könne und zwar nur aufgrund der in ihm innewohnenden aktiven Prinzipien; der Theologe hingegen betrachte, wie die *natura intellectualis* von Gott geschaffen und auf diesen selbst gerichtet sei.[36] Die Theologie der *natura pura* und der epistemologische Naturalismus, wie sie sich vor allem im Kommentarwerk von de Vio verbinden, geben also den Rahmen der Betrachtung der Natur und des Menschen *in puris naturalibus* vor, die Pomponazzi von philosophischer Seite untermauerte. Relevanz kommt dieser Betrachtung des Menschen im Zusammenhang mit der Rezeption der neuen griechischen Aristoteleskommentare von Alexander von Aphrodisias seit dem Jahr 1495 zu, die Pomponazzi besonders schätzte. Die theologische Fiktion des Menschen *in puris naturalibus* konvergierte also zu Beginn des 16. Jahrhunderts mit einer neuen Phase der Aristotelesrezeption.[37]

Die thomistischen Theologen hatten den Weg über die *philosophia naturalis* als das eigentliche Grundprinzip der aristotelischen Philosophie betrachtet. Darin unterschieden sie sich nicht von der neoplatonischen Interpretation des Aristoteles, wie sie zum Beispiel der Pomponazzi-Gegner in Padua, Agostino Nifo (ca.1470-1538), vornahm,[38] setzten sich aber von dieser ab, als es darum ging, ihren Anspruch auf das Monopol in der Behandlung

---

erte Kirche. In: Theologen des 16. Jahrhunderts. Humanismus – Reformation – Katholische Erneuerung. Eine Einführung. Hg. von Martin H. Jung und Peter Walter. Darmstadt 2002, S. 65-82, hier S. 71.

35 Prima Pars Summae Theolgiae, quaest. 12, art. 1 [Kommentar] (vgl. Ausgabe Antwerpen 1576, Bd. 1, S. 53).

36 Javelli: In primum tractatum primae partis: „Ipsa natura intellectualis alio modo consideratur a philosopho, alio a modo a theologo: nam a philosopho consideratur ut est talis naturae, habet tales proprietates consequentes naturam, ut potest operari, et tantum operari ex principiis activis suis intrinsecis; a theologo consideratur ut creata est a Deo ad ipsum Deum, ut objectum beatificum." Zitiert nach de Lubac: Surnaturel, S. 131.

37 Vgl. hierzu den nächsten Abschnitt 1.2.

38 Edward P. Mahoney: Agostino Nifo and Neoplatonism. In: Il neoplatonismo nel Rinascimento. Hg. von Pietro Prini. Rom 1993, S. 205-231; vgl. auch ders: Two Aristotelians of the Italian Renaissance, Text VI.

theologischer Fragen zu behaupten. So zum Beispiel der Dominikaner Crisostomo Javelli aus Casale. Er war in Bologna Ordensstudienleiter als Pomponazzi dort lehrte und setzte in der sogenannten ›Pomponazzi-Affäre‹[39] einen entscheidenden theologischen Schlusspunkt. Javellis Antwort auf die Argumente für die Sterblichkeitsthese wurden erstmals im Appendix zu Pomponazzis *Defensorium* (1519) gegen Nifo formuliert und in der einflussreichen Ausgabe der gesammelten Schriften Pomponazzis, dem *Tractatus acutissimi, utillimi et mere peripatetici* (1525), nochmals abgedruckt.[40] In dem an Pomponazzi gerichteten Brief, der ebenfalls in dieser Ausgabe enthalten ist, schildert Javelli seinen Standpunkt:

> [...] Plato steigt vom Höheren zum Sinnlichen herab, wobei er die Meinungen von göttlichen Dingen – als seien diese von oben herabgesandt – eher annimmt, als dass er sie beweist. Diese Weise des Argumentierens steht nämlich nur dem Theologen eigentlich zu, der sich auf die göttliche Offenbarung stützt, dem Philosophen hingegen, der sich mit menschlichen Dingen beschäftigt, bleibt sie eher fremd. Aristoteles aber – als dem gewandtesten Erforscher der Natur – steigt von dem sinnlich Wahrgenommenen und von dem besser Bekannten schrittweise zum Immateriellen hinauf, da er [...] dachte, dass all unser Wissen in den Sinnen seinen Ursprung habe. [...]. Solange er von der sinnlichen Wahrnehmung ausging, konnte er genau und entschlossen philosophieren, aber sobald er sich nicht mehr von den Sinnen führen liess, wurde sein Raisonnement dunkel [...]. Ich werde also den Argumenten, die Du [sc. Pomponazzi] zur Sterblichkeitsthese angeführt hast, nicht aufgrund der Prinzipien des Aristoteles begegnen, sondern aufgrund derjenigen der Heiligen Theologie und der absolut wahren Philosophie, die wir für unseren katholischen Glauben halten. Denn die Philosophie und die Aristotelische Philosophie sind nicht identisch. Die Philosophie ist für sich genommen die Wissenschaft der reinen Wahrheit, die als göttlicher Besitz uns vom Vater des Lichts herabgesandt wurde.[41]

---

39 Vgl. hierzu Étienne Gilson: L'affaire de l'immortalité de l'âme à Venise au debut du XVIe siècle. In: Umanesimo europeo e umanesimo veneziano. Hg. von Vittore Branca. Firenze 1963, S. 31-61; Eckhard Kessler: The Intellective Soul. In: The Cambridge History of Renaissance Philosophy. Hg. von Charkes B. Schmitt und Quentin Skinner. Cambridge 1988. S. 485-534, hier S. 504-507.
40 Vgl. Chr. Javelli: Solutiones Rationum animi mortalitatem probantium quae in defensorio contra Niphum excellentissimi domini Petri Pomponatij formantur. In: Petri Pomponatii Mantuani: Tractatus acutissimi/utillimi/et mere peripatetici. Venedig 1525 (ND Casarano 1995), ff .109-112.
41 Vgl. Excellentissimo Famosissimoque huius nostrae aetatis philosopho Domino Petro Pomponatio Mantuano frater Chrysostomus Casalenus ordinis praedicatorum Theologorum minimus. In: Pomponazzi: Tractatus acutissimi, f. 108*v*. „[...] Plato a superis descendit ad sensum sententias de divinis entibus veluti ab alto demissas magis acceptans quam probans. Qui nempe modus soli theologo intenti divinae revelationi proprie convenit, philosopho autem in humanis versanti fere extraneus. Aristoteles autem veluti callidissimus naturae scrutator a sensatis et notioribus paulatim se ad immaterialia elevat. Quoniam existimavit (ut est) in primo posteriorum omnem nostram intelligentiam originari a sensu: [...]. Quantum ex sensu elevatus tantum determinate et constanter philosophari potuit, at quamprimum manuductio ex sensu defecit, caligavit ejus intellectus: [...]. Solvam igitur quascumque rationes formasti

Die Allianz der thomistischen Theologen mit Pomponazzi in ihrer gemeinsamen Abwehr des Neoplatonismus brachte somit zwei bedeutsame Resultate hervor: einmal die Ablösung der Theologie bzw. Metaphysik von der aristotelischen Philosophie und einmal die Einschränkung der Philosophie des Aristoteles auf eine *philosophia naturalis* auf der Basis des *sensus*, deren Sphäre somit die natürlich-humane war. Dadurch machte die ›christliche Philosophie‹ die menschliche Seele zu einem Objekt der Metaphysik und trennte sie von der aristotelischen Physik. Wiederum nahm Pomponazzi das Grundprinzip der aristotelischen Philosophie, den *sensus*, zum Ausgangspunkt seiner Naturphilosophie und empiristischen Methodologie.[42]

Die wissenschaftsgeschichtliche Bedeutung der Ablösung der Metaphysik von der aristotelischen Naturphilosophie kann nicht hoch genug eingeschätzt werden, gerade wenn man die Folgen dieser Ablösung in der Seelendiskussion bis mindestens um 1600 (auch in Deutschland) bedenkt. Eine direkte Folge dieser Entwicklung war, dass an den norditalienischen Universitäten die Texte des Aristoteles durch das ganze 16. Jahrhundert hindurch weiter gelesen und kommentiert werden konnten. Dabei etablierte sich eine doppelte Weise des Argumentierens: neben dem *naturaliter loquendo* erneuerte sich auch die theologische bzw. metaphysische Weise des Sprechens über die menschliche Seele. Obwohl die ›absolut wahre Philosophie‹ und die induktiv verfahrende aristotelische Philosophie des *sensus* grundsätzlich als zwei verschiedene Dinge wahrgenommen wurden, war dennoch ihr Konflikt nicht aus dem Wege geräumt. Deshalb ist zu fragen, wie sich die Naturphilosophen verhielten, als sie Stellen des aristotelischen Textes kommentierten, die der christlichen Lehre direkt widersprechen. Zumal die päpstliche Bulle *Apostolici regimini* von 1513 den Aristotelesexegeten des 16. Jahrhunderts ausdrücklich verbot, die Sterblichkeit der menschlichen Seele so ohne weiteres zu lehren; von den spezifischen Bedingungen der Kommentierungspraxis wird unten noch ausführlich zu sprechen sein.[43]

Was hier hingegen zunächst interessiert, ist, welche Konsequenzen Pomponazzi aus der Möglichkeit der doppelten Weise des Argumentierens über die Seele für seine naturalistischen Thesen gezogen hat. Der *Erklärungsanspruch*, den er mit seiner Methode des *in puris naturalibus* verband, bestand

---

mortalitatem probantes, principiis quidem non Aristotelis pro nunc sed sacrae theologiae et verissimae philosophiae quam arbitramur nostra catholicae fidei subministrare. Neque enim philosophia et Aristotelis philosophia convertuntur. Philosophia si quidem in se est scientia merae veritatis quae est divina possessio nobis a patre luminum demissa" (meine deutsche Übersetzung).

42 Der Begriff ›empiristisch‹ ist hier im aristotelischen Verständnis des 16. Jahrhunderts zu deuten und zwar schlicht dahingehend, dass jedes Wissen von der Sinneswahrnehmung auszugehen hat. Das war allerdings eine theoretische Position und musste nicht heissen, dass – zumindest in der Naturphilosophie – Objekte dann auch tatsächlich empirisch untersucht wurden.

43 Vgl. Abschnitt 2. in diesem Kapitel.

nämlich darin, Phänomene (welcher Art auch immer) auf ihre natürlichen Ursachen zurückzuführen und damit zu erklären. Der Wirkung seines Ansatzes ist es zuzuschreiben, dass Philosophieprofessoren an den Universitäten der Naturphilosophie zunehmend einen eigenständigen Kompetenzbereich einräumen konnten. Pomponazzis Methode hatte demnach auch gewichtige Konsequenzen für die Wissenschaft der Seele als *philosophia naturalis*.

1.2. Alexander von Aphrodisias und Pomponazzis Argument des *in puris naturalibus*

Um unsere Beschreibung der Formation der Anthropologie im 16. Jahrhundert entfalten zu können, ist eine weitere analytische Ebene der Transformation des Aristotelismus in Betracht zu ziehen und zwar die der Rezeption der griechischen Aristoteleskommentatoren und -interpreten in der Renaissance. Denn in ihrer Genese hängt die Transformationsthese nämlich auch mit der Rezeption der Kommentare zu *De anima* von Themistios, Simplicios, Alexander von Aphrodisias und Philoponos zusammen, die ab den 1480er Jahren besonders im venetischen Aristotelismus erfolgte.[44] Voraussetzung der Rezeption der *graeci interpretes* um 1500 war eine neue Edition ihrer Texte in lateinischer Übersetzung gewesen. Diese entstand im venetischen Humanismus um Ermolao Barbaro und seinen Kreis.[45] 1495 erscheint erstmals Girolamo Donàs (ca. 1457-1511) bedeutende Übersetzung von Alexanders Traktat *De anima*.[46] In der *Praefatio* betont Donà, dass er dem Leser den reinen Gehalt der Philosophie des Alexanders präsentiere und dass er mehr auf die Treue der Übersetzung als auf die Elaboriertheit des Stils gesetzt habe.[47] Diese Übersetzung setzte also wichtige Aspekte des

---

44 Bruno Nardi: Il commento di Simplicio al *De anima* nelle controversie della fine del secolo XV e del secolo XVI. In: ders.: Saggi sull'Aristotelismo Padovano dal Secolo XIV al XVI. Firenze 1958, S. 365-442; vgl. auch Charles B. Schmitt: Per una nuova interpretazione dell'Aristotelismo Rinascimentale, S. 17: „Le opere botaniche di Teofrasto, i commentari al *De anima* di Alessandro di Afrodisia e di Simplicio e i commentari alla Fisica di Simplicio e Filopono ebbero una profonda influenza sul pensiero filosofico e scientifico del periodo, influenza che non è stata ancora valutata a fondo."

45 Vittore Branca: L'Umanesimo veneziano alla fine del Quattrocento. Ermolao Barbaro e il suo circolo. In: Storia della cultura veneta. 6 Bde. Hg. von Girolamo Arnaldi und Manlio Pastore Stocchi. Vicenza 1976-1986. Bd. 3: Dal primo Quattrocento al Concilio di Trento, 1. Teilband, 1980, S. 123-175.

46 Vgl. Alexandri Aphrodisei Enarratio De Anima ex Aristotelis institutione, Interprete Hieronymo Donato, Patritio Veneto. Locaque librariorum vitio partim depravata/partim penitus omissa/Nuperrime per doctissimum virum recognita/restitutaque. Venedig 1538. Vgl. zu Girolamo Donà auch den Artikel von P. Rigo. In: Dizionario Biografico degli Italiani, 40 (1991), S. 741-753.

47 Alexandri Aphrodisei Enarratio De Anima, Praefatio, S. 5f.: „Tantum sciat, qui Alexandrum legerit, se nihil inanis, ac vento quodam turgidae ostentationis, sed meros philosophiae suc-

›aristotelischen‹ Editionsprogramms Barbaros um: Es sollte die neue philologische Grundlage der philosophischen Diskussion bilden und den bis dahin geltenden Vorzug der Aristoteleskommentare des Averroès zurücknehmen.[48]

Die Alexanderrezeption in Pomponazzis Werk hat Eckhard Kessler veranlasst, Lohrs Transformationsthese unter dem Aspekt des Einflusses dieses griechischen Aristotelesinterpreten zu berücksichtigen. Dabei hat er gezeigt, dass infolge dieser Rezeption naturalistische Konzepte von Naturphilosophie, wie sie Pomponazzi auf der Basis seines grundlegenden Arguments des *in puris naturalibus* ohne metaphysische Prinzipien und übernatürliche substantielle Formen auskommen.[49] Besonders deutlich wird die Eliminierung metaphysischer Entitäten in Pomponazzis ›theoretischer Biologie‹ im Traktat *De nutritione et augmentatione* (1521).[50] Viel radikaler als in den Vorlesungen über *De anima* der Jahre 1503/04 und im Traktat *De immortalitate animae* von 1516 schliesst er hier auf die Materialität des menschlichen Intellekts und seines Operierens.[51] In *De nutritione et augmentatione* veranschaulicht Pomponazzi seine Vorstellung vom Eingeschriebensein

---

cos imbibiturum. [...] Itaque eam [sc. enarrationem] maiore interpretationis fide, quam eloquentiae ambitu, ut a nostris legi posset, latinam feci."
48 Branca: L'Umanesimo veneziano alla fine del Quattrocento, S. 167. Alexanders *De anima*-Traktat wird – in Girolamo Donàs lateinischer Erstübersetzung – im Teil über das Vermögen der Phantasie jetzt auch in der Gedächtnisforschung der Frühen Neuzeit berücksichtigt: vgl. Gedächtnislehren und Gedächtniskünste in Antike und Frühmittelalter [5. Jahrhundert v. Chr. bis 9. Jahrhundert n. Chr.]. Dokumentsammlung mit Übersetzung, Kommentar und Nachwort. Hg. von Jörg Jochen Berns. Tübingen 2003, hier S. 235-240.
49 Eckhard Kessler: Metaphysics or Empirical Science? The two faces of Aristotelian Natural Philosophy in the Sixteenth Century. In: Renaissance Readings of Corpus Aristotelicum, S. 79-101, hier S. 86: „If we take the approach from sense-perception and the reduction of natural processes to local motion together, it becomes evident that the *pura naturalia*, the ,purely natural', on the basis of which Pomponazzi feels entitled to defend Alexander's psychological position, represent a concept of natural philosophy which, while abandoning metaphysical principles and argumentation as used in the tradition of the Aristotelian Physics, is dedicated to a purely empirical explanation of the sensible world of material reality, in the tradition of the Aristotelian treatise *On Generation and Corruption*."
50 Den Begriff ›theoretische Biologie‹ prägte Giancarlo Zanier: La biologia teoretica nell'ultima fase del pensiero pomponazziano. In: Filosofia, Filologia, Biologia: Itinerari dell'Aristotelismo Cinquecentesco. Hg. von Danilo Facca und Giancarlo Zanier. Rom 1992, S. 105-130, hier S. 130: „La filosofia della vita, emergente dai dati empirici e dai processi fisiologici accertati, conferma che entità separabili dalla materia sono superflue ed estranee al discorso scientifico riguardante il mondo sublunare: [...]".
51 Antonino Poppi: Saggi sul pensiero inedito di Pietro Pomponazzi. Padova 1970, Cap. I, S. 91: „L'esile formula che nel 1504 e nel 1516 interviene per conservare all'anima umana una certa vernice di spiritualità e immaterialità, cioè la sua indipendenza dal corporeo ‹tamquam a subiecto› e la sua dipendenza ‹tamquam a obiecto›, rappresenta una incoerenza logica che doveva essere necessariamente essere venir spazzata via per una più radicale deduzione della materialità estesa del principio intellettivo e del suo operare, come difatti ben presto egli conclude nell'*Apologia* I, nel *De nutritione* e nel commento al *De generatione et corruptione* (1518-22)."

des Intellekts in der ausgedehnten Materialität des Körpers anhand einer geometrischen Relation: Die nutritive Seele sei in der sensitiven und diese beiden seien wiederum in der intellektiven Seele enthalten wie ein Dreieck in einem Viereck.[52]

Sein Konzept des *in puris naturalibus* entwickelt Pomponazzi in seinen Vorlesungen über *De anima* im Rahmen des *cursus philosophicum* der Jahre 1503/04 in Padua, wo er es zunächst als Beurteilungskriterium angibt, um für die Plausibilität der psychologischen Theorie Alexanders im Vergleich zu anderen Optionen zu argumentieren: "ideo, ut dixi, stando in puris naturalibus opinio Alexandri multum quadrat", was übersetzt heisst: "Solange wir im Bereich des rein Natürlichen bleiben, stimmt Alexanders Meinung mit Vielem überein."[53] So zum Beispiel auch Alexanders Meinung, die intellektive Seele sei materiell. Pomponazzis legt hier nicht nur eine fremde Meinung dar, sondern nimmt die *opinio Alexandri* auch für sich in Anspruch und hält diese *naturaliter loquendo* für richtig, auch wenn sie in Wahrheit, also streng fideistisch argumentiert, falsch sei.[54]

An einer anderen Stelle der *Quaestiones animasticae* wird das Konzept des *in puris naturalibus* weiter als seine eigentliche Denkweise verdeutlicht: Es steht in Opposition zur metaphysischen Spekulation und ist auf die sinnliche Wahrnehmung (*sensus*) bezogen. Es ist für meinen grösseren Argumentationszusammenhang bedeutsam, dass Pomponazzi in seinem naturalistischen Konzept auf die körperliche Konstitution von Mensch und Tier zu sprechen kommt. In anatomisch-physiologischer Hinsicht sei der Mensch mit dem Tier vergleichbar. Die tierischen Körper seien ebenso wie die menschlichen jeweils mit Fleisch, Knochen und inneren Organen vortrefflich organisiert, und mit der menschlichen Seele verhalte es sich ebenso wie mit derjenigen anderer Tiere. Es spreche somit gegen die sinnliche Wahrnehmung (*videtur esse contra sensum*), also *gegen die Erfahrung*, dem Menschen eine metaphysische Überlegenheit zusprechen zu wollen.[55]

---

52 Pomponazzi: De nutritione et augmentatione, Lib. I, cap. XI. In: Tractatus acutissimi, f. 122*ra*: „Necesse autem est nutritivam animam actu quidem in brutibus esse unam: virtute autem plures: omnis nutritiva anima est indivisibilis apud Aristotelem sed nutritiva anima est in sensitiva, et hae ambae in intellectiva: velut trigonum in tetragono, quapropter realiter eadem est nutritiva cum sensitiva in brutis, et hae idem cum intellectiva in hominibus; quare si nutritiva est realiter extensa: aliae etiam realiter erunt extensae."

53 Pomponazzi: ›An anima intellectiva sit unica vel numerata‹. In: Pomponazzi: Corsi inediti dell'insegnamento padovano, Bd. 2, S. 93, 2-4.

54 Pomponazzi: ›Quomodo anima intellectiva sit forma hominis‹. In: ders.: Corsi inediti dell'insegnamento padovano, Bd. 2, S. 50, 20-27: „[...] sic ego dicam quod animam intellectiva est materialis, sed in sui perfectione potest se elevare a materia secundum gradum intellectivum, et ut sic intelligere universaliter. Dico tamen hoc stando in puris naturalibus, licet in rei veritate sit opinio falsa etc."

55 Pomponazzi: ›Utrum anima rationalis sit immaterialis et immortalis‹. In: ders.: Corsi inediti dell'insegnamento padovano, Bd. 2, S. 9, 11-18: „Amplius, si ipsa anima intellectiva separatur a corpore, cum sit unum ens per se, quomodo cum corpore faciet unum per se? Videtur

Solche Überlegungen lassen den Schluss zu, dass Pomponazzi nicht zuletzt von der Wirklichkeit und der alltäglichen Erfahrung ausgeht, wenn er nach Alexander über die menschliche Seele doziert.

Die Relevanz von Pomponazzis Œuvre für die Formation der Anthropologie kann am Leitbegriff des Intellekts, den er in sein Konzept von Naturphilosophie integriert hat, festgemacht und verfolgt werden. Pomponazzis Position geht für einen gewichtigen Teil auch aus einer naturphilosophischen Grundlagendebatte in kritischer Auseinandersetzung mit neuplatonisch-magischen Naturkonzepten hervor, die am Ende des 15. Jahrhunderts zirkulierten.[56] Dabei ist auf den systematischen Zusammenhang einer Reihe zum Teil wenig berücksichtigter Texte Pomponazzis hingewiesen worden, mit denen dieser in den Jahren 1514-1516 sein naturphilosophisches Konzept der *pura naturalia* begründet hat. In ihnen wurde eine alternative Position in der Antwort auf Probleme entwickelt, die der Paduaner Naturphilosoph Gaetano da Thiene (1387-1465) aufgeworfen und durch die Einführung spirituell wirkender Prinzipien in der Naturphilosophie seinerseits beantwortet hatte. 1514 ist auch das Jahr, in dem Pomponazzi in seinem Kommentar über Averroès' Prolog zum dritten Buch von Aristoteles' Physik die Wahrheitssuche der Philosophen gegen die Verbote und falschen Gesetze der Philosophiegegner ausspielt.[57] Es ist daher kein Zufall, dass die Zeit, in der Pomponazzi beginnt, das philosophische Argumentieren gegen den eigenen strategischen Fideismus zu kehren, mit dem Ausbau seiner Methode des *in puris naturalibus* in der Naturphilosophie zusammenfällt.

Die *Quaestio an actio realis immediate fieri potest per species spirituales* (1515), in der nach den wirkenden Ursachen in der Natur gefragt wird, untersucht unter anderem

---

quod unum per accidens faciet, et ipse Alexander multum deridet istam opinionem sic dicentem, scilicet quod anima intellectiva det esse materiae et extensa etc., et tamen separari possit a corpore, et esse immortalis. Amplius, hoc videtur esse contra sensum, nam nos videmus homines esse sicut alia animalia, unde alia animalia habent carnes, ossa, intestina multum bene ordinata et distincta sicut nos homines; et si aliquis hominis carnes comederet, sicut aliorum animalium, carnes saperent sicut et aliae carnes, quare videtur quod ita sit de hominum anima sicut de aliorum animalium anima." Vgl. hierzu auch Poppi: Saggi sul pensiero inedito di Pietro Pomponazzi, S. 49.

56 Eckhard Kessler: Pietro Pomponazzi: Zur Einheit seines philosophischen Lebenswerkes. In: Verum et Factum. Beiträge zur Geistesgeschichte und Philosophie der Renaissance zum 60. Geburtstag von Stephan Otto. Hg. von Tamara Albertini. Frankfurt/M. et al. 1990, S. 397-419, hier S. 400-404.

57 „Ratio Averrois est, quod phylosophia habet oculum clarum, cognoscit verum et falsum, ‹que› aut sunt per se nota, aut reducit ad per se nota, et non credit nisi per se nota [...]. Veritas sibi viam facit, ‹philosophus› cognoscit veritatem; leges sunt falsae, quia non sunt per se notae, nec reducuntur ad per se nota: [...] Phylosophos vult scire rem quomodo est, et propter hoc multae leges prohibent disputationes et phylosophos. [...] Phylosophi volunt dicere veritatem; honor in se ipso est." Vgl. Arezzo, Biblioteca della Fraternita de' Laici, ms. 390 (389), ff. 192*v*-193*r*. Zit. nach Nardi: Studi su Pietro Pomponazzi, S. 134f.

die körperlich-materielle Grundlage der Wirkung des *intellectus practicus* auf den Körper und auf das menschliche Handeln.[58] Diese Fragestellung ordnet sich in den Rahmen eines Naturverständnisses ein, das keiner immateriellen Species (mit Ausnahme der göttlichen, die jedoch ausserhalb der Naturphilosophie bleibt) eine direkte Wirkung auf die materielle Natur einräumt, sondern voraussetzt, dass immaterielle Entitäten einzig die lokale Bewegung eines spezifischen materiellen Mediums verursachen können. Diesem Gesetz natürlicher Verursachung kann sich auch die *species* des menschlichen Intellekts nicht entziehen: Eine Willenshandlung wirke auf den appetitiven Teil der intellektiven Seele und dieser wiederum bewege den *spiritus*, der als Bewegungsinstrument dient. Dieser inneren Bewegung des *spiritus* entspreche dann eine äussere Wirkung, so dass aus unterschiedlichen psychischen Affekten (*passiones*) die *spiritus* und das Blut bewegt werden. So entstünden Wärme- bzw. Kältegefühle und so zeigten sich im Gesicht Röte bzw. Blässe.[59] Auch die *species* der sensitiven Seele, die Vorstellungsbilder, erzeugten nach demselben psychophysischen Prozess Wärme im Körper.[60] Damit ist im Ansatz eine ›Physik der Affekte‹ bzw. eine ›Physiologie der Empfindungen‹, wie es dann in den Psychologien des 18. Jahrhunderts heissen wird, formuliert. Von Lorenzo Valla und der humanistischen Tradition herkommend, sollte dann Juan Luis Vives in *De anima et vita* (1538) die Wirkung der Affekte im praktischen Leben auf medizinisch-psychologischer Basis, die ihm die Schriften Galens lieferte, systematisch ergründen.[61]

Die Darlegung seines Naturverständnisses hatte Pomponazzi ferner im

---

58 Pomponazzi: Questio de actione reali. In: Tractatus acutissimi, f. 38*v*a: „Transeamus ad homines: dicamusque quod in duobus species intelligibilis humano intellectui inservire vid. Intellectui practico et speculativo: per species intelligibiles speculamur: atque de agendis ratiocinamur: cum in nobis sexto ethicorum sint intellectus practicus et speculativus: [...] habet igitur ambiguitatem, quomodo intellectus practicus actionem exteriorem faciat resque extra animam quomodo ipsi animae imperanti habeat oboedire."

59 Ebd.: „Quapropter peripatetici concordes posuere, quod intellectus practicus movet appetitum, qui appetitus movet spiritus et reliqua instrumenta requisita ad motum, neque ab ipso practico intellectu per se aliquid provenire potest nisi secundum hunc modum. [...] non minus est secundum diversas passiones sanguis et spiritus moventur modo intus modo extra; ex quibus motibus contingit aliquem generari calorem, aliquem frigus, modo rubidinem, modo paledinem et alios diversos modos in rhetorice secundo recitato ab Aristotele, secundum istam opinionem, species rerum existentium in intellectu practico movent appetitum, quo moto: deinde per eidem imperium, localiter movent sanguis: spiritus et cetera instrumenta ad motum requisita: [...]."

60 Ebd., f. 38*v*a-b: „Et sicut dictum est de intellectu practico, sic dicatur de imaginativa, respectu animae brutalis. Nam ut in fine tertii De anima dicitur: ita se habet imaginativa in brutis sicut intellectus practicus in rationabilibus. Secundum itaque modum istum species rerum fiendarum sive sint in intellectu practico sive in imaginativa immediate movent appetitum, qui appetitus cum movet immediate non alterat, sed solum localiter movet spiritus et sanguinem reliquaque instrumenta, ad quem motum potest sequi alteratio vel coniungendo activa passivis vel cum per talem motum causatur calefactio, cum motus Metheororum primo et secundo de caelo sit natus calefacere."

61 Vgl. hierzu Kap. 1 dieser Studie.

kurzen Traktat *De modo procedendi in naturalibus* (1515) auch erkenntnistheoretisch auf dem Konzept einer sinneswahrnehmungsbasierten Erkenntnis der Natur begründet. Natürliche Erkenntnis (*cognitio naturalis*) werde entweder durch sinnliche Wahrnehmung oder durch Argumente erlangt, die der sinnlichen Wahrnehmung konform seien. Sollten jedoch Argumente gelten, die der sinnlichen Wahrnehmung widersprechen, so müssten erstere der zweiten weichen.[62] Von diesem Erkenntniskonzept hängt auch Pomponazzis Theorie der ›Wissenschaft der Natur‹ ab. Beginn der menschlichen Erkenntnis ist das, was ›für-uns-bekannter‹ ist, also die sinnlich gegebene Wirkung, durch welche die Existenz der Ursache bereits bewiesen ist; im zweiten Schritt des von Pomponazzi modifizierten *regressus*-Modells, das hiermit skizzenhaft wiedergegeben ist, geht es lediglich nur noch darum, die konfus erkannte Kausalursache durch Anordnung der sinnlich erworbenen Erkenntnis distinkt zu erkennen.[63]

Im Traktat *De immortalitate animae* (1516) schliesslich vervollständigte Pomponazzi „die grundlegende Theorie der Beziehung zwischen materiell-körperlicher und immateriell-geistiger Realität"[64] auch im Bereich der menschlichen Erkenntnisprozesse (*intellectus speculativus*), die, als natürliche Prozesse verstanden, sich nicht der körperlich-materiellen Verursachung entziehen können. Dabei besteht zwischen der empirischen Erkenntnistheorie Pomponazzis und seiner empirisch begründeten Erkenntnispsychologie ein logischer Zusammenhang. Weil der menschliche Intellekt mit der sinnlichen Wahrnehmung verbunden sei (*sensui coniunctus*), erkenne er niemals ohne Vorstellung (*phantasmata*), so dass natürliche Erkenntnisprozesse, auch die abstraktesten, nicht ohne körperliches Objekt entstehen können.[65] Dieses war denn auch das eigentlich zentrale Argument der Ster-

---

62 Pomponazzi: De modo procedendi in naturalibus (De reactione, Sect. II, Cap. I). In: Tractatus acutissimi, f. 30vb: „Etenim cum omnis naturalis cognitio aut per sensum aut per rationem conformem sensui habeatur, ut et octavo Physicorum et non capite tertii de generatione animalium dicit Aristoteles: ideo quae sensui manifesta sunt, a naturali sine ratione aliqua sunt accipienda; quod si aliqua sunt rationes, quae sensui contradicant, quantumcumque sint validissimae, sensui et non rationi adhibenda est fides."
63 Vgl. hierzu auführlicher Eckhard Kessler: Physik oder Metaphysik. Zum Begriff einer Wissenschaft von der Natur in der Methodendiskussion der „Schule von Padua" im beginnenden 16. Jahrhundert. In: Aristotelica et Lulliana magistro doctissimo Charles H. Lohr septuagesimum annum feliciter agenti dedicata. Hg. von Fernando Domínguez et al. Steenbrugis 1995 (Instrumenta Patristica XXVI), S. 223-244, hier S. 229-235.
64 Kessler: Pietro Pomponazzi, S. 404.
65 Pomponazzi: Abhandlung über die Unsterblichkeit der Seele, Kap. IX, S. 90 u. 92: „[...] at quamvis intellectus humanus, ut habitum est, intelligendo non fungatur quantitate, attamen, quoniam sensui coniunctus est, ex toto a materia et quantitate absolvi non potest, cum nunquam cognoscat sine phantasmate, dicente Aristotele tertio *De anima*: *Nequaquam sine phantasmate intelligit anima*. Unde sic indigens corpore ut obiecto neque simpliciter universale cognoscere potest, sed semper universale in singulari speculatur, ut unusquisque in se ipso experiri potest. In omni namque quantumcumque abstracta cognitione idolum aliquod corporale sibi

blichkeitsthese. Das zweite Glied des disjunktiven Satzes aus Aristoteles *De anima* I, I, 403a 8-9 – Erkennen ist nicht ohne Vorstellung – war nicht wegzudiskutieren[66] und das hatte auch Tommaso de Vio so gesehen.

Wichtiger noch ist aber, dass im Unsterblichkeitstraktat die radikale Lösung des Erkenntnisproblems, wie sie Pomponazzi später etwa in *De nutritione et augmentatione* präsentierte, bereits angelegt ist. Die Lösung ist die, dass intellektives Erkennen nicht einem spezifischen Körperteil, sondern dem ganzen Körper zugeschrieben wird. Mit einem integralen Erkenntnis- und Intellektkonzept konnte Pomponazzi auch der ursprünglichen, logisch nicht ganz einwandfreien Lösung aus dem Weg gehen, intellektive Erkenntnis sei zwar nicht von den Organen des Körpers abhängig, könne jedoch nicht ohne körperliches Objekt stattfinden.[67] Der menschliche Intellekt sei der Materie eingeschrieben gleichsam als übe dieser eine Art ›Begleitfunktion‹ aus, so wie auch intellektives Erkennen in der Materie stattfinde.[68] In dieser Auffassung wurde Pomponazzi nicht eigentlich von Aristoteles, sondern von Alexanders Schriften über die (intellektive) Seele bestärkt. Dieser nehme an, „der ganze Körper sei Instrument des Intellekts."[69] Wie noch gezeigt wird, denkt Alexander hier bereits an den ganzen anatomischen Bau des menschlichen Körpers, dessen Kräfte (*vires*) der (materielle) Intellekt gesamthaft in sich zusammenfasse. Auch im Hinblick darauf, wie Seelenlehre und Anatomie in späteren Phasen des naturphilosophischen Unterrichts in Padua zueinander in Beziehung treten, tut man also gut daran, Pomponazzis Hinweis auf Alexander ernst zu nehmen.

---

      format, propter quod humanus intellectus primo et directe non intelligit se, componitque et discurrit, quare suum intelligere est cum continuo et tempore."

66 Pine: Radical Philosopher, S. 62-66. Vgl. auch Leen Spruit: Species intelligibilis: From Perception to Knowledge. Renaissance controversies, Later Scholasticism, and the Elimination of the Intelligible Species in Modern Philosophy. 2 Bde. Leiden/New York/Köln, S. 94-103 (zu Pomponazzi), hier S. 101: „Pomponazzi apparently believed that singular sensible things are capable of directly determining the mind. Moreover, he apparently believed that the mind fot its knowledge of essences and their universal features depends essentially upon these impressions. This inevitably suggests that mind reflects on its own ‚passions', namely, on the impressions, rather than elaborating upon the sensory information of the inner senses. But a mind reflecting on its own impressions stands in serious danger of being condemned to an act that is terminated by these very impressions."

67 Auf die Problematik dieser Lösung wird im nächsten Abschnitt 1.3. näher eingegangen.

68 Pomponazzi: Abhandlung über die Unsterblichkeit der Seele, Kap. X, S. 124-126: „Verum quoniam intellectus humanus est in materia quasi per quandam concomitantiam, et ipsum intelligere quadammodo est in materia [...]; non tamen in aliqua parte corporis ponitur ipsum intelligere, sed in toto categorematice sumpto; [...]. Quare sicut intellectus est in toto, ita et intelligere. Non inconvenienter igitur Alexander posuit totum corpus esse instrumentum intellectus, quoniam intellectus omnes vires comprehendit et non aliquam partem determinatam [...]."

69 Ebd., S. 126. Mir scheint, dass Pine: Radical philosopher, S. 72 irrt, wenn er Pomponazzis Hinweis auf Alexander zu schnell abtut und den zitierten Passus aus Kap. X „closer in spirit to Averroes" lesen will.

1.3. Die Transformation der aristotelischen Seelenlehre

Die Erklärung der Transformation der aristotelischen Seelenlehre hat zum einen von den bisher analysierten Elementen der akademischen Kultur Venetiens im frühen 16. Jahrhundert auszugehen: die Alexanderrezeption und das *in-puris-naturalibus*-Konzept der Naturphilosophie Pomponazzis. Zum andern ist das Konvergieren dieser beiden Elemente mit der um die Mitte des Jahrhunderts methodisch sich erneuernden Anatomie zu berücksichtigen. Damit lässt sich meine Ausgangsfrage nach der Konstituierung der Anthropologie im 16. Jahrhundert präziser umreißen. Zu fragen ist nämlich, ob Pomponazzis Konzept der Naturphilosophie als empirische Disziplin, die sich auf die *pura naturalia* und auf den *sensus* beschränkte, nicht ein umfassendes programmatisches Konzept gewesen war, das im Laufe des 16. Jahrhunderts im Bereich der alexandrinischen Psychologie weiter ausgebaut wurde.[70] Auf jeden Fall konnten Alexanders Ansichten über eine auf der Konstitution des menschlichen Körpers basierende Erforschung der menschlichen Seele mit diesem programmatischen Konzept vereinbart werden.[71]

Eine konsequente Umsetzung des empirischen Erkenntnisanspruchs Pomponazzis in der Seelenlehre musste also die logische Inkonsequenz in der Beurteilung des *modus intelligendi* beseitigen und zum materiellen Substrat der Erkenntnis zurückkehren. Pomponazzis ursprüngliche Lösung des Erkenntnisproblems, die auch nicht neu war, macht die intellektive Seele also nicht *tamquam subjecto*, sondern *tamquam obiecto* vom Körper abhängig.[72] Dies bedeutet, dass der intellektive Akt nicht im körperlichen Organ selbst, also *subiective*, stattfindet, sondern dass die intellektive Seele, um Denkoperationen zu vollziehen, Vorstellungsbilder (*phantasmata*) benötigt, die sie durch die sinnliche Wahrnehmung in sich aufnimmt und

---

70 In der lateinischen Übersetzung des venetianischen Humanisten Girolamo Donato sind von Alexanders *De anima*-Traktat zwischen 1495 und 1559 zwölf Editionen verzeichnet worden; vgl. F. Edward Cranz: Alexander Aphrodisiensis. In: Catalogus Translationum et Commentariorum: Medieval and Renaissance Latin Translations and Commentaries. Hg. von Paul Oskar Kristeller. Bd. 1. Washington 1960, S. 77-135, hier S. 81a u. 85b-86a.
71 Vgl. hierzu unten Abschnitt 2.1. in diesem Kapitel.
72 Pomponazzi: Corsi inediti dell'insegnamento padovano, Bd. 2, S. 18, 8-15: „Pro solutione dico quod si anima intellectiva haberet aliquam operationem sibi propriam in qua non indigeret corpore neque tamquam subiecto neque tamquam obiecto tunc ipsam contingeret separari, sed dico quod etsi non indiget corpore tamquam subiecto, indiget tamen corpore tamquam obiecto, quia indiget phantasmatibus, et sic non contingit ipsam separari." Olaf Pluta hat gezeigt, dass Pomponazzis Lösung des Erkenntnisproblems vom deutschen Logiker Johannes Marsilius von Inghen (1330-1396), der der Schule von John Buridan (gest. 1360) angehörte, in seiner *De anima*-Quaestion *Utrum intellectus utitur organo corporeo in intelligendo* vorweggenommen wurde. Vgl. Olaf Pluta: The Transformation of Alexander of Aphrodisias' Interpretation of Aristotele's Theory of the Soul. In: Renaissance Readings of the *Corpus Aristotelicum*, S. 147-165, hier S. 160f.

die also *obiective* vom Organ abhängig sind. In der Erkenntnisweise des menschlichen Intellekts empirisch beobachtbar waren dennoch lediglich die inneren und äusseren ausgedehnten Teile der sinnlichen Wahrnehmung, also zum Beispiel das komplexe Organsystem des Auges und des Ohres. Paduaner Philosophieprofessoren, die im 16. Jahrhundert die Seelenlehre vorwiegend auf der Grundlage von Alexanders Kommentaren und Schriften interpretierten und dessen Intellektauffassung teilten, konnten in ihrer textexegetischen Praxis von subtilen philosophischen Distinktionen der Tradition auch absehen und direkt die Erforschung der anatomischen Grundlagen der intellektiven Erkenntnis – wie zum Beispiel die Organe der *visio* – fördern.[73] Die alessandrinische *De anima*-Rezeption hat sich etwa auf die Gehirn- und Sehnervenanatomie sowie auf die Optik der zweiten Hälfte des 16. Jahrhunderts ja auch signifikant ausgewirkt. Zu welchen neuen Perspektiven das hinführt, wird aber erst um 1600 richtig deutlich, als sich Johannes Kepler in der *Astronomia pars optica* mit der optischen Theorie des Aristoteles und den anatomischen Befunden der Mediziner kritisch auseinandersetzt und eine neue – mathematisch fundierte –Theorie des Sehens darlegt.[74]

Eine mit der Naturphilosophie und der Seelenlehre benachbarte Disziplin war also die Renaissanceanatomie. Diese hatte sich im Rahmen der humanistischen Medizin auf der Grundlage der Ausgabe des galenischen Œuvres in griechischer Sprache (1525) und dessen lateinischer Übersetzung in den 1530er Jahren renoviert.[75] Wichtig war in diesem Zusammenhang die Edition der lateinischen Übersetzung von Galens Anatomietraktat *De anatomicis administrationibus* (1531) durch Vesals Lehrer in Paris Guinther von Andernach (1505-1574), die das Interesse für die Körpersektion europaweit verstärkte.[76] Gegenüber dem synthetischen Charakter der Betrachtung eines Körperorgans in der Zusammensetzung

---

73 Pomponazzi: Abhandlung über die Unsterblichkeit der Seele, Kap. IX, S. 90: „Indigere itaque organo ut subiecto est in corpore recipi et modo quantitativo et corporali, sic quod cum extensione recipiatur; quomodo dicimus omnes virtutes organicas recipere et suis officiis fungi: sicut oculus videndo et auris audiendo; visio namque est in oculo et modo extensivo." Vgl. auch Michaela Boenke: Körper, Spiritus, Geist. Psychologie vor Descartes. München 2005, S. 51-73, die auch einen Zusammenhang sieht zwischen der Begründung eines empirischen Erkenntnismodells, der von Pomponazzi herkommt, und der ›Anatomisierung des Leibes‹, die von den erneuerten anatomischen Studien ausgeht. Allerdings übersieht Boenke die Wirkung der empiristischen Naturphilosophie bzw. der alessandrinischen Psychologie auf die Paduaner Anatomie des 16. Jahrhunderts.
74 Vgl. hierzu ausführlich Abschnitt 3.4. in diesem Kapitel.
75 Nutton: Greek Science in the sixteenth-century Renaissance, S. 15-28.
76 Vgl. Claudius Galenus: De anatomicis administrationibus libri novem Joanne Guinterio Andernaco Medico interprete. Paris 1531. Vgl. Vivian Nutton: André Vesale et l'Anatomie Parisienne. In: Cahier de l'Association Internationale des Études Françaises, 55 (2003), S. 239-249, hier S. 242f. Vgl. auch ders.: «Prisci dissectionum professores: Greek Texts and Renaissance Anatomists», hier S. 114-116.

seiner Teile in Galens *De usu partium* leitete die Rezeption von *De anatomicis administrationibus* ein analytisches Modell der Zergliederung einfacher Teile des Körpers wie Knochen, Nerven, Arterien, Venen und Muskeln ein, die mit dem Prozedere der Körpersektion verbunden war und auch noch in Vesals *De humani corporis fabrica* (1543) eine Rolle spielte.[77] Auch bei Vesal standen metaphysische Fragen nicht im Vordergrund. So geht er beispielsweise im Kapitel über das Herz nicht auf kontrovers diskutierte Fragen über die Seele (Substanz, Species, Sitz, Unsterblichkeit etc.) ein, die er aus Galens *De placitis Hippocratis et Platonis* gut kannte, und konzentriert sich direkt und pragmatisch auf eine funktionale Organuntersuchung (auch gegen die Vorwürfe der religiösen Zensur).[78] Die *De anima*-Exegese und die neue Anatomie trafen sich somit in einem gemeinsamen Punkt: in der Praxis der Körpersektion.

Die Überschneidung der Alexanderrezeption mit der Anatomie ist also als denjenigen Faktor zu betrachten, der um die Mitte des 16. Jahrhunderts in Venetien den Prozess der Transformation der aristotelischen Seelenlehre in Gang brachte. Diesem relevanten Aspekt der Alexanderrezeption ist in der Renaissanceforschung bislang wenig nachgegangen worden. Dies ist umso erstaunlicher, als gerade die alexandrinische Tradition des Aristotelismus in Padua in den 1540er Jahren das Terrain für die Praxis der anatomischen Studien förderte.[79] Zudem war die Anatomie eine Disziplin, in der man sich im Laufe des 16. Jahrhunderts in der Situation der anatomischen Lektion (wie auch immer) mit der Realität des Körpers konfrontierte und

---

77 Domenico Laurenza: La ricerca dell'Armonia. Rappresentazioni anatomiche nel Rinascimento. Firenze 2003, S. 3-8.

78 Andreae Vesalii Bruxellensis, Scholae medicorum Paravinae professoris, de Humani corporis fabrica Libri septem. Basel 1543, Lib. VI, Cap. XV (Cordis, Ipsisusque hactenus commemoratum partium functio & usus, ipsarumque constructionis ratio), f. 594: „At his omnibus refragant, ex divini atque inter medicos facilè primarij Hippocratis, & inter philosophos eminentissimi Platonis sententiam, Galenus, quum in alijs plerisque locis, tum potissimum in novem libris quos de Hippocratis & Platonis dogmatibus inscripsit. [...] Porrò ne hîc forsitan in aliquem, ac nescio in quem haeresis censorem impingam, ab hac de animae speciebus earundemque sedibus disceptatione prorsus abstinebo. quum tot hodie, ac potissimùm apud nostrates sanctissimae verissimaeque nostrae religionis censores reperias: qui si aliquem aut de Platonis, aut Aristotelis, suorum ne interpretatum, aut Galeni de anima sententijs, vel etiam inter celebrandam Anatomen [...] mussitare adiuuerint, ilico illum de fide ambigere, ac nescio quid de Animarum immortalitate haesitare astruunt, non perpendentes necesse esse medicis [...] de ijs quae nos gubernant facultatibus considerare, & quot numero sint generatim, & qualis quaeque sigillatim habeant, quo' ve in animalis membro singulae constitutae sint, & praeter haec maxime [...] quae animae substantia essentiave sint. Quasi verò non citra impietatem nullamque prorsus fidei labem quis de gravium illorum autorum decretis nihil proponere, [...]."

79 Giuseppe Ongaro: La medicina nello Studio di Padova e nel Veneto. In: Storia della Cultura Veneta. 6 Bde. Vicenza 1976-1986. Hg. von Girolamo Arnaldi und Manlio Pastore Stocchi. Bd. 3: Dal Primo Quattrocento al Concilio di Trento, 2. Teilband (1981), S. 75-134, hier S. 124f.

die im Rahmen der Autopsie empirische Verfahren ausbildete. Wie Gianna Pomata hingewiesen hat, wird zwischen 1580 und 1630 die *historia*, also die Beschreibung eines direkt beobachteten Teils in der Situation der anatomischen Sektion, zunehmend als wichtigster Bestandteil des anatomischen Wissens gewertet.[80] Auf die spezifische epistemische Situation der Anatomie (1570-1650) in ihrem Verhältnis zum Text der antiken Autoritäten auf diesem Gebiet wird in einem späteren Kapitel ausführlich eingegangen.[81] Hier soll mit dem Hinweis auf die alexandrinische *De anima*-Tradition lediglich plausibel gemacht werden, weshalb Padua in der zweiten Hälfte des 16. Jahrhunderts zur europaweit bedeutendsten Ausbildungsstätte für Anatomen aufsteigen konnte. In diesem Kapitel werden auch noch Quellen ausgewertet, die dokumentieren, wie der Übergang von der Kommentierung der alessandrinischen Seelenschrift zu der Anatomie in den 1560er und 1570er Jahren erfolgt ist.

Zu einer Gruppe früher ›alessandrinischer‹ Mediziner gehörte zum Beispiel Bassiano Landi (gest. 1562), Ordinarius für theoretische Medizin in Padua. Er stellt gleichsam eine Schlüsselfigur für diesen Überlagerungsprozess dar. Landi studierte beim berühmten Giovan Battista da Monte (1489-1551) in Padua und schloss 1542 in Venedig beim Praktiker Vittore Trincavelli (1496-1563) sein Studium mit dem Doktorat ab. Ein Jahr vor Vesals *Fabrica* veröffentlichte Landi beim selben Verleger Oporinus in Basel das anatomische Kompendium *De humana historia vel singularium hominis partium cognitione*.[82] Während Trincavelli 1534 die Seelenschrift von Alexander von Aphrodisias (gemeinsam mit den Aristoteles-Paraphrasen des Themistios) herausgab,[83] ist von Landi eine neue, übersetzte und kommentierte griechisch-lateinische Ausgabe von Aristoteles' *De anima* erhalten.[84]

---

80 Gianna Pomata: *Praxis Historialis*. The Uses of Historia in Early Modern Medicine. In: Empiricism and Erudition Early Modern Europe. Hg. von Gianna Pomata und Nancy G. Siraisi. Cambridge, Massachusetts/London 2005, S. 105-146.
81 Vgl. hierzu Kap. 4 in dieser Arbeit.
82 Vgl. Bassiano Landi: De humana historia, vel singularum hominis partium cognitione, libri duo, nunc primum et scripti, et in lucem editi, Basel 1542. Vgl. Giuseppe Ongaro: Bassiano Landi e Andrea Vesalio. In: Atti e Memorie dell'Accademia Patavina di Scienze, Lettere ed Arti, Bd. CX (1977-98) – Parte II: Memorie della Classe di Scienze Matematiche e Naturali, S. 32-54, hier: 39; vgl. auch ders.: Il »De humana historia« (1542) di Bassiano Landi (Atti della VI Biennale della Marca e dello Studio Firmano, Fermo, 29-30 Aprile 1-2 Maggio 1965). Fermo 1965, S. 265-278.
83 Omnia Themistii opera, hoc est, Paraphrases et orationes, Alexandri Aphrodisiensis Libri duo De anima, et De fato unus. Hg. von Vittore Trincavelli. Venedig 1534. Vgl. hierzu Robert B. Todd: Themistius. In: Catalogus Translationum et Commentariorum: Medieval and Renaissance Latin Translations and Commentaries. Hg. von Virginia Brown. Bd. 8, Washington D.C. 2003, S. 57-102, hier S. 64b-65a u. 69a.
84 Basciani Landi Placentini [...] In tres Aristotelis Libros de Anima iam pridem ab eodem e graeco in latinum studiose conversos, oppido quam elegans, ac nova expositio. Venedig 1569.

Mit dem Universitätsprofessor Bassiano Landi haben wir es mit einem Gelehrtentypus zu tun, der nicht primär selbst neues Wissen produzierte, sondern in seiner *De humana historia* bisher erarbeitetes anatomisches Wissen darstellte. Seine anatomische ›Wissenschaft‹ ist weitgehend noch eine rezipierende und darstellende Textwissenschaft. Dennoch ist seine *De anima*-Edition von 1569, besonders die darin enthaltenen Erklärungen (*explanationes*), ein beredtes Beispiel für eine naturphilosophische Betrachtungsweise der (menschlichen) Seele. Landi hält sich denn auch an die übliche aristotelische Systematik: Gegenstand der *Physiologia* seien die bewegten Körper, die beseelt und von denen ein Teil auch Tiere sind. Das (Bewegungs-)Prinzip der Tiere sei die Seele. Also falle die *scientiae animae* unter die Betrachtung des Physiologen bzw. des Naturphilosophen.[85] So ist im exegetischen Teil seines Kommentars auch zeitgenössisches naturkundliches Wissen eingeflossen, zum Beispiel analogische Vergleiche mit der Tier- und Pflanzenwelt.[86] Indem Landi von der Seelendefinition der aristotelischen Physik bzw. Biologie (*entelechia corporis*) ausgeht, ist es für ihn überflüssig zu fragen, ob die Seele mit dem Körper verbunden ist bzw. ob Seele und Körper eine Einheit bilden.[87]

Die hiermit gegebene Darstellung eines komplexen diachronen Vorganges betrifft also die erste Phase der Alexanderrezeption im 16. Jahrhundert. In dieser Phase, die etwa zwischen 1500 und den 1560/70er Jahren angesetzt werden kann, bildet sich die angesprochene Konstellation zwischen Naturphilosophie, Seelenlehre und Anatomie heraus. Dies ist ganz klar auch als eine Wirkung der Ablösung der *philosophia naturalis* von der *metaphysica* zu deuten. Damit etablierte sich im 16. Jahrhundert eine doppelte Weise des Argumentierens über die Seele: eine *secundum theologos* durch das Vokabular der Metaphysik und eine *secundum naturales* in der Sprache der Naturphilosophie. Der Theologe Javelli bestätigte in seinem *Tractatus de animae humanae deficientiae* aus dem Jahre 1535 nochmals die aus

---

85 De anima (1569), Ausgabe Landi, Liber primus, Particula Prima, Explanatio, S. 1b: „Porrò necessitas ea est. quód totius Physiologiae subiectum genus est corpus mobile, cuius partes & affectiones quaeruntur, atque partium principia. Sed corporis mobilis pars quoque est animal: nam sub eius ambitu continetur. Animalis autem principium est anima. Ergo animae scientiae cadit sub contemplatione Physiologi."

86 Ebd., Liber secundus, Part. VI, Explanatio, S. 16a: „Stirpes habent organa pauciora quam bruta, quia corpus quó ignobilius est, cò paucioribus eget instrumentis, quo nobilius, cò pluribus. Itaque instrumenta generandi semen & nutriendi obtinent stirpes, ut in homines testes sunt partes organicae in quibus generatur semen, & multis involucris abduncuntur, ita in stirpibus natura fabricavit multa tegmina follium, corticem, carnem, nucleum, in quibus conditur pars organica ubi generatur semen. Et ut Homo per os capit cibum, ita stirps per radices."

87 Ebd., S. 16b: „Cúm anima sit perfectio corporis, & per eadem faciat opus: quaestio illa est inutilis, utrum anima uniatur corpori, & ex anima & corpore fiat unum: [...]."

der Pomponazzi-Affäre hervorgegangenen Ergebnisse.[88] Pomponazzis naturphilosophisches Konzept wurde somit offenbar auch von denjenigen Theologen übernommen, „die gegen die Bulle ‚*Apostolici regiminis*' des Lateran-Konzils und seine These von der philosophischen Beweisbarkeit der Unsterblichkeit der Seele gestimmt hatten."[89]

Die Alexanderrezeption bestand im akademischen Betrieb der 1560er und 1570er Jahre im Wesentlichen darin, den aristotelischen Text *De anima* nach der Interpretation Alexanders auszulegen oder direkt die Seelenschriften des griechischen Aristotelesinterpreten zu kommentieren. So ist für die im weiteren Verfahren zu beschreibende Entwicklung der Beziehung zwischen alexandrinischer Seelenlehre und Anatomie entscheidend, dass sich die Berührungspunkte zwischen den beiden Disziplinen aus der Praxis der Auslegung und Kommentierung der aristotelischen Seelenschrift ergeben haben. Während wir uns mit der epistemischen Situation der Anatomie in der Zeit Vesals und der ihm folgenden Periode bis ins 17. Jahrhundert in späteren Kapiteln ausführlich beschäftigen wollen, steht im nächsten Abschnitt die Kommentarpraxis der 1560er und 1570er Jahre im Vordergrund.

In historischer Perspektive ist also nach Textvorkommnissen zu suchen, an denen Berührungspunkte zwischen der Seelenlehre und der Anatomie beobachtet werden können. Denn an solchen Textvorkommnissen konfigurieren sich Merkmale eines kulturellen Handelns, hinter dem sich eine soziale Realität verbirgt, deren Normen zur Produktion und Evaluation von Wissen es aufzuschlüsseln gilt. Solche Textvorkommnisse sind zum Beispiel *De anima*-Kommentare oder andere textuelle Zeugnisse der *De anima*-Rezeption, die nicht unbedingt in gedruckter Form vorzuliegen brauchen. Sie verweisen auf die soziale Praxis der Kommentierung von Texten des *Corpus aristotelicum* durch Professoren in den Philosophiekursen der Universitäten. Parallel dazu hatte sich bekanntlich in der Renaissance die Praxis der Menschensektion als sozial relevantes Phänomen im öffentlichen Leben von Universitätsstädten etabliert.[90]

---

88 Lohr: The Sixteenth-Century Transformation, S. 91 u. 98.
89 Kessler: Physik oder Metaphysik, S. 240. Vgl. zur Bulle *Apostolici Regiminis* unten Kap. 2, 3.
90 Vgl. hierzu Katherine Park: The Criminal and the Saintly Body. Autopsy and dissection in Renaissance Italy. In: Renaissance Quarterly 47 (1994), S. 1-33 (vgl. auch: The Renaissance. Italy and Abroad. Hg. von John Jeffries Martin. London, New York 2003, S. 224-252); Rafael Mandressi: Le regard de l'anatomiste. Dissections et invention du corps en Occident. Paris 2003; Andrea Carlino: La fabbrica del corpo. Libri e dissezione nel Rinascimento. Torino 1994; Juan José Barcia Goyanes: El mito de Vesalio. Valencia 1994; Jonathan Sawday: The Body Emblazoned. Dissection and the Human Body in Renaissance Culture, London 1995; Andrew Cunningham: The Anatomical Renaissance. The Resurrection of the Anatomical Project of the Ancients. Aldershot 1997; Roger French: Dissection and Vivisection in the European Renaissance. Aldershot u.a. 1999. Die unterschiedlichen historiographischen Ansätze der genannten Studien vergleicht jetzt José Pardo Tomás: L'anatomia rinascimentale:

Die praktizierte (und keineswegs tabuisierte) Sezierung von Kadavern aus religiösen oder didaktischen Gründen fand in Italien seit dem Ende des 13. Jahrhundert statt.[91] Im Unterschied zu früheren Jahrhunderten muss für das 16. Jahrhundert allerdings berücksichtigt werden, dass beide soziokulturellen Praktiken – die *De anima*-Kommentierung und die Menschensektion – nicht immer unabhängig voneinander ihr Dasein fristeten, sondern auch interagierten. Dieser Umstand wirkte sich auch konkret in der gelebten Realität der Akteure aus. Dass es soweit kommen konnte, hing sicherlich mit der gegenüber früheren Epochen verbesserten philologischen Textquellenlage und der damit einhergehenden Möglichkeit eines genaueren Textverständnisses zusammen. Gleichzeitig brauchte es aber auch Akteure, welche nicht bei der Lektüre und Interpretation des *De anima*-Textes stehenblieben, sondern das Interesse daran hatten, die dem Text entnommenen Inhalte in praktische Kontexte zu stellen, wo sie auch umgesetzt werden konnten. Somit lässt sich die Transformation der aristotelischen Seelenlehre – so meine These – im Wesentlichen auf das Interagieren der beiden genannten Praktiken zurückführen. Im Folgenden wird es also darum gehen, diese Interaktion anhand spezifischer historischer Quellen zu analysieren und in ihrer Dynamik zu beschreiben.

Der Prozess der Interaktion unterschiedlicher soziokultureller Praktiken des 16. Jahrhunderts war also nichts Abstraktes, sondern konkret an Akteure gebunden. Auf der einen Seite standen Professoren, welche die *philosophia naturalis* des Aristoteles kommentierten. Auf der anderen Seite standen Anatomieprofessoren, die in öffentlichen und privaten Anatomielektionen Kadaver öffneten. Da ich mich zunächst auf den ersten Fall konzentrieren will, ist dabei an einen Autor zu denken, dessen Kommentare zum *Corpus Aristotelicum* bislang wenig erforscht wurden. Es handelt sich um Federico Pendasio (ca. 1625-1603) aus Mantua.[92] Seine Vernachlässigung geschieht zu Unrecht, weil seine Kommentare den kulturellen Wandel des Renaissancearistotelismus in der zweiten Hälfte des 16. Jahrhunderts besonders gut dokumentieren. Pendasio war von 1565-1571 Professor für *philosophia ordinaria in secundo loco* an der Universität Padua und von 1571-1603 Professor für Philosophie an der Universität Bologna. Über die Beziehungen zwischen aristotelischer Seelenlehre und Anatomie um 1570 geben besonders seine *De anima*-Kommentare Aufschluss, die

---

un soggetto storiografico rinnovato. In: Il teatro del corpo. Le *Pitture colorate d'anatomia* di Girolamo Fabrici d'Acquapendente. Hg. von Maurizio Rippa Bonati und José Pardo Tomás. Milano 2004, S. 31-44.

91 Vgl. hierzu Park: The Criminal and the Saintly Body, S. 224-252.

92 Charles H. Lohr: Latin Aristotle Commentaries. Bd. 2 (Renaissance Authors). Firenze 1988, S. 305-311 (zu Pendasio); vgl. auch Robert B. Todd: Themistius. In: Catalogus Translationum et Commentariorum: Medieval and Renaissance Latin Translations and Commentaries, Bd. 8, S. 85a-86a.

in ungedruckter Form vorliegen. Da sein Paduaner Seelenkommentar dennoch breite Wirkung erlangte, ist er geeignet, um die Relevanz dieses Texttypus' für die Formation der Anthropologie um 1600 aufzuzeigen.

Pendasios historische Stellung ist auch deshalb von besonderem Interesse, weil er als Universitätsprofessor mit Problemen konfrontiert war, die sich aus der Transformation des Aristotelismus im 16. Jahrhundert ergeben hatten und daher in der Zeit bis um 1600 eine gewisse Typizität aufwiesen. So konnte Pendasio in den 1560er und 1570er Jahren Alexanders Seelenlehre kommentieren und zwar auch dort, wo diese offensichtlich mit dem kirchlichen Dogma kontrastierte. Die Option, die ihm offenstand, bestand darin, die Autorität der katholischen Kirche anzuerkennen und dennoch fortzufahren, philosophische Lehren zu vermitteln – und zwar in dem von der Kirche festgelegten Rahmen.[93] Die parallel vorgenommene Exegese sowohl der heidnischen als auch der christlich-theologischen Quellen, die nicht etwa harmonisiert, sondern nebeneinader gestellt und in ihrer Differenz wahrgenommen werden, räumt Pendasio eine bemerkenswerte Position ein. Diese ermöglichte ihm denn auch die Öffnung gegenüber den empirischen Ansätzen in der Naturforschung: „that is to say, a science open to all kinds of new discoveries about the world and gradually gaining its own empirical methodology."[94] Dies geschah vornehmlich in den anatomischen Studien, wie sie die Anatomen in Pendasios Umfeld praktizierten. Die Verbindung der Seelenlehre zur Anatomie ergab sich also auch mittels einer in der Zeit eingespielten und von Pendasio befolgten Methode des Kommentierens antiker Texte, also nicht zuletzt auch aus textexegetischen Gründen.

---

93 Auf der Basis von Lohrs Transformationsthese wird diese Option allgemein erläutert von Eckhard Kessler: The Transformation of Aristotelianism during the Renaissance. In: New Perspectives on Renaissance Thought. Essays in the history of science, education and philosophy in memory of Charles B. Schmitt. Hg. von John Henry und Sarah Hutton. London 1990, S. 137-147, hier S. 141.
94 Ebd., S. 142.

2. Zwischen Textexegese und Rechristianisierung: Die *De anima*-Kommentare von Federico Pendasio

Das Problem der Kommentierung aristotelischer Texte in der Renaissance soll zunächst strukturell, d.h. von der Seite des Bildungssystems her, erfasst werden. Der akademische Aristotelismus an den Universitäten und der scholastische Aristotelismus an den Ordensschulen waren die beiden vorherrschenden (und zugleich konkurrierenden) Strukturen im Bildungssystem des 16. und 17. Jahrhunderts in Italien. Ugo Baldini hat besonders auf den normativen und programmatischen Aspekt des philosophischen Unterrichts, z.B. des *cursus artium*, hingewiesen, dessen Struktur

> in gewissem Masse als ein metatheoretisches Bezugsystem funktionierte, da es nicht nur Gegenstände und Methoden des Unterrichts bestimmte, sondern auch Kriterien lieferte, um das ‚Wissenschaftliche' vom ‚Nichtwissenschaftlichen' abzugrenzen, und die gesellschaftlichen Erwartungen definierte gegenüber denen, die philosophische Argumente lehrten oder über sie schrieben. [...] Opposition und Verschlossenheit [gegenüber der ‚neuen Wissenschaft' und dem ‚neuen Denken'] stellten die Trägheit eines institutionellen Systems dar [...].[95]

Dennoch vermochten spezifische intellektuelle Traditionen wie die des griechischen und arabischen Aristotelismus auf diese normative Ordnung verändernd einzuwirken, indem sie spezifische lehrmethodische und programmatische Aspekte ausbildeten. Dies betraf besonders die Beziehung zwischen philosophischer und theologischer Wahrheit, „eine Beziehung, die von der anderswo überwiegenden scholastischen Tradition abwich."[96] So brachte der alexandrinische Aristotelismus in Padua „die These von der ‚doppelten' (nämlich philosophischen und theologischen) Wahrheit" hervor.[97] Doch was hiess dies konkret?

Für die Paduaner Professoren wirkte sich diese These zunächst einmal auf die Praxis der Kommentierung der antiken Philosophen und ihrer Interpreten aus. So legte zum Beispiel das Dekret der Bulle *Apostolici regiminis* vom fünften Laterankonzil (1513) fest, was nach der christlichen Offenbarung z.B. über die menschliche Seele zu glauben war, nachdem der akademische Aristotelismus von dieser Lehre auch abwich.[98] Dies betraf

---

95 Ugo Baldini: Die Philosophie an den Universitäten. In: Die Philosophie des 17. Jahrhunderts. Hg. von Jean-Pierre Schobinger. Bd. 1. Zweiter Halbband (Allgemeine Themen, Iberische Halbinsel, Italien). Kap. 2: Die Schulphilosophie. Basel 1998, S. 621-668, hier S. 623.
96 Baldini: Die Philosophie an den Universitäten, S. 624.
97 Ebd.
98 Vgl. Johannes Dominicus Mansi: Sacrorum Conciliorum Nova et Amplissima Collectio, Paris 1901 (Neudruck Graz 1961), S. 842f., hier S. 842: „[...] hoc sacro approbante concilio damnamus & reprobamus omnes asserentes animam intellectivam mortalem esse, aut unicam in cunctis hominibus; & haec in dubium vertentes: cum illa non solum vere per se & essentialiter humani corporis forma existat, [...], verum & immortalis, & pro corporum quibus infunditur, multitudine singulariter multiplicabilis, & multiplicata, & multiplicanda sit."

vor allem zentrale Fragen über die Natur des Menschen und die Struktur des Kosmos. Die Mehrheit der Philosophen interpretierten die Natur nach den Grundkategorien der aristotelischen Lehre ziemlich genau, wie sie sie in den Texten des Aristoteles vorfanden; jedoch gab es auch Nichtübereinstimmungen zwischen gewissen biblischen Aussagen oder christlichen Lehrsätzen und gewissen physikalisch-kosmologischen Aussagen des Aristoteles, was dann die Schriftsteller der Orden dazu bewegte zu behaupten, dass Aristoteles fehlbar gewesen sei und dass seine Aussagen überprüft werden müssten.[99]

Um die *duplex-veritas*-These im Zusammenhang mit den hier aufgeworfenen Fragen der Aristotelesrezeption und -interpretation zu präzisieren, ist es in hermeneutischer Perspektive hilfreich, auf die bereits mittelalterlichen Autoren bekannte Unterscheidung zwischen *intentio (auctoris)* und *veritas* hinzuweisen, die „der Legitimation der Beschäftigung mit christlich nicht unbedenklichen philosophischen Auffassungen [...] geschuldet und aus der zeitgenössischen Problematik der Rechtfertigung von Wissensansprüchen [...] motiviert zu sein [scheint]."[100] Grundsätzlich muss davon ausgegangen werden, dass sich auch die Paduaner Philosophieprofessoren des 16. Jahrhunderts an diese Unterscheidung hielten. Studiert man deren Kommentare, so stösst man immer wieder auf Formulierungen, bei denen man den Eindruck gewinnt, dass es ihnen um die Ansicht des Autors geht, also um die Wiedergabe dessen, was Aristoteles (oder Alexander) in ihren Sätzen sagen wollten, nicht aber um die Wahrheit der in diesen Sätzen niedergelegten Wissensansprüche. Wie oben bereits erwähnt, konnten aus der Sicht des scholastischen Aristotelismus nur die Prinzipien der christlichen Philosophie eigentlich wahr sein, während für die Prinzipien des Aristoteles, da sie induktiv gewonnen waren, nur ein inferiorer Wahrheitsanspruch geltend gemacht wurde.[101] Die akademischen

---

Quod manifeste constat ex evangelio, cum dominus ait: *Animam autem occidere non possunt. Et alibi: Qui odit animam suam in hoc mundo, in vitam aeternam custodit eam.* Et cum aeterna praemia, & aeterna supplicia pro merito vitae judicandis repromittit: alias incarnatio, & alia Christi mysteria nobis minime profuissent, nec resurrectio expectanda foret, ac sancti & justi miserabiliores essent, juxta apostolum, cunctis hominibus."

99 Baldini: Die Philosophie an den Universitäten, S. 644. Die Thesen des Aristoteles waren seit ihrer Verurteilung durch den Pariser Bischof Stephan Tempier im Jahre 1277 bis zu der Bulle *Apostolici regimini* von Papst Leo X im Wesentlichen dieselben geblieben; vgl. A. Maier: Das Prinzip der doppelten Wahrheit, S. 8: „Die aristotelischen Thesen, deren Abweichung von den christlichen Dogmen auf diesem Gebiet Schwierigkeiten bereiteten, beziehen sich vor allem auf die Ewigkeit der Materie und der Bewegung, auf die Nicht-Geschaffenheit der Welt, die alleinige ‚natürliche' Notwendigkeit, mit der alles geschieht, die Vergänglichkeit und Materialität der menschlichen Seele [...], die Ewigkeit der Spezies und der *generationes* usw."
100 Lutz Danneberg: Die Anatomie des Text-Körpers. Das Lesen im *liber naturalis* und *supernaturalis*. In: Säkularisierung in den Wissenschaften seit der Frühen Neuzeit. Hg. von dems. et al. Bd. 3. Berlin/New York 2003, hier S. 157-160, Zitat S. 158.
101 Vgl. oben Kap. 2, 1.1.

Lehrer hatten also einerseits den Anspruch, Aristoteles so auszulegen, *wie sie ihn selbst verstanden*. Dabei kann man sich andererseits kaum vorstellen, dass sie die Ansichten des Stagiriten, die sie nach der natürlichen Vernunft auslegten, nicht auch auch *für richtig hielten*. Der Konflikt ergab sich somit zwischen der Richtigkeit bzw. Wahrheit der Interpretation des Aristoteles und der Wahrheit der Glaubenssätze der christlichen Religion. Deshalb war die Lektüre der Texte des Aristoteles an Universitäten mit Auflagen verbunden, welche die Bulle *Apostolici regimini* vorgab.

Wie sah denn also die Praxis der Interpretation beim Philosophieprofessor Pendasio, dessen Dozentur in die Zeit nach dem Tridentinischen Konzil (1545-1563) fiel, konkret aus? Bestand sie in der Kombination der *lectio* des aristotelischen Textes und dessen *correctio* bzw. *emendatio* an den Stellen, wo dieser nicht mit der christlichen Doktrin übereinstimmte? Dies war zumindest, was ihm die Bulle *Apostolici regiminis* vorschrieb.[102] Gehörte es also gewissermassen zur Normalpraxis der Textinterpretation, dass ein Philosophiedozent über *De anima* las und Aristoteles' Argumente für die Sterblichkeit der Seele anführte, gleichzeitig aber seine Zuhörerschaft darauf hinwies, dass sich Aristoteles oder Alexander in ihren *opiniones* geirrt hätten, und seine Gegenargumente nach philosophischen Prinzipien begründete? Genau dies geht zum Beispiel aus den von Antonino Poppi wiederaufgefundenen Dokumenten über die um 1600 stattgefundenen Ermittlungen gegen den Paduaner Philosophieprofessor Cesare Cremonini (1550-1631) hervor, wo unter anderem zu lesen ist, dass Federico Pendasio – Cremoninis Lehrer – dafür bekannt war, sich in seinen Vorlesungen an der Universität Padua an diese textexegetische Praxis gehalten zu haben.[103] Von den Theologen und Richter des *Sanctum Officium*, dem höchsten Tribunal der römischen Inquisition, wurde Pendasio immer wieder als Modelldozent angeführt,[104] als um die Jahrhundertwende der Philosophieunterricht in

---

102 Mansi: Sacrorum Conciliorum Nova et Amplissima Collectio, S. 842: „Insuper omnibus & singulis philosophis in universitatibus studiorum generalium, & alibi publice legentibus, districte praecipiendo mandamus, ut cum philosophorum principia aut conclusiones, in quibus a recta fide deviare noscuntur, auditoribus suis legerint, seu explanaverint, quale hoc est de animae mortalitate aut unitate, & mundi aeternitate, ac alia hujusmodi, teneantur eisdem veritatem religionis Christianae omni conatu manifestam facere, & persuadendo pro posse docere, ac omni studio hujusmodi philosophorum argumenta, cum omnia solubilia existant, pro viribus excludere atque resolvere."
103 Antonino Poppi: Cremonini, Galilei e gli inquisitori del Santo a Padova. Padova 1993, S. 101: „[...] e che altri huomini di valore ch'hanno esposto Aristotele pure in cotesta Università, e tenuto che l'anima secondo lui fosse mortale, provavano nondimeno insieme Aristotele essersi ingannato intorno a ciò etiam in lumine naturali, et eggregiamente confutavano le sue opinioni in principijs Philosophiae, et tra li altri il Pendasio a nostri tempi, huomo di molta doctrina e pietà" (zitiert aus Dokument XXXII: Adnotatio ad Librum Domini Caesaris Cremonini de Quinta Coeli Substantia). Vgl. auch ders.: Cremonini e Galilei inquisiti a Padova nel 1604. Nuovi documenti d'Archivio. Padova 1992.
104 Poppi: Cremonini, Galilei e gli inquisitori del Santo a Padova, S. 62f. Anm. 5.

Padua zunehmend der Kritik des Jesuitenordens ausgesetzt war.[105]

Was die Inquisitoren bei Cremonini also vermuten konnten, war, dass er die aristotelische Philosophie nicht nur interpretierte, sondern auch *für wahr hielt* und womöglich gegenüber der christlichen Lehre auch höher schätzte. So wäre nämlich plausibel zu erklären, weshalb Cremonini, der seine Aristotelesinterpretation rechtfertigte, gegenüber der Inquisition den Wahrheitsanspruch der aristotelischen Philosophie ganz im Sinne des christlichen Aristotelismus einschränkte: „Aristoteles sei sehr weit entfernt von der Wahrheit gewesen, er habe nur einen *modus veritatis diminuitus, & fallax* gehabt, wie es unvermeidbar sei für jemanden, der seine Erkenntnis allein aus der sinnlich wahrnehmbaren Welt schöpfe."[106] Daraus folgerte Cremonini dennoch nicht, dass Aristoteles zu korrigieren war, „da er den Stagiriten so verstehe, wie er ihn ausgelegt habe, dafür bezahlt werde, ihn so zu erklären, wie er ihn verstehe, und daher sein Gehalt zurückzahlen müßte, wenn er ihn anders interpretierte."[107] Was Cremonini also mit Sicherheit nicht tun wollte, war, Aristoteles *anders zu interpretierten*, d.h. ihn im Sinne des scholastischen Aristotelismus *christlich* auszulegen.

Mir scheint, dass es in dieser Angelegenheit nicht darum gehen kann, zu wissen, ob Cremonini in seiner Verteidigung gegenüber der Inquisition die Argumente eines christlichen Aristotelikers nur vorgetäuscht hat oder nicht. Was wir hingegen wissen, ist, dass in der Zeit die Texte des Stagiriten in zweifacher Hinsicht interpretiert wurden: 1. *secundum naturales*, welche die *intentio auctoris* ermitteln, 2. *secundum theologos*, welche die Philosophie des Aristoteles korrigieren und nach den ›wahren‹ christlichen Prinzipien reinterpretieren. Bedeutsam an dieser Auseinandersetzung ist jedoch, dass die Öffnung gegenüber empirischer Forschungsrichtungen, wie sie die Praxis der Körpersektion darstellte, in den 1570er Jahren gerade von Pendasio ausgegangen war, der sich an die kirchlich bestimmten Auslegungsbedingungen des aristotelischen Textes hielt. Aristoteles an den glaubenswidrigen Stellen zu korrigieren bzw. sich an diesen Stellen von ihm abzulösen, war also für einen Philosophieprofessor nicht unbedingt gleichbedeutend damit, die Prinzipien seiner Naturphilosophie für das Studium der Eigenschaften der Körper in der sublunaren Welt gänzlich aufzugeben. Im Gegenteil: Die These von der Materialität des Intellekts nach Alexander – und damit meint dieser lediglich den *intellectus possibilis* – behandelt Pendasio in seinem Seelenkommentar aus naturphilosophischer Sicht sehr ausführlich.

---

105 Antonino Poppi: La difficile integrazione dell'Aristotelismo Padovano nella teologia tridentina: Iacopo Zabarella e Antonio Possevino. In: Aristotelica et Lulliana, S. 245-258.

106 Heinrich C. Kuhn: Venetischer Aristotelismus im Ende der aristotelischen Welt. Aspekte der Welt und des Denkens des Cesare Cremonini (1550-1631). Frankfurt/M. et al. 1996, S. 128f., Zitat S. 129. Kuhn gibt hier eine Stelle aus dem Vorwort von Cremoninis Schrift *Apologia de quinta coeli substantia* (1616) wieder.

107 Zitiert nach Kuhn: Venetischer Aristotelismus, S. 130.

Die ältere Forschung hat Pendasios doppelte Weise des Argumentierens mit Werturteilen behaftet. Francesco Fiorentino, der sich bereits in der Mitte des 19. Jahrhunderts aus rationalistisch-positivistischer Sicht mit Pendasios Vorlesungsmanuskripten zur Seelenlehre beschäftigte, warf ihm zum Beispiel vor, mit seinem Traktat über die Unsterblichkeit von seiner eigenen ›Sterblichkeitslogik‹ und der ›heroischen‹ Haltung Pomponazzis abgewichen zu sein.[108] Es macht dennoch wenig Sinn, über die Überzeugungen und Intentionen des Paduaner Professors zu spekulieren und diese psychologisierend zu deuten (Furcht vor Gott, vor der Inquisition etc.). Es geht vielmehr darum, festzuhalten, dass die akademische Textkommentierungspraxis des späten 16. Jahrhunderts durch *Normen* der Auslegung und Beurteilung antiker Wissensansprüche geregelt war und dass ein Philosophiedozent diese Normen befolgen konnte oder auch nicht. Ausserdem ist eine solche Kommentierungspraxis auch in ihren konkreten Vollzugssituationen zu verfolgen, wenn es die Quellenlage erlaubt. Wie ich zeigen werde, konnte nämlich die exegetische Arbeit vermeintlich konservativer Akteure wie Pendasio in realen Situationen eines Kurses über *De anima* auch ausserhalb des Textes in der Realität der anatomischen Praxis fortgeführt werden und sich damit vollkommen offen gestalten.

2.1. Der *cursus artium* des Jahres 1566

Aber womit beschäftigte sich das Studium der Naturphilosophie? Und inwiefern behandelte der *De anima*-Kommentar auch Psyche und Körper des Menschen? Durch die Integration eines medizinischen Kurses in den *cursus artium* während des 13. und 14. Jahrhunderts konnte ein Student in Padua auch mit dem Titel eines *doctor artium et medicinae* abschliessen und zum Beruf

---

[108] Fiorentino: Pietro Pomponazzi, S. 362-383, hier S. 364 u. 378: „La critica del Pomponazzi ovvero la prova della immortalità dell'anima è scritta a parte, e si trova di altro carattere, in fine del manoscritto. Io la riserverò per ultimo, perché mi pare piuttosto lavoro fatto per compiacere all'Inquisizione, e per obbedire al celebre decreto del Concilio Lateranense, che per manifestare una sua propria convinzione. Del che certo non lo lodo, ed anzi lo riprendo assai, avendo avuto nello stesso suo compatriota Pomponazzi un esempio di ferma resistenza, che gli sarebbe stato a gloria imitare. [...] Dalla esposizione che il Pendasio fa della forma e dei due intelletti, non si sbaglierebbe dicendo ch'egli inclini a negare la separabilità dell'anima nostra dall'organismo corporeo, e tale sarebbe difatti la conclusione che se ne dovrebbe cavare a filo di logica. Intanto il Pendasio, quando meno te lo aspetti, non solo rivoca in dubbio che questa sia stata la vera opinione di Aristotele, ma soggiunge che secondo la ragione l'anima intellettiva è separabile, eterna, incorruttibile. Per quanto strana ed inaspettata possa parere cotesta scappata del Pendasio, certo è però ch'ei spende un'apposita dissertazione a difesa dell'immortalità, fosse per la sua timorata coscienza, che ve lo inducesse o paura di men benigno giudice, certo è che a tutta lena si sforza di ricostruire l'immortalità già sfasciata e rovinosa per gli assalti mossi da lui medesimo a nome dell'Afrodisio."

des Arztes ausgebildet werden; dies hatte Folgen für die Organisation des *cursus*, in den Naturphilosophie (als physikalisch-physiologische Grundlage des Medizinstudiums) und Mathematik aufgenommen wurden.¹⁰⁹ So bestand der Philosophieunterricht aus der Lektüre und Interpretation naturphilosophischer Texte aus dem *Corpus Aristotelicum*. Im *cursus artium*, der an ›weltlichen‹ Universitäten grundsätzlich gleich aufgebaut war, wurden im ersten Jahr die *Physica* und *De generatione et corruptione*, im zweiten *De coelo* und *Meteorologica*, im dritten Jahr wurde *De anima* im Kontext der sinnesphysiologischen Schriften des Aristoteles, den *Parva naturalia*, gelesen. Dabei war die textliche Ordnung nicht zufällig, sondern entsprach der begrifflichen Ordnung, wie sie bereits Aristoteles verlangte: sie sollte bestehen

> in dem stufenweisen Übergang vom Studium der Eigenschaften aller Körper (Physica) zu dem der ewigen Substanzen (De coelo), der gemischten Körper im allgemeinen (De generatione et corruptione), der unbeseelten gemischten Körper (Meteorologica) und der beseelten Körper (De anima) bis hin zu den besonderen Klassen von Lebewesen (die untersucht wurden in den zoologischen Werken des Aristoteles, deren Studium aber nicht konstant war).¹¹⁰

In der zweiten Hälfte des 16. Jahrhunderts – so die These von David A. Lines – zeigte die naturphilosophische Lehre an italienischen Universitäten ausserdem eine Tendenz zur Professionalisierung an: Professoren schränkten ihre Lehre auf naturphilosophische Bereiche ein und dozierten nicht auch noch Medizin, so dass die Entkoppelung der traditionellen Naturphilosophie-Medizin-Verbindung zum Teil die wachsende Anzahl der (naturphilosophischen) Kommentare zu Aristoteles im 16. und frühen 17. Jahrhundert zu erklären vermag.¹¹¹ Nancy Siraisi hat ausgehend von diesem Befund nochmals auf die Bedeutung der Kommentare als Textgenre sowie „as a source for currents of thought and contemporary debates in the sixteenth- and early seventeenth-century academic milieu"¹¹² hingewiesen. Beispielhaft ist in dieser Phase die Debatte um die alexandrinische Intellekttheorie im Kontext der Praxis der *De anima*-Kommentierung, in der Federico Pendasio in relevantem Masse verwickelt war. So legt Siraisi gerade auch die inhaltliche Erforschung der natur-

---

109 Baldini: Die Philosophie an den Universitäten, S. 627.
110 Ebd., S. 631-633.
111 David A. Lines: Natural Philosophy in Renaissance Italy: The University of Bologna and the Beginning of Specialisation. In: Early Science and Medicine, 6, 4 (2001), S. 267-323, bes. S. 276: „[...] over twice as many (i.e., eighteen vs. eight) comment on Aristotle's natural philosophy in the sixteenth century as do in the fifteenth. Among them are some of the most distinguished names in Italian sixteenth-century philosophy, such as Pomponazzi and Federico Pendasio."
112 Nancy Siraisi: Introduction. In: Early Science and Medicine, 6, 4 (2001), S. 259-266, hier S. 262. Dieser Spezialband von *Early Science and Medicine* versammelt eine Reihe von Aufsätzen zum Thema: ›Science and Universities of Early Modern Europe: Teaching, Specialisation, Professionalisation‹.

philosophischen Vorlesungen im *curriculum* von Bologna nahe,[113] wo Pendasio ebenfalls wirkte. Die Erforschung dieses Textgenres in der Renaissance steht noch in den Anfängen, auch wenn Studien zu einzelnen Autoren bzw. Kommentaren des *Corpus Aristotelicum* bereits vorhanden sind.[114]

Aber wie sah das Lehrangebot im universitären Milieu der Stadt Padua konkret aus? Die Aufstellungen in den *rotuli artistarum*, den Lehrplänen der Artistenfakultät der Universität, die heute im Paduaner *Archivio Storico* aufbewahrt sind, geben Auskunft darüber, wer in bestimmten Jahren die lehrenden Professoren waren, welche Lehrstühle sie innehatten, um welchen Grad der Professur es sich dabei handelte und z.T. welche Gehälter sie bezogen.[115] Ich wähle stichprobenweise das Jahr 1566 aus, als Pendasio bereits im zweiten Jahr dort dozierte und seinen Lehrstuhl paritätisch mit seinem Konkurrenten, Francesco Piccolomini, dessen Averroismus er bekämpfte,[116] teilte. Daneben lehrten der Galeniker Girolamo Capodivacca praktische Medizin, Fabricius ab Aquapendente, der spätere Lehrer William Harveys, Chirurgie und Anatomie und Iacopo Zabarella Logik:

1566
Fil.ª natural. al 2º Lº In... [parità] con il Piccolomini... Dr. D.º **Fiderigo Pendasio** dep.º alla Lett.ª ord.ª di teorica ~~di Med. di Med.ª al ... loco~~ Fior. ... nº500
G. **Capodivacca** dep.º alla Lett.ra ord.ª di pratica di Med.na al 2º loco
F. **d'Aquapendente** (Chirurgia, Anatomia)
J. **Zabarella** (Logica[1]

---

113 Siraisi: Introduction, S. 262: „Lines's thesis suggests that we also need more studies of the content of lectures on the standard cycle of Aristotle's natural books in the Bologna curriculum, [...]."

114 Vgl. z.B. Stefano Perfetti: Aristotle's Zoology and its Renaissance Commentators (1521-1601). Leuven 2000; vgl. auch Cesare Cremonini. Aspetti del pensiero e scritti. Hg. von Ezio Riondato und Antonino Poppi. 2 Bde. Padova 2000, Bd. 2: Fondi, Manoscritti e Opere a stampa.

115 Die Spezialisierung der naturphilosophischen Lehre wirkte sich auch auf ihre Finanzierung bzw. auf die Gehälter der Professoren aus; vgl. Lines: Natural Philosophy in Renaissance Italy, S. 273-275, hier S. 274: „[...] during most of the sixteenth century, teachers of natural philosophy fetch the highest top salaries in Bologna's faculty of Arts and Medicine; this is a reversal of the fifteenth-century trend, in which the top salaries went to teachers either of medicine or of the humanities."

116 Nardi: Saggi sull'Aristotelismo Padovano, S. 413f.

Von Pendasio existieren ferner auch Vorlesungsmanuskripte aus der Paduaner Lehrzeit (1565-71). In seinem Paduaner Nachlass liegt ein fast tausendseitiges Konvolut über die *De anima*-Vorlesungen, der die folgenden drei Texte enthält:[117]

Lectiones excellentissimi Philosophi Federici Pendasii in Libros de Anima [pag. 1-224]

Federici Pendasii Mantuanii Philosophi, in Gymnasio Patavino primo loco Philosophiam profitentis in Librum tertium de Anima lectiones dictatae 1577 quas ego Aloysius Quirinus excepi [pag. 225-860]

Federici Pendasii in Gymnasio Patavino atque Bononiensi primi Professoris de Animae immortalitate [pag. 861-997].

Beim ersten Teil des in der *Biblioteca Universitaria* zu Padua aufbewahrten Manuskript 1264 handelt es sich um dreissig *Lectiones* über das erste und zweite Buch von Aristoteles' *De anima*. Der zweite Manuskriptteil umfasst 75 *Lectiones* über das dritte Buch von *De anima*, die von Pendasio ca. 1566-67 gehalten und später wohl von einem Handschriftensammler namens Aloysius Quirinus abgeschrieben wurden.[118] Das dritte Manuskript beinhaltet schliesslich eine Abhandlung über die Unsterblichkeit der menschlichen Seele. Formal entsprechen Pendasios Kommentare hinsichtlich der verwendeten Analysetechnik und argumentativen Exposition den Gepflogenheiten der scholastischen Praxis, die an den Universitäten des 16. Jahrhunderts noch galt.[119] Auch der sprachliche Duktus entspricht mehr dem eines mündlichen Vortrags als dem einer schriftlich ausformulierten Abhandlung. Im weiteren Verfahren wollen wir uns auf Aspekte des zweiten Vorlesungszyklus über *De anima III* sowie des Unsterblichkeitstraktats konzentrieren.

Die Auslegung des Sinns antiker Texte und die Rechristianisierung bestimmter ihrer Inhalte auf der Begriffsbasis des scholastischen

---

117 Biblioteca Universitaria di Padova, Ms 1264 (Index).
118 Dieses Manuskript ist auf das Jahr 1577 datiert. Bruno Nardi zufolge muss es sich aber bei der Jahreszahl entweder um einen Schreibfehler handeln (anstatt 1567) oder um das Jahr, in dem es Aloysius Quirinus, der zahlreiche Handschriften Pendasios besass, abschrieb; vgl. Nardi: Saggi sull'Aristotelismo Padovano, S. 415. Auch das Wort *excepi* im Titel der Handschrift deutet darauf hin, dass es sich um eine Mit- oder Abschrift handelt.
119 Zu den formalen Eigenschaften des Kommentars wie etwa die *lectio*, die *lemmata* oder die *quaestiones* vgl. Perfetti: Aristotle's Zoology and its Renaissance Commentators, S. 4f.

Aristotelismus liegen bei Pendasio eng beieinander.[120] Dennoch trennt er grundsätzlich den textegetischen vom rechristianisierenden Teil seiner *Lectiones de anima* und verteilt diese beiden Aspekte des Kommentars auf zwei bzw. drei verschiedene Texte. In der separaten Behandlung des Themas der Unsterblichkeit der menschlichen Seele widerspiegelt sich gewissermassen der Emanzipationsprozess der Metaphysik bzw. ›christlichen Philosophie‹ von den Prinzipien der aristotelischen Naturphilosophie, wie dies Lohrs Transformationsthese beschreibt. Die vorgenommene Rechristianisierung ist also im Rahmen dieser These zu verstehen. In den Lektionen über Naturphilosophie wurden hingegen Texte über die Seele von Aristoteles, Alexander und Averroès kommentiert. Wie sich diese doppelte Kommentierung bei Pendasio genau gestaltet, lässt sich anhand seiner argumentativen Exposition der aristotelischen Seelenlehre verfolgen, deren komplexe Kommentartradition er kannte. Im Kommentar zum dritten Buch von *De anima* setzt er sich mit Alexanders Theorie des materiellen Intellekts auseinander.

2.2. *Intellectus materialis*: Von der Seelenlehre zur Anatomie

Pendasio strukturiert seinen Kommentar über Alexanders Begriff des *intellectus materialis* auf der Grundlage des *De anima III*-Kommentars von Averroès (Ibn Rushd, 1126-1198). Der arabische Aristoteleskommentator setzt sich im Abschnitt III, comm. 5 [*De an.* III, 4, 429a21-24] seines *Commentarium Magnum De anima* mit der Position Alexanders auseinander. Dies gibt Anlass zu einigen grundsätzlichen Bemerkungen. In der *De anima*-Kommentierung des 16. Jahrhunderts sind prinzipiell zwei Ebenen voneinander zu unterscheiden bzw. nicht miteinander zu verwechseln: auf der einen Ebene liegt das, was der Dozent seinen Studenten inhaltlich vermittelte, auf der andern das, was seine persönliche Meinung über einen bestimmten Lehrinhalt war bzw. was er mit diesem möglicherweise beabsichtigte. Über Letzteres lässt sich wenig sagen und letztlich sollte es auch nicht Gegenstand wissenschaftlicher Erörterung sein. Entscheidend ist, dass es in der Zeit Regeln über die Auslegung der aristotelischen Seelenlehre gab. Was sich also anhand der Kommentartexte objektiv ermitteln lässt, ist, ob ein Kommentator sich an

---

120 Zu Beginn von *De Animae immortalitate* macht Pendasio gleich explizit, worum es bei der ersten *quaestio* geht: vgl. Ms. 1264, f. 861: „Quod in laudem Dei omnipotentis vertat aggredior quaesitum de anima humanae immortalitate, et operibus propositis primi aggredior, nempe, ut ex natura rei considerem: an in nobis aliquid reperiatur, quod eterna sit. Ante omnia vera, ne continuat in processu aequivocatio, oportet humanae animae nomen [distinguere?], nec non nomen immortalitatis." In eckigen Klammern sind Wörter aus dem Ms. wiedergegeben, deren Lesart unsicher ist.

diese Auslegungsregeln hielt oder nicht. Wie wir jetzt wissen, ist Pendasios Kommentierungspraxis historisch dokumentiert worden.[121]

Das ausdrückliche Verbot der Bulle *Apostolici regiminis* (1513), die Sterblichkeit der Individualseele (nach Alexander) sowie die Einheit der intellektiven Seele für alle Menschen und ihre Separatheit vom Körper (nach Averroès) zu lehren,[122] hinderte Pendasio also nicht, die unterschiedliche Auffassung des *intellectus materialis* bei diesen beiden Autoren zu erörtern. Dass er ausserdem Averroès Darstellung der *opinio Alexandri* heranzieht, zeigt ferner, dass die Kommentatoren des 16. Jahrhunderts Averroès' bedeutender *De anima*-Kommentar nach wie vor berücksichtigten, trotz der zahlreichen gedruckten Ausgaben von Alexanders *De anima*-Traktat. Auf der anderen Seite verfügten die Renaissancekommentatoren durch die humanistischen Editionen der Texte der griechischen Aristoteleskommentatoren über ganzheitliche, philologisch überarbeitete lateinische Textausgaben, die wiederum zur Kontrolle der Alexander-Exzerpte im Kommentar von Averroès dienen konnten.

Averroès arabischer *De anima*-Kommentar wurde im 13. Jahrhundert von Michael Scotus, dem Astrologen von Friedrich II, ins Lateinische übersetzt und war auch in der Renaissance in dieser Übersetzung bekannt. Diese wurde 1953 von F. Stuart Crawford erstmals modern ediert.[123] Daneben gab es um die Mitte des 16. Jahrhunderts eine Reihe von neuen lateinischen Übersetzungen arabischer Autoren, die sich unter anderem durch die Präsenz jüdischer Gelehrter in Italien erklärt. Von ihnen, die auch über hebräische Übersetzungen von arabischen Werken zur Philosophie und Wissenschaften verfügten, ging dann auch die Kritik an den mittelalterlichen lateinischen Übersetzungen der Aristoteleskommentare von Averroès aus. Dabei richtete sich die Kritik hauptsächlich gegen die Methode der literalen Übersetzung (aus dem Arabischen). So erschien 1550-52 bei den Gebrüdern Giunta in Venedig eine emendierte Aristoteles-Averroès-Edition als deren Hauptverantwortlicher der jüdische Gelehrte Jacob Mantino zeichnete.[124]

Ferner hat Alain de Libera in seiner modernen Edition von Averroès Kommentar von *De anima III* gezeigt, welches komplexe Textnetz aus der arabischen Übersetzungstradition des griechischen Aristoteles dem arabi-

---

121 Vgl. hierzu oben Kap. 2.1.
122 Ebd.
123 Averrois Cordubensis Commentarium Magnum in Aristotelis De anima Libros. Hg. von F. Stuart Crawford. Cambridge (Mass.) 1953 (Corpus Commentariorum Averrois in Aristotelem. Versionum Latinarum, VI, 1).
124 Charles Burnett: The Second Revelation of Arabic Philosophy and Science: 1492-1562. In: Islam and the Italian Renaissance. Hg. von Charles Burnett und Anna Contadini: London 1999, S. 185-198: „The texts in these editions [sc. die Giunta-Editionen von 1550-52 u. 1562, SDeA] included both medieval translations, corrected and purified, and new versions, marked with an asterisk in the table of contents (presumably as an advertisement feature)" (S. 196).

schen Original, das Michael Scotus schliesslich übersetzte und heute verlorengegangen ist, zugrundelag.[125] Pendasio war sich dieser problematischen Situation der Textüberlieferung durchaus bewusst. Gerade in Bezug auf Averroès' Alexanderrezeption gibt er in seinem eigenen Kommentar immer wieder zu verstehen, dass seine Epoche in der Lage war, zu beurteilen, ob die von Averroès referierten *loca Alexandri* Alexander selbst zugeschrieben werden konnten und von diesem auch so verstanden wurden. In der Tat waren die Stellen über Alexander im Averroèskommentar – auch von Scotus' arabo-lateinischer Übersetzung her gesehen – zum Teil nicht ganz unproblematisch, da der von Averroès diskutierte Alexander sich nicht in allem mit dem deckt, den die heutigen Alexanderforscher diskutieren.[126] Heute liegt Alexanders *De anima*-Traktat auch in einer sorgfältig edierten italienischen Übersetzung vor.[127]

Zwischen dem *De anima*-Text des Aristoteles und dem *Commentarium Magnum De Anima* des Averroès liegen aber noch mehr Texte: Averroès' *De anima*-Interpretation basiert nämlich selbst weitgehend auf der Interpretation des griechischen Aristoteleskommentators Themistios, der (neoplatonisch beeinflusst) seinerseits Alexander kritisch liest. Alain de Libera fasst das Textgewebe, das den Averroès-Kommentar konstituiert, wie folgt zusammen:

> Le texte du G[rand] C[ommentaire] est donc tissé de multiples fils (y compris empruntés à Alexandre) sur une trame héritée de Thémistius. [...] Moins que toute autre l'œuvre d'Averroès n'est compréhensible *directement*: il est donc essentiel de la rapatrier dans la longue durée de l'aristotelisme, des commentaires grecs au péripatetisme arabe. Averroès ne commente pas Aristote à partir de rien. Il le lit *contre* Alexandre, *à l'aide* de Thémistius, en ignorant superbement Avicenne.[128]

Daraus ist zu schliessen, dass die *De anima*-Intepretation des arabischen Aristoteleskommentators eigentlich wenig ›Arabisches‹ an sich hat und dass dies womöglich auch der Grund ist, weshalb Pendasio in seinen *De anima*-Vorlesungen an der Paduaner Universität aus ihr referierte. Denn Averroès war vom selben Kulturhorizont beeinflusst, auf den sich auch Pendasio bezog. Die philosophischen Basistexte der griechischen Kultur waren offenbar für unterschiedliche Kulturen und Epochen übersetzbar. Damit kamen in der Renaissance auch diese unterschiedlichen, zeitlich und räumlich auseinanderliegenden Kulturen plötzlich auf einer Ebene zu liegen. Wie

---

125 Averroès: L'intelligence et la pensée. Gran Commentaire du *De Anima* Livre III (429a 10-435 b 25). Traduction, introduction et notes par Alain de Libera. Paris ²1998, introduction S. 8-45, hier S. 12: „[...] l'«Aristote» qu'il [sc. Averroès] lit et explique est pour le moins aussi accidenté, mutilé, déformé et gauchi par les traducteurs et le copistes arabes du *De anima* que le G[rand] C[ommentaire] transmis par Michel Scot et la tradition manuscrite de l'Averroes Latinus."
126 Averroès: L'intelligence et la pensée, introduction, S. 28.
127 Alessandro di Afrodisia: L'anima. Hg. von Paolo Accattino und Pierluigi Donini. Roma/Bari 1996.
128 Averroès: L'intelligence et la pensée, introduction, S. 34f.

Charles Burnett hingewiesen hat, wurden bis mindestens zu den Giuntina-Editionen von Aristoteles-Averroès (1562) – also ungefähr bis in die Zeit als Pendasio seine Lehre in Padua aufnahm – die arabischen Autoritäten als relevanter Anteil eines universalen Lehrkorpus wahrgenommen.[129] Der Angriff der humanistischen Medizin auf arabische Autoritäten, der um 1530 einen Höhepunkt erreichte,[130] war also um 1570 in Padua nicht gleichermassen auf die Seelenlehre übertragen worden. Wie noch zu zeigen sein wird, nahm Pendasio Averroès differenziert wahr und setzte sich argumentativ und nicht polemisch mit ihm auseinander.

Ferner erweist sich die Interpretation des Begriffs des *intellectus materialis* auch im Blick auf die Transformation von Wissensansprüchen in der zweiten Hälfte des 16. Jahrhunderts als fundamental. Diese Interpretation bildet gewissermassen den Knackpunkt für die Transformation der aristotelischen Seelenlehre in dieser Periode. Denn von Aristoteles' Seelenlehre gehen, wie Alain de Libera im Blick auf Averroès hingewiesen hat, zwei Tendenzen aus, die um 1600 zur Ausdifferenzierung von Wissensdisziplinen führen sollten: die Naturphilosophie und die ›Wissenschaften des Lebens‹ auf der einen Seite und die Lehren vom Intellekt auf der andern:

> Avec le G[rand] C[ommentaire], la théorie de l'âme, la «psychologie», acquiert son statut de science autonome par un double mouvement, dont la tension interne se retrouve aujourd'hui au cœur de maintes discussions: (1) en s'enracinant à fond dans la biologie et la philosophie naturelle, conformément à la vision aristotélicienne de la science de l'âme comme science du vivant animé; (2) en s'émancipant partiellement de la biologie et de la philosophie naturelle, conformément à une autre tendance foncière de l'aristotélisme, celle qui, s'agissant de l'âme humaine, fait place, aux limites de la psychologie et de l'éthique, à l'existence en l'homme d'un «élément divin, qui est au plus haut degré l'homme même» – ce qu'Aristote appelle «la partie la plus noble qui soit en l'homme», le νοῦς, c'est-à-dire l'intellect. C'est de cette tension entre une définition biologique de l'âme comme «acte premier d'un corps naturel organisé» et une théorie de la pensée ou de l'intellection qui semble devoir nécessairement échapper à la sphère du corps et de la matérialité, donc à celle des sciences naturelles, qu'hérite Averroès.[131]

So ist anhand von Pendasios alessandrinisch interpretierter Lehre des *intellectus materialis* besonders der Prozess der Entwicklung der Seelenlehre zur ›Wissenschaft (kleinster) organisierter Körper‹ zu verfolgen. Im Fall des

---

129 Burnett: The Second Revelation of Arabic Philosophy and Science, S. 196f.: „But by the time that the Giuntine volumes were being produced, the situation was beginning to change: the Greek and the Arabic elements were gradually being separated from each other. On the one hand, many humanists wished to study Greek philosophy and science without recourse to Arabic authors and succeded in doing so. On the other hand, the Arabic language and Islamic culture began to be studied, for the first time, in their own right."
130 Dag Nikolaus Hasse: Die humanistische Polemik gegen arabische Autoritäten. Grundsätzliches zum Forschungsstand. In: Neulateinisches Jahrbuch, 3 (2001), S. 65-79.
131 Averroès: L'intelligence et la pensée, introduction, S. 39.

menschlichen Körpers wird die Theorie des *intellectus materialis* dann in die Anatomie des menschlichen Gehirns übergehen.

Die wichtigen Passagen zum *intellectus materialis* präsentiert Pendasio in der *Lectio XXVIII*.[132] Seine Analyse geht von den beiden Optionen in der Interpretation des *intellectus materialis* bzw. *intellectus in potentia* aus, von der bereits Averroès ausgeht: die Ewigkeit des *intellectus materialis* oder *mens possibilis* nach Averroès und die Sterblichkeit des *intellectus possibilis* oder *forma materialis* nach Alexander. Averroès hat die Natur des *intellectus materialis* gegen Alexander konzipiert. Für Averroès ist der *intellectus materialis* weder Form noch Materie noch die Kombination von beidem. Er ist eine Art einfacher Substanz, welche die folgenden beiden Merkmale aufweist: sie ist eine reine Potenz und von der Materie abgetrennt.[133] Für Alexander ist der *intellectus materialis* hingegen eine materielle Form. Dies führt bei Pendasio zu der Frage, was die *forma materialis* sei und ob sie, wie die übrigen Kräfte und Teile der Seele, aus sich selbst (*per se*) hervorgehe.[134]

Dabei lenkt Pendasio das Augenmerk seiner Studenten auf die Auslegung der Alexander zugeschriebenen These von der Entstehung des Intellekts aus der Mischung der Elemente, im speziellen auf die mögliche Auslegung des Sinns (*sensus*) des Syntagmas *per se* aus dem Text des Averroès', der von der Selbstproduktion des Intellekts aus der unterschiedlichen Mischung der Elemente der Materie spricht.[135] Für Pendasio kann dies in doppelter Hinsicht ausgelegt werden: Erstens: Zur Produktion des Intellekts sind einzig die *actio*

---

132 Pendasio, Ms. 1264, f. 435: „Nunc devenio ad id, quod Averroes tribuit Alexandro. Et hic incipit tertia pars in meam divisionem in qua recensatur opiniones aliorum quorum [propter] dubitationes iam commemoratas inciderint in varias sententias: et [primum] recitat opinionem Alexandri et initium huiusque 3ae partis eorum, quae inquit *Alexander autem sustentatur super hunc sermonem*, et c. Redigo totam opinionem Alexandri cuius mentio habetur ad tria capita. Primum eorum, in quae explicat [resolutionem] Alexandri sententiam Alexandri, quantum ad dubitationes dictas. 2m [Secundum] caput eorum, in quo declarat istam sententiam Alexandri. 3m [Tertium] caput eorum, in quo citat loca Alexandri ut ex dictis ipsiusmet Alexandri cognoscamus vera esse ex qua [sententia] ipsi adscripta." Vgl. auch Averroès: In Aristotelis De Anima Librum Tertium, S. 393ff.
133 Averroès: In Aristotelis De Anima Librum Tertium, S. 386: „Est [intellectus materialis] igitur aliud ens a forma et materia et congregatio ex eis." Hierzu ist der erhellende Kommentar von Alain de Libera zu der Stelle III comm. 4 [*De an*. III, 4, 429a18-20] in seiner Edition heranzuziehen: vgl. Averroès: L'intelligence et la pensée, S. 187f.
134 Pendasio, Ms. 1264, f. 435: „[Resolutio] Alexandri cum videret, inquit Averroes, dictiones ex utraque parte. Partim pro aeternitate possibilis mentis, partim pro corruptibilitate ipse duae hanc partem, quae dicit intellectum possibilem et corruptibilem et formam materialem, ut [sicut] aliae formae materiales, esse magis conveniente sermonibus philosophis; et quod sit forma materialis, et corruptibilis et dicet, ut reliquae vires et partes animae per se."
135 Averroès: In Aristotelis De Anima Librum Tertium, S. 393f.: „Alexander autem sustentatur super hunc sermonem postremum, et dicit quod magis convenit Naturalibus, scilicet sermonem concludentem quod intellectus materialis est virtus generata, ita quod existimamus de eo quod opinatur et in aliis virtutibus anime, esse preparationes factas in corpore per se a mixtione et completione."

und die *reactio* der Elemente hinreichend, ohne das Wirken einer aktiven Kraft.[136] Zweitens: Die Verbindung zwischen der Elementenmischung und dem Vermögen, das daraus hervorgeht, ist von essentieller Natur.[137]

Anhand der Darlegung des zweiten Textsinns ist ferner zu verfolgen, wie Pendasios doppelte Kommentierungsstrategie funktioniert: Er korrigiert die *opinio Alexandri* zum Intellekt nach den Analyseprinzipien der scholastischen Philosophie: Alexander habe in seiner *opinio* geirrt, weil er die „naturam et essentiam [istae] animae [virtutis]" nicht gekannt habe (*ignoravit*).[138] Allerdings enthält diese Aussage eine wichtige *autoritätstheoretische* Implikation, die von modernen Interpreten übersehen wird. Die *opinio* des griechischen Kommentators wird hier nicht gänzlich desavouiert, im Gegenteil: Die Falschheit seiner *opinio* wird gewissermassen rechtfertigt bzw. erklärt: Alexander konnte (im 2. Jahrhundert nach Christus) die wahren Prinzipien der christlichen Philosophie nicht kennen. Dies führt den Renaissancekommentator zurück zur Exegese des antiken Textes.

Ausserdem sei Alexanders Theorie der Intellektgenese nicht unvernünftig (*inopinabile*), da der Intellekt von der Substanz der Elemente letztlich, aufgrund des höchsten Grades der Elementenmischung, weit entfernt sei, wie schon Averroès referiert.[139] Dies eröffnete Pendasio die Möglichkeit, in seinem eigenen Kommentar seiner Zuhörerschaft ein Kernstück von Alexanders Seelenlehre *in extenso* zu präsentieren: die Theorie der Form ›einfacher‹ und ›komplexer‹ Körper, die Alexander in den Anfangspassagen seines *De anima*-Traktats dargelegt hat.[140]

---

136 Pendasio, Ms. 1264, f. 435: „Notate hanc dictionem [per se]* ortum [habent] ex varia mistione elementorum, ita intellectus per se ortum [habet] ex varia mistione elementorum. Notate illam dictionem [per se]* nam potest habere duplicem sensum. Alter est ut dicatur per se ortum habere ex mistura elementorum; quasi sola actio et reactio elementorum secluso vi agente, sic sufficiens ad producentem istam virtutem quae dicitur intellectus sola actio et reactio elementos per exclusionem aliorum agentium. Hic est unus sensus: [...]." Die hier mit * gekennzeichneten eckigen Klammern [...]* befinden sich im Ms. selbst.

137 Ebd., f. 436: „Est alius sensus ut dicamus, quod per se consequitur mixturam elementorum, quia [essentialiter], ut sit nexus essentialis inter misturam elementorum, et istam virtutem, quae consequitur talem misturam."

138 Ebd.: „Iste sensus [fuit] Alexandri putavit Alexander hanc virtutem, quod dicitur intellectus consequi essentialiter misturam elementorum, ut ex reliquae virtutes elementorum, et in hoc erravit, quia ignoravit naturam, et essentiam [istae] animae [virtutis], ut intelligentis [principio] dicit hanc consequi misturam elementorum. Declarat Averroes hanc opinionem Alexandri."

139 Ebd.: „[Declarabat] Alexander [opinio] intellectus videatur valde remotus a natura elementorum; non est tamen impossibile, quin consequatur naturam elementorum." Vgl. auch Averroes: In Aristotelis De Anima Librum Tertium, S. 394: „Et dicit hoc non esse inopinabile, scilicet ut ex mixtione elementorum fiat tale esse nobile mirabile, licet sit remotum a substantia elementorum propter maximam mixtionem."

140 Vgl. zu dieser Theorie die exzellente Studie von Paolo Accattino: Generazione dell'anima in Alessandro di Afrodisia, De anima 2.10-11.13? In: Phronesis, XL/2 (1995), S. 182-201 sowie der Kommentar von Accattino zu dieser Stelle des *De anima*-Traktats in seiner Edition: Ales-

Die Aristotelismusforschung hat der Rezeption von Alexanders Theorie der Form ›einfacher‹ und ›komplexer‹ Körper bislang wenig Aufmerksamkeit geschenkt, obwohl sie massgeblich zum Verständnis der komplexen Rezeptionsgeschichte der aristotelischen Seelenlehre bis um 1600 beiträgt. Pendasio stellt in seinem Kommentar die Theorie der Form einfacher Körper etwas ausführlicher dar als Averroès. Diese bildet den Grundbaustein einer Seelentheorie, mit der Alexander aufbauend auf den Grundlagen der aristotelischen Naturphilosophie die Prinzipien der Konstitution, Aktivität und Organisation natürlicher und belebter Körper systematisch darlegt. Damit wendet sich Alexander gegen die Position der Platoniker: Es sei äusserst schwierig, so Alexander, die Vermögen und Operationen der Seele mit dem in Einklang zu bringen, was über sie gesagt werde: dass sie nämlich göttlicher und exzellenter seien als diejenigen des Körpers.[141] Ziel von Alexanders Theorie der Formen ist es also, zu zeigen, dass die Seele die Vermögen und Kräfte (δυναμεις) des Körpers nicht übersteigt.

Pendasio betrachtet besonders die Bildung zweier elementarer einfacher Körper – Feuer und Erde –, die Alexander in seinem *De anima*-Traktat als Grundbeispiele anführt.[142] Da Pendasio die Bestandteile aus Alexanders Theorie der einfachen Form konzentriert wiedergibt, gilt es nun diese einzeln aufzulösen und explizit darzulegen. Feuer und Erde gehen aus den primären Qualitäten ›warm‹ bzw. ›kalt‹ sowie der Materie hervor, die den Qualitäten als Substrat (*subiectum*) zugrundeliegt. Gemeinsam konstituieren sie einen einfachen Körper, der aus Materie und Form besteht, denn primäre Qualitäten ›warm‹, ›kalt‹, ›feucht‹ und ›trocken‹ werden von Alexander als Formen (*species*) bezeichnet. Die einfache Form des Feuers ist allerdings die ‚Leichtigkeit' (*levitas*), die vom Qualitätenpaar bzw. den *species* ›warm‹ und ›trocken‹ hervorgebracht wird.[143] Entsprechend ist die einfache Form der Erde die ›Schwere‹ (*gravitas*), die aus den *species* ›kalt‹ und ›trocken‹

---

sandro di Afrodisia : L'anima, S. 103-122.
141 Vgl. Alexandri Aphrodisei Enarratio De Anima ex Aristotelis institutione, Interprete Hieronymo Donato, Patritio Veneto. Venedig 1538 (Quae sit animae substantia), S. 8: „Nihil enim magis in causa est, ut cum de anima disseritur, ambiguis difficultatibus involvamur: quae, quod difficillimum est, illius potestates functionesque iis, quae de ipsa dicuntur, consentanea & concordi ratione coniungere, quasi omni corporea virtute diviniora & maiora esse existimentur."
142 Pendasio, Ms. 1264, f. 436: „Et declarabat hoc natura parva compositio, quae reperitur in elementis causae materia diversitate in formis, et operationibus formarum. Videmus potentiam in elementis, in quibus sit compositio qualitatum calidi, et frigidi, & nascitur tanta diversitas, et una sit ignis, et petat caelum: altera terra et petat contrarium [...]."
143 Alexander: De anima (1538), S. 11: „Verumenim vero in igne, quod & naturale & simplex corpus est, calorem & siccitatem speciem facimus, & ab iis, atque in iis genitam levitatem. In iisdem vero materia subiectum est, quae iuxta propria natura nihil eorum est, sed haec ipsa pariter & ea, quae iis controversa sunt suscipere nata est: qua natura intercedente, simplicium inter se vicissitudines corporum fiunt."

hervorgeht.[144] Gleichzeitig ist die ›Leichtigkeit‹ auch Bewegungsprinzips des Feuers, das die einfache Bewegung ›nach oben‹ erhält, ohne dass seine Form selbst bewegt ist.[145] Entsprechend erhält die Erde von ihrer Form, dem ›Gewicht‹ die einfache Bewegung ›nach unten‹. Die ›Leichtigkeit‹ (bzw. die ›Schwere‹) ist eine Kraft (*vis*) und ein Vermögen (*potentia*), die dem Körper eigen sind, der sie besitzt und von dem sie nicht trennbar sind.[146] Die einfache Form ist also die selbst unbewegte Bewegungsursache des Körpers.[147]

Ein weiterer Teil von Pendasios Kommentar bezieht sich auf die Theorie der Form ›zusammengesetzter‹ Körper. Ein zusammengesetzter Körper unterscheidet sich vom einfachen unter anderem dadurch, dass ihm nicht mehr ein einfaches Materiesubstrat unterliegt, sondern ein natürlicher Körper, der wiederum aus Materie und Form (*species*) besteht.[148] Die Form zusammengesetzter Körper ist dementsprechend differenzierter und vollkommener (τελειότερον).[149] Pendasio spricht von der *Emergenz* wirkungsmächtigerer Formen, die auch ihre Antagonisten haben, so dass sobald Metalle entstehen ferromagnetische Kräfte sichtbar werden.[150] Es ist nach Alexander ferner vernünftig anzunehmen, dass die Vielfalt komplexer Formen durch zweierlei zustande kommt: einerseits durch die Vielheit einfacher Formen, andererseits durch die unterschiedliche Mischung einfacher Körper, aus denen die zusammengesetzten entstehen.[151] Um die Verschiedenheit von Körpern und ihren Formen zu erklären, weitet Alexander in einem weiteren Argument die Prinzipien, die auf der Ebene der einfachen Körper festgehalten wurden, auf die Ebene der zusammengesetzten Körper aus:

---

144 Ebd., z.B. S. 22: „[...] gravitas in terra, quae ex materia & ipsa gravitate constituitur."
145 Ebd., S. 11f.: „Ex iis [sc. einfachen Körpern] sane neutrum corpus esse dixeris, sed id quod ex iis constitutum est corpus & ignem a natura & a substantia (quae secundum speciem est) principium motionis in superiora tendentis levitatem possidere fateberis. Quae plane levitas cum species & natura ignis sit, ipsa haud quaquam movetur."
146 Ebd., S. 12: „Est enim levitas vis & potentia quae propriam corporis, à quo possidetur. Nulla autem potestas à possidente subiecto separabilis est."
147 Ebd.: „Neque igitur per se mobilis erit, sed in eodem corpore, in quo sit, causa est motionis, quae ab eodem corpore proficiscitur: ob idque aab eadem potestate moveri corpus dicitur, acsi virtutem atque naturam habeat, per quam et secundum quam corpus moveatur."
148 Ebd., S. 9:" Verum in naturalibus corporibus differentia comperta est. Sunt enim eorum alia simplicia, alia composita. Compositorum sane corporum materia, & quae iis subiicitur, naturale etiamnum corpus est, par pacto ex materia constitutum ac specie."
149 Ebd., S. 14f.: „In quibus autem non simplex subiectum continenter est, sed iam corpus aliquod sive compositum, in iisdem species ornatu distinctiore perfectior est: & eorum pariter natura similem modum habet."
150 Pendasio, Ms. 1264, f. 436f.: „[...] quo magis et temperantur eo magis [habebunt] vim, et emergent formae eo potentiores, opponentes habentes, ut cum efficiuntur mineralia videmus magnetem trahere ferrum: [...]."
151 Ebd.: „Enimvero multitudo specierum, earumque diversa commixtio, in subiectis corporibus aequabilem & rationi consentaneam mutationis causam afferre posse censetur."

Wenn nämlich das Substrat ein Einziges ist und nicht zur Vielfalt der Körper beiträgt, die aus ihm hervorgehen (ein solches Substrat ist die Materie), so verursachen die Qualitäten ›trocken‹ und ›feucht‹, ›warm‹ und ›kalt‹, indem sie jeweils paarweise in die Materie einwirken, eine so grosse Verschiedenheit in den aus dieser gebildeten [einfachen] Körpern, dass einer von ihnen Feuer, ein anderer Luft, ein anderer Erde und ein anderer Wasser wird und ebenfalls einer ›schwer‹ ist, ein anderer ›leicht‹ und die anderen in geringerem Masse beide dieser Qualitäten besitzen; wie könnte es nicht vernünftig sein, dass die Körper, die sich aus der Vermischung und Kombination all dieser Elemente bilden, sich nach den Formen und Kräften, die sie bewegen, unterscheiden?[152]

Dieses Argument liegt (wie schon bei Averroès) auch Pendasios Kommentar zugrunde, wo die Emergenz und Höherentwicklung von Operationen und Kräften zusammengesetzter Körper von den Mineralien und Metallen bis hin zu den organischen Körpern wie den Pflanzen erklärt wird, deren *vis* bzw. *potentia* zum Beispiel in Nahrungsaufnahme und Wachstum bestehe.[153] Aus einer höher entwickelten körperlichen Zusammensetzung resultierten daher auch höhere Operationen, so dass komplexere tierische Organismen über vielfältige Fähigkeiten verfügten und auch lernfähig seien, wie dies bei vielen wilden Tieren zu beobachten sei.[154] Pendasio zieht nun in seiner Argumentation ›aus dem Ganzen der Natur‹ den Schluss, den Alexander an dieser Stelle seines *De anima*-Traktats selber so nicht zieht, jedoch im Blick auf die Organisation des menschlichen Körpers logisch folgt: nämlich dass die Emergenz des intellektiven Vermögens den dargestellten natürlichen Prinzipien folge. Dies sei nach Alexander nicht absurd. Es sei seine Rede und Averroès zitiere diejenigen Stellen, von denen man wisse, dass Alexander sie so aufgefasst habe.[155]

---

152 Alexander: De anima (1538), S. 15f.: „Nanque si ubi unum duntaxat subiectum est, quod iis, quae ex se facta sunt, nullam differentiam confert, (talem autem subiectum est matieria) siccitas & humidas, caliditas & frigiditas, ubi duae simul qualitates coeunt in iis, quae ex ipsa materia gignuntur, tantam differentiae causam prae se ferunt, ut ex una eademque materia, aliud ignis, aliud aer, aliud terra, aliud aqua gignantur: itemque aliud grave, aliud leve, alia vero sint, quae secundaria ratione horum unumquodque contineant: cur non rationi consentaneum esse poterit, ut per species, motricesque virtutes, quamplurimum inter se differant ea corpora, quae ex horum omnium commixtione & temperamento proveniunt? (meine Übersetzung). Vgl. auch Averroès: In Aristotelis De Anima Librum Tertium, S. 394: „Et dat testimonium super hoc [sc. intellectus materialis est virtus generata] esse possibile ex hoc quod apparet quod compositio que primo cecidit in elementis, scilicet compositio quatuor qualitatum simplicium, cum hoc quod est parva illa compositio, est causa maxime diversitatis, in tantum quod unum est ignis et aliud est aer."
153 Pendasio, Ms. 1264, f. 437: „[...] et videmus multa alia, multa in mineris, et in ipsis mineralibus, pro diversitate temperiei videbimus varias operationes fiat melior compositio, emergent operationes diviniores ut in plantis: Plantae sibi cibum appropinquabunt et augebunt." Hier schliessen die Kommentatoren an das an, was Aristoteles über die vegetative und nutritive Seele sagt.
154 Ebd.: „Fiat melior compositio emergent meliores operationes, ut in animalibus et er[unt] tantae virtutis, ut redd[erunt] animalia capacia disciplinae, ut experimur in multis feris."
155 Ebd.: „1) Ita primo non est absurdum, quin hac eadem temperies 2) reddatur ad tantam

Logisch folgt aus Alexanders naturalistischer Form-Körper-Lehre, dass ein Wissen über die menschliche Seele von der Erkenntnis ihres Körpers auszugehen hat. Dieses Argument steht nun im zentralen Abschnitt der *Lectio XXVIII* im Mittelpunkt. Dort stellt Pendasio die bereits erwähnte Kernthese Alexanders, wonach die Seele die Vermögen und Kräfte des Körpers nicht übersteige, am Beispiel des *intellectus materialis* dar. Da auch Averroès in seinem Kommentar auf die Alexander-Stelle eingeht, lohnt es sich, die beiden Kommentare miteinander zu vergleichen. Zu diesem Zweck sollen zunächst die beiden Kommentarstellen von Averroès (Spalte links) und Pendasio (Spalte rechts) mit der von beiden Autoren angesprochenen Stelle in Alexanders Traktat (mittlere Spalte) synoptisch dargestellt werden:

---

excellentiam, ut emergat suae virtus, quae dicitur intellectus animae potentia, ut appareat [omnia obiecta]. Hic est discursus Alexandri. Et citat Averroes loca Alexandri, ut sciamus Alexandrum hoc sensisse." Vgl. auch Averroès: In Aristotelis De Anima Librum Tertium, S. 394: „Et cum ita sit, non est remotum ut per multitudinem compositionis que est in homine et in animalibus fiant illic virtutes diverse in tantum a substantiis elementorum."

Averrois Cordubensis Commentarium Magnum In Aristotelis De anima librum tertium, S. 394:	Alexandri Aphrodisei Enarratio de anima ex Aristotelis institutione, Interprete Hieronymo Donato, S. 3:	Federici Pendasii Mantuani In Librum tertium de Anima lectiones, f. 437:
Et hoc aperte et universaliter propalavit in initio libri sui de Anima, et precepit ut considerans primo de anima debeat prescire mirabilia compositionis corporis hominis. Et dixit etiam in tractatu quem fecit de Intellectu secundum opinionem Aristotelis quod intellectus materialis est virtus facta a complexione. Et hec sunt verba eius: *Cum igitur ex hoc corpore, quando fuerit mixtum aliqua mixtione, generabitur aliquid ex universo mixti ita quod sit aptum ut sit instrumentum istius intellectus istud instrumentum est etiam corpus, tunc dicetur esse intellectus in potentia; et est virtus facta a mixtione que cecidit in corporibus, preparata ad recipiendum intellectum qui est in actu.*	Quare si ea quae commode & apte de animae substantia proferuntur, contradictionibus implicare non volumus, primo loco ipse possidentis animam corporis apparatus contemplandus est, & internarum invicem, externarumque partium cum ipso venustatis & pulchritudinis concentu, lex & dispositio conquirenda.	Circa Alexander [diceretur] in principio sui libri de anima, hoc habetis cap. 2° primi de anima, cuius [capitis] [ridiculus] est iste, q[uod] [virtus] incorporea [est] facere, et pati. **Ibi habetis hunc discursum Alexandri et revera est Alexandri. et ideo praecipiet Alexander** (et hoc habetis in principio libri) ut nos versemur circa fabricam corporis humani, circa Anathomen, et debetis vos hoc facere cum praesertim habeatis viros doctissimos circa huiusmodi facultatem, nam ex hoc poteritis ascendere ad naturam huius partis. [...].[2]

In beiden Kommentaren wird eine Stelle aus dem zweiten Kapitel des ersten Buches von Alexanders *De anima* angesprochen. Wie Pendasio referiert, wendet sich Alexander hier gegen die platonische Auffassung der Seele als einer *virtus incorporea* und äussert sich über die Substanz der Seele. Alexander formuliert dies wörtlich so: Wer angemessen und ohne Widersprüche über den Gegenstand der Seele befinden wolle, der müsse in erster Linie die Konstitution des Körpers betrachten sowie das Gesetz und die Disposition seiner inneren Organe und die Harmonie der äusseren Organe mit den inneren erforschen.[156]

---

156 Alexander: De anima (Quae sit animae substantia), S. 8 (s. den lateinischen Text in der mit-

Es handelt sich hierbei um einen kruxialen Passus, der im anatomischen Kontext der zweiten Hälfte des 16. Jahrhunderts nicht ohne Folgen geblieben ist. Für den grösseren Argumentationszusammenhang dieser Studie, der die Genese einer ›Wissenschaft vom Menschen‹ aus der Transformation der aristotelischen Seelenlehre heraus erklären will, ist er fundamental. Die beiden Interpreten, Averroès und Pendasio, reagieren unterschiedlich auf diesen Passus. Da deren Kommentare in ihren Verweisen auf andere Texte (und Kontexte), eine komplexe Struktur aufweisen, gilt es diese möglichst genau zu beschreiben. Es ist zunächst interessant zu verfolgen, wie die beiden Interpreten ihren Kommentar jeweils fortsetzen.

Averroès geht nicht weiter auf die Stelle von *De anima* ein, sondern kommentiert Alexanders These von der Entstehung des materiellen Intellekts aus der Komplexion des Körpers mit einer weiteren Stelle aus dessen Schrift *De intellectu* (s. den kursivierten Text in der linken Spalte). Der arabische Autor verbleibt also auf der Ebene des Textkommentars. In *De intellectu* äussert sich Alexander unter anderem über die Intellekttypen bei Aristoteles. Dabei kritisiert Averroès Alexanders Auslegung des materiellen Intellekts.[157] Wiederholt betont Averroès in seinem Aristoteleskommentar, dass der *intellectus materialis* weder ein Körper noch ein im Körper existierendes Vermögen sei.[158] Mit Averroès Kritik an Alexander beschäftigt sich Pendasio in der 29. Lektion seines Kommentars ausführlich,[159] während er im letzten Teil der 28. Lektion die von Averroès zitierte Stelle aus *De intellectu* eingehend kommentiert.

Ganz anders sieht der Kommentar hingegen bei Pendasio aus. Der Paduaner Professor stellt eine Beziehung her zwischen aristotelischer Seelenlehre und Anatomie auf der Basis von Alexanders Theorie der Form zusammengesetzter Körper: Wenn die Seele die Kapazität des Körpers nicht übersteigt, so hängt auch der *intellectus materialis* als das Vermögen des Menschen, intellektive Formen – die *species intelligibilis* – aufzunehmen, von der Organisation seines Körpers ab. Pendasio liest also Alexander so, als befürworte dieser das Studium der Anatomie, um von dem Bau – der *fabrica* – des menschlichen Körpers zur Erkenntnis des materiellen Intellekts zu gelangen.

Pendasios Kommentar gibt also Aufschluss über eine Veränderung in der Methode der Gewinnung von Wissensansprüchen. In der konkreten Vollzugssituation weist hier nämlich die Praxis der Textexegese aus der

---

tleren Spalte oben). Vgl. auch Alessandro di Afrodisia: L'anima, I, 2, 18-22, S. 4.
157 Averroès: In Aristotelis De Anima Librum Tertium, S. 395-397; ders.: L'intelligence et la pensée, III, comm. 5 [*De an.* III, 4, 429a21-24], S. 64-67.
158 Averroès: L'intelligence et la pensée, III, comm. 5 [= *De an.* III, 4, 429a21-24], Kommentar S. 198.
159 Pendasio: Ms. 1264, ff. 439-449.

Ebene des Textes hinaus in die empirische Realität der anatomischen Praxis, wie sie in Padua vorhanden war. Der epistemische Wandel vollzieht sich also von der Realität *des Textes* zu der Realität *des Körpers*. Daher kann mit gutem Grund angenommen werden, dass die Studierenden, die bei Pendasio Vorlesungen über *De anima* hörten und dann auch die Anatomielektionen von Girolamo Fabrici da Acquapendente (1537-1619) besuchten über ein fundiertes theoretisches Wissen über die Seele verfügten. Fabrici hatte praktisch gemeinsam mit Pendasio in Padua Anatomie und Chirurgie zu lehren begonnen[160] und vor Fabrici hatten im *Studio Patavino* bedeutende Anatomieprofessoren wie Realdo Colombo (1516-1559) und Gabriele Falloppia (1523-1563) die Nachfolge Vesals angetreten.[161] Bedenkt man also die Kommentartradition der alexandrinischen Seelenlehre in Padua, so macht denn auch Fabricis Projekt der ›Wiederbelebung der Aristotelischen Anatomie‹, das Andrew Cunningham beschrieben hat, einen Sinn.[162]

Damit konnte die Diskussion über den *intellectus materialis* um 1570 grundsätzlich auf zwei unterschiedliche Weisen (weiter)geführt werden: einerseits *philosophisch* im Rahmen der Normalpraxis der *De anima*-Kommentierung, andererseits *anatomisch*, indem die Kommentierung von Alexanders *De anima* 1,2 in die Untersuchung von Organen des menschlichen Körpers mündete. So wiederspiegeln sich beide Optionen, die bis nach 1600 von Philosophen und Anatomen getroffen wurden, auch im Gang des weiteren Verfahrens. Bevor Pendasio auch noch als Förderer anatomischer Studien hervortritt, ist zunächst seine Auseinandersetzung mit dem materiellen Intellekt als *forma corporis* zu behandeln (2.2.). Anschliessend wird gezeigt, wie der Formbegriff als separate Substanz mit scholastischer Terminologie von Pendasio rechristianisiert wird (2.3.).

2.2. Die physiologischen Grundlagen der *vis intellectiva*: Pendasios Exegese von *De intellectu* 112, 11-18

Pendasios Kommentar zur aristotelischen Intellektlehre wurde durch Averroès' Lektüre von Alexanders *De intellectu* in die Wege geleitet. Damit ar-

---

160 1594 wurde unter Fabrici in Padua das erste anatomische Theater errichtet, das heute im Gebäude der Universität (Palazzo del Bò) noch zu besichtigen ist.
161 Zu diesen beiden letzteren Anatomen vgl. Ongaro: La medicina nello Studio di Padova e nel Veneto, bes. S. 99-112.
162 Cunningham: The Anatomical Renaissance, Kap. VI, der die Privilegierung des Aristoteles-Kommentars von Alexander in Padua betont, sich jedoch nicht weiter mit diesem befasst; vgl. auch ders.: Fabricius and the 'Aristotle project' in anatomical teaching and research at Padua. In: The medical renaissance of the sixteenth century. Hg. von A. Wear, R.K. French, I.M. Lonie. Cambridge 1985, S. 195-222. Auf Fabricius' ›aristotelisches‹ Anatomiekonzept werde ich unten im Abschnitt 3.4. ausführlicher eingehen.

beitete der Paduaner Philosophieprofessor einen weiteren Textstrang in seinen Kommentartext ein. Dabei lässt sich auf einer weiteren Reflexionsebene zeigen, aus welchem komplexen Textgewebe ein akademischer Seelenkommentar aus der zweiten Hälfte 16. Jahrhunderts zusammengesetzt war und wie ein Philosophiedozent mit der Kommentartradition, die er sich aneignete, umging. Averroès zitiert, wie gesagt, eine Passage aus Alexanders Schrift *De intellectu*, wo dieser unter den bei Aristoteles zu findenden Intellekttypen auch den *intellectus materialis* behandelt. Obwohl Pendasio Averroès' Alexander-Passage wörtlich wiedergibt, bemängelt er am Rande des Kommentartextes die schlechte Qualität der lateinischen Übersetzung: „mala translatio verborum Alexandri in commentarium Averrois".[163] Wie wir wissen, stammt diese von Michael Scotus, der wohl nur Averroès arabische Version des griechischen Textes von Alexander vor Augen gehabt haben muss. Die dem Averroès-Kommentar zugrunde liegende Serie von Textdeformationen lässt sich an diesem Übersetzungsbeispiel besonders verdeutlichen.

Pendasio fügt daher im eigenen Kommentartext eine andere lateinische Version der *De intellectu*-Stelle an, die sich näher am griechischen Text hält. Seit kurzem liegt dieser ebenfalls in einer modern edierten Ausgabe vor.[164] Ihrem Herausgeber zufolge lassen die Abweichungen von *De intellectu* vom *De anima*-Traktat den Schluss zu, dass *De intellectu* früher als *De anima* entstanden ist.[165] Ich stelle die Passage aus *De intellectu* (112, 11-18), um die es hier geht und die vom menschlichen Denkvermögen handelt, wiederum mit Hilfe einer Tabelle synoptisch dar:

---

163 Pendasio, Ms. 1264, f. 437.
164 Vgl. Alessandro Di Afrodisia: De Intellectu. Introduzione, testo greco rivisto, traduzione e commento di Paolo Accattino. Torino 2001. Robert W. Sharples' kommentierte englische Ausgabe von *De intellectu*, Alexanders sogenanntem ›Zweitem Buch über die Seele‹, das auch unter dem Namen *Mantissa* bekannt ist, befindet sich noch im Druck. Es handelt sich dabei um eine verkürzte Darstellung von Alexanders Seelendoktrin, in der seine hylomorphische Theorie zwar detaillierter, die Lehre von den individuellen Seelenvermögen jedoch summarischer wiedergegeben wird. Vgl. Alexander of Aphrodisias: On the Soul ›book 2‹. Hg. von Robert W. Sharples. London. Ich danke Professor Sharples (University College London) für die Aushändigung des im Jahr 2002 noch unveröffentlichten Typskripts der Druckfassung seiner Edition. Vgl. jetzt Alexander of Aphrodisias. Supplement to On the Soul. Translated by R.W. Sharples. London 2004.
165 Alessandro di Afrodisia: De intellectu, introduzione, S. 15.

ὅταν μὲν οὖν ἐκ τοῦ σώματος τοῦ κραθέντος πῦρ γένηται ἤ τι τοιοῦτον ἐκ τῆς μίξεως, ὡς καὶ ὄργανον δύνασθαι τῷ νῷ τούτῳ παρασχεῖν, ὅς ἐστιν ἐν τῷ μίγματι τούτῳ (διότι ἐστὶν ἐν παντὶ σώματι, σῶμα δὲ καὶ τοῦτο), τοῦτο τὸ ὄργανον δυνάμει νοῦς λέγεται ἐπιτήδειός τις δύναμις ἐπὶ τῇ τοιᾷδε κράσει τῶν σωμάτων γινομένη πρὸς τὸ δέξασθαι τὸν ἐνεργείᾳ νοῦν. ὅταν δὴ τούτου τοῦ ὀργάνου λάβηται, τότε καὶ ὡς δι' ὀργάνου καὶ ὡς περὶ ὕλην καὶ ὡς δι' ὕλης ἐνήργησεν, καὶ τότε λεγόμεθα νοεῖν ἡμεῖς.	Quando igitur ex corpore temperato ignis factus sit, aut quid tale ex mistione, et ut possit subministrare organum huic intellectui, qui est in hac mistura: est nam omni corpore, corpus etiam hoc, istud organum intellectus [quod] dicitur possibilis quaedam ad hoc ut suscipiat intellectum actu. [quem] igitur hoc organum susceperit, tunc est tamquam organum et tamquam circa materiam, et tamquam per materiam operatus est, et tunc dicemur nos intelligere.	Wenn also aus der körperlichen Zusammensetzung ein Feuer entstehen mag oder etwas Ähnliches aus der Mischung, derart, dass es auch ein Instrument jenes Intellekts sein kann, der in dieser Mischung existiert (da er in jedem Körper existiert und auch die Mischung ist ein Körper), dann wird dieses Instrument Intellekt in Potenz genannt. Dieser ist ein Vermögen, das aus jener körperlichen Zusammensetzung hervorgeht, es ist prädisponiert, um den Intellekt in Akt aufzunehmen. Sobald dieser sich dieses Instruments [des Intellekts in Potenz] bemächtigt hat, ist er aktiv wie mittels eines Instruments, wie auf einer Materie und durch die Materie, und dann sagen wir, dass wir denken.

Diese *De intellectu*-Passage gibt Anlass zu einigen Bemerkungen. Zunächst ist festzustellen, dass in Pendasios Kommentartext philologische Textkritik, d.h. die Restitution des ganzheitlichen griechischen Textes in lateinischer Übersetzung, der Textexegese, der Auslegung des Textsinns, vorausgeht. Inhaltlich sind in dieser Passage zwei unterschiedliche Intellektbegriffe – der *intellectus materialis* und der *intellectus agens* – angesprochen, um deren

Verhältnis es hier geht. Dem „sensus" der „versa Alexandri"[166] widmet sich Pendasio im Folgenden.

Entscheidend ist die Frage, wie Pendasio hier Alexanders *intellectus materialis* auslegt, auch vor dem Hintergrund dessen, was er im ersten Teil seiner *Lectio XXVIII* über dessen ›Theorie einfacher und zusammengesetzter Körper‹ ausgeführt hat. Pendasio verbindet nun nämlich die Interpretation des *intellectus materialis* mit dieser naturalistischen ›Körpertheorie‹. Dabei setzt er Alexanders Kerngedanken aus den Anfangskapiteln von *De anima* um: die vollständige Korrespondenz zwischen dem Komplexitätsgrad psychischer Vermögen und dem Grad der Komplexität des Körpers, aus dem erstere hervorgehen. Den Schwerpunkt legt Pendasio somit auf die physiologische Grundlage psychischer Prozesse, unter die er auch denkerische Vermögen subsumiert.

Das im menschlichen Körper entstehende ›Feuer‹ deutet Pendasio als die natürliche Wärme (*calor naturalis*), die Alexander wohl als die im Herzen produzierten *spiritus vitales* verstanden habe. In ihnen vermute dieser die *vis intellectiva*.[167] Dass Pendasio mit *vis intellectiva* ein bestimmtes Vermögen des Intellekts in Potenz meint, geht aus der Definition des materiellen Intellekts in Alexanders *De anima* hervor. Dort spricht dieser von einer ›aufnehmenden Kraft‹ (*vis suscipiendi*) des Intellekts in Potenz, weshalb dieser zweifellos der ›materielle Intellekt‹ sei, den ein vollständig ausgebildeter gesunder menschlicher Körper seit Geburt besitze. Denn das, was zum Aufnehmen disponiert sei, die Materie dessen sei, was aufgenommen wird.[168] Aufgenommen werden intellektive Formen und Gedanken, die der materielle Intellekt noch nicht denkt; also ist der *intellectus materialis* ein Vermögen, das durch die Eignung (ἐπιτήδειος) charakterisiert ist, intellektive Formen (*species intelligibilis*, εἴδεις) aufzunehmen.[169]

---

166 Pendasio, Ms. 1264, f. 438.
167 Ebd., f. 438: „Voluit dicere Alexander quod ex corpore temperato, per corpus temperatum gignavit corpus hominis, deductum ad debitam temperaturam et misturam. [quod] [igitur] ex isto corpore temperato factus sit ignis, aut quid calor per ignem credo intellexisse calorem naturalem; per quid talem, intellexit spiritus in quibus putavit residere istam vim intellectivam. Quod [igitur] ex iste corpore temperato sit factus ignis, sint facti isti spiritus in quibus residit hac vis."
168 Alexander: De anima (1538), (De intellectu potentiae sive materiali), S. 107: „Intellectus autem potentiae is est, quem tunc habemus cum generamur, & in lucem aedimur. Et is quoque pari pacto duplex, alter alterius suscipiendi vim habens. Hunc vero materialem & vocari & esse nemini dubium est. Omne enim quod aliquid suscipere natum est, eius quod suscipitur materia est. [...] Et naturalis sane materialisque intellectus in his animalibus, quae neque orbata, sunt, neque mutila, differentiam habet, qua alios solertiores & magis industrios, alios obtusiores rudioresque conspicimus. Quo intellectu, universum genus hominum participes esse concedimus."
169 Alessandro di Afrodisia: De Intellectu, S. 19f. u. Kommentar S. 39-41; vgl. auch Alexander of Aphrodisias: On Intellect (Mantissa §2), [A1], 106, 19-107, 20: „Intellect is according to Aristotle of three [types]. One is material intellect. I say 'material' not because it is something

Vom physiologischen Substrat des *calor naturalis*, der mit Sitz im Herzen primär wichtige Lebensfunktionen regelt, macht Pendasio also auch das intellektive Vermögen der *vis intellectiva* abhängig. Dabei folgt er bestimmt Alexander, der in *De anima* nicht zweifelt, dass ein Teil der rationalen Seele im Herzen liegt.[170] Mehr noch ist Pendasio aber von den *Parva naturalia* – den (sinnes)physiologischen Schriften des Aristoteles –, beeinflusst, die – wie bereits erwähnt – im naturphilosophischen Unterricht an italienischen Universitäten des 16. Jahrhunderts eine zentrale Stellung hatten.[171] Die Funktion des *calor naturalis* besteht zum Beispiel nach *de Juventute et Senectute, Vita et Morte* in der Verbrennung von Nahrung, die in Blut umgewandelt den ganzen Organismus versorgt. Organisches Leben wird dann auch mit der Erhaltung des *calor naturalis* gleichgesetzt, dessen Zerstörung den Tod bedeutet.[172] Die Funktionen des *intellectus materialis* werden von Pendasio somit in ein umfassendes medizinisch-biologisches Konzept von Organismus als komplexer zusammengesetzter lebendiger Körper integriert.

Anschliessend kommentiert Pendasio ansatzweise einen schwierigen Teil der alessandrinischen Intellektlehre: die Lehre des *intellectus agens*. Wie durch eingefügte Klammern im Kommentartext zu erkennen ist, wird Satzteil um Satzteil des *De intellectu*-Textes kommentiert. Pendasio betont vor allem das Instrument-Sein des *intellectus materialis*, sobald der *intellectus agens* den Denkakt vollzieht. Dabei lässt er einen Zwischenschritt aus,

---

that underlies like matter – for I say 'matter' of something which underlies and is able to become a 'this-something' through the presence of some form. [...] And so the intellect which is not yet thinking, but has the potentiality to come to be like this, is ‚material', and it is this sort of potentialiy of the soul that is the material intellect, not being in actuality any of the extant things, but having the potentiality for becoming all of them, if indeed it is possible for there to be thinking of all the extant things. [...] It [sc. the intellect] is not in actuality any of the extant things at all, nor is what has the potentiality a this-something, but it just is without qualification a potentiality for an actuality and soul of this sort, capable of receiving forms and thoughts. So this intellect, which is material, is in all the things that have a share in complete [perfect] soul, that is, in human beings" (= Supplement to On the Soul, S. 24-26).

170 Alexander: De anima (1538), S. 131: „Verum ipsam quoque rationalis animae portionem, quae una proprie principatum animae possidere creditur, in corde statuendam esse non dubitamus:"

171 Schmitt: Aristotle among the physicians, S. 10.

172 Aristoteles: Parva naturalia. Francisco Vatablo et Nicolao Leonico Interpretibus. De iuventute et senectute, de vita et morte, 4 (469b 10-21): „necessarium autem est ut eius caloris principium sanguineis in corde, ex sanguibus in proportione sit: cibum enim naturali calore conficiunt atque concoquunt omnia, sed imprimis id quod potissimum est, nempe cor, aut quod ei proportione respondet. quamobrem ceterarum partium calore frigefacto vita remanet, cordis prorsus interit, quod omnibus inde caloris principium pendeat, et anima quasi ignita sit in his partibus, sanguineorum in corde, exsanguium in parte proportionali. Necessum itaque est vitam et incolumitatem huius caloris, item mortem et eius corruptionem, simul esse." (Zitiert nach: Aristoteles Latine – interpretibus variis, edidit Academia Regia Borussica Berlin 1831. Neudruck herausgegeben und eingeleitet von Eckhard Kessler. München 1995, S. 242. Vgl. zum Konzept des *calor naturalis* bei Aristoteles jetzt R.A.H. King: Aristotle on Life & Death. London 2001, S. 95-106, hier S. 95-98.

der für das Zustandekommen des Denkaktes jedoch notwendig ist. Durch die Erfahrung und den mentalen Prozess der Verarbeitung der sinnlichen Wahrnehmung kommen (immaterielle) intelligible Formen in den menschlichen Intellekt hinein. In diesem Stadium ist der Intellekt ein Reservoir von in sich ruhenden Gedanken und wird als Habitus bezeichnet. Mit diesem gedanklichen Material arbeitet der *intellectus agens*, der die intelligiblen Formen nun aktiv denkt. Spekulative bzw. denkerische Tätigkeit geschieht somit durch den aktiven Intellekt.[173]

Es könnte somit der Eindruck entstehen, dass hier von einem *intellectus agens* die Rede ist, der nicht Teil des menschlichen Intellekts ist, sondern – wie bei Aristoteles in *De generatione animalium* II, 3 – von aussen kommt (den sogenannten νοῦς θύραθεν) bzw. dass der *intellectus agens* mit dem göttlichen Intellekt identifiziert wird. Tatsächlich ist in *De intellectu* 112, 11-18 von einem Intellekt die Rede, der „in jedem Körper existiert". Dies verrät stoisch-pantheistische Einflüsse in dem hier präsentierten Intellektkonzept, den Alexander in *De intellectu* zwar als Hypothese diskutiert, gegen den er sich aber dezidiert wendet. Denn in dieser Hypothese wäre – wie Alexander bemerkt – das Denken nicht von uns abhängig und nicht unsere Tätigkeit.[174] In *De intellectu* macht er hingegen deutlich, dass es der menschliche Intellekt ist, der im Abstraktionsprozess die Formen von der Materie, in der sie ihr sein haben, trennt und intelligibel macht. Dabei ist das gedachte Objekt des Intellekts im Augenblick, in dem es gedacht wird, auch Intellekt.[175] Aktiv

---

173 Pendasio, Ms. 1264, f. 438f.: „{Ut possit subministrare organum huic intellectui.} [quod] nam est hoc organum huic intellectui. [] quo nam loquitur de agente quem dicebat esse in omnibus corporibus} [quod] [igitur] emergerunt isti spiritus ut possint subministrare organum ipsius agentis, quod est iste intellectus possibilis. {qui est in hac mistura}. i. qui est difusus in omni corpore. {corpus etiam hoc}. Quod agens est difusus per hoc. {istud organum dicitur intellectus possibilis}. hoc organum est intellectus possibilis: et clarius dicebat {nam est potestas quaedam ut suscipiat intellectum actu.} [hinc] [igitur] per intellectum actu dicitur speculari, et intelligere. Iste est sensus verborum Alexandri." Die hier in {} gesetzten Texteile beziehen sich auf den jeweils zu kommentierenden Text von *De intellectu* 112, 11-18.
174 Alessandro di Afrodisia: De intellectu, S. 12, 25 u. Kommentar S. 60f.; vgl. auch Alexander of Aphrodisias: On Intellect (Mantissa §2), [C2], 113, 12-18: „It seemed to me to be an objection to this [theory] both that intellect, [though] it is divine, is in even the basest things, as the Stoic thought, an in general that there should be intellect and some sort of primary providence in things here [...]; also that thinking would not depend on us and would not be our task, but as soon as we come to be there would naturally be present in us both the composition of the potential and instrumental [intellect] and the activity [brought about] through the [intellect] that is from without."
175 Alessandro di Afrodisia: De intellectu, S. 11, 20 u. Kommentar S. 43. Alexander of Aphrodisias: On Intellect (Mantissa §2), [A3], 108, 5-9: „For enmattered forms are made intelligible by the intellect, being intelligible potentially. The intellect separates them from the matter with which they have their being, and itself makes them intelligible in actuality, and each of them, when it is thought, then comes to be intelligible in actuality an intellect; [but] they are not like this previously or by their own nature. For intellect in actuality is nothing other

(ποιητικός) zu sein, ist somit in Alexanders Intellekttheorie eine Eigenschaft des menschlichen Intellekts selbst.

Mit diesem Exkurs über Alexanders Intellektlehre endet die *Lectio XXVIII* über den *intellectus materialis*. Zusammenfassend hält Pendasio für seine Studenten Alexanders These, dass dieses Vermögen aus der Potentialität der Materie hervorgehe, noch einmal fest und beansprucht Wahrheit für sie.[176] Dies ist in dem Sinne zu verstehen, dass diese These aufgrund einer naturalistischen Theorie begründbar war, wie sie Alexander selbst in der ›Theorie der Form komplex organisierter Körper‹ dargelegt hat. Der *intellectus materialis* wäre demnach eine ›Form‹ des menschlichen Körpers, wobei der Formbegriff hier nach Alexanders Theorie aufzufassen ist.

Dementsprechend kann Pendasio Averroès' Kritik an Alexander, die in der darauffolgenden *Lectio XXIX* analysiert wird, nicht gelten lassen.[177] „Averroès non intelligit Alexandrum", gibt Pendasio seinen Studenten zu bedenken.[178] Denn Averroès' unterstelle Alexander, dieser habe den materiellen Intellekt unter die aristotelische Definition der Seele (*anima*) als *actus corporis physici organici* subsumiert.[179] Dieser Formbegriff liegt aber nicht auf derselben ontologischen Ebene wie der Formbegriff nach der erwähnten Theorie Alexanders. Durch den aristotelischen Formbegriff als *actus corporis* oder Entelechie würden ausserdem dem *intellectus materialis* aktive Eigenschaften zugewiesen, die dieser aber – wie wir gesehen haben – aufgrund seiner Charakterisierung als *pura potentia* und *preparatio* (als reine Disposition zur Aufnahme intellektiver Formen) nach Alexander nicht haben kann. Daher macht Pendasio auch deutlich, dass nicht von der *forma*, sondern von der *anima intellectiva*, also von einem kognitiven Vermögen, die Rede ist.[180]

Dennoch ist Pendasios Position am Schluss der 29. Lektion von einer gewissen Ambivalenz geprägt. Denn während er auf der einen

---

than the form that is being thought, so that each of these things too, that are not intelligible without qualification, becomes intellect, whenever it is thought."
176 Pendasio, Ms. 1264, f. 439: „Sed colligite: est verum intellectum possibilem esse virtutem quantam consequentem misturam elementorum. Est verum Alexandrum fuisse has sententias."
177 Ebd.: „Relinquitur, ut intelligatis, quid Averroes obijiciat Alexandro et quanti momenti sint adversus Alexandrum suae rationes et an intellexerit Alexandrum in his, quae [posterius] [subdet]. Haec omnia habebitis in sequenti Lectione."
178 Pendasio, Ms. 1264, f. 449.
179 Vgl. Aristoteles: De anima, Ioanne Argyropylo Byzantino Interprete, II, 1, 412a 27-28: „quapropter anima est primus actus perfectioque corporis naturalis potentia vitam habentis [...]." (Zitiert nach: Aristoteles Latine, S. 214b). Vgl. auch die Diskussion bei Averroès: L'intelligence et la pensée, III, comm. 5 [De an. III, 4, 429a 21-24], S. 66f.
180 Pendasio, Ms. 1264, f. 446: „Possibilem sciatis Alexandrum nunquam existimasse intellectum comprehendi sub definitione animae. Intellectus apud Alexandrum dicitur pura potentia, non est actus, anima est actus: non comprehendit intellectum sub forma loquamur propterea de anima intellectiva, quia de hac est disputatio."

Seite Alexanders Begriffe des *intellectus materialis* und *agens* annimmt, distanziert er sich auf der anderen von Alexander in der Betrachtung des materiellen Intellekts als materielle Form (*forma materialis*).[181] Diese Position ist aber nur scheinbar widersprüchlich. Sie entspricht der Korrektur des Aristoteles bzw. Alexanders nach den ›wahren‹ Prinzipien der christlichen Philosophie gemäss den von der Bulle *Apostolici regiminis* festgelegten Auslegungsregeln.[182] Dies läuft bei Pendasio auf eine Verdoppelung des Formbegriffs hinaus. Denn der *forma materialis* Alexanders setzt er ein Formkonzept entgegen, die in einer Weise *forma corporis* sei, dass sie vom Körper nicht abhängt. Diese Form sei immateriell und vom Körper abtrennbar.[183] Wiederum wäre hier die Frage, ob dies mit dem Materie-Form-Prinzip der aristotelischen Physik zu vereinbaren ist, eine falsch gestellte Frage. Denn dies ist ja gerade der Punkt: Das Postulat einer vom Körper abtrennbaren Form im menschlichen Wesen war der andere, ›christliche‹ Weg, den die scholastische Philosophie der Renaissance ging und mit dem sie sich von Aristoteles ablöste. Systematisch behandelt Pendasio diesen Aspekt in seinem Unsterblichkeitstraktat.

2.3. »ut possit separata a corpore sine phantasmate intelligere« – Die Rechristianisierung der Seelenlehre

Die im Folgenden dargestellten Basisargumente für eine Rechristianisierung der Seelenlehre bestätigen weiterhin Charles Lohrs Transformationsthese.[184] Pendasio hält sich denn auch an die von Tommaso de Vio und Crisostomo Javelli vorgebrachten Argumente für eine Ablösung von der Philosophie des Aristoteles in der Unsterblichkeitsfrage.[185] Aristoteles habe nicht alles das berücksichtigt, was wir in uns erfahren, sondern sich auf dasjenige beschränkt, was er aufgrund seiner Prinzipien deduzieren konnte. Durch diese gelange er zu einer allgemeinen Erkenntnis. Seine ganze Erkenntnis betreffe die

---

181 Ebd., f. 449: „Concedo quidem animam rationalem esse actum ex [modo], quo Alexander exposuit, et intellectum [sc. materialem], uti huic animae, et esse puram potentiam, et preparationem. In hoc tamen ab ipso discrepabo, quia putavit, quod haec est forma materialis educta ex potentia materiae."
182 Vgl. hierzu oben Abschnitt 2. in diesem Kapitel.
183 Ebd.: „Puto ego hanc formam ita esse formam corporis, ut non pendeat à corpore, et sic esse immaterialem, aeternam, et separabilem."
184 Vgl. oben Kap. 2.1. Zum Begriff ›Rechristianisierung‹, der hier auch für frühneuzeitliche Prozesse benutzt wird, vgl. Hartmut Lehmann: Von der Erforschung der Säkularisierung zur Erforschung von Prozessen der Dechristianisierung und der Rechristianisierung im neuzeitlichen Europa. In: Säkularisierung, Dechristianisierung, Rechristianisierung im neuzeitlichen Europa. Hg. von dems. Göttingen 1997, S. 9-16.
185 Vgl. oben Kap. 2.1.1.

gegenständliche Welt, die wir durch die Sinne und die Vorstellungsbilder (*phantasmata*) wahrnehmen. Denn, wie er am Schluss der *Analytica Posteriora* und zu Beginn der Metaphysik sage, sei unser ganzes Wissen aus dem Besonderen abgeleitet vermittels der Operationen der Sinneswahrnehmung. Sehe man aber von den Prinzipien des Aristoteles ab, so sei die Wahrheit diejenige, welche die christliche Religion lehre.[186] Gemäss der Argumentationsweise des scholastischen Aristotelismus setzt Pendasio im Unsterblichkeitstraktat also voraus, dass die Philosophie des Aristoteles nicht die ganze Philosophie sei und identifiziert die Wahrheit mit den Prinzipien der christlichen Philosophie, die in einem weiteren, über die Sinneswahrnehmung hinaus gehenden religiösen Erfahrungs- bzw. metaphysischen Vorstellungsraum ihre Zuständigkeit erweise. Wahrscheinlich hat das Pendasio selbst auch geglaubt.

Aus dieser Grundannahme ergibt sich denn auch Pendasios Argumentation im Schlussabschnitt seiner Vorlesung über *De animae immortalitate*. Ein zentraler Aspekt ist dabei die *creatio nova*, die nach den Prinzipien des Aristoteles ganz auszuschliessen sei. Nach Aristoteles beginne alles Neue durch die *generatio*, also im biologischen Bereich der Embryogenese, während nach der Wahrheit etwas Neues durch die *creatio*, also durch einen kreationistischen Akt, sein könne.[187] Rational beweisen lasse sich die *creatio nova* der Form auf zweierlei Weise: erstens, die Form kommt *von aussen* in der Art eines Lichtstrahls in das Individuum, nachdem sich dessen körperliche Disposition ganz ausgebildet hat; zweitens, die Form wird durch ein Agens (Gott) geschaffen, der, selbst unbewegt, seit Ewigkeit die Form in sich bestimmt hat, so dass der kreationistische Akt keine Bewegung impliziert.[188]

---

186 Pendasio, Ms. 1294, f. 984: „Nunc explicanda sit opinio vera quid quid sit de Aristotele, et solvenda, quae huic videntur officere. Aristoteles non servat ea omnia, quae in nobis experimur, nec mirum est, [nam quod se] ad sua principia respixit, voluit sibi ipsi constare, propterea illud solum colligit quod ex suis principijs deduci poterat, quamvis autem hoc ita sese habeat. simpliciter tamen loquendo, omissis principijs Aristotelis rei veritatis eae sit, quae docet Christiana religio, sicut dici, servat [quidem] Aristoteles his suis principijs, et per haec fundamenta cognitionem universalis. Cognitionem omnia quiddidatum in obiecta, quos per sensus, et phantasmata subministrantur, nam suis sententia est sicut habetis, et in fine An. Post. et in princ. l.[ibr]i meta[physici]: nostram omnem scientiam [498] ductam esse ex singularibus opera ipsorum sensuum [...]."

187 Ebd., f. 993: „si dicatur remanere posse addite modo nos quamvis Aristoteles putaverit nova omne incipere per generationem, secundum veritatem tamen novum esse potest per cretionem; et hoc modo implicabit contradictionem si servetur à parte post. [...] rei veritatem esse ego puto secundum principia Aristotelis omne creatione novam excludendam esse."

188 Ebd., f. 994: „[...] dicit, quamvis rationibus necessarijs non possibus probare creationem novam? [...] Potest autem duplici modo. Alter est illa, quae iam declamavi [...] facta dispositione subiecti extrinsecus advenit forma sicut dicebam de lumine. Alter modus est, quando agens illud, creans quamvis sit immobile, tamen ab eterno se ipsa determinavit, ut crearet in

Die kreationistische Logik hat nun auch Folgen für die Erklärung des Denkmodus ohne Vorstellungsbilder, der nach Tommaso de Vio Betrachtungsgegenstand des Metaphysikers ist. Aus diesem Modus, der eigene Denkoperationen vollziehe, könne die Abstraktion und die Separation vom Körper demonstriert werden.[189] Anders als die Form, die Aristoteles als *actus corporis physici organici* definiert, gebe es die Form des Körpers als jenen *actus*, der von aussen kommt. Dieser Akt müsse zwar dem Körper zukommen, entnehme das Sein jedoch nicht vom Körper und könne deshalb von diesem auch getrennt werden.[190] Damit kann auch für die Unsterblichkeit der intellektiven Seele argumentiert werden. Diese Argumentationsweise eignet nun aber eher dem Theologen als dem Philosophen an, wie Pendasio am Schluss seiner Vorlesung bemerkt.[191]

Wiederum wird an dieser Stelle deutlich, dass es in der Kommentierungspraxis der Seelenlehre um die Möglichkeit einer doppelten Argumentationsweise geht – *secundum theologos* und *secundum philosophos* –, die Pendasio auch in beide Richtungen praktiziert. Dabei differenziert er Wahrheitsbegriffe (nach den Prinzipien des Aristoteles und nach den Prinzipien der christlichen Philosophie) und ordnet diese unterschiedlichen Bereichen der Erfahrung bzw. der Erkenntnis (sinnlich, religiös-metaphysisch) zu. Blickt man jedoch auf seine langjährige Tätigkeit als Professor der Naturphilosophie in Padua und dann in Bologna, so haben in den 1570er Jahren besonders seine Lektionen über *De anima* gewirkt, in denen er *secundum philosophos* argumentierte. Der bekannte Universitätsprofessor wurde bei seinen Zeitgenossen auch als Förderer anatomischer Studien wahrgenommen, den er aufgrund seiner Kommentare zu Alexanders Theorie des *intellectus materialis* tatsächlich auch geworden war.

---

isto nunc, nam tunc nulla mobilitas contingit in isto primo. […]."
189 Ebd., f. 995: „[…] considerandus est etiam proprius modus quo versatur circa phantasmata nobis iam declaravi, quod dum versatur circa ista obiecta in ipso conspicitur proprium quidem modus, secundum quae non dependet a phantasmatibus: per hoc igitur proprium possumus arguere abstractionem, et separationem a corpore.
190 Ebd., f. 996: „Respondete ipse actus corporis sicut iam declaratum fuit. est talis actus ut extrinsecus adveniens, deb[et] quidem esse corpori, non tamen recipiat esse a corpore, propterea potest ab ipso separari; et cum dicebat, exit hoc aliquid per se."
191 Ebd., f. 997: „Cupio dissolvi et esse cum clarisco esse igitur non expresse violentum, propterea potest esse perpetuum, cum quaerebatur de operatione, pertinet magis hoc ad theologos, quam ad philosophos, dicitur tamen hanc esse constitutam ita ut possit separata a corpore sine phantasmate intelligere illustrata a primo lumine et a prima mente."

3. Die anatomische ›Entdeckung‹ des Menschen

Die Assoziation des Titels dieses Abschnitts mit Jacob Burckhardts Rede von der ›Entdeckung des Menschen‹ in der Renaissance ist kein Zufall.[192] Der Titel bezieht sich nämlich auf die kulturelle Praxis der Sezierung des menschlichen Körpers, die – wie die jüngere Renaissancehistoriographie gezeigt hat – erstmals 1316 in Mondino de' Liuzzis Textbuch *Anathomia* kodifiziert ist,[193] seit dem 15. Jahrhundert an europäischen Universitäten vermehrt der Ausbildung von Ärzten diente und in ihrer öffentlichen Form auch spektakuläre Züge annahm, die sehr populär waren.[194] Daran ist Burckhardts Buch über den angeblichen ›Individualismus‹ einer Elitekultur, die von Petrarca zu Pico della Mirandola reicht, auch nicht interessiert, auch wenn er Girolamo Cardanos Autobiographie berücksichtigt; gerade Cardano interessierte sich aber in der Auseinandersetzung mit Leonardo da Vinci, Vesal und Galen für visuelle bi- und tridimensionale Darstellungen in der Anatomie und hat daneben auch noch Mondinos Textbuch kommentiert.[195] Die Merkmale von Burckhardts "‹überhistorische[m]› Geschichtsinteresse",[196] das mehr über geschichtliche Erkenntnismodelle des 19. Jahrhunderts etwas aussagt als über vergangene Wirklichkeit selbst, sind auch in seinem Renaissancebuch vorhanden. Dennoch hat seine Frage nach der "Erkenntnis des geistigen Wesens des Menschen"[197] etwas, was in der Renaissancekultur präsent ist. Diese Frage beantworten historische Personen allerdings nicht monokausal bzw. monodirektional, also einzig durch eine selbstbezügliche Wendung nach ›innen‹, wie sie für Burckhardt vornehmlich anhand "der Gabe der Beobachtung und der Schilderung" in dichterischer und künstlerischer (Selbst-)Darstellung entsteht.[198] Prüft man nämlich die seiner Interpretation zugrundegelegten Texte – vor allem Petrarcas Brief über die Besteigung des Mont Ventoux und die so

---

192 Jacob Burckhardt: Die Kultur der Renaissance in Italien [1860]. Hg. von Walter Rehm. Stuttgart 1994, Vierter Abschnitt.
193 Park: The Criminal and the Saintly Body (1994), S. 7.
194 Giovanna Ferrari: Public Anatomy Lessons and the Carnival: the Anatomy Theatre of Bologna. In: Past and Present, 117 (1987), S. 50-106, hier S. 55f.
195 Laurenza: La ricerca dell'armonia, S. 106-113; Nancy Siraisi: The Clock and the Mirror. Girolamo Cardano and Renaissance Medicine. Princeton 1997, Chap. 5.
196 Jürgen Glosse: Croce, Burckhardt und der Schwund des Geschichtlichen. In: Storia della Storiografia, 42 (2002), S. 111-143, hier S. 114, 124 u. 140: „Croce und Burckhardt denken hinsichtlich der geschichtlichen Wirklichkeit des Historismus bzw. des geschichtlichen Bewußtseins in *Paradigmen* – das geschichtliche Bewußtsein enthüllt die übergeschichtliche Wahrheit der Geschichtlichkeit aller Wirklichkeit, d. h. *ein* bevorzugter Fall in der empirischen Wirklichkeit repräsentiert ein empirisches oder überempirisches *Allgemeines*. Dieser Denkstil setzt ein ahistorisches oder ein totalhistorisches Weltbild voraus."
197 Burckhardt: Die Kultur der Renaissance in Italien, S. 336.
198 Ebd.,

emphatisch hervorgehobene Rede Picos über die Würde des Menschen – auf ihre augustinischen respektive neuplatonisch-hermetischen Quellen und Vorbilder hin, dann sieht die Sache etwas anders aus: Es handelt sich bei diesen Texten vielmehr um religiös-theologische Modelle einer weltabgewandten Wendung in Richtung des Göttlichen[199] als ein Erkennen des "tiefern Wesen[s]"[200] des Menschen. So ist zum Beispiel in Picos Modell die durch göttliche Kraft bewirkte vertikale Bewegung dem Menschen wesentlich.[201] Den alternativen Weg zur Erkenntnis des menschlichen Geistes – "das Grübeln nach einer theoretischen Psychologie" – ist nicht das, wonach Burckhardt sucht, "denn dafür genügte Aristoteles."[202] Damit blendet er aber gerade eine relevante soziale Realität – die der Textkommentierungspraxis an den italienischen Universitäten – gänzlich aus und mit ihr auch diejenige Kommentartradition der Seelenlehre, die an der empirischen Erkenntnis des Menschen interessiert war. Die empirische Erkenntnis des Menschen bedeutete in der Renaissance die empirische Erkenntnis der menschlichen Seele und des menschlichen Körpers. Es gab also in der Renaissance ein Verständnis für die Erkenntnis dessen, was dem Menschen wesentlich ist, nämlich dessen Geist oder Rationalseele, dieses Verständnis öffnete sich aber der anatomischen Praxis. In diesem Perspektivenwechsel war die ›Entdeckung des Selbst‹ bzw. die ›Entdeckung des Menschen‹ also vor allem eine Entdeckung des ›inneren‹ Menschen und zwar im anatomischen Sinn.[203]

3.1. Die anthropologische Grundperspektive der ›Selbsterkenntnis‹

In dem Text *In Alcibiadem primum, vel de natura hominis* des Florentiner Philosophen und Humanisten Marsilio Ficino lassen sich drei Grundrichtungen als für das menschliche Dasein eigentümliche Handlungsperspektiven hervorheben, denen zufolge – nach der These von Thomas Leinkauf – "sich insgesamt das anthropologische Denken der frühen Neuzeit entwickelt hat": (1.) die

---

199 Brian P. Copenhaver: Magic and the Dignity of Man: De-Kanting Pico's *Oration*. In: The Italian Renaissance in the Twentieth Century. Acts of an International Conference Florence, Villa I Tatti, June 9-11, 1999. Hg. von Allen J. Grieco et al. Firenze 2002, S. 295-320, hier S. 317f. Vgl. hierzu ausführlicher unten Abschnitt 3.2.
200 Burckhardt: Die Kultur der Renaissance in Italien, IV, S. 387.
201 Charles Trinkaus: L'Heptaplus di Pico della Mirandola: Compendio tematico e concordanza del suo pensiero. In: Giovanni Pico della Mirandola. Convegno internazionale di studi nel cinquecentesimo anniversario della morte (1494-1994). Hg. von Gian Carlo Garfagnini. Firenze 1997, S. 105-125, hier S. 124f.
202 Burckhardt: Die Kultur der Renaissance in Italien, IV, S. 336
203 Vgl. dazu aus grossräumigerer Perspektive auch Robert Jütte: Die Entdeckung des „inneren" Menschen 1500-1800. In: Erfindung des Menschen. Schöpfungsträume und Körperbilder 1500-2000. Hg. von Richard van Dülmen. Wien/Köln/Weimar 1998, S. 241-258.

Selbsterkenntnis als reflexive Bewegung auf sich selbst, wobei sich das ›Selbst‹ auf die Geist-Natur (*mens*) des Menschen bezieht, (2.) den *Selbstüberstieg* als "Selbst-Transzendieren in den eigenen über-seienden Grund" (Gott), (3.) die *Selbstentfaltung* als Selbstgestaltung, die an die körperlichen, d.h. psychologischen und biologischen Bedingungen menschlichen Seins geknüpft ist.[204] In der unter (1.) angegebenen Grundrichtung ist der antike Gedanke des *nosce te ipsum* bewusst wiederaufgenommen. Die Selbsterkenntnis als leitende Grundbewegung, auf die alle drei Grundrichtungen bezogen sind, ist in dem geisttheoretischen oder geistmetaphysischen Paradigma humanistisch-neuplatonischer Provenienz als anthropologische Konstante festgehalten.[205] So sehr Ficino in seinem wohl in den 1480er bis 1490er Jahren entstandenen Text eine spezifisch neuplatonische, einheitliche anthropologische Perspektive entwirft, die vor der Textgattung ›Anthropologie‹ und deren disziplinären Ausdifferenzierung entsteht und also gewiss als Ansatzpunkt eines anthropologischen Diskurses gelten kann, ist gerade die Konstante der Selbsterkenntnis, nicht nur wegen ihres antiken Hintergrundes, auch als ›unabhängige Variable‹ zu betrachten, die in unterschiedlichen historischen Kontexten auch eine unterschiedliche Interpretation erfährt. Es gilt also, Ficinos Modell für die Anthropologie mit Blick auf die Wissenschaftsprozesse des 16. und 17. Jahrhunderts zu historisieren.

Denn wie es die Grundbewegung der platonischen und auch neuplatonischen Denkform zeigt, besteht die Erkenntnis des Selbst in der "Wendung vom Äußeren, dem als Erscheinung Zugänglichen und als Leiblichkeit Erfahrenen weg ins Innere"[206] der eigenen Seele. Genau umgekehrt musste sich die Grundbewegung in einer davon zu unterscheidenden Denkform verhalten, die den empirischen Weg bevorzugt und also über das Äußere des Körpers zur Erkenntnis der Rationalseele im Innern gelangen will. Diese Denkform tritt besonders in der Renaissance und frühen Neuzeit in den Vordergrund und ist in Ficinos Selbsterkenntnismodell in dem Moment der sinnlich-körperlichen Erfahrung vorausgesetzt.[207] Wir müssen nämlich davon ausgehen,

---

204 Leinkauf: Selbstrealisierung. Anthropologische Konstanten in der Frühen Neuzeit, S. 133f.
205 Ebd., S. 142 u. S. 147-153: „Selbsterkenntnis meint also nicht primär Erkenntnis des Ich als individuelles, personales ›Ich‹, sondern das ›Selbst‹, das hier erkannt werden soll und das sich auf eine singuläre Weise unmittelbar selbst hat, ist die auf eine individuelle Existenz hin kontrahierte Natur oder Substanz des Geistes (mens), die sich im Unterschied zu allem anderen Seienden in ihren Tätigkeiten ihrer selbst als tätig bewusst werden kann; [...]."
206 Werner Beierwaltes: Selbsterkenntnis und Erfahrung der Einheit. Plotins Enneade V 3. Text, Übersetzung, Interpretation, Erläuterungen. Frankfurt/M. 1991, S. 81-84, hier S. 81.
207 Leinkauf: Selbstrealisierung. Anthropologische Konstanten in der Frühen Neuzeit, S. 131: „Erst aus der Auseinandersetzung mit der sinnlichen Erfahrung und den Konstanten, die von der – für das vorphilosophische Ich zunächst verdeckten – Präsenz seines geistigen Vermögens in diese Erfahrungsdaten als Struktur eingezogen werden, kann die menschliche Seele sich ihrer selbst und ihres höchsten Vermögens, des Geistes, als spontane und maß-

dass Ficinos dreifältiges Selbsterkenntniskonzept auch die Prinzipien der Naturphilosophie des Aristoteles, den er als *physicus* interpretiert,[208] berücksichtigt. Wenn wir nun bedenken, dass sich im Laufe des 16. Jahrhunderts die naturphilosophisch begründete Kommentartradition zu *De anima* gerade auf die Entfaltung des Tätigkeitsbereichs der Körpersektion stark ausgewirkt hat, so liegt es nahe, dass in der empirischen Denkform das Studium des Körpers als indispensables Mittel der Seelenerkenntnis betrachtet wird. Eine neue Interpretation der antiken Maxime des ›Erkenne dich selbst‹ war somit von den Medizinern und Anatomen des 16. Jahrhunderts ausgegangen.

3.2. Seelenerkenntnis, Körpersektionen und Würde des Menschen: Paolo Aicardos Vorrede zu Costanzo Varolios *De nervis opticis* (1573)

Im Horizont der alessandrinischen *De anima*-Kommentartradition des 16. Jahrhunderts lässt sich also plausibel zu erklären, weshalb in diesem und vor allem im darauffolgenden Jahrhundert von einer anatomischen ›Entdeckung‹ des Menschen gesprochen werden kann. Die Entdeckungsmetapher wurde aus der Perspektive der medizinischen Akteure der frühen Neuzeit auf den ›inneren‹ Menschen bezogen – „[t]he gnoseological journey of exploration into the regions of ‚internal man'" – und als paralleles Unterfangen zu der Entdeckung der äusseren Welt und der fremden Kontinente verstanden.[209] Es mag denn auch nicht wundern, dass aus dieser Sicht vor allem die sezierenden Hände und das Skalpell des Chirurgen dorthin gelangen konnten, wo die abstrakte philosophische Reflexion nicht einzudringen vermochte, so dass „princely the surgeons and surgeon-princes, had been true pioneers of human science, the

---

gebende Kraft bewußt werden, um dann, nachdem sie diese innere Erfahrung gemacht hat, anstelle der äußeren Natur ihre eigene innere Natur (die mens) als eigentlichen Ursprung ihrer Welt, die eine seelisch-begriffliche Welt ist, anzusetzen."

208 Marsilio Ficino: Theologia Platonica de immortalitate animorum [1482], VI, 1. Als jemand, der das platonische und das aristotelische System auf wunderbare Weise verbunden habe, zitiert Ficino den befreundeten Mediziner Pier Leone da Spoleto (gest. 1492) „qui platonica peripateticis praeclarissime iunxit." Zitiert nach: Marsilio Ficino: Platonic Theology, Vol. 2, Books V-VIII. English Translation by Michael J.B. Allen. Latin Text edited by James Hankins. Cambridge (MA), London 2002, S. 126. Vgl. hierzu Simone De Angelis: La discussione di Girolamo Fracastoro sull'anima tra medicina e filosofia della natura all'inizio del Dialogo. In: Girolamo Fracastoro. Fra Medicina, Filosofia e Scienza della Natura. (Atti del Convegno Internazionale di studi in occasione del 450° anniversario della morte. Verona-Padova, 9-11 ottobre 2003). Hg. von Enrico Peruzzi und Alessandro Pastore. Firenze 2006, S. 213-228, hier S. 214f.

209 Piero Camporesi: The Anatomy of the Senses. Natural Symbols in Medieval and Early Modern Italy. Cambridge, Oxford 1994, bes. Kap. 5 (The ‚dreadful desire to study'), S. 92-129, hier S. 96 (Originaltitel: Le officine dei sensi. Milano 1985).

precursors of that great surge of anatomical activity in the sixteenth and seventeenth centuries".[210]

Die Mediziner des 16. Jahrhunderts nahmen sich selbst und ihre Epoche wahr, um ihr Selbstbewusstsein sowie das Selbstverständnis gegenüber ihrer Disziplin auszudrücken und diese im Vergleich zu früheren Epochen zu positionieren. So zum Beispiel auch der Mediziner Paolo Aicardo (gest. 1607) in seiner Vorrede zu dem anatomischen Traktat Costanzo Varolios *De nervis opticis*; er widmete diese Vorrede dem Paduaner Philosophieprofessor Federico Pendasio, der somit grosses Ansehen geniessen musste.[211] Wie durch einen synchronen Querschnitt ziemlich genau durch die Mitte der zweiten Jahrhunderthälfte lässt sich anhand dieser Vorrede die medizinische Perspektive auf die Selbsterkenntnis verdeutlichen und zwar mit Blick auf die für die gesamte europäische Kultur der Renaissance relevanten Universitätsstädte Padua und Bologna. Interessant ist in diesem Zusammenhang die Beziehungskonstellation, die in den 1570er Jahren zwischen Aicardo, Varolio, Pendasio und Girolamo Mercuriale (1530-1606) entsteht und über die man noch nicht viel weiss. Aicardo – ein Schüler von Mercuriale – war selber durch eine Schrift über die Pest hervorgetreten, die gemeinsam mit der bekannten Abhandlung Mercuriales über die Hautkrankheiten veröffentlicht wurde.[212] Mercuriale war in den 1570er und 1580er Professor der *medicina practica* in Padua und wurde als Lehrer sehr geschätzt.[213] Auf die Diskussion zwischen Varolio und Mercuriale, die in *De nervis opticis* dargelegt ist, wird später ausführlich eingegangen.[214]

Aicardo greift in seiner Vorrede eine Reihe neoplatonischer Topoi über den Menschen auf, deutet diese allerdings neu. Im ebenfalls topisch formulierten Exordium der Rede konzediert er den antiken Autoren, in fast allen Wissenschaften und Künsten Vollkommenheit erreicht zu haben,

---

210 Ebd., S. 97.
211 Federico Pendasio Philosopho Clarissimo Paulus Aicardus. S. D. [Patav.vii. Ian. MDLXXIII], f.a2-f.a8. In: Constantii Varolii Medici Bononensis, De Nervis Opticis [...]. Ad Hieronymum Mercurialem. Padua 1573. Auf den Anatomen Varolio und den Inhalt seines Traktats wird unten in Kap. 3.3. sowie in Kap. 4 ausführlich eingegangen.
212 Paolo Aicardo: De peste in universum, praesertim verò de Veneta et Patavina, singulari quadam eruditione tractatur A. Hieronymo Zaccho; Girolamo Mercuriale: De morbis cutaneis, et omnibus corporis humani excrementis tractatus. In: Girolamo Mercuriale: Opuscula aurea, et selectiora. Venedig 1644. Vgl. zu Mercuriales Pionierschrift zur Dermatologie, die erstmals 1572 in Venedig erscheint, jetzt Mariacarla Gadebusch Bondio: *La carne di fuori*. Discorsi medici sulla natura e l'estetica della pelle nel '500. In: Micrologus, XIII (2005), S. 537-570, hier S. 562-569.
213 Nancy G. Siraisi: History, Antiquarianism, and Medicine: The Case of Girolamo Mercuriale. In: Journal of the History of Ideas, 64, 2, (2003), S. 231-251, hier S. 234. Vgl. auch dies.: Medicina Practica. Girolamo Mercuriale as teacher and textbook author. In: Scholarly Knowledge. Textbooks in early modern Europe. Hg. von Emidio Campi, Simone De Angelis, Anja-Silvia Goeing and Anthony T. Grafton. Genève 2008, S. 287-305.
214 Vgl. unten Kap. 2, 3.3. u. Kap. 4, 5.2.

spricht ihnen dennoch ab, die Entdeckungen vollends ausgeschöpft zu haben. Einiges sei auch ihren Nachfahren geblieben, worin diese ihre Arbeit als Forscher und Entdecker verdienstvoll investiert hätten.[215] Die Entdeckungen seien in dem Teil der Medizin gemacht worden, „quam Graeci vocant ἀνατομὴμ", was (wie Pendasio wisse) die meisten Mediziner in ihren Darstellungen des überlieferten anatomischen Wissens (*historia corporis humani*) attestierten.[216] Klar spricht Aicardo hier sein Bewusstsein für die Errungenschaften und die Potentialität der eigenen Epoche auf dem Feld der Anatomie aus, die (wie keine andere Disziplin) Lücken zu füllen und eigenständige Leistungen hervorzubringen in der Lage sei.

Gemäss dem Topos der *excellentia hominis* rage dieser über alle anderen belebten Wesen hinaus – als einziger verfüge der Mensch über die Gabe der Vernunft. Ihm sei die Anatomie eine *scientia utilis*, primär im Blick auf die Erkenntnis seiner selbst (*sui ipsius cognitio*), die zwar schwierig und dennoch notwendig sei, wie es das apollinische *praeceptum* in Delphi γνῶθι σεαυτόν seit der Antike vorschreibt.[217] Antike und spätantike Autoren verstanden das anthropologische Motiv der Selbsterkenntnis als Aufforderung zur Introspektion der eigenen Seele (z.B. Cicero, *Tusculanae disputationes*, 1, 22, 52 und Plotin, *Enneades*, 4, 3,1,1);[218] in der Stoa wurde es in ein Verhältnis zur Erkenntnis der physischen Welt gestellt.[219] Die Wende zum Körper lässt sich etwa im frühen 16. Jahrhundert verzeichnen. So findet sich das Motiv im *Hendecasillabicum epos in anatomen*, das dem anatomischen Traktat von Alessandro Benedetti *Anatomice* (1514) vorangestellt ist: In dem Diktum, was es denn nütze, die himmlischen

---

215 Federico Pendasio Philosopho Clarissimo Paulus Aicardus. S. D. [Patav.vii.Ian. MDLXXIII]: f.a2: „[...] non pauca tamen posteris quoque relinquerint, in quibus eruendis, atque in lucem proferendis suam magna cum laude operam collocarent; [...]."
216 Ebd., f.a2-f. a3: [...] tum praecipue id in ea Medicinae parte, quam Graeci vocant ἀνατομὴμ, accidisse„ nec tu ignoras, Federice Pendasi vir praestantissime, & quamplurium doctorum hominum, qui nostra patrumque memoria humani corporis historiam posteritati commendarunt, scripta declarant."
217 Ebd., f.a3: „Nam homini, qui unus ex animantibus rationis munere excellit, aliarum quidem rerum honoratissimarum scientia utilis, atque praeclara in primis: sui ipsius tamen cognitio, in qua sitam omnes non exiguum difficultatem intelligunt, ita est necessaria, ut praeceptum illud, quod monet, ut se quisque noscat, Apollini non immeritò tribuisse putetur antiquitas."
218 Renzo Tosi: Dizionario delle Sentenze Latine e Greche. Milano (¹1991) 1996, S. 160f. Vgl. zu Plotin die Studie von Beierwaltes: Selbsterkenntnis und Erfahrung der Einheit.
219 Pierre Courcelle: Connais-toi toi-même. De Socrate à Saint Bernarde. Études Augustiniennes. 3 Bde. Paris 1974-75, hier Bd.1, S. 22f.: „L'homme, comme toute espèce d'animal, tend instinctivement à se connaître. Mais s'il entend vivre en accord avec la nature, il ne saurait connaître la nature de l'homme sans s'être enquis au préalable du système de l'univers et de la manière dont il est administré. C'est réintroduire, en dépit de Socrate, la possibilité des recherches physiques et d'un dogmatisme relatif au système du monde." Vgl. auch die motivgeschichtliche Studie von Christian Göbel: Griechische Selbsterkenntnis. Platon – Parmenides – Stoa – Aristipp. Stuttgart 2002.

Sphären oder die Meere oder die Randgebiete bekannter Länder zu erforschen, wenn man dabei vergesse, die uns nahen und gewöhnlichen Dinge zu betrachten, die sich von selbst unseren Augen darbieten,[220] gibt es klare Reminiszenzen an Petrarcas Mont-Ventoux-Brief (1355). Dort hatte Petrarca, sich auf Augustin und den Apostel Paulus berufend, die Bewunderung der Welt als Vernachlässigung der Beschäftigung mit sich selbst gedeutet, was den Dichter – in Abkehr von der äusseren Natur – zu einer Wendung nach innen bewegt: „Et eunt homines admirari alta montium [...], et relinquunt se ipsos."[221] Bei Benedettis befreundeten Dichter Quinto Emiliano Cimbriaco bekommt die Selbsterkenntisformel einen neuen Sinn: moralische Interiorität ist offenbar nicht mehr ohne physische Interiorität zu erkennen. Die anatomische Erforschung des Menschen als Selbsterkenntnis ist damit nicht mehr Selbstzweck des Arztes oder des Chirurgen, sondern eine moralische und philosophische Angelegenheit, die für jeden Menschen wichtig wird.[222] Gegenüber dem humanistischen Modell Petrarcas hat sich hier eine Verschiebung in der Deutung der Selbsterkenntnis vollzogen, die mindestens zwei Jahrhunderte anhalten wird.[223]

Ausdruck des neuen Gebrauchs der antiken Sentenz ist das bekannte, europaweit verbreitete Phänomen der Popularisierung anatomischen Wissens vermittels sogenannter *paper bodies*, also anatomischer Darstellungen des menschlichen Körpers auf Papierstücken. Diese durften angesichts der darin enthaltenen spärlichen Information weniger die gebildeten universitären Kreise als vielmehr die unteren weniger gebildeten Bevölkerungsschichten interessiert haben, in denen die Leute kaum Latein konnten und die Anatomie des menschlichen Körpers nur oberflächlich kannten.[224] Dieses Phänomen ist im Bezug zu einer Gesellschaft zu sehen, die bei öffentlichen Leichensezierungen

---

220 Quintij Haemiliani Cimbriaci Poetae Hendecasillabicum epos in antomicen Alexandri Benedicti Veronensis ad lectorem, unpag.: „Quorsum sidereos globos nitentes,/ Aut tractatus pelagi remotiores/ Scrutari iuvat: exteramque tulem./ Si quae sunt propius, suaque sponte/ Occurrunt meditulio reposta,/ Ac sic obvia negligis tueri?/ Audi quid tripodes sacri loquuntur./ Ne erres, ortygos, aure de vapora, Te ipsum noscito. [...]. Vgl. Alessandro Benedetti: Anatomice sive historia corporis humani. Paris 1514] [¹1502].
221 Es handelt sich um ein Zitat aus Augustins Confessiones (VIII, 8, 12, 29). Vgl. Petrarca: Familiares IV, 1.
222 Vgl. auch Giovanna Ferrari: L'esperienza del passato. Alessandro Benedetti. Filologo e medico umanista. Firenze 1996, Kap. 2, 7.1. »Conosci te stesso«. L'anatomia morale, S. 158-164, hier S. 163, die aber den Petrarca-Bezug des Poeten Cimbriaco nicht sieht.
223 Camporesi: The Anatomy of the Senses, S. 99: „ [...] the ancient precept of ‚know yourself' was taken out of its prestigious but restricted moral setting and became the symbol of the new internal panorama, the knowledge of anatomically analysed man."
224 Andrea Carlino: „Knowe thyself." Anatomical figures in early modern Europe. In: Res 27. Anthropology and aesthetics, S. 53-69. Vgl. auch ders.: Paper Bodies: A Catalogue of Anatomical Fugitive Sheets 1538-1687. London 1999.

offenbar fasziniert war, die innere Struktur des Körpers eines (zum Tode verurteilten, gehängten oder sonstwie massakrierten) Menschen zu inspizieren:

> In a society that enjoyed an intimacy and familiarity with death that today is difficult to imagine, public anatomical dissection was motivated as much by the insatiable desire to witness a rare and disturbing spectacle as by visual curiosity about the invisible *mirabilia* within that extraordinary machine, that miracle of God's creation we call the body (which is protected by skin and muscles and defended by membranes, cartilage and bone thecae). In a world which was accustomed to large doses of ferocious cruelty, the sight of blood was not an important motivation in stimulating the inquisive eye and overcoming revulsion by the sense of smell. The motivation was more profound. It was the desire to scour [durchforsten] man's insides, to travel through the sinuous and inaccessible caverns of the smallest organs, and to inspect the sinister unknown colouring of the soft tissues. Chroniclers recorded public dissections.[225]

Von akademischer Seite interpretiert Aicardo die Selbsterkenntnis im Sinne der alessandrinischen Kommentartradition von *De anima*: Selbsterkenntnis ist Seelenerkenntnis und diese ist wiederum einzig über den Körper möglich:

> Führende Philosophen sind der Meinung, dass derjenige sich selbst nicht erkennen kann, der von der Seele, die als das Wesen des Menschen gilt, nichts weiss. Die Erkenntnis der Seele kann wiederum kaum bzw. überhaupt nicht erlangt werden, wenn nicht auch der ganze Bau des menschlichen Körpers, dessen Struktur und Vollkommenheit sorgfältig erforscht ist.[226]

Anatomische Forschung als Grundlage für das Erkennen der Rationalseele avanciert also zum Programm der Renaissance mit weitreichenden Konsequenzen für die Anthropologie der gesamten frühen Neuzeit.

Die Zentralität der Körpererkenntnis als Selbsterkenntnis spricht der nächste Topos an, den des Menschen als *magnum miraculum*, der im florentinischen Neuplatonismus von Ficino und Pico wiederaufgenommenen worden war. Aufschlussreich ist dieser Topos deshalb, weil Aicardo die neuplatonische Variante in signifikanter Weise umdeutet. Mit dem berühmten Zitat aus dem hermetischen *Asclepius* des Hermes Trismegistos „Magnum, o Asclepi, miraculum est homo" hatte bekanntlich Giovanni Pico della Mirandola seine Rede *De hominis dignitate* (1486) eröffnet.[227] In ihr

---

[225] Camporesi: The Anatomy of the Senses, Kap. 6 (The anatomy of emptiness), S. 130-146, hier S. 137.

[226] Vorrede, f. a3: „Cognoscere verò se illum [sc. homo] minime posse, praestantibus in philosophia viris visum est, qui animam, qua homo id quod est, esse dicitur, ignoret: animae rursum cognitionem assequi vix, ac ne vix quidem posse ullam, nisi sit eidem tota hominis fabricatio perspecta, omnisque eius figura, atque perfectio" (meine Übersetzung).

[227] Picos *Oratio* wird im folgenden nach der historisch-kritischen Ausgabe des Progetto Pico/ The Pico Project (http://www.brown.edu/Departements/Italian_Studies/pico/ zitiert. Ein Abdruck der elektronischen Edition befindet sich auch im Anhang der *Oratio*-Monographie von Pier Cesare Bori: Pluralità delle vie. Alle origini del Discorso sulla dignità umana di Pico della Mirandola. Milano 2000. Testo latino dell'Oratio, traduzione italiana a fronte e sinossi.

kommt auch das Diktum vor, der Mensch solle als Schöpfer und Bildner seiner selbst, sich den eigenen Weg und Ort suchen, allerdings nicht im Sinne „einer abstrakten und subjektivitätsphilosophisch missverstandenen Freiheit ›zu allem‹."²²⁸ Vielmehr handelt es sich bei Picos Rede – zieht man zu ihrer Deutung die zitierte hermetische Quelle heran – um ein Plädoyer für die Möglichkeit und Freiheit des menschlichen Willens zur Gotteswerdung bzw. -vereinigung, für welche die Emanzipation des reinen Geistes – und zwar vom Notwendigkeitsbereich der Materie und der Körperwelt – zur zentralen Voraussetzung wird.²²⁹ Diese Lektüre geht aus der Picos Zitat unmittelbar folgenden Textstelle seiner Quelle hervor. In dieser wird die Mittelstellung des Menschen zwischen Göttern und Dämonen und den unteren materiellen Formen auf der Basis einer komplexen Mischtheorie der Gattungen definiert:

> Menschlicher Natur sind die, die mit der Mittelstellung ihrer Gattung zufrieden sind; die übrigen Einzelformen der Menschen werden der Gattung derer ähnlich sein, mit derer Einzelformen sie sich verbinden. (6) Deswegen, Asklepios, ist der Mensch ein großes Wunder, ein Lebewesen, das Verehrung und Anerkennung verdient. Denn der Mensch geht in die Natur Gottes über, als ob er selbst Gott wäre; er kennt die Gattung der Dämonen, weil er weiß, daß er zusammen mit eben diesen entstanden ist; er verachtet in sich den Teil der menschlichen Natur im Vertrauen auf die Göttlichkeit des anderen Teils. Ja, die Natur der Menschen, wie viel glücklicher ist sie doch gemischt! Den Göttern ist der Mensch durch wesensverwandte Göttlichkeit verbunden; den Teil seiner Natur, in dem er erdenhaft ist, verachtet er in sich.²³⁰

Der Verherrlichung des göttlichen Geistes im Menschen steht auch bei Pico die Verachtung des materiellen Körpers gegenüber, den es zu vernachlässigen gelte (*corporis negligens*), wenn es um die Initiation in das sakrale Ritual der *inspectio der rerum divinarum per theologia lumen* geht.²³¹ Dieses entspricht allerdings bereits dem Endstadium von Picos Umsetzung des Konzepts der *dignitas humana*. Sein *dignitas*-Konzept ist nämlich abhängig von der Fähigkeit, einen Prozess nach einem dreistufigen Modell zu durchlaufen: Reinigung der Seele von Affekten und unklaren Gedanken durch Moralphilosophie und Dialektik, Erleuchtung der gereinigten Seele durch eine

---

Hg. von Saverio Marchignoli, S. 97-158, hier S. 100.
228 Leinkauf: Selbstrealisierung. Anthropologische Konstanten in der Frühen Neuzeit, S. 8.
229 Dieser Aspekt wurde besonders in kantianischen und hegelianischen Lektüren von Picos *Oratio* hervorgehoben; vgl. hierzu Brian P. Copenhaver: Magie und Würde des Menschen: Picos *Oratio* vor und nach Kant. In: Scientiae et Artes, S. 65-97. Vgl. auch Gerald Hartung: Die Entdeckung des Menschen im Zeitalter der Renaissance. Dilthey, Groethuysen und Cassirer. In: Dilthey und Cassirer, S. 149-170, hier S. 159f.
230 Vgl. Asclepius, 5-6. In: Das Corpus Hermeticum Deutsch. Übersetzung und Kommentierung in drei Teilen. Hg. von Carsten Colpe und Jens Holzhausen. Teil I: Die griechischen Traktate und der lateinische ‚Asclepius', übersetzt und eingeleitet von Jens Holzhausen. Stuttgart 1997, S. 231-316, hier S. 259f.
231 Oratio, §20. Ausgabe Marchignoli, S. 116.

kontemplative Naturphilosophie, vollkommene Kenntnis der göttlichen Dinge durch die Theologie.[232] Seine Empfehlung ist, ein engelhaftes Leben auf Erden nachzuahmen (*nos Cherubicam in terris vitam aemulantes*).[233] Pico war überzeugt, das antike dreiteilige Modell der spirituellen Askese auch bei den Chaldäern und somit bei Hermes Trismegistos bestätigt zu finden. Deren Orakel hatte Marsilio Ficino 1455 übersetzt und deren Tradition dann in der *Theologia platonica* (1482) an den Ursprung der Überlieferung der *prisca theologia* gestellt.[234]

Der Riegel, den die thomistischen Theologen und Pomponazzi zu Beginn des 16. Jahrhunderts neoplatonischen Tendenzen vorgeschoben hatten,[235] sollte auch die Einstellung gegenüber der Frage nach der Würde des Menschen verändern. Zumindest kann vor dem Hintergrund der Abwehrhaltung der Theologen gegenüber dem Streben der menschlichen Seele nach Gott plausibel dafür argumentiert werden, dass der *dignitas*-Begriff nicht isoliert auf neuplatonischer Seite zu betrachten ist. Vielmehr ist zu fragen, ob der Mensch – *in puris naturalibus* betrachtet – nicht auch so Würde für sich beanspruchen kann. Gerade durch die Beziehung von aristotelischer Seelenlehre und Anatomie ab den 1560er Jahren an der Paduaner Universität war in der Frage nach der menschlichen Würde eine radikale Abkehr vom Körper nicht mehr denkbar. So werden bei Aicardo die *dicta* der hermetisch-neoplatonischen Tradition naturalistisch, d.h. mit Bezug auf den Körper uminterpretiert und gleichzeitig mit christlichen Attributen versehen. Zu bewundern sei der Mensch aufgrund seiner Seele, die Abbild der Weisheit und Macht Gottes auf Erden sei, sowie aufgrund seines Körpers, den es in seinen einzelnen Teilen sorgfältig zu erforschen gelte.[236] Die Vorsehung des Schöpfers sei so durchdacht und die Konstruktion des *domicilium animi* so ingeniös, dass es kaum erstaune, wenn

---

232 Ebd., §13, S. 110: „[...] per moralem scientiam affectuum impetus cohercentes, per dialecticam rationis caliginem discutientes, quasi ignorantiae et vitiorum eluentes sordes animam purgemus, ne aut affectus temere debachentur aut ratio imprudens quandoque deliret. Tum bene compositam ac expiatam animam naturalis philosophiae lumine perfundamus, ut postremo divinarum rerum eam cognitione perficiamus."

233 Ebd., §13, S. 110.

234 Ficino: Theologia Platonica de Immortalitate Animorum, VI, 1: „'Aut postremo divinum quiddam est hominis anima, id est aliquid individuum, totum cuique parti corporis adstans et ab incorporeo auctore ita productum, ut ex agentis virtute solummodo, non ex materiae inchoatione aut capacitate aut fomento dependeat, sicut nos docent prisci theologi: Zoroaster, Mercurius, Orpheus, Aglaophemus, Pythagoras, Plato, quorum vestigia sequitur plurimum physicus Aristoteles." Zitiert nach: Marsilio Ficino: Platonic Theology. Vol. 2, Books V-VIII. English Translation by Michael J.B. Allen. Latin Text edited by James Hankins. Cambridge (MA)/London 2002, hier S. 125f. Vgl. hierzu auch Michael J.B. Allen: Synoptic Art. Marsilio Ficino on the History of Platonic Interpretation. Firenze 1998, bes. Kap. I, S. 9f. sowie Bori: Pluralità delle vie, S. 63f.

235 Vgl. hierzu Abschnitt 1.1. in diesem Kapitel.

236 Vorrede, f.a4.

sich Mercurius Trismegistos dafür ausgesprochen habe, den Menschen als ein grosses Wunder anzusehen.²³⁷ Die *dignitas humana* resultiert nunmehr aus dem Vergleich zwischen Mensch und Tier hinsichtlich des Baus des Körpers und der Funktion von dessen Gliedern:

> Wenn wir aber die Zusammensetzung [der Glieder], ihre Farbe, Disposition, Grösse, Konfiguration, die harten und weichen Teile und das übrige gründlich examinieren, dann steht klar fest, dass der Körper des Menschen mit grossem Können gebaut wurde und daher durch die Würde seiner Werke [*dignitas operis*] den Körpern aller anderen Lebewesen überlegen ist. Daraus erkennen wir zwingend, dass die Tiere ihre Glieder zur Ernährung nutzen, die menschlichen Körper hingegen geschaffen wurden, um zu den erhabenen Götter hinaufzuschauen, dass jene vernunftlos, diese hingegen vernunftbegabt sind, was jeder mit gesundem Menschenverstand allein aus der Sezierung [*ex sola dissectione*] leicht erkennt.²³⁸

Die *dignitas humana* wird hier also nicht wie bei Pico auf die Vergöttlichung des Geistes, sondern auf die anatomische Disposition des Körpers des Menschen bezogen, die diesen zu denken und in seinem irdischen Leben zu handeln befähigt, so zum Beispiel – dank seines aufrechten Ganges – auch religiöse Kulthandlungen wie die Gottesverehrung auszuführen. Damit wurden dezidiert andere Menschenkonzeptionen in den Vordergrund gedrängt.

Denn Aicardos Dignitaskonzept enthält nicht nur Lorenzo Vallas Bestimmung des Menschen in seiner Fähigkeit zu handeln, sondern auch die Ausstattungs- bzw. Kompensationsthese antiker Autoren wie Cicero (*De nat. deor.* II, 54-60) und Plinius (*Hist. Nat.*, 7).²³⁹ Mit der Disposition zum aufrechten Gang und der Befähigung zu lernen sind denn auch die Merkmale genannt, mit denen nach Plinius der Mensch seine natürliche Schwäche und den Zustand des (von Natur aus zum Überleben besser ausgestatteten) Tieres zu überwinden in der Lage ist. Es ist bestimmt kein Zufall, dass Plinius' *Naturalis historia* – übrigens zeitgleich zu Varolios Studie – in einer kommentierten vulgärsprachlichen Übersetzung in Venedig ediert wurde.²⁴⁰ Dieser Umstand sagt viel aus über die Relevanz und Ver-

---

237 Ebd., f.a4: „[...] tam diligentem aeterni opificis providentiam, tamque solertem in hoc augustissimo animi domicilio construendo agnoscemus, ut mirandum minime videatur, si Mercurius Trismegistos magnum sibi miraculum hominem videri affirmavit."
238 Ebd., f.a4-f.a5: „Nam brutis quoque animantibus etsi eadem sint, quae hominibus a natura tributa membra; si tamen horum figuram, colorem, positum, magnitudinem, ordinem, duritiem, mollitiem, & reliqua huiuscemodi penitius intueamur, ita affabre factum fuisse hominum corpus, liquidò nobis constabit, itaque caeterarum animantium corporibus operis dignitate antecellere, ut has ad ventri, pabuloque serviendum, illos ad divini numinis maiestatem suspiciendam factos esse fateri cogamur; has rationis expertes, illos rationis munere instructos, vel ex sola dissectione facile quivis sanae mentis internoscat" (meine Übersetzung).
239 Vgl. Kap. 1 in dieser Studie u. De Angelis: Zur Galen-Rezeption in der Renaissance, S. 95f.
240 Historia Naturale Di Plinio Secondo. Tradotta per M. Lodovico Domenichi; Con le postille in margine, Nelle quali, o vengono segnate le cose notabili, o citati altri Auttori, che della stessa materia habbiano scritto, o dichiarati i luoghi difficili, o posti i nomi di Geografia mo-

breitung dieses antiken Textes am Ende des 16. Jahrhunderts. Das Interessante dabei war, dass die antiken – vom Humanismus wieder ins Gespräch gebrachten – Menschenkonzepte durch die Alexanderrezeption und die Praxis der Menschensektion einen neuen Bedeutungshorizont erhielten. So gehören bereits für den *De anima*-Kommentator Bassiano Landi die Definition der Anatomie und der *nobilitas hominis* zusammen.[241] Aicardo hebt seinerseits besonders die Sektion des Kopfes hervor (*in capite*), in dem die Philosophen das intellektive Vermögen der Seele (*vim illam animae [...] quae sapit, atque intelligit*) lokalisiert hätten.[242] Aicardo spricht hier vor einem ihm gut vertrauten Erfahrungshintergrund, dem der Körpersektionen. In deren Rahmen vollzieht sich also die *Empirisierung* der Betrachtung der menschlichen Handlungsperspektive der Selbsterkenntnis, von der wir in diesem Abschnitt ausgegangen sind.

Die anatomische Praxis war im 16. Jahrhundert einerseits von Universitätsstatuten institutionell geregelt und war andererseits verstrickt in Verhaltensnormen der an ihr beteiligten Akteure; deren Tätigkeit ging von der Beschaffung des Kadavers bis zu dem Umgang mit ihm nach der erfolgten Sektion.[243] Die Bewahrung der Anonymität des Kadavers war zum Beispiel eine Vorsichtsmassnahme, mit der die Sektionspraxis vor Konflikten moralischer, religiöser und emotionaler Art geschützt werden sollte. Auf der einen Seite wollte man das schändliche Schicksal des Hingerichteten geheimhalten, auf der andern wollte man den religiösen Bruderschaften, die sich um den Kadaver kümmerten, die eventuellen Beschwerden der Angehörigen und Freunde des Toten ersparen, die deren Ansehen schaden konnten. Dennoch kamen Körpersektionen manchmal auch unter merkwürdigen Umständen zustande. So war zum Beispiel im Jahre 1575 in Rom die anatomische Untersuchung des Kopfes eines Hingerichteten verordnet worden, bei der Vorsicht geboten war, weil der Mann aus derselben Stadt stammte. Ausserdem war verschleiert geblieben, unter welchen

---

derni. [...]. Venezia 1573, Lib. VII, Proemio, S. 182f.: „La prima speranza della sua fortezza, e il primo dono, che gli dà il tempo, lo fa simile a una bestia di quattro piedi. Quando incomincia l'huomo a ire? quando a favellare? quando a mangiar da se stesso? [...] Gli altri animali conoscono la lor propria natura; alcuni si pigliano la velocità del correre, altri il volo, altri le forze grandi, altri il nuotare, L'huomo non sa nulla, se non gli è insegnato, non favellare, non andare, non mangiare: brevemente altro non sa per naturale istinto, che piangere."

241 Bassani Landi Placentini, Medici clariss. Anatomiae Corporis Humani, sive; De Capitis, Cerebri, cordis, pulmonis, ossium, nervorum, membranorum, venarum, arteriarum, musculorum, intestinorum, renum, caeterumque omnium & singularum corporis humani partium, constitutione ac cognitione, Libri Duo: Domicilium illud Animae Nobilissimum corpus, naturae vires admirandas, artificiumque praecellentissimum, iucunde, dilucide, cumulate enucleantes: Nunc primum in lucem editi, & duplici Indice, tam capitum, quam rerum ac verborum instructi. Frankfurt 1605, Caput II. De Anatomiae Definitione hominisque nobilitate.
242 Vorrede, f.a5.
243 Carlino: La fabbrica del corpo. Kap. II (Pratiche. Norme e comportamenti relativi all'anatomia pubblica: lo Studium Urbis nel XVI secolo), S. 67-132.

Umständen sein Kopf vom restlichen Körper getrennt worden war, da er nicht geköpft, sondern gehängt worden war.[244]

In sozial- und kulturgeschichtlich orientierten historiographischen Darstellungen der Anatomiepraxis des 16. Jahrhunderts wird dennoch in der Regel nicht erwähnt, dass ein entscheidender Impuls zu der Sezierung des Kopfes bzw. des Gehirns von der alexandrinischen Kommentartradition der Seelenlehre ausgegangen war, die zu Beginn der 1570er Jahre auch in Bologna von Federico Pendasio vertreten wurde. Aicardo erwähnt unter den Anatomen, die Sektionen am menschlichen Haupt durchführten, den Bologneser Costanzo Varolio, der mit seiner neuen Beschreibung der optischen Nerven ein vorher unerschlossenes Gebiet erforscht habe.[245] Im Jahr 1572 hatte Papst Gregor XIII den bereits renommierten Varolio nach Rom geholt, wo dieser im *Studium Urbis* stellvertretend Anatomielektionen durchführte.[246] Zwischen den beiden Protagonisten des universitären Milieus in Bologna[247] – Pendasio und Varolio – kam es dann auch zu einem interessanten Kontakt, von dem noch zu sprechen sein wird.

In Aicardos Vorrede wird vor allem Pendasios Karriere als öffentliche Person – als Philosophieprofessor, Diplomat und Förderer anatomischer Studien – angesprochen, hervorgehoben werden aber auch seine moralischen Qualitäten und seinen Glauben. So erwähnt Aicardo den Ruhm, den Pendasio durch seine sehr bekannten Lehren erworben habe, die keiner weiteren Erörterung bedürften. Sein Ansehen bezeugten ausserdem seine diplomatischen Dienste für den Kardinal Ercole Gonzaga (1503-1563), der sich am ökumenischen Konzil von Trient (1562) vergeblich für umfassende kirchliche Reformen eingesetzt hatte,[248] sowie seinen Philosophieun-

---

244 Ebd., S. 115, n. 125: „Ora la sua esecuzione avvenne il 28 gennaio, quindi, normalmente, il suo corpo doveva essere stato sepolto il 29 sera. Almeno questo era quanto il pubblico sapeva in base alla consuetudine. Il giorno successivo, 30 gennaio, ‚fu consegnata la testa di Paolo Buscatti, giustiziato a notomisti e per loro a m. Antonio Rosena notomista per vigore di un mandato del Governatore di Roma (A[rchivio] S[torico] [di] S[tato], *San Giovanni Decollato*, b. 5, l. 10, f.7r). A questo punto nessuno avrebbe potuto sapere, né soltanto sospettare, una simile operazione. Senza contare poi che Paolo Biscatti era stato impiccato e non decapitato, per cui resta il mistero di come la testa si staccò dal collo."
245 Vorrede, f.a5: „Quapropter admirari nemo debet, si inter magnos viros fuerint olim, & nunc etiam sint de multis, quae ad hoc membrum [Kopf] pertinent, rebus, ortae dissensiones, & nova naturae commenta sapienter ab iisdem excogitata quotidie in medium proferantur. Inter hos CONSTANTIUS VAROLIUS [...]. Is etenim quaedam de Nervis Opticis, aliaque nonnulla, ad quorum cognitionem nemo antea penetrarat, [...]."
246 Carlino: La fabbrica del corpo, S. 94.
247 Zur Situation des Anatomiestudiums in den 1570er Jahren in Bologna vgl. Ferrari: Public Anatomy Lessons and the Carnival, S. 68f.: „[...] the teaching of anatomy was separated from that of surgery, with the creation of an autonomous and permanent chair (1570)."
248 Vorrede, f.a7: „Testis illius est sacrosancta Oecumenica Tridentina Synodus, in qua cum apud Herculem Gonzagam S.R.E. Cardinalem theologi partes ageres, praeclarum tuae eruditionis specimen edidisti." Vgl. hierzu den Artikel von G. Brunelli über Ercole Gonzaga im Dizionario Biografico degli Italiani, 57 (2001), S. 711a-722b, hier S. 718b-719a.

terricht an der *Academia Patavina*, den er während sieben Jahren (1564-1571) vor vollen Hörsälen gegeben habe.²⁴⁹

Bemerkenswert an diesen personalen Beziehungen ist die Konstellation zwischen Laienkultur, Adel bzw. Klerus einerseits, zwischen akademischer Seelenlehre und anatomischer Praxis andererseits, die unproblematisch gewesen zu sein scheint und auf den ersten Blick auch ungewöhnlich anmutet. Doch ist diese Konstellation erklärbar und hat mit dem Philosophen Pietro Pomponazzi zu tun. Neben Pomponazzi und Pendasio stammen aus Mantua bekanntlich auch die Fürstenfamilie der Gonzaga. Der spätere Kardinal Ercole fühlte sich als junger Mann zu humanistisch-literarischen Studien hingezogen. 1522 besuchte er die Universität Bologna, wo er von seiner Mutter, Isabella d'Este, direkt an Pomponazzi empfohlen wurde und täglich dessen Kurse besuchte.²⁵⁰ An derselben Universität wohnte er als *artes*-Student auch den (damals noch seltenen) Anatomielektionen von Berengario da Carpi (gest. 1550) bei, der zwischen 1502 und 1527 dort Lektor für Chirurgie war.²⁵¹ Ercole Gonzaga kam somit mit einem Akteur der prävesalschen Periode der Anatomie in Kontakt, bei dem sich jene ambivalente Haltung bemerkbar macht, die für diese Disziplin gewissermassen typisch war: Während in der ikonographischen Darstellung der Anatomielektion, welche die Edition seiner *Isagoge breves* von 1535 umrahmt, der *sector*, der den Körper aufschneidet, und der *lector*, der aus dem Anatomiebuch liest, räumlich getrennt auftreten, um die traditionsgemäss separierten Sphären von Theorie (Buchwissen) und Praxis (Handwerk) zu repräsentieren, hebt Berengario in seinen Texten immer wieder die direkte Beobachtung des Kadavers und die empirische Überprüfung hervor. Der gute Anatom, schreibt er, glaube nicht, dass jemand durch die lebendige Stimme allein und durch die Schrift diese Disziplin in den Griff bekommen könne, weil hier Hinsehen (*visus*) und Anfassen (*tactus*) gefragt sei.²⁵²

---

249 Vorrede, f.a7-f.a8: „Testis haec Patavina undequaque celeberrima Academia, ubi per septennium philosophiam frequentissimo auditorio tanta cum ingenii, & doctrinae laude docuisti, [...]."
250 Dizionario Biografico degli Italiani, S. 711a-b.
251 Ferrari: Public Anatomy Lessons and the Carnival, S. 61f.
252 Berengario da Carpi: Commentaria cum amplissimis additionibus super Anatomia Mundini una cum textu ejusdem in pristinum et verum nitorem redactum. Bologna 1521, f. VI*v*: „non credat aliquis per solam vivam vocem aut per scripturam posse habere hanc disciplinam: quia hic requiritur *visus* et *tactus*." Zitiert nach Carlino: La fabbrica del corpo, S. 26-30, hier S. 30. Es handelt sich dabei um den Kommentar zu der mittelalterlichen *Anathomia* des Mondino de' Liuzzi (1270-1326). Vgl. auch Berengario da Carpi: Isagoge breves et exactissimae in anatomiam humani corporis (1522, ²1530). Vgl. auch ders.: On Fracture of the Skull or Cranium, übersetzt und eingeleitet von L. R. Lind (Transactions of the American Philosophical Society, Bd. 80, 4, 1990), hier S. xxii: „Berengario was ‚the first person to deny the presence of the *rete mirabile* in the human cranial cavity' [...] and he explained ‚the apparent error by suggesting a defect of observation.'

Später dürfte Ercole Gonzaga auch von den Beziehungen zwischen der alessandrinischen Kommentartradition und der Anatomie gehört haben, denn Pendasio lehrte zeitweilig auch am Hof des Kardinals Gonzaga in Mantua.[253] Diese Umstände können also die offenere Haltung dieses Prälaten gegenüber den intellektuellen und wissenschaftlichen Tendenzen seiner Zeit erklären. Sensibel zeigte er sich ausserdem auch gegenüber Fragen der religiösen Erneuerung, als in Deutschland Luther und Melanchthon die Reformation in Gang brachten.[254] Das hiermit skizzierte kultur- und wissenschaftshistorische Szenario veranschaulicht zumindest, wie komplex und vielschichtig miteinander verwoben die Fäden der von Pomponazzi ausgehenden und von Pendasio weitergeführten Alexanderrezeption sein konnten. Zu Beginn der 1570er Jahre waren diese Fäden auch mit der anatomischen Praxis verflochten.

3.3. Gehirnautopsien (1570-1572)

In *De nervis opticis* (1573) beschreibt Costanzo Varolio u.a. neue nervöse Strukturen im menschlichen Gehirn. Sein Traktat war – auch bei Lichte späterer Anatomen des 17. Jahrhunderts besehen, die sich darauf beriefen – ein fundamentaler Beitrag zu den anatomischen Grundlagen der sinnlichen Wahrnehmung. In diesem Abschnitt sind ein Teil seiner Beschreibungen und Argumentationen in angemessenem Rahmen nachzuvollziehen. Obwohl an der Argumentation des Anatomen typische Züge der epistemischen Situation zu erkennen sind, steht deren Erörterung nicht im Mittelpunkt. In den folgenden Ausführungen geht es hingegen um die konkrete Situation der Autopsie, wie sie der Anatom mehrfach in seinem Text darstellt. Die geschilderten Autopsien bilden gewissermassen nur eines der betrachteten Szenarien einer auf einen grösseren Zeitraum angelegten Analyse des anatomischen Wissens des 16. und 17. Jahrhunderts, die in einem späteren Kapitel vorgelegt werden.[255] Dennoch lässt sich bereits hier ansatzweise aufzeigen, wie Varolio seine neuen Wissensansprüche darstellt und für diese argumentiert.

Bereits auf den ersten Seiten seines Traktats, der in Form eines Briefes an den berühmten Mediziner Girolamo Mercuriale verfasst wurde, ist Va-

---

253 Lohr: Latin Aristotle-Commentaries, Bd. 2, S. 305b.
254 In den 1530-40er Jahren hatte Ercole Gonzaga Kontakte mit der Gruppe der „spiritualisti", die den Dialog mit den Protestanten befürworteten und zu denen u.a. Gasparo Contarini, Kardinal Reginald Pole, Gian Matteo Giberti, Gregorio Cortese und Federico Fregoso gehörten. In Gonzagas Bibliothek befanden sich auch Werke von Luther, Melanchthon und Zwingli, deren „Reformation" er verstehen wollte. Vgl. Dizionario Biografico degli Italiani, S. 714a-b.
255 Vgl. dazu unten Kap. 4.

rolio bemüht, sich gegenüber der wissenschaftlichen Tradition zu positionieren. Seinem Adressaten präsentiere er Beobachtungen, die von der Meinung der antiken und neueren Anatomen abweichen.[256] Aufgrund seiner empirischen Befunde müsse die *historia* des menschlichen Hauptes, also die Darstellung bislang akzeptierter und fürwahr gehaltenen Beobachtungen anderer Anatomen, in gewissen Teilen neu geschrieben werden. Weil ihm aber seine Zeitgenossen die neuen Wissensansprüche mitunter auch streitig machten, erhofft sich Varolio Protektion (*patrocinium*) durch den angesehenen Mediziner Mercuriale.[257] Es geht im Folgenden also primär darum, aufzuzeigen, welche Strategien der Anerkennung und der Beglaubigung von neuen Wissensansprüchen Varolio in der jeweiligen Situation der Autopsie anwendet und welche Rolle Federico Pendasio dabei spielt.

Die *opinio* der Anatomen besagt, dass die optischen Nerven aus dem vorderen Teil der Gehirnbasis entspringen. In Wirklichkeit aber, so Varolio, enden die genannten Nerven nicht dort. Wie er öfters gesehen habe (*vidi*) und vielen anderen gezeigt habe (*ostendi*) erstrecke sich eine zweite grosse Portion dieser Nerven viel weiter, sie seien verborgen und würden in einem bestimmten Bereich zwischen dem Gehirn und der Wurzel des Rückenmarks in Richtung des Hinterhaupts weiterziehen. Ihren ersten Ursprung hätten die *nervi optici* im Rumpf des Rückenmarks (*truncus spinalis medullae*) und zwar in dem Teil, der zur Höhle der Hirnventrikel schaue.[258] Die Momente der epistemischen Situation kommen aber weniger in diesen trockenen anatomischen Beschreibungen zum Vorschein. Sie treten vielmehr in den Episoden rund um Varolios Bologneser Anatomielektionen hervor, die detailreich geschildert werden. Im Schlussteil seines Traktats führt er den Leser nämlich *in medias res* einiger seiner durchgeführten Autopsien zum Ursprung und Verlauf der optischen Nerven und gewährt

---

256 Vgl. Constantii Varolii Medici Bononiensis De Nervis Opticis nonnullisque aliis praeter communem opinionem in Humano capite observatis. Ad Hieronymum Mercurialem. Padua 1573 (Neudruck Bruxelles 1969), f. 1*r.* „[...] decrevi nonnulla tibi proponere consideranda, quae in humano capite praeter id, quod hactenus crediderunt omnes tum Antiqui, tum Recentiores Deo optimo maximo duce à me observata fuerunt."

257 Ebd.: „Quoniam verò quae ego observavi eam capitis historiam, quam tot praeclarissimi viri perpetuo approbarunt aliqua ex parte pervertere videntur, unde multi de ipsis dubitent, multique obstinatè eadem infringere conentur, ideo te [sc. Mercuriale] ipsum omnibus numeris absolutum harum mearum lucubrationum patronum eligo, tantam enim audio esse apud omnes tui existimationem, & famam, ut facile sperare possim tuum patrocinium iis laboribus meis adversus quodcunque exitiale venenum praestantissimi fore Antidotum."

258 Ebd., f. 2*r.* „Dicunt itaque Antiqui, & iuniores Anatomici nervos vocatos Opticos oriri ex basi cerebri in anteriori parte, Re vera tamen (ut saepius vidi, & quamplurimis aliis ostendi) Nervi praedicti non in ea regione tanquam in suo primo ortu desinunt; sed adhuc secundum [sic] magnam eorum portionem plus ultra feruntur, latentesque in spatio quodam inter cerebrum, & spinalis medullae radicem formato versus occiput progrediuntur, [...] suumque primum ducant ortum ex principio trunci spinalis medullae in ea nimirum parte, quae (ut fusius infra patebit) respicit ventriculorum cerebri cavitatem."

ihm einen spannenden Blick in seine anatomische Praxis. Hier wurde der Anatom nämlich mit dem Problem der Akzeptanz seiner Wissensansprüche direkt konfrontiert.[259]

Varolio hatte im Monat Dezember des Jahres 1570 im Rahmen einer privaten Anatomielektion (*intra privatos parietes*) Studierenden den Ursprung der optischen Nerven im hinteren Teil des Rückenmarks gezeigt. Die Anatomen der *Schola Bononiense* warfen ihm anschliessend vor, die Studenten irregeführt zu haben.[260] Deshalb habe er im April 1571, als sich die Gelegenheit von Körpern (*occasio corporum*) ergab,[261] im *Gymnasio Bononiense* eine öffentliche Sektion eines menschlichen Körpers vornehmen können. Auch wenn das sezierte Gehirn weich und wegen der Hitze halbverfault gewesen sei, habe er am Schluss der Sitzung die erwähnte anatomische Struktur allen Anwesenden offengelegt und die Übung so oft wiederholt, dass angeblich selbst die Zweifler die Wahrheit (*veritatem*) anerkannt hätten.[262]

Dennoch habe diese anatomische Demonstration die Widerstände (*oppositiones*) keineswegs beendet. Als seine Gegner die Sache selbst (*rem ipsam*) nicht mehr hätten trüben können, hätten sie über Namen (*de nominibus*) zu streiten begonnen. Sie hätten in Frage gestellt, dass der Rumpf des Rückenmarks (durch den sich Varolio habe täuschen lassen) die Bezeichnung ›Rückenmark‹ verdiene. Erst dann sei nämlich vom ›Rückenmark‹ zu sprechen, wenn der Rumpf in den Rückenwirbel eingedrungen ist. Varolios Bezeichnung des Ursprungs der optischen Nerven am Beginn des Rückenmarks sei daher eine schlechte Bezeichnung.

---

259 Ich gehe natürlich davon aus, dass Varolio in seiner Darstellung auch die Positionen seiner Opponenten korrekt wiedergibt und also aufrichtig ist.

260 Auf dem Bologneser Anatomielehrstuhl sass seit 1570 Giulio Cesare Aranzio; neben Varolio lehrte in Bologna auch der Anatom Gasparo Tagliacozzi. Vgl. Ferrari: Public Anatomy Lessons and the Carnival, S. 66-69.

261 Varolio spielt hier auf die notorische Körperknappheit an, mit der sich die Anatomen abgeben mussten. Dazu kam, dass die universitäre Verordnung Körpersektionen nur in der kurzen Periode zwischen Januar und dem Ende der Karnevalszeit erlaubte. Vgl. Ferrari: Public Anatomy Lessons and the Carnival, S. 69: „It must have been a very bitter conflict, and the decree was disregarded on several occasions in order to enable Varolio and Tagliacozzi to perform dissections outside the carnival period."

262 De nervis opticis, f. 13v. „Quum igitur anno a Christi ortu MDLXX. mense (ni fallor) Decembris intra privatos parietes multis scholaribus ostendissem nervos opticos nasci ex posteriori parte spinalis medullae (quod tamen prius observaveram, & quum qui hoc vidissent statim omnibus retulissent, reliqui Anatomici, qui sanè in hac schola plurimum vigent, & florent obiecerunt mihi non esse verum id, quod scholares praedicabant; sed eos fuisse a me deceptos, [...]. Quum tamen multi essent, qui hoc non vidissent, & propterea id esse verum minime credere possent, ideo ubi anno MDLXXI. mense Aprilis data esset corporum occasio, unde publicam administrationem corporis humani in hoc Bononiensi Gymnasio aggredi possem, in fine eius administrationis (capitis fabrica prius declarata) quamvis cerebrum esset flaccidam, & propter caliditatem ambientis semiputridum, illud omnibus iterum adeo patefeci, ut qui prius viderant maxime in hac veritate confirmarentur, qui verò non crediderant & animo quiescerent, & veritatem confiterentur."

Selbst wenn er diesen Einwand einräume, so Varolio, würde das die alte *opinio* nicht wiederherstellen, sondern die eigene Sicht der Dinge bestätigen und terminologisch präzisieren.[263] Ausserdem handle es sich um einen falschen Einwand. Denn für das Rückenmark gelte dasselbe, was auch für andere Strukturen wie die Seh- oder Hörnerven gilt: Diese erhalten die Bezeichnungen von ihren Organen (Auge, Ohr) auch dort, wo sie mit diesen nicht direkt im Kontakt stehen. Genauso sei die *medulla spinalis* auch an der Stelle mit diesem Namen zu bezeichnen, wo sie noch nicht in die Wirbelsäule (*spina*) eindringt; zu beobachten sei nämlich, dass die *medulla* innerhalb des Schädels genügend Abstand von der Hirnmasse hat, benachbarte Strukturen aufweist und durch eigene Fibern ausgestattet ist.[264] Dabei beruft sich Varolio auf eine Stelle in Vesals *Fabrica*, wo dieser lehre, dass das vierte, fünfte, sechste und siebte Nervenpaar, die dem Gehirn zugeschrieben werden, ihren Ursprung am Beginn des Rückenmarks haben.[265] Dennoch präzisiert Varolio den Vesalschen Befund: Die genannten Nerven entstünden in jenem Rumpf an der Stelle, wo dieser noch nicht ins Rückenmark eindringt.[266] Varolio scheint sich in seiner Beschreibung auf das verlängerte Rückenmark zu beziehen, das sich im Übergangsbereich vom Gehirn zum Rückenmark befindet. Auch wenn sich hier die Auseinandersetzung (aus der Sicht Varolios) auf der Ebene der *verba* abspielt, veranschaulicht sie dennoch, wie die Anatomen jeweils auf die Texte anderer Anatomen Bezug nahmen und sie kritisierten, wie präzise sie gleichzeitig ihren Gegenstand beobachteten und wie sie sich um terminologische Präzision bemühten.

In der dritten Autopsie-Episode wird nun Federico Pendasio ins Spiel gebracht, der 1572 in Bologna auf den Lehrstuhl für *philosophia ordinaria*

---

263 Ebd., f. 14r. „[...] qua obiectione illis concessa non propterea tollitur quin nervi optici nascantur non ex anteriori parte cerebri; sed ex posteriori parte illius insignis propaginis, quae postea appellatur spinalis medulla quando ingreditur vertebras spinae."

264 Ebd.: „Praeterea falsum obiiciunt, si quidem nervi visorii, auditorii, & caeteri reliquorum sensuum sumunt suas denominationes ab organis, quae petunt ante quae ipsa contangant, eo quia adhuci intra cranium existentes sint à maßa cerebri divisi, & propriis terminis definiti, ita etiam spinalis medulla sumit suam denominationem antquam ingrediatur spinam, quoniam per satis notabile spatium intra calvariam observatur a cerebro divisa, suis confiniis, propriisque fibris praedita, quod etiam potuißent."

265 Vgl. Andreae Vesalii Bruxellensis De Humani corporis fabrica libri septem. Basel 1543, liber IIII, Cap. VII-X, f. 326-330, hier z.B. f. 326: „Hoc par tertio pari nonnihil gracilius duriusque est. exoritur enim à dorsalis medullae principio posteriùs pauló quàm tertium par, [...]. Quintum par nonnihil quarto crassus [...] ex media propemodum dorsalis medullae sede, eius partis quae à medullae exortu usque ad eam regionem pertinet, quà haec è calvaria in vertebras labitur."

266 De nervis opticis, f. 14v-r. „Qui hoc obiiciebant didiciße apud Vesalium in quarto libro à cap. Septimo usque ad decimum ubi apertè docet quartum, quintum, sextum, ac septimum par Nervorum cerebro ascriptorum ducere suam originem ex principio spinalis medullae, & tamen oriuntur ex magno illo trunco antequàm ingrediatur spinam."

berufen worden war. Mit ihm hatte der Senat eine berühmte akademische Persönlichkeit in das *Studio Bononiense* gewählt,[267] die – wie wir wissen – in seinen Lektionen über *De anima* die Brücke zur Anatomie schlug. Varolios Befunde über die Sehnerven dürften ihn im Rahmen seiner Exegese des *intellectus materialis* besonders interessiert haben.[268] Was ihn auch immer bewegte, er setzte sich jedenfalls persönlich für den jüngeren Kollegen ein. Wie dies Varolio schildert, bekamen die neuen Studenten der Artistenfakultät, die nach Pendasios Berufung nach Bologna gekommen waren, noch unterschiedliche Meinungen über den Ursprung der optischen Nerven zu hören.[269] So habe Varolio auf Anfrage vieler Interessierter einen menschlichen Kopf für eine Sektion präpariert und zwar in dem Raum, in dem Pendasio vor der versammelten Studentenschaft eine seiner Lektionen hätte abhalten sollen. Den Anwesenden habe Varolio die Wahrheit vor Augen geführt (*veritatem ipsam oculis omnium subieci*).[270] Um was für eine ›Wahrheit‹ handelt es sich hier denn? Und was heisst ›die Wahrheit vor Augen führen‹ denn genau?

Wie die sozialgeschichtlich orientierte historiographische Forschung bemerkt, wird in öffentlichen Anatomielektionen dieser Zeit anatomisches Wissen vor den Repräsentanten der intellektuellen Elite sowie der politischen und religiösen Autorität zur Schau gestellt, um die Kontrolle und das Monopol eben dieses Wissen über den Körper und seiner Teile zu behaupten; dieses Prozedere diene der sozialen und kulturellen Differenzierung (*différencier*) des akademisch geschulten Mediziners gegenüber der Masse der Praktiker in der medizinischen Kunst.[271] Ich denke, dass diese Sichtweise der Dinge die sich hinter den öffentlichen Anatomielektionen verbergende Sachlage nur zum Teil erfasst. Der Fall Varolio zeigt, dass der Umgang mit anatomischem Wissen auch in eine andere Richtung Nuancen setzen konnte: Den Anatomen konnte es auch schlicht darum gehen, gegen den Widerspruch von Kollegen und autoritativen Texten, neue Wis-

---

267 Ebd., f. 14v. „FEDERICUS PENDASIUS Philosophus celeberrimus ab hoc senatu summo studio vocatus Bononiam se contulisset [...]."
268 Vgl. hierzu oben die Abschnitte 2.1. u. 2.2. in diesem Kapitel.
269 De nervis opticis, f. 14v. „[...] eiusque occasione [sc. Pendasios Berufung] multi bonarum artium studiosi, qui prius non aderant huc accessissent de ortu horum nervorum opticorum diversa a diversis intellexerunt."
270 Ebd.: „Quinimo non defuerunt qui iterum adversus Naturam hac nova convitati occasione insurrexerunt, Quamobrem à multis rogatus rursus huius ostensionis gratia caput paravi, & ubi PENDASIUS unam ex suis lectionibus perfecisset praesentibus omnibus Bononiensis scholae studiosis, qui praedictae lectioni interfuerant veritatem ipsam oculis omnium subieci."
271 Andrea Carlino: De la distinction anatomique au seizième siècle. In: L'anatomie chez Michel-Ange. De la realité à l'idéalité. Hg. von Chiara Rabbi-Bernard. Paris 2003, S. 113-144, bes. 115-119, hier S. 119. Der Autor verwendet den Begriff „distinction" in Anlehnung an Pierre Bourdieu: La distinction. Paris 1979.

sensansprüche durchzusetzen. Die Autopsie hatte somit den primären Zweck, *Glaubwürdigkeit* zu stiften im Blick auf das vom Anatomen hervorgebrachte neue Wissen. Weil die Autopsie nur ein Aspekt (wenn auch ein wichtiger) einer vielschichtigen anatomischen Praxis darstellt und weil sich die Situation des anatomischen Wissens in der weiteren Argumentation Varolios wesentlich komplexer gestaltet, als bisher gezeigt wurde, lohnt es sich, deren Analyse in einem eigenen Kapitel abzuhandeln.[272] In diesem Kapitel ging es mir lediglich darum, an konkreten und zum Teil unbekannten Textquellen aufzuzeigen und zu begründen, weshalb und unter welchen Umständen textexegetische (Pendasio) und anatomische Praxis (Varolio) im Rahmen des Lehrbetriebs führender italienischer Universitäten des 16. Jahrhunderts buchstäblich ›denselben Raum belegten‹ und unter dem Leitkonzept der Selbsterkenntnis gemeinsam neue Wissensansprüche befördern konnten.

3.4. *De anima*-Exegese, Augenanatomie und Autorität um 1600 – Fabrici da Acquapendente, Harvey, Platter und Kepler

Wie die Pendasio-Varolio-Episode zeigt, war die Beziehung zwischen aristotelischer Seelenlehre und Anatomie in den 1570er Jahren sehr eng geworden. Das galt insbesondere für die Paduaner Anatomen, die, wie wir aus Pendasios Exegese wissen, Alexanders *De anima* 1, 2 in die anatomische Praxis umsetzten.[273] Varolios Beispiel zeigt aber auch, dass selbst wenn die Anatomen des späten 16. Jahrhunderts Autopsien vornahmen, sie nicht aufhörten, in den Texten der antiken Autoritäten zu lesen. In einem weiteren Schritt geht es also darum, zu zeigen, welche Konsequenzen sich aus der praktischen Umsetzung der Lehren Alexanders für die Anatomen ergaben, zu einem Zeitpunkt, in dem die Seelenlehren von Aristoteles und Alexander in Padua längst autoritativen Status' hatten. Das Problem der Autorität dieser Texte, welche die Anatomen bei ihrer Arbeit leiteten, ist nun also um 1600 genauer zu reflektieren, als der berühmte Girolamo Fabrici d'Acquapendente seit bereits mehr als dreißig Jahren als Anatomie- und Chirurgieprofessor in Padua wirkte.

Es ist grundsätzlich davon auszugehen, dass der Prozess der Transformation des Aristotelismus des 16. Jahrhunderts sich auch noch auf Fabricis Lehrtätigkeit als Anatom ausgewirkt hat. Denn nur so liesse sich plausibel erklären, was der Medizinhistoriker Andrew Cunningham festgestellt hat: dass nämlich Aristoteles' Auffassung über die Seele für den naturphiloso-

---

272 Vgl. Kap. 4 in dieser Arbeit.
273 Vgl. hierzu oben Kap. 2, 2.2.

phischen Unterricht und dass eine erneuerte aristotelische Naturphilosophie für die Medizin und Anatomie in Padua grundlegend gewesen sind: Die These, dass es sich bei der Herausarbeitung eines anatomischen Forschungsprogramms an der Universität Padua unter Fabrici um ein ›aristotelisches‹ Projekt handelte, hat Cunningham in seinem Buch *The Anatomical Renaissance* ausgeführt.[274] Zwei Aspekte möchte ich aus seiner Darstellung herausgreifen: Erstens – und hier stützt sich Cunningham auf die Studie von John Herman Randall Jr. *The Career of Philosophy* (1962) – dass in der Diskussion über die Seele in Padua der antike griechische Kommentar von Alexander von Aphrodisias privilegiert wurde,[275] und zweitens, dass Fabricius in seiner anatomischen Arbeit die Operationen der Seele erforschte und darüber Studierende unterrichtete, die bereits Gelegenheit gehabt hatten, ausführlich über das Paduaner Verständnis von Aristoteles' Lehren über die Seele zu hören.[276] Über die Relevanz und den Zusammenhang dieser beiden Aspekte hat man sich – wie mir scheint – bislang noch nicht genügend Klarheit verschafft.

Das bedeutet nämlich, dass die Paduaner Philosophieprofessoren nicht ›einfach‹ Aristoteles' Auffassung über die Seele lehrten, sondern dass sie Aristoteles' *De anima* nach den Kommentaren und Texten von Alexander von Aphrodisias *interpretierten*. Hinzu kommt, dass die Philosophieprofessoren in der Regel selbst auch Vorlesungsmanuskripte, sogenannte *Lectiones de anima* verfassten, die wiederum ein eigenes Genre von Kommentar bilden. Wie ich anhand der *De anima*-Kommentare von Federico Pendasio gezeigt habe,[277] stellten die Philosophieprofessoren in diesen Texten die Kommentierung der aristotelischen Seelenschrift anderer Autoren dar und verdeutlichten Aspekte von deren Exegese, sie akzentuierten darin aber auch Sinnauslegungen und Wissensinhalte, die sie vermitteln wollten. Es ist also davon auszugehen, dass die Studierenden den gesprochenen (oder geschriebenen) Kommentartext dieser *Lectiones de anima* in den Hörsälen zu hören (oder zu sehen) bekamen. Das weist auf eine komplexe textuelle Ausgangslage hin, die bei Cunningham unproblematisiert bleibt und darüber hinaus eine Reihe von Fragen aufwirft – nicht zuletzt auch die, wie es eigentlich dazu kommt, dass Fabrici in seinen anatomischen Studien auf Aristoteles rekurriert.

---

274 Cunningham: The Anatomical Renaissance, Kap. 6: Fabricius: The Revival of Aristotelian Anatomy, hier S. 170f. Vgl. auch ders.: Il "Teatro della struttura di tutto il mondo animale: Fabrici e le sue illustrazioni anatomiche. In: Il teatro dei corpi, S. 74-82, hier S. 77f.
275 John Herman Randall: The Career of Philosophy. From the Middle Ages to the Enlightenment. New York/London 1962. Kap. 2 ("The Rediscovery of the Hellenic Aristotle"), S. 65-88, hier S. 67.
276 Cunningham: The Anatomical Renaissance, S. 170 u. 173.
277 Vgl. Kap. 2, 2. in dieser Arbeit.

Obschon die medizinhistorische Forschung die Wirkung der Texte des Aphrodisiers auf die Paduaner Anatomie um 1600 bemerkt hat, hat sie das weniger unter dem Aspekt der Autorität diskutiert. Denn gerade dadurch gewinnt die sich hier gebildete Konstellation von Anatomen, die Körper sezieren, und Texten, in denen sie lesen, eine besondere Brisanz. Das Problem der Autorität stellt sich um 1600 zum Beispiel auf den Gebieten der Augenanatomie und der optischen Theorie, auf denen die Anatomen Fabricius und Felix Platter, aber auch der Astronom Johannes Kepler forschten. Mit Blick auf die Leistung Keplers geht es in diesem Abschnitt auch darum, zu zeigen, dass die Formulierung neuer Wissensansprüche um 1600 nicht nur in der Anatomie stattfand, sondern dass es sich um ein breiteres Phänomen handelte, das auch andere naturkundliche Disziplinen betraf, wie zum Beispiel die Optik und später die Astronomie. So ist Keplers neue Erklärung des Sehvorgangs, die er in seinem Werk zur Astronomie einbaut, im Horizont seiner kritischen Auseinandersetzung mit den Theorien der Mediziner und des Aristoteles zu verstehen.[278]

Die Beziehung zwischen der aristotelischen Seelenlehre und der Anatomie ist in Padua also nicht nur institutionell durch die Nähe des *artes*-Studiums zur Medizin, sondern vor allem auch seelentheoretisch begründet. Federico Pendasio zum Beispiel stellt eine Beziehung zwischen aristotelischer Seelenlehre und Anatomie her und zwar auf der Basis von Alexanders Theorie der Form zusammengesetzter Körper: Wenn die Seele die Kapazität des Körpers nicht übersteigt, so hängt auch der *intellectus materialis* als das Vermögen des Menschen, intellektive Formen – die *species intelligibilis* – aufzunehmen, von der Organisation seines Körpers ab. Pendasio liest Alexander also so, als befürworte dieser das Studium der Anatomie, um von dem Bau – der *fabrica* – des menschlichen Körpers zur Erkenntnis des materiellen Intellekts zu gelangen.[279]

Dass Alexanders Denkweise in seinem *De anima*-Traktat genuin aristotelisch ist und mit der Analyse des lebendigen Körpers aufgrund von Materie und Form zu tun hat, kann am Beispiel des Sehens, der *visio*, veranschaulicht werden.[280] Wer in Padua diese Form des aristotelischen

---

278 Vgl. hierzu jetzt Simone De Angelis: From text to the body. Commentaries on *De Anima*, anatomical practice and authority around 1600. In: Scholarly Knowledge, S. 205-227.
279 Vgl. Kap. 2, 2.2. in dieser Arbeit.
280 Stephen Everson: Aristotle on Perception. Oxford 1997, S. 236-243, bes. S. 237f.: "There is not an accidental relation between being an eye, say, and having the capacity for sight, since having that capacity is just what it is to be an eye. [...] Each [sc. the organs of a living body] will have a defining capacity and each must have a material constitution of a determinate kind if it is to have that capacity – that is, if it is to be what it is. For a complete psychological explanation – a full explanation of the nature and behaviour of living bodies – one will need to show why the organ's form (its having its defining capacity) requires it to have the material constitution it does. [...] Something will be an organ in virtue of possessing a capacity for some activity and thus must be capable of the sort of change which is the change from mere capacity to activity."

Denkens und Argumentierens vertrat, war der Philosophieprofessor Iacopo Zabarella, dessen Bedeutung für die Anatomie nicht so sehr in der Logik bzw. in seinen Studien zur Methode zu suchen ist,[281] sondern in seinem Kommentar zu *De anima*. Zabarella war nämlich 1568 auf den ausserordentlichen und 1585 auf den ordentlichen Lehrstuhl für Naturphilosophie *in secundo loco* berufen worden.[282] Das Auge, so Zabarella, sei ein Instrument, dessen Zweck (*finis*) im Sehen, d.h. im Sehvermögen (*potentia visiva*) besteht. Die Form des Auges sei also die *visio*. Denn das Sehvermögen sei ein Vermögen der Seele (*potentia animae*), das in diesem Instrument des Körpers, dem Auge, lokalisiert sei.[283] Dabei hält Zabarella die Darstellung Alexanders für die adäquate Interpretation des Aristoteles: Das Sehen (*visus*) sei die Form des Auges (*forma oculi*) und dieses wiederum sei ein ganzer zusammengesetzter Körper, also die Materie, so wie der Mensch bzw. dessen Körper die Materie der rationalen Seele sei.[284] Zabarella folgt dann in der Bestimmung des Kristallinums (*corpus aqueum*) als desjenigen Organs des Auges, welches das Sehvermögen hat, Aristoteles und verweist für die restliche Beschreibung der Augenanatomie auf das zehnte Buch von Galens *De usu partium* sowie auf das ihm zugeschriebene Buch *de Oculis*.[285]

---

281 Dies meint etwa Gianna Pomata: *Praxis Historialis*. The Uses of *Historia* in Early Modern Medicine. In: Historia. Empiricism and Erudition in Early Modern Europe, S. 105-146, hier S. 110f. u. S. 117, derzufolge die *historia* der Anatomen (*descriptio*) im Kontext des sogenannten ›Aristotelian empiricism‹ als Vorstufe der Erforschung von Ursachen (*causae*) zu verstehen sei. Vgl aber Antonino Poppi: Zabarella, or Aristotelianism as a Rigorous Science. In: The Impact of Aristotelianism on Modern Philosophy. Hg. von Riccardo Pozzo. Washington D.C. 2004, 35-63, hier S. 46-49: "[…] for the Paduan Aristotelian [sc. Zabarella, SDeA], method represents first of all a question of an essentially logical nature that only secondarily bears on experience" (48f.).

282 Lohr: Latin Aristotle Commentaries, Bd. 2, S. 497.

283 Vgl. Commentarii Jac. Zabarellae Patavini, In III. Aristot. Libros de Anima. Nunc demum à mendis Quamplurimis Typographicis, quae priore editione irrepserant; summo labore purgati, & in Germania commodioribus & distinctioribus typis in Studiosorum utilitatum editi. Cum indice Quaestionum dubiarum, Propositionum, Rerum & Verborum locupletissimo, apprimeque necessario. Cum Gratia & Privilegio Sacrae Caesareae Maiestatis. Frankfurt 1606, Commentarii Liber Secundus, Textus IX, S. 156-158: "Consideremus in partibus ipsius animati corporis id, quod in securi consideravimus, & accipiamus oculum: qui cum sit instrumentum, habet essentiam suam constitutam in fine, se aptitudine ad finem, in visu igitur, hoc est in potentia visiva. Ergo forma, & quod quid est ispsius oculi, est visus. […]. Nam potentia visiva non est forma oculi de praedicamento substantiae; sed est potentia animae, locata in eo instrumento corporis, […]."

284 Ebd., S. 160: "Declarandum igitur est, quomodo oculus dicatur materia respectu visu accepti ut formae, non ut utentis organo, loquimur enim de actu primo, non de operatione. Ego igitur puto rectam esse Alexandri expositionem, si sano modo intelligatur, quam videtur hic accepisse Themistius, qui dicit, visus est forma oculi, oculus autem est totum compositum: at dum refertur ad visum tanquam ad formam, significat materiam, quia concernit materiam, sicut si diceremus, hominem esse materiam animae rationalis, id est corpus hominis."

285 Ebd. Commentarii Liber Secundus. Libri duo de Visu. Liber primus. Cap. IIX (De instrumento visus), S. 615: "Hunc igitur considerare satis habuit; & dicere organum visus esse

Die *De anima*-Exegese der Paduaner Professoren bildete also nicht nur den Hintergrund von Fabricis Programm für die Anatomie, sondern auch den Ansatzpunkt für seine Überwindung der anatomischen Methode Vesals. Im Vorwort seines Werkes *De visione, voce et auditu* von 1600, das er ausdrücklich auch für die Studierenden der medizinischen und artistischen Fakultät schrieb,[286] macht Fabrici deutlich, dass es in der Anatomie nicht nur um die Körpersektion (*dissectio*), sondern auch um das Begreifen der Operationen (*actiones*) und Zwecke (*utilitates*) der Organe geht.[287] Eine praktisch identische Aussage bei Fabricis Kollegen Girolamo Capodivacca lässt darauf schliessen, dass sich in der Paduaner Methode der Anatomie aristotelische und galenische Konzepte verbanden.[288] Ausserdem schienen Vesals Bemühungen, so Fabrici, einzig gegen Galen unternommen und eingerichtet worden zu sein, was Vielen missfallen habe und oft für unbegründet gehalten werde.[289] Gerade die Leistungen der Vesal-Nachfolger in Padua, der Anatomen aus Bologna und auch seine eigenen zeigten, dass Vesal alles andere als ein vollkommenes Werk geschaffen habe.[290] Fabrici scheute sich auch nicht, an

corpus aqueum; reliquas oculi partes Medicis considerandas reliquit: quum illatum officium non sit videre, sed inservire crystallino, ut in eo fieri visio possit, aliae namque ad ipsum protegendum, aliae ad nutriendum, aliae ad movendum totum oculum pertinent. Nos igitur Aristotelem imitati, non totam oculi structuram considerabimus, sed quasdam tantum partes, quae ad id, quod in praesentia quaerimus, conferre posse videbuntur; reliqua apud Galenum legi potuerunt in *lib. 10. de Usu partium; & in libro adscripto de Oculis, & apud Averroem in I. Collectaneorum, cap. 17. & in 2. lib. cap. 15.* [...]."

286 Hieronymi Fabricii ab Aquapendente: De visione, voce, auditu. Venedig 1600. [Praefatio] f. ij*r*. „Hae aliaeque permultae causae facilè me perpulerunt, ut quod magno studio ac labore tot annis elucubratum à me opus artium & medicinae candidatis, magno adiumento esse posse arbitrabar: [...]."

287 Ebd. f. ij*r-v*. „Atque, hic etiam Vesalius quanquam ita exactè luculenterque scripsit, multis ut in rebus etiam Antiquos superavit: habet tamen non pauca & ipse, quae de summa egregij operis laude aliquid detrahant, & Clarissimo viro propè tenebras obfundant. Primùm enim & latiùs interdum evagatur, & nimius se in omnes partes fundit; neque tamen omnia, quae ad Anatomicum negotium spectant, complectitur, solam ferè prosequens dissectionem; organorum actiones & utilitates vix attingens."

288 Hieronymi Capivaccei Patavini Olim Medici praeclarissimi Opera omnia. Quinque Sectionibus comprehensa [...]. Hac quinta editione eiusdem auctoris [...]. Venedig 1606; Sectio Prima (Physiologica), Tractatum III: De methodo anatomica, Caput II, p. 13b: "Siquidem corporis humani naturam diligenter expendimus, non quidem merito sectionis, sed actionis, & usus." Vgl. hierzu auch Heikki Mikkeli: An Aristotelian Response to Renaissance Humanism. Jacopo Zabarella on the Nature of Arts and Sciences. Helsinki 1992, S. 155-159, hier S. 157f. der aber nicht auf Fabricis Vorwort zu *De visione* eingeht.

289 De visione, Praefatio, f. ij*r-v*. „Deinde omnis illa oratio tam uber & copiosa, contra unum penè Galenum videtur esse suscepta atque instituta. Quem virum & ingenio praestantissimo, & variarum rerum scientia admirabilem, & optimè de tota re medica vel inimicorum confessione meritum, tam facilè reprehendi; multi non ferunt; praesertim cum id fieri sine causa saepenumero animadvertant."

290 Ebd.: „Praeterea ne absolutum quidem quidem illius opus [sc. Vesalius'] ita est, ut nonnulli fortasse opinantur. Quam enim multa à posterioribus inventa, Realdo, Falloppio, Eustachio, Iasolino, Anatomicis Bononiensibus, alijsque non paucis? Quàm multa etiam à meipso adiecta?"

den antiken Autoritäten Kritik zu üben. Sie beruhte auf dem gängigen Topos der Unvollständigkeit von deren Werken, was Fabrici gerade durch die Vielzahl neuer Entdeckungen (*multa inventa*) der jüngeren Anatomen immer wieder bestätigt sah. Diese führten in ihren Werken ›vor Augen‹, was die antiken Autoritäten ›nicht gesehen‹ oder wo sie sich ›geirrt‹ hätten.[291] Fabrici konnte für die eigene Zeit beanspruchen, dass sie über mehr und genaueres Wissen in der Anatomie verfügte als die der antiken Autoritäten Aristoteles und Galen. Dennoch fand bei ihm eine ständige Konfrontation mit der Auffassung von Autoritäten – vor allem mit Aristoteles – statt.

So prägten die neuen Leitfragen der anatomischen Forschung – *dissectio*, *actio* und *utilitas* – beispielsweise die Darstellung von Fabricis Anatomie des Auges, das unter die *anima sensitiva* fällt: Im ersten Teil von *De visione sive de oculo visus organo* beschreibt er den inneren Bau des Auges, d.h. die Tuniken, die Netzhaut, die Flüssigkeiten und den optischen Nerv.[292] In der exakten Beschreibung der praktizierten Sektionsmethoden (z.B. die Längs- und Querschnitte des Augapfels) liegt denn auch Fabricis spezifische Kompetenz als Augenanatom.[293] Im zweiten Teil zeigt er aufgrund anatomischer und optischer Argumente, dass die kristalline Flüssigkeit (*Crystallinus humor*) das Organ des Sehvermögens ist,[294] dessen Zwecke er dann im dritten

---

291 Ebd.: „Nam quod ad Veteres attinet; satis constat, primùm multorum opera perijsse; tum ea, quae extant, ut Aristoteles & Galeni; esse eiusmodi, ut facilè appareat, multa illos fugisse, multa fefellisse."

292 De visione sive de oculo visus organo. Partis primae de oculi dissecti historia, z.B. Cap. III (De Sclerotica, hoc est, de dura tunica; & de Agnata), Cap. V (De Retina & Aranea tunica), Cap. VI-IIX (De Humore Aqueo, De Humore Crystallino, De Humore Vitreo), Cap. IX (De Nervo Optico), Cap. X (De modo dissecandi tunicas, humores, & oculi nervos).

293 Huldrych M. Koelbing: Anatomie de l'œil et perception visuelle de Vésale à Kepler. In: Le Corps à la Renaissance. Actes du XXXe colloque de Tours 1987. Hg. von Jean Céard, Marie Madelaine Fontaine und Jean-Claude Margolin. Paris 1990, S. 389-397, hier S. 395: „Elle [sc. Fabricius' Monographie *De visione*] contient un dessin anatomique de l'œil qui est fameux à juste titre [...]: une coupe longitudinale, schématique, mais qui montre, pour la première fois, le cristallin là où se trouve en réalité. Pour y arriver, et pour déterminer exactement les centres de courbure de la cornée, de la sclérotique et de la face antérieure du cristallin, Fabrice a probablement employé la méthode de congélation du globe oculaire. [...] il a disséqué les yeux d'un grand nombre d'espèce animales, et il donne des instructions originales et compétentes pour la dissection méthodique d'un œil de vertébré." Vgl. auch H. M. Koelbing: Renaissance der Augenheilkunde 1540-1630. Bern/Stuttgart 1967, S. 76f.

294 De visione sive de oculo visus organo. Partis secundae de actione oculorum, Cap. VII (Crystallinum esse visionis auctorem, evidentissima demonstratione probatur), S. 51-54, hier S. 52f.: "At verò qui in crystallino fieri visionem asseverabit, à vero non aberrabit, & suae sententiae rationem hac argumentatione, concludere poterit. sensus omnis passio quaedam est, patiendoque absolvitur; patitur autem quisque sensus à proprio obiecto, nequaquam ab alieno. Undè (omisso tactu, cuius nulla pars animalis particeps non est) neque ab odore, neque à sapore, neque à sono, oculus quicquam patitur, sed à visili tantum. hoc autem est lux, à quae ita quidem oculus patitur, ut neque manus neque alia corporis pars, à luce contacta, sed solùs oculus afficiatur, ac etiam interdum labefactetur. At quod in oculo à luce patitur, solus nervus opticus est. [...] At verò nervus non patitut, nisi propter dignoscentem: quae in eo consistit

Teil beschreibt.²⁹⁵ Nach denselben Prinzipien untersuchte Fabrici (als Teile der vegetativen Seele) auch die Genese und das Wachstum des Embryos, ferner die Funktion der Venenklappen (*ostiola*) sowie Bau und Zweck des Sprechorgans (als Instrument der rationalen Seele).²⁹⁶ Dies tat Fabrici im Bewusstsein, dass er über ›allgemeine‹ Befunde bei den Tieren (*in animalibus*) schrieb, von denen der Mensch nur ein Beispiel war.²⁹⁷

Der anatomische Teil der Argumentation über das Sehen baut auf der kontinuierlichen anatomischen Struktur zwischen der Gehirnsubstanz, dem optischen Nerv und den Partien des inneren Auges (mit Ausnahme der Hornhaut) auf.²⁹⁸ Der optische Teil, der Aristoteles und dem arabischen Autor Alhazen folgt,²⁹⁹ geht von der ›durchsichtigen‹ Eigenschaft des optischen Nervs im Auginnern aus, der sich dort zum Kristall (Linse) entwickelt habe:

facultatem; id quod tùm ex sensus actione, quae dignotio sensibilis est; tùm maximè ex obstructo intus nervo percipias, in quo statu, cùm facultas ulteriuùs tranare non possit oculum, lucem validam omnem sivè noxa admittere potest. Cum igitur nervuus, & cum eo dignoscens facultas à luce afficiatur, scire etiam licet nihil à luce pati nisi corpus quod diaphanum est. Neque mirum, cum diaphanum sit lucis materia, illa verò actus. Itaque si afficere nervum lux debet, ut nervus diaphanus sit, necessarium est. Sed id non nisi in crystallino contingit, ubi retina tunica corpulenta, & opaca in araneam diaphanam migrat. Ergò nullibi nervus patitur, praeterquam in crystallino ubi diaphanus evadit. Ergò in crystallino duntaxat fit tùm receptio, tùm dignotio; id quod videtur quoque sensisse Aristoteles dùm dicit, quod visus aquae est, non tamen accidit ipsum videre secundùm quod aqua est, sed secundum quòd perspicuum, & alibi. [De sensu & sens. c. 2 5. de gen. an. cap. primo.] Quamquam motio eius partis visio est, qua diaphana non qua humida est. Hoc ipsum voluit innuere eximius ille opticus Alhazen libro primo propos. 30. Membrum scilicet sentiens, nimirùm glacialis, non recipit formam lucis & coloris, sicut recipit aer, & alia diaphana non sentientia; sed recipit, quatenus est sentiens, & est diaphanum. Iam igitur evidentissima demonstratione probatum arbitror visionis auctorem ipsum tantummodo esse crystallinum, id quod ex nervi quoque progressu comprobare licet."

295 De visione sive de oculo visus organo. Partis tertiae de utilitatibus tum totius oculi tum partium eius, Cap. X (De Vitrei humoris utilitatibus).
296 Vgl. Hieronymi Fabritii ab Aquapendente, Equitis Sancti Marci, et olim Anatomici Supraordinarii In Florentissimo Gimnasio Patavino. Opera Physica Anatomica. De Formato Foetu. De Venarum Ostiolis. De Formatione Ovi, & Pulli. De Locutione, & eius Instrumentis. De Brutorum Loquela. Cum Indicibus Capitum; et Rerum Notatu dignarum novis, & copiosissimis, et Figuris Aenei. Padua 1625.
297 Cunningham: The Anatomical Renaissance, S. 180.
298 De visione sive de oculo visus organo. Partis secundae de actione oculorum, Cap. VII, S. 51: "Itaque adnotare in oculo est, (omissa cornea, quae nervi optici particeps non est) tria corpora diaphana, ad quae nervus, & cum eo dignoscens facultas pertingit: crystallinum, vitreum, & aqueum humorem. Vitreus, & crystallinus unam propemodum habent conditionem vel constitutionem. Etenim uterque diaphanus est, & à cerebri substantia investitur. cristallinus namque ab aranea tunica, vitreus à retina obvoluitur, ambem aut à cerebri substantia ex nervo amplificata conflaretur; tametsi à nervo quidem retina, à retina verò arachnoides, sive aranea producatur."
299 Vgl. das längere Zitat aus *De visione* oben in Anm. 294.

Der Sehnerv (*Nervus opticus seu visorius seu visivus*) wird so genannt, weil er vom Gehirn zu den Augen diejenige Fähigkeit des Erkennens leitet, die darauf in den Augen auf die sichtbaren Dinge allein beschränkt und eingeengt wird. Das vollbringt er aber nicht in seiner Eigenschaft als Nerv, sondern weil er zum durchsichtigen Medium geworden ist, was genauer im 3. Teil de usibus ausgeführt werden soll.[300]

Was den anatomischen Argumentteil zum optischen Nerv angeht, so war dieser nicht ganz voraussetzungslos gewesen. Immerhin konnte Fabrici auf die – auch seinem Mitarbeiter Giulio Casseri bekannten – Arbeiten Varolios zurückgreifen, dessen neue Methode der Gehirnsektion ›von unten‹ er zwar erwähnt, ohne jedoch die Schrift *De nervis opticis* (1573) des Bologneser Anatomen explizit anzugeben:

> Über Länge, Ursprung und Verlauf der Sehnerven kann man nichts Sicheres von ihnen [sc. den Alten] lernen. Warum zeigt keiner, dass die Sehnerven sehr lang sind und einen langen gewundenen Weg im Hirn durchlaufen und dass sie von den hinteren Teilen des Gehirns entspringen, ja sogar dem Rückenmark selbst entstammen? Dies alles verletzt die Lehren Galens. Unsere grosse Wissenschaft ist in unserer Zeit nämlich so weit vervollkommnet, dass ungezählte Dinge, von denen die Alten nicht wussten, heute genau bekannt sind. Die Sehnerven entstammen also eher dem hinteren und unteren Teil des Gehirns. Daher sieht man sie wenn man das Gehirn umgekehrt, d.h. von unter her seziert.[301]

Auch in der Beschreibung der anatomischen Struktur, Verzweigungen und Verlauf der optischen Nerven folgt Fabricius im Wesentlichen den Angaben aus Varolios Text.[302] Ferner bleibt bei Fabrici ein weiteres bedeutendes

---

300 De visione sive de oculo visus organo. Partis primae de oculi dissecti historia, Cap. IX (De Nervo Optico), S. 14: "Nervus opticus seu visorius seu visivus ita dictus est quòd à cerebro ad oculos eam dignoscendi deferat facultatem, quae postmodum in oculis ad visilia tantum limitatur ac contrahitur: id quod non ut nervus, sed ut diaphanus redditus facit, ut exactiùs in usibus decetur." Die dt. Übersetzung folgt Walter Birchler: Die Augenanatomie des Fabricius ab Aquapendente (1537-1619). Übersetzung von „Oculi dissecti historia" mit Kommentar. Diss. Zürich 1979, S. 37.

301 De visione sive de oculo visus organo. Partis primae de oculi dissecti historia, Cap. IX (De Nervo Optico), S. 14: "ita de nervorum opticorum longitudine, origine, ductu, nihil ab eisdem certi discere licet. Quinimmo si nervos opticos longissimos esse & circuitum longissimum in cerebro peragere, & à posterioribus cerebri partibus oriri, immò ab ipsamet spinali medulla expullulare quis ostendat; istaec omnia contra Galeni placita offendet. exculta enim magna professio nostris temporibus adeò est, ut innumera propemo dum antiquis incognita, compera sint. Nervi igitur optici potiùs à posteriore & inferna cerebri parte oriuntur. Unde eos conspicies si cerebrum aversa parte hoc est ex inferiore disseces, & eius basim superiùs colloces: [...]." Deutsche Übersetzung nach Birchler: Die Augenanatomie, S. 38. Vgl. zum Verhältnis Casseri-Varolio unten Kap. 4.10.

302 Ebd., S. 14f.: "& membranam duram auferas, inde ventriculos hinc inde & Choroidem plexum detegas. Videbis enim cerebrum duos producere veluti truncos maximos ceu crura alterum ad sinistram, alterum ad dextram: quae duo crura spinali principium praebent medullae: ab his igitur hinc inde qua cerebri priores ventriculi & plexus choroidis incipiunt etiam nervi optici expullulant, deinde longo tractu anteriùs arcuatim procedunt, donec propè reticularem plexum ses vicissim adeuntes coniungantur, ita ut sese decussatim intersecare videantur, non tamen se intersecant, sed tantummodo suis lateribus mutuò uniuntur latiores facti,

anatomisches Werk unerwähnt und zwar *De corporis humani structura et usu* (1583) des Basler Anatomen Felix Platter (1536-1614). Dort hatte Platter nämlich eine Erklärung der *visio* gegeben, die, obwohl Kepler später darauf zurückgriff, bei den Medizinern bis ins 17. Jahrhundert unakzeptiert geblieben ist.[303] Für Platter war die Netzhaut (*retina*) das primäre Organ des Sehens, indem er sie als Fortsetzung des optischen Nervs (*nervus retiformis*) beschrieb. Dieser Struktur wies er (aus heutiger Sicht richtig) die sensorische Funktion zu: Der *nervus retiformis* empfange die Formen und Farben der äusseren Dinge, während das Kristallinum lediglich als ›Vergrösserungsglas‹ (*perspicillum*) des Sehnervs fungiere.[304] Bevor wir auf Keplers Kritik an dieser Ansicht über das Kristallinum kommen, ist ein grundsätzlicheres Problem anzusprechen.

In wissenschaftsgeschichtlicher Perspektive ist den neuen Leitfragen der Paduaner Anatomie nämlich eine prinzipielle Ambivalenz inhärent: Auf der einen Seite führten sie zu der Innovation des anatomischen Wissens: Sie ermöglichten zum Beispiel Fabricis Schüler William Harvey, den wahren Zweck der Venenklappen zu eruieren,[305] der unter anderem ist, die Blutbewegung von den feineren zu den grösseren Venen zu begünstigen.[306] Aufgrund von Druckexperimenten mit dem Finger auf

---

postea verò rursus disiunguntur & dexter dextrum sinister sinistrum oculum adit, sed priùs cranium exeunt ambo per id foramen retro in oculi concavo efformatum: ubi verò oculum attigere nervus in tunicas resolvitur, sicuti dictum est." Vgl. die entsprechenden Textstellen bei Varolio oben in Kap. 2, 3.3.

303 Huldrych M. Koelbing: Ocular Physiology in the Seventeenth Century and Its Acceptance by the Medical Profession. In: Analecta medico-historica. 3: Steno and Brain Research in the Seventeenth Century, S. 219-224, hier S. 222f. Zitiert nach: David C. Lindberg: Theories of Vision from Al-Kindi to Kepler. Chicago/London 1976, S. 176 u. 274.

304 De Corporis Humani Structura et Usu Felici Plateri Bas. Medici Antecessoris Libri III. Tabulis methodicè explicati, Iconibus accuratè illustrati. Basel 1583, S. 187: „*Pars* primaria Visionis, Nervus scilicet Opticus, postquam oculum subiit, in semiglobum cavum, RETIFORMEM dilatatus: qui rerum externarum species coloresque cum splendore per foramen pupillae in oculum illapsa, illique per ipsius perspicillum, uti dicetui, representata, suscipit, diiudicatque. Hic fi. 8, q. [...] Primario, CRYSTALLINUS humor, quod perspicillum est nervi visorij atque ante ipsum & pupillae foramen collocatus, species oculo illabentes veluti radios colligit, & in ambitum totius retiformis nervi diffundens, res maiores illi, ut commodus eas perciperet, perspicilli penitus modo, representat. Hic fi. 12,13, 14, & fi. 18, 16, r." Vergleichsweise lautet aus heutiger Sicht die Deskription des optischen Nervs z.B. nach: Gray's Anatomy. The Anatomical Basis of Medicine and Surgery. 38th Edition. Edinburgh/London et al. 1995, S. 1225: "The optic nerve, mediating vision, is distributed to the eyeball. Most of its fibres are afferent, originating in retinal ganglionic neurons, but some may be efferent, their origin uncertain. Developmentally, the optic nerves and retinae are outgrowths of the brain [...]."

305 Walter Pagel: Le idee biologiche di Harvey. Aspetti scelti e sfondo storico. Milano 1979, S. 426 [engl. Originalausgabe Basel/New York 1966].

306 Exercitatio anatomica de motu cordis et sanguinis in animalibus, Guilielmi Harvei Angli, Medici Regii, & Professoris Anatomiae in Collegio Medicorum Londinensi. Frankfurt 1628, Cap. XIII (Tertium suppositum confirmatur, & esse sanguinis circuitum ex tertio supposito), S. 54-58, hier S. 56: „[...] ei [sc. motui omni sanguinis] vero qui à venis exilibus incipiens in

die Venen des Vorderarmes konnte Harvey nämlich wichtige Schlüsse ziehen zugunsten des zentripetalen Flusses des venösen Blutes und damit zugunsten der Blutkreislaufslehre.[307] Dabei sind die Zeichnungen, die seine Überlegungen in *De motu cordis* veranschaulichen, Fabricis Schrift *De venarum ostiolis* (1603) entnommen.[308] Auf der anderen Seite war dem innovativen Potential der neuen Leitfragen auch Grenzen gesetzt, wie es zum Beispiel in der Theorie des Sehens der Fall war, in der Aristoteles noch uneingeschränkt als Autorität galt.

In *big-picture*-Darstellungen der Geschichte der Augenanatomie,[309] die von Vesal zu Kepler führt, wird die Diskrepanz zwischen den ›innovativen‹ anatomischen Befunden und der ›konservativen‹ Theorie des Sehens bei Fabricius als ›Autoritätsgläubigkeit‹ taxiert.[310] Diese Sichtweise verkürzt jedoch den Blick auf die epistemische Situation, um die es hier geht. Das Kristallinum-Beispiel ist nämlich insofern von Interesse, als an ihm der komplexe Prozess der Transformation von Wissensansprüchen im Spannungsfeld von Aristotelismus (Fabrici), Augenanatomie (Platter) und mathematischer Erklärung des Sehens (Kepler) verfolgt werden kann. Dabei macht es freilich wenig Sinn, die (aus heutiger Sicht richtige) optische Theorie Keplers als Bezugspunkt zu bestimmen, denn von da aus kann die Theorie der *visio* der Mediziner nichts anderes als Unverständnis hervorrufen. Was fehlt, ist eine Erklärung, weshalb Aristoteles' Theorie nach den Arbeiten Keplers auf Dauer nicht mehr aufrechtzuerhalten war. Zu fragen ist also, vor welchen *autoritätstheoretischen* Annahmen die Mediziner argumentierten. Denn der Stabilität der *opinio* des Aristoteles diente nicht nur die Tradition der Kommentare zu *De anima*[311] und zu *De*

---

maiores desinat, obsecundent liberamque & patentem viam expediant." (Zitiert nach dem Neudruck Milano: 2003. Introduzione, traduzione italiana e note di Giuseppe Ongaro). Im Galenischen System wird das Blut, das zentrifugal vom Herzen zu den Körperextremitäten fliesst, gänzlich verbraucht und muss deshalb (in der Leber) ständig regeneriert werden.

307 De motu cordis, Introduzione S. XVIf.
308 Hieronymi Fabrici ab Aquapendente Anatomici Patavini De Venarum Ostiolis. Padua 1603, S. 1-22, hier S. 8f. u. Tabulae Secundae, fig. 1.
309 Vgl. zu der ›big-picture History of Science‹ jetzt die von Robert E. Kohler, Paula Findlen und Steven Shapin initiierte Debatte: Focus: The Generalist Vision in the History of Science. In: Isis, 96: 2 (2005), 224-243.
310 Vgl. etwa Koelbing: Anatomie de l'œil et perception visuelle de Vésale à Kepler, S. 395: „Mais que fait-il de toutes ces observations? A peu près rien! Fabrice a bien contribué à l'essor de l'anatomie du XVIe siècle, mais ses connaissances approfondies ne lui servent qu'à confirmer des doctrines anciennes, [...]. C'est difficile à comprendre: son observation, personelle et nouvelle, de la vraie position du cristallin, immédiatement derrière la pupille, n'influence en aucune manière les idées de Fabrice sur le fonctionnement de l'œil! [...] Son traité *De visione* est une vraie somme du savoir de son siècle – avec une lacune significative: tout ce qui pourrait mettre en doute le rôle primordial, la fonction sensitive du cristallin est écarté de ce texte érudit, prolixe et, par conséquent, souvent pénible à lire. Aucune perspective ne s'ouvre vers l'avenir."
311 Zur Idee der Wahrnehmung als ›Erleiden‹ bzw. als Vermögen zum Aufnehmen immaterieller

sensu et sensato aus Aristoteles' *Parva naturalia*,[312] auf die Fabrici in *De visione* extensiv zurückgreift.[313] Es gilt auch – viel wichtiger noch –, die ›Theorie des Zeugnisgebers‹ in den Logikhandbüchern zu berücksichtigen.[314] Die Vertrauenswürdigkeit der Autorität und damit die Geltung des optischen Arguments ist nämlich von der Annahme geleitet, dass es sich bei dem Urteil der Autorität um Kenntnisse eines Fachexperten handelt, der in seinem Fach (hier in der Optik) über spezifische Kompetenzen verfügt.[315] Aufgrund der grundlegenden epistemologischen Unterscheidung zwischen sogenannten ›künstlichen‹ (oder inhärenten) und ›kunstlosen‹ (oder extrinsischen) Argumenten in der antiken Rhetorik und Topik[316]

    Formen vgl. De anima, Ioanne Argyropylo Interprete, II, 5, 416b: „fit itaque sensus, cum movetur atque patiatur aliquid, uti diximus"; De anima, II, 12, 424a: „Hoc autem universaliter accipere de omni sensu oportet, sensum inquam id esse quod sensibiles sine materia formas suscipere potest, perinde atque annuli signum sine ferro vel auro suscipit cera." (Zitiert nach: Aristoteles Latine, S. 217a u. 220b).

312 Zur Idee, dass das Sehen einem durchsichtigen Medium eigne, vgl. Naturalia parva Francisco Vatablo et Nicolao Leonico Interpretibus, De sensu et sensili, 2, 438a: „non tamen visio fit ut est aqua, sed ut translucet" (Aristoteles Latine, S. 227b.). Zu *De sensu* als Schlüsseltext des naturphilosophischen und medizinischen Studiums an italienischen Universitäten des 16. Jahrhunderts vgl. Charles B. Schmitt: Aristotle among the physicians. In: The medical renaissance of the sixteenth century, S. 10.

313 Sogar im einflussreichen Kommentar des Aphrodisiers; vgl. De visione sive de oculo visus organo. Partis secundae de actione oculorum, Cap. VII, S. 51: "Itaque cum lux omnes crystallini, seu araneae partes penetraverit, & lucidas fecerit, dignoscendi facultas quae in ijs sedem habet luce affecta, & quodammodo lucida facta, & in agentis natura mutata; lucem dignoscit, non quidem puram, quae dignoscentem facultatem corrumpit; sed lipsam affectam; affectam (inquam) colore, magnitudine, & alijs." [Alex. De sen. et sens. Com. 9]. Alexander hatte Aristoteles' Theorie des Sehens auch in seinen eigenen Schriften über die Seele diskutiert: vgl. Alexandri Aphrodisiensis Peripatetici Doctissimi, Quaestiones Naturales et Morales et de Fato […], De Anima Liber Primus, Hieronymo Donato patritio Veneto interprete. De anima liber ij unà cum commentario de Mistione, Angelo Caninio Anglariensi interprete, Venedig 1549, bes. De anima liber secundus, Cap. XXXVIII (*Quomodo iuxta Aristotelem visio fiat*), S. 55*va*: „Videtur igitur Aristoteli, quemadmodum aliae sensationes fiunt, patientibus aliquid ipsis sensoribus, ita quoque visionem patiente visu fieri. Sed non eo emittente aliquid, nisi aliquis pati dicat esse gerere. Patitur autem, non qua defluentia quaedam à rebus visis excipiat, sed perspicuo, quod inter visum & rem visam est, alterato quodammodo à visili, & formam à re visili, visivi repraesentante. Omne enim translucidum, quoties actu tale fuerit (lumen est actus perspicui, quatenus perspicuum est) perspicuum igitur actu, vertitur ac commutatur, patiturque à coloribus eodem modo, quo perspicuum in potestate per praesentia eius, quod ad illuminandum natura aptum est, mutatum illuminatur."

314 Rick Kennedy: A History of Reasonableness: Testimony and Authority in the Art of Thinking. Rochester 2004, S. 4: "Authorities are the trusted sources of testimony. Since classical times students have been taught that what we know by testimony we know by authority." Vgl zur ›Theorie des Testimoniums‹ ausführlicher unten Kap. 4.4. in dieser Arbeit.

315 Vgl. zum Beispiel das Logikhandbuch von Petrus Hispanus: Tractatus (called afterwards) Summulae Logicales [ca. 1230]. Hg. von Lambert M. De Rijk. Assen 1972, V (De loco ab auctoritate), S. 75f.: „Auctoritas, ut hic sumitur, est iudicium sapientis in sua scientia. […] unicuique experto in sua scientia credendum est."

316 Kennedy: A History of Reasonableness, Kap. 1, hier S. 22-36 (über Cicero und Quintilian).

basiert Fabricius' Verwendung eines kunstlosen Arguments (›von aussen an die Sache herangetragen‹) also auf der Annahme, dass das Urteil des glaubwürdigen Zeugen (hier Aristoteles) auf der direkten Kenntnis der Sache oder auf Autopsie beruht. Solange diese Annahme gilt, ist es sinnlos, von Fabricius zu verlangen, das *argumentum ab auctoritate* aufzugeben. Das ändert sich nun bei Kepler, der genau diese Kompetenz des Zeugnisgebers in Frage stellt.

So war es kein Zufall, dass Kepler sich in der *Astronomiae pars optica* von 1604 gerade mit der *sententia Aristotelis* aus cap. 2 von *De sensu* sowie mit den Ansichten der Anatomen und Optiker, die ihr gefolgt waren, intensiv auseinandersetzte.[317] Neben Platter erwähnt Kepler unter den Anatomen auch Iohannes Iessenius von Iessen, der 1588 in Padua als Student der *Natio germanica* eingeschrieben war und später zuerst in Wittenberg und dann in Prag Chirurgie und Medizin lehrte.[318] Iessenius werde als Vergleich herangezogen, weil dieser nicht nur seinem Lehrer Fabrici folge, sondern auch sehr viel eigenständige anatomische Arbeit geleistet habe. Kepler musste also spätestens durch den befreundeten Anatomen sehr wohl auch Fabricius' *De visione* zur Kenntnis genommen haben. Der Mathematiker und Astronom am kaiserlichen Hof Rudolphs II in Prag hatte aber vor allem die anatomischen Tafeln in Platters Werk konsultiert und besonders die Detailzeichnungen zur Anatomie des Auges und deren Beschreibungen aus der Tabula 49 in der *Astronomia pars optica* abdrucken lassen.[319] Den stärkeren Krümmungsradius der Hornhaut (*cornea*) allerdings, den Platter nicht beachtet hatte, ergänzte Kepler auf diesen Zeichnungen „ex observatione aliorum", vermutlich vor allem

---

317 Vgl. Ad Vitellionem Paralipomena, Quibus Astronomiae Pars Opticae Traditur; [...]. Tractatum luculentum de modo visionis, & humorum oculi usu, contra Opticos & Anatomicos, Authore Ioanne Keplero, S.C.M. Mathematico. Frankfurt 1604. Im Folgenden zitiert nach: Johannes Kepler: Gesammelte Werke. Bd. 2: Astronomiae pars opticae. Hg. von Franz Hammer. München 1939, Cap. V, 4 (Consideratio eorum, quae Optici et Anatomici de visionis modo dixerunt), S. 183-189, hier S. 183: „Haec tota sententia (quamvis se authore iactet ARISTOTELE, qui τοῦ ὄμματος, τὸ ὁρατικὸν ὕδατος esse ait cap. 2. de sensu et sensibilibus) prosternitur, resecto crystallino, à nervo et à retina, nexoque cum vuea, quod supra ex PLATERO ostensum est."

318 Zu Ioh. Iessenius vgl. Matricula Nationis Germanicae Artistarum in Gymnasio Patavino (1553-1721), Ausgabe Rossetti, S. 75f.

319 Astronomiae pars opticae, Cap. V, 1 (Oculi anatome), S. 144: „Consului potissimùm FELICI PLATERI tabulas de corporis humani structura et usu, quae anno 1583 editae meruerunt hoc anno 1603 recudi; quo cum comparavi D. IOANNIS IESSENII à IESSEN amici mei Anatomiam Pragensem: propterea quòd is non tantum AQUAPENDENTIUM se potissiumùm sequi profiteatur, sed et suopte Marte plurimùm Anatomicis laboribus impenderit: [...]." Zur Tabula 49 vgl. auch ebd., Cap. V, 2 (Modus visionis), S. 159-161 sowie Platter: De Corporis Humani Structura et Usu, Liber Tertius, Corporis humani partium per icones delinearum explicatio. Tabula XLIX. Oculus, illiusque Tunicae & Humores. Auditus organum, S. 49.

aufgrund der exakten Messungen des Fabricius'.³²⁰ Das zeigt wiederum, dass die Stärke der Paduaner Anatomen in der *dissectio* bzw. in der genauen anatomischen Beobachtung, Beschreibung und Darstellung von neuen Wissensansprüchen lag. Platter präsentierte in seinem eigenen Werk die Resultate einer mehr als dreissigjähriger anatomischer Erfahrung, die er in Frankreich, Deutschland und vor allem an der Basler Akademie im familiären Kreis kontinuierlich erworben habe, wo er bei mehr als fünfzig Körpersektionen selbst Hand anlegte. Dabei bildete für Platter die Kenntnis der Struktur des menschlichen Körpers nicht nur das Fundament der *ars medica*, sondern auch der übrigen Disziplinen.³²¹ Das galt um 1600 insbesondere auch für die neue optische Theorie Keplers, für welche die zeitgenössische Augenanatomie eine zentrale Voraussetzung bildete.

Was Kepler in seinem Werk nun sukzessive demontierte waren die Grundannahmen der aristotelischen Theorie und deren naturphilosophischen Prinzipien.³²² Zunächst betrifft dies die Idee, dass das Sehen einem durchsichtigen Medium eigne. Es sei argumentativ und experimentell gezeigt worden, dass ein Gegenstand oder die Hemisphäre

---

320 Astrononomiae pars opticae, Cap. V, 2, S. 159 u. 161. Vgl. hierzu auch Koelbing: Renaissance der Augenheilkunde, S. 77f.
321 De Corporis Humani Structura et Usu, Praefatio: „Mox verò, stimuli praesertim huius occasione, Medicae arti animum adjiciens, cùm humani corporis structurae notitiam, non tantùm fundamentum illius artis, sed & reliquarum disciplinarum veluti fontem esse perspicerem: ut huius pleniorem, &, si fieri posset, absolutam aliquam cognitionem consequerer, iam annis plus quam triginta, primum in Gallia, subinde in Germania, praesertim verò in Academia hac nostra Basiliensi, cui Anatomes exercitium familiare & consuetum reddidi, quinquaginta amplius humanorum corporum sectionibus manus adhibui, & quae ex horum sedula investigatione peti potuerunt, adhibitis interim alijs quoque animantibus, alirumque observationibus, diligenter perquisivi: [...]."
322 In der (mir bekannten) Literatur über Keplers Optik ist dieser Aspekt kaum beachtet: David C. Lindberg: Theories of Vision from Al-Kindi to Kepler, S. 178-208 setzt den Akzent auf Keplers Auseinandersetzung mit den mittelalterlichen Autoren ("perspectivists"). Volker Bialas: Johannes Kepler, München 2004, S.111f weist auf die Auseinandersetzung Keplers mit den Ansichten des Aristoteles über Licht und Farbe am Ende von Kap. 1 der Optik hin. Obwohl Kepler dort dem Leser mitteilt, dass er sich erst im Kap. 5 mit dem Auge und der Sehtheorie beschäftigen werde, seien Aristoteles' Argumente derart gestaltet, dass nur Weniges aus dem fünften Kapitel entlehnt werden müsse; vgl. Astronomiae pars opticae, Appendix ad Caput Primum: Et Ventilatio Argumentorum Aristotelis De Visione Lib. 2. De Anima Cap. 7, S. 38-46. Vgl. auch Johannes Kepler: Optics. Paralipomena to Witelo & Optical Part of Astronomy. Translated by William H. Donahue. Santa Fe, New Mexico 2000, S. 42-54. Vgl. ferner auch folgende neueren Arbeiten zu Kepler: Miscellanea Kepleriana. Festschrift für Volker Bialas zum 65. Geburtstag. Hg. von Friederike Bookmann et al. Augsburg 2005; Natacha Fabbri: Cosmologia e Armonia in Kepler e Mersenne. Contrappunto a due voci sul tema dell'*Harmonice mundi*. Firenze 2003; Massimo Bucciantini: Galileo e Keplero. Filosofia, cosmologia e teologia nell'Età della Controriforma. Torino 2003; Gerd Graßhoff/Hubert Treiber: Naturgesetz und Naturrechtsdenken im 17. Jahrhundert. Kepler – Descartes – Cumberland. Baden-Baden 2002, bes. 11-102; Angelo Maria Petroni: I modelli L'invenzione e la Conferma. Saggi su Keplero, la rivoluzione copernicana e la »New philosophy of Science«. Milano 1990.

der externen Welt auf der hohlen Wand der Netzhaut abgebildet werde; gewiss sei auch, dass die Strahlen der vielen Punkte eines sichtbaren Objekts in dem einen Punkt des Kristallinums zusammen kommen. Schliesslich sei klar, dass das Bild im dunklen Teil des Auges (*in nigro oculi*) erscheine. Das Sehen komme unbestreitbar durch dieses Bild zustande.[323] Die neue Weise, die *visio* zu erklären, versteht diese denn auch nicht mehr als *actio* im aristotelischen Sinn als etwas, was ein Organ als Vermögen besitzt. Die *visio* sei nicht deswegen eine *actio*, weil die Abbildung (*illustratio*) des externen Objekts auf der Netzhaut eine *actio* sei, sondern im Gegenteil, die *visio* sei passiv: das, was vom Auge rechts steht, kommt auf dem Bild links zu liegen, wobei der wahrgenommene Gegenstand auf der Netzhaut umgekehrt erscheint.[324] Kepler beschränkt sich auf die optische Theorie und überlässt wahrnehmungspsychologische Fragen den Medizinern:[325] So etwa die Frage, wie das Bild durch die visuellen ›Geister‹ (*spiritus visorii*) der Netzhaut und des Sehnervs zusammengefügt werde, ob es durch diese *spiritus* ins Gehirn bzw. vor die urteilende Instanz der *facultas visoria* bzw. der Seele gelange und ob eine solche *facultas visoria* gegeben sei, die – vom Gehirn aus zum *nervus sensorius* und *retiformis* in niedere Urteilszonen herabsteigend – diesem Bild entgegenkomme.[326]

Als Astronom beschäftigte sich Kepler mit Atmosphärenoptik und war also an Phänomenen der Brechung des Lichts durch das Medium der Luft interessiert.[327] Umso wichtiger war daher Keplers Destruierung von Platters

---

323 Astronomiae pars opticae, Cap. V, 4, S. 184: „Demonstratum est rationibus et experimentis certissimis, picturam rei seu hemisphaerii statui ad cavum parietem retiformis, sublatâ planè confusione omni radiorum. Certum deinde est, multorum aspectabilis hemisphaerii punctorum radios confluere in unum crystallini punctum. Denique sensu patet, idolum seu imaginem contrastantis apparere in nigro oculi. DEMOCRITUS igitur antiquitus, ut est apud ARISTOTELEM de sensibilibus cap. 2. visionem fieri dixit per hanc imaginem seu idolum. VITELLIO dixit, visionem fieri per confusam illustrationem crystallini. Ego dico, visionem fieri per hanc confessam et invictè demonstratam picturam."

324 Ebd., S. 185: „Nam qui tibi dexter est oculus, is imagini tuae fit sinister. [...] Itaque si te movet inversio huius picturae, metuisque, ut inversionem hanc sequatur et inversa visio, sic velim perpendas. Quemadmodum non ideo visio est actio, quòd illustratio sit actio, sed contraria actioni passio: [...]." Vgl. zur geometrisch-mathematischen Rekonstruktion von Keplers Theorie des retinalen Abbildes Lindberg: Theories of Vision from Al-Kindi to Kepler, S. 193-202.

325 Lindberg: Theories of Vision from Al-Kindi to Kepler, S. 203.

326 Astronomiae pars opticae, Cap. V, 2, S. 151f.: „Visionem fieri dico, cùm totiu hemisphaerii mundani, quod est ante oculum, et amplius paulò, idolum statuitur ad album subrufum retinae cavae superficiei parietem. Quomodo idolum seu pictura haec spiritibus visoriis, qui resident in retina et in nervo, conjungatur, et utrum per spiritus intro in cerebri cavernas ad animae seu facultatis visoriae tribunal sistatur, an facultas visoria, ceu quaestor ab Anima datus, è cerebri praetorio foras in ipsum nervum visorium et retinam, ceu ad inferiora subsellia descendens, idolo huic procedat obiam, hoc inquam Physicis relinquo disputandum."

327 Fritz Krafft zufolge kam Kepler 1603/04 aus der Notwendigkeit heraus, zu erfahren, ob seine gegenwärtigen physikalischen Vorstellungen (Ovalbahn der Planeten, Flächensatz) und

Ansicht über die Funktion des Kristallinums als ›Linse‹ des Sehnervs. Der Basler Anatom habe diese Auffassung aus einem Experiment gewonnen, in dem sich der *crystallinus humor* – nach seiner Absonderung von den übrigen Flüssigkeiten – als Vergrösserungsglas benutzen liesse.[328] Kepler widerspricht Platter aufgrund anatomischer und mathematischer Argumente über die Brechung und Ausbreitung von Lichtstrahlen im Auginnern sowie ihrem Zusammenlaufen in einem Punkt auf der Netzhaut. Zwischen dem Kristallinum und der Netzhaut gebe es keinen Punkt, in dem die Strahlen von den verschiedenen Punkten eines sichtbaren Objekts zusammenkommen; dabei folge er der *Propositio XII*, die im mathematischen Teil über die Optik des Kristallinums formuliert ist.[329] Nach diesem Lehrsatz verhalte es sich deshalb so, dass der Bildausschnitt auf der Netzhaut in der Nähe des Kristallinums eher kleiner als grösser erscheine.[330] Kepler stellt damit die Kompetenz des Zeugnisgebers in Frage: Denn um den *modus visionis* zu erklären, sind anatomische und optische Kompetenzen zwar notwendig, aber nicht hinreichend, es sind zusätzlich mathematische Kompetenzen gefragt, die Kepler den Medizinern explizit abspricht. Platter, so Kepler, sei nicht weit vom Wahren gewesen, eben so weit, wie ein Mediziner, der sich nicht mit Mathematik beschäftige, gelangen könne.[331] Und das sagt er, um Platters anatomische Arbeit zu würdigen.

Damit kann die Lektüre von Aristoteles' *De anima* im 16. Jahrhundert als

---

die verwendeten Braheschen Messdaten exakt waren, dazu, sich mit optischen Problemen zu beschäftigen. In der Optik gelang ihm unter anderem, die absolut geradlinige Ausbreitung des Lichts nachzuweisen. In Keplers Verständnis der Astronomie "[müssen] diese quantitativen Strukturen den optischen Erscheinungen entsprechen [...] und umgekehrt," so dass auch die Erscheinungen Auskunft geben können, ob die richtige physikalische Theorie gefunden worden ist. Vgl. Johannes Kepler: Astronomia Nova. Neue, ursächlich begründete Astronomie. Übersetzt von Max Caspar. Durchgesehen und ergänzt sowie mit Glossar und einer Einleitung versehen von Fritz Krafft. Wiesbaden 2005 [München ¹1929]. Einleitung, S. V-LIX, hier S. XLV.

328 Astronomiae pars opticae, Cap. V, 4, S. 187: „Videtur PLATERUM in hanc sententiam induxisse id experimentum anatomicum, quod ex aliis Medicis audivi, scilicet si crystallinus humor seorsim enucleatus ab humoribus caeteris minutulis literis superimponatur, representare illas maiores."

329 Ebd., Cap. V, 3 (Demonstratio eorum, quae circa modum visionis de crystallino dicta sunt), S. 169: „PROPOSITIO XII *Radii à diversis ad idem densioris superficiei punctum venientes, secant sese in illo, et superioris radiationis refractus fit inferior.*"

330 Ebd., Cap. V, 4, S. 186: „Oculum enim sic in latum illustrant res visibiles plures, ut tamen et in idem centrum quasi coëant, et sectione (vel quasi) factâ, ab eodem unico puncto excipiantur in retinam. Tunc itaque perspicilla convexa praestare possunt, ut à re quapiam maior superficies retinae occupetur. At inter crystallinum et retinam nullum est punctum concursus radiorum ex diversis rei punctis venientium, per 12. praemissam: quare potius minor fit portio illustratae retinae propter crystallinum, quàm maior."

331 Ebd., Cap. V, 4, S. 187: „Confer iam modum verum visionis à me propositum cum illo PLATERI, videbis, clarissimum virum, non longiùs à vero abesse, quàm quantum professione Medicum, qui Mathematica non deditâ operâ tractat, abesse consentaneum est."

relevanter Faktor in der komplexen Dynamik von Wissenschaftsprozessen ausgewiesen werden. Dabei kommt dem Textgenre des Kommentars als Lehrform eine wichtige Funktion in der Darstellung und Vermittlung von Wissen zu, das nicht unbedingt immer nur steril bleiben musste. Denn einmal leitete der *De anima*-Kommentar die Akteure in ihrem Versuch, neues Wissen über den Körper zu ermitteln, einmal diente er als Negativfolie, die dazu stimulierte, selbstständige Untersuchungen zu unternehmen und neue Problemlösungen zu finden. So sind gerade vor dem Hintergrund einer mikroskopischen Analyse der Kommentierung der aristotelischen Seelenschrift und deren Wirkung die kleinen Schritte zu erkennen, welche das auf diesem Text beruhende Wissen – wie bei Harvey – signifikant erweitert oder – wie im Fall der optischen Theorie – gänzlich eliminiert haben.

3. Kapitel:
Anthropologie in Deutschland um 1600

1. Die Ambivalenz des Seelenbegriffs: Rudolph Goclenius und Julius Caesar Scaliger – Einleitung

Die Transformation des Aristotelismus im 16. Jahrhundert, die aus der Auseinandersetzung zwischen der scholastischen und der naturalistischen Lektüre des Aristoteles hervorgegangen war und zur Ausdifferenzierung von Metaphysik und Naturphilosophie geführt hatte, bildete auch den Hintergrund für die Etablierung der ›Anthropologie‹ als eigenem Textgenre um 1600. Dass die Diskussion um diese beiden Formen des Aristotelismus auch jenseits der Alpen im deutschen Reich Fuss fassen konnte, hängt in relevanter Weise mit der Rezeption von Julius Caesar Scaliger (1484–1558) durch den Marburger Professor für Logik und Physik Rudolph Goclenius (1547–1628) in den 1590er Jahren zusammen.[1] Zwischen 1590 und 1606 setzt sich Goclenius in einer Reihe von kleineren – bislang kaum beachteten – akademischen Abhandlungen mit zentralen Aspekten des Seelenbegriffs Scaligers auseinander, die dieser in seinem einflussreichen Werk – den *Exotericae exercitationes* (1557) – dargelegt hatte, dem Werk, das Scaliger gegen die Schrift des Arztes Girolamo Cardano (1501–1576) *De subtilitate* geschrieben hat.[2] Aus Goclenius' Auseinandersetzung mit der Seelenkonzeption des *medicus philologus*[3] gehen wichtige Veränderungen in der Auffassung der

---

1 Eine neuere Bibliographie über Julius Caesar Scaliger findet sich bei Perfetti: Aristotle's Zoology and its Renaissance Commentators, bes. S. 155–158; vgl. zu Leben und Werk Scaligers auch den Sammelband: Acta Scaligeriana. Actes du Colloque International organisé pour le cinquième centenaire de la naissance de Jules-César Scaliger (Agen, 14–16 septembre 1984). Hg. von J. Cubelier de Beynac und M. Magnien. Agen 1986, bes. den Beitrag von Adelin Charles Fiorato: Jules-César Scaliger bien ou mal sentant, S. 13–33; vgl. zu biographischen und namenskundlichen Fragen auch Myriam Billanovich: Benedetto Bordon und Giulio Cesare Scaligero. In: Italia Medioevale e Umanistica, XI (1968), S. 187–256. Zur Bibliographie über Rudolph Goclenius vgl. den Beitrag von Gideon Stiening: ›Psychologie‹. In: Melanchthon und die Marburger Professoren, S. 315–344, hier S. 321.

2 Vgl. Julius Caesar Scaliger: Exotericarum exercitationes liber quintus decimus de subtilitate ad Hieronymum Cardanum. Lutetiae [Paris] 1557. Vgl. zu Girolamo Cardano den Sammelband: Girolamo Cardano. Le opere, le fonti, la vita. Hg. von Marialuisa Baldi und Guido Canziani. Milano 1999; vgl. auch Anthony T. Grafton: Cardanos Kosmos. Die Welt und Werke eines Renaissance-Astrologen. Berlin 1999; Nancy G. Siraisi: The clock and the mirror. Girolamo Cardano and Renaissance Medicine. Princeton 1997.

3 Herbert Jaumann: Iatrophilologia. Medicus philologus und analoge Konzepte in der frühen Neuzeit. In: Philologie und Erkenntnis. Beiträge zu Begriff und Problem frühneuzeitlicher ,Philologie'. Hg. von Ralph Häfner. Tübingen 2001, S. 151–176. Julius Caesar Scaliger wird unter den „herausragende[n] Vertreter[n] der humanistischen und ,philologischen' Medizin" (ebd., S. 157) genannt.

Seele (*anima*) hervor, die sich auf die Entwicklung der *anthropologia* prägend auswirken. Aus dieser Debatte um den Seelenbegriff ist ferner auch die Genese von Goclenius' Wende zur Metaphysik in der *Isagoge in Peripateticorum et Scholasticorum Primam Philosophiam, quae dici consuevit Metaphysica* (1598) zu erklären, die sich somit als Gegenprojekt zur Anthropologie ausbildet.[4] Bedeutend ist Goclenius' ›metaphysische Wende‹ auch deshalb, weil sie die deutsche protestantische Tradition der Metaphysik einleitet und zwar parallel und unabhängig von der spanischen in dem Werk von Francisco Suárez' *Disputationes Metaphysicae* (1597), das in Deutschland um 1600 ebenfalls rezipiert wird;[5] so etabliert sich Goclenius' *Isagoge* in Deutschland auch als Lehrbuch für den akademischen Unterricht.[6]

Dieses Kapitel untersucht in einem ersten Schritt einige Argumente Scaligers über die Seele, mit denen sich Goclenius in der Schrift *Adversaria ad exotericas exercitationes* (1594) kritisch auseinandersetzt.[7] Speziell betrifft dies Scaligers Ausführungen über die vegetative Seele, die naturalistischen Lehren im Werk des *medicus philologus*. Dabei wird der Marburger Professor auf die Ambivalenz aufmerksam, die dem *anima*-Begriff konstitutiv zugrundeliegt. Scaliger verwendet nämlich den Begriff *anima* sowohl als Bezeichnung für die wesensspezifische Seele des Menschen (*anima intelligens/informans*) als auch um das vegetativ-plastische Vermögen der Seele im Bildungsprozess der Embryogenese (*anima formans*) zu beschreiben. Goclenius bemüht sich seinerseits, den Unterschied zwischen der *anima intelligens* als Form des menschlichen Körpers und der *vis intelligens*, dem begrifflichen Vermögen der menschlichen Seele, deutlich zu machen. In der Folge trennt er die Bereiche *natura* und *anima* systematisch. Biologische

---

4   In der Forschung wird viel über die „Genesis des Isagoge-Unternehmens" spekuliert, wobei der Scaliger-Horizont zwar erwähnt, jedoch kaum erforscht ist; vgl. etwa die Einleitung von Hans Günter Zekl in seiner Edition von Rudolph Goclenius: Isagoge. Einführung in die Metaphysik 1598. Übersetzt, mit einer Einleitung, Anmerkungen und einem Verzeichnis von Autoren und Werken versehen von Hans Günter Zekl. Würzburg 2005, S. 11-34, Zitat 25. Vgl. auch Gideon Stiening: „Partes Metaphysicae sunt duae: Deus & Mentes." Anmerkungen zur Entstehung und Entwicklung der Psychologie als Metaphysica specialis zwischen Rudolph Goclenius und Christian Wolff. In: Die Psychologie Christian Wolffs. Systematische und historische Untersuchungen. Hg. von Oliver-Pierre Rudolph und Jean-François Goubet. Tübingen 2004, S. 207-226.

5   Isagoge, Ausgabe Zekl, Einleitung des Hg, S. 19.

6   Isagoge, Ausgabe Zekl, Einleitung des Hg, S. 23. Vgl. auch Hans-Ulrich Musolff: Wiederkehr der Metaphysik und moderne Bildungstheorie. Zur Interpretation der Schulphilosophie in Curricula des 17. Jahrhunderts. In: Anfänge und Grundlegungen moderner Pädagogik im 16. und 17. Jahrhundert, S. 139-188.

7   Beim vorliegenden Kapitel handelt es sich um eine überarbeitete und erweiterte Fassung des folgenden Beitrages: Simone De Angelis: Zwischen *generatio* und *creatio*. Zum Problem der Genese der Seele um 1600 – Rudolph Goclenius, Julius Caesar Scaliger, Fortunio Liceti. In: Säkularisierung in den Wissenschaften seit der Frühen Neuzeit. Hg. von Lutz Danneberg et al. Bd. 2: Zwischen christlicher Apologetik und methodologischem Atheismus. Berlin/New York 2002, S. 94-144.

Prozesse werden vom *anima*-Begriff abgekoppelt und dem Naturbegriff zugeordnet; die (vom Körper abgelöste) Seele wird in der Wissenschaft der Metaphysik behandelt, in der *anima* nunmehr mit *mens* identifiziert wird.

In einem zweiten Schritt wird gezeigt, in welcher Hinsicht diese doppelte Behandlung der Seelenlehre durch Goclenius – einmal ihre ›Metaphysierung‹ und einmal ihre ›Physikalisierung‹ – in historischer Perspektive einen (nicht-beabsichtigten) säkularisierenden Effekt hat, der sich unter anderem in den ›Wissenschaften des Lebens‹ des 17. und 18. Jahrhunderts manifestieren wird. Goclenius' Strategie der differenzierenden Behandlung der Seelenlehre verfolgt primär den Zweck, das Göttliche im Menschen – nämlich die *vis intelligens* oder das denkende Vermögen – vom Körperlich-Materiellen zu trennen. Denn spricht man nicht mehr von der *vis plastiké* der *anima*, sondern der *natura*, dann scheint für Goclenius die Gefahr einer Verwischung der Grenze zwischen den Bereichen von *natura* und *anima* (Intellekt) gebannt zu sein. Hat man, mit anderen Worten, den Realitätsbereich biophysischer Prozesse aus dem *anima*-Begriff ausgesondert, dann werden bildende Kräfte der Natur bzw. der Materie auf eine (auch in theologischer Hinsicht) unproblematische Weise denkbar. Denn in der Materie – so hat man im 16. Jahrhundert angenommen – gibt es nichts Göttliches. Und die natürlichen Prozesse – so unsere Autoren – werden von Gott (als äusserer Wirkursache) gelenkt, der auch den rationalen Teil der menschlichen Seele durch einen Schöpfungsakt in den Menschen einpflanzt.

Die disziplinäre Differenzierung im ›System der Wissenschaften‹ um 1600 wirkt sich darüber hinaus auf den Naturbegriff aus, auf den nun die Eigenschaften und Funktion(en) der Seele – die vegetativ-plastische aber auch die perzeptive – übertragen werden (Fortunio Liceti). Dieser Naturbegriff beeinflusst wiederum die Entwicklung der ›Wissenschaften des Lebens‹ des 17. Jahrhunderts (Francis Glisson) und des 18. Jahrhunderts (Albrecht von Haller), wo die Folgen von Goclenius' Differenzierungs- und Trennungsstrategie vollends zum Tragen kommen.[8]

2. Die Darstellungsform des anthropologischen Gegenstandes in Goclenius' *Adversaria ad exotericas exercitationes* (1594)

Aber worin bestand Goclenius' Interesse für Scaligers *Exercitationes*? Diese Frage sollte in erster Linie aus dem Inhalt von Scaligers Lehren im Text

---

8   Wie sich die Debatte um die bildenden Kräfte der Materie in der Embryologie der 1750er und 1760er Jahre konkret gestaltete, habe ich an einem anderen Ort ausführlich dargelegt: vgl. Simone De Angelis: Von Newton zu Haller. Studien zum Naturbegriff zwischen Empirismus und deduktiver Methode in der Schweizer Frühaufklärung. Tübingen 2003, S. 439-477; vgl. auch ders.: Unbewußte Perzeptivität und metaphysisches Bedürfnis.

der *Exercitationes* selbst beantwortet werden. Einige Sätze aus dem Text der *Exercitatio Sexta*, 11 können hierzu einen ersten Aufschluss geben. Julius Caesar Scaliger, der auch Kommentator von Aristoteles' naturalistischem Werk *De historia animalium* gewesen war,[9] ordnet die Frage nach der Genese der Seele in den Gesamtzusammenhang der in der Natur existierenden Lebensprozesse ein. So stehen die Formen der *anima* im Bereich der belebten Natur genauso im Zentrum seines Interesses wie die Genese der menschlichen Seele. Die *Exotericae exercitationes* enthalten daher sowohl Texte zu der Natur und Funktion der *anima vegetativa*, in denen ein differenziertes biologisches und embryogenetisches Wissen ausgebreitet wird, als auch Texte philosophisch-theologischen Inhalts, wie die *Exercitatio* 307, 20, die präzise erörtern, wie die menschliche Seele durch Gott geschaffen wird. In der *Exercitatio Sexta*, 11 hält Scaliger fest, dass es drei Ordnungen der *generatio* gebe: die eine komme von den Sternen, wie dies bei der Maus der Fall sei, die der Fäulnis der Materie entspringe, oder beim Feuer, das vom Eisen und vom Pflasterstein hervorspritze. Eine andere *generatio* sei die des Samens und diese sei vollkommener, da sie eine *generatio univoca* sei, so wie ein Hund aus einem anderen Hund, ein Feuer aus einem anderen Feuer hervorgingen. Die dritte *generatio* ist diejenige unserer Seele, die von Gott komme, weshalb diese eine *creatio* sei.[10] Neben den materiellen Ursachen der *generatio aequivoca* und der *generatio univoca* gibt Scaliger also eine dritte Form von Kausalität an, die in der Welt wirkt: die göttliche.

Die Begriffe *creatio* und *generatio* hat Goclenius von Scaliger übernommen. Bereits in der Erstausgabe der *Psychologia* von 1590 bezieht sich Goclenius auf Scaligers Werk *Exotericae exercitationes*, und zwar im Schlussteil seiner kurzen Rede über den Ursprung der Seele.[11] Dort geht er in der Frage nach der Ursache der individuellen menschlichen Seele unter anderem auf die These von der natürlichen Zeugung durch die Eltern (*Traduce*) ein.

---

9   Vgl. Aristotelis liber qui decimus Historiarum inscribitur, nunc primum latinus factus a Iulio Caesare Scaligero viro clarissimo et commentariis illustratus. Lyon 1584. Dieses Werk wurde von Scaligers Sohn Sylvius herausgegeben; die vollständig übersetzte und kommentierte Edition erscheint erst 1619: ΑΡΙΣΤΟΤΕΛΟΥΣ Περὶ ζῴων ἱστορίας, Aristotelis Historia de animalibus, Iulio Caesare Scaligero interprete. Cum eiusdem commentariis. Toulouse 1616. Vgl. hierzu Perfetti: Aristotle's Zoology and its Renaissance Commentators, S. 155–181.

10 Exotericarum exercitationes, f. 16r. „Colligitur ergo triplex generatio. Vna à sideribus, ut muris. Sic ignis ex ferro, & silice. Altera à semine. perfectior haec. Vnivoca enim est. Vt à canis, ab igne ignis. Tertia à Deo: ut animae nostrae. Quae quia creatio est, de creatione mox nonnihil."

11 Scaligers Werk war 1582 bereits in der dritten Auflage erschienen: Exotericarum exercitationum liber XV de Subtilitate, ad Hieronymum Cardanum. [...]. Frankfurt ³1582. Zwischen 1557 und 1665 sind insgesamt elf Ausgaben dieses Werkes erschienen; ausser der Pariser Erstausgabe und der Leidener Ausgabe von 1615 ist der Rest in Deutschland veröffentlicht worden: sieben Ausgaben in Frankfurt (1576, 1582, 1592, 1601, 1607, 1612, 1665) und zwei in Hannover (1620, 1634). Vgl. Magnien: Bibliographie Scaligérienne, S. 293–331, hier S. 301f.

Dabei werden Zitate aus Scaligers Text in eine knappe zusammenfassende Abfolge von Argumenten integriert, die der Marburger Professor den Vertretern dieser These zur Überlegung und Überprüfung vorlegt:

> Wenn die menschliche Seele nicht geschaffen wird, dann wird (wie man sagt) bei ihrer Produktion notwendig Materie vorausgesetzt.
>
> Sie wird also aus der Materie oder in der Materie produziert.
>
> [Die menschliche Seele wird] nicht aus der Materie [produziert], weil ihre Existenz und ihr Leben nicht von der Materie abhängen, da sie ein abtrennbarer und [für sich selbst] bestehender Akt oder ein einfach Seiendes [d.h. nicht ein aus Materie und Form Zusammengesetztes] ist, und abgetrennt vom Körper wirkt: und wenn Gott gewollt hätte, dass die menschliche Seele aus der Materie hervorgebracht werde, dann hätte er sie auch aus der Materie geschaffen und sie nicht einhauchend [in den Menschen] eingegeben.
>
> Also wird sie in der Materie [produziert].
>
> Wenn sie nur in der Materie, und nicht auch aus der Materie [produziert wird]:
>
> Dann geht sie aus dem Nichts [hervor].
>
> Wenn sie aus dem Nichts [hervorgeht]: dann ist es nicht eine natürliche Zeugung der menschlichen Seele, sondern eine Schöpfung. Die Schöpfung ist nämlich die Konstitution der Substanz aus dem Nichts: Aus dem Nichts sage ich, wie es der Begriff ist, nicht wie es die Materie ist. Scaliger exerc. 13. so wie im Gegenteil die natürliche Zeugung durch das vorbereitete [embryogenetische] Material geschieht [sc. wie der männliche Samen oder das Menstruationsblut], das vorher [in seiner Qualität] verändert worden ist [sc. vom Zustand der Potenz in denjenigen des Aktes gebracht worden ist].[12]

Die Sätze über die Schöpfung aus dem Nichts und über die natürliche Zeugung sind wörtlich aus Scaligers *Exotericae exercitationes* übernommen.[13] Sca-

---

12 Rudolph Goclenius: De ortu animi. In: ΨΥΧΟΛΟΓΙΑ: Hoc est, De Hominis Perfectione, Animo, et in Primis Ortu Hujus, commentationes ac disputationes quorundam Theologorum & Philosophorum nostrae aetatis, quos versa pagina ostendit. Philosophiae studiosis lectu jucunda & utiles. Recensente Rodolpho Goclenio, Professore in Academia Marpurgensi Philosophico. Marburg 1590, S. 301–304, hier S. 304: „Si animus non creatur, ejus productioni necessariò praesupponitur (ut loquuntur) materia. Producitur igitur ex materia, vel in materia. Non ex materia: quia non dependet ejus ὕπαρξις & vita à materia, cum sit actu separabilis & subsistens, seu οὐσία ἁπλῶς, ac separatam à corpore operetur: & si Deus voluisset animum hominis propagari ex materia, etiam condidisset eum ex materia, non dedisset eum inspirando. Ergo in materia. Si in materia tantùm, & non etiam ex materia: Ergo ex nihilo. Si ex nihilo: non est animi generatio, sed creatio. Creatio enim est constitutio substantiae ex nihilo: Ex nihilo inquam, ut est terminus, non ut est materia. Scalig. exer. 13. sicut contrà generatio fit apparatâ materiâ per antecessionem alterationis" [meine Übersetzung; auch im Folgenden stammen alle Übertragungen ins Deutsche von mir].

13 Exotericarum exercitationes, (Exerc. Sexta, 13. De creatione), f. 16v–17r. „Creatio est constitutio substantiae ex nihilo. E nihilo, inquam, ut est terminus, non ut est materia." In der Exerc. 6. 13. kritisiert Scaliger explizit den *creatio*-Begriff der Anhänger Averroès', nach deren Auffassung von Schöpfung aus dem göttlichen Verstand, so Scaliger, Gott die Substanz

ligers Schrift erweist sich somit als bedeutsamer Kontext für Goclenius' Rede über den Ursprung der Seele. Ausserdem drängt sich aufgrund der philologischen Sachlage die Frage auf, ob Scaligers Begriffserklärung dazu beiträgt, Goclenius' zentralen Gedanken im Ausgang seiner Rede genauer zu verstehen. Denn aus dem Inhalt der erwähnten Definitionen von Scaliger schliesst Goclenius, dass der Ursprung bzw. die Ursache der menschlichen Seele allein aus dem Begriff der *creatio* bzw. der *generatio* nicht adäquat erklärt werden kann: Weder könne die menschliche Seele vollends aus einer göttlichen Schöpfung *ex nihilo* noch aufgrund ihrer Eigenschaft als Substanz gänzlich *ex apparata materia* hervorgehen. Daher müsse „inter creationem & generationem" ein Drittes oder Mittleres angenommen werden, das aber noch zu erforschen bleibe.[14]

Die Auseinandersetzung mit Scaliger hat Goclenius wenige Jahre später jedoch intensiv weitergeführt. In der Zeit nach der Veröffentlichung der vierten Ausgabe der *Exercitationes* 1592 in Frankfurt[15] hat Goclenius drei kritische Abhandlungen dazu geschrieben: 1593 werden in Marburg die *Theses et Quaestiones philosophicae* zu den *Exercitationes* publiziert; 1594 folgen

---

nicht aus dem Nichts geschaffen habe, sondern aus sich selbst wie aus der Materie, und dies sei gotteslästerisch. Vgl. Exotericarum exercitationes, f. 17r. Zum Begriff der *generatio* vgl. Exotericarum exercitationes, (Exerc. Sexta, 14. Quid creatio differt à generatione; & de alteratione), f. 17r. „Generatio non nisi in tempore: idque apparata, sicuti dicebamus, materia per antecessionem mutationis: [...]." Vgl. auch Exerc. Sexta 5. De generatione, f. 13r. „Nam apparatam materiae, qui fit per praevias qualitates alterando, ex materia in potentia fit materia actu: [...]." Scaliger verwendet hier die Terminologie des Mediziners Jean Fernel (1485–1558), der in Anlehnung an die embryologischen Schriften Galens eine präformationistische Theorie der Generation vertrat. Dieser Theorie zufolge gibt es keine Bildung *ex novo* der Teile des Embryos; z.B. konstituiert die materielle Substanz des Samens die Struktur, in der die Teile (z.B. Venen, Arterien und Nerven) präformiert werden. Vgl. Pagel: Le idee biologiche di Harvey, hier S. 281–284. Scaliger diskutiert kritisch Fernels Theorie der Entstehung der Form aus der Potenz der Materie, die eine „praeparatio ad formam recipiendam" sei (Exerc. 6.5, f. 13r–13v); vgl. Ioannis Fernelii Ambiani de Abditis Rervm Cavsis Libri Dvo Denvo ab ipso authore recogniti, compluribusque in locis aucti, ad Henricum Franciae Regem Christianissimum. AEditio secunda. Paris 1551, bes. Kap. 5, S. 34–39: „video: rei cuiusque formam de subiecti potentia educi. [...] sic in ipsa quoque rerum procreatione dicendum est" (S. 38). In Anknüpfung an Aristoteles verwirft Scaliger Fernels (materialistische Implikationen beinhaltende) Theorie mit dem Argument der prioritären Existenz der Form, die „ipsamet forma eius praeparationis autor sit. Ipsa enim sibi & alterat totum, & disponit partes." In Wirklichkeit sei es eher eine *emersio* der Form als eine *eductio* (vgl. Exerc. 6.5., f. 13v). Zu Fernels Schrift De abditis und zu der Theorie der Genese der Form aus dem Samen vgl. jetzt Hiro Hirai: Le concept de semence dans les théories de la matière à la Renaissance. De Marsile Ficin à Pierre Gassendi. Turnhout (Belgium): Brepols 2005, S. 83-103.

14 De ortu animi, S. 304: „Aut necesse, ut dicatur, animam neque creari, neque generari: itaque inter creationem & generationem hic medium seu tertium esse. [...]. Atque haec breviter in re obscura, ad excitandum in aliis quaerendi studium, in medium attulisse satis sit." Vgl. hierzu auch Stiening: Psychologie, S. 324.

15 Vgl. J.C. Scaliger: Exotericarum exercitationes liber quintus decimus de subtilitate ad Hieronymum Cardanum. Frankfurt ⁴1592. Vgl. Magnien: Bibliographie Scaligérienne, S. 301.

die *Adversaria ad exotericas exercitationes*, die 1598 in der zweiten und 1606 gar in der dritten Ausgabe in Marburg erscheinen; schliesslich werden 1599, ebenfalls in Marburg, die *Analyses in Exercitationes* veröffentlicht.[16] In den *Adversaria* setzt sich Goclenius in der Form von Kurztraktaten mit einzelnen ausgewählten Kapiteln aus den *Exercitationes* auseinander. In dem *Index tractationum* zu den *Adversaria* sind die Titel der Kurztraktate aufgeführt, die thematisch zusammengefasst und mit einem jeweils übergeordneten Titel versehen worden sind. Der *Index* verweist auf ein ganzes System anthropologischer Fragestellungen, die Goclenius zum Thema der Seele im Rahmen seiner Auseinandersetzung mit Scaliger gewonnen hat. Sie werden in folgenden Themenkomplexen abgehandelt:

Index Tractationum.

DE DEO.

An Deo sit primi mobilis motor. pag. 234.

Disputatio de operibus Dei externi, inprimisque de miraculis. 236.

De anima.

Anima an, & quomodo sit corporis actus, seu corpus informet. 205. & 190.

Utrum anima sit in certa, definitaque corporis parte, pag. 64.

An quaelibet potentia anima sit in omnibus corporis membris. 61.

An anima fatigetur, senescat. 51.

De anima nutriente & nutrimento.

An & quomodo nutrimentum sit corporis pars. 163.

An nutritio sit conversio nutrimenti in corpus. 165.

An eadem sit facultas anima altrix & auctrix. 167.

Quid verum incrementum. 172.

Materiàne an forma augeatur & crescat: & quomodo. 172.

---

16 Vgl. Rodolphi Goclenii Theses et Quaestiones philosophicae [...] excerptae ex eiusdem scholiis et notis ad exercitationes [...]. Marburg 1593; Goclenii Adversaria: ad Exotericas aliquot Julii Caesaris Scaligeri acutissimi Philosophi exercitationes. Marburg 1594; Rodolphi Goclenii Professoris Logici et Mathematici in Academia Marpurgensi, Analyses In exercitationes aliquot Julii Caesaris Scaligeri, de Subtilitate, quas è dictantis or exceptas Philosophiae studiosis exhibet & communicat M. Johannes Schroderus Suecus. Marburg 1599. Vgl. auch Magnien: Bibliographie Scaligérienne, S. 328.

An cum fit accretio, prior sit unio, quàm transmutatio. 179.

An augmentum sit motus localis. 180.

An corpus edat & bibat. 106.

An omne quod nutritur & augetur, vivat. 183.

Quomodo fames sit dolor. 105.

An unum numero corpus sit, & in uno tantùm loco, ramus arboris, cujus pars arida est: pars verò vivens? Item: An in agente animam eo, cujus partes extremae prius occupantur forma cadaveria, quàm anima medias deserat, unum sit corpus. 208.

De anima sentiente & objectis ejus.

Anima sentiens an sit eadem, quae nutriens. 184.

An objecta species habeant vim efficiendi sensionem. pag. 111.

An sensio sit pura receptio, & an in sensione opus sit sensu agente. 114.

An recipiens debeat esse prorsus nudum à natura recepit. 197.

An & quid species sensiles sint. 130.

An sensus exterior judicet, opinetur. 123.

De visione & lumine.

Quomodo anima efficiat visionem passivam, species activam. 110.

Utrum oculus videat anima, an anima oculo. ibid.

Themata de causis visionis. 118.

An conus pyramidis opticae sit instar puncti. 132.

An visio etiam fiat cum visibile non est oppositum visui ἐνδιαμέτρου. 134.

An Sol videatur per reflexionem visus ab iride in Solem, & an iris sit oculi opus. 136.

An lumen sit ens reale. 286.

An lumen sit caloris causa. ibid.

De odoratu.

An calor, qui emanat ab igni, sit odoris causa. 221.

An quaedam frigida sint odorata. 222.

De tactu.

An levitas & gravitas sint qualitates tactiles. 75.

Dolor & voluptas an sentiantur, & an sint solius tactus symptomata. 89.

An voluptas praedicetur συνωνύμως, & an & quomodo acceßionibus depravari poßit. 103. & 104.

De titillatione. 124.

De sensu interiore.

Cogitativa è phantasmatis dedicit singularem conclusionem, quomodo intelligendum. 220.

De Homine & Animo eius.

An homo sit verum miraculum in natura. 233.

An Plato tres animas, tribus locis dispositas, dispecuerit. 254.

Sitné una in homine vita, an duplex. 307.

An una anima in formatione foetus alteri succedat diverso tempore. 55.

An animus hominis ingeneretur à parentibus. 158.

An mens hominis aegrotat, an fiat insana. 51.

Mentis actiones sintné organicae, an inorganicae. 196. & 185.

Anima cur faciat corpus sentiens, non verò intelligens. 190.

Quomodo fiat & distinguatur intellectio. 192.

An agens & patiens intellectus sit unus & idem. 216.

An sit necessarium, ponere intellectum agentem. 150.

Intellectus agens an recordetur post mortem. ibid.

An patiens intellectus sit vacuus ab omnibus speciebus intelligibilibus. 248.

An nihil sit in intellectu, quin prius fuerit in sensu. ibid. & 218.

De notionibus seu speciebus νοητοῦς. 195.

An intellectio & species intelligibilis idem sint. 218.

An sine specie poßit intellectu intelligere. ibid.

An aliquando uniantur species intellectui, ut unum fiant. ibid.

An ideae sint res extra intellectionem. 247.

An sermo sit corporis: An sapientia solius intellectus. 106.

An eadem causa, risus & facultas ridendi: & an risus sit solius corporis. 125.

An arbitrium nostrum sit servum: an sit αὐτεξούσιος. 245.[17]

[...].

---

17 Adversaria ad Exotericas exercitationes, f. 4r–5v.

Um seinen anthropologischen Gegenstand darzustellen, folgt Goclenius im Wesentlichen dem stufenweisen Aufbau der Seele nach aristotelischem Modell. Unter *De anima* rubriziert er Artikel, die verdeutlichen, dass die Seele ihrem Wesen nach zwar den ganzen Körper umfasst, jedoch nur in einzelnen Organen ihre spezifischen Funktionen und Operationen ausführen kann. Er führt eine Reihe von Kapiteln zu den sogenannten unteren Vermögensstufen der *anima* an: der Darstellung der Funktionen der Ernährung und des Wachstums organischer Körper durch das Vermögen der *vis altrix* und der *vis auctrix* folgt die Darstellung der Funktionen der *anima sentiens* und ihrer an die verschiedenen Sinnesorgane gebundenen Sinnesvermögen. Der Abschnitt über den inneren Sinn (*De sensu interiore*) bezieht in das von Goclenius aufgestellte vermögenspsychologische System auch erkenntnistheoretische Fragen mit ein, wodurch die Brücke zum Kernstück der *Adversaria* geschlagen wird, das vom Menschen und dessen (intellektiver) Seele (*De Homine & animo ejus*) handelt. Indem schliesslich Goclenius die Rubrik *De Deo* an den Anfang des Indexes stellt, lässt er deutlich erkennen, dass die Anthropologie für ihn auch theologische Prämissen enthält, die mit den Willenshandlungen Gottes ausserhalb der Welt und deren Wirkung in der Welt zusammenhängen. In diesen umfassenden Argumentationszusammenhang also bettet Goclenius die Frage nach dem Ursprung der menschlichen Seele ein, die er in Auseinandersetzung mit Scaliger stellte.

3. Psychologie und Embryogenese: Die Funktionen und Operationen der vegetativen Seele

Dem komplexen Begriff *anima* ist eine besondere Problematik inhärent. Sie hat bereits Scaliger dazu geführt, die Frage der Psychogenese nicht unabhängig von der Frage der Embryogenese zu diskutieren. In den *Exercitationes* hat der *medicus philologus* der *anima vegetativa* als eine plastische Kraft, die selbst organische Materie bilde und gestalte, besondere Beachtung eingeräumt:[18]

> Diese Kraft, die Architektin eines solch noblen Tempels, ist von allen Philosophen für äusserst weise gehalten worden. Der Tempel wird also von einer Substanz errichtet werden. Und diese ist die Form des Samens. Gewiss, wenn die Form des Samens nicht Seele ist, dann ist sie etwas Träges, Unsensibles. Aber wenn sie bildet, ist sie der Seele gleichgestellt. So ist das Vermehren und Rege-

---

18 Guido Giglioni hat in einer exzellenten Studie zum Begriff der *anima vegetativa* bei Scaliger die subtilen Unterschiede zu der (panpsychistischen) Auffassung der Seele bei Girolamo Cardano herausgearbeitet: vgl. ders.: Girolamo Cardano e Giulio Cesare Scaligero. Il dibattito sull'anima vegetativa. In: Girolamo Cardano, S. 313–339.

nerieren von verloren gegangenem Fleisch das Werk der Seele. Es wird also im Samen eine bildende Seele sein, die der Seele vorangeht und dieser jenen Wohnsitz vorbereitet. Aus diesem Grund ist die erste weiser und nobler als die zweite. Es ist nämlich nötig, dass diese bildende Seele dessen nicht unwissend sei, was und wie viel jene andere Seele nötig haben wird, die im Begriff ist, den Wohnsitz zu betreten. Daher, da sie das Herz baut, weiss sie, was das Leben ist; da sie die restlichen Teile baut, kennt sie deren Zweck und Gebrauch. So ist die Form, die auf der niedrigsten Stufe der Materie [*in fimeto*] den Körper bildet [*forma fabricans*], nobler als die Seele [*forma informans*].[19]

Zwei Aspekte sind in diesem Zitat bemerkenswert: erstens spricht Scaliger davon, dass es ein Wissen der *anima* vor der *anima intellectiva* oder *rationalis* gebe; zweitens geht die *forma formans* hier nicht nur zeitlich der *forma informans* voran, sondern übertrifft diese auch an Dignität. Diese Aussage Scaligers ist nicht leicht zu verstehen. In den *Analyses in exercitationes* von 1599 hat Goclenius Scaligers These, dass die *anima formatrix* sich selber eine *fabricatrix* der eigenen Wohnstätte sei, als Paradoxon bezeichnet.[20] Die Analyse zu dieser These hat Goclenius im Abschnitt *An seminis forma, quae anima est, actionem suam ignoret, nec ne?* derselben Schrift nachgeliefert. Das, was Scaliger bejahe, verneine er selbst:

> Die vegetative Seele weiss nämlich nichts, weil das Wissen sich in der sensitiven oder intellektiven Seele befindet: und was mag jene Seele schon wissen, da sie die Organe, durch die sie Wissen erlangt, noch gar nicht hat, da sie die Akte, die Operationen, die Vermögen und die Funktionen der Sinneswahrnehmung noch gar nicht ausübt? Gewiss ist die *anima* dessen nicht unwissend, was ihre Operationen sind, nachdem sie aus der Gebärmutter ein Lebewesen hervorbringt. Aber die *anima* kann im Uterus noch nicht durch ihre eigenen Organe funktionieren,

---

19 Exotericarum exercitationes, Sexta. 5. De generatione, f. 14r: „Illa ueró uirtus tam nobilis templi architecta, sapientissima ab omnibus Philosophis iudicata est. Aedificabitur igitur à substantia. At haec, forma seminis est. Sanè seminis forma, si non est anima, bruta res est. Et si fabricat, est aequalis animae. At in crementis, & amissae carnis repositione, opus illud animae est. Erit igitur in semine anima formatrix, antecedens animam, cui parat illud domicilium. Quare prior illa posteriore hac sapientior, ac nobilior. [...]. Oportet enim fabricatricem illam non ignorare, quid, quantum opus habeat illa altera ingressura. Ergo cùm cor aedificat, scit, quid sit uita: cum alias molitur partes, notum habet earum partium & finem, & usum. Sic forma fabricans in fimeto corpus, nobilior est, quàm forma informans."

20 Analyses In exercitationes, V. Sect. De generatione, S. 115f.: „Disputat hic Scaliger paradoxon, quòd anima formatrix semine sit sui domicilii architecta se fabricatrix, ita ut sciat quid fabricet." Auch Giglioni bezeichnet Scaligers Aussage als Paradoxon, die auch in theologischer Hinsicht nicht ganz unproblematisch sei; vgl. ders.: Il dibattito sull'anima vegetativa, S. 319: „La dichiarazione ha del paradossale (per non parlare delle inevitabili conseguenze scabrose dal punto di vista teologico): l'anima vegetativa, adibita a funzioni ignobili (se paragonate all'atto dell'intendere), come assimilare, concuocere ed espellere il cibo, restaurare continuamente la compagine corporea e, al massimo delle sue possibilità, riprodurre un individuo della medesima specie, sarebbe capace di prestazioni superiori a quelle della ragione, che, per quanto meno immersa in operazioni che hanno un rimando alla dimensione corporale, rimane tuttavia all'oscuro del complesso lavoro intellettuale soggiacente alle produzioni materiali."

weil sie bis dahin noch schwach und unvollendet ist; [...]. Solange sie also in der Gebärmutter ist, bleibt sie also über ihre eigenen Funktionen unwissend.[21]

Goclenius' Aussage ist interessant. Der Seelenbegriff, den er hier verwendet, um das angebliche ›Wissen‹ der *anima vegetativa* zu beurteilen, ist derjenige der *anima intelligens*. Denn vom Intellekt des Menschen aus – so sagte es bereits Albertus Magnus – werde die menschliche Seele benannt: Die vegetative und die sensitive Form seien nicht der *terminus ad quem* des Bildungsprozesses, durch den ein Mensch werde, sondern das wahre und von der Natur intendierte Ziel sei jene letzte und spezifische Form, die *anima intelligens* genannt werde.[22] Damit stellt Goclenius zwar sofort klar, dass es sich bei der Art des Wissens der *anima vegetativa* nicht um ein auf Sinneswahrnehmung basiertes oder begriffliches Wissen handeln kann, das zum Teil an hierfür vorgesehene Organe gebunden ist. Er scheint aber (mit Scaliger) annehmen zu wollen, dass die plastische *vis* der *anima vegetativa* eine eigene Wissensform haben könne, die sich von der sensitiv-begrifflichen Wissensform des Menschen unterscheidet. Dann bleibt aber zu klären, um welche Art von Wissen es sich bei der *vis formatrix* handelt, wenn ihre plastische Funktion nicht zugleich perzeptiv sein soll.[23]

Goclenius' Analyse wirft damit eventuell ein Licht auf Scaligers Paradoxon: Im Uterus kann die Seele, also die *forma informans* oder *anima intelligens*, ihre Funktionen nicht ausüben, und wenn die *anima* im Foetus (als *actus secundus*) auch nur potentiell bereits vorhanden sein sollte, ist sie in diesem Stadium der Entwicklung des Lebewesens nicht in der Lage, ihre Funktionen auszuüben. Die *forma fabricans* hätte somit – nach Scaliger – nicht absolut betrachtet eine grössere Dignität als die *forma informans*, sondern relativ zu demjenigen Stadium der Organisation oder zu demjenigen

---

21 Analyses In exercitationes, VI. Sect. Explicatio, S. 119: „Affirmationem hic tuetur Scaliger: nobis placet negans. Vegetatrix enim nihil cognoscit, cùm cognitio sit in sensitrice vel intellectrice: & quid cognoscat illa anima, cùm nondum habeat organa, quibus cognoscat, cùm nondum exerceat actus, officia, ἐνεργείας, functiones sensuum? Anima quidem non est ignara suarum actionum, postquam ex utero prodiit vivens. At anima in utero nondum potest per propria organa operari, cùm adhuc imbecilla & imperfecta sit: [...]. Ignara igitur est suarum functionum, dum in utero est."

22 Albertus Magnus: De natura et origine animae, I, c. 6: „In his [...] in quibus anima sensibilis est perfectio ultima, totum quidem denominat et perficit [...]. Anima autem rationalis eo quod quaedam est forma hominis, facit hominem esse hominem totum [...]. Sola enim ultima forma dat esse speciei et formae et antecedentes omnes sunt potentiae essentiales determinatae per ultimam formam." Zitiert nach Bruno Nardi: L'origine dell'anima umana secondo Dante. In: Ders.: Studi di filosofia medioevale. Roma 1979, S. 9–68, hier S. 32f. Vgl. auch Adversaria ad Exotericas exercitationes, VI. Ad Exerc. 290. sect. 2., S. 59: „Illae enim formae [sc. vegetatrix & sensitrix] non sunt terminus, adquem motionis, que fit homo, sed verus & à natura intentus terminus est forma una ultima & specifica illa, quae dicitur anima intelligens."

23 Giglioni: Il dibattito sull'anima vegetativa, S. 320: „[...] se la funzione vegetativa fosse anche percettiva, l'anima nutritiva, con tutte le sue facoltà plastico-nutritive, sarebbe più saggia dell'anima razionale."

zeitlichen Abschnitt des Prozesses der Entwicklung des Lebewesens, der sich im Mutterleib abspielt, wo die *anima informans* gewissermassen überflüssig ist. Die *vis formatrix* hätte demnach ausschliesslich während der embryonalen Phase oder in demjenigen Abschnitt von ihr, in dem die Organe des Körpers noch nicht vollends ausgebildet sind, eine grössere Dignität als die *forma informans*. Diese bleibt ja solange funktionslos, bis die für sie zuständigen (Sinnes)organe vollständig ausgebildet worden sind.

Durch seine paradoxe Formulierung gelingt es also Scaliger, die Aufmerksamkeit auf diese vegetativ-plastische Kraft zu lenken, die er als eigenständiges Phänomen in der Natur sieht und die über selbstbildende und selbstorganisierende Fähigkeiten verfüge. Der *medicus philologus* führt verschiedene Stellen aus Aristoteles an, um seine These zu stützen, dass der Form des Samens eine plastische Kraft innewohne, die in der Lage sei, sich ihren eigenen Körper selbst zu bilden.[24] Es ist gewiss eine Konzeption, die an die Interpretation des griechischen *De anima*-Kommentators Themistios anschliesst.[25] Diese natürliche Kraft durchdringe unmittelbar die Materie und transformiere sie, ohne sich dabei irgend eines Organs oder Instrumentes zu bedienen und bringe die grundlegenden Operationen des Zuwachsens und der Ausbildung (von Organen) in Gang.[26]

Mit seiner These setzt sich Scaliger in der Tat gegen eine Reihe von Postulaten ab, von denen die mittelalterlichen Autoren gewöhnlich ausgegangen waren: (i) da der Samen in materieller Hinsicht uniform, also gleichartig und anorganisch sei, könne er nicht von sich aus eine Wirkung hervorbringen: die uniforme, also gleichartige *virtus* des Samens, so ergänzt Goclenius in den *Analyses* das von Duns Scotus stammende Argument, könne also nicht eine solch komplexe Struktur hervorbringen, wie sie den Organen tierischer Lebewesen eigen sei; (ii) um zu wirken, bedürfe der Samen eines Instrumentes; (iii) die Spontaneität der Samenbewegung und die Eigenaktivität des Samens widerspreche dem bekannten Axiom *nihil agit in seipsum*.[27]

---

24 Exotericarum exercitationes, f. 14*v*.
25 Ebd., f. 15*v*. „Sic etiam sensit Themistius in primo De anima: Animam sui esse domicilij architectam."
26 Ebd., f. 14*v*–15*v*. „Agit autem naturalis haec potentia sine instrumento ullo. [...] At quaenam est semini potentia. Habitus ad recipiendas actiones primas animae: quae sunt, conformatio, & dispositio: [...]."
27 Ebd., f. 15*r*. „Primum. Semen est uniforme. Ergo non habet actionem. Secundum. Anima, si id ageret, indigeret instrumento. Esto spiritus. At spiritus est seminis pars. Non erit igitur efficiens, si est materia. Tertium cum hoc secundo idem est. Nihil agit in seipsum." Vgl. dazu Analyses In exercitationes, V. Sect. De generatione, S. 104: „Quaestio est, an semen concurrat active in generatione. Negativam hic ponit Scaliger ex Scoto, addito ejus argumento tali: Corporis uniformis actio nulla est. Semen est corpus uniforme. Ergo seminis actio nulla est. Seu virtus uniformis activa agentis non potest causare effectum difformem: Sed semen est uniforme. Ergo virtus seminis non potest efficere tantam diversitatem, quanta est in mem-

Goclenius hat in seinen Schriften zu Scaligers *Exercitationes* mehrfach Hinweise gegeben, wie das Verhältnis der *anima vegetativa* zur *anima intelligens* zu verstehen sei; dies konnte er unter anderem deshalb tun, weil er wusste, dass Scaliger seinen naturalistischen Ansatz durch einen *kreationistischen* ergänzt hatte. Der biologisch komplexe Vorgang der Embryogenese, der durch einen natürlichen Zeugungsakt in Gang gesetzt wird und den die *vis plastiké* des Samens aktiv und ›wissend‹ vollbringe, wird durch einen unmittelbaren Eingriff aus der Transzendenz überlagert. Den folgenden Satz Scaligers hat Goclenius in der zweiten Ausgabe der *Psychologia* (1597) abdrucken lassen: *Non est igitur à semine anima nostra, non à Coelo, sed à Deo solo autore, & creatore.*[28] Daraus resultiert der Status der *anima vegetativa* in aller Deutlichkeit: „Diejenige anima, durch die der menschliche Foetus zuerst lebt, wird auch von unseren Theologen nur als die vegetative gehalten. Dann folgt die sensitive Seele."[29] Wie sich Scaliger das Verhältnis von Gott und Natur vorgestellt hat bzw. wie er sich die Providenz *der* Natur als ewige Präsenz Gottes *in der* Natur gedacht hat, davon wird noch zu sprechen sein. Zunächst ist von Interesse zu verfolgen, wie Goclenius die Inhalte von Scaligers Lehre in den *Adversaria* (1594) dargestellt hat. Denn anhand einer Reihe von Traktaten, die um das Problem der menschlichen Seele kreisen, ist zumindest eine methodologische Funktion von Goclenius' ›kommentierenden‹ Texten zu Scaliger zu erkennen: Im Sinne der ramistischen Methode geht es um den Versuch, den Wissensstoff zu ordnen, begrifflich zu explizieren sowie zu didaktischen Zwecken zum Teil mit Hilfe von Schemata und Tabellen auch graphisch-visuell darzustellen.[30] Aber es soll hier weniger um die Darstellungsformen des Wissens über die Seele in den Traktaten der *Adversaria* gehen als vielmehr um die Herausarbeitung und Diskussion der Position von Scaliger durch Goclenius. Dies betrifft unter anderem die Fragen der natürlichen Generation (bzw. der göttlichen Kreation) und der Seelenfunktion in Abhängigkeit von der Organisation

---

bris animalium."
28 Vgl. Exotericarum exercitationes, f. 16*r*–16*v* sowie ΨΥΧΟΛΟΓΙΑ: hoc est, De Hominis Perfectione, Animo, et in primis ortu Hujus, commentationes ac disputationes quorundam Theologorum & Philosophorum nostrae aetatis, quos proximè sequens praefationem pagina ostendit. Nunc correctae & auctae à Rodolpho Goclenio, Professore in Academia Marpurg. Logico. Marburg 1597, S. 164.
29 Exotericarum exercitationes, f. 16*r*: „Anima quoque ea, qua primum uiuit foetus hominis, etiam à nostris Theologis habita est pro uegetatiua tantùm."
30 Zu den unterschiedlichen methodologischen Ansätzen von *ordo* (tabellarische Darstellung) im Ramismus und *methodus* (deduktives Schliessen) im Sinne des aristotelischen Wissenschaftsbegriffs (*scientia*) bei den Paduaner Aristotelikern vgl. Ulrich G. Leinsle: Methodologie und Metaphysik bei den deutschen Lutheranern um 1600. In: Aristotelismus und Renaissance, S. 149–161, hier S. 150f. Goclenius' Studien zu Scaligers Exercitationes können somit als eine wichtige Vorstufe zu seinem späteren umfangreicheren Werk zur Philosophie, dem *Lexikon philosophicum* von 1613, betrachtet werden.

des Körpers sowie die Frage, ob der beseelte Körper eine allgemeine ›Sensibilität‹ aufweise bzw. wie diese beschaffen sei.

In der oben erwähnten Sektion VI der *Analyses* verweist Goclenius auf Scaligers *Exercitatio* 290.2, auf die der Marburger Philosoph in den *Adversaria* von 1594 ausführlich eingegangen war und in der Scaliger die als „ardua difficultas" bezeichnete Frage behandelt, wie die *animae* im menschlichen Foetus nacheinander folgen (*Quomodo animae sese in foetu subeant*). Dieses Problem hatte schon die Autoren des 13. Jahrhunderts in ähnlicher Form beschäftigt,[31] und zwar in der Frage nach dem Ursprung der individuellen menschlichen Seele. Man wollte die in der Tradition der Kirchenväter Tertullian und Augustin stehende These der natürlichen Zeugung und diejenige der Präexistenz der Seelen von Origenes ablehnen. Darüber hinaus war man sich einig, dass der rationale Seelenteil direkt von Gott geschaffen und in den Körper, d.h. in den Foetus, eingepflanzt werde.[32] Demgegenüber wurde die Frage nach der Art und Weise und dem Moment des göttlichen Eingriffs in den embryogenetischen Prozess heftig diskutiert. Die Schwierigkeit in der Lösung dieses Problems ergab sich dadurch, dass auf der einen Seite die Natürlichkeit des embryogenetischen Prozesses und auf der andern die *creatio* der *anima rationalis* bewahrt werden mussten – und dies ohne die substantielle Einheit der menschlichen Natur zu gefährden.[33] Unter den von Scaliger kritisierten traditionellen Positionen schien ihm diejenige besonders absurd, die eine reale Sukzession und Distinktion der Seelen implizierte, zumal Aristoteles in *De gen. an.* II, 3 sagt, dass der Foetus zuerst das Leben einer Pflanze durchlebe:[34]

> Nachdem die erste Form zugrundegegangen ist, wird der Foetus sterben und in der zweiten Form wiedergeboren werden. Der Arme wird nachdem diese zweite Form zugrundegegangen ist, erneut sterben. Und ein drittes Mal wird er in der letzten Form wiederauferstehen. Und was in höchstem Masse schwierig und traurig ist: bei der ersten Zeugung wird nicht der Diktator Caesar gezeugt werden, sondern ein Mangold oder eine Lattichpflanze. [...]. Gewiss, wenn man den Intellekt direkt in den formlosen Samen einführen will, ja dann wird der Samen ein

---

31 Vgl. zum Folgenden Nardi: L'origine dell'anima umana secondo Dante, S. 12f. Nardi gibt (ebd., S. 10f.) ausserdem einen kurzen historischen Überblick über Traduzianismus und Kreatianismus in den ersten Jahrhunderten des christlichen Denkens.
32 Die Beiträge in Goclenius' Psychologia-Band von 1590 schliessen somit an diese Diskussion an.
33 Bruno Nardi präsentiert neun der in der Scholastik des 13. Jahrhunderts diskutierten Lösungen des Problems der Sukzession der Seelen im Menschen und in den anderen Ordnungen der Natur; vgl. ders.: L'origine dell'anima umana secondo Dante, S. 13-24. Einige dieser Lösungen kritisiert Scaliger im ersten Teil der Exerc. 290. 2.; vgl. Exotericarum exercitationes, f. 361*v*; vgl. auch Giglioni: Il dibattito sull'anima vegetativa, S. 321f.
34 Aristoteles: De animalium generatione. Theodoro Gaza interprete: „animam igitur vegetalem in seminibus et conceptibus, scilicet nondum separatis, haberi potentia statuendum est, non actu, priusquam eo modo conceptus, qui iam separantur, cibum trahant et officio eius animae fungantur. Principio enim haec omnia vitam stirpis vivere videntur." Zitiert nach der Ausgabe: Aristoteles Latine, hier S. 360.

Mensch sein, die unvollkommene Materie unter einer vollkommenen Form. Dies ist falsch und absurd.³⁵

Scaligers Argument baut demgegenüber auf dem Unterschied zwischen Mensch und Tier einerseits und zwischen den Ordnungen der Generation andererseits auf. Die Seele der Tiere, die materiell und mit der *anima* des Samens eins sei, wird unter die *generatio univoca* subsumiert, während für den Menschen eine weitaus andere Logik der Genese gelte: Die menschliche Seele komme vom Himmel und sei *noua creata* nach der Ausbildung des Foetus.³⁶ In Goclenius' Analyse dieser Stelle fällt die Ausbildung des Foetus unter den natürlichen Bereich der *generatio*, während er die *creatio ex novo* der menschlichen Seele einer οἰκονομία der göttlichen Handlungen zuschreibt, d.h. einer Ordnung, nach der Gott seine Eingriffe in der Welt verteilt.³⁷

Grundsätzlich sind in Goclenius' embryogenetischer Konzeption die Ausübung der Funktionen der *anima* vom Grad oder ›level‹ der Organisation des Körpers des Foetus abhängig. Es lassen sich aber Goclenius zufolge aus logischen und systematischen Gründen die *anima vegetativa* und die *anima sentiens* im Vergleich zur *anima intelligens* nicht als ›mittlere Formen‹, als unvollkommene substantielle Formen oder Entelechien begreifen, da entweder eine Form vollkommen oder eben keine Form sei.³⁸ Deshalb scheine der folgende Satz gewissermassen einfacher und wahrer:

> Im Körper des Foetus ist die *anima vegetatrix* gleichzeitig und zu demselben Zeitpunkt vorhanden, in dem es auch die *anima sensitrix* und die *anima intelligens* sind; weder sind die Kräfte und die Teile der Seele in der Zeit teilbar und trennbar, noch könne geglaubt werden, dass man sich mit diesem Satz von Aristoteles entferne. [...]. Denn die Worte des Aristoteles [sc. in *De gen. an.* II] bedeuten nichts anderes als dies: Am Anfang bedürfe es im Foetus keiner anderen Seele als die vegetative und die nutritive. Im Foetus ist aber das sensitive Vermögen nicht weniger präsent als das vegetative selbst: jedoch verursacht es in ihm noch nicht die sinnliche Wahrnehmung, die dem Tier eigen ist. Deshalb sagt man, dass also nur ein vegetatives Leben im Foetus vorhanden sei, der Körper des Foetus hat nämlich die Organe noch nicht, die zum Wahrnehmen gut geeignet sind: vorausgesetzt, dass das sensitive Vermögen [δύναμις] körperlich und materiell ist und dass das bildende

---

35 Exotericarum exercitationes, f. 361v. „Quia deleta prima foetus morietur: rursusque nascetur in secunda. Qua destructa, rursus miser interibit: tertioque orietur in postrema. Et quod maximè arduum aequè, ac miserum est: in prima generatione non generabitur Caesar Dictator, sed Beta, aut Lactuca. [...]. Profectò si semen informe statim introducas intellectum: erit semen homo, sub forma perfecta, materia imperfecta. Quod & falsum, & absurdum est."

36 Ebd., f. 361v–362r. „Nam de Canis anima, que est materialis [...] unam, eademque esse in semine, & in Cane. [...]. At in homine longè alia ratio. Aduenit enim à Coelo noua creata anima post foetus articulationem: [...]."

37 Theses, de Operibus Dei externis, in primisque de Miraculis. In: Adversaria ad Exotericas exercitationes, auf die weiter unten noch ausführlicher eingegangen wird.

38 Adversaria ad Exotericas exercitationes, Ad Exerc. 290. 2. (Quomodo animae se in foetu subeant. ΖΉΤΗΜΑ est arduae difficultatis: An una anima in formatione foetus alteri succedat diverso tempore? An foetus duabus animis diverso tempore gradatimque vivat), S. 60.

Vermögen im Samen ein Organ rascher ausbildet als das andere, damit die Organe, die der Ernährung dienen, vorher da sind als diejenigen, die für die Wahrnehmung und Bewegung bestimmt sind. [...]. Wenn also Aristoteles sagt, das Foetum durchlebe zuerst das Leben einer Pflanze, ist mit ›Leben‹ der *actus secundus* oder die ἐνέργεια, d.h. ein vitaler Vorgang zu verstehen, der vorher zustande komme als die Wahrnehmung und die Bewegung. Ob dann das κύαμα, d.h. die Leibesfrucht, & der Embryo, in Wahrheit eine Seele haben, dies haben wir anderswo erörtert.³⁹

Seine Ausführungen hat Goclenius in den *Adversaria* durch eine Systematik des Begriffs der *anima* als Entelechie (oder *actus primus*) des physischorganischen Körpers unterstützt. Dabei stellt er die Frage, ob und in welcher Weise die *anima* Akt des Körpers sei. Es sei Boethius gewesen, der in Aristoteles' Seelendefinition den Begriff der Entelechie mit *actus* übersetzt habe. Dabei hält es Goclenius für erforderlich, zwischen der *anima* als *actus primus* der *perfectio* und der *anima* als *actus primus* der *operatio* zu unterscheiden. Erstere sei (als *entelechia prima*) vollkommen, weil sie den Körper wie durch eine innere Form, d.h. innerem Zweck, zu seiner Vollendung, d.h. zu einem spezifisch und vollständig organisierten Lebewesen, führe. Letztere sei das Prinzip, das alle Lebensprozesse hervorbringe, die ihrerseits als *actus secundi* bezeichnet werden. Goclenius schliesst hier an die Ausführungen von Scaliger (*Exerc.* 107.39) an. Dabei setzt er sich auch von Melanchthons – an Cicero angelehnte – Uminterpretation der ›Entelechie‹ als ›Endelechie‹ im *Liber de anima* (1553) ab: die Entelechie sei „[n]on continuationem motus: quòd Aristoteles non dicat: Animam esse ἐνδελέχειαν".⁴⁰ Seine Analyse fasst Goclenius im folgenden Schema zusammen:

---

39 Ebd. S. 60f.: "Corpus foetus cum vegetatrice anima informatur simul & eodem temporis momento informari etiam sentiente & intelligente, nec animae vires ac partes tempore dividuas esse & separabilis, nec tamen putant hac sententia deseri Aristotelem: [...]. Initio in foetu nullum aliud animae opus fit quàm vegetatio & nutritio. Facultas quidem sentiens non minus praesens est in foetu cum vegetatur quam ipsa vegetans: sed nondum producit in eo actionem sentiendi, quae animalis propriae est. Idcirco dicitur tum vita vegetatrix tantam inesse foetui, corpus enim foetus nondum habet organa satis idonea ad sentiendum: Siquidem sensitrix δύναμις corporea & materialis est, & facultas formatrix in semine unum organum alio citius absolvit, ut organa nutritioni inservientia prius quàm sensui & motui destinata. [...]. Cum igitur Aristoteles ait, Vivere foetum primò vita stirpis; per vitam actus secundus seu ἐνέργεια, hoc est vitalis operatio intelligatur, quae prius fit quàm sensitrix & motrix. An autem κύαμα, id est conceptus materiae genitalis, & Embryo, verè habeant animam, de eo alibi disseruimus."
40 Adversaria ad Exotericas exercitationes, XLVII. Ad exerc. 107.39. (Anima an & quomodo sit corporis Actus?), S. 205.

	PERFECTIONIS, quia ut forma interna perficit corpus: unde τελειότης Corpus dicitur
Anima est actus primus	OPERATIONIS: quia est principium producens operationis vitales quae dicuntur actus secundi: ab actu primo, ut anima, dependentes. Graecè ἐνέργειαι & ἐντελέχειαι secundae.
	DENOMINATIONIS: (παρωνυμίας) Quia corpus inde diciatur vivens, animatum. Anima est actus primus corporis viventis seu animati.[41]

Ein Grundproblem von Scaligers Konzeption der *anima vegetativa* resultiert aus dem Umstand, dass er zur Erklärung der plastischen Funktion in der Embryogenese sowie anderer Lebensfunktionen des Körpers auf das Beschreibungsmodell der *anima* rekurriert, die zugleich die *anima* des (denkenden) Menschen ist, die nach Scaliger „die Regel alles Lebendigen" sei.[42] Mit anderen Worten wird der aristotelische Begriff der *anima* für die Beschreibung vitaler Funktionen und Prozesse verwendet, die eigentlich dem Bereich des Natürlichen angehören, wodurch gewissermassen die begriffliche Grenze von *anima* und *natura* verwischt wird. Im Fall der autonomen plastischen Funktion der *anima vegetativa*, auf der Scaliger so insistiert hat, hat zu dem von Goclenius analysierten Paradoxon geführt. Er hat dieses insofern aufgelöst, als er die klare Unterscheidung zwischen sensitiv-kognitiver Funktion und vegetativ-plastischer Funktion der Seele wiedereinführt. An einer Stelle der *Exercitationes*, die aus einer kritischen Bemerkung über den humanistischen Arzt Girolamo Fracastoro (1478–1553) hervorgeht, wird am Beispiel der Herzbewegung besonders deutlich, wie sich Scaliger vitale Operationen der *anima* vorgestellt hat. Der Behauptung Fracastoros in *De sympathia et antipathia rerum* (1546), dass die Herzbewegung nur Gott und der Natur und keineswegs dem Herzen selbst bekannt sei,[43] antwortet Scaliger so:

---

41 Ebd., S. 205f.
42 Exotericarum exercitationes, f. 155*v*: „Est tamen Hominis anima omnium penè regula uiuentium."
43 Hieromymi Fracastorii Veronensis De sympathia et Antipathia rerum Liber unus. Venedig 1546, S. 18: „porrò facta dilatatione rursus constrictio fit; qui motus est naturalis, membro redeunte ad situm proprium. utrique autem motus sua consequuntur beneficia, naturae cognita, nam ad priorem dilatationem sequitur attractio noui aeris, a quo refrigeratur cor, ad constrictione uero sequitur expulsio eiusdem aeris calefacti, et simul fuliginum multarum circa existentium. quae quidem beneficia cognita a Deo et naturae sunt, non autem ipsi cordi."

> Wenn dieser [sc. Fracastoro] mit Herz die Fleischmasse verstanden hat, dann ist seine These albern. Wenn er sich auf ein Ganzes mit der Seele bezogen hat, irrt er, wo er sagte, dass die Seele ihre eigenen Funktionen nicht kenne. Nichts bewegt nämlich im beseeelten Körper, ausser der Seele. Sonst gäbe es mehrere Formen, und mehrere erste Formen. Noch ist das, was unmittelbar folgt, wahr: das Herz bewegt ohne Imagination und Verlangen, also ist diese Bewegung keine Funktion der Seele. Die Natur ist nämlich dem Tier die Seele. Sie bildet sich selbst die Pfoten, die Zähne, die Hörner, um das Leben zu beschützen. Und sie gebraucht sie, und weiss, auf welche Weise sie zu gebrauchen sind, ohne irgendein Objekt und Imagination. Derjenige, der die Seele geschaffen hat, hat ihr sichere Regeln auferlegt, zum Teil allgemeine, zum Teil spezifischere. Erstere beziehen sich auf die Erhaltung der Verbindung der Seele mit dem Körper, für die es keinen letzten Urheber geben muss. Der Erhaltung dieser Verbindung ganz hingegeben, bewegt sie das Herz, kocht im Magen, kocht in der Leber wieder und vollendet den Kochvorgang in den Venen: sie verdaut in den Teilen, wandelt in Körper um, ersetzt, vereint, stellt wieder her, erneuert.[44]

Die Seelenfunktion ist bei Fracastoro also an die Imagination gekoppelt, mit der stets willentliche Bewegungen verbunden sind, die bewusst ablaufen; die Herzbewegung ist daher eine natürliche Funktion, in die keine involvierten Seelenvermögen eingehen. Für Scaliger sind vitale Operationen hingegen plastische Funktionen der Seele, die nicht imaginiert und keine Objekte repräsentiert und daher gewissermassen unbewusst, d.h. ohne (Selbst)reflexion, agiert. Denn Imagination setzt auch bei Scaliger Bewusstsein voraus. Daraus resultiert seine Konzeption einer *unbewussten plastischen* Funktion der Seele, die allen vitalen Prozessen des Körpers zugrundeliegt. Das einheitliche Erklärungsmodell *anima* geht von einem ganzheitlich beseelten Körper aus.

Goclenius hat Scaligers Konzeption des beseelten Körpers in den *Adversaria* dargestellt und dessen Argumentation auch dort verfolgt, wo diese Cardanos panpsychistischem Ansatz zu berühren schien. Goclenius hat dies unter dem allgemeinen Thema abgehandelt, ob jedes beliebige Vermögen der Seele in allen Teilen des Körpers bzw. ob in allen Teilen Sensibilität (*sensus*) sei. Auch in dieser Frage hält er es für erforderlich, den Seelenbegriff differenziert zu betrachten: Es sei zwischen der *anima* als Essenz (οὐσία), die den ganzen Körper informiere, und der *anima* als vitale Wirkung (ἐνεργεία) zu unterscheiden, die ihre Vermögen (dynameis) nicht undifferenziert in jedem beliebigen Körperteil ausübe, sondern funktional in dafür spezifisch

---

44 Exotericarum exercitationes, f. 417r. „Deinde si cor intellexit massam: frigida sententia est. Si totum cum anima: fallitur, ubi animam dixit ignaram suarum functionum. Nihil enim mouet in corpore animato, nisi anima. Alioqui plures essent formae, & plura prima. Neque continuò uerum est. Mouet sine imaginatione, ac desiderio: ergo motus is non est animae functio. Natura enim animali, anima est. Ipsa sibi fabricat calces, dentes, cornua ad uitam tuendam. Itaque iis & utitur, & scit, quo sit utendum modo, sine objecto, aut phantasia ulla. Qui animam fecit, certis eam praeceptis onerauit, partim generalibus, partim contractioribus. Illa sunt, quae pertinent ad unionem suam cum corpore conseruandam: cuius nullus autor extimus esse debet. Eius itaque studiosa mouet cor: coquit in uentriculo: recoquit in iecore: perficit in uenis: digerit in membra: mutat in corpus: sufficit, unit, instaurat, redintegrat."

ausgebildeten Organen.[45] Scaliger zitiert Cardano: „Es scheint, dass das Erinnerungsvermögen [*memoria*] in allen Teilen des Körpers präsent sei. Gewiss in den Fingern, wenn wir die Gitarrensaiten zupfen."[46] Scaliger antwortet: „Ja, ich sage dir sogar, dass der Intellekt in den Füssen ist. Eine ist nämlich in uns die Seele, ausgestattet mit allen ihren Vermögen, die gewiss essentiell zu ihr gehören. Wo aber die Instrumente sind, dort übt das Vermögen seine Aktivität aus. Wenn nämlich das Auge im Finger wäre, sähe der Finger durch das Auge, ohne sich auf ein Vermögen aus dem Gehirn zu berufen."[47] Ganz ähnlich hat Scaliger argumentiert, als es ihm darum ging, sein Konzept von ›Sensibilität‹ zu erklären, die dem beseelten Körper zukommt, von der sinnlichen Wahrnehmung jedoch verschieden ist; dies sei für diejenige schwer zu verstehen, die im philosophischen Denken nicht geübt seien:

> Im übrigen ist in vielen Teilen des Körpers, die nicht fühlen, eine Sensibilität. [...]. Wenn die Seele in uns eine ist, dann ist es dieselbe, die denkt, fühlt und vegetativ wirkt. Wer wird negieren wollen, dass in den Knochen die Seele ist? [...] Sagtest du [sc. Cardano] nicht etwa, und zurecht, dass in den Fingern des Gitarrenspielers die Kraft der Erinnerung sei? Die ganze Seele und alle Vermögen der Seele sind überall im belebten Körper. Es wird also in den Knochen eine Sensibilität sein und Leben. Weshalb fühlen sie also nicht? Ich werde also meinerseits fragen: warum sieht der Finger nicht? Weil die Materie überall ungeeignet ist. Darüber hinaus bedeutet Sensorium ja den Teil des Körpers, der das Instrument der Wahrnehmung ist. Aber das Fleisch fühlt, und es ist Sensibilität in ihm: nicht es selbst ist aber der ›sensible Teil‹ [μέρος αἰσθητικὸν], sondern der Nerv.[48]

Diese Form von Sensibilität macht also den beseelten Körper (nicht die Materie *per se*) lebendig und perzeptiv – auch wenn es sich wiederum um eine plastische Perzeption handelt, die der *anima vegetativa* eigen ist und sich zum Beispiel darauf beschränkt, Teile des Körpers wie die Knochen zu beleben und die Muskeln in den Fingern des Gitarrenspielers zu bewegen, ohne dass dieser bei seinem virtuosen Zupfen des Saiteninstruments an jede einzelne

---

45 Adversaria ad Exotericas exercitationes, VII. Ad exercitationis 307. sectionem 37. & 297. sect. (An memoria sit in omnibus partibus corporis: in digitis, pedibus), S. 61–63.
46 Exotericarum exercitationes, f. 419r.
47 Ebd., f. 419r–419v. „His enim uerbis uteris. ‚Videtur memoria omnibus corporis partibus inesse. Quippe in digitis, cùm citharam pulsamus.' Quin dico tibi: intellectum esse etiam in pedibus. Vna enim in nobis anima, suis omnibus undique stipata potestatibus, nempe essentialibus sibi. Vbi ueró instrumenta sint: ibi exercere actum suum ipsam potestatem. Si enim oculus esset in digito: uideret digitus per oculum, nulla accita à cerebro potentia."
48 Ebd., f. 366v. „Caeterùm multis membris sensus inest, quae non sentiunt. Hoc durius uidebitur ignaris philosophiae. Si una est in nobis anima: eadem intelligit, sentit, uegetat. Quis negabit, in ossibus inesse animam? An putant isti, animae facultates in ipsa animae substantia alias, atque alias, sibi quanque; partem separatim possidere? Nonne tu dicebas, & rectè, in Citharoedi digitis inesse uim memoriae? Tota sanè anima, omnes animae facultates ubique totae sunt in corpore animato. Erit igitur in ossibus sensus, siquidem & uita. Quare igitur non sentiunt? Rogabo uicissim ego: quamobrem non uidet digitus? Quia materia utrobique inepta est. Praeterea sensorium significat partem corporis, quae est instrumentum sensionis. At caro sentit, & in ea sensus est: non tamen ipsa est μέρος αἰσθητικὸν, sed neruus."

seiner Fingerbewegungen denken muss. Das ›Muskelgedächtnis‹ ist jedoch bei Scaliger nicht dahingehend zu verstehen, dass die *anima* in den Muskeln die Bewegungen speichert – so als seien die Muskeln selbst ein Instrument des Erinnerungsvermögens. Scaliger setzt sich in diesem Punkt vom Panpsychismus Cardanos ab und trennt die vegetativ-plastische Funktion von der sensitiv-kognitiven Funktion der Seele: „die Instrumente der Erinnerung oder ihren Ort [sind] nicht in den Fingern."[49] Scaliger und Goclenius lokalisieren das Gedächtnis (τὸ μνημονευτικὸν) – wie Galen – in einem Teil des Gehirns.[50] Die Erklärung, weshalb das ›Muskelgedächtnis‹ eine natürliche Funktion der *anima vegetativa* ist, rühre von Prinzipien her, die den Instrumenten des Erinnerungsvermögens selbst gehorchen. Diese Prinzipien heissen Übung und Gewöhnung.[51] Wir führen unwillentliche Bewegungen oder Handlungen aus, („ohne irgendeine Überlegung oder Wahl kehren wir nach Hause"), weil durch das Prinzip der Gewöhnung derselben Teile des Körpers sowohl die restlichen Seelenvermögen des Gehirns als auch die *spiritus* an denselben vorgestellten Gegenstand und an denselben Willen geknüpft sind.[52] Es handelt sich also um eine automatisierte Bewegung, die – wie man in der heutigen Hirnforschung sagt – vom ›impliziten‹ bzw. ›prozeduralen‹ Gedächtnis gespeichert wird.[53]

4. Das intellektive Vermögen der Seele

In Goclenius' Schriften zu Scaliger wird der Begriff *anima* mehrfach in verschiedener Hinsicht verwendet, d.h. dass mit demselben Begriff *anima* durchaus unterschiedliche Objekte bezeichnet werden. Goclenius hält es für erforderlich, im Hinblick auf „diejenige *anima*, die *intellectus* genannt wird", auf eine weitere wichtige Unterscheidung hinzuweisen, zumal Aristoteles (ebenfalls in De gen. an. II, 3) sage, dass der Intellekt nicht durch den Körper denke und sich in keinem Teil des Körpers befinde.[54] Goclenius macht daher

---

49 Ebd., f. 419*v*.
50 Adversaria ad Exotericas exercitationes, VII, S. 63.
51 Exotericarum exercitationes, f. 419*v*. „Falleris tamen alia ex parte. Quia memoriae instrumenta, aut conditoria non sunt in digitis: sed ea respondent suis principiis: quae principia exercitatio, & assuefactio facit esse coniuncta, & praesentia suis effectionibus."
52 Ebd., f. 419*v*. „Ita sine ulla consideratione, aut electione, domum reuertimur: quia ex assuetudine ipsorum membrorum, tum alia instrumenta, tum spiritus simul, iuncta sunt ipsi imaginationi, & uoluntati."
53 Vgl. zur neurowissenschaftlichen Deutung dieser Passage auch De Angelis: Unbewußte Perzeptivität und metaphysisches Bedürfnis, S. 268f.
54 Adversaria ad Exotericas exercitationes, XLVII, S. 205f.: „Sed quaeri dubitarique potest de ea anima, quae intellectus dicitur: cùm Aristoteles alibi dicat: Intellectum esse nullius corporis actum, & nullum corporis partem occupare." Vgl. De generatione animalium, S. 360: „nihil

deutlich, dass es bei ihm einen Seelenbegriff gibt, der nicht als Entelechie oder Akt des Körpers verstanden wird. In diesem wichtigen Punkt zeigt Goclenius seine Abhängigkeit von der Position Scaligers in der *Exerc.* 307.14 (*An intellectus aliud sit ab anima*). In seiner kritischen Auseinandersetzung mit der averroistisch-platonisierenden Intellektkonzeption Cardanos[55] hatte Scaliger insistiert, den Intellekt als Teil der Seele zu betrachten und interpretiert in diesem Sinne auch die Position des Aristoteles in *De gen. an.* II, 3, der sage, dass der Intellekt von aussen her (θύραθεν) der Seele zukomme: „Also ist der Intellekt entweder eins mit der Seele oder nicht. Wenn er eins ist, wird er die Form der Seele sein. Also wird er die Seele sein als Vermögen [τῶν ἐν δυνάμει], nicht als Entelechie [ἐντελέχεια]."[56] Der *Intellectus* ist somit in Goclenius' Analyse zum einen der *actus informans* des Körpers, wobei

> ich mit Intellekt die Seele des Menschen verstanden habe, nicht das intellektive Vermögen der Seele. Wenn dieses [intellektive Vermögen] das Gehirn oder einen anderen Teil des Körpers informieren würde [*informaret*], dann würde man diesen Teil als den logischen oder rationalen Teil [λογικὴ *seu rationalis*] bezeichnen. Aber kein Teil des Körpers kann eigentlich als rational bezeichnet werden. Also wird gesagt, dass auch kein Teil des Körpers durch eine intelligente Kraft [*vi intelligente*] informiert werde. Die *anima rationalis* verursacht im Körper das Leben und die Wahrnehmung, nicht das intellektive Vermögen [*ratio*]; sie bewirkt, dass der Mensch auf eine spezifisch menschliche Art und Weise fühle, ernährt werde, wachse und bewegt werde: sie ist dafür zuständig, dass der Mensch nur einen anderen Menschen zeuge, nicht ein Pferd oder ein Ochse, nicht eine Pflanze.[57]

Zum anderen sei der „Intellectus qua intellectus", d.h. als intellektives Vermögen der Seele, nicht Akt des Körpers. Dies heisse, dass der Intellekt nicht an einen Teil des Körpers gebunden sei, als sei dieser dessen Instrument, weil der Intellekt, um seine Denkoperationen auszuführen, den Körper nicht nötig habe; einzig die durch sinnliche Wahrnehmung in der Psyche entstandenen Phantasmata, die ihrerseits auf den organischen Körper angewiesen seien, brauche der Intellekt, um seine Denkhandlung zu vollziehen. Während also der Intellekt als Akt des Körpers oder als *anima intelligens* bzw. *informans* ganz in die Organe und Glieder des Körpers eingeschrieben sei, sei der In-

---

enim cum eius [sc. mentis] actione communicat actio corporalis."
55 Giglioni: Il dibattito sull'anima vegetativa, S. 314–318.
56 Exotericarum exercitationes, f. 399r. „Sed redeamus ad intellectum: quem dicit Aristoteles animae θύραθεν euenire. Ergo aut unum fit cum anima, aut non. Si unitur, erit animae forma. Igitur erit anima τῶν ἐν δυνάμει, non autem ἐντελέχεια."
57 Adversaria ad Exotericas exercitationes, XLVII. Ad exer. 107.39. Anima an & quomodo sit corporis ACTUS?, S. 207f.: „Porrò quòd dixi, intellectum esse corporis actum INFORMANTEM, id ne sinistrè accipiatur. Intellexi enim ibi per intellectum animam hominis, non facultatem animae intellectivam. Haec si cerebrum, vel aliam corporis informaret partem, ea pars diceretur λογικὴ seu rationalis. Sed nulla pars corporis propriè dicitur rationalis. Ergo nulla etiam pars corporis informari vi intelligente dicitur. Anima rationalis corpus informat vita & sensu, non ratione: & facit hominem modo humano sentire, nutriri, augeri, & moveri: facit hominem generare tantum hominem, non equum aut bovem, non stirpem."

tellekt als *vis intelligens* hingegen in seiner spezifischen Tätigkeit, „quae est intelligere", nicht mit dem Körper vermischt.[58] Denn auch wenn die *anima* als Ursache des sensitiven Vermögens des Körpers betrachtet werden könne, so dass die sinnliche Wahrnehmung gewissermassen in der Seele wurzele (so wie Zabarella sage, in der *anima* verwurzelt sei), mache die Seele den Körper nicht intelligent und wollend, weil sie keinen Teil des Körpers mit dem denkenden (und volitiven) Vermögen ausstatte: „Daher kann nicht gesagt werden, dass die *potentiam intelligendi realiter* von der Seele dem Körper vermittelt wird."[59]

Indem Goclenius den *anima*-Begriff auf die organisierende Form des Körpers bezieht, die das intellektive Vermögen nicht generiert, schafft er die Voraussetzung, um den Intellectus als *potentia intelligendi* vom *anima*-Begriff abzutrennen und das intellektive Vermögen einer eigenen Systematik des begrifflichen Denkens zu unterziehen. Dabei ist in Goclenius' Argumentation zu erkennen, dass die vom Materie-Form-Prinzip der aristotelischen Physik abzulösende Intellektualsphäre, in deren Zentrum das immaterielle Vermögen der *vis intelligens* steht, analog zu den beiden unter den *anima*-Begriff fallenden körperlichen Vermögen der *vis sentiens* (Wahrnehmung) und der *vis plastiké* im Samen (Embryogenese, Organbildung) konstruiert ist, von diesen jedoch systematisch und inhaltlich unterschieden wird. Folgerichtig widmet sich Goclenius im § 43 der *Adversaria* der Analyse des Intellectusbegriffs, die auf Scaligers Position in der *Exerc.* 307 basiert.[60]

Goclenius expliziert Scaligers Konzeption des kognitiven Prozesses terminologisch und stellt sie schematisch dar. Er unterscheidet die beiden zentralen Momente der *intellectio* (oder *actio in intellectus*): die erste (passive) Auf-

---

58 Ebd., S. 206: „INTELLECTUS, qua intellectus, nullius corporis actus est organicus: id est, non est alligatus seu addictus ulli parti corporis, tanquam instrumento: quia non utitur corpore inter operandum: tantùm antè requirit [...] phantasmata, quae utuntur corporeo organo. Intellectus corporis actus est informans: [...]: Est anima informans totos infusa per artus. Seu: Intellectus non est mistus corpori, in operatione sua, quae est intelligere: hic non utitur corpore, ut organo."

59 Ebd., XLII. Ad exerc. 307. 29. (Quomodo anima informet corpus? Anima cum forma sit omnium hominis partium, cur facit corpus sentiens, non intelligens?), S. 191: „[...] Anima igitur corpus efficit animatum, vegetans, sentiens, quia horum ratione inest corpori tanquam forma essentialis subjecto, sed non facit corpus intelligens & volens, quia his facultatibus nullam partem corporis (ut nulli organo in operando addicta & affixa est) informat. Itaque potentiam intelligendi realiter ab anima corpori communicateam esse dici non potest. [...]. Non verò est animata vegetans sentiens formaliter, sed potest haec ἐνεργεῖν: Exempli causa sensus non sunt in anima, sed oriuntur ab anima: etsi quoque dici possit: sensus esse eo modo in animo, quo effectus in causa: Sensus habere quidem radices in anima: (Radicari in anima dicit Zabarella) actiones verò seu fructus habere in organis corporeis animatis, quae recipiunt rerum sensilium species."

60 Zu Scaligers erkenntnistheoretischer Konzeption und deren Rezeption bei Goclenius vgl. Spruit: Species intelligibilis, hier S. 250–254: „Scaliger regarded the cognitive act as an operation of the knowing and active intellect. Hence, it became inevitable that mind should be detached from any process of actualization conceived in terms of Aristotelian physics" (S. 251).

nahme der Begriffe im Intellekt durch den *modus intelligendi* der *species* (oder *notio rei*) und die weitere (aktive) Verarbeitung der Begriffe, u.a. deren Division, Komposition und Deduktion (*dividit, componit, deducit*) durch die denkende Handlung des Intellekts, die *Dianoia* bezeichnet werde.[61] Umso mehr bleibt aber vor diesem Hintergrund für Goclenius die Frage zu klären, was denn der Ursprung, d.h. die verursachende Instanz der *potentia intelligendi* sei, wenn sie nicht von der Seele, d.h. vom organisierenden Prinzip des Körpers, hervorgegangen sei.

In § 29 (*problema de hominis anima*) der *Adversaria* greift Goclenius erneut die Frage auf, ob die menschliche Seele durch natürliche Zeugung und wenn ja, vom männlichen Samen hervorgebracht werde: *An animus hominis ingeneretur à parentibus? & si hoc affirmetur, an gignatur ex semine?* Dabei knüpft er an Scaligers *Exercitatio* 307. 20 (*De immortalitate animae*) an und legt in der Diskussion der Position Scaligers die Gründe dar, weshalb der intellektive Teil der menschlichen Seele nicht aus der *vis plastiké* des Samens hervorgehen könne. Die Argumente, die Goclenius hierfür gebraucht, gehen zum Teil aus denjenigen Sätzen Scaligers hervor, die der Marburger Philosophieprofessor dann in der zweiten Ausgabe der *Psychologia* (1597) abdrucken lässt. In der *Exercitatio* 307.20 richtet sich Scaliger besonders gegen die Interpretation der menschlichen Seele, die der griechische Aristoteles-Kommentator Alexander von Aphrodisias in seinem *De anima*-Traktat gegeben hatte[62] und von der wir wissen, dass sie besonders an der Universität Padua von den Professoren der Naturphilosophie – von Pomponazzi über Pendasio und Zabarella – bis um 1600 gelehrt wurde.[63] Der Klarheit halber will ich hier einige Aspekte von Alexanders Seelenkonzeption noch einmal aufgreifen.

Alexander zufolge besteht der potentielle oder materielle Intellekt (ὁ ὑλικὸς νοῦς) einzig in einer Disposition (ἐπιτηδειότης), intellektive Formen (εἴδεις) aufzunehmen, (die er auf der unbeschriebenen Tafel selbst nicht hat).[64] Wie bereits Antonino Poppi verdeutlicht hat, ist im Urteil von

---

61 Adversaria ad Exotericas exercitationes, XLIII. Ad exerc. 307. 2.9.13.21. (Quomodo fiat & distinguatur intellectio?), S. 194: „[...] ut cum Scaliger ait: Intellectus cum notiones agitat, dividit, componit, deducit, alius est intelligendi modus (quàm prima notionum apprehensio) qui dicitur Διάνοια, id est mentis agitatio." Vgl. auch Spruit: Species intelligibilis, S. 251f. sowie Kristian Jensen: Protestant Rivalry – Metaphysics and Rhetoric in Germany c. 1590–1620. In: Journal of Ecclesiastical History, 41/1 (1990), S. 24–43, hier S. 32–35.
62 Alexandri Aphrodisei Enarratio De anima ex Aristotelis institutione, interprete Hieronymo Donato Patritio Veneto. Venedig 1538. Vgl. oben Kap. 2 dieser Arbeit.
63 Poppi: Introduzione all'Aristotelismo Padovano, S. 108f. Vgl. auch Olaf Pluta: The Transformation of Alexander of Aphrodisias' Interpretation of Aristotle's Theory of the Soul. In: Renaissance Readings of the Corpus Aristotelicum, S. 147–165, hier S. 157–161. Vgl. hierzu ausführlicher Kap. 2 in dieser Arbeit.
64 Alexandri Aphrodisiensis: Praeter Commentaria Scripta Minora. De Anima Liber cum Mantissa. Hg. von Ivo Bruns. Berlin 1887 (Supplementum Aristotelicum II, 1), S. 84: „ἐπιτηδειότης τις ἄρα μονον ἐστὶν ὁ ὑλικὸς νοῦς πρὸς τὴν τῶν εἰδῶν ὑποδοχὴν ἐοικὼς πινακίδι ἀγράφῳ, [...]." In diesem Sinne ist der materielle Intellekt

Pomponazzi Alexanders Position vom rationalen Standpunkt aus am besten begründet und entspricht am ehesten den Daten der Erfahrung.⁶⁵ Die Kritik Scaligers an Alexander spiegelt somit die Haltung der scholastischen Aristoteliker wieder, die – in Reaktion auf Pomponazzis alexandristische Lektüre des Aristoteles – die Seele zu einem Objekt der Metaphysik machten. Neben Tommaso de Vio, Kardinal Cajetanus hat ein anderer Dominikaner, Crisostomo Javelli, mit seiner Schrift *Tractatus de animae humanae indeficientia* (1535) die Diskussion entscheidend in diese Richtung gelenkt:

> In a move decisive for the history of natural philosophy in the sixteenth century, he [sc. Javelli] argued that, whatever Aristotle's opinion might be, the immortality of the soul is a position rationally demonstrable – not in physics, but rahter in metaphysics. [...] Javelli maintained that the soul is not generated from the potency of matter. Its existence comes to it from outside, through creation.⁶⁶

Somit wird erst klar, weshalb der theologische Begriff der *creatio*, den die scholastischen Autoren eingeführt hatten, für die Diskussion der Genese der Seele des 16. Jahrhunderts relevant wurde und – wie in Scaligers *Exercitationes* – als begründende Instanz der individuellen menschlichen Seele wieder fruchtbar gemacht worden ist. Hinter der Wiederbelebung der Kategorien *essentia/existentia* (scholastisch), die damit in der Auffassung des Seelenbegriffs parallel neben den Kategorien *materia/forma* (aristotelisch) vorhanden sind, steht also in historischer Perspektive die Konkurrenz zwischen zwei Formen des Aristotelismus, den scholastischen und den ›säkularen‹ an den italienischen Universitäten, die im Laufe des 16. Jahrhunderts infolge der ›Pomponazzi-Affäre‹ in Konflikt geraten waren.⁶⁷ Scaligers Sätze in der Vorrede zu seinem Werk, mit denen er sich von seinen Lehrern in Padua und Bologna absetzt, bekommen dadurch einen Sinn, auch wenn sie, was die tatsächlichen historischen Begebenheiten angeht, *cum grano salis* zu nehmen sind.⁶⁸

---

also mit der Disposition vergleichbar, mit der Schrift beschrieben zu werden.
65 Poppi: Introduzione all'Aristotelismo Padovano, S. 111.
66 Lohr: The Sixteenth-Century Transformation, S. 89–99, hier S. 91. Vgl. zu Crisostomo Javelli jetzt auch Michael Tavuzzi: Chrysostomus Javelli, O.P. (ca. 1470-1538). A Bibliographical Essay. Part I. Biography. Part II: Bibliography. In: Anglicum 67 (1990), S. 457-482, sowie 68 (1991), S. 109-121.
67 Ebd., S. 97: „Through the friars Scholastic Aristotelianism was brought to Italy around the middle of the fifteenth century. Here it encoutered a radically different, secular form of Aristotelianism. The Italian faculties of arts were orientated less toward theology than to medicine, and the Aristotelianism they taught was concerned less with the hereafter than with the tasks of men in this world."
68 Exotericarum exercitationes, Scaliger candido Lectori: „Auenrois autem dispositiones secutus sum: propterea quòd primis Lycei sacris initiatus in illius uiri uerba iurare coactus sum à praeceptoribus meis, Buccaferrea, Petro Pomponano, Zimarra, Tiberio, Nipho: qui, ut ingenuè fatear, saepius Aristotelem ad Auenroim, quàm hunc ad illum referebant." Vgl. auch Pierre Lardet: L'Aristotélisme „pérégrin" de Jules-César Scaliger. In: Les Études philosophiques, 3 (1986), S. 349–369, hier S. 354. Giulio Bordon, so Scaligers eigentlicher Name, hatte am 11. Juni 1519 sein Medizinstudium an der Paduaner Artistenfakultät mit dem Doktorat

Der (vermutlich) gebürtige Paduaner verbrachte sein Leben von 1525 an in Agens, in Frankreich, weit weg vom geographischen Raum Venetiens, wo er bis dahin grösstenteils gelebt hatte.[69]

In diesen Kontext der Seelendiskussion ist somit auch der Prozess der *Metaphysizierung* bzw. *Ontologisierung* der Seele bei Goclenius einzuordnen, der im Rahmen der Darstellung von Scaligers Intellectusbegriff in den *Adversaria* bereits einen entscheidenden Schritt in diese Richtung vollzieht. Unter den Objekten des Intellekts (*objecta intellectus*) seien die *Entia simpliciter* oder *simplicia entia* Formen, die durch ihre Natur von der Materie abgetrennt, bzw. Substanzen, die *per essentiam* von der Materie abgelöst seien: „wie Gott, die Engel, der von der Materie abgetrennte menschliche Geist: die metaphysischen Dinge."[70] Goclenius macht somit – Scaliger folgend – die menschliche Seele zu einem metaphysischen Objekt des Intellekts. In einem Schema werden die spezifischen Attribute von Seele und Körper im Menschen dementsprechend *dualistisch* aufgeteilt:

Tabella.

	Animae: esse immortalem, invisibilem, intelligere, velle
In homine attributa sunt propria	
	Corporis: quatenus est Corpus:(id est habens dimensiones) esse, visibile, locale.
	Mistum: esse mortale, patibile, ponderosum.
	Animatum: vegetari, nutriri, augeri, moveri, scribere, currere, loqui, edere, bibere, disputare, sentire, irasci, concupiscere. Haec vi quidem animae, sed corporis ministerio perficiuntur.[71]

Mit Blick auf die in diesem Kapitel analysierten Schriften des Goclenius kann gefolgert werden, dass er hinsichtlich der Konstituierung einer

---

  abgeschlossen; vgl. Acta Graduum Academicorum. Ab Anno 1501 ad annum 1525. Bd. III.1. Hg. von Elda Martellotto Forin. Padova 1969, S. 299.
69 Billanovich: Benedetto Bordon e Giulio Cesare Scaligero, hier S. 218–248.
70 Adversaria ad Exotericas exercitationes, XLIII. Ad exerc. 307.2.9.13.21., S. 195: „Entia simpliciter seu simplicia entia sunt formae sua natura separatae à materia, seu substantiae abjunctae à materia per essentiam: ut Deus, angeli, animus humanus à corpore separatus: res metaphysicae."
71 Ebd., XLII. Ad exerc. 307.29., S. 191.

metaphysischen Perspektive auf die Seele an die Tradition des scholastischen Aristotelismus anschliesst und diese geht – wie besonders bei Tommaso de Vio zu sehen war – bis auf Thomas von Aquin zurück; gleichzeitig steht er mit seinem ›dualistischen‹ Ansatz am Beginn einer Tradition, die in Deutschland zur Metaphysik von Christian Wolff führt.[72]

Doch wie sieht Goclenius' Argumentation in §29 der *Adversaria* eigentlich aus? Grundsätzlich ist er bestrebt, die Beschaffenheit der *hominis anima* als nicht vereinbar mit der Beschaffenheit sämtlicher Form-Materie- bzw. Form-Körper-Konstellationen herauszustellen. Dabei lehnt er die These von dem Ursprung der menschlichen Seele aus dem Prozess der natürlichen Zeugung durch den Samen in aller Deutlichkeit ab; der Grund hierfür ist die Annahme von „eingeborenen Kenntnissen" (*notitiae inditae*) in der menschlichen Seele, die Goclenius zufolge nicht aus der Materie hervorgehen können:

> Die Meinung also, die festsetzt, dass die Seele aus dem Samen [hervorgegangen] sei, lehnen wir ab. Wenn nämlich die Seele aus dem Samen und der Materie hervorgebracht wird, der Vermögen [dunämeiw] innewohnen, wie wird sie nicht körperlich, wie immateriell, wie einfach sein? [...]. Wenn die Seele aus dem Samen entsteht, ist sie aus den Elementen zusammengesetzt: der Samen ist nämlich ein zusammengesetzter Körper, der aus Elementen besteht: aber die Seele ist nicht aus Elementen zusammengesetzt, sie geht also nicht aus dem Samen hervor. Ich versuche die Annahme aufzustellen: 1. Keine elementare Natur hat eingeborene Kenntnisse, und ist mit dem Abbild Gottes ausgestattet. Der menschliche Verstand hat eingeborene Kenntnisse, zumindest im Sinne eines [allgemeinen] Vermögens, in ihm [dem Verstand] wird das Abbild Gottes repräsentiert, nach diesem Abbild ist der Mensch geschaffen worden. Also ist der menschliche Verstand nicht aus der elementaren Natur gebildet worden, er ist nicht eine Mischung aus den Elementen. 2. Alles aus den Elementen Zusammengesetzte ist körperlich, sterblich, es kann in Elemente aufgelöst werden. Die Seele ist nicht körperlich, nicht sterblich, sie kann nicht in Elemente aufgelöst werden. Also vermischt sie sich nicht mit und ist nicht zusammengesetzt aus den Elementen, sondern ist eine Natur oder eine fünfte Essenz, die von den vier Elementen verschieden ist, sie ist eine himmlische Natur, ein göttliches Ding: die Materie aber, dies sind die vier Elemente. Darüber hinaus ist die einfache Natur, wenn sie nicht auflösbar ist in Prinzipien, nicht aus Prinzipien zusammengesetzt. Die Seele ist eine einfache Natur, nichts ist der Seele beigemischt, nichts ist mit ihr zusammengesetzt, zusammengebunden, vereint, nichts ist in ihr doppelt. Also ist die Seele, wenn sie nicht in Prinzipien auflösbar ist, auch nicht aus Prinzipien zusammengesetzt.[73]

---

72 Diesen letzteren Aspekt untersucht jetzt Gideon Stiening: „Partes Metaphysicae sunt duae: Deus & Mentes." Anmerkungen zur Entstehung und Entwicklung der Psychologie als Metaphysica specialis zwischen Rudolph Goclenius und Christian Wolff. Einen anderen Weg der Entstehung einer thomistischen Metaphysik im Luthertum zeigt Günter Frank: Die Vernunft des Gottesgedankens. Religionsphilosophische Studien zur frühen Neuzeit. Stuttgart-Bad Cannstatt 2003, bes. das Kap. über Jacob Schegk (1511-1587), S. 89-128.

73 Adversaria ad Exotericas exercitationes, XXIX. Ad exerc. 307. 20., S. 160f.: „Opinionem igitur, quae statuit animam esse ex semine, repudiamus. Si enim anima ex semine & mate-

Unter Punkt 1. seiner Annahmen schliesst Goclenius mit dem Konzept der *notitiae inditae* an die Melanchthon-Tradition an.[74] Goclenius versteht jedoch die ›eingeborenen Kenntnisse‹ in den *Adversaria* als (allgemeines) Vermögen des menschlichen Verstandes (*mens humana*) im Sinne der bereits erwähnten *potentia intelligendi* und spezifiziert die ›Kenntnisse‹ dieses Vermögens inhaltlich nicht weiter.[75] Damit unterscheidet er sich in einem wichtigen Punkt von Melanchthon, der in den *Loci communes theologici* und im *Liber de anima* von 1553 die *notitiae naturales*, die unter das natürliche Gesetz (*lex naturalis*) fallen, das von Gott bei der Schöpfung dem menschlichen Verstand eingegeben wurde, inhaltlich genau festgelegt hat. So machen bei Melanchthon die ›Kenntnisse‹ des *ius divinus* im menschlichen Verstand Gottesebenbildlichkeit (*imago Dei*) des Menschen aus, von der Goclenius selbst spricht.

Ferner ist die (unter Punkt 2. dargelegte) Annahme von der Nicht-Reduzierbarkeit der Seele auf Prinzipien ohne den Kontext von Scaliger und dessen Auseinandersetzung mit den Aristoteles-Kommentaren von Alexander von Aphrodisias nicht nachvollziehbar.[76] In Alexanders Theorie der Form einfacher Körper werden auch Formen im Hinblick auf ihre Komponenten analysiert.[77] Die Form einfacher Körper (z.B. des Feuers) wird mit einem Vermögen (*dynamis*) identifiziert und hat die Funktion eines

---

ria educitur, cui δυνάμεις insit, quomodo non erit corporea, quomodo erit immaterialis, quomodo erit simplex? Sed age haec evolvamus. Si anima existit ex semine, est composita ex elementis: semen enim est corpus concretum ex elementis: at anima non est composita ex elementis, non igitur ex semine. Assumptionem probo: 1. Nulla natura elementaris habet insitas notitias, & ornata est imagine Dei. Mens humana habet insitas notitias, saltem secundum potentiam, repraesentatur in ea Dei imago, ad quam homo conditus est. Ergo mens humana non est conflata ex natura elementari, non est mista ex elementis. 2. Omne compositum ex elementis est corporeum, mortale, resolvi potest in elementa. Anima non est corporea, non mortalis, non potest resolvi in elementa. Ergo non coaluit, non est composita, ex elementis, sed est natura seu essentia quinta, alia à quatuor elementis, est natura coelestis, res divina: materia autem est, quatuor elementa. Praeterea simplex natura ut non est solubilis in principia, sic non est composita ex principiis. Anima est simplex natura, nihil animae admistum, nihil concretum, nihil coagmentatum, nihil copulatum, nihil duplex. Ergo anima, ut non est resolubilis in principia, sic etiam non est composita ex principiis."

74 Vgl. oben Kap. 1, 1.2. in dieser Arbeit.
75 Damit knüpft Goclenius an seine Interpretation der aristotelischen Seelenlehre an, die er bereits in der Disputatio Physica & Metaphysica. Marburg 1592 gegeben hat; vgl. Stiening: *Deus vult aliquas esse certas noticias*. Melanchthon, Rudolph Goclenius und das Konzept der *notitiae naturales* in der Psychologie des 16. Jahrhunderts, hier S. 780–783. Es ist somit plausibel, dass sich Goclenius' Aristoteles-Interpretation von 1592 bereits an Scaliger orientiert hat. Eine Überprüfung der Scaliger-Zitate in der *Disputatio* von 1592 gäbe hier eventuell Aufschluss.
76 In einem von Scaliger 1557 – also ein Jahr vor seinem Tod – angefertigten Katalog unveröffentlichter Werke ist u.a. die Schrift „Sur l'origine des choses naturelles" erwähnt, „où sont rassemblés tous les problèmes soulevés par Aristote et Alexandre"; zitiert nach Magnien: Bibliographie Scaligérienne, S. 307.
77 Paolo Accattino: Generazione dell'anima in Alessandro di Afrodisia, De anima 2.10-11.13? S. 182–201, hier S. 189–191. Vgl. dazu ausführlicher auch oben Kap. 2, 2.3.

Bewegungsprinzips. So ist die einfache Form des Feuers die ›Leichtigkeit‹, die ihrerseits von ›warm‹ und ›trocken‹ hervorgebracht wird. Beide werden selbst auch als Formen bezeichnet. Von den Autoren des 16. Jahrhunderts (z.B. von Scaliger) wurde dies dahingehend interpretiert, dass Alexander die Seele auf die Elemente der Materie zurückführt.[78] Stattdessen geht die Form für Alexander lediglich aus einfacheren Formen hervor und nicht aus der Materie, die keine Qualitäten besitze und nicht Körper sei. Dieser sei bereits ein Zusammengesetztes aus Materie und Form. Nach dieser Theorie ist es möglich, in der Form der einfachen Körper dieselben Eigenschaften zu finden, die den Formen der zusammengesetzten Körper eigen sind, zu denen im besonderen die organisierten Körper von Lebewesen gehören.

Auf die Theorie der einfachen Formen greift Alexander auch dann zurück, wenn es darum geht, die Vielfalt des Bewegungsvermögens komplexer Körper zu erklären, das vom Grad der Komplexität des Körpers abhängig sei. Die einfachen Körper haben eine einfache Form und Natur und bewegen sich ihrer Natur gemäss „entweder nur gegen oben oder nur gegen unten".[79] Das Substrat der komplexen Körper ist nicht mehr einfach, sondern ein Körper; die komplexen Körper haben demnach eine komplexere und vollkommenere Form, weil zu der Konstituierung ihrer Form auch die Form des Substrats des komplexen Körpers beiträgt, das selbst ein Körper ist und damit aus Form und Materie zusammengesetzt ist.[80] Alexanders Ziel ist es, zu zeigen, dass die Seele als Form nicht über das Vermögen (*dynamis*) des Körpers hinausgeht, d.h. mit diesem identisch ist. Dies gilt auch für die Form des komplexesten der organisierten Körper, nämlich des menschlichen Körpers, von dessen Konstitution somit auch

---

78 Exotericarum exercitationes, f. 405r. „Quintam essentiam dicat idem animam, necesse est. Nam si est Entelechia corporis, & actus materiae: & materia nihil aliud, quàm elementa quatuor: necesse est, Animam esse naturam quintam. Quin istis edico simul: Omnem formam cuiuscunque perfecti misti, etiamsi non est anima, ut in Adamante, naturam esse quintam, longè aliam à quatuor elementis. Quo ex loco deducitur herculem argumentum aduersus Alexandrum, qui animam quatuor ex elementis constituebat."

79 Enarratio de anima [1538], (Quae sit animae), S. 14: „Quamobrem naturalia corpora, quorum subiectum simplex est: (haec autem est proprio uocabulo nuncupata materia, quae subiicitur sumplicibus primisque; corporibus, quae aliorum corporum elementa uocantur.) haec (inquam) simplicia corpora simplicem pariter speciem & naturam adepta sunt. Atque ea de causa in his unius & simplicis motionis natura causa esse comperta est. Si enim natura simplicis quoque motus principium. Simplex uero motus proprie unus est. Quo fit, ut haec aut supra duntaxat, aut infra, suapte natura ferantur."

80 Ebd., S. 14f.: „In quibus autem non simplex subiectum continenter est, sed iam corpus aliquod siue compositum, in iisdem species ornatu distinctiore perfectior est: & eorum pariter natura similem modum habet. Neque immerito. Species enim illa, quae est in materia & in subiecto, confert aliquid ad eorum speciem, quae composita sunt: atque id eo amplius, si non unum duntaxat corpus subiectum sit: quod in naturalibus & compositis corporibus haberi necesse est."

die Disposition des materiellen Intellekts abhängt. Dieser ist deshalb – wie Pomponazzi bereits in seinen Paduaner *De anima*-Vorlesungen von 1503/04 darlegte – auch in der Lage, abstrakte Denkfunktionen auszuüben.

Goclenius stimmt Scaligers Argument zu, das dieser gegen die „Exekutoren der Seele" (*elementarios animae carnefices*) anführe, und paraphrasiert es in den *Adversaria* beinahe wörtlich:

> Aber in den Vermögen der Seele ist, was niemals in den Vermögen irgendeines Elementes gewesen ist: denn in der Seele gibt es das Vermögen der Bewegung nach vorn, nach hinten, nach rechts, nach links, das es in keinem Element gibt: andere und auch weitaus vortrefflicher sind die Vermögen der Seele, die es in den Elementen nicht gibt. Also ist die Seele nicht aus Prinzipien zusammengesetzt. Kurz, die Seele ist das Prinzip aller Bewegungen auch der entgegengesetzten, sie bringt nicht nur einfache und uniforme Wirkungen hervor, sondern auch unterschiedliche, zusammengesetzte und entgegengesetzte. Also kann sie nicht in einem elementaren Prinzip sein.[81]

Ganz im Gegensatz zu den Prinzipien Alexanders ist die Seele als Form für Goclenius etwas, was den körperlichen Bereich transzendieren kann. Ihre Form kann nicht auf das körperliche Vermögen reduziert werden. Dies gilt im Besonderen für die Form der menschlichen Seele, deren Eigenschaft Goclenius im §29 der *Adversaria* definiert und von der *forma corporis* unterscheidet. Infolgedessen ist es notwendig, den Formbegriff zu differenzieren. Es gibt für Goclenius zwei Arten von essentiellen Formen, die *forma materialis* und die *forma immaterialis*:

> Ausserdem kann die materielle Form nicht einfach von der Materie abgetrennt werden, und für sich selbst subsistieren. Aber die menschliche Seele kann vom Kompositum [von Materie und Form] abgetrennt werden, und für sich selbst subsistieren. Also ist die Seele nicht materiell. Du [sc. Scaliger] sollst einsehen, dass die essentiellen Formen von zweierlei Arten sind. Einige sind materielle Formen (ὑλικαὶ), die derart in der Materie versunken sind und mit ihr verbunden, gleichsam aus der Potenz der Materie hervorgebracht, dass sie auch absolut nicht von der Materie abgetrennt werden und durch sich selbst subsistieren können. Diese sind die Seelen der Tiere und der Pflanzen. Einige Formen sind aber immateriell, nicht materialisiert (ἄυλοι), welche nicht aus der Potenz der Materie wie diejenige [der aus Blut und den *spiritus animalis* bestehenden materiellen Substanz] des Samens hervorgebracht werden: auch wenn diese [immateriellen Formen] im Kom-

---

81 Adversaria ad Exotericas exercitationes, XXIX. Ad exerc. 307. 20., S. 161 f.: „Scaliger affert argumentum sequens contra elementarios animae carnefices, ut loquitur, quod vocat Herculem. [...]. At in animae potestatibus est, quod nunquam fuit in potestatibus elementi cujusdam: nam in anima est facultas movendi antrorsum, retrorsum, dextrorsum, sinistrorsum, quae in alio elemento nullo: aliae quoque longè illustriores sunt animae potentiae, quae non sunt in elementis. Ergo anima non est constituta ex principiis. Breviter, anima est principium omnium motuum etiam contrariorum, producit effectiones non solùm simplices ac uniformes, sed etiam diversas, sed etiam compositas, sed etiam oppositas. Ergo non potest esse in principio elementari." Vgl. auch Exotericarum exercitationes, f. 405r u. ΨΥΧΟΛΟΓΙΑ (1597), S. 165.

positum selbst sind, den sie konstituieren, können sie dennoch vom Kompositum abgetrennt werden und durch sich selbst subsistieren. Und deshalb hängt deren Sein nicht vom Sein des Körpers ab. Die menschliche Seele ist eine solche Form. Diese ist von der Verbindung und dem Kontakt mit dem Körper abgetrennt.[82]

Goclenius geht aber mit seinem Seelenbegriff gegenüber Scaliger noch einen Schritt weiter. Er setzt sich vom *medicus philologus* ab. Während bei Scaliger in erkenntnistheoretischer Hinsicht die (vom Form-Materie-Prinzip der aristotelischen Physik abgelöste) Tätigkeit des intellektiven Vermögens (*vis intelligendi*) und in embryogenetischer Hinsicht die materiebildende Tätigkeit der *vis plastiké* des Samens beide unter den Begriff der *anima* subsumiert werden, trennt Goclenius sämtliche zur *forma corporis* zugehörigen biologischen Prozesse vom *anima*-Begriff ab und weist diese (mit Blick auf Iacopo Zabarella) dem Begriff der *natura* zu:

> Du [sc. Scaliger] sagst: die *vis* πλαστική, die dem Samen zugeschrieben wird, ist [eine Kraft] der anima, nicht der natura. Aber die anima, wie ich gesagt habe, da sie die Form irgendeines physischen Körpers ist, ist auch natura, Zabarella bezeugt dies. Dieser sagt also, dass die natürliche Zeugung der Seele dem tierischen Bereich angehöre; derselbe sagt, dass dies etwas Natürliches sei [...].[83]

Indem Goclenius terminologisch die Voraussetzung schafft, den Begriff der *anima hominis* als eine vom Körper vollends abgelöste Entität zu denken, um sie ausschliesslich mit dem Begriff der *mens hominis* identifizieren zu können, legt er in den *Adversaria* aus vermögenspsychologischer Perspektive zugleich die konzeptuelle Basis für die wissenschaftliche Behandlung der menschlichen Seele im Rahmen seiner metaphysischen Lehre in der Schrift *Isagoge in Peripateticorum et Scholasticorum Primam Philosophiam, quae dici consueuit Metaphysica* von 1598.[84] In der *Disputatio XIII* (*De ente simplici et composito*) der

---

82 Adversaria ad Exotericas exercitationes, XXIX. Ad exerc. 307. 20., S. 161: „Porrò Materialis forma à materia simpliciter separari non potest, & per se subsistere. At anima humana & à composito separari, & se ipsa subsistere potest. Ergo anima humana non est materialis. Intellige formas essentiales esse duplicis generis. Quaedam sunt materiales ὑλικαὶ, quae ita sunt immersae materiae, & cum ea conjugata, eque potentia materiae eductae, ut etiam à materia prorsus nequeant sejugari & per se subsistere. Quales sunt brutorum & plantarum animae. Quaedam verò sunt immateriales, non materiatae, ἄυλοι, quae è potentia materiae ut seminis non producuntur: quae etsi sint in ipso compsito, quod constituunt: tamen à composito sejungi, & se ipsis subsistere possunt. Ideoque earum Esse non dependet ab ESSE corporis. Talis forma est humana anima. Haec, sevocata à societate & contagione corporis est."
83 Ebd., S. 163: „Dicis: vis πλαστική quae semini tribuitur, animae est, non naturae. Sed, ut dixi, anima, quia forma est physici cujusdam corporis, etiam natura est, teste Zabarella. Qui igitur dicit: Generationem animae esse animalem: idem dicit esse naturalem: [...]."
84 Vgl. Rodolph Goclenius: Isagoge in Peripateticorum et Scholasticorum Primam Philosophiam, quae dici consueuit Metaphysica. Accesserunt disputationeshuius generis aliquot. Frankfurt 1598, bes. Praefatio ad lectorem, S. 9: „21. Metaphysica, a parte praestantiore dicta Theologia, est quae explicat de Entibus seu formis a materia secundum rem & rationem seiunctis. Alias diuina scientia. 22. Partes eius sunt duae: Deus & Mentes. 23. Mentes sunt intelligentiae: vel anima rationalis a corpore secreta. [...]." Nach einer von Goclenius bevorzugten Einteilung der Wissenschaften, die der Unterscheidung von *ens universale* und *ens particulare*

Isagoge legt Goclenius demzufolge *sub ratione entis* eine Definition des Menschen und der menschlichen Seele in ihrer substantiellen Eigenschaft dar:

> 14. Wir sagen, dass der Mensch nicht ein Kompositum ist aus Körper, wie die Materie, und Seele, die wie jene Form beschaffen ist, aus welcher die Formen der physischen und natürlichen Dinge beschaffen sind.
>
> 15. Die physische Form subsistiert nicht durch sich selbst, sondern in einem anderen (*so wie die Form des Goldes durch sich selbst keine Subsistenz hat*) und ist von der Materie untrennbar.
>
> 16. Aber die Seele des Menschen ist eine vollkommene Substanz, d.h. so sehr ein anderer Teil der menschlichen Substanz, dass sie durch ein Akt oder durch die Sache selbst auch für sich subsistiert, und vom Körper abtrennbar ist.
>
> 17. Daher hat wie der Körper auch die Seele ihre eigene Form.
>
> 18. Und auch die Seele [*anima*] oder der menschliche Verstand [*mens, anima rationalis, intellectus*] wird Form [*forma*] genannt, da sie den Menschen vollkommen macht.[85]

Analog zum menschlichen Körper also, der als physische Entität eine Form (im Sinne einer *entelechia corporis*) besitze, habe auch die Seele (*anima*) des Menschen ihre eigene Form, die Goclenius – Scaliger folgend – mit dem Intellekt bzw. mit dem intellektiven Vermögen zum begrifflichen Denken identifiziert. Um die Genese von Goclenius' Metaphysikprojekt aus der komplexen seelentheoretischen Diskussion des 16. Jahrhunderts heraus zu begreifen, sind die bisherigen Ausführungen mehr als ausreichend. Ein Abschnitt über den Begriff der *creatio* mag dennoch die Vorstellungswelt des christlich modifizierten Aristotelismus, in der sich Scaliger und Goclenius bewegten, komplettieren.

---

folgt, wird die menschliche Seele der Partikularwissenschaft der Metaphysik, der *metaphysica specialis*, zugewiesen; vgl. Ulrich Gottfried Leinsle: Das Ding und die Methode. Methodische Konstitution und Gegenstand der frühen protestantischen Metaphysik. Augsburg 1985, hier S. 184f.

85 Isagoge [1598], S. 205f.: „14. Hominem dicimus non esse compositum ex corpore, ut materia, & anima, ut forma tali, quales sunt Physicae seu naturales rerum formae. 15. Forma enim Physica non subsistit per se, sed in alio (*vt auri forma per se nullam habet subsistentiam*) & est a materia inseparabilis. 16. At anima hominis est substantia completa, id est, ita est altera substantiae hominis pars, vt actu, seu re ipsa etiam per se subsistat, & a corpore sit separabilis. 17. Itaque vt corpus hominis suam, sic anima quoque suam formam habet. 18. Et tamen anima seu mens hominis forma dicitur, quatenus hominem perficit."

5. Kreativität Gottes und Realitätsbegriff: die *creatio* der menschlichen Seele

In der Diskussion des Begriffs der *creatio* in der *Exercitatio* 6. 13. knüpft Scaliger zwar an die Tradition des scholastischen Aristotelismus an, er analysiert die Schöpfung aus dem göttlichen Verstand aber nicht aufgrund der Kategorien von Essenz und Existenz, mit denen die scholastischen Autoren reale Dinge in der geschaffenen Wirklichkeit begrifflich erfassten. Scaliger zufolge führt die Annahme, dass die Essenz, d.h. die Idee Gottes, im Akt der Schöpfung um die Existenz ergänzt werde, zu logischen Inkonsequenzen, die gegen die Definition der *creatio* als „constitutio substantiae ex nihilo" sprechen: Denn wenn die Existenz eine von der Essenz verschiedene Substanz sei, dann gäbe es zwei Substanzen, wenn die Existenz ein Akzidenz sei, dann schaffe Gott ein Akzidenz, wenn sie dieselbe Substanz sei, dann schaffe er nichts.[86] Stattdessen – und dies ist Scaligers Lösung – bringe Gott neue Formen hervor, die denjenigen in seinem Verstand zwar ähnlich, aber nicht einfach gleich seien. Diese Formen entstammten seinem Willen; er habe bewirkt, dass sie (in der faktischen Realität) auf eine neue kontigente Weise existieren.[87] Die Form der menschlichen Seele hat also der göttliche Wille verursacht; sie befindet sich als geschaffene immaterielle Substanz im Körper des Menschen. Wie die Seele selbst fällt dieser unter den Bereich der in der Welt kontingent existierenden Dinge. Scaligers Verständnis von Gottes schöpferischer Tätigkeit und deren Beziehung zu Welt und Mensch ist von Duns Scotus' ontologischer Theorie der ›synchronen Kontigenz‹ abhängig. Duns Scotus hat diese in der *Lectura I 39* dargelegt; sie stellt eine zu den kosmologischen Notwendigkeitslehren des Aristoteles und Averroès alternative Theorie der Realität und der sich in ihr abspielenden Prozesse dar.[88] Dabei konzentriert sich Scotus' Untersuchung des Ursprungs von Kontingenz auf die faktische Welt bzw. auf die faktische Existenz kontingenter Dinge, deren Ursache (*causa*) der göttliche Wille ist.

---

86 Exotericarum exercitationes, f. 17*r*. „Res habere essentiam, & existentiam. Igitur in creatione res, quae habebant essentiam in mente Diuina: id est in Ideis: mutationem passas, addita existentia. Hoc falsum est. [...]. Quòd si existentia est diuersa substantia ab essentia: iam essent duae substantiae. Si accidens: Deus accidens creasset. Si est eadem: nihil creasset."

87 Ebd.: „Sed prompsit formas nouas, illis similes, non univocas simpliciter, sed analogas: quae non erant nisi in eius uoluntate: quas fecit, ut existerent nouo modo contingenti."

88 Vgl. Johannes Duns Scotus: Contingency and Freedom. Lectura I 39. Hg. von A. Vos Jaczn, H. Veldhuis, A.H. Looman-Graaskamp, E. Dekker, N.W. Den Bok. Dordrecht et al. 1994, bes. Kap. 5–7 der Einleitung der Hg. Vgl. zu Scaligers Scotus-Rezeption auch Fiorato: Jules-César Scaliger bien ou mal sentant, S. 25: „Il est piquant de rappeler qu'avant de devenir médecin, le jeune lettré véronais avait envisagé de se faire capucin et d'embrasser ainsi la carrière ecclésiastique. Il avait en tout cas étudié l'œuvre de Duns Scot, derrière la quelle se profile toute la tradition augustinienne et fidéiste de la pensée franciscaine; [...]." Vgl. auch Lardet: L'Aristotélisme „pérégrin" de Jules-César Scaliger, hier S. 358.

Gott ist eine frei wirkende Ursache in der Welt, deren Wirkung vom göttlichen Willen abhängt: „[...] which hinges on God as that personal being who freely creates and loves, on creation as that contingency reality which is embedded in God's creative activity, and on man as that creature which freely responds to God's initiative."[89]

Dass sich Goclenius in den *Theses, de Operibus Dei externis*, die er in den *Adversaria* systematisch darlegt, an Scaligers Realitätsverständnis orientiert hat, lässt sich aus der Charakterisierung des Begriffs der Providenz entnehmen, nach dem der in der Schöpfung ewig präsente Gott aus der Transzendenz alle Dinge aktiv und frei lenke und gemäss den eigenen Zwecken disponiere und führe.[90] Die aktive Wirkung Gottes in der Welt teilt Goclenius in seiner Darstellung in eine gewöhnliche und in eine aussergewöhnliche ein. Bei den seinem Willen folgenden gewöhnlichen Abläufen bedient sich Gott des Mittels der *causae secundae* (der Natur), indem er den einzelnen Dingen ihren eigenen *modus agendi* lässt.[91] Auf eine Weise lenkt er nämlich die planvoll wirkenden natürlichen Dinge (*naturas* λογικὰς), auf eine andere die physischen Dinge, die ausschliesslich natürlich wirken (*physicas* ἀλόγους). Und so wirken beide durch eine eigene Kraft oder ein Vermögen, das ihnen selbst eingeschrieben ist.[92] Zu denjenigen gewöhnlichen Prozessen, die nach dem allgemeinen Gesetz oder Ordnung der Natur ablaufen, zählt Goclenius z.B. die Befruchtung der Erde, die Zeugung des Menschen aus einem anderen Menschen, eines Ochsen aus einem anderen Ochsen, die menschlichen Verstandeshandlungen und die Bewegung der Gestirne.[93]

Unter den – der Ökonomie der göttlichen Willenshandlungen folgenden – Eingriffen Gottes in der Welt, die ausserhalb der natürlichen Gesetzlichkeit passieren, unterscheidet Goclenius solche, die eine Veränderung (*mutatio*)

---

89 Contingency and Freedom, Einleitung, Zitat S. 26.
90 Adversaria ad Exotericas exercitationes, Theses, S. 236: „Non ut architectus à domo, sic Deus à rebus, quas creavit, discedit, sed perpetuò praesens eas gubernat. 2. Haec gubernatio solet dici Providentia. Non enim providentia Dei nudam & otiosam praenotionem seu potius scientiam (Deus enim cui nihil futurum est, sed omnia sunt praesentia, videt simplicissimè) sed efficacem & actuosam, adeoque gubernationem significat. [...]. 4. Providentia enim Dei est opus Dei externum, quo res universas sapienter, liberè, & benè gubernat ac moderatur, & ad suos fines disponit ac dirigit."
91 Ebd., S. 237: „9. Prioris generis opera sunt vel Ordinaria (τεταγμένα): vel Extraordinaria (θαυματώδη). 10. Ordinaria seu usitata facit Deus κατ' εὐδοκίαν secundum beneplacitum voluntatis suae mediatè (id est per causas secundas à Deo ordinatas) relinquens singulis rebus suum modum agendi."
92 Ebd.: „11. Aliter enim gubernat naturas λογικὰς, quae consilio agunt, nempe ut & ipsa agant voluntariè: Aliter physicas ἀλόγους (rationis expertes) nempe ut & ipsae agant naturaliter. Et ita utraeque agant vi ac facultate propria ipsisque indita."
93 Ebd., S. 237f. „13. Τὰ κατα φύσιν dicuntur, quae fiunt secundum communem naturae legem & ordinem: ut foecundatio terrae, generatio hominis ex homine, bovis è bove, actiones mentis humanae, motus corporum coelestium."

der Dinge mit sich bringen sowie solche, die ohne Veränderung geschehen und erklärt diese u.a. aus der *creatio ex nihilo*.⁹⁴ Darin folgt der Marburger Professor wiederum Scaliger, der sich dem kosmologischen Weltbild der antiken Peripatetiker widersetzt: Diese, sagt Scaliger, wussten von der Schöpfung nichts und negierten sie, so wie sie auch jede Veränderung auf etwas Subsistierendes bezogen haben: „Für uns ist es nicht notwendig, jede Veränderung stets in einem vorher existierenden (materiellen) Substrat anzunehmen"; dieses Prinzip gelte daher allein bei der natürlichen Zeugung (*generatio*), die gemäss der ordinären Wirkung der Natur ablaufe.⁹⁵ Scaligers Verständnis von der Präsenz Gottes in der Schöpfung beinhaltet darüber hinaus eine Pointe, auf die Goclenius' sein Augenmerk gerichtet hat. Wie Scaliger in demjenigen Abschnitt der *Exercitatio* 307. 20 (*De Animae immortalitate*) schreibt, den Goclenius in der zweiten Ausgabe der *Psychologia* (1597) abdrucken lässt, können neue menschliche Seelen entweder täglich oder auch augenblicklich neu geschaffen werden, ohne dass dies der Konstanz Gottes widerspreche. Ferner sei es auch nicht notwendig, dass neu geschaffene Seelen (aufgrund des Sündenfalls) verdorben seien.⁹⁶ Die Pointe liegt nun darin, dass Scaligers Realitätsbegriff zwei Perspektiven unterscheidet: wie die Dinge für Gott sind und wie dieselben Dinge für den Menschen zu sein scheinen:

> [...] dies ist eine alte Antwort, und gewiss eine gute: dass bei Gott alles präsent ist, dass er selbst alles ist: Und dass bei ihm selbst alles im Akt ist, was uns in der Potenz zu sein scheint. Dass das, was uns neu zu sein scheint, bei jenem immer gewesen ist. Dass bei ihm die Welt nicht in der Potenz gewesen ist, bevor er sie schuf, weil die Existenz der Welt, die jetzt ist, bei Gott stets im Akt gewesen ist. Caesars neugeschaffene Seele bewirkt in Gott nichts neues. Daher zeigen wir,

---

94   Ebd., S. 243f.: „56. Hactenus de οἰκονομία seu dispensatione Dei seu Miraculis divinis. 57. Quae omnia fiunt, vel cum mutatione, vel absque mutatione rei. [...]. 64. Quae fiunt absque mutatione, sunt vel creationis ex nihilo: vel cohibitionis actionum & interruptionis ordinis."

95   Exotericarum exercitationes, f. 17r.: „Veteres enim Peripatetici, qui creationem & ignorabant, & negabant: mutationem omnem posuerunt in subsistenti. Nobis non est necessarium, omnem mutationem in praeexistenti aliquo subiecto semper statuere. Itaque ne priuationem quidem pro principio rerum omnium: sed in sola generatione, quae secundum Naturae ordinariam potestatem fit."

96   Mit dem Argument, dass Gott nicht der Urheber der Sünde sei, wird mitunter die unmittelbare Neuschöpfung der menschlichen Seele durch Gott abgelehnt und stattdessen die Übertragung des *animus* im Prozess der natürlichen Zeugung vertreten, deren Art und Weise von Gott ursprünglich festgelegt worden sei; dies ist z.B. die Position von Caspar Peucer (1525–1602) in seinem Beitrag zu Goclenius' Psychologie-Band: vgl. De essentia, natura et ortu animi hominis Commentatio Clariss. Viri Casparis Peuceri, Philosophi Medici eximii: in gratiam clarissimi viri Victorini Schoenfeldt, Mathematici Sch. Marpurg. Recognita à Rodolpho Goclenio. In: ΨΥΧΟΛΟΓΙΑ [1597], S. 171–196, hier S. 192: „Ergò animae non creantur à Deo immediatè novae, sed propagantur ex animabus eo modo generationis qui institutus est initio & animabus attributus consilio certo Dei opificis." Peucer schliesst hiermit an die Position von Augustinus an, der so die Übertragung der Erbsünde auf die Nachfahren erklären konnte; vgl. hierzu Nardi: L'origine dell'anima umana secondo Dante, S. 10f.

dass nicht nur etwas neues geschaffen wird, sondern auch dass bei Gott nichts neues ist.⁹⁷

Mithin ist das, was der Mensch als *creatio ex nihilo* interpretiert, für Gott nicht wirklich neu, sondern lediglich eine kontingente Existenzweise von etwas, was bei ihm schon immer da gewesen ist und durch seinen Willen nun auch in der faktischen Realität existiert. Auf diesen realitätstheoretischen Hintergrundannahmen liess sich daher eventuell ein ›mittleres Denkmodell‹ zwischen *creatio* und *generatio* in der Genese der menschlichen Seele begründen, das Goclenius sowohl philosophisch als auch theologisch akzeptabel erscheinen konnte.

6. Perzeptive Formen der Natur und die ›Wissenschaften des Lebens‹ im 17. und 18. Jahrhundert – Ausblick

Die Veränderungen in der Auffassung des Seelenbegriffs, wie sie Goclenius vornimmt, geben Anlass zu einigen grundsätzlichen Überlegungen zum Verhältnis zwischen ›Seele‹ und den im 17. und 18. Jahrhundert entstehenden ›Wissenschaften des Lebens‹, deren Konzepte und Probleme im Horizont der seelentheoretischen Debatten des 16. Jahrhunderts erst begreiflich gemacht werden können. Goclenius' Differenzierungs- und Trennungsstrategie ist dafür ein gutes Beispiel. Das Aufbrechen des einheitlichen aristotelischen Beschreibungsmodell der *anima*, wie es Scaliger noch sowohl für mentale als auch für vitale Prozesse adaptiert, fördert eine dezidiert dualistische Sichtweise, in welcher die Bereiche des bewusst-mentalen des Geistes und des *vor*bewusst-vitalen oder perzeptiv-plastischen der Materie scharf voneinander getrennt werden. Die Form von Dualismus, der in historischer Perspektive zur Ausdifferenzierung von metaphysischen und anthropologischen Disziplinen führt, ist auch als Ausweg zu betrachten aus dem Paradoxon, mit dem Goclenius in seiner Scaliger-Analyse die ›weisen‹ bzw. plastischen Operationen der *anima vegetativa* bezeichnet hatte. Mit anderen Worten hat sich die Beschreibung der vegetativen Lebensprozesse anhand des Modells der *anima* gegen den traditionellen philosophischen und theologischen Seelenbegriff selbst gekehrt, weil dieser die Seele ausschliesslich vom Bereich des Mental-Rationalen her und als von der Materie

---

97 Exotericarum exercitationes, f. 405r: „[...] haec est vetus responsio, & quidem bona: Deo esse omnia praesentia: Ipsum esse omnia: Et ipsi omnia esse in actu, quae nobis videantur in potentia. Quae nobis videntur nova: illi semper fuisse. Neque ei Mundum fuisse in potentia, antequam fieret. Quia existentia mundi, quae nunc est, semper apud Deum in actu fuit. Neque Caesaris anima creata quicquam facit in Deo novi. Itaque ostendimus, non solùm aliquid fieri novi: sed etiam nihil esse novi Deo." Vgl. auch ΨΥΧΟΛΟΓΙΑ [1597], S. 165.

getrennt denkt. Die Weigerung, den vitalen Prozessen irgendeine Form von ›Intelligenz‹ zuzusprechen, bzw. das Bestreben auch nur jede Affinität von plastischen Vorgängen in der Materie mit mental-kognitiven Prozessen zu vermeiden, hat also zu der scharfen Trennung zwischen *anima* als *mens* oder *ratio* und den plastischen vitalen Prozessen der Natur geführt, die als *vor*rationale bzw. *vor*bewusste Perzeptionen aus traditionell theologisch-philosophischer Sicht nicht mehr der Seele, sondern der Natur zugeordnet werden. Das Ziel ist dabei, die Seele als *mens* gänzlich aus der Natur zu eliminieren. Als interessante Kehrseite der dualistischen Sichtweise ist die Tatsache zu verzeichnen, dass Bereiche, Prozesse und Funktionen, die vorher der *anima* zugewiesen wurden, jetzt der *natura*, also dem Bereich des Materiellen zufallen, der dadurch zunehmend mit neuen plastischen Eigenschaften bereichert wird. Denn nur so ist zu verstehen, warum "[d]ie Natur […] nur die unmittelbaren, d.h. vor-bewussten oder vor-reflexiven Selbstvollzüge der Welt- oder Allseele, also die psychischen Aktivitäten [übernimmt], die in den für die Diskussion der frühen Neuzeit so wichtigen Bereichen wie Vorstellungs- und Einbildungskraft und Ingenium liegen."[98] Dieser Vorgang nimmt unterschiedliche Formen an und hat – je nach wissenschaftshistorischem Kontext – andere Voraussetzungen. Im Paduaner Aristotelismus lässt er sich etwa anhand der Interpretationen der *vis plastiké* des Samens verdeutlichen.

Als Folge der Auseinandersetzung Scaligers mit Alexander von Aphrodisias' *De anima*-Traktat beabsichtigte Goclenius in den *Adversaria* also primär, die materiellen Formen der Natur von der immateriellen Form des menschlichen Verstandes zu unterscheiden und letztere von ersteren zu trennen. Dabei hat er (anders als Scaliger) die *vis plastiké* des Samens dem Bereich der *natura* zugeordnet. Hieraus ergeben sich Konsequenzen für den Naturbegriff und die ›Wissenschaften des Lebens‹ des 17. Jahrhunderts. Als materielle Form geht die *vis plastiké* somit aus dem Vermögen der Materie des Samens hervor (bei Scaliger war die *vis plastiké* des Samens eine Kraft oder ein Vermögen der vegetativen Seele). Es findet damit bereits bei Goclenius eine Verlagerung in der Interpretation des Scaligerschen Begriffs der *vis plastiké* statt: das plastische Vermögen der Seele wird das plastische Vermögen der *materia seminalis*. So hat der in Pisa (und später in Padua) lehrende Professor für Logik und Physik (bzw. Naturphilosophie) Fortunio Liceti (1577–1657)[99] in seiner Schrift *De ortu animae humanae libri*

---

98 Thomas Leinkauf: Der Naturbegriff in der Frühen Neuzeit. Einleitung. In: Der Naturbegriff in der Frühen Neuzeit. Semantische Perspektiven zwischen 1500 und 1700. Hg. von Thomas Leinkauf. Tübingen 2005 (Frühe Neuzeit, Bd. 110), S. 1-19, hier S. 18. Vgl. auch ders.: Der Natur-Begriff des 17. Jahrhunderts und zwei seiner Interpretamente: "res extensa" und "intima rerum". In: Berichte zur Wissenschaftsgeschichte, 23 (2000), S. 399-418.

99 Zu Fortunio Liceti vgl. Lohr: Latin Aristotle Commentaries, Bd. 2, S. 222.

tres (1602) die foetusbildende Kraft direkt der Materie des Samens zugeschrieben, indem er die Vorgaben des Aristoteles (*De gen. an.* II, 1)[100] auf diese Weise akzentuierte.[101]

Liceti geht in seinem Ansatz sogar einen Schritt weiter, indem er dem Samen auch eine *vis sensitrix*, also ein perzeptiv-sinnliches Vermögen zuschreibt: die Materie des Samens bildet und ist perzeptiv zugleich.[102] Damit erklärt Liceti bereits in dieser Schrift, weshalb es in der menschlichen Embryogenese manchmal zu Missbildungen von Körperteilen, also zu sogenannten ›Monstrositäten‹ kommen könne; die *vis formatrix* der Teile unseres Körpers werde durch eine ›wissende Kraft‹ (*vis cognitrix*) begleitet, die nicht der *anima vegetativa*, sondern der *anima sensitiva* zuzuschreiben sei, „die weiss, was gebaut wird und gewiss kann sie bei ihrem eigenen Werk Fehler machen [...]."[103] Liceti wird dieses Problem in seiner einflussreichen Schrift *De monstrorum caussis, natura et differentis* (1616) ausführlich behandeln.[104] Für Liceti haben also alle Formen der Seele (mit Ausnahme der ra-

---

100 De gen. an., II, 1. Vgl. Aristoteles Latine, S. 359a: „sed hoc loco non ex quo oriantur quaerimus, sed a quo partes corporis generentur. aut enim extrinsecus aliquid, aut in genitura et semine insitum agit; idque aut pars aliqua animae aut anima aut habens animam est."

101 Vgl. De ortu animae humanae libri tres Fortunii Liceti Genvensis, Philosophi, et Medici, In Pisana Academia Professoris. Genua 1602, Lib. II, Cap. V, S. 318ff.: „Hisce adstipulatur Aristoteles apertissimè semini tribuens vim constitutricem, ac formatricem conceptus, [...]. Et eò magis, quò in generatione viuentium semen habet rationem artificis, & agentis uniuoci, non instrumentis solùm [...]." Liceti zieht hierzu Platons Timaeus und Galens Liber de semine heran: „[...] ,semen primum omnium habere principium vegetabile, quod non ex sanguine, sed ex ipso semine arteriam, venam, neruum, & os, & membranam efficit;‘ quasi vis formatrix sit anima vegetalis, vel eius facultas existens in semine." Eine zweite Auflage dieser Schrift erscheint unter dem Titel ΨΥΧΟΛΟΓΙΑ ΑΝΘΡΟΠΙΝΗ, Sive De Ortu Animae humanae libri III. In quibus multa arcana ac secreta naturae, tum de semine, tum de foetu, ut et assimilatione parentum et liberorum, panduntur ac revelantur, Avctore Fortvnio Liceto; Genuensi, Philosophiae & Med. Doct. & Acad. Pisana Professore celeberrimo. Frankfurt 1606.

102 De ortu animae humanae, Lib. II, Cap. VI, S. 324ff.: „Semen igitur, in quo residet facultas ista formatrix partium nostri corpori, necessariò habere animam sensualem. [...]. Relinquitur ergo ut hoc munus proximè generandi animam foetus sensualem adscribatur semini; semen autem si foetui sensitricem animam indere potest, eam necessariò in se habere debet. [...] hactenus probatum est humano semini reipsa ineße animam sensualem, non vegetalem tantùm; [...]."

103 Ebd., Lib. II, Cap. VI, S. 323: „[...] quumquè in constitutione Hominis rarò admodum (teste Aristotele) monstruosae partes efformentur, quas tamen frequentißimum esset videre; si ab efficiente omni vi cognitrice destituto fabricarentur; non immeritò vis efformatrix partium nostri corporis interdicitur animae vegetali, [...]; sed ascribitur animae sensitiuae, quae cognoscit quicquid operatur, & errare quidem potest opus suum [...]."

104 Weitere Editionen von Licetis Schrift erscheinen in Padua 1634, Amsterdam 1665 und nochmals Padua 1668. Letztere Neuauflage erscheint erstmals unter dem Titel: De monstris. Ex recensione Gerardii Blasii [...] qui monstra quaedam nova [...] addidit. Vgl. zu Licetis Teratologie Giuseppe Ongaro: La generazione e il „moto" del sangue nel pensiero di F. Liceti. In: Castalia, XX (1964), S. 75–94, hier S. 80–84.

tionalen Seele) in der Materie des Samens ihren Ursprung.[105] Die Tatsache jedoch, dass Liceti in *De monstrorum caussis* – im Gegensatz zu *De ortu animae humanae* – nicht mehr von Fehlern der *anima sensitiva* spricht, sondern die Natur mit einer Künstlerin vergleicht, welche die Potentialitäten des (auch unvollkommenen) embryogenetischen Materials gänzlich ausschöpft und daher in der Bildung von *monstra* wunderbar kreativ wirkt, lässt sich vor dem Hintergrund des sich um 1600 verschärfenden Gegensatzes zwischen perzeptiv-kognitiver Sphäre des Geistes und perzeptiv-plastischer Sphäre der Materie auch plausibel erklären.[106]

Es wäre schliesslich weiterzufragen, ob die Diskussion um die Formen der Perzeptivität der Natur, wie sie aus den Ansätzen Scaligers, Goclenius' und Licetis heraus entwickelt werden, nicht auch zum Verständnis des Konzepts der *perceptio naturalis* in der Schrift des englischen Arztes Francis Glisson *De natura substantia energetica* (1672) beiträgt, demzufolge die Natur einen Perzeptionsakt vollzieht, bei dem sie sich auf sich selbst bezieht.[107] Wer nämlich noch in der Mitte des 18. Jahrhunderts diesen Glissonschen Begriff diskutiert, ist Albrecht von Haller in seiner berühmten Göttinger Abhandlung über die Irritabilität der Muskelfaser und die Sensibilität der Nerven. Glisson sei der Theoretiker einer lebendigen Kraft, die in den Elementen der Körper wohne und für die dieser das Wort *irritabilitas* geprägt habe, die aus der *perceptio naturalis* entstehe. Dabei erinnert Hallers Vokabular zur Beschreibung dieser ›natürlichen Wahrnehmung‹ an die Charakterisierung der *anima vegetativa* durch die Renaissanceautoren: Haller spricht von der *perceptio naturalis* als von einer Kraft, die nicht perzeptiv-sensorisch sei und dem Vermögen des *archeus* (nach Jean Baptiste van Helmont)[108] angehöre, der sich seinen Körper selbst erbaue. Haller versteht Glissons Irritabilität somit als *vor*bewusste Perzeption, die einer

---

105 De ortu animae humanae, Lib. II, Cap. IX, S. 335 u. S. 338: „Oritur ergo Mens nostra, non emergens de sinu materiae more formarum corruptibilium. [...]. A Deo itaque momento, ac supra conditiones temporis, creatur animae nostrae pars intellectiua ex nihilo, statimquè creata nullo temporis interuallo ab eodem corpori nostro infunditur perfectè organizato, alijsque animae partibus, vegetali nempe, ac sensuali, praedito. Quod non contingit ante quadragesimam diem a conceptu; [...]."

106 De Monstrorum Natura, Caussis, et Differentis Libri Duo. Auctore Fortunio Liceto Genuense. In Patavino Lyceo Philosopho Ord. Ad Eminent. Principem Io: Franciscum Ex Comit: Guidiis Cardinalem a Balneo. Padua 1634, hier S. 27 u. 29. Vgl. auch Lorraine Daston und Katharine Park: Wonders of Nature 1150-1750. New York 1998, Kap. 5, hier S. 200, die Licetis Werk aber nicht auf der Folie von *De ortu animae humanae* interpretieren.

107 Karin Hartbecke: Natur und Selbstbewegung. Die Umdeutung des galenistischen Naturbegriff durch den Anatomen Francis Glisson. In: Der Naturbegriff in der Frühen Neuzeit, S. 283-298, hier S. 296; vgl. zu Glisson auch Giglioni: Il dibattito sull'anima vegetativa, S. 337–339 und die dort angegebene Literatur.

108 Karin Hartbecke: Metaphysik und Naturphilosophie im 17. Jahrhundert. Francis Glissons Substanztheorie in ihrem ideengeschichtlichen Kontext. Tübingen 2006 (Frühe Neuzeit, Bd.113), S. 74-76.

inwendigen Bewegung (*appetitus internus*) der Materie, etwa einer Faser, entspringe und von der Wahrnehmung zu unterscheiden sei, die ein äusseres Sinnesorgan verursache.[109] Es handelt sich hier um ein Irritabilitätskonzept, von dem Haller sein eigenes natürlich absetzt, weil er die unbewusste irritable Bewegung in den Muskelfasern scharf von der Sensibilität der Nerven trennt, die selbst nicht bewegt sind, wobei Wahrnehmung oder Empfindung stets mit dem Bewusstseinszentrum im Gehirn gekoppelt ist. So bleibt auch in Hallers dualistischem Begriffssystem der Physiologie das Bewusst-Seelische und jedwede Form von Perzeption gänzlich ausserhalb des Bereichs der vitalen Kräfte des organischen Körpers.[110] Das rigide Hallersche Begriffssystem wird aber am Ende des 18. Jahrhunderts durch den Leipziger Mediziner Ernst Platner vollends durchbrochen, der in den *Quaestiones physiologicae* (1794) Hallers Irritabilität zu einer ›Theorie der Lebenskraft‹ ergänzt, in deren Zentrum die Nervenfibern und die Hypothese des in diesen wirkenden Nervensaftes (*fluidum nerveum*) stehen. Durch diese auch als elektrische Materie aufgefasste ›Mittelkraft‹ zwischen Körper und Geist versucht Platner (auch unbewusste) psychophysische Prozesse zu erklären. Von Interesse ist seine Öffnung gegenüber nicht-dualistischen bzw. animistischen Konzepten der Physiologie, indem er vitale Bewegungen mithilfe des Konzepts der *appetitio obscura* als einer unbewussten dunklen Empfindung des Geistes zu begreifen versucht. Das erfolgt bei Platner – in Anlehnung an die physiologischen Theorien von Leibniz und Stahl – durch die Wiedereinführung plastisch-perzeptiver Funktionen der Materie, wie sie seit den psycho- und embryogenetischen Erklärungsmodellen der Autoren des 16. Jahrhunderts bekannt waren. Betrachtet man nun diesen Wissenshorizont in Platners Physiologie, so zeigt das die Heterogenität und die komplexe Strukturierung der Epoche der Spätaufklärung und deren anthropologischen Konzepte, deren Erforschung somit alles andere als abgeschlossen betrachtet werden kann.[111]

---

109 Albrecht von Haller: De Partibus Corporis Humani Sensilibus et Irritabilibus. Die 22. April. & die 6. Maii 1752. In: Commentarii Societatis Regiae Scientiarum Gottingentis. Bd. 2. Göttingen 1752/53, S. 114-158, hier S. 155: „FRANCISCVUS GLISSON idem auctor vis vivae, quae ex *naturali perceptione* oriatur, quae absque sensu sit, & ad archaei facultatem pertineat, qui corpus fabricaverit ipse etsi alia irritabilitas sit, quae a sensu externo, alia quae appetitu interno etiam nascatur & irritabilitas sit, quae a sensu externo, alia quae appetitu interno etiam nascatur & c."
110 Zum problematischen Status dieses Begriffssystems vgl. ausführlicher De Angelis: Von Newton zu Haller, S. 321-342.
111 Vgl. hierzu Kap. 4, 4.2. in dieser Arbeit sowie De Angelis: Unbewußte Perzeptivität und metaphysisches Bedürfnis.

7. Die Begründung der dualistischen Anthropologie von Körper und Geist in Otto Casmanns *Psychologia anthropologica*

Die dualistische Konzeption des Menschen, wie sie bei Goclenius als Resultat der Scaliger-Debatte hervorgeht, wird nun im Hauptwerk von dessen Steinfurter Schüler, Otto Casmann (1562-1607) systematisch ausgearbeitet. Das bedeutet, dass die Enstehung der dualistischen Anthropologie als Wissensdomäne über den Geist und den Körper des Menschen um 1600 im Horizont von Goclenius' Scaliger-Debatte zu verstehen und zu erklären ist, was bislang nicht mit der nötigen Schärfe gesehen wurde.[112] Die Konzeption des *homo duplex*, der in einen geistigen und in einen körperlichen Teil aufgespalten wird, wiederspiegelt sich denn auch in der dichotomischen Struktur von Casmanns über 1300-seitigen Werk über die Anthropologie, das in zwei separaten Bänden publiziert wird: 1594 erscheint die *Psychologia anthropologica sive Animae Humanae Doctrina*[113] und 1596 die *Somatotomia*.[114] Casmann verdeutlicht die neue Systematik der anthropologischen Materie durch eine Reihe von Definitionen im ersten Band des Werkes. Die *Anthropologia* sei die Lehre von der menschlichen Natur, die geistig-spirituell und körperlich ist. Der Mensch werde daher zu Recht ein Mikrokosmos genannt; er sei nämlich Natur und Geist (*spiritus*) oder *anima logica*, ewige Substanz, die mit einem organischen und aufrechten Körper durch eine hypostatische Union solide vereint worden ist.[115] Die Abkoppelung vom Form-Körper-Prinzip der aristotelischen Naturphilosophie der beseelten Körper ist hier bereits vollzogen. Denn der Geist oder die *anima logica* existiere vom Körper getrennt; dem unbeseelten Körper, in dem also nichts Seelisches ist, komme der Name ›Mensch‹ eigentlich nicht zu.[116] Damit wird

---

112 Vgl. zur neueren Casmann-Literatur: Mengal: La constitution de la psychologie comme domaine du savoir, S. 9; Stiening: Verweltlichung der Anthropologie im 17. Jahrhundert?, S. 186-194 (s. hier auch die Diskussion der älteren Casmann-Literatur).

113 Psychologia Anthropologica; Sive Animae Humanae Doctrina, Methodicé informata, capitibus dissecta, singulorumque Capitum disquisitionibus, ac controversarum questionum ventilationibus illustrata. Partim Scholasticis Praelectionibus, partim vero Disputationibus, cum publicis, tum privatis in illustri COMITIS BENTHEMICI, & c. Schola Steinfurtensi, tractata ab OTHONE CASMANNO. Hanau 1594.

114 Otto Casmann: Secunda Pars Anthropologiae: hoc est; fabrica humani corporis; methodice descriptiva. Hanau 1596.

115 Psychologia Anthropologica, Cap. I (De natura humana, & de homine), S. 1: „ANTHROPOLOGIA est doctrina humanae naturae. [...] Homo itaque recté dicitur μικρόκοσμος: est enim naturâ, spiritu, seu animâ logicâ, substantiâ perpetua subsistente, & corpore organico ac erecto, hypostaticé unitis constans." Casmann denkt die Verbindung von Körper und Seele nunmehr ganz nach dem Verständnis der christlichen Theologie, wonach ›hypostatische Union‹ die Einheit der menschlichen und göttlichen Natur in Jesus Christus bedeutet.

116 Ebd., S. 2: „Spiritus igitur seu anima a corpore seorsum existens: corpus item inanime, seu ab anima desertum, hominis nomine proprié non censetur." Casmanns Redeweise ist bei Aristoteles vorgeprägt: Dem ›unbeseelten‹ Körper, dem Körper also, dem die Seele als des-

klar, dass Casmann – ganz christlich-theologisch und scholastisch-thomistisch – die menschliche Natur vom Geist her begreift und nicht vom Körper oder vom *commercium* bzw. Wechselwirkung der beiden. Die Aufspaltung der menschlichen Natur in zwei Teile – Geist und Körper – wirkt sich also auf die Ausdifferenzierung von Disziplinen bzw. Wissensbereichen aus, die um 1600 die Anthropologie als Textgenre konstituieren: die *Psychologia* und die *Somatotomia* oder *Anatomia*:

	PSYCHOLOGIA (Seele)
1600	***ANTHROPOLOGIA***
	SOMATOTOMIA (Körper)

Die dualistische Separierung dieser Bereiche hat zur Folge, dass die Anatomie, die im aristotelischen Modell der Paduaner – etwa bei Girolamo Fabrici da Acquapendente – noch von Fragen der Seelenlehre geleitet war, sich nunmehr nicht mehr danach richtet und der Körper als Forschungsgegenstand gänzlich *entspiritualisiert* wird (*corpus ... ab anima desertum*). Das hat Konsequenzen für die Auffassung der Medizin und Anthropologie nach 1600, von der noch zu sprechen sein wird. Während also die *Psychologia* als prioritärer Teil der Anthropologie die Natur des Geistes bzw. der *anima logica* anhand von dessen Vermögen lehrt und also Vermögenspsychologie ist, ist die *Somatotomia* eine Zusammenstellung und Beschreibung des (vorhandenen) anatomischen Wissens in Handbuchform.[117]

Interessant ist ferner, zu verfolgen, wie Casmann in der Seelendiskussion von Aristoteles abweicht, indem er dualistische Akzente setzt und begriffliche Distinktionen einführt, die auch theologische Implikationen beinhalten. Die *anima logica*, die für sich subsistierende Substanz ist, könne nicht mit der *anima* als *facultas*, physische *dynameis* und *energeia*, also mit einem operativen Seelenbegriff, der sich auf die Aktivitäten des Körpers bezieht, identifiziert werden, da sonst die Differenz zwischen dem Schöpfer und dessen Kreatur, zwischen dem ewigen unendlichen Geist und dem

---

sen substantielle Form abhanden gekommen sei – und der daher nicht mehr nach seiner Art funktionieren kann –, komme der Name ›Körper‹ nur in einem äquivoken Sinne zu; vgl. De anima, II, 2 (412a10-412b15). Vgl. auch Aristotle's De anima. [Kommentiert von] Ronald Polansky. Cambridge et al. 2007, hier S. 164f.

117 Ebd.: „Psychologia est prior pars Anthropologiae, quae docet naturam humani spiritus seu animae logicae per eiusdem facultates." Secunda Pars Anthropologiae, S. 55.

endlichen entfällt.[118] Demontiert wird der einheitliche *anima*-Begriff der aristotelischen Tradition, demzufolge nach Iacopo Zabarella der Mensch aufgrund der rationalen Seele Mensch ist, während er aufgrund der sensitiven gleichzeitig ein Tier und aufgrund der vegetativen ein Lebewesen ist.[119] Casmann deutet das dahingehend, als hätte der Mensch drei essentielle Formen und lehnt das als Monstrosität ab. Casmann führt wie Goclenius einen doppelten Formbegriff ein, der einmal spezifisch, einmal allgemein informierend sei. Die *anima* kann zwar als operative Form (*vegetatio, sensus & ratio*) und als spirituelle Essenz betrachtet werden, dennoch ist nur eine Form konstitutiv für die Spezies.[120] Zu einer *anima essentialis* gehören also drei vermögenspsychologische Funktionen: eine spezifische rationale und zwei allgemeine: die sensitive und die vegetative.[121] Noch deutlicher wird die dualistische Akzentuierung des Seelenbegriffs, als Casmann auf die ambigue Ausdrucksweise Scaligers über die angebliche ›Rationalität‹ der plastischen Operationen und Lebensfunktionen zu sprechen kommt. In dieser Frage drehe es sich um den Rationalitätsbegriff. Wie schon Goclenius schliesst auch Casmann jede Involvierung des begrifflich-kognitiven Vermögens (*vis rationis*) in biophysischen und sensitiven Prozessen der Materie aus,[122] was faktisch auf eine Verschärfung der Trennung von Geistesaktivität und Lebensfunktionen hinausläuft.

---

118 Ebd., Cap. 2. Controversiae quaestiones De anima, 2 (An anima nostra nihil aliud sit quam ipsius facultates), S. 26: „Si ipsae δυνάμεις animae, sunt ipsa anima, tollitur discrimen inter creatorem & creaturam, inter spiritum aeternum infinitum, & finitum."

119 Ebd., Quaest. 5 (Pro animae humanae in uno homine substantiali pluralitate ita dissertur): S. 54: „Argumentum, quo motum se testatur Zabarella hoc est: [...] Ergo si homo per animam rationalem est homo, non potest per eandem esse animal, & esse vivens, sed per rationalem est homo; per sensibilem, est animal; & per vegetantem, est vivens."

120 Ebd., S. 55: „Manifesta itaque confusio formae specifice & generaliter informantis. Generales autem formae cum propriae non sint, non sunt Specierum constitutivae, qua sunt differentes species. Re ipsa autem si in anima considerantur vegetatio, sensus & ratio, anima considerantur ut essentia spiritualis: haec tria vero in anima, ut facultates & vires, quibus ista essentia divinitus armata est, quorum alia formalis & specifica, alia vero communis cum aliis."

121 Ebd., Cap. 3: De facultate universali; ubi de vita, aetate, & morte humana, Quaest. 2 (An ratio, sensus & vegetandi vis recte dicantur facultates, an vero partes), S. 71: „Ibi enim unius essentialis animae tres principales sunt facultates, una propria rationalis; communes duae, sentiens & vegetans, quas quidem habere partes & species alias, sed non esse proprie essentialis istius animae partes."

122 Ebd., Cap. 4: De facultate Logica intellectus simplicis, Quaestio I (An sit quaedam animae humanae aloga & irrationalis facultas), S. 92: „Resp. I, Sine ratione non fieri, est phrasis varia & ambigua, [...]. In questione hac [...] rationalitas versatur; quae vim rationis & actiones rationis ciet & movet, quâ discriminamur a bestiis. [...] Multae enim actiones fiunt cum ratione, quae tamen rationis vim non cient, [...]. Nutritio, generatio, auctio certé fiunt ab anima in corpore per organa, quae anima praedita est ratione; inde verò non sequitur ipsam nutriendi & generandi vim sua natura esse ratione praeditam, ita ut actiones cieat rationis."

Anhand zweier Beispiele aus der Erkenntnislehre betreffend Detailfragen zum intellektiven Erkenntnisprozess ist ferner das Denkmuster des scholastischen Aristotelismus zu erkennen, in dem sich Casmanns Ansatz bewegt und dem er genuin aristotelische Positionen unterordnet, wo diese nicht selbst Interpretationsmargen zulassen. Obwohl sich also nach Aristoteles der Intellekt vom *sensus* dadurch unterscheide, dass ersterer das Allgemeine und letzterer das Besondere erkenne, sage er nirgends, so Casmann, dass der Intellekt nur das Universale erkenne; denn zur Erkenntnis des Allgemeinen werde der Intellekt durch die Erkenntnis des Besonderen geführt, ohne die es keine Erkenntnis des Allgmeinenen gebe; Aristoteles spreche also nicht im ausschliessenden, sondern im einschliessenden Sinne.[123] Dem Einwand, dass damit die Erkenntnis des Allgemeinen an materielle Voraussetzungen der Objekterkenntnis gebunden sei, begegnet Casmann mit dem Argument der Unterscheidung zwischen der christlichen Wahrheit, der zu glauben sei, und den Sätzen der Philosophie des Aristoteles. Casmann, der hier Scaligers Scotismus folgt, argumentiert providentialistisch: Gott hat vorgesehen, dass wir das Besondere erkennen, weil die Species, die sich im Intellekt aus der Erkenntnis des Besonderen bildet, selbst nicht materiell ist und daher dort aufgenommen werden kann.[124] Davon zu unterscheiden sei die Erkenntnis des Universalen, die dem Intellekt eigen ist und also ohne *Species intelligibilis* vollzogen wird; das gilt besonders bei der Selbstreflexion, in der der Intellekt sich selbst denkt.[125]

In den Denkrahmen des scholastischen Aristotelismus implantiert Casmann schliesslich das Konzept der eingeborenen Kenntnisse, die *koinai ennoiai* der Stoiker und Ciceros, mit denen die Wahrheit des sensualistischen Grundsatzes des Aristoteles *Nihil est in intellectu, quod non prius fuerit in sensu* grundsätzlich in Frage gestellt wird.[126] Damit stellt

---

123 Ebd., Cap. 5: De facultate logica intellectus compositi, Dubitatio 2 (An Ratio & intellectus tantum universalia, non vero singularia percipiat), S. 113f.: „Ait enim Aristoteles I Physicorum, secundum rationem esse notum universale, at secundum sensum, singulare. Idem 2 De anima, I Posterior. & Posterior. Intellectum à sensu distinguit, quod intellectus universalia cognoscit, sensus vero singularia. [...] Nunquam vero dicit intellectum cognoscere solum universale. Deinde praecipua actio intellectus est cognitio universalium, ad quam dirigitur cognitio singularium; quia non posset intelligere universale, nisi etiam singulare cognosceret. Loqui igitur Aristotel. non exclusive, sed inclusive."

124 Ebd., S. 114f.: „Quicquid n. inquit [sc. Scaliger], senserit Aristoteles, credere nos & constanter affirmare, Christianae fidei veritate compellimur, Deum providere reb. singularibus, & illas omnino cognoscere; [...]. Sensorium n. recipit species sine materia. Species autem ipsi singularis non est materialis. Nihil igitur prohibet, quin hujusmodi species in intellectu recipi possit."

125 Ebd., S. 113 u. 116: „Intellectus noster non intelligit se per speciem, sicuti caetera entia materialia; sed per reflexionem. [...]. Distinguuntur enim per cognitionem universalis, quae intellectus propria est."

126 Ebd., 5. An pervulgatum hoc Aristotelis, Nihil est in intellectu, quod non prius fuerit in sensu, sit verum de omni, S. 122f.: „Fatentur omnes sani animis nostris communes notiones

Casmann den psychologischen Teil seiner Anthropologie gänzlich in die Tradition der Melanchthonschen Seelenschrift *De anima* und des in ihr dargelegten Konzeptes der *notitiae* bzw. *notiones naturales*: Aufgrund des Römerbriefes 2.15 des Apostel Paulus hatte Melanchthon die *notitiae naturales* als das natürliche Gesetz (*lex naturalis*) des Menschen interpretiert, das mit der Schöpfung in sein Gewissen hineingekommen ist.[127] Sind also der menschlichen Seele solche natürliche Kenntnisse eingeboren gleichsam als übriggebliebene Strahlen einer prälapsarischen Weisheit, die nicht durch die Sinne erworben sind, so ist die sensualistische Maxime des Aristoteles nicht wahr.[128] Trotz der Prämissen aus der protestantischen Tradition Melanchthons in der Erkenntnislehre übernimmt Casmann damit die typische Unterscheidung, welche der thomistische Theologe Crisostomo Javelli zwischen der wahren christlichen Philosophie und der Philosophie des Aristoteles zu Beginn des 16. Jahrhunderts getroffen hat: Er (sc. Casmann) baue seine Überzeugung auf den *oracula sacra*, also auf der Wahrheit der Heiligen Schrift auf, während Aristoteles *naturaliter* nach der gewöhnlichen Ordnung der Dinge spreche[129] und ihm daher – so der Sinn dieser Aussage – eine geringere Dignität zukommt.

Dass Rudolph Goclenius, der immerhin ein Vorwort zu der *Psychologia Anthropologica* verfasst hat, den praktischen Nutzen der *Psychologia* für den Ethiker, Juristen, Mediziner und Theologen hervorhebt, deutet darauf hin, dass dieses Werk auch als Handbuch oder Nachschlagewerk Verwendung fand. Instruktiv ist vor allem das Beispiel, das Goclenius macht, weil es zeigt, wie psychologisches Wissen für Fälle der Alltagspraxis fruchtbar genutzt werden konnte. Das Beispiel liegt auf dem Gebiet der Embryologie, die auch Fragen der Seele einschliesst und der Casmann eine Reihe von Kapiteln des Psychologie-Bandes widmet.[130] Möglicherweise, so

---

innatas esse, quae dicuntur principia nobiscum nata, κοιναὶ ἔννοιαι,[…]. Stoici & Cicero hasce notiones nobiscum nasci tradunt, neque per sensum primum intrare intellectum, sed menti à Deo inseri, […]." Der oft Aristoteles zugeschriebene, allgegenwärtige Satz *Nihil est in intellectu quod non prius fuerit in sensu*, findet sich zumindest in dieser Formulierung bei ihm offenbar nicht, auch wenn einige Sätze wohl Gleiches ausdrücken. Vgl. z.B. Aristoteles: De sensu et sensato, 6 (445b 16/17); vgl. hierzu Paul F. Cranefield: On the Origin of the Phrase *Nihil est in intellectu quod non prius fuerit in sensu*. In: Journal of History of Medicine and Allied Sciences, 25 (1970), S. 77-80.

127 Ebd., 5. An pervulgatum hoc Aristotelis, Nihil est in intellectu, quod non prius fuerit in sensu, sit verum de omni, S. 123: „Primum auctoritas sacra Apostolica, cum Apostolus Paulus ad Rom. 2 dicat gentium cordibus legem Dei impressam & naturam insitam esse, easque naturaliter ea, quae legis sunt, facere." Vgl. dazu oben Kap. 1, 1.2.

128 Ebd.: „Nam si mentibus nostris naturam notiones quaedam (quae in homine etiam lapso sunt superstites quidam radii prioris sapientiae) ingenerantur, quaeque non primum per sensum mentem ingrediuntur, Aristotelicum illud absolute & simpliciter verum non est."

129 Ebd., S. 124: „At oracula sacra antecedentis veritatem nobis persuadent: verum Aristoteles naturaliter ex communi ordine locutus est." Vgl. hierzu oben Kap. 2, 1.1.

130 Ebd., Cap. 8: De generatione & conceptione, S. 151-178; Cap. 9: De formatione foetus, S. 178-

Goclenius, betrachte der Jurist die *De anima*-Kommentare der Philosophen als ein ihm fremdes Gebiet, dennoch gebe es eine Frage, deren Diskussion „sine cognitione Naturæ hominis" nicht umfassend angegangen werden könne. Es betrifft die Rechtsprechung im Fall einer Abtreibung, für die eine Mutter mit der Todesstrafe rechnen musste: „Hier ist zu überprüfen", sagt Goclenius zu dem noch heute ganz ähnlich diskutierten Problem, „ob jener Foetus ein Tier oder ein Mensch gewesen ist oder nicht, damit also ein Mord begangen werden konnte: ob der formlose Embryo den Namen eines Menschen für sich in Anspruch nehmen kann."[131] Ein Jurist, so suggeriert Goclenius, sollte die embryologische bzw. embryogenetische Materie kennen, um kompetent über Abtreibungsfälle urteilen zu können. Das spricht für ein ganzheitliches Konzept der Anthropologie als Lehre von der menschlichen Natur, die auch Fragen des Ethikers (Affekte, Handlungen), des Theologen (*imago Dei*- und *notitiae*-Lehre) und des Mediziners (*De fabrica humani corporis*) behandelt.[132] Goclenius bleibt hier also im Grunde im Rahmen dessen, was sich auch Melanchthon bezüglich der Nutzung seiner Lehrbücher vorstellte.

8. Die Stabilisierung der Anthropologie als Textgenre – Zwischenbilanz

Einige zusammenfassende Überlegungen zu den Kapiteln 1-3 der vorliegenden Arbeit ergeben gewissermassen eine Zwischenbilanz darüber, wie sich die Anthropologie nach 1600 als eigenes Textgenre stabilisiert, und zeigen gleichzeitig, wie einzelne ihrer Aspekte sich auf anthropologische Tendenzen des 17. Jahrhunderts auswirken. Die Darstellung und die Analyse einiger Elemente von Casmanns Anthropologie war notwendig, um zu zeigen, dass diese historisch eng mit der seelentheoretischen Diskussion des 16. Jahrhunderts zusammenhängt und im Grunde aus der Auseinandersetzung zwischen zwei Formen des Aristotelismus hervorgeht: den christianisierten und den säkularen an den italienischen Universitäten, der auf der Exegese des aristotelischen Textes basiert. Die Inkompatibilität dieser beiden Aristotelismusformen hat zur Fragmentierung des aristotelischen

---

212; Cap. 10: De partu, S. 212-218.

131 Rodolphus Goclenius Ad doctrina et virtute praestantem virum Othone Casmannum [Idibus Januarii, Anno, à Christo nato, 1594]: „Jurisconsultus fortasse philosophorum de anima commentationes à se alienas dicet. Verum ardua quæstio est: cujus discussio sine cognitione Naturæ hominis plené fieri non potest. Utrum is capitali pœna plectendus sit, qui re, vel verbis mulieri uterum gerenti ita vim fecerit, ut abortus inde exstiterit. Hic dispiciendum est: An fœtus ille animal, an homo fuerit, necne: ut ita homicidium admitti potuerit: an embryo informis hominis nomen sibi usurpare possit."

132 Ebd.

Systems geführt: In einem ersten Schritt wird die Metaphysik von der Naturphilosophie separiert, in einem zweiten spaltet sich die Naturphilosophie der beseelten Körper in eine dualistische Anthropologie mit den Bereichen Psychologie (Seele) und Anatomie (Körper). In der protestantischen Tradition werden um 1600 in die aristotelisch fundierten Psychologien, im speziellen in der Erkenntnislehre, zusätzlich biblische und stoisch basierte Theologumena implantiert, die auf die *De anima*-Schriften Melanchthons zurückgehen. Damit sind schematisch die dominanten Denkstrukturen beschrieben, die aus der Transformation der Naturphilosophie des Aristoteles während des ganzen 16. Jahrhunderts resultieren. Der christianisierte Aristotelismus lebt im 17. Jahrhundert im Zuge der konfessionellen Pluralisierung in veränderter Form im Rahmen sogenannter ›christlicher Philosophien‹ weiter, die einen theologisch konservativen Einschlag haben und zum Beispiel auf lutherischer Seite das Konzept der eingeborenen Kenntnisse (u.a. von Gott) gegen die skeptischen Momente der Philosophie Descartes' bewahren.[133] Auch Descartes' Philosophie enthält Merkmale der hier aufgezeigten Denkstrukturen.

In diesem Zusammenhang erscheint die These des Descartes-Forschers Stephen Gaukroger plausibel, demzufolge der grösste Schaden dem Aristotelismus von innen zugefügt wurde, durch die Diskrepanz zwischen der naturalistischen und der scholastischen Lektüre des Aristoteles.[134] Damit will Gaukroger vor allem die Ausarbeitung einer von der Metaphysik unabhängigen Naturphilosophie in Descartes' *Le monde* oder den *Principia philosophiae* (1644) erklären.[135] Es handelt sich dabei um eine Naturphilosophie, die durch das *matter-and-motion*-Prinzip und die Erdentstehungshypothesen einen gewaltigen Einfluss auf die Mechanisierung des Weltbildes des 17. Jahrhunderts sowie auf die Historisierung der Natur und des Menschen in der Anthropologie des 18. Jahrhunderts haben wird.[136] Damit wäre Descartes in den Prozess der Transformation des Aristotelismus einzuordnen, den die naturalistische Interpretation des Aristoteles des 16. Jahrhunderts in Gang gebracht hat. Wie ich im zweiten Kapitel gezeigt habe, zerfasert die aristotelische Theorie aufgrund der signifikanten Transformationen der Seelenlehre lange vor Descartes, indem sich etwa die Textexegese von *De anima* in Anatomie verwandelt (Pendasio, Varolio, Fabrici da Acquapendente, Harvey) und die aristotelische Sehtheorie und Augenanatomie durch eine

---

133 Vgl. hierzu unten Kap. 5 in dieser Arbeit.
134 Stephen Gaukroger: Descartes's System of Natural Philosophy. Cambridge 2002, S. 35-63, hier S. 48.
135 Ebd., S. 62.
136 Paolo Rossi: I segni del tempo. Storia della Terra e Storia delle Nazioni da Hooke a Vico. Milano 1979, bes. Kap. 1.9: I mondi possibili e la storia del mondo reale, S. 71-89.

anatomisch und mathematisch fundierte optische Theorie ersetzt wird (Felix Platter, Kepler). Eine signifikante Wirkung in der Abweichung von Aristoteles vollzieht sich aber – eigentlich fast unscheinbar – innerhalb der dualistischen Anthropologie Casmanns und betrifft die *Entspiritualisierung* des menschlichen Körpers. Und zwar ist die Begründung, die Casmann dafür gibt, von sehr nachhaltiger Wirkung für die Anthropologie: der menschliche Körper sei nicht eigentlich ›Mensch‹, so dass der Körper *per definitionem* zum Objekt der Anatomie und Physiologie erklärt wird. Das bedeutet, dass sich das Betrachtungsfeld der Medizin auf den ›seelenlosen‹ Körper reduziert bzw. das Seelische ausgrenzt. Das sollte im Wesentlichen bis ins späte 18. Jahrhundert so bleiben. Denn was der Leipziger Mediziner Ernst Platner noch 1794 formuliert, macht genau die von Casmann erstmals geäusserte zentrale Annahme dualistischer Anthropologien wieder rückgängig: Der menschliche Körper, so Platner, sei nicht der menschliche Körper, sondern der Mensch selbst und dieser müsse in seinem psychophysischen Zusammenhang begriffen werden.[137] Was sich im Casmannschen Konzept des entspiritualisierten Körpers also bereits abzeichnet, ist die Vorstellung des Körpers als seelenlose ›Maschine‹, die wir gewöhnlich als cartesisch zu bezeichnen pflegen.

Festzuhalten ist also, dass die analysierten Werke von Goclenius und Casmann um 1600 einen Prozess der Ausdifferenzierung des Wissens bzw. der Disziplinen in Gang setzen, der schon in den ersten Jahrzehnten des 17. Jahrhunderts deutliche Spuren hinterlässt. So zum Beispiel im Widmungsschreiben der ersten deutschen Übersetzung der *De re anatomica* des Realdo Colombo (c.1516-1559), dem Nachfolger Vesals in Padua, die der deutsche Medizinstudent Johannes Andreas Schenck angefertigt und 1609 in Frankfurt/Main herausgegeben hat.[138] Es handelt sich hier um eine bedeutende und seltene Textedition, die ein ganzes Stück Anatomiegeschichte reproduziert. Berühmt ist die Edition auch deswegen, weil sie die meisten anatomischen Illustrationen aus Juan Valverde de Hamu-

---

137 De Angelis: Unbewußte Perzeptivität und metaphysisches Bedürfnis, hier S. 250f.
138 Anatomia, Das ist Sinnreiche/ künstliche/ Begründete Aufschneidung/ Theilung/ unnd Zerlegung eines vollkommenen Menschlichen Leibs und Cörpers/ durch alle desselbigen innerliche und eusserliche Gliedmassen und Gefäß/ so wol mit eygendtlicher Beschreibung erkläret/ als mit lebendigen Contrafacturen fürgebildet. [...] Erstlichen Durch den hochgelehrten/ Realdum Columbum Cremonensem, der Medizin Doctorn/ auch deroselben bey der weitberühmbten Universitet zu Rom/ fürtrefflichen Professorn und Anatomicum in Latein begriffen/ beneben Paulo IV. Pont. Max. consecrieret: Anjetzo aber zu nützlicher/ auch nohtwendiger Erkläruung/ ja Vollkommenheit und Ergäntzung des Operis, vermehrt: Zumal in die Teutsche Zung und Spraach übersetzt. Mit angefügter Analogischer Zugaab. Darinn SCELETA BRUTA, oder Beschreibung und Contrafacturn der BeinCörper underschiedlicher Thier begriffen, so alle dem Leben nach gebildet sind. Durch IOHANNEM ANDREAM SCHENCKIUM der Medicin Studiosum. Gedruckt zu Franckfurt am Mayn 1609.

scos *Anatome corporis humani* (1560/1589) enthält, die grösstenteils Kopien aus Vesals *Fabrica* sind. Der zweite Teil enthält ausserdem die berühmten Bilder aus Volcher Coiters Tieranatomie (*Diversorum animalium sceletorum Explicationes*, Nürnberg 1575). Wichtiger noch ist, dass Schenck die Aufgabe der Selbsterkenntnis des Menschen auf die sich ausdifferenzierenden Disziplinen aufteilt, wobei ganz dualistisch zwei Hauptwege der *cognitio sui ipsius* identifiziert werden: den Weg über die Metaphysik (vernünftige Seele) und den über die Anatomie (Körper). Wie darüber hinaus der Mensch Regeln seines äusseren moralischen Handelns erkennt, ist eine Folge aus der Erkenntnis der vernünftigen Seele, also ein Resultat der metaphysischen *cognitio sui ipsius*. Das ist jedoch nicht dahingehend zu verstehen, dass es sich um eine rein philosophische Erkenntnis der Moral handelt, weil die metaphysische Erkenntnis der rationalen Seele von Theologumena gesteuert ist. Aus dem Widmungstext an den Fürsten geht zudem hervor, dass dieser ein Förderer der medizinischen Studien war, so dass er die Übersetzung des grossen Anatomiewerkes nicht nur veranlasst, sondern auch finanziert haben könnte. Weil das Schreiben einen plastischen Einblick in die Zeitumstände vermittelt, zitiere ich es ganz:

> Dem Hoch=und Wolgebohrnen Graffen / unnd Herrn / Herrn Rudolfen / Graffen zu Sultz / u. Röm. Keyser.Maytt.Raht und Landtvogt in undern Elsaß / u. Meinem gnädigen Herrn.
>
> Es haben die alten Philosophi, und scharpffsinnige weltweise Leut/ Hoch= unnd Wolgebohrner Graff/ gnädiger Herr / sehr fürsichtiglichen ein Morale Dicterium und Grundtspruch der Posteritet hinderlassen: NOSCE TE IPSUM. Damit der Mensch/ als der mit Verstandt unnd Vernunfft begabet/ tieffsinnig erinnert wirdt/ sintemahl er das edelste unnd stattlichste Thier/ ja ein König und ein grosser Potentat/ oder Monarch der Weltkugel/ daß er in Betrachtung aller anderer so viel unzahlbarer Welt Creaturen und Geschöpf Gottes/ auch in allem eusserlichem Weltlauff und Leben/ vielmehr erstlichen sich selbsten in dem innersten Fundament unnd Grundt seiner Schöpffung/ welcher massen er also herrlichen/ zwar mit einem sterblichen Leib/ aber einer Engelischen/ unsterblichen unnd vernünfftigen Seel von dem Allmächtigen begabt und geziert/ zu erkennen habe. Ungezweiffelt/ daß er hierdurch von der irdischen Speculation (welche gantz unvollkommen und animalisch) in die ewige oberhimmlische Contemplation zu tieffer Erkandtnuß seines Schöpffers angereitzet und provociert würde. Er hat aber gedachter Mensch nach den zweyen PrincipalHauptstücken/ Leibs und der Seelen/ gleichfals zween Hauptweg zu seiner Erkandtnuß/ ut Noscat se ipsum. Zwar/ erstlichen die Seel betreffend/ sintemahl dieselbige mit nichten/ wie der Leib/ auss dem Erdklotz plasmieret/ oder irdisch ist/ sondern durch den hochwürdigen lebendigen Athem deß Allmächtigen/ als das Spiraculum vitae, eingegeistet worden/ derowegen viel Edeler und Hochwürdiger/ bedarff solche einer höheren Gründung unnd Erkandtnuß/ welche die scharpffsinnige Philosophi ex metaphysicis zu erlernen haben. Darnach sich folgendt der Mensch in seinen actionibus vitae und Lebenslauff/ als durch das Mittel der Erkandtnuß seiner vernünfftigen Seelen (qui est effectus & usus fructus cognitionis sui ipsius)

weißlichen und fürsichtiglichen mit Vernunfft/ Klugheit und Verstandt Ethicè zu dirigieren und gubernieren wissen sol. Den Leibcörper ferner belangendt/ ist zu Erkandtnuß desselbigen nachmahln der rechte Schlüssel ANATOMIA, oder die Kunst der Zerlegung unnd Zerschneidung Menschlichen Leibs/ welche alle desselbigen Heimlichkeiten/ so eusserlich/ so innerlich/ durch jede Glieder unnd Gliedtmassen eröffnet unnd ergründet: Nemblichen/ das lebhaffte Hertz/ das sinnreiche Hirn/ die blutreiche Leber/ die edle Geister/ den narhafften Speißmagen/ die lüfftige Lung/ das Eingeweyd/ sampt deren unzahlbaren Gefäß und Mittelgliedern: Also dass der Menschliche Leib Cörper und Gebäuw/ vermittelst solches künstlichen Ausschnitts/ gäntzlichen erforschet und erkennet wirdt.

Dieweil dem also/ Hoch= und Wolgebohrner Graff/ gnädiger Herr/ unnd wolgedachte Anatomia, als das andere Gliedt cognitionis sui ipsius, unnd zu deß Menschen selbst eygener Erkandtnuß also hoch nohtwendig: Hab ich mir diß gegenwertige Anatomische Opus, gemeinem Teutschen Vatterlandt zum besten/ zu publicieren erkohren. So ich derowegen/ als ohne Zweiffel ein erspriessliches und nützliches Werck/ zu besondern Ehren und Liebthat E.G. underthänig dediciren wollen. Fürnemlich der Ursach/ dieweil E.G. beneben vielen Heroischen Tugendten/ mit hoher Weißheit/ Kunst unnd Wissenheit der aller tieffesten Geheimnussen in der Natur begabt: aber insonderheit der Medizin verliebt seyndt. So wollen derhalben E.G. diese meine labores und primitias, so ich unter derselben Gnad Flügeln/ zu dero besondern Gefallen und Belieben/ in offentlichen Truck verfertigt/ mit Gnaden von vmir auff und annemen. Der Allmächtige Schöpffer wölle durch seinen hülffreichen Segen und Benediction E.G. iin beständiger Gesundtheit lange Zeit erhalten. Geben zu Hagenaw den 4. Augusti, tausendt sechs hundert acht.

    E. G. Underthäniger

        Ioannes Andreas Schenckius, der Medicin Studiosus.

Eine Folge der Fragmentierung des aristotelischen Systems bzw. der Demontage des einheitlichen *anima*-Begriffs der aristotelischen Tradition ist somit – so lässt sich die These zuspitzen – die Tendenz zu einer fragmentierenden Betrachtung des Menschen, der im 17. Jahrhundert Objekt verschiedener Disziplinen wird: Der Theologe bzw. Metaphysiker sagt ihm, er habe eine vom (sündigen) Körper abgetrennte Seele, während sich der Anatom einzig für seinen ›seelenlosen‹ Körper interessiert. Und bevor ihm schliesslich das moderne Naturrecht sagt, mit welchen natürlichen Rechten er auf die Welt kommt, wird ihm der Jurist sagen, er sei ein Untertan des Fürsten bzw. des Staates, was aus obigem Zitat mehr als deutlich hervorgeht.

9. Die Darstellung des anthropologischen Wissens der Renaissance in Lehrbuchform: Gregor Horsts *De natura humana* (1612)

Dass sich die dualistische Struktur der Anthropologie nach 1600 zunehmend stabilisiert, zeigt ein letztes Beispiel. Es handelt sich um das 500-seitige Werk des Giessener Stadtartztes und Professors Georg Horst (1578-1636), das 1612 in Frankfurt/Main erscheint.[139] Äusserlich betrachtet, hat das Werk eine dichotomische Struktur: Das erste, umfangreichere Buch handelt vom menschlichen Körper (*De corpore humano*, S. 47-335), das zweite von der Seele (*De anima*, S. 337-510). Das Werk ist aus einer Reihe von *Exercitia Academica* über die Seele hervorgegangen, die Horst 1602-1604 an der Universität Wittenberg instituiert und für eine Gruppe von Medizinstudenten durchgeführt hat; 1607 wurde es um den Teil über den Körper ergänzt und weiter ausgebaut.[140] Der *modus docendi* bestimmt denn auch die Darstellungsform, die somit das Interesse und die Spezifik dieses Werkes ausmacht. Im anatomischen Teil handelt es sich ja auch um das erste Giessener Lehrbuch für Anatomie.[141] Die *Exercitationes* sind durch eine Reihe von *Quaestiones* strukturiert, die anhand der Positionen von Autoren inhaltlich ausformuliert werden. Am Ende der Vorrede an den Leser ist alphabetisch eine Liste von 254 Autoren angegeben, die Horst in seiner Darstellung erwähnt und zitiert. Es kommen sowohl antike und mittelalterliche als auch Renaissanceautoren bis um 1600 vor, wie etwa die jesuitischen Aristoteles-Kommentatoren aus dem Collegium der *Conimbricenses* oder Kepler, aber auch Kirchenväter, Scholastiker, Humanisten, Reformatoren, Philosophieprofessoren, Theologen und Mediziner vor.[142] Obwohl Horst äusserlich die dichotomische Struktur von Casmanns Doppelwerk über Seele und Körper übernimmt, kommt Casmann selbst nur als einer der vielen erwähnten Autoren vor, dessen Definition der menschlichen Natur als *unio hypostatica animae & corporis* zum Beispiel nicht geteilt wird.[143] Es geht Horst also weniger darum, eine eigene Anthropologie zu schreiben, als vielmehr darum, das bis zum Beginn des 17. Jahrhunderts vorhandenene Wissen über die Natur

---

139 Gregor Horst: De Natura Humana Libri Duo, Quorum prior de corporis structura, posterior de anima tractat. Ultimò elaborati, Commentariis aucti, figurisque novis Anatomicis aere incisis exornati. [...]. Frankfurt/M. 1612.
140 Praefatio ad Lectorem candidum de Anatomia Vitali et Mortua, S. 26f.
141 Christoph Johannes Schweikardt: Theoretische Grundlagen galenistischer Therapie im Werk des Gießener Arztes und Professors Gregor Horst (1578-1636). Ein Vergleich zu Jean Fernel (1497-1558), dem Leibarzt des französischen Königs Heinrich II. Diss. Gießen 1995, S. 33.
142 Praefatio ad Lectorem, S. 27-31 (Liste der Autoren).
143 De natura humana, Lib. II, Exercit. Nona, Quaest. IV. (An forma hominis non sit anima sed unio corporis & animae), S. 466f.: „Nos positis fundamentis Praecedentium [sc. anderer Autoren] concludimus animam esse veram hominis formam."

des Menschen als Lehrbuchwissen verfügbar zu machen. Prinzipiell geht es um die Interpretation von Texten und um die Diskussion meist kontroverser (seelentheoretischer und anatomischer) Fragen (*controversiae*), so dass die *Quaestio*-Struktur gewählt wurde.[144] Im Teil über die Seele etwa ist die Darstellung der *Quaestio* oft antithetisch aufgebaut: Thesen, Positionen und Argumente stehen Gegenthesen, Gegenpositionen und Gegenargumenten gegenüber, die analysiert und gegeneinander abgewogen werden, ohne dass in der Regel explizit eine Position als die vom Autor ›wirklich gedachte‹ hervorgehoben wird. Im Auflösungsteil (*resolutio, decisio*) einer Frage bietet Horst den Studierenden aber mitunter Zusatzinformationen und grundsätzliche Interpretationsweisen an, welche mehr das Lösungsspektrum und die möglichen Perspektiven aufzeigen, als die Position des Autors kundzutun. Meistens werden auch hier wiederum Autoren und Textstellen zitiert.

Je ein Beispiel aus dem seelentheoretischen und dem anatomischen Teil des Buches soll Horsts Verfahren veranschaulichen. In der Frage *An doctrina de anima ex toto ad Physicam pertineat* sind u.a. die zentralen Aspekte der naturalistischen und der christianisierten Lektüre des Aristoteles angesprochen. In der affirmativen Lösung (Franciscus Toletus, Jesuit, Collegio Romano, *lib.I.de an.in prooem.q.2*) ist die Definition der *anima* als *principium corporis naturalis* zentral, in der negativen die *anima rationalis* als *immaterialibium* (Benito Pereira, Jesuit, Collegio Romano, *lib.I.de Phil.*).[145] In seinem Zusatz gibt Horst *pro decisione quaestionis* die doppelte Perspektive auf die Seele zu bedenken: Insofern die *anima* Akt des organischen Körpers sei, falle sie unter die Betrachtung der *Physica* (*quod Toletus voluit*), insofern als die *anima intellectiva* nach dem Tod übrig bleibe (*remanet*), sei deren Erkenntnis in der *Physica* nicht gänzlich erschöpft. Der Beweis sei noch zu erbringen, weil unsere Seele, so Horst, nicht nur Form sei, sondern bewahre die eigene Substanz auch nach dem Verlust des materiellen Teils (Francisco Vallés, Mediziner, *lib.4.controver.cap.6.*).[146] Aus der Art und Weise wie Horst hier seinen Zusatz formuliert, lässt sich schliessen, dass er der christianisierten Position Vallés zustimmt.[147] Das wäre für einen Mediziner, der in

---

144 Vgl. zu dieser Form der medizinischen Textinterpretation Ian Maclean: Logic, Signs and Nature in the Renaissance. The Case of Learned Medicine. Cambridge 2002, 212f. (auch zu Horst).
145 De natura humana, Lib. II, Exercit. Prima, Quaest. III, S. 343.
146 Ebd.: „Hic pro decisione notandum, quod omnis anima, quatenus est actus organici corporis, Physica considerationis sit, quod Toletus voluit: cum verò in anima intellectiva praeter hanc considerationem alia quoque detur, quatenus scilicet post interitum remanet (ut suo loco demonstrabitur, quia anima nostra non est tantum forma, sed obtinet praeterea substantiam propriam, quam à materia spoliata retinet, ut inquit Valles. lib.4.controvers.cap.6.) ideo consequens est huius totalem cognitionem non pertinere ad Physicam."
147 Vallés vertritt eine Variante der sogenannten ›christlichen Philosophie‹ bzw. eine bibelbasierte ›physica mosaica‹ und verteidigt die Immaterialität der Seele etwa in seinen medizinischen Kommentaren zu den *Aphorismen* des Hippocrates. Vgl. hierzu Giancarlo Zanier: Il *De sacra*

seiner therapeutischen Ausrichtung die Meinungen der Paracelsisten und der hermetischen Medizin in den galenischen Rahmen zu integrieren versucht (*conciliatio*) ja auch nicht weiter erstaunlich.[148] Horsts Beispiel gibt mir im übrigen die Gelegenheit, der möglichen Kritik der Vernachlässigung paracelsistisch-hermetischer Quellen der Medizin in der frühneuzeitlichen Genese der Anthropologie als Wissenschaft des ›ganzen‹ Menschen vorzubeugen.[149] Der Grund, weshalb der Paracelsismus hier nur am Rande wahrgenommen wird, liegt schlicht darin, dass eine zentrale Achse dieser Studie die Beziehung zwischen der Medizin und dem Begriff des Naturgesetzes bildet, das im 16. Jahrhundert (bei Vives und Melanchthon) mit der galenischen Medizin und der aristotelischen Seelenlehre, im 17. Jahrhundert (in den Naturrechtslehren Pufendorfs und Cumberlands) mit dem Cartesianismus und den neuen Ansätzen der Anatomie und Physiologie in den 1660er Jahren in England eine Verbindung eingeht. Und es ist – wie noch zu zeigen sein wird – die Rezeption dieses Naturrechtsdiskurses, die im 18. Jahrhundert eine Wissenschaft vom ›ganzen‹ Menschen begründet. Doch kehren wir zu Horst zurück.

Die Analyse der *Quaestio*-Struktur in Horsts Anatomiebeispiel hat im Blick auf den grösseren Argumentationszusammenhang dieser Studie, bei dem es um die strategische Rolle des medizinischen Wissens in der Erneuerung der Anthropologie geht, vor allem den Zweck, zu zeigen, wie neue Wissensansprüche gebildet, dargestellt und durchgesetzt werden. Das Anatomiebeispiel blickt also einerseits zurück zur Varolio-Episode im zweiten Kapitel, andererseits blickt es nach vorn auf die im folgenden vierten Kapitel angestellten Überlegungen zum medizinischen Wissen. Vor allem handelt es sich bei dem Anatomiebeispiel, das sich mit der Frage *An nervi oriantur à cerebro?* beschäftigt, um ein Standardbeispiel, das von Wissenschaftshistorikern immer wieder als Ablehnung des Autoritätsarguments gedeutet wird, obwohl hier Vorsicht geboten ist.[150] Die gängige Interpretation geht auf eine bekannte Anekdote zurück, die vom Mediziner Sanctorius Sanctorius aufnotiert und von Galileo wieder aufgenommen wurde: Ein Aristoteliker ist bei einer Körpersektion anwesend, in der vor seinen Augen demonstriert wird, dass die Nerven im Gehirn und nicht

---

philosophia (1587) di Francisco Vallés. In: Ders.: Medicina e Filosofia tra '500 e '600. Milano 1983, 20-38, hier S. 32*n*. Vgl. zum Konzept und den Autoren der *physica mosaica*, zu denen später auch Casmann gehörte, unten Kap. 5, 1.2.1.

148 Praefatio ad Lectorem candidum De Anatomia Vitali et Mortua, S. 5 und passim sowie Schweikardt: Theoretische Grundlagen galenistischer Therapie, S. 23-26.

149 Vgl. zum Paracelsismus/Hermetismus in Deutschland grundlegend: Corpus Paracelsisticum. Dokumente frühneuzeitlicher Naturphilosophie in Deutschland. Hg. von Wilhelm Kühlmann und Joachim Telle. Bd. 1: Der Frühparacelsismus. Erster Teil; Bd. 2: Der Frühparacelsismus. Zweiter Teil. Tübingen 2001/2004 (Frühe Neuzeit, Bde. 59 u. 89). Vgl. hierzu jetzt die Rezension von Herbert Jaumann. In: Scientia Poetica, 12 (2008), S. 327-339.

150 Maclean: Logic, Signs and Nature in the Renaissance, S. 192, dem ich hier folge.

im Herzen ihren Ursprung haben, wie Aristoteles behauptet hatte; er gesteht dann dem Anatomen, dass dieser ihm die Sache so offensichtlich und klar vordemonstriert habe, dass wenn Aristoteles' Text nicht im Gegensatz zu dessen Beweis stünde und nicht klar sagte, dass die Nerven im Herzen entspringen, er gezwungen wäre zu gestehen, dass das, was er gesehen habe, wahr sei.[151] Es ist interessant zu verfolgen, wie ein Mediziner – und zwar unabhängig von der Anekdote – mit dem angesprochenen Autoritätsproblem umgeht, um zu sehen, dass dessen Argumentation differenziert ausfällt. Spätestens nach der Veröffentlichung von Costanzo Varolios Traktat über die optischen Nerven (1573) wusste jeder Mediziner, dass der Ursprung nervöser Strukturen im Gehirn liegen muss. Das war auch für Gregor Horst so. In den anatomischen Tafeln am Ende des Anatomiebuches druckt Horst denn auch eine Holzschnittfigur einer Gehirnsektion nach Varolio, der explizit erwähnt ist, ab (*Tabula XVI, Fig.II*).[152] Ferner gibt er vier Kriterien an, nach denen die affirmative Beantwortung der *Quaestio* gilt: 1. *demonstratio anatomica*: Die Autopsie (αὐτοψία) lasse eigentlich keinen Zweifel an der Sache offen; 2. sinnesphysiologische Gründe: die Nerven müssten dem Organ entspringen, in dem der *spiritus animalis* die Sinneswahrnehmungs- und Bewegungsfunktion vollendet, also im Gehirn; 3. Beobachtung: Die Ligatur eines Nervs zeigt, dass der Teil, der zum Gehirn schaut, sensibel ist und sich bewegt, der Teil, der dem Herzen näher ist, hingegen unsensibel und unbewegt ist; 4. Autorität: Hippokrates und Galen und die Mediziner generell sprechen sich dezidiert für den enzephalischen Ursprung aus.[153] Die *opinio* des Aristoteles vertreten eine Reihe von Autoren aufgrund des folgenden Arguments: Aus der nervichten Substanz des Herzens entspringt ein dünner Nerv, der sich dann zum Gehirn fortpflanzt und dort den Ursprung der übrigen Nervenstränge bildet.[154] Gegen dieses Argument, so Horst, spreche die Autopsie, welche zeige, dass dieser Nerv sehr dünn ist und aus einer Nervenverbindung des Ge-

---

151 Galileo Galilei: Dialogo sopra i due massimi sistemi del mondo tolemaico e copernicano. Hg. von Ottavio Besomi und Mario Helbing. Bd. 1. Padova 1998, S. 116f.
152 De natura humana, Lib. I, Tabulae anatomicae, Tabula XVI, S. 304-307.
153 De natura humana, Lib. I, Exercit. Quinta, Quaest. V, S. 124: „*Affirmativa quaestionis pars mediocriter exercitatis in rebus anatomicis tam plana & manifesta est, ut* αὐτοψία *sic urgente penitus nulla dubitationes indigeat. Addi insuper haec ratio potest, quod nervi necessario ab illa parte sint deducendi, in qua spiritus animalis sensus motusque organum perficitur, quod cerebro solum ascribitur. Hinc nervus quidam ligatus, cerebrum versus, sentit ac movet, at pars cordi vicinior insensilis est & immobilis. Unde* Hippocrates, Galenus & *tota Medicorum schola paßim hanc affirmativam quaestionis partem inculcant.*"
154 Ebd.: „*Contrarium sentit* Aristoteles lib. 3. de histor. an. *qui nervos à corde deducit, quem sequitur* Avicenna, 3. de animal. cap. I. & lib. 2. cap. 3. *qui tamen* lib. I. fen. I. doct. I. *cum Galeno facit, item* Averroë, lib. 2. de par. cap. 7. & lib. 2. collig. Conciliator diff. 41. Alexander lib. de an. & *alij plurimi, qui sententiam Aristotelis defendere conantur hoc modo; ex nervea videlicet cordis substantia nervum exilem oriri, qui postea ad cerebrum ascendens originem praebeat ibidem reliquis nervorum disseminationibus.*"

hirns selbst hervorgeht.[155] Entscheidend ist nun aber, dass der Mediziner Aristoteles zwar partiell *deautorisiert*, ihn aber nicht *in toto* ablehnt, sondern entschludigt (*excusatur*) und dessen Meinung sogar *erklärt*: Die Nerven waren in seiner Zeit noch nicht genügend erforscht; wenn Aristoteles von ihnen spricht, so deutet er lediglich an, dass deren Funktion in der Stützung der Gelenkbewegung besteht, so dass er die Nerven in der Funktion von Ligamenten und Sehnen zu verstehen scheint.[156]

Wie auch immer die *opinio* des Aristoteles hier rechtfertigt wird, gewiss ist, dass sich der Umgang mit Autoritäten, d.h. mit deren Texten, bei den Medizinern des 16. und 17. Jahrhunderts wesentlich komplexer gestaltet, als gemeinhin angenommen wird, und dass Mediziner valable Gründe hatten, trotz deren Bekenntnis zur Autopsie, dennoch auf das Autoritätsargument zurückzugreifen. Das bedarf jedoch einer Erklärung, die im nächsten Kapitel ausführlich dargelegt wird. So sind zum Beispiel die (verbalen) Strategien, welche die Mediziner verfolgten, um neue Wissensansprüche durchzusetzen, anhand der Argumentationsformen in deren Texten zu eruieren. Das heisst, dass der Weg, der von der christlichen Anthropologie zu einer auf den natürlichen Rechten des Menschen basierenden Anthropologie führt, unter anderem auch über die medizinischen Argumentationsformen verläuft, die sich im Umgang mit autoritativen Texten ausbilden und nach 1650 auch für die moralischen Disziplinen und Wissenschaften zu einer Leitfunktion avancieren.

---

155 Ebd., S. 124f.: „Verum αὐτοψία monstrat hunc nervum admodum exilem esse, eundemque à coniugatione nervorum à cerebro prodentium oriri, quam ob causam vim suam non à corde, sed à cerebro poßidet."

156 Ebd.: S. 125: „Quod ipsum Aristotelem attinet, dicimus nervorum naturam tunc temporis nondum sat exploratam fuisse, quare Philosophus mentionem nervorum faciens innuit solum quod officium eorum consistat in firmandis movendisque articulis, unde ligamenta & tendines tantùm intelligere videtur."

4. Kapitel:
Die Medizin als Leitdisziplin –
Argumentationsweisen, Wissensansprüche
und Autorität (1540-1660)

1. Einleitung

Deutsche Studenten hatten in der Mitte des 15. Jahrhunderts andere Beweggründe, an der Artistenfakultät der Universität Padua Medizin zu studieren, als zu Beginn des 17. Jahrhunderts. Konstant blieb hingegen in dieser Periode ihre Rolle als Exporteure und Vermittler von kulturellem Wissen und Kulturgütern aus italienischen Universitätsstädten in den europäischen Raum.[1] Für den Nürnberger Hartmann Schedel (1440-1514) zum Beispiel, der im Jahre 1466 in Medizin abschloss, standen in seinem Paduaner Aufenthalt vorwiegend humanistische Bildungswerte im Vordergrund: Als Sammler von Texten und Codices und in der Tätigkeit als Kopist exportierte er die humanistische Kultur Italiens nach Deutschland.[2] Ab Mitte des 16. Jahrhunderts konnten sich die deutschen Studenten in Padua in der *Natio germanica* der Artisten einschreiben.[3] Ausserdem hatte sich in der Renaissance die philologische Grundlage für die Lektüre in den medizinischen Büchern der antiken Autoren Hippokrates und Galen gegenüber früheren Jahrhunderten entscheidend verbessert. Zu Beginn der 1530er Jahre lagen nämlich die anatomischen Texte Galens, die erst am Ende des 15. Jahrhunderts als Manuskripte in griechischer Sprache in Italien zirkulierten, gedruckt und in lateinischer Übersetzung vor.[4] Die neue materielle Textbasis veränderte auch die Wahrnehmung auf das Studium der Medizin,

---

[1] Vgl. Kulturtransfer. Kulturelle Praxis im 16. Jahrhundert. Hg. von Wolfgang Schmale. Innsbruck et al. 2003. Die numerisch doch beträchtliche soziale Gruppe der deutschen (Medizin-)Studenten in Padua als kulturelle Mittler wird in diesem Band nicht behandelt. Bei diesem vierten Kapitel handelt es sich um eine überarbeitete und ergänzte Fassung des Beitrages: Simone De Angelis: Paduaner Anatomie in Deutschland. Argumentationsweisen, Wissensansprüche und Autorität (1540-1660). In: Italien und Deutschland. Austauschbeziehungen in der gemeinsamen Gelehrtenkultur der Frühen Neuzeit. Hg. von Emilio Bonfatti (†), Herbert Jaumann und Merio Scattola. Padova 2008, S. 17-74.

[2] Francesca Parisi: Contributi per il soggiorno padovano di Hartmann Schedel: Una silloge epigrafica del codice latino monacense 716. In: Quaderni per la Storia dell'Università di Padova, 32 (1999), S. 1-76, hier S. 1-25.

[3] Vgl. Matricula Nationis Germanicae Artistarum In Gymnasio Patavino (1553-1721). Ausgabe Rossetti.

[4] Die Standardübersetzung von Galens Anatomietraktat *De anatomicis administrationibus* war die des Mediziners und Humanisten Guinther von Andernach (1505-1574), Vesals Lehrer in Paris, von 1531. Vgl. Nutton: André Vesale et l'Anatomie Parisienne, S. 242f.; ders.: «Prisci dissectionum professores: Greek Texts and Renaissance Anatomists», S. 114-116.

in dem anatomische Studien nicht mehr wegzudenken waren. Diese Situation wirkte sich noch in den ersten Jahrzehnten des 17. Jahrhunderts auf die Motivation zahlreicher Medizinstudenten der *Natio germanica* in Padua aus. Ihre Erwartungshaltung an das Medizinstudium hing vorwiegend mit den in der anatomischen Lehre vermittelten Wissensansprüchen zusammen. Das vorliegende Kapitel nimmt den Langzeitraum 1540-1660 im Wesentlichen aus zweierlei Gründen genauer in den Blick: zum einen weil in dieser Periode eine Reihe der in Padua ausgebildeten Mediziner der *Natio germanica* ein bestimmtes Verständnis von Anatomie und anatomischer Lehre in ihre jeweiligen Heimatländer exportiert haben. Vor allem aber weil die Mediziner – besonders in ihrer Arbeit als Anatomen – in dieser Zeit das zentrale Problem der Autorität der Texte der medizinischen Autoren der Antike und der Renaissance zu bewältigen hatten.

Dem Fragekomplex ›Autorität‹ hat sich die Frühneuzeitforschung jüngst wieder zugewendet und das Augenmerk unter anderem auf das Konzept der ›Autorisierung‹ gelenkt: Die Konstitution neuer Formen der Autorität sei eine Konsequenz der "Erfahrung von Pluralisierung", die als elementares Merkmal der Epoche ›Frühe Neuzeit‹ begriffen wird.[5] Dabei wird besonders die Medizin als ein Feld betrachtet, in dem sich das Verhältnis zwischen den antiken Autoritäten und den neueren Akteuren als typischerweise oppositionell und die Autorisierung häufig als agonal gestaltet.[6] Das Schwergewicht legt die Forschung auf die Untersuchung der "Formen und Strategien der Autorisierung".[7] Dabei wird festgehalten, dass "[d]ie *experientia* […] in der Medizin des 16. und 17. Jahrhunderts gegenüber den *auctoritates* immer gewichtiger [wurde]" und dass die "Relativierung des Arguments 'ex auctoritate' […] zugleich größere Spielräume für alternative Begründungs- und Validierungsstrategien [schuf]".[8] Dagegen ist grundsätzlich auch nichts einzuwenden. Das Problem, das sich dennoch dahinter verbirgt, mag ein anderes

---

5 Gerhard Regn: Autorisierung. In: Autorität der Form – Autorisierung – Institutionelle Autorität. Hg. von Wulf Oesterreicher, Gerhard Regn und Winfried Schulze. (Pluralisierung & Autorität. Hg. vom Sonderforschungsbereich 573, Ludwig Maximilians-Universität München, Bd. 1). Münster 2003, S. 119-122, hier S. 119.

6 Ebd., S. 121.

7 Michael Stolberg: Formen und Strategien der Autorisierung in der frühneuzeitlichen Medizin. In: Autorität der Form – Autorisierung – Institutionelle Autorität, S. 205-218, der feststellt: "Die Dynamik der Konstituierung neuer Autoritäten in der frühneuzeitlichen Medizin ist bislang kaum untersucht" (210). Vgl. auch ders.: Frühneuzeitliche Heilkunst und ärztliche Autorität. In: Macht des Wissens, S. 111-130. Vgl. ferner auch Richard Toellner: Zum Begriff der Autorität in der Medizin der Renaissance. In: Humanismus und Medizin. Hg. von Rudolf Schmitz und Gundolf Keil. Weinheim 1984, S. 159-179; Wolfgang Eckart: "Auctoritas" versus "Veritas" or: Classical authority and its role for the perception of truth in the work of Daniel Sennert (1572-1637). In: Clio Medica, 18 (1983) 1/4, S. 131-140.

8 Stolberg: Formen und Strategien, S. 206f.

Forschungsbeispiel veranschaulichen, das in dieselbe Stossrichtung geht und diesmal den Begriff der ›Selbstautorisierung‹ des Mediziners betrifft: der Mediziner bringt bewusst Strategien hervor, mit denen er sich selbst inszeniert und dadurch seine eigene Autorität konstruiert.[9] Zu den Formen dieser Selbstdarstellung gehöre zum Beispiel die Aussage, der Anatom lerne durch Sezieren und Beobachten des Körpers mehr hinzu als aus der Lektüre von anatomischen Büchern.[10] Das wird dann dahingehend interpretiert, dass der Anatom "die Funktion des Buches als Begründungsinstanz [erschüttert] und die überlieferten Lehren der Autoritäten den Instanzen der *ratio* und *experientia* [unterwirft]."[11] Grundsätzlich ist das auch nicht falsch. Ein Problem ergibt sich nur, wenn man bedenkt, dass auch Galen an mehreren Stellen seines Werkes darauf hinweist, dass Autopsie dem Bücherlesen vorzuziehen sei, auch um nicht die Fehler früherer Anatomen zu wiederholen, oder dass keine Rede (*oratio*) etwas so exakt auszudrücken und zu schildern vermag, wie das, was durch das Auge und die Berührung (*sensus et tactus*) wahrgenommen wird.[12]

Das heisst also, dass die Berufung auf Autopsie zwar ein notwendiges, aber kein hinreichendes Kriterium der sogenannten ›Selbstautorisierung‹ frühneuzeitlicher Mediziner ist, weil sich schon die antiken Ärzte auf Autopsie beriefen und – wie zum Beispiel die Anatomen der Schule von Alexandria im 4. Jahrhundert v. Chr., Herophilos und Erasistratos, an die Galen anknüpfte, Menschenanatomie betrieben.[13] Wie mir scheint, ist das

---

9   Dominik Groß und Jan Steinmetzer: Strategien der Selbstautorisierung in der frühneuzeitlichen Medizin: Das Beispiel Volcher Coiters (1534-1576). In: Medizinhistorisches Journal, 40 (2005), S. 275-320.
10 Vgl. z.B. Volcher Coiter: Externarum et internarum principalium humani corporis partium tabulae, atque anatomicae exercitationes observationesque variae, novis, diversis ac artificiosissimis figuris illustratae, Philosophis, Medicis, inprimis autem anatomico studio addictis summè utiles. Autore Volchero Coiter Frisio Groeningensi, inclytae Reipublicae Norimbergensis Medico Physico Et Chirurgo. Nürnberg 1572. Vorrede: "Benevolis Lectoribus […] Anatomicum enim studium prorsus istiusmodi est, ut potius ex dissectione et inspectione, quam ex libris addiscatur." Zitiert nach: Opuscula Selecta Neerlandicorum De Arte Medica. Bd. 18. Amsterdam 1955, S. 4. Vgl. auch Groß/Steinmetzer: Strategien der Selbstautorisierung, S. 290.
11 Groß/Steinmetzer: Strategien der Selbstautorisierung, S. 290.
12 De usu partium II, 3: „Praeterea autem magis necessarium erit accidere hanc suspicionem viris illis, qui in aliis nostris anatomicis libris non fuerunt versati, in quibus non solum ostendimus, quae in anatomis errarint priores, sed etiam causas errorum scripsimus; quas nisi quis observaverit, et nunc dissecare anatomenque facere voluerit, similiter ut illi decipietur"; ebd., XII, 8: „Optimum sane fuerit, quum ea, quae apparent, jam adsint, eorum rationes ac demonstrationem afferre; nulla enim oratio queat exprimere exacte adeo atque informare ea, quae apparent, ut visus et tactus." Zitiert nach Claudius Galenus: Opera omnia. Hg. von Carl Gottlob Kühn. Nachdruck Hildesheim 1964, Bd. 3, S. 97 u. Bd. 4, S. 30.
13 Vgl. Heinrich von Staden: Herophilus. The art of medicine in Early Alexandria, Cambridge 1989, S. 138-153; Lucio Russo: Die vergessene Revolution oder die Wiedergeburt des antiken Wissens. Berlin u.a. 2005, bes. Kap. 5.1-5.5; Cunningham: The Anatomical Renaissance,

komplexe Verhältnis zwischen Autopsie und Autorität beziehungsweise Text in der Forschung noch nicht hinlänglich geklärt. Denn obschon die Anatomen des 16. und 17. Jahrhunderts durch die Praxis der Menschensektion in der Lage waren, neue Wissensansprüche zu formulieren, hörten sie nicht auf, in den autoritativen Texten des Hippokrates, Aristoteles und Galen zu lesen. Wenn Mediziner in der Mitte des 17. Jahrhunderts von einem *praejudicum auctoritatis* sprechen, so gründet ihre Rede auf einer *Theorie der Autorität*. Es ist also davon auszugehen, dass in ihrem Feld neben den Strategien der ›Autorisierung‹ neuer Wissensansprüche gerade auch solche der *Bewahrung* von antiker Autorität beziehungsweise der *Harmonisierung* von Autopsie und Autorität vorhanden waren.

In diesem Kapitel will ich erstens zeigen, dass das Verständnis der Strategien der sogenannten ›Autorisierung‹ eine Analyse des komplexen Verhältnisses der Konzepte von *Autopsie* und *Autorität* im Rahmen der epistemischen Situation voraussetzt, welche die betrachtete Periode charakterisiert (1.-4.). Zweitens geht es darum, anhand der exemplarischen Analyse einiger medizinischer Argumentationsformen die in ihnen vorhandenen *autoritätstheoretischen* Implikationen zu verdeutlichen (5.). Drittens wird gezeigt, dass Argumentationsformen, die autoritative Wissensansprüche eliminieren, einer Strategie der (partiellen) *Entautorisierung* folgen (6.). Viertens gehe ich dann anhand von Beispielen auf Strategien und Techniken der Beglaubigung (7.) und des Demonstrierens (8.) von neuen Wissensansprüchen ein. Fünftens zeige ich, dass sich um 1600 die neuen Wissensansprüche der Paduaner Anatomen stabilisiert und zum Teil auch durchgesetzt haben, und dass um 1650 deren Transfer nach Deutschland stattfand (9.). Schliesslich ist knapp zu erläutern, inwiefern sich im Prozess der Veränderung der Autoritätskonstitution in Richtung auf *experientia* um die Mitte des 17. Jahrhunderts der Umgang mit den antiken Autoritäten in Richtung einer *Historisierung* ihrer Leistungen bewegte (10.).

2. *Natio germanica* 1625

Betritt man heute die Räumlichkeiten des *Palazzo del Bò* – dem Hauptgebäude der Universität zu Padua – und gelangt in die sogenannte *Sala dei Quaranta* ("Saal der Vierzig"), so erblickt man dort nicht nur den etwas ärmlich ausgestatteten Lehrstuhl von Galileo Galilei, von dem er in seiner Paduaner Zeit Mathematikvorlesungen abgehalten haben soll. An der einen hohen Wand sieht man nebeneinander hängend auch eine Reihe grosser Portraits berühmter Mediziner des 17. Jahrhunderts, die in Padua studiert

---

S. 88-142, hier S. 124.

oder gelehrt hatten und in ihrer späteren Karriere als Anatomen angesehene Forscherpersönlichkeiten geworden waren. Der berühmteste unter ihnen ist bestimmt William Harvey (1578-1657), der vom Caius College in Cambridge nach Padua kam, wo er bei Girolamo Fabrici da Acquapendente (1533-1619) und Giulio Casseri (1552-1616) studierte und 1602 den Abschluss in Medizin machte. Auch die Bilder ehemaliger Medizinstudenten der prestigevollen *Natio germanica* hängen an diesen Wänden. Zu ihr gehörten nicht nur deutsche Studenten, sondern auch solche aus den umliegenden Ländern des Alten Reichs und aus Nordeuropa, wie aus den überlieferten Statuten der deutschen Nation der Artisten hervorgeht.[14] So befinden sich unter den portraitierten Anatomen zum Beispiel der Schweizer Caspar Bauhin (1560-1624), der Fläme Adriaan van den Spieghel (1578-1625), die Dänen Olaus Worm (1588-1654) und Thomas Bartholin (1616-1680), die deutschen Werner Rolfinck (1599-1673) und Johann Georg Wirsung (1600-1649) sowie der Schwede Olof Rudbeck (1630-1702).[15]

Warum sind diese Anatomen in diesem Raum versammelt und was – ausser der Paduaner Studenten- oder Dozentenzeit – verbindet sie? Sicherlich hat die Universität im Laufe der Zeit die einstigen Berühmtheiten nicht zuletzt aus Prestigegründen an einem Ort versammeln wollen, um der Welt zu zeigen, wie einflussreich die Paduaner Ausbildungsstätte in ganz Europa einmal gewesen war. Wer die Werke dieser Anatomen einmal in den Händen gehabt und darin gelesen hat, weiss jedoch auch, dass sie eine ganz bestimmte Vorstellung davon hatten, wie Anatomie zu betreiben und vor allem zu lehren war. Die Anatomenportraits in der *Sala dei*

---

14 Matricula Nationis Germanicae Artistarum in Gymnasio Patavino. Ausgabe Rossetti, S. 1: "Ex Institutis seu Legibus Nationis Germanicae. In nostram autem communitatem Germani omnes sive ex superiori, sive ex inferiori parte Germaniae oriundi, quicunque fuerint artium, medicinae et theologiae studiosi ascribentur, aliae vero nationes excludentur, ne forte morum dissimilitudo et dissensio voluntatum concordiam nostram et tranquillitatem communem evertat, Bohemos vero et Tridentinos aut eos qui ex confinibus superioribus partibus originem ducunt, propter vicinitatem patriam in eandem societatem admittemus, modo linguae Germanicae non sint imperiti et communi nationis consensu recipiantur, et proinde tales ab iis qui praesunt non nisi consulta prius natione in nostras referantur tabulas." In den Statuten der deutschen Nation der Juristen steht im Wesentlichen dasselbe; vgl. E. Mauri: Gli statuti della ‹Natio Germanica Iuristarum› di Padova nel XVII Secolo. In: Quaderni per la Storia dell'Università di Padova, 24 (1991), S. 155-182, hier S. 171. Vgl. auch Claudia A. Zonta: La presenza degli Slesiani nelle università europee e italiane dal XVI al XVIII secolo. In: Studenti, Università, Città nella Storia Padovana. Hg. von F. Piovan und L. Sitran Rea. (Atti del Convegno, Padova, 6-8 febbraio 1998). Trieste 2001, S. 403-423, hier S. 416-418 sowie jetzt auch dies.: Schlesische Studenten an italienischen Universitäten. Eine prosopographische Studie zur frühneuzeitlichen Bildungsgeschichte. Köln/Weimar/Wien 2004.
15 Mit Ausnahme des etwas jüngeren Olof Rudbeck, der in Uppsala und Leiden studierte, waren die genannten Anatomen in der *Natio germanica* in Padua eingeschrieben; vgl. Matricula Nationis Germanicae Artistarum in Gymnasio Patavino. Ausgabe Rossetti, S. 41 (Nr. 346: Bauhin), S. 119 (Nr. 1004: Spigelius), S. 142 (Nr. 1187: Olaus Worm), S. 197 (Nr. 1604: Rolfinck), S. 227 (Nr. 1852: Wirsung), S. 260 (Nr. 2190: Bartholin).

Quaranta repräsentieren also auch eine neue Methode der anatomischen Forschung und Lehre, die sie durch ihr Werk und durch ihre berufliche Tätigkeit verkörpert haben.

Dass die Universität Padua ausländische Studierende – vor allem deutsche – anzog, hing unter anderem mit dem Ruf zusammen, den die anatomische Lehre an dieser Institution innehatte. Die Medizinstudenten, die nach Padua gingen, hatten also eine Vorstellung dessen, was sie dort in der Anatomie erwartete. Ausserdem verfügten die Studierenden der *Natio germanica* über besondere Privilegien,[16] die gerade auch die Organisation der anatomischen Lehre betrafen. Schon bevor es unter Girolamo Fabrici in Padua ein anatomisches Theater gab (1594) wurde auch immer ein von fortgeschrittenen Studierenden gewählter Berater der *Natio germanica* beauftragt, einen geeigneten Ort für die Körpersektionen zu eruieren, diese vorzubereiten und auch für die hierfür entstehenden Kosten aufzukommen.[17] Die *Natio germanica* hatte also genügend institutionelles Gewicht und Ansehen, um in der anatomischen Lehre Ansprüche zu stellen. Diese Situation hatte deshalb eine besondere Bewandtnis, weil infolge des plötzlichen Todes des Anatomie- und Chirugieprofessors Adriaan van den Spieghel in der Nacht vom 7. zum 8. April des Jahres 1625 der Standort Padua – wenn auch nur für eine kurze Zeit – an Ansehen einbüssen musste und es vor allem die Studierenden der *Natio germanica* waren, die das, was sich danach abspielte *partout* nicht goutierten und nicht ohne weiteres hinnehmen wollten.

Am 6. November 1625 hatte der Anhänger Galens, Pompeo Caimo (1568-1631) aus Udine, die Nachfolge von Adrianus Spigelius angetreten,[18] auch wenn diese Lehrstuhlbesetzung von den politischen Behörden der Republik Venedig nur als provisorisch vorgesehen war. Im Jahr zuvor, am 5. März 1624, war Caimo bereits auf den bedeutendsten medizinischen Lehrstuhl der Universität Padua berufen worden – den für theoretische Medizin *in primo loco*.[19] Caimo genoss die Protektion derjenigen Fraktion im venetischen Staat, die der Kurie nahestand und auch die Universitätsbehörden waren ihm wohlgesinnt.[20] In der Zeit seiner kurzen Karriere in Padua

---

16 Matricula Nationis Germanicae Artistarum in Gymnasio Patavino. Ausgabe Rossetti, S. 1: "Est hoc more positum ac Universitatis huius legibus sancitus, ut quicunque studiorum caussa huc accedunt, si privilegiis frui cupiant, non tantum apud rectorem nomen suum profiteantur, sed etiam in album suae nationis referri curent. Quare cum publice nostra intersit ut cuncti privilegiis suis perfruantur, omnes hortamur qui in communitatem nostram inscribi volent, ne in hac parte suis commodis et utilitati communi deesse videantur."
17 Gli stemmi dello Studio di Padova. Hg. von Lucia Rossetti. Trieste 1983, S. XVa.
18 G. F. Tomasini: Gymnasium Patavinum. Udine 1654 (ND 1986), S. 303. Vgl. auch Francesca Zen Benedetti: Nuove ricerche sull'anatomico fiammingo Adriaan van den Spieghel (1578-1625). In: Quaderni per la Storia dell'Università di Padova, 5 (1972), S. 45-82.
19 Tomasini: Gymnasium Patavinum, S. 293.
20 Ebd., S. 194.

soll er besonders durch sein hitziges Gemüt aufgefallen sein und sich bald mit Kollegen und Studenten zerstritten haben, unter den Kollegen vor allem mit dem Aristoteliker Cesare Cremonini (1550-1631), der die *Natio germanica* protegierte.[21] Auch zwischen Caimo und den deutschen Studenten entstand ein Konflikt, der in den *Acta Nationis Germanicae Artistarum* dokumentiert ist.[22] Caimo hatte in der anatomischen Lehre eine Methode "*ex veteri consuetudine*" exhumiert, die auf eine veraltete Norm der Universitätsstatuten zurückging und etwa seit der Mitte des vorigen Jahrhunderts nicht mehr im Gebrauch war. Diese Norm sah vor, dass ein Professor der theoretischen oder der praktischen Medizin den anatomischen Text erklärte, während der Lektor für Chirurgie, den Kadaver aufschneiden und sezieren sollte.[23]

Es handelte sich also um jene Methode, gegen die sich Andreas Vesalius in der *Praefatio* zu seinem Werk *De humani corporis fabrica* (1543) so vehement gewendet hatte. Vesalius, der 1537 auf den Paduaner Anatomielehrstuhl berufen wurde, beschreibt den deplorablen Zustand in der anatomischen Lehre so: Nachdem die sezierende Praxis den Barbieren überlassen worden sei, sei bei den Medizinern nicht nur das elementare Wissen von den inneren Organen abhanden gekommen, sondern auch die Kunst des Sezierens sei hinfort in Vergessenheit geraten, weil die Mediziner die Sektion nicht vornähmen und jene, die das Handwerk ausführten, zu ungebildet seien, um die Schriften der Anatomieprofessoren zu verstehen.[24] Es handelt sich also um jenen

> abscheulichen Ritus in unserer Schule, demzufolge der eine den Körper seziert und der andere seine Teile beschreibt: dieser, niedergekauert wie eine Dohle auf seinem hohen Stuhl, spricht mit hochnäsigem Getue von Dingen, mit denen er

---

21 Ebd., S. 448: "Pomepius Caimus Utinensis fervidioris ingenii Caesaris Cremonini philosophi acutissimi *De calido innato* doctrinam scripto publicato impugnat. Hinc gliscentibus inter ipsos simultatibus Germani Cremonini protectoris sui partes sequebantur; [...]." Vgl. hierzu auch Lucia Rossetti: Cesare Cremonini e la "Natio Germanica Artistarum". In: Cesare Cremonini. Aspetti del pensiero e scritti. Hg. von Ezio Riondato und Antonino Poppi. (Atti del Convegno di Studio – Padova, 26-27 febbraio 1999). 2 Bde. Padova 2000, Bd. 1, S. 131-134. Zur Kontroverse Caimo-Cremonini, auf die weiter unten noch zurückzukommen ist, vgl. Giuseppe Ongaro: La controversia tra Pompeo Caimo e Cesare Cremonini, S. 87-110.
22 Acta Nationis Germanicae Artistarum (1616-1636). Hg. von Lucia Rossetti. Padova 1967. Die in diesem Abschnitt dargestellte Episode um Caimo hat Giuseppe Ongaro: La controversia tra Pompeo Caimo e Cesare Cremonini anhand der *Acta* erstmals rekonstruiert. Seinem Aufsatz verdanke ich viele Anregungen.
23 Statuta Dominorum Artistarum Patavinae. Padua [1520], c. xxxviir-v (II, xxiii). Zitiert nach: Ongaro: La controversia tra Pompeo Caimo e Cesare Cremonini, S. 90 n. 16.
24 Vgl. Andreae Vesalii Bruxellensis De Humani corporis fabrica Libri septem. Basel 1543, Praefatio, f. 2v-f.3r: "Ad haec quum universa administratio tonsoribus committebatur, non solum vera viscerum cognitio medicis perijt, verum etiam dissecandi industria intercidit prorsus, eo quod scilicet hi consectionem non aggrederentur, illi vero quibus manus artificium committeretur, indoctiores essent, quam ut dissectionis professorum scripta intelligerent."

sich nie direkt befasst hat, sondern nur aus Büchern von anderen wiederholt.²⁵

Caimo hatte seine Anatomielektionen am 20. Januar 1626 aufgenommen. Bezugnehmend auf Vesalius' *Praefatio* beanstandete die *Natio germanica* Caimos obsolet gewordene Methode.²⁶ In den *Acta* wird besonders die Unzufriedenheit der Studierenden kundgetan, die sich aus dem Auseinanderdriften der Tätigkeiten des Dozierenden (*lector*) und des Sezierenden (*dissector*) ergab: Der *dissector* habe, ohne ein Wort hervorzubringen, auf einen Wink Caimos hin den Bau der Organe nur oberflächlich gezeigt, und Caimo habe aufwendig gesprochen, ohne dass dies mit dem im anatomischen Theater Gezeigten etwas zu tun gehabt hätte.²⁷ Die Anatomie der Sinnesorgane sei nicht gezeigt und die Sektion der Nerven weggelassen worden; keine Erwähnung hätten die Knochen, die Venen und die Arterien gefunden und die Anatomie des Foetus, der Muskeln und der Verdauungsorgane sei auch nicht gezeigt worden; so habe Caimos durchgehend platonische Rede die Studierenden um die Lerneffekte gebracht, die sich üblicherweise aus der Sektion im anatomischen Theater ergaben.²⁸

Diese prekäre Situation in der anatomischen Lehre bezeugen weitere Dokumente. So berichtet der Däne Johannes Andreas, der sich am 29. November 1625 in der *Natio germanica* immatrikulieren liess,²⁹ in einem Brief an Olaus Worm, dass er in der Anatomie, wo das Meiste planlos "*extra experientiam*" doziert werde, wenig profitiere, würde er nicht auch *privatim* anatomische Studien betreiben.³⁰ In den darauffolgenden Jahren sollte sich

---

25 Ebd.: "[…] detestabilem ritum in Gymnasijs […], quo alij humani corporis sectionem administrare, alij partium historiae enarrare consueverunt. his quidem graculorum modo, quae nunquam aggressi sunt, sed tantum ex aliorum libris memoriae commendant, descriptave ob oculos ponunt, alte in cathedra egregio fastu occinentibus." Vgl. auch Nutton: André Vesale et l'Anatomie Parisienne, S. 246: "Dès 1539, au plus tard, Vésale rejetait le partage en trois de l'anatomie entre le *lector*, qui prononçait les mots du texte, le *dissector*, qui incisait le cadavre, et *l'ostensor*, qui expliquait ce qu'on pouvait voir."

26 Acta Nationis Germanicae Artistarum (1616-1636). Ausgabe Rossetti, S. 213: "21 ianuarii excellentissimus dominus Pompeius Caimus, primus theoricus, ad declarandam anatomiam a serenissimo dominio Veneto per modum provisionis declaratus, post habitam die praecedente orationem introductoriam discursum suum anatomicum auspicatus est, idque tanto maiori cum admiratione quanto methodo et ordine in theatro Patavino minus usitato, a Vesalio tantopere in sua praefatione repudiato."

27 Ebd., S. 213f.: "Siquidem dissector non nisi superficialem partis constitutionem, ne verbum proferens, ad nutum Caimi ostendebat, ille vero discurso laborioso, sed ad theatrum minime pertinente, omnia adumbrabat, […]."

28 Ebd., S. 214: "Praeterquam enim quod omnia fuere imperfecta, sine omnium sensorium, oculorum, aurium, faucium etc. anatomia omissa est desideratissima nervorum dissectio, sine osteologia nulla musculorum, praeterquam abdominis, vel facta ostensio vel declaratio, ita etiam continuus illius discursus platonicus usitatissimo ostensionis in theatro consuetae fructu nos plane privavit."

29 Matricula Nationis Germanicae Artistarum in Gymnasio Patavino. Ausgabe Rossetti, S. 210 (Nr. 1710).

30 Vgl. Johannes Andreas V. Cl. D. Olao Wormio. (…): "Cum enim, â mortuo anno superiori

die Lage kaum bessern. Caimos anatomische Lektionen fanden unter dem Protest der Studierenden statt und wurden immer weniger frequentiert. Dieser Umstand geht aus den Akten eines Anatomiekurses, der am 23. November 1626 begann,[31] sowie aus dem Bericht von demjenigen, der im Februar 1628 abgehalten wurde, hervor. Von Letzterem wird sogar berichtet, dass die Studenten gegen Caimo einen heftigen Tumult vom Zaun gerissen hätten, als dieser das anatomische Theater betrat.[32] Im Jahr 1630 verschwand Caimos Name aus den *Acta*. Im Februar 1630 begann der *dissector* Girolamo Sabbioni von Monselice[33] chirurgische Operationen zu zeigen, aus denen dann am 19. Februar eine Reihe von anatomischen Demonstrationen am Kadaver hervorgingen, die den Beifall der Studenten fanden.[34]

Die oben erwähnte Stelle aus Vesals *Praefatio* wurde auch vom Hamburger Anatomen Werner Rolfinck ausführlich zitiert, als er sich in seinem Werk *Dissertationes anatomicae* (1656) an den Zustand der anatomischen Lehre in Padua in den späten 1620er Jahren zurückerinnerte.[35] Rolfinck war seit dem 26. September 1622 in der *Natio germanica* eingeschrieben[36] und hatte am 7. April 1625, in den Tagen also, in denen Spigelius starb, das Doktorat in Philosophie und Medizin erworben.[37] Seine Ausbildung als Anatom hatte Rolfinck in Padua erhalten,[38] als Schüler und anatomi-

---

Spigelio, nullus, qui utrique Anatomes & Chirurgiae professioni cum laude praesse potest, inventus sit, Vicarii hoc anno constituti sunt quidam, *Pompejus Caimus*, qui elapsô annô Româ vocatus in locum celeberrimi *Sanctorii*, qui nunc Venetiis medicinam facit, successit, & Savionus Chirurgiae Doctor; ille discurrendo, hic sectionem ipsam administrando. Ille ceu parum Anatomicus dum ex commentario, quo historiam humani corporis proponere nititur, plurima extra experientiam temere profert: hic, licet ipsarum operationum peritus sit, nefas tamen ducit alteri, ceu se superiori, contradicere: adeò ut, nisi in hoc studii genere privatim me exercerem, parum ex publica Anatome lucri reportarem. [...]. Dabam Patavii 5. Febr. 1626." In: Olai Wormii et ad eum Doctorum Virorum Epistolae, Medici, Anatomici, Botanici, Physici & Historici Argumenti: Rem vero Literariam, Linguasque & Antiquitates Boreales potissimum illustrantes. In Duos Tomos divisae. Hanau 1751, S. 123.

31 Acta Nationis Germanicae Artistarum (1616-1636). Ausgabe Rossetti, S. 242f. Vgl. ausserdem auch was Johannes Andreas am 12. Oktober 1627 an Olaus Worm schreibt: "In Patavina nostra Academia nihil fere mutatum. Conqueruntur tamen in unum omnes Medicinae studiosi de segnis administrata superiori hyeme Anatomia." Vgl. Olai Wormii et ad eum Doctorum Virorum Epistolae, S. 126.
32 Acta Nationis Germanicae Artistarum (1616-1636). Ausgabe Rossetti, S. 265f.
33 Tomasini: Gymnasium Patavinum, S. 303.
34 Acta Nationis Germanicae Artistarum (1616-1636). Ausgabe Rossetti, S. 304f.
35 Vgl. Werner Rolfinck: Dissertationes Anatomicae methodo syntheticâ exaratae, Sex Libris comprehensae, Theoricis & Practicis veterum, recentiorum, propriisque observationibus illustratae, & ad Circulationem Accomodatae. Nürnberg 1656, S. 36f.
36 Matricula Nationis Germanicae Artistarum in Gymnasio Patavino. Ausgabe Rossetti, S. 197 (Nr. 1604).
37 Giuseppe Favaro: Fu il Rolfinck scolaro ed aiuto dell'Acquapendente? In: Atti dell'Istituto Veneto di scienze, lettere ed arti, 86/II (1926-27), S. 1259-1269.
38 Lucia Rossetti: Werner Rolfinck e lo Studio di Padova. Nuovi documenti inediti. In: Quader-

sche Hilfskraft von Adriaan van den Spieghel.[39] Obwohl er noch jung war, wäre Rolfinck eigentlich ein geeigneter Kandidat gewesen, um die Nachfolge von Spigelius anzutreten. Die *Acta* der *Natio germanica* sprechen davon, dass Rolfinck am 21. März (und am 12. April) 1625 im Vorhof des Palazzo der Contarini an der *via San Massimo* eine komplette Sektion des menschlichen Körpers durchgeführt hat, beginnend mit der Öffnung des Hauptes. Diejenigen, die den Sektionen beiwohnten, könnten beurteilen, wie geschickt Rolfinck die Gesichtsmuskeln abgetrennt und wie leicht er die verborgenen Strukturen des Gehirns offengelegt habe; dabei hätten die Anwesenden das Innere der Sinnesorgane sowie das Herauspräparieren der Venen und Nerven zu sehen bekommen.[40]

Universitätspolitische Machtkämpfe, die besonders bei Berufungsverfahren ausgetragen werden, gab es schon damals. Obwohl Rolfinck unter der Protektion des venezianischen Senators Niccolò Contarini stand und die ganze *Natio germanica* zu ihm hielt, konnte seine Berufung gegen Caimo und dessen Anhängerschaft nicht durchgesetzt werden. Als aber die Paduaner Behörden erfuhren, dass die deutschen Studenten gelegentlich nach Mantua und Venedig gingen, weil sie die Anatomielektionen von Fabrizio Bartoletti (1588-1630) beziehungsweise von Johann Wesling (1598-1649) der Lehre Caimos vorzogen,[41] erkundigten sie sich bei dem zuständigen Berater der *Natio germanica* nach dem Grund dieser Fahnenflucht seitens der Studierenden. Dies war der Moment, in dem die Berater der *Natio germanica* Verhandlungen mit Rolfinck aufnahmen, um ihn nach Padua zu holen[42] – allerdings vergeblich. Rolfinck war 1628 nach Wittenberg zurückgekehrt, wo er einst bei Daniel Sennert (1572-1637) studiert hatte. Später trat er in Jena die Nachfolge von Eusebius Schucki an. In einem Brief vom 21. Mai 1629 aus Jena erinnert er sich mit Bitterkeit

---

ni per la storia dell'Università di Padova, 9-10 (1976-1977), S. 231-238, hier S. 231.

39 Gabriele Friedl: Deutsche Medizinstudenten an der Universität Padua im 15., 16. und 17. Jahrhundert und deren Einfluß auf die Entwicklung der Medizin im deutschen Sprachraum. Diss. Universität des Saarlandes. Homburg/Saar 1994, S. 90, die im *Archivio Storico* der Universität Padua die "Rotuli artistarum", d.h. die Lehrpläne der Artistenfakultät in den Jahren 1622-25 eingesehen hat.

40 Acta Nationis Germanicae Artistarum (1616-1636). Ausgabe Rossetti, S. 201f. u. 203: "21 martii in atrio illustrissimorum Contarenus vir doctissimus dominus Wernerus Rolefincius Hamburgensis, praemissa artificiosissima ovi anatomia, anatomiam totius fabricae humanae instituit, a laboriosissima capitis omniumque illius partium dissectione exorsus. [...]. Quanta cum iucunditate in separandis faciei musculis solertiam, in revelandis cerebri arcanis promptitudinem, oculorum, aurium, aliorumque sensorium mysteria, egregios venarum nervorumque labores aspexerint, omnes illi, qui spectatores tunc temporis fuerunt, iudicare poterunt; et tali cum ordine ad septimanam usque sanctam anatomia summa cum attentione deducta fuit" (210f.).

41 Acta Nationis Germanicae Artistarum (1616-1636). Ausgabe Rossetti, S. 242f. u. 264f. u. 279-281.

42 Rossetti: Werner Rolfinck e lo Studio di Padova, S. 232.

an seine Paduaner Lehrstuhlambitionen zurück, die besonders nach seinen bravourösen anatomischen Demonstrationen im Hause der Contarini genährt worden waren.[43] Schliesslich wurde Wesling 1632 vom venezianischen Senat auf den Paduaner Anatomielehrstuhl berufen. Wesling war am 24. Juni 1625 als deutscher Student nach Padua gekommen und hatte am 10. Juni 1626 unter Caimos Vorsitz sein Medizinstudium abgeschlossen.[44] Somit kann anhand der Reaktionen der Studierenden der *Natio germanica* in Padua gezeigt werden, dass sich gegenüber der Mitte des 16. Jahrhunderts, wo Caimos altes Modell in der anatomischen Lehre noch weitgehend vorherrschte,[45] dieses in der zweiten Jahrhunderthälfte zunehmend an Bedeutung verlor und spätestens um 1600 dem Vesalschen weichen musste.

3. Autorität

Welche Bedeutung die geschilderten Ereignisse um die Paduaner Anatomie für die Entwicklung der anatomischen Studien in Deutschland hatten, lässt sich daran ablesen, dass Werner Rolfinck den Auszug aus den *Acta* der *Natio germanica*, in denen der Berater Henricus Lysius seine Körpersektionen aus dem Jahre 1625 festgehalten hatte, an den Beginn seiner *Dissertationes anatomicae* gestellt hat.[46] Das ist dahingehend zu verstehen, dass Rolfinck das neue Modell der anatomischen Lehre, wie es von Vesalius in Padua eingeführt und – mit Ausnahme der Caimo-Episode – durch seine Nachfolger bis ins 17. Jahrhundert fortgeführt wurde, auch nach Deutschland exportiert hatte. Eine solche Lektüre ist umso bedeutsamer, als Rolfinck in seinem Werk auf eine weitere wichtige Phase der anatomischen Forschung zurückblicken konnte, nämlich jene zwischen den späten 1620er und den frühen 1650er Jahren, also etwa die Zeit, in der Gaspare Aselli die Milchgefässe (1627), William Harvey den Blutkreislauf (1628), Jean Pecquet den *ductus thoracicus* (1651) und Thomas Bartholin und Olof Rudbeck das Lymphgefässsystem (1653) entdeckten.

Aus den bislang studierten Texten, die über das ›alte‹ und ›neue‹ Modell der anatomischen Lehre sprechen, lässt sich ein Begriffsfeld erstellen, bei dem der Eindruck entsteht, dessen Elemente seien antithetisch: Text und Sektion, *lector* und *dissector*, direktes Sehen und Bücherwissen, *experien-*

---

43 Ebd., S. 233 u. 235-237. Vgl. auch Giese/von Hagen: Geschichte der medizinischen Fakultät der Friedrich Schiller-Universität Jena, S. 101f.
44 Matricula Nationis Germanicae Artistarum in Gymnasio Patavino. Ausgabe Rossetti, S. 207 (Nr. 1691).
45 Siraisi: The Clock and the Mirror, S. 105.
46 Dissertationes anatomicae, Anfang (unpag.): Ex Actis Nationis Germanicae Artistar. Patav. ANNI MDCXXV. Consiliario Henrico Lysio Hamburgense.

tia und *extra experientiam*, etc. Bekanntlich verhielt es sich nach der neuen Vesalschen Methode so, dass bei einer öffentlichen Sektion der Anatom selbst die chirurgischen Operationen vornahm und dem Publikum erklärte, was er mit den Händen sezierte. Der Akteur war also zugleich *sector* und *ostensor*. In dieser Situation des anatomischen Operierens liess sich Vesal auf dem Frontispiz der *Fabrica* auch ikonographisch darstellen.[47]

In den *Dissertationes anatomicae* zieht Rolfinck nun aber neben Vesal auch Galen heran, nämlich als es darum geht, die Autopsie dem Lernen der Anatomie aus Büchern oder aus Bildern gegenüberzustellen.[48] In *De anatomicis administrationibus* (III, 6) sage Galen, dass nichts von dem, was sinnlich wahrgenommen wird, ohne eine stetige Beobachtung erforscht werden könne, und in *De compositione medicamentorum per genera* (III, 4), dass die vom Anatomielehrer gezeigten Körperteile mental nicht zu erfassen seien (*mente comprehendere*), wenn man die Autopsie nicht häufig wiederhole (*crebrius inspexerit*).[49] Im Abschnitt, in dem Rolfinck die Vivisektion von Tieren befürwortet, wird Galen neben die neueren Anatomen Aselli, Pecquet, Bartholin und Rudbeck gestellt: Aselli hätte die Milchvenen niemals entdeckt, wenn er nicht mehrere lebendige Tiere seziert hätte, ebenso gelte dies für Pecquet bei seiner Entdeckung des *Thoracicus*, und bei Bartholin und Rudbeck wären die Lymphgefässe nie zum Vorschein gekommen, hätten sie nicht Tiere viviseziert; ebenso hätte auch Galen niemals die Funktion einer bestimmten Nervenart erforscht, hätte er nicht lebendige Tiere geöffnet.[50] Aus der Perspektive Rolfincks, der in der Mitte

---

47 Carlino: La fabbrica del corpo, S. 54-65. Die ikonographische Präsenz des Vesalschen Modells bedeutete jedoch nicht gleich dessen praktische Umsetzung. Das Modell der Trennung von *dissector* und *lector* blieb noch während einiger Jahrzehnte aufrechterhalten (ebd., S. 65).

48 Dissertationes anatomicae, Cap. II, S. 35: "Haec autem scientia non potest comparari EX LIBRIS, LONGA LECTIONE, aut profundâ meditatione. *Galenus* [...] ex libris anatomicis institutionem vocat *3. compos. medicam. per genera, cap.2.* non absimilem ei, quae secundum paraemiam ex libro gubernare docet." Der Topos wird in ähnlichen Varianten an mehreren Stellen von *De usu partium* geäussert; vgl. etwa L. II, Cap. II (am Ende): "Quicunque igitur vult operum naturae esse contemplator, non oportet eum anatomicis libris credere, sed propriis oculis, aut ad nos accedere, aut cum aliquo eorum, qui nobiscum versati sunt, aut ipsum per se diligenter exerceri, anatomis manu obeundis. Quamdiu autem legerit solum, omnibus me prioribus anatomicis credet eo magis, quo etiam plures sunt." Zitiert nach: Claudius Galenus: Opera omnia. Hg. von Carl Gottlob Kühn. Bd. 3 (De usu part.). Leipzig 1822 (ND Hildesheim 1964), S. 98f.

49 Dissertationes anatomicae, ebd., S. 36: "[Iterari debet autoψia.] Neque verò satis est, vidisse semel aut bis corporis humani fabricam. [...] *Saepius, ubi fert opportunitas, inspicienda.* [...] *3. anat. admin. cap. 6. Nulla, quae sensibus percipitur res, absque continuâ conversatione indagatur. & tertiô comp. med. secund. genera, c. 4.* [...] *Quae corporis membra à praeceptore monstrantur, neque mente comprehendere potest, nisi crebrius inspexerit. Non vidisse semel satis est, juvat usque morari, & conferre gradum, propriasque agnoscere causas.*" Vgl. auch Claudius Galenus: Opera omnia. Hg. von Carl Gottlob Kühn. Bd. 2, 2 (De anat. adm.). Leipzig 1821 (ND Hildesheim 1964), S. 215-731 u. Bd. 13, 2 (De comp. med. per gen.). Leipzig 1827 (ND Hildesheim 1964), S. 362-1058.

50 Dissertationes anatomicae, S. 31: "VENAE *lacteae* Jecorariae nunquam detectae fuissent,

des 17. Jahrhunderts schreibt, ist die Autopsie also nicht allein zentraler Bestandteil des methodischen Neuansatzes der Vesalschen Anatomie im Jahr 1543. Rolfinck bringt die Autopsie auch mit der antiken Autorität Galen in Zusammenhang.

Ein weiteres Beispiel mag die Sachlage verdeutlichen. Als Gaspare Aselli in *De Lactibus* nach der Existenz der von ihm entdeckten Milchvenen fragt, beruft er sich in der Frage nach der Glaubwürdigkeit und der Evidenz des sinnlich Wahrgenommenen auf die Zeugen Galen und Aristoteles. Nach Galen sei in der Naturforschung den eigenen Augen zu trauen (*De usu partium*, II, 3), gemäss Aristoteles (*De generatione animalium*, III, 1) sei den Sinnen mehr als dem Verstand zu trauen, so wie dem Verstand nur soweit zu glauben sei, als das, was er beweist, mit dem übereinstimmt, was wir durch die Sinne in uns aufgenommen haben.[51] Auch noch um die Mitte des 17. Jahrhunderts, als sich Harveys Blutkreislaufslehre bereits durchzusetzen begann, verhielt es sich bei den Medizinern nicht anders. Ein Beispiel ist der Holländer Jacob De Back, dessen Schrift *Dissertatio de corde* der Rotterdamer Zweitausgabe von Harveys *Exercitatio anatomica de Cordis et Sanguinis Motu* (1648) beigefügt wurde.[52] De Back argumentiert, dass die Blutkreislaufslehre auf den ersten Blick leicht zurückgewiesen werden kann, dass jedoch ein ausgewogenes Urteil, das sich der Autopsie behilft, zwingend dazu führt, sich ihr anzunehmen. Deswegen müsste Hippokrates nicht zurückgewiesen und Galen nicht hintangestellt werden: "Wenn

---

nisi *Caspar Asellius* ante ter, bina & ultra, lustra in vivi animalis sectione occupatus fuisset. *Thoracicae* nunquam cognitae fuissent, nisi *Pecquetus* vivorum sectioni operam dedisset. *Vasa lymphatica*, nisi Bartholinus, & Rudbeckius vivis animalibus manum admovissent, nunquam vidissent lucem. *Galenus nervorum recurrentium* ad vocem usum nunquam indagasset, nisi viva animalia aperuisset."

51 De Lactibus Sive Lacteis Venis Quarto Vasorum Mesaraicorum genere Novo Invento Gasparis Asellii Cremonensis Anatomici Ticinensis, Dissertatio Qua Sententiae Anatomicae multae, vel perperam receptem convelluntur, vel parum perceptem illustrantur. Mailand 1627, Caput Duodecimum. *Quaesitum de vasorum nostrum existentia. Primum vere sint nec ne? Esse, monstratum fide sensus, & conclusum ratione. Sensuum veritas, & evidentia prae omni ratione est. In eam rem Aristotelis, & Galeni testimonia. Anatomicus non nisi oculis sui credere debet*, S. 27f.: "Denique unum argumentum rem omnem conficit VENI, VIDE, quae duo in simili re, hoc est, novo invento, sic olim Galenus [2.us.part.3.in fine] iussit. *Quicunque vult operum naturae esse contemplator, eum propriis oculis credere oportet, & aut ad nos accedere, aut cum aliquo eorum, qui nobiscum versati sunt, versari, aut ipsum per se diligenter exercitari anatomis manu obeundis*. [...]. *Invaletudo quadam mentis est, inquit Aristoteles*, [8.Phys.tex.22] *repudiata sensuum auctoritatem ac constantia rationem requirere. Et alibi* [3. de gener.anim.1] *Sensui magis, quam rationi standum est, rationi hactenus fidendum, si quae demonstrantur, cum ijs consentian, quae nobis sunt a sensu indita & impressa.*"

52 Vgl. Jacob De Back: Dissertatio de Corde, In qua agitur De Nullitate Spirituum, De Haematosi, De Viventium Calore, & c. Praemissum Ad Lectores Alloquium, Annexa Appendix pro circulatione Harveiana. Rotterdam 1648. In: Guilielmi Harvei Medici Regij Exercitatio anatomica de Cordis et Sanguinis Motu. Rotterdam ²1648. Vgl. zu De Back den Kurzeintrag in Biographisches Lexikon der hervorragenden Ärtzte aller Zeiten und Völker. Hg von August Hirsch. Berlin/Wien ²1929. ND München/Berlin 1962, S. 273f.

wir die Wahrheit erforschen, die sich auf Vernunftsgründe und dem Urteil der sinnlichen Wahrnehmung stützt, dann sind wir bei Hippokrates und bei Galen."[53] Eine Korrektur der Methode in der Medizin anzustreben, bedeute nicht, die Reverenz (*reverentia*) gegenüber den Alten vermindern zu wollen oder gar die alte Lehre von der *oeconomia corporis* gänzlich zurückzuweisen.[54] Die Liste von Beispielen liesse sich beliebig verlängern, aber schon aus den hier genannten ist zu entnehmen, dass die Hinwendung zur Autopsie nicht notwendig hiess, dass die Anatomen des 16. und vor allem des 17. Jahrhunderts aufhörten, von einem Buchwissen Gebrauch zu machen, und dass sie es aufgaben, in den Texten der antiken Autoritäten zu lesen. Diese Situation bedarf offensichtlich einer Erklärung.

Ein Weg, der in Richtung einer Erklärung führt, ist, zu betrachten, wie sich die neueren Mediziner gegenüber dem Wissen in den Texten der antiken Autoritäten verhalten. Auch hier bietet Rolfinck interessante Anhaltspunkte. Diese werden in einem Kapitel seines Werks entfaltet, in dem es unter anderem um die Methoden der anatomischen Lehre geht. Den Autoritäten Hippokrates, Aristoteles und Galen wird nuanciert eine Leitfunktion zugewiesen, indem sie zwar als ›Führer‹ (*duces*), nicht aber als ›Herren‹ (*dominos*) anerkannt werden, denen (so wird suggeriert) sklavisch zu folgen wäre. Denn es gebe in ihnen Vieles, an dem herumgefeilt werden müsse.[55] Es wird unweigerlich ein Bild von der antiken Autorität als ›baufälliges Gebäude‹ entworfen, das einer Renovation bedarf. Dieses ›antike Gebäude‹ wird aber keinesfalls als abbruchreif erklärt, sondern für renovierungs*fähig* und auch renovierungs*würdig* gehalten. Rolfinck setzt hier eine Konzeption der Anatomie fort, die schon Vesals *Fabrica* befolgt hatte: Vesal hatte den sezierten Körper als zu rekonstruierende Ruine aufgefasst und das auch durch seine visuelle Strategie der antiken Statuen veranschaulicht, denen

---

53 Jacob De Back: Dissertatio de Corde. Cum copioso Tam Rerum quàm Capitum indice, Editio Tertia. Rotterdam ³1660 [⁴1671], Ad Lectores Alloquium, S. 11: "Hanc ego rem novam [sc. den Blutkreislauf] examino, quae primo aggressu facilè refutari posse videbatur, sed justâ exagitata trutinâ, adhibitâ cum ratione autopsiâ, inexpugnabilis, imo cogente veritatis stimulo, ambabus amplectenda ulnis reperiebatur. Quid faciendum? Anne relinquendus Hippocrates, postponendusque Galenus? Minimè: si veritatem, rationibus, ipsisque sensibus munitam, sectamur, sumus Hippocratis, sumus Galeni."

54 Ebd., S. 15f.: "Mentibus itaque hasce caligines & cataractas oculis adimere dum aggredior, ne mihi imponatur unicè rogo, me veteribus suos honores, artisque patribus debitam reverentiam, […] velle diminuere, si pauxillulum, quod mente concepi, tamquam in concilium vocatus, quando de reformanda Medicinae methodo agitur, in medium adfero. Ne verò eam magis turbare velle videar, […], & veterem de corporis oeconomiâ doctrinam omnino rejicere, […], ab omnibus huc usque receptam ejusque doctrinae fundamentum, me invertere, accuser; isti malo fore remedium confido, si de eo in ipso me limine excusem & liberem."

55 Dissertationes anatomicae, Lib. I. Cap. XII (*Sequemur Veterum et Recentiorum Dogmata*), S. 166: "Hippocrates, Aristoteles, Galenus, & Veteres erunt nostri …: cùm verò multa in illis sint, quae limam desiderant, non agnoscemus ipsos Dominos, sed Duces."

er die inneren Organe einschrieb.⁵⁶ Vor dem Hintergrund des Bildes der antiken Anatomie als renovierungsbedürftiges Gebäude kristallisiert sich bei Rolfinck so etwas wie ein Zeit- oder Epochenbewusstsein heraus, von dem aus er die Leistung der antiken Autoren beurteilt. Mit Seneca wird der Topos bemüht, dass die vorangegangenen Generationen Vieles gemacht (*egerunt*), jedoch nicht alles erschöpft hätten (*peregerunt*), so dass für die gegenwärtige Generation ebenso wie für die kommenden Generationen noch Vieles zu tun bleibe, denn in einer viel späteren Epoche geboren zu werden, hindere nicht, dem Bestehenden etwas hinzuzufügen.⁵⁷

Der zeitliche Faktor spielt auch dann eine Rolle, wenn es darum geht, das Abweichen von den Autoritäten zu legitimieren. Mit einer Sentenz aus Senecas *De vita beata* (cap. 1) wird der Gedankengang eingeleitet: "Nichts also ist mehr zu beachten, als daß wir nicht nach Art des Viehs folgen der Vorangehenden Herde, indem wir als Weg wählen nicht, wo zu gehen ist, sondern wo man geht."⁵⁸ Damit sollen die Autoritäten nicht etwa verleumdet werden, sondern ihnen ist mit *reverentia* zu begegnen. Sie seien überlegen gewesen, soweit die Zeiten (*tempora*) es ihnen erlaubt und soweit sie es gekonnt hätten; mehr von ihnen verlangen zu wollen, sei ungerecht.⁵⁹ Für Fehler und Versäumnisse werden die Autoritäten nicht (im moralischen Sinn) zur Verantwortung gezogen: ›Sehen‹ beziehungsweise ›Nicht-Sehen‹ werden vielmehr anthropologisch erklärt: dass die antiken Autoritäten nicht alles gesehen hätten, sei Schicksal und ein Gesetz der menschlichen Natur (*lex humanae naturae*).⁶⁰

Auf dieser Grundlage definiert Rolfinck auch die Haltung, die er in seinem Werk gegenüber den Autoritäten einnimmt: Er wolle das Vorurteil gegenüber den Autoritäten (*antiquitatis praejudicium*) ausräumen, die Sachen (*res*) jedoch nicht nach der Autorität der Alten, sondern nach der Wahrheit (*veritas*) beurteilen. Er wolle auch auf die neueren (oben genannten) Anatomen hören, die durch ihre Entdeckungen die Medizin

---

56 Matteo Burioni: *Corpus quod est ipsa ruina docet.* Sebastiano Serlios vitruvianisches Architekturtraktat in seinen Strukturäquivalenzen zum Anatomietraktat des Andreas Vesalius. In: Zeitsprünge. Forschungen zur Frühen Neuzeit. Bd. 9 (2005), Heft 1/2: Zergliederungen – Anatomie und Wahrnehmung in der Frühen Neuzeit, S. 50-77.

57 Dissertationes anatomicae, Lib. I. Cap. XII, S. 166: "Multa egerunt, qui ante nos fuerunt, *ait Seneca*, sed non peregerunt, multum adhuc restat operis, multumque restabit, nec ulli nato post mille secula praecludetur occasio aliquid adjiciendi."

58 Ebd.: "Nihil ergò magis praestandum [est], quàm ne antecedentium sequamur gregem, pecorum ritu pergentes, non quá eundem est, sed qua itur." Vgl. L. Annaeus Seneca: De vita beata et al.. Übersetzung von Manfred Rosenbach. Darmstadt 1971, S. 5.

59 Dissertationes anatomicae, S. 166: "Haec quidem non eo dicimus, ut horum laudibus obtrectemus. Praestiterunt, quantum tempora permiserunt, quantum potuerunt: quo majus aliquid velle exigere pars injustitiae."

60 Ebd.: "Non vidisse eos omnia, haud ipsorum culpae, sed fatum & lex humanae naturae est."

weitergebracht und bereichert hätten.⁶¹ Dabei beruft er sich auf die Aristoteles entnommene Sentenz, die ursprünglich gegen die Ideenlehre Platons gerichtet war: "Und doch ist es zweifellos besser, ja notwendig, zur Rettung der Wahrheit sogar das zu beseitigen, was uns ans Herz gewachsen ist, zudem wir Philosophen sind. Beides ist uns lieb — und doch ist es heilige Pflicht, der Wahrheit den Vorzug zu geben".⁶² Wie noch zu zeigen sein wird, wird diese Sentenz im 16. und 17. Jahrhundert von den Anatomen eingesetzt, um sich gegen eine Autorität zu wenden. In der Situation, wie sie Rolfinck für die Anatomie schildert, wird aber antikes Wissen nicht *per se* abgelehnt; seine erklärte Intention ist vielmehr, die alten Wissensbestände mit den neuen Wissensansprüchen der jüngeren Anatomen zu *kombinieren*.⁶³ Will man den Sinn dieser Aussagen korrekt verstehen, so setzt dies voraus, dass man erstens klärt, wie die Anatomen ihr Verhältnis zur Autorität ihrerseits verstanden, auch wenn sie sich auf Autopsie beriefen, und dass man zweitens verdeutlicht, vor welchen *autoritätstheoretischen* Annahmen sie glaubten, weiterhin in den autoritativen Büchern lesen zu können. Im Folgenden wird die epistemische Situation, wie sie durch diese Fragen umrissen ist, exemplarisch anhand von Texten zur Anatomie aus dem 16. und 17. Jahrhunderts diskutiert.

4. Epistemische Situation 1540-1660

Das komplexe Verhältnis der Begriffe *autopsia* und *auctoritas*, mit denen das oben (S. 226) angedeutete Begriffsfeld zur Praxis der anatomischen Lehre zu ergänzen wäre, charakterisiert die *epistemische Situation*, wie sie sich etwa zwischen 1540 und 1660 präsentierte. Die in dieser Phase praktizierte Menschensektion befähigte die Anatomen, unter der Berufung auf das ›Eigene Sehen‹ neue Wissensansprüche zu formulieren. Das ›eigene Sehen‹ ist aber – wie schon Rolfinck sagte – ein von den Autoritäten ›geführtes Sehen‹. Denn: "Immer sind die durch Autopsie legitimierten Wissensansprüche das Ergebnis eines komplexen Prozesses der Abgleichung des eigenen Sehens mit der Auffassung der Autoritäten", also jeweils mit den in den Texten von

---

61 Ebd., S. 166f.: "Removebimus ergò nonnunquam antiquitatis praejudicium, & res non autoritate Veterum, sed veritate aestimabimus, recentioresque audiemus, qui novis saluberrimis inventis magná accessione artem locupletavere [...]."

62 Ebd., S. 167: "ita facile novitatis opinionem declinabimus apud aequos arbitros, cum omnino deceat, *censente Philosopho, I. de moribus, cap. 4.* [...]. *Veritatis gratia etiam propria relinquenda. Et ambobus existentibus amicis, sacrum sit praeferre veritatem.*" Vgl. Aristoteles: Nikomachische Ethik. Übersetzt und kommentiert von Franz Dirlmeier. Berlin 1979, S. 10.

63 Dissertationes anatomicae, S. 167: "Eoque omnes nervos dirigemus, ut amicabili connubio vetera & nova combinemus: senilemque veterum sapientiam, musteá juvenili recentiorum illustratam perspicaciam temperemus, [...]."

Aristoteles, Hippokrates oder Galen niedergelegten Wissensansprüchen.[64] Der Begriff der Autopsie liege, so Lutz Danneberg, oftmals in zweifacher Verwendung als *abgrenzendes* wie als *approximatives* oder *programmatisches* Konzept vor:

> Im abgrenzenden Gebrauch richtet sich die Berufung auf Autopsie *gegen* etwas. Das Konzept der Autopsie konkretisiert sich dann vor dem Hintergrund der wissenschaftlichen Tradition, gegenüber der man sich mit der Berufung auf das eigene Sehen positioniert: Etwas Bestimmtes, das zuvor gesehen worden ist, sieht man nicht mehr, oder man sieht etwas, das zuvor nicht gesehen wurde. [...]. Das vom polemischen zu unterscheidende Konzept, das bei der Berufung auf Autopsie eine Rolle spielt, ist das *programmatische*. Der variierende Teil und die *pars destruens* bei der Berufung auf die Autopsie sind die jeweilgen *opiniones* der Autoritäten, denen man die *demonstratio ocularis* entgegensetzt. Das programmatische Konzept bildet die *pars construens* im Rahmen der Berufung auf Autopsie. [...] Das Programm realisiert sich als Approximation.[65]

Als *programmatisches* Konzept realisiert sich die Autopsie mit dem Ziel, die Ansicht einer Autorität zu eliminieren. Ansichten werden eliminiert, die sich aufgrund von Wissensansprüchen als nur eine *opinio* der Autorität identifizieren und zurückweisen lassen.[66] Das programmatische Konzept von Autopsie ist zum Beispiel bereits im Titel eines bereits erwähnten Werkes aus dem Jahre 1573 angesprochen, der zu Deutsch lautet: "Über die optischen Nerven und einige andere Dinge, die im menschlichen Haupt nicht nach der *communis opinio* beobachtet wurden." Der Verfasser ist der Anatomieprofessor aus Bologna, Costanzo Varolio (1543-1575). Sein Traktat erscheint in Padua und ist in Form eines Briefes an den berühmten Mediziner-Kollegen Girolamo Mercuriale (1530-1606) verfasst worden.[67] Varolio entdeckte unter anderem den Ursprung der Sehnerven im verlängerten Rückenmark[68] und beschrieb als Erster detailliert den *pons cerebelli* (die ›Brücke‹ des Kleinhirns). Dies gelang ihm, indem er durch eine innovative Methode das Gehirn vom Schädel trennte und die Gehirnbasis sozusagen ›von unten‹ sezierte. Heute

---

64 Danneberg: Die Anatomie des Text-Körpers und Natur-Körpers, Kap. V (*De humani corporis fabrica*), bes. S. 111-141; zur epistemischen Situation S. 118-133, hier S. 123 (Zitat) u. 258f.
65 Ebd., S. 118f. u. S. 121.
66 Ebd., S. 121 u. 133.
67 Vgl. Constantii Varolii Medici Bononiensis De Nervis Opticis nonnullisque aliis praeter communem opinionem in Humano capite observatis. Ad Hieronymum Mercurialem. Padua 1573 (ND Bruxelles 1969). Vgl. auch Biographisches Lexikon der hervorragenden Ärtzte, S. 709.
68 De nervis opticis, f. 2r: „Dicunt itaque Antiqui, & iuniores Anatomici nervos vocatos Opticos oriri ex basi cerebri in anteriori parte, Re vera tamen (ut saepius vidi, & quamplurimis aliis ostendi) Nervi praedicti non in ea regione tanquam in suo primo ortu desinunt; sed adhuc secundum [sic] magnam eorum portionem plus ultra feruntur, latentesque in spatio quodam inter cerebrum, & spinalis medullae radicem formato versus occiput progrediuntur, [...] suumque primum ducant ortum ex principio ex principio trunci spinalis medullae in ea nimirum parte, quae (ut fusius infra patebit) respicit ventriculorum cerebri cavitatem."

ist der *pons Varolii* nach ihm benannt und seine Beschreibung findet – nach derjenigen Galens und Vesals und vor derjenigen von Thomas Willis in *De cerebri anatome* (1664) – auch Eingang in heutige historische Darstellungen der Anatomie des *cerebellum*, „since it is the first detailed description of a cerebellar connection".[69] Varolios Traktat wird aber bereits am Ende des 16. Jahrhunderts jenseits der Alpen rezipiert und erscheint 1591 bei Johann Wechel und Peter Fischer in Frankfurt am Main als Anhang in einem Band über Anatomie desselben Autors.[70] Varolios Forschungsresultate waren also auch in Deutschland bekannt und werden in Rolfincks Nerven-Kapitel der *Dissertationes anatomicae* berücksichtigt.[71]

Es liegt bei Varolio ausserdem auch ein *abgrenzender* Gebrauch des Autopsiekonzepts vor. Denn der durch Autopsie legitimierte neue Wissensanspruch beinhaltet offenbar auch eine Kritik an den antiken Autoritäten, denen implizit vorgeworfen wird, den ›richtigen‹ Ursprung der Sehnerven ›nicht gesehen‹ zu haben. Genau diesen Vorwurf konnten seine Anatomen-Kollegen in Bologna auch ablehnen.[72] Entsprechend wurde der neue Wissensanspruch nicht ohne weiteres akzeptiert und dem jungen Anatomen auch streitig gemacht, unter anderem mit dem Argument, seine Beobachtungen seien schon Hippokrates bekannt gewesen.[73] Von Interesse ist nun die Reaktion des Anatomen auf dieses Argument, weil sie ein weiteres Moment der epistemischen Situation zum Ausdruck bringt: Für den neuen Wissensanspruch wird Hippokrates als Zeugen zitiert und

---

69 The Human Brain and Spinal Cord. A Historical Study illustrated by Writings from Antiquity to the Twentieth Century. Hg. von Edwin Clarke und Charles Donald O'Malley. Second Edition. Revised and Enlarged With a New Preface by Edwin Clarke. San Francisco ²1996, hier S. 634f.

70 Vgl. Constantii Varolii, Philosophi ac Medici Bononiensis, Anatomiae, sive De Resolutione corporis humani. Ad Caesarem Mediovillanum Libri IIII […]. Eiusdem Varolii & Hier. Mercuriali, De nervis opticis, nonnullisque aliis, praeter communem opinionem in humano capite observatis, Epistolae. Frankfurt 1591. Unter Johann Wechel publizierte (nach 1590) das Buchdruckerhaus der berühmten hugenottischen Familie Wechel u.a. die Schriften der prominenten Mediziner Girolamo Mercuriale und Costanzo Varolio. Dabei waren nicht etwa konfessionelle Fragen, sondern der Buchmarkt und die weithin bekannte Frankfurter Buchmesse massgebend. Vgl. R.J.W. Evans: The Wechel Presses: Humanism and Calvinism in Central Europe 1572-1627. In: Past & Present. Supplement 2 (1973), S. 1-74.

71 Dissertationes anatomicae, Lib. IV, Cap. VI, S. 646: "*Recentiorum anatomici* diligentiús [hier: als Galen] in ortum nervorum inquisiverunt. *Constantius Varolius*, qui docuit: omnes nervos oriri ex spinali medullá, quae in basi cranii conflatur ex quatuor radicibus, quarum duae producuntur à cerebro, duae à cerebello."

72 Auf dem Bologneser Anatomielehrstuhl sass seit 1570 Giulio Cesare Aranzio; neben Varolio lehrte in Bologna auch der Anatom Gasparo Tagliacozzi. Vgl. Giovanna Ferrari: Public Anatomy Lessons and the Carneval: the Anatomy Theatre of Bologna. In: Past and Present, 117 (1987), S. 50-106, hier S. 66-69.

73 De nervis opticis, f. 15r. „Quandoque dixerunt aliqui hoc fuisse cognitum Hippocrati, qui dum hac inventione me ipsum expoliare studebant interim observationem meam Hipp. dignam censebant."

zwar in einem *imaginären* gedanklichen Szenario, das gewissermassen die Kritik an der Autorität limitieren will:

> Wenn ich doch meine Beobachtung mit Hippokrates als Zeugen bestärken könnte, [...] dann wäre es für mich viel leichter auch andere von der Wahrheit zu überzeugen, denn die Meisten geben sich nämlich leichter mit der Autorität des Hippokrates zufrieden als mit dem, was ich wahrgenommen habe.[74]

Varolio zitiert hiermit Hippokrates als *Testimonium*, als Zeugen, indem er suggeriert: Hätte Hippokrates meine Gehirnsektionen mitverfolgen können, besonders die neue Methode der Öffnung des menschlichen Schädels, hätte er meine Beobachtungen bestätigt und dasselbe ›gesehen‹ wie ich. Hippokrates bleibt als imaginärer Zeuge seiner neuen Wissensansprüche für den Anatomen Varolio also nach wie vor *vertrauenswürdig*. Solche "kontrafaktischen Imaginationen"[75] sind ein fester Bestandteil der epistemischen Situation und stützen die argumentative Strategie, mit der Autopsie und Autorität *harmonisiert* werden sollen. Es lässt sich in solchen Erklärungsleistungen (wie sie Varolio vornimmt) auch ein Potential erkennen: Sie bieten "[i]m 16. mehr noch im 17. Jahrhundert […] grundsätzlich die Möglichkeit […], von den Autoritäten abzuweichen, ohne sie zu zerstören […]. Das stiftet Wissenschaftsstabilität denn auch im Blick auf die neuen Autoritäten."[76]

Diese Form argumentativen Verhaltens geht besonders aus dem zweiten Teil der Verteidigung der neuen Wissensansprüche hervor: Varolio prüft die Belegstellen aus dem hippokratischen Werk, die seine Gegner gegen ihn anzuführen pflegen. Dabei weist er nach, dass in ihnen von einer anderen Struktur – nämlich von einer querverlaufenden Scheidewand (*septum transversum*) – die Rede ist und nicht von den Augen (*oculi*).[77] Somit spricht

---

74 Ebd., f. 15r.: „Utinam possem Hippoc. testimonio ipsam roborare [...] longè facilius etiam hanc veritatem omnibus persuaderem, [...], plurimi enim facilius auctoritati Hipp. quàm sensui quiescerent."

75 Den Terminus ›kontrafaktische Imagination‹ entnehme ich Danneberg: Die Anatomie des Text-Körpers, S. 129f. u. S. 153-155, der ihre Verwendung vor allem bei Vesal, Galilei und Kepler untersucht. Vgl. auch ders.: Überlegungen zu kontrafaktischen Imagination in argumentativen Kontexten und zu Beispielen ihrer Funktion in der Denkgeschichte; ders.: Epistemische Situationen, kognitive Asymmetrien und kontrafaktische Imaginationen; ders.: Kontrafaktische Imaginationen in der Hermeneutik und in der Lehre des Testimoniums.

76 Danneberg: Die Anatomie des Text-Körpers, S. 129.

77 De nervis opticis, f. 15r-15v: „Verum neque hanc potui consequi gratiam, ut qui proponerent Hippocratem aliquid non extra rem dicerent, quando quidem adducunt Hipp. in lib. de Natura ossium tex. 16. addo autem ipse sectionem quartam secundi De Morb. Vulg. Ubi eadem, quae proponuntur ab istis ad verbum repetit. Haec sunt eius verba. ,Duo autem sunt crassi nervi a cerebro sub os magni verticuli superne, & magis ad gulam ab utraque arteriae parte uterque progrediens inter se committuntur, ut uni similes existant, deinde verticula, ac septum transversum, hic sunt, ubi desinunt, [...].' haec ille, ex quibus ut dicebam aliquando mihi obiectum fuit non fuiße meum inventum, nervos opticos nasci ex posteriori parte spinalis medullae; sed fuiße prius cognitum Hippocrati. An ubi in omnibus codicibus legitur septum transversum in codice apud istos clarissimos viros extante legantur oculi? An potius nihil distinguunt inter oculos, & septum transversum, sicut sunt sui iuris, ita etiam possunt,

Varolio Hippokrates zwar die Entdeckung des Ursprungs der optischen Nerven im Rückenmark ab, *nicht* wird jedoch damit dessen Autorität *gänzlich* in Frage gestellt. Denn Hippokrates bleibt für das, was er an anderen anatomischen und sonstigen Kenntnissen in der Medizin hervorgebracht hat, für den Renaissanceanatomen noch immer vertrauenswürdig. Dennoch hebt der Bologneser Anatom gegenüber dem griechischen Arzt aus der Antike seine eigenen herausragenden Qualitäten als *sectator* hervor,[78] die ihm ermöglicht haben, das Wissen in der Anatomie der optischen Nerven zu erweitern. Die Frage, weshalb sich die Anatomen trotzdem auf die Autoritäten beziehen konnten, ist damit noch nicht hinreichend geklärt. Der hierzu relevante Erklärungskontext ist der Argumentationsmethode der Topik zu entnehmen, die auch eine ›Theorie des Testimoniums‹ enthält. Nimmt man diese Theorie in den Blick, so lassen sich nicht nur die kontrafaktischen Imaginationen der Anatomen begreiflich machen, es lässt sich auch verdeutlichen, wie die (partielle) Entautorisierung von Autoritäten aufgrund von Wissensansprüchen gemeint war.

5. Die ›Theorie des Testimoniums‹

Die Forschung hat dem Aspekt des Autoritätsbezug in den philosophischen und wissenschaftlichen Disziplinen der Renaissance und des 17. Jahrhunderts erneut Aufmerksamkeit geschenkt und besonders auf die Funktionen der *auctoritas* und des *testimoniums* in der argumentierenden Praxis seit der Antike hingewiesen.[79] Für unsere Belange ist die *auctoritas* im Kontext der Topik relevant, wo sie selbst zu einem Topos wird und also als Argument

---

  quemcunque sibi fingere conceptum ex quibuscunque verbis."
78 Ebd., f. 15r. „[...] quum sim acerrimus sectator Hipp. in declaranda corporis nostri fabrica [...]."
79 De Angelis: Sehen mit dem physischen und dem geistigen Auge; Rick Kennedy: A History of Reasonableness: Testimony and Authority in the Art of Thinking. Rochester 2004; Sabrina Ebbersmeyer: Warum nicht mehr Aristoteles? Zum Funktionswechsel der *auctoritas* im Kontext der Moralphilosophie. In: Autorität der Form – Autorisierung – Institutionelle Autorität, S. 123-140, hier S. 125-128. Zum *auctoritas*-Verständnis im Kontext der Wissenschaften und der Medizin vgl. Danneberg: Die Anatomie des Text-Körpers, bes. Kap. VI *(... sed magis amica veritas)*, S. 163-165; Maclean: Logic, Sings and Nature in the Renaissance, S. 191-193; ders.: Textauslegung und Hermeneutik in den juristischen und medizinischen Fächern der späten Renaissance: Auctoritas, ratio, experientia. In: Theorie der Interpretation vom Humanismus bis zur Romantik – Rechtswissenschaft, Philosophie, Theologie. Beiträge zu einem interdisziplinären Symposion in Tübingen, 29. September bis 1. Oktober 1999. Hg. von Jan Schröder. Stuttgart 2001, S. 31-46. Zur Verwendung der Topik als rationale Weise des Argumentierens vgl. Wilhelm Schmidt-Biggemann: Was ist eine probable Argumentation? Beobachtungen über Topik. In: Rhetorische Anthropologie. Studien zum Homo rhetoricus. Hg. von Joseph Kopperschmidt. München 2000, S. 383-397.

dienen kann im Rahmen der Erörterung eines Gegenstands oder Sachverhalts. Das *argumentum ab auctoritate* wird – aus der Antike vermittelt durch Boethius – seit dem Spätmittelalter auch in den Logikhandbüchern abgehandelt. Betrachtet man zum Beispiel die Struktur der *Loci* in den *Summulae Logicales* (ca. 1230) des Petrus Hispanus, so befindet sich das *argumentum ab auctoritate* unter den *loci extrinseci*, die von den *loci intrinseci* unterschieden werden.[80] Der *locus ab auctoritate* gründet also nicht – im Gegensatz zum *locus intrinsecus* (oder *artificialis*) – auf der Sache selbst (Definition, Ursache, Quantität, Akzidentien etc.), sondern wird *von aussen* her (*extrinsecus*), wie es bei Cicero heisst, an den Gegenstand herangetragen.[81] Es handelt sich bei dem Testimonium also um ein solches extrinsisches oder kunstloses Argument (*locus inartificialis*), das in der Topik dem kunstgerechten Argument (*locus artificialis*) gegenübergestellt wird.[82] Bei dem *locus inartificialis* geht es also "immer um die Akzeptanz von 'Argumenten' aufgrund *fremder* Autorität."[83] Unter dem Begriff ›Autorität‹ wird – gemäss dem Logikhandbuch des Petrus Hispanus – das "Urteil eines in seiner Wissenschaft Wissenden" verstanden.[84] Der Geltungsanspruch des *argumentum ab auctoritate* gründet somit auf der Annahme, dass es sich bei dem Wissenden um einen Fachexperten handelt, der in seinem Fach – es wird hier das Beispiel des Astronomen genannt – über spezifische *Kompetenzen* verfügt und dem daher auch zu glauben sei.[85] Auf dieser Annahme gründen dann also auch die Kriterien der Glaubwürdigkeit und des Vertrauens, wenn es um die Aufnahme eines Arguments aufgrund fremder Autorität geht.

Eine solche Kompetenzannahme liegt denn auch im Blick auf den Zeugnisgeber Hippokrates vor. In Varolios Imagination wird zugleich das Kriterium der Glaubwürdigkeit des Testimoniums veranschaulicht: Es wird imaginiert, dass der Zeugnisgeber den neuen Wissensanspruch selbst ›sieht‹ oder ›gesehen‹ hat. Das Zeugnis des Zeugnisgebers hat also diese Anforderung einer Theorie des Testimoniums zu erfüllen, "nämlich reduzierbar zu sein auf Autopsie oder kunstgerechte Argumente."[86] Wenn das *argumentum ab auctoritate* akzeptiert wird, wird angenommen, dass es rückführbar ist auf Autopsie. Das Vertrauen basiert also auf der Annahme, dass die Bedingungen für die Rückführbarkeit erfüllt sind.

---

80 Petrus Hispanus: Tractatus (called afterwards) Summulae Logicales, Tractatus V, De Locis, S. 55-78.
81 Cicero: Topica, IV, 24: "Quae autem adsumuntur extrinsecus, ea maxime ex auctoritate ducuntur."
82 Kennedy: A History of Reasonableness, Kap. 1, bes. S. 22-36 (zu Cicero und Quintilian).
83 Danneberg: Die Anatomie des Text-Körpers, S. 163f.
84 Summulae Logicales, V (De loco ab auctoritate), S. 75f.: "Auctoritas, ut hic sumitur, est iudicium sapientis in sua scientia."
85 Ebd., S. 76: "[...] unicuique experto in sua scientia credendum est."
86 Danneberg: Die Anatomie des Text-Körpers, S. 164.

Die Annahme von Fachkompetenz bei dem Zeugnisgeber enthebt den Zeugnisnehmer von der Aufgabe, die Wissensansprüche der Autorität nachzuprüfen. Rückblickend wirft die Theorie des Testimoniums auch ein Licht auf das *polemische* Konzept der Autopsie, in dem die Rückführbarkeit des Testimoniums im erläuterten Sinne bezweifelt wird, und gleichzeitig erfolgt die Stabilisierung des Zeugnisgebers, indem ihm zum Beispiel Fachkompetenz nicht abgesprochen wird.[87] Denn bezweifelt wird nicht, dass an (zahlreichen) *anderen* Stellen im Werk des Zeugnisgebers *Wahrheit* gesagt wird und dass er über grosse Kenntnisse verfügt. Die Glaubwürdigkeit des Zeugnisgebers wird über ein *induktives* Feststellen von Wahrheit – "mithin eine Art von *induktiver Rationalität*"[88] – aufrechterhalten. Dieses wichtige Moment der epistemischen Situation ist im Auge zu behalten, wenn wir uns in den folgenden drei Abschnitten konkreten anatomischen Beispielen zuwenden.

6. Neue Wissensansprüche und Autorität

Der Aspekt der Glaubwürdigkeit der Bücher Galens in der anatomischen Tradition wird auch von Vesal angesprochen. Allerdings tut er dies in einer Weise, die viele Wissenschafts- und Medizinhistoriker verleitet hat, zu glauben, dass durch die Hinwendung zur Autopsie beziehungsweise zur Körpersektion das Lesen in den *libri artificiales* der antiken Autoren in der Anatomie an Bedeutung verloren habe. In der einen Hinsicht ist dies auch nicht falsch, in der andern werden dadurch Aspekte der epistemischen Situation ausgeblendet, die sich (wie wir gesehen haben) wesentlich komplexer gestaltet. Weniger als die Hälfte der Bücher von Galens *De anatomicis administrationibus*, so Vesal, hätten sich erhalten; das Wenige, was in den Büchern seiner Nachfolger bis in die Gegenwart lesenswert sei, habe man von Galen übernommen; der Glaube (*fides*) in ihn habe die Mediziner – und damit meint er seine Pariser Lehrer Guinther von Andernach und Jacobus Sylvius (1478-1555)[89] – für die Fehler in seinem anatomischen Werk (*anatomicis voluminibus*) blind gemacht.[90] Vesal präsentiert sich in der *Praefatio*

---

87 Ebd., S. 165.
88 Ebd., S. 169.
89 Nutton: André Vesale et l'Anatomie Parisienne, S. 244 u. 246. Diesen Glauben gebrochen zu haben, war denn auch der Vorwurf, den die Gegner Vesals diesem gegenüber erhoben; vgl. Roger K. French: Natural Philosophy and Anatomy. In: Le corps à la Renaissance, S. 447-460, hier S. 451f. Diese Aussage ist dennoch im Kontext der Autoritätstheorie zu lesen.
90 De Humani corporis fabrica, Praefatio, f. 3r-v. "[…] & Galeni Anatomicorum librorum vix dimidia pars ab interitu est vindicata. Qui verò ipsum sunt secuti, in quorum classem Oribasium, Theophilum, Arabes, & nostros quotquot legere hactenus mihi licuit, recenseo […] omnes, si modò quid lectu dignum tradiderunt, ex Galeno is sunt mutuati. […]. Atque ita

also als Anatom, der aufgrund von Körpersektionen in seinem Werk die Fehler Galens korrigiert hat. Für die Abweichung von der antiken Autorität, bietet Vesal jedoch die Erklärung an, Galen habe nicht Menschen, sondern Tiere seziert, weshalb dessen Anatomie eigentlich eine Tieranatomie sei.[91] Liest man diese Erklärung vor dem Hintergrund der Autoritätstheorie, so ist sie als *Bewahrung* der Autorität Galens zu verstehen. Galen bleibt für Vesal weiterhin glaub- und dessen Werk korrektur*würdig*.

Auf der anderen Seite ist auch wahr, dass Vesal den Text Galens zum Teil schlecht verstanden und auch schlecht übersetzt hat; so hat er die Bemühungen Galens, seinen Lesern klar zu machen, dass er Tieranatomie betreibt, so interpretiert, als hätte Galen sich geweigert, die Tier- mit der wahren Menschenanatomie zu substituieren, und vor allem hat Vesal die zahlreichen Passagen vernachlässigt, in denen Galen über seine eigene Erfahrung als Chirurg spricht.[92] So hat z.B. der englische Philologe und Griechischkenner John Caius (1510-1573) auf der ersten Seite seines Handexemplars der Werke Galens eine lange Liste von Fällen erstellt, in denen Galen seine persönliche Erfahrung mit der Sektion menschlicher Körper beschreibt.[93] Ausserdem schweigt sich Vesal über Vieles aus, was die Anatomie Galens angeht: So hat Vesal nicht anerkannt, dass neben ihm auch Galen sich um die Wiederherstellung der Menschenanatomie nach den Anatomen der Schule von Alexandria im 4. Jh. v. Chr., Herophilos und Eristratos, bemüht hat.[94] Ferner übernimmt Vesal viele Stellen aus der Physiologie Galens, ohne die Quelle zu zitieren und hat zu allem Überfluss Galens Ratschläge an den Mediziner, kontinuierlich Körper zu sezieren,

---

huic omnes fidem dedere, ut nullus repertus sit medicus, qui in Galeni anatomicis voluminibus, ne levissimum quidem lapsum unquam deprehensum esse, multoque minus deprehendi posse, censuerit: […]."

91 Ebd: "quum interim […] nobis modo ex renata dissectionis arte, diligentique Galeni librorum praelectione, & in plerisque locis eorundem non poenitenda restitutione constet, nunquam ipsum resecuisse corpus humanum: at verò suis deceptum simijs (licet duo ipsi arida hominum cadavera occurrerint) crebro veteres medicos in hominum consectionibus se exercentes immerito arguere."

92 Nutton: André Vesale et l'Anatomie Parisienne, S. 244 sowie Barcia Goyanes: El mito de Vesalio, S. 4: "Proclama [sc. Vesal] esto [sc. Galens Tieranatomie] en una forma ofensiva para el Pergamano y provoca una fuerte reacción que, en realidad, carece de sentido. Porque, por una parte, fue el propio Galeno quien señaló que estaba refiriéndose a la anatomía de los monos en varios de sus libros, lo cual no excluye que en otros se ocupase de la anatomía humana; […]."

93 Nutton: «Prisci dissectionum professores: Greek Texts and Renaissance Anatomists», S. 119-121.

94 Vgl. hierzu von Staden: Herophilus, S. 138-153; Cunningham: The Anatomical Renaissance, Kap. 4 (Vesalius: The Revival of Galenic Anatomy), S. 88-142, hier S. 124; Russo: Die vergessene Revolution, S. 163-181, der bei Galen Stellen nachweist, wo dieser Herophilos das Verfolgen einer experimentellen Methode (als Gegensatz zur rationalen) attestiert (Vivisektionen) und der den Untergang der Schule des Herophilos mit der zunehmenden Bedeutung der Exegese der hippokratischen Texte in Verbindung bringt.

als seine eigenen ausgegeben.[95] Ähnliche Aussagen aus dem Werk Galens habe ich auch in den vorliegenden Quellen gefunden. Dass Galens Texte zur Anatomie – auch nach der Leistung Vesals – nach wie vor glaubwürdig blieben, zeigt sich auch in der Forschungspraxis späterer Anatomen. Dabei stellt sich heraus, dass die Befunde der neueren Anatomen den Beobachtungen Galens nicht immer überlegen waren.

6.1. Erstes Beispiel: *Cerebellum*

Ich wende mich jetzt dem ersten Beispiel aus Varolios Traktat über die Gehirnnerven zu, der bis in die Mitte des 17. Jahrhunderts auf diesem Gebiet zur einschlägigen Literatur gehörte und auch in Deutschland rezipiert wurde. Varolios Qualitäten als Anatom zeigen sich auch in seinem Bewusstsein für die Probleme des Beobachtens. Hinsichtlich der Gegenstände der Anatomie scheint sein Wissensbegriff ausserdem von der Vorstellung der prinzipiellen Unabschliessbarkeit der Erkenntnis auszugehen. So kann der Anatom auch etwas irrtümlich sehen oder aber das Erkannte hinsichtlich der Funktion (noch) nicht ganz verstehen. Diese Einstellung geht zum Beispiel aus Formulierungen über beobachtete ›Fortbildungen‹ des Kleinhirns (*processus cerebelli*) hervor. Diese sollen aus dem *cerebellum* entstehen und dieses mit bestimmten anderen Gehirnteilen verbinden. Von diesen ›Fortbildungen‹ verspricht sich Varolio in Zukunft Erkenntnisse über die Funktion des Kleinhirns (*usus cerebelli*) sowie über die Ursachen der unterschiedlichen Sinneswahrnehmung (*causae diversitatis sensuum*).[96]

Von Interesse sind besonders einige Stellen, in denen von den Nervenstrukturen des Kleinhirns die Rede ist, und zwar deshalb, weil Varolio bei den neueren Anatomen eine Abweichung von Galen feststellt, die er selbst nicht in derselben Weise nachvollziehen kann. In *De usu partium* behaupte Galen, dass sämtliche dem Rückenmark zugewiesene Nerven im Kleinhirn ihren Ursprung haben, so dass das Rückenmark vom Kleinhirn abhängt. Dies werde von den meisten jüngeren Anatomen bestritten mit der Behauptung, dass dem Kleinhirn überhaupt kein Nerv entspringt.[97]

---

95 Nutton: André Vesale et l'Anatomie Parisienne, S. 245.
96 De nervis opticis, f. 3*r*. „Ceterum mihi videor quaedam de cerebelli processibus observaße, quae (ni fallor) sunt illius monumenti, ut ipsis mediantibus sperandum sit aliquando nos cognitionem habituros esse veri usus cerebelli, atque causarum diversitatis sensuum. [...] loquor de illis [sc. processibus], qui a cerebello nascentes quibusdam aliis membris ipsum conectunt."
97 Ebd., f. 3*v*. „[...] video Iuniores Anatomicos plurimum a Galeno discrepantes, ipse enim & in viii. de Usu partium cap. 13. & alibi etiam asserit omnes nervos spinali medullae attributos a cerebello pendeat. Increpant autem alii Galenum audacter affirmantes nullum prorsus a cerebello nasci nervum."

Nach seinen eigenen Erkenntnissen *(cognovi)* sei jedoch die *sententia* Galens unter bestimmten Aspekten *(secundum quid)* wahr, während die Anatomen, die ihr widersprechen, prinzipiell *(essentialiter)* falsch liegten.[98] Varolio begründet seine Überzeugung aufgrund einer detaillierten anatomischen Beschreibung: Das Rückenmark setzt sich aus vier grossen nervösen Strukturen *(radices)* zusammen. Die beiden grösseren gehen aus zwei Partien in der sogenannten vorderen Gehirnregion hervor. Diesen beiden Strukturen entspringen die ersten Nervenpaare, die zu den Augen führen. Dort, wo die Nervenstrukturen aber zum Kleinhirn gelangen, kommen zwei weitere grosse und kurze Strukturen *(trunci)* hinzu, die dem unteren Teil des Kleinhirns beidseitig entspringen und sich mit dem Grosshirn verbinden. Deshalb werden aus vier grossen nervösen Strukturen zwei, die dann das ganze Rückenmark bilden. Insofern sei also Galens *sententia* wahr.[99]

Auch Galen spricht in *De usu partium* vom menschlichen Kleinhirn. Dies geht aus dem Vergleich zwischen Gehirn und Kleinhirn bei Mensch und Tier hervor, den Galen von Erasistratos übernimmt.[100] Auch wenn es heute umstritten ist, sollen sich die griechischen Anatomen Erasistratos und Herophilos einzig mit der Anatomie des Menschen beschäftigt haben und hätten (wie Celsus berichtet) sowohl tote wie auch lebendige Körper von Verbrechern seziert.[101] Anders als Vesal sagt Varolio nirgends, Galen habe Affenanatomie betrieben. Seine Befunde bestätigen vielmehr, dass Galen hier Menschenanatomie beschreibt. Auf der anderen Seite hat auch Vesal, als er nicht die Möglichkeit hatte, menschliche Leichen zu sezieren,

---

98 Ebd.: „Ego verò cognovi sententiam Galeni esse secundum quid veram, sententiam autem eorum, qui Galeno repugnant esse simpliciter falsam, [...]."
99 Ebd.: „[...] quandoquidem spinalis medulla est conflata ex quatuor veluti radicibus magnis, quarum duae, quae sunt maiores nascuntur utrinque ex duabus cerebri partibus in regione superius dicta, ex quibus duobus truncis nondum ad cerebellum perventis nascuntur duo prima nervorum paria ad oculos delatorum. Ubi verò isti duo magni trunci perveniunt ad cerebellum, tunc admittunt duos cerebelli magnos, sed breves truncos, qui ex inferiori parte cerebelli utriusque lateris nascentes [...] iunguntur processibus maioribus cerebri. Quare ex quatuor magnis truncis fiunt duo, qui deinde constituunt integram spinalem medullam. Ergo secundum quid verum est omnes nervos spinalis medullae oriri ex cerebello uti Galenus simplici dicebat."
100 Galeni De usu partium corporis humani, Liber VIII, Cap. XIII: „Postea vero, quam in toto cerebri corpore, non in solis ejus ventriculis (quemadmodum alibi demonstravimus) spiritus animalis multus continetur, existimare oportet, plurimum etiam in cerebro posteriore ipsum contineri, ut quod omnium, qui in totum corpus distribuuntur, nervorum futurum erat principium, mediaque illa intervalla, quae partes ejus connectunt, spiritus esse vias. Porro Erasistratus, quod ipsa quidem epencranis (sic enim cerebellum nominat) cerebro magis variam habet compositionem, recte pronunciat; quum autem magis implexam esse hanc in hominibus dicat, quam in aliis animalibus, et cum ea etiam cerebrum, propterea quod homines mente ac ratiocinatione caetera animantia superant, [...]." Zitiert nach: Claudius Galenus: Opera omnia. Hg. von C. G. Kühn: Bd. 3. Leipzig 1822 (ND Hildesheim 1964), S. 673.
101 Cunningham: The Anatomical Renaissance, S. 22-25.

auf Tiere zurückgegriffen.[102] Varolios Blick auf Galen fällt somit – im Gegensatz zu dem Vesals – differenzierter aus. Ein Vergleich zwischen Galen und Vesal zeigt, dass es in ihren Schriften Gemeinsamkeiten, aber auch Unterschiede gibt: Zum Beispiel beschreibt allein Galen in zur Zeit Vesals verlorenen Büchern von *De anatomicis administrationibus* „die Ausführungsgänge der Glandulae submandibulares [...]. Dies zeigt wiederum, in welchem Ausmass die *Fabrica* von Galen abhängig war. Denn Vesal entgehen die feineren anatomischen Strukturen, sobald ihm galenische Vorarbeiten fehlen."[103] Ausserdem gibt es in Vesals *Fabrica* auch Aussagen, die nicht zutreffen oder hinter den Erkenntnissen Galens zurückbleiben.[104]

Schliesslich fügt Varolio die bisher ausgeführten Teile seiner Argumentation zusammen: 1. die ›Fortbildungen‹ des Kleinhirns und 2. die Nervenstrukturen des Kleinhirns. Dadurch ist besser zu verstehen, weshalb er an die Erkenntnisse Galens anknüpft. Varolio entdeckt nämlich, dass die Gehörnerven aus den Fortbildungen des Kleinhirns hervorgehen.[105] Zwei sind allerdings die Entdeckungen, die er macht und für beschreibungswürdig hält: 1. die vom Kleinhirn herauswachsende Struktur oder Fortbildung, für die er fortan die Bezeichnung *pons cerebelli* vorschlägt, 2. die aus dem *pons cerebelli* entspringenden Gehörnerven.[106] Er ist somit in der Lage ein differenziertes Bild von den Ursprungsorten wichtiger Nervenstrukturen (Sehnerven, Gehörnerven, Spinalnerven) anzugeben[107] und vor allem die zentrale Funktion des *cerebellum* als dem ersten Prinzip des Gehörs (*sensus*

---

102 Michael Reinecke: Galen und Vesal. Ein Vergleich der anatomisch-physiologischen Schriften. Münster 1997, S. 38, 46, 68.
103 Ebd., S. 68.
104 Ebd. passim. Reinecke zeigt dies systematisch anhand der analytischen Beschreibung des menschlichen Körpers in der Reihenfolge, die sich mit Vesals *Fabrica* durchzusetzen begann: Knochen, Muskeln, Blutgefässe, innere Organe, Hirn.
105 De nervis opticis, f. 3v-4r. „Praeterea unum alium observo cerebelli insignem processum, cuius notizia quemadmodum apud neminem alium adnotavi, ita existimo esse maximo pondere dignam, sicut historia eius patefaciet. [...] Ex hoc cerebelli processu nascuntur nervi auditus, ita, ut nullo modo nascantur à cerebro."
106 Ebd., f. 4r-v. „Utrum mihi liceat rebus inventis imponere nomen? Ego certè quum videm sub hoc proceßu transversali spinalem medullam feri eo modo, quo canaliculus quidam fluens sub aliquo ponte fertur clarioris doctrinae gratia appellarem Pontem cerebelli, & iam diu ita appellare consuevi sumpta denominatione ab eo, quod processus iste secundum similitudinem quandam representare videtur. [...] quum ab ipso [sc. cerebello] nascatur fermè dimidium spinalis medullae, & pons cerebelli, á quo nascuntur nervi auditus, & suspicor etiam quosdam alios nasci nervos; sed nundum potui omnia exacte assequi. Obervabo quam primum dabitur occasio distinctam originem singulorum nervorum intra calvariam, [...]."
107 Ebd., f. 4r. „Quamobrem nervorum quidam nascuntur à cerebro tantum, & non a cerebello, quales sunt optici, Quidam a cerebello tantum, & non à cerebro quales sunt nervi Auditorii, Quidam demum ab utroque simul sicut sunt nervi spinae. Nullus autem nervus nascitur immediate ex aliquo duorum principiorum, sed omnes ex suis nascuntur principiis, vel mediante spinali medulla, vel mediante processu transversali praedicto, ecce."

auditus) genauer zu bestimmen.[108] Wie wir heute wissen, steuert das Kleinhirn wichtige Basisfunktionen des Körpers. In erster Linie übernimmt es die Kontrolle des Gleichgewichts und koordiniert die Bewegungen unseres motorischen Apparates. Auch der Begriff des *pons* gehört heute schon längst zum anatomischen Basiswissen. In einem einschlägigen Anatomielehrbuch ist ihm im Kapitel über das Nervensystem ein eigener Artikel gewidmet. Auch wenn dies den Autoren vermutlich kaum bewusst ist, ist leicht festzustellen, dass sich in ihrer Beschreibung zum Teil die textuellen Sedimente eines sehr langen und komplizierten wissenschaftshistorischen Erkenntnisprozesses abgelagert haben.[109] Diesen hielt schon der Renaissanceanatom Varolio für noch längst nicht abgeschlossen.

6.2. Zweites Beispiel: *Ventriculi*

Das zweite Beispiel zeigt die von Varolio geführte Argumentation, in welcher der Wissensanspruch einer antiken Autorität bezweifelt wird. Da der Gegenstand Aspekte berührt, mit denen sich später auch William Harvey auseinandersetzt, werde ich dieses Beispiel etwas ausführlicher behandeln. Inhaltlich handelt es sich um die anatomische Seite eines physiologischen Regulationsprozesses, der den Feuchtigkeitshaushalt des Gehirns betrifft. Damit hat sich vor allem Aristoteles mit Bezug auf die hippokratische Humorallehre beschäftigt. Aristoteles fasst das Gehirn als Organ der ›Abkühlung‹ auf. Es reagiert auf den *calor naturalis*, der im Herzen produziert wird und durch den Blutfluss ins Gehirn aufsteigt. Im ›kühlen‹ Gehirn verdunsten die Reste der natürlichen Wärme, die sich dort in der Körperflüssigkeit des Phlegmas konzentriert.[110] Zugrunde liegt die Idee von der

---

108 Ebd.: „Num cerebellum habeat in capite nostro usum ita levem, atque obscurum quemadmodum iuniores autumnant, hactenus enim habemus esse primum principium sensus auditus."
109 Gray's Anatomy. 38th Edition. Edinburgh/London 1995, S. 1021f.: „PONS. External Features and Relations. The pons lies ventral to the cerebellum, below the midbrain and above the medulla, with which it is continous. [...] The auditory nerve lies anterior to the vestibular and facial nerves when it emerges from the internal acoustic meatus. In the pontocerebellar angle it moves posteriorly to align with the vestibular nerve; both nerves then lie posterior to the facial nerve as the enter the brainstem [...]."
110 Aristoteles: Parva naturalia. Francisco Vatablo et Nicolao Leonico Interpretibus. De somno et vigilia, 3, (457b 31ff.): „nam cerebrum partium omnium corporis frigidissimum est; in iis vero quae carent cerebro, id quod vicem eius tenet. quemadmodum igitur cum humor exhalat et calore solis in sublime fertur, ubi supernum aëris locum subierit, prae rigore loci refrigeratus consistit ac denuo in aquam conversus in terram defluit, ita cum calor ad cerebrum elevatur, excrementia divaporatio in pituitam et saniem concrescit (quamobrem et fluxiones ex capite oriri videmus), alimentaria et non morbida consistit descenditque et fervorem cordis delapsa refrigerat atque moderatur." Zitiert nach: Aristoteles Latine, S. 236b. Zum Konzept des ›calor naturalis‹ bei Aristoteles vgl. King: Aristotle on Life & Death, S. 95-106.

Interaktion zwischen Gehirn und Herz sowie die Idee, dass ein ›temperierter‹ Wärmehaushalt des Körpers eine wichtige Bedingung für dessen Gesundheit ist.[111]

Es ist im weiteren Verfahren nicht zu vermeiden, auch auf spezifisch inhaltliche Aspekte der Diskussion einzugehen, weil sich die Momente der epistemischen Situation erst in der Auseinandersetzung Varolios mit seinem Adressaten, Girolamo Mercuriale, verdeutlichen lassen, der auf die Einwände gegen Galen antwortet. Die kommunikative Situation ist aus epistemischer Sicht besonders aufschlussreich, weil Mercuriale – Medizinprofessor in Padua (1569-1587) und später in Bologna (1587-1592) – auf dem Höhepunkt des medizinischen Humanismus in den 1570er Jahren auch noch textuelle Methoden zur Erlernung von Fachwissen propagiert. In seiner propädeutischen Vorlesung *De modo studendi* sagt er beispielsweise nichts über Anatomie. Stattdessen empfiehlt er seinen Studenten die Lektüre der antiken griechischen und arabischen Autoritäten, allen voran Hippokrates, Galen, Celsus und Avicenna.[112] Varolios Argumentation folgt einer dreiteiligen logischen Struktur mit syllogistischem Charakter. Ich habe die mehrgliedrigen Argumente (A) und (B) sowie die Schlussfolgerung (C) schematisch rekonstruiert, zum Teil kommentiert und wie folgt dargestellt:

6.2.1. Erste Argumentfolge (A):

1. Nach der *communis opinio*, die der *spiritus*-Lehre Galens folgt, sind die Gehirnkammern (Ventrikel) der Ort des *spiritus animalis*.[113] 2. Varolio gibt Girolamo Mercuriale aber eine andere Hauptfunktion dieser Kammern zu bedenken. Da es sich um eine (zumindest implizite) Infragestellung der *opinio* der antiken Autorität handelt, wählt er für sein Argument den *modus dubitationis*, also die Form einer Frage und nicht die einer affirmativen Aussage.[114] In Anlehnung an die Schrift des Hippokrates über die Drüsen (*de Glandulis*, *tex. 2*) bestimmt Varolio die Hauptfunktion der drüsenartigen Membranen

---

111 Oddone Longo: Teste calde e cervelli freddi. Il radiatore cerebrale, Aristotele e Galeno. In: Lares. Trimestrale di studi demoetnoantropologici, Anno LXIII, n. 1 (1997), S. 17-63.
112 Richard J. Durling: Girolamo Mercuriale's *De modo studendi*. In: Osiris. 2nd series, 6 (1990), S. 181-191, hier S. 184f.: „Mercuriale's advice is instead „Ad fontes!" For example, if the subject is the seat of the soul, students should see what Plato and Aristotle said on the matter; [...]. Conservative, cautious, sober, and civilized, it [Mercuriales Anleitung] echoes the 1570s classroom with its emphasis on book learning and note taking."
113 Siegel: Galen on Psychology, Psychopathology, and Function and Diseases of the Nervous System, S. 134-139.
114 De nervis opticis, f. 8r. "[...] ubi potius me ipsum per modum dubitationis, quam asseveranter id prodire existimes velim [...]."

(*plexus retiformes*), wie sie auch in den Ventrikeln zu finden sind, im Verbrauchen der überschüssigen Feuchtigkeit des Gehirns. Bei der Sektion von Kadavern sind solche Plexus aufgefunden worden, die – wie andere Drüsen – mit einer feuchten Substanz bedeckt waren.[115]

6.2.2. Zweite Argumentfolge (B):

1. Varolio geht von der *sententia* aus, dass der Mensch aus vier Flüssigkeiten (*humores*) besteht, die alle ihren eigenen Ort im Körper haben. Diese Auffassung beruht einerseits auf den bei Körpersektionen gemachten Beobachtungen und andererseits auf Hippokrates' Buch *De structura hominis*.[116] Dort sagt dieser, dass sich das Blut und die *spiritus* (*vitalis*) im Herzen befinden, die gelbe Galle in der Leber, die schwarze Galle in der Milz und das Phlegma im Hirn. Dabei setzt Varolio voraus, dass Hippokrates nicht wissentlich die Unwahrheit sagt,[117] also *aufrichtig* ist. Die Annahme der Aufrichtigkeit des Zeugnisgebers, ist somit – neben der Annahme von Kompetenz und Glaubwürdigkeit – ein weiteres Merkmal der Theorie des Testimoniums. 2. Varolio zufolge befindet sich das Phlegma in den einzigen Hohlräumen des Gehirns, also in den Hirnkammern. 3. Es wird ausserdem eine ›trichterförmige‹ anatomische Struktur (*infundibulum*) angenommen, die zwischen dem Hirninnenraum und den Nasenhöhlen bzw. dem Gaumen eine direkte Verbindung herstellt und unsichtbar bleibt. Wäre die Struktur, durch die das Phlegma gleitet, zu sehen, so würde man leicht erkennen, dass sie zu den Hirnkammern führt. 4. Von den Hirnkammern führt kein anderer Weg hinaus als die zuvor erwähnten drüsenartigen Membranen.[118]

---

115 Ebd., f. 7v-8v. "[...] tamen non reticebo quid sentiam de usu ventriculorum cerebri, scis enim communem, & celeberrimam opinionem esse ventriculos cerebri esse locum spiritus animalis ea ratione, qua sinister ventriculus cordis est locus spiritus vitalis, quam opinionem infringere sanè non auderem, [...], unum tamen usum tanquam praecipuum ego tibi considerandum proponam, [...]. Ad habendum igitur ventriculorum usum considerandum est munus plexuum retiformium, ut potè qui deferent ad ventriculos eam substantiam, quae in ipsis tanquam in proprio loco contineri debet. [...] Hoc itaque ex sensu supposito accipio sententiam Hippocratis in libro de Glandulis tex. 2. ubi proponens usum universalem glandularum omnium [...]. Igitur Hippocrati inhaerendo haec corpora, quae plexus retiformes dicuntur, quum sint pro maiore parte ex glandulis constituta quid prohibet si dicamus depasci superfluam humiditatem cerebri, & hoc esse inter precipuos eorum usus adnumerandum? eoque magis quia in singulis cadaveribus, quae dissecantur reperiuntur tales plexus humido quodam cenoso inspersi sicuti aliae glandulae reperiri solent."
116 Vgl. Hippocrate: La nature de l'homme. Hg. von Jacques Jouanna. 2. verb. Aufl.. Berlin 2002, hier z.B. cap. 4-5, S. 172-178.
117 De nervis opticis, f. 9r. „Exceptis verò duobus ventriculis primò commemoratis nulla alia est in cerebro cavitatis nec magna, nec parva, ergo concludendum omnino videtur (nisi fortè Hippocratem tanquam mendacem accusare velimus) ventriculos cerebri esse locum humoris pituitosi."
118 Ebd., f. 8v-9r. "In hanc autem venio sententiam tum propter id, quod in dissectione observa-

6.2.3. Schlussfolgerungen (C)

1. Die Hirnventrikel fungieren hauptsächlich als Behälter der schleimigen Flüssigkeit oder des Phlegma, das im Gehirn entsteht und durch den Gaumen abgesondert wird. 2. Diese Auffassung widerspricht nicht der *opinio communis*, wenn man annimmt, dass die Hirnkammern auch der Ort der *spiritus animales* sind. Denn es ist möglich, ein und demselben Teil mehrere Funktionen zuzuweisen. 3. Eine Schwierigkeit dieser Annahme ist, dass in den Ventrikeln kein Ausgang (*ductus*) zu anderen Organen beobachtet wird, ausser der angenommenen ›trichterförmigen‹ Struktur. 4. Es spricht gegen die Vernunft, dass Hohlräume wie die Hirnkammern unsichtbare Ausgänge haben. Vielmehr muss innerhalb von diesen Hohlräumen etwas Analoges (*proportio*) gefunden werden, um einen solchen unsichtbaren Ausgang hypothetisch annehmen zu können. 5. Vernunft und Experiment überzeugen uns, dass grosse Hohlräume für die Absonderung des Phlegmas gebraucht werden. Andernfalls sind mit Konsequenzen für unsere Gesundheit zu rechnen. 6. Die Schleimabsonderung im Mund- und Nasenbereich gehört ausserdem zu unserer alltäglichen Erfahrung.[119]

In guter Kenntnis der autoritativen Texte Galens benennt Mercuriale denn auch einige Schwierigkeiten in Varolios Argumentation. So habe Galen im zweiten Buch von *De facultatibus naturalibus* (2, 9) bereits moniert, dass die Natur für die Schleimabsonderung kein Organ bestimmt habe. Wollte man

---

tur, tum propter ea, quae apud Hippocratem leguntur, inquit enim Hipp. in libro de Hominis structura in principio, Hominem constare ex quatuor humoribus, & assignando proprium locum cuiusque inquit, locum sanguinis, & spiritus esse in corde, flavae bilis in Iecore, atrae bilis in liene, & pituita in cerebro, si locus pituitae est in cerebro, asserendum est esse aliquam cavitatem, quae aliquid continere possit in cerebro exculptam quemadmodum sunt Ventriculi cordis, vesica Iecoris, & spongiosae porositates lienis. [...] Mox notum est omnibus pituitam destillare a cerebro per infundibulum ad palatum, si itaque animadvertatur dispositio partium per quas pituita transit, cognoscetur, facilè eam primùm in ventriculis coacervari, nihil aliud enim in cerebro existit, ad quod infundibulum exitum habeat nisi uterque ventriculus, ut ex supradictis satis superque patet, imo a cavo ventriculorum ad extra nihil est pervium exceptis plexibus glandulosis humidum depascentibus, exceptaque via in infundibulum petente, praedictumque humidum ad palatum deferente [...]."

119 Ebd., f. 9v-10r: "Concludo igitur ventriculos cerebri hunc praecipuum habere usum, ut sint receptacula humoris pituosi, qui in cerebro gignitur, & per palatum expurgatur. Neque hoc repugnat sententiae communissimae existimantium eos esse locum spiritus animalis, quum (ut dictum est) unius partis plures utilitates assignari possint, nisi forte adversus eam difficultatem faceret, quia ab ipsis ventriculis ad alias partes nullus unquam observatur ductus, nisi ille, qui petit infundibulum, neque rationi consonum videtur cavitates ita amplas, & insignes habere extra se exitus insensibiles; sed debet inter isthaec aliqua reperiri proportio, ut videmus in aliis partibus, alioquin possemus ad libitum fingere a qualibet parte quemcunque fluentem ductum, sed esse insensibilem. Quod autem excrementum pituitosum magnis indigeat cavitatibus ratio, & experientiam suadet, Quia nisi pituita colligeretur in aliquo spatio secundum quandam quantitatem, miserrimam degeremus vitam, [...]. Quod sanè in hoc pituitoso excremento omnes quotidie experimur [...]."

dem Phlegma einen anderen Ort im Kopf zuweisen, so Mercuriale, warum sollte man dann nicht mehr Ventrikel annehmen?[120] Diese wollte Varolio aber nach seiner Autopsie in der Anzahl nur auf zwei reduziert wissen (statt vier, wie nach der *communis opinio*), da sich nur zwei Hohlräume ganz innerhalb des Gehirns befinden, die anderen ausserhalb.[121] Ausserdem kritisiert Mercuriale das Argument der doppelten Funktion der Hirnventrikel in Varolios Schlussfolgerung (C, 2). Befände sich nämlich das schleimige Phlegma in den Hirnventrikeln, ebenso wie der *spiritus animalis*, dann würde sich das zerebrale Pneuma durch den Schleim verunreinigen und die Operationen der Seele wären beeinträchtigt.[122]

Auf Mercuriales Kritik antwortet Varolio in einem zweiten Brief, in dem er seine Galen-Kritik zuspitzt. Über die Funktion der Hirnventrikel sind zwei Schlussfolgerungen gezogen worden: C, 1 und C, 2. Der neue Wissensanspruch, der auf Autopsie beruht, ist einzig C, 1, also die *Phlegma-Behälter-Funktion* der Hirnkammern. Dann aber sind in ihnen auf keinen Fall *spiritus animales* vorhanden.[123] C, 2 folgt hingegen dem *moderato modus loquendi*, der dann zu verwenden ist, wenn ein Mediziner sich gezwungen sieht, von der Lehre der antiken Autoritäten abzuweichen.[124] Die Abweichung von den Texten Galens erfolgt bei Varolio also aufgrund von *reverentia* und *modestia*.

Weitere Schwierigkeiten für die Ansichten Galens ergeben sich auch aufgrund der Autopsie des Kleinhirns. In ihm hatte Variolio zwar den Ur-

---

120 Hieronymus Mercurialis Constantio Varolio Anatomico, & Medico praestantissimo. In: De nervis opticis, ff. 20*v*-25*r*, hier f. 24*r*: „Neque dicas, nullum huiusmodi pituitae recipiendae idoneum locum reperiri, nisi cerebrum efficiamus; quandoquidem illico Galenum omnium oculatissimum tibi ob oculos ponat, qui secundo de facult. natural. cap, ix egregiè nos monuit naturam nullum pituitae purgandae instrumentum destinasse, ut bili, & melancholiae, [...]. quod si aliquod pituitae domicilium assignare placeat, cur non potius ventriculum statuamus?"

121 De nervis opticis, f. 7*v*: „Redeundo itaque ad propositum dico esse solummodo in cerebro duas cavitates, quae propriè ventriculi appellari possint; cuicunque tamen placuerit alia spatia ventriculos vocare, ad libitum vocet, ego nihil curo, sat mihi est cognovisse ea extra cerebrum existere, & nullo modo in cerebro, aut spinali medulla insculptas esse alias cavitates demptis duabus prius commemoratis."

122 Hieronymus Mercurialis Constantio Varolio Anatomico, & Medico praestantissimo. In: De nervis opticis, f. 24*v*: „Immo vero si pituita in cerebri ventriculis, ad eos tamquam ad proprium receptaculum amandata, coacervaretur, spiritus ab illa contaminaretur, & veluti ribigine densissima obducerentur: quibus inquinatis necessariam vides illationem, futurum scilicet, ut animus suis operationibus, & muneribus rectè nunquàm perfungeretur: [...]."

123 Costantius Varolius Hieronymo Mercuriali Philosopho, ac Medico praeclarissimo. In: De nervis opticis, f. 26*r*: „Duae igitur conclusiones ex meis dictis de usu ventriculorum cerebri colligi poßunt. Altera est, ventriculos esse locum illius homoris pituitosi, qui per palatum descendit, & expuendo secernitur, ita ut nequaquàm in ipsis spiritus animales degant."

124 Ebd.: "Altera autem ventriculos ita praedicto excremento deservire, ut simul etiam eisdem non repugnet esse spiritum animalium receptacula, quarum positionum primam, tanquàm verissimam a me propositam fuisse apertissime constat, secundam verò extrahi ex eo moderato loquendi modo, quo nos recentiores uti debemus quandocunque a natura rerum cogimur recedere a placitis Antiquorum."

sprung wichtiger Nervenstrukturen beobachtet, jedoch keine Hohlräume. Wenn also nach *De usu partium* (8, 13) im Kleinhirn reichlich *spiritus animales* vorhanden seien und diese zu allen Körperteilen fliessen könnten, dann könne die *spiritus*-Behälter-Funktion der Hirnkammern hinterfragt werden.[125] Wenn also vom Kleinhirn der *spiritus* zu den Nerven fliesst, warum sollte dieser denn nicht noch mehr vom Grosshirn in gleicher Weise zu den Nerven und anderen umliegenden Teilen fliessen können?[126] Deswegen braucht man keinen vierten Hirnventrikel, der die *spiritus animales* ins (verlängerte) Rückenmark hinunterbefördert; denn sobald man diese Teile genau erforscht (*vera inspectio*), sieht man, dass es sich um eine Einbildung (*figmenta*) handelt.[127]

Dass Varolios Aussagen autoritätstheoretisch fundiert sind, zeigt schliesslich auch seine gegen die Autoritäten gerichtete Maxime, die wir bereits bei Rolfinck kennengelernt haben: Wenn die Schlussfolgerung C,1 der Doktrin von Plato und Galen über die *spiritus animales* in den Hirnventrikeln widerspricht, dann sei er, wie er glaubt, nicht zu tadeln, wenn er antwortet: „*amicum esse Platonem, amicumque Galenum, sed magis amicam rerum naturam.*"[128] Denn Galen, Hippokrates, Averroès und Aristoteles seien solange sehr zu schätzen, als ihre Schriften mit der Wahrheit und der Vernunft übereinstimmen.[129] Varolio benutzt somit die *magis-amica-veritas*-Formel, um Galen in der Frage der *spiritus*-Behälter-Funktion der Hirnkammern zu deautorisieren, ohne dessen Autorität gänzlich zu zerstören.

---

125 Ebd., f. 26*r-v*. „Si ergo cerebellum omni cavitate destitutum sua substantia continet tantam spirituum copiam, ut inde ad omnes corporis partes confluere possint, qua de causa obsecro propter spiritus animales datae sunt cavitates ita insignes cerebro, qui secundum Galenum transmittit solummodo nervos & spiritus ad partes in capite, & circa caput existentes?"
126 Ebd., f. 26*v*. „Si fluit spiritus a cerebello, ad tot nervos, atque ita ab ipso distantes, cur non eodem modo magis fluit sine cavitatibus, & fistulis a cerebro ad pauciores, longeque proximiores partes."
127 Ebd., f. 26*v*. „Nec mihi aliquis proponat quartum cerebri ventriculum spiritum animalem ad radicem spinalis medullae deferentem, quoniam quando ad veram earum partium inspectionem accedimus, haec omnia, ut optime nosti, figmenta esse conspiciuntur."
128 Ebd., f. 27*v*. „Si tamen contra primam positionem obiiceret quispiam Platonem, Galenum, & reliquos spiritus animales in cavitatibus cerebri collocantes, me ipsum, ut arbitror, non improbares, si responderem amicum esse Platonem, amicumque Galenum, sed magis amicam rerum naturam, [...]."
129 Ebd.: „eatenus enim Galenus Hippocratem, & Averroes Aristotelem magni fecerunt, quatenus eorum scripta veritati & rationi consona observarunt."

6.3. Drittes Beispiel: *spiritus* oder Blut?

Dass eine solche Weise des Argumentierens auch hilft, *neue* Autoritäten zu stabilisieren, zeigt sich unter Umständen erst viel später. Bei Varolio handelt es sich um ein frühes Beispiel der Infragestellung eines zentralen Aspekts der *spiritus*-Lehre Galens. Das zerebrale Pneuma wird ja gemäss der physiologischen Theorie Galens in die Hirnventrikel befördert und entsteht aus einer Verfeinerung des vitalen Pneumas im Gefässnetz der *rete mirabile* an der Gehirnbasis. Das vitale Pneuma wird seinerseits im Herz und in den Arterien gebildet.[130] Varolio stellt nun die Existenz von *spiritus animales* in den Hirnkammern in Frage, also dort, wo es nach der Theorie bereits in einem physiologisch verarbeiteten Zustand vorhanden ist. Die Frage ist nun, was es denn eigentlich ist, was da in die Hirnventrikeln gelangen soll. Ist es der *spiritus animalis* oder ist es schlicht das Blut?

Die Frage ist deshalb interessant, weil William Harvey rund fünfzig Jahre später in der Vorrede seiner berühmten Abhandlung über die Blut- und Herzbewegung fragte, was für ein Blut in den Arterien denn eigentlich fliesse. Auch wenn im arteriellen Blut eine grosse Menge von *spiritus* enthalten sei, so Harvey, müsse man dennoch davon ausgehen, dass die *spiritus* und das Blut unteilbar seien, ja dass diese einen einzigen Körper bildeten, der die Arterien fülle und der nichts anderes sei als das Blut.[131] Auch bei Harvey spielen autoritätstheoretische Überlegungen eine relevante Rolle. Denn obwohl er grundsätzlich festhält, er wolle die Funktionen der Herzbewegung bei Tieren „per autopsiam, & non per libros aliorumque scripta"[132] erforschen, greift er in der obigen Aussage auf Buchwissen zurück.[133] So stützt er sich – *nota bene* – auf die Beschreibung eines Experiments Galens in der Schrift *An in arteriis natura sanguis contineatur*, das aufgrund von Ligaturen der Arterien demonstrieren sollte, dass in ihnen

---

130 De Hippocratis et Platonis placitis. In: Claudius Galenus: Opera omnia. Hg. von Carl Gottlob Kühn. Bd. 5. Leipzig 1823 (ND Hildesheim 1965), S. 607.
131 Vgl. Exercitatio Anatomica De Motu Cordis et Sanguinis in Animalibus, Guilielmi Harvei Angli, Medici Regii, & Professoris Anatomiae in Collegio Medicorum Londinensi. Frankfurt 1628 (ND Milano 2003), Prooemium, S. 13: „Etiam sanguis prout sanguis, & qui in venis fluit, eum spiritibus imbui nemo negat. Quod si, qui in arteriis est, sanguis uberiori spirituum copia turgeat, tamen existimandum est hos spiritus à sanguine inseparabiles esse, sicut illi in venis, & quod sanguis, & spiritus unum corpus constituant (ut serum, & butyrum in lacte, aut calor in aqua calida) quo corpore replentur arteriae & cuius corporis distributionem à corde arteriae praestant, & hoc corpus nihil aliud, quam sanguis est."
132 Ebd., Cap. I, S. 20.
133 Vgl. zum Autopsie- bzw. *experientia*-Begriff bei William Harvey auch Gabriele Baroncini: Forme di esperienza e rivoluzione scientifica. Firenze 1992, Cap. V (Harvey e l'esperienza autoptica), S. 145-173, der aber die Geltung des Bücherlesens bzw. der antiken Autoritäten bei den Anatomen unterschätzt.

nichts anderes als Blut ist.¹³⁴ Harvey beruft sich hiermit auf die experimentelle Kompetenz seines Zeugnisgebers. Im Sinne der Theorie des Testimoniums konnte Harvey also annehmen, dass Galens Aussagen rückführbar sind auf Autopsie. Galen wird aus dieser Sicht als vertrauenswürdiger Zeugnisgeber betrachtet. In anderer Hinsicht war die Bezugnahme auf die Beschreibung dieses Experiment ein wichtiger Bestandteil von Harveys Argumentation gegen die *opinio* fast aller bisherigen Anatomen, dass die Arterien Luft transportieren zur Belüftung und Abkühlung des Körpers. Der Entlarvung der Widersprüche dieser Meinung widmete Harvey fast die ganze Vorrede zu *De motu cordis*. Dagegen argumentiert der englische Anatom im *Prooemium* für die Trennung der Funktionen von Atmung und Pulsschlag, denen zum Beispiel noch sein Lehrer Girolamo Fabrici da Acquapendente in *De respiratione* (1615) dieselbe Funktion zugeschrieben hatte.¹³⁵ Das Arterienargument bildete somit eine wichtige Voraussetzung für die Blutkreislaufslehre: die Luft wird vom Blut ausgeschlossen und die *spiritus* mit der eingeborenen Wärme des Blutes (*calor innatus*) gleichgesetzt. Dadurch entsteht ein geschlossenes System: Die Erhaltung des Lebens hängt von der Wärme ab, die wiederum der raschen Blutbewegung bedarf, welche die Wärme restituiert, sobald das an der Peripherie des Körpers erkaltete Blut zum Herzen zurückkehrt.¹³⁶

---

134 De Motu Cordis, Prooemium, S. 12: „*Sanguinem in arteriis contineri, & arterias solum sanguinem deferre tum experimento Galeni, [...], experimentum Galeni tale est*: [Galen. lib. quod sangui. cont. in arteriis.] Si (inquit) funiculo arteriam utrinque ligaveris & medio resciso secundum longitudinem, quod inter duas ligaturas in arteriis comprehensum erit, nihil praeter sanguinem esse reperies: *& sic probat sanguinem solum continere*." Harveys Zitat entspricht nicht ganz dem Wortlaut Galens, dessen Argument leicht variiert wiedergegeben wird. Dies wird auf die Vertauschung einer Seite des Kodexes zurückgeführt, auf dem die Manuskripttradition basierte. Vgl. Galen On Respiration and the Arteries. An edition with English translation and commentary of *De usu respirationis, An in arteriis natura sanguis contineatur, De usu pulsuum*, and *De causis respirationis*. Hg. von David J. Furley und J.S. Wilkie. Princeton 1984, Introduction, S. 46. Die Stelle bei Galen lautet korrekt: "They [sc. the Erasistrateans] agree of necessity, first because / Erasistratus himself says that there is a flow of blood into the arteries at the very moment of cutting the skin, and second because the observed fact is so – for we tie the exposed arteries in two places, / and then cut out the middle and show that it is full of blood" (vgl. ebd., S. 169). Vgl. zu Galens Experimenten und logischen Argumentationsformen ebd., Introduction, S. 47-57.

135 De Motu Cordis, Prooemium, S. 10 u. 15-18, hier S. 10: „*Pene omnes huc usque Anatomici, Medici & Philosophi supponunt cum Galeno, eundem usum esse pulsus, quem respirationis, & unare tantum differre, quod illae ab animali haec à vitali facultate manet: reliquis, vel quod ad utilitatem, vel quod ad motus modum spectat similiter se habentibus, unde affirmant (ut Hieronymus Fabr. Ab aq. P. libro suo de respiratione nuperrime edito) quod quoniam non sufficit pulsus cordis, & arteriarum ad eventandum, & refrigerandum; ideo à Natura pulmones circa cor fabrefactos esse*."

136 Ebd., Cap. XV, S. 59: "*Sanguini itaque motu opus est, atque tali, ut ad cor rursus revertatur, nam in externas corporis partes emandatus longe (ut Arist. 2. de part. animal.) à suo fonte, immotus coaguraretur.* (motu enim in omnibus calorem & spiritus generari, & conservari videmus, quiete evanescere) *tum à frigore extremorum & ambientis consistens aut gelatus sanguis & spiritibus (uti in mortuis) destitutus: ut rursus à fonte, & origine, tam calorem quam spiritus, & omnino praeservationem suam repetat, & revertendo redintegraret; necesse*

Harvey argumentiert hier auch im Horizont der Schriften seines Lehrers Cesare Cremonini zum Begriff des *calor innatus*, die dieser im Kontext der Polemik mit Pompeo Caimo in Padua verfasst hatte.[137] Diese Schriften waren alle im unmittelbaren Vorfeld der Publikation von *De motu cordis* entstanden. Sie fielen aber auch in die Zeit, in der sich – wie oben gezeigt wurde – die Studenten der *Natio germanica* der Lehrmethode Caimos in der Anatomie widersetzten. Harvey zog die Konsequenzen aus der Kontroverse zum *calor innatus* aber erst später, in seinen Studien zur Embryologie, wo er dazu tendierte, (gegen Galen) die *spiritus* mit dem Blut gänzlich zu ersetzen. Das Blut, so Harvey, sei alleine ausreichend und geeignet, um unmittelbares Instrument der Seele zu sein. Es sei überall präsent und bewege sich mit ausserordentlicher Geschwindigkeit. Es könnten keine anderen Körper oder unkörperliche spirituelle Qualitäten oder göttlichere Wärmequellen wie das Licht angenommen werden, wie der hervorragende Aristoteleskenner Cremonini gegen Albertus energisch argumentiere.[138] Harveys Wissensansprüche bildeten sich somit auf der Folie des Aristotelismus und des Galenismus der Zeit heraus, vor der Abweichungen erst erkennbar und erklärbar werden. Gerade Cremoninis Argument, auf das sich Harvey bezieht, enthält Reminiszenzen an die naturphilosophische Konzeption der *pura naturalia*, wie sie Pomponazzi in antispekulativer Absicht – gegen die Annahme immateriell wirkender Prinzipien in der Natur – zu Beginn des 16. Jahrhunderts an der Universität Padua eingeführt hatte.[139]

---

fuit." Vgl. hierzu ausführlich Thomas Fuchs: Die Mechanisierung des Herzens. Harvey und Descartes – Der vitale und der mechanische Aspekt des Blutkreislaufs. Frankfurt/M. 1992, S. 65-69.

137 Die der Kontroverse zugrundeliegenden Schriften sind: Cesare Cremonini: Apologia dictorum Aristotelis de calido innato. Adversus Galenum. Venedig 1626; Pompeo Caimo: De calido innato Libri Tres. Venedig 1626; Cesare Cremonini: Apologia Dictorum Aristotelis de origine, et principatu Membrorum Adversus Galenum. Venedig 1627. vgl. hierzu Ongaro: La controversia tra Pompeo Caimo e Cesare Cremonini, S. 87-110.

138 Vgl. William Harvey: Exercitationes de generatione animalium, quibus accedunt quaedam de partu, de membranis ac humoribus uteri, et de conceptione. London 1651, S. 246: „Est igitur sanguis sufficiens, et idoneus, qui sit immediatum animae instrumentum; quoniam et ubique praesens est, et huc illuc ocyssime permeat. Nec sane corpora alia,, aut qualitates spiritales incorporeae, caloresve diviniores (tanquam lux et lumen) concedi possunt; uti Caesar Cremoninus (Aristotelicae Philosophiae eximie peritus) contra Albertum nervose contendit" (Exercitatio 70, De calido innato).

139 Vgl. Kap. 2 dieser Arbeit.

7. Entautorisierung

Gesamthaft gesehen, zeigen die drei dargestellten Beispiele einen differenzierten Umgang mit den Autoritäten, wobei grundsätzlich zwei Argumentationsweisen zu unterscheiden sind: Entweder werden die Wissensansprüche der antiken Autoritäten *per autopsiam* (partiell) anerkannt beziehungsweise (nach der Theorie des Testimoniums) als vertrauenswürdig angesehen oder sie werden abgelehnt und deren Texte *partiell entautorisiert*. Grundsätzlich verstanden die Anatomen des 16. und vor allem des 17. Jahrhunderts ihre Arbeit in der Eliminierung *falscher* Wissensansprüche. Dabei lassen sich viele der anatomischen Diskussionen des 16. auch noch im 17. Jahrhundert weiterverfolgen. Im 17. Jahrhundert spezialisieren sich die anatomischen Abhandlungen, indem sie nun, wie schon das Beispiel Varolio zeigt, spezifische Fragestellungen in den Mittelpunkt stellen. Ausgangspunkt bilden oft die in der Tradition vorhandenen Wissenansprüche. Dabei sind die Zeugnisnehmer sind immer weniger von der Aufgabe enthoben, die tradierten Wissensansprüche zu prüfen. Stattdessen avanciert die Prüfung (*examinatio*) des in den Texten (*scripta*) der Autoritäten niedergelegten medizinischen Wissens zum Forschungsprogramm der Mediziner, wie das etwa Jacob De Back explizit formuliert.[140]

Ein Beispiel mag dieses Vorhaben erläutern. Als von der hippokratisch-galenischen Medizin unbefriedigend beantwortet, wurde die Frage betrachtet, auf welchen Wegen die Absonderung des Phlegmas denn eigentlich erfolge. Varolio hatte im Abschnitt über die Hirnventrikel hier im Wesentlichen noch die Ansichten der Tradition unhinterfragt übernommen. Hingegen hat später der Wittenberger Medizinprofessor Conrad Victor Schneider (1614-1680) im zweiten Buch seines dreibändigen Werkes *De catharris* (1660-64) diese Ansicht kritisch überprüft.[141] Dabei stützte er sich durchaus auch auf die von Varolio und anderen Anatomen bereits gemachten Beobachtungen über die Undurchlässigkeit der vorderen Hirnventrikel zu den Nasenhöhlen hin.[142] Nach den Wegen, die das Phlegma durchlaufe, so Schneider, habe auch Vesalius gefragt, diese aber nirgends gefunden, weshalb er sich dann Sekretionsgänge (*canales*) oberhalb der Gehirnmembranen vorgestellt habe; Vesalius' Autorität habe damals für viele Anatomen gegolten, so dass niemand seinen

---

140 Dissertatio de corde, Ad Lectores Alloquium, S. 11f.: "Clariẞimorum virorum scripta, hic, anne sensibus pateant, anne dissentiant, examinare jubet: veris fundamentis rationalis & dogmatica Medicina nititur, &, nisi quod veritate comprobatum, firmum stabileque judicandum est."
141 Vgl. Conrad Victor Schneider: Liber de Catarrhis Secundus, quo Galenici Catarrhorum meatus, perspicuè falsi revincitur. Wittenberg 1660.
142 Ebd., Lib. II, Cap. XV, S. 160: "Et *Varolius*, *Riolanus*, *Platerus* asserunt, anteriores Cerebri ventriculos versus nares haud pervios esse."

Fehler bemerkt habe.[143] Die Annahme von vier Ausscheidungsgängen sei zur *opinio communis* geworden, obwohl diese Gänge nie gesehen worden seien.[144] Schneider gelingt es also, diese *opinio* zu eliminieren und zu zeigen, dass die Absonderung des Katharrs weder durch die Gehirnmembranen, noch durch die Öffnungen keilförmiger Schädelknochen (*ossa cuneiformae*) erfolgen könne; der Schleim (*humor*) komme also nicht auf diesem Weg in die Nasenhöhlen.[145] Seine neuen Wissensansprüche, die bereits in der Vorrede an den Leser vorweggenommen werden, überlasse er dem Urteil berühmtester Mediziner seiner Zeit, die ihm den Weg gewiesen hätten und von denen er Werner Rolfinck – "inter praecipuos nostrorum Medicorum facile principem" – namentlich erwähnt.[146]

In der Eliminierung von *opiniones* antiker *und* neuer Autoritäten bestand im Wesentlichen ein guter Teil der forschenden Praxis der Mediziner des 17. Jahrhunderts. Diese hatte Werner Rolfinck in der Mitte der 1650er Jahre genau dokumentiert, besonders in einigen Kapiteln über die neu entdeckten Gefässtypen des menschlichen Organismus – den *vasa lactea* und den *vasa lymphatica*.[147] Damit hatten die Anatomen ein zentrales Element der galenischen Lehre als *opinio* entlarvt und eliminiert: die Vorstellung der Leber als blutbildendes Organ. Jean Pecquet erkannte, dass die resorbierte Nahrung – der Chylus – über die Milchgefässe und den *ductus thoracicus* nicht (wie bislang angenommen) in die Leber, sondern in die rechte

---

143 Ebd., Lib. II, Cap. XVII, S. 188: "*Rem sic habeto*: Vesalius hîc vehementa cogitationibus aestuavit: pituitae itinera quaesivit: nusquam invenit, quare commentus est, hos circa *sellam Equinam* canales extare. Hujus Scriptoris autoritas tùm temporis valebat plurimùm. Quare nulli in eum errorem rapti fuerunt, quorum in numero etiam Johannem Baptistam Helmontium reponere debemus."
144 Ebd., S. 186: "Multi communi hac opinione ducti, *illos quatuor canales* saepè commemorârunt nec eos unquam ipsi viderunt, nec aliis in conspectum adducere potuerunt."
145 Ebd., S. 187: "Nos rem summatim exponamus. Hi canales *non in ossibus Calvariae* circa *Sellam Equinam* ficti extant: ut *Vesalius, Vidus Vidus, Platerus* & alii opinari videntur. Quare eodem, ut *Bauhinum*, hoc nomine reprehendere potuisset, *Dn. D. Riolanus*. Nam illi neque in succido circa *sellam equinam* neque in arido Cranio nunquam comparebant. Deinde si hi canales de tenui membrana nascuntur, pituitae decursu facilè laedi poterunt. Ac quanti etiam inde creabuntur dolores? *Platerus* humorem fluiditatem in imo Cranio aliquando invenit & *Riolanus* scribit *serum vel etiam sanguinem*, sunt ejus verba, in doloribus capitis hoc loci effundi. Porrò si hi canales supra glandulam pituitariam de infundibuli membranâ trahuntur, pituita effluet prius, quàm illa ad ipsam glandulam perveniat. At ita opinio illorum fert, ut credatur, omnem vim pituitae ab illâ glandulâ antè imbibi. Nunc si illi canales exporriguntur â medio glandulae corpore, non profluet humor, sed stabit, quia Rete mirabile erit adversum, si quod erit. Si hi de extremâ glandulâ trahuntur, humor ad oculos nunquam, sed in diversum fluet. Nam glandula in imâ scrobe Sellae Equinae latet abdita & plane immersa. Nec humor ex hoc loco iter suum ad nares poterit insistere."
146 Ebd., Epistola ad Lectorem, b4r: "Aediles mihi hac tempestate erunt celeberrimi hujus aetatis Medici, quorum iudicio certè hoc, quod nunc do in manus hominum, antè expendi volui, ê quibus Dn. D. Wernerum Rolfincium, inter praecipuos nostrorum Medicorum facile principem, nominatim appello."
147 Dissertationes anatomicae, Lib. V (De venis), Capp. XXII-XXV.

Herzkammer, also ins venöse Blutsystem, gelangt, so dass das Herz das Prinzip der Blutproduktion (Hämatose) ist.[148] Pecquet war der Auffassung, dass Aselli, der die *vasa lactea* entdeckte, aber die Hämatose nach Galen erklärte, eine "opinio" verbreite, "non veritas".[149] Für Rolfinck hätten die neu gemachten Entdeckungen das Ansehen der antiken Autoritäten zweifelhaft gemacht,[150] dennoch verzichtet er nicht darauf, in seinem Werk die Lehren der Alten neben diejenigen der neueren Anatomen zu stellen.

Der historische Prozess der Eliminierung falscher Wissensansprüche lässt sich anhand der verschiedenen Ausgaben von Thomas Bartholins *Anatomia Reformata*, dem wohl wichtigsten Anatomielehrbuch des mittleren und späten 17. Jahrhunderts, besonders gut zeigen. Während Bartholin in der Ausgabe von 1651 die Leber noch als blutproduzierendes Organ betrachtete,[151] passte er in allen späteren Ausgaben der *Anatomia Renovata*, wie das Werk dann hiess, das Kapitel über die Leber an das neue medizinische System des Pecqetschen *ductus Thoracicus* und der *vasa lymphatica* an.[152] Bevor er diese entdeckte, wollte Bartholin gegen Pecquet die Blutbildungsfunktion zwischen Leber und Herz aufteilen, teils aus Gründen der

---

148 Vgl. Ioannis Pecqueti Diepaei Experimenta Nova Anatomica, Quibus incognitum hactenus Chyli Receptaculum, & ab eo per Thoracem in ramos suque subclavios Vasa Lactea deteguntur. (…). Paris 1654, Caput Primum (Lactearum in Mesenterio Venarum & detector Asellius, & caeteri deinceps Anatomici concursum ignorarunt. Chyli RECEPTACULUM supra lumbos, & ab eodem semita non ad Hepar, sed ad verum αἱματοσεως principium COR, indicatur), S. 3: "Ego, pace tantorum virorum, dixerim ipsorum neminem peculiari scrutinio Lactearum intra Thoracem Venarum latebras tentavisse. Eorum tamen tribuendum arbiter infelicitati potiùs, quàm incuriae quòd ignoraverint, *non ad Hepar, non ad Venas Portae, non ad Cavam prope Emulgentes*, ut receptus error obtinuit, derivari Chylum; sed, quod inter dissecandum potest cuilibet luce clariùs innotescere, *ab Intestinis ad* RECEPTACULUM *quoddam*, amplitudinis, quae, saltem in Brutis, compleat intercapedinem."

149 J. Pecqueti Diepaei Experimenta Nova Anatomica, Caput V: "Hactenus e Mesenterio Chylum in Hepatis Parenchyma Opinio protrusit, non Veritas, & Sanguinei artificii tribuit immeritam nato ad alia visceri praerogativam." Zitiert nach: Messis Aurea Triennalis, Exhibens; Anatomica: Novissima et Utilissima Experimenta: Ex Editione Siboldi Hemsterhuis, Med. Doct. & Chirurg. Leiden 1654, S. 19.

150 Dissertationes anatomicae, Lib. V, Cap. XXIV, S. 919: "Sed ecce! Prodeunt in scenam *Johannes Pecquetus, Thomas Bartholinus*, & *Johannes Horne*: laudem, quam ut vino veteri, sic antiquis autoribus omnem penè hominum consensus debet, novis repertis dubiam reddunt, […]."

151 Vgl. Thomae Bartholini […] Anatomia, ex Caspari Bartholini Parentis Institutionibus, Omniumque Recentiorum & propriis Observationibus. Tertiùm ad sanguinis Circulationem Reformata. Leiden 1651, Cap. XIV, De Epate, S. 90: "*Actio* epatis est sanguificatio. Ex chylo enim per mesaraicas (lacteas) attracto, jecur sanguinem conficit, […]."

152 Vgl. Th. Bartholin: Anatome Quartum Renovata: non tantum ex institutionibus b.m. Parentis, Caspari Bartholini, Sed etiam ex omnium cum Veterum, tum Recentiorum Observationibus: Ad Circulationem Harveianam, & Vasa Lymphatica directis. Leiden (⁴1677), Cap. XIV, De Epate, S. 143-146: "Non solum Hepar chylum in sanguinem convertere, sed partiri cum Corde officium, inventis Lacteis Thoracicis suspicati sunt non pauci. Quae nostra fuit opinio viso Pecqueti invento antequam Vasa Lymphatica essent a nobis detecta. Nec aliter potui, quia 1. ductus Pecquetiani via ad Cor monstrabant, & Aselliani ad hepar, qui adhuc extare videbantur. […]."

antiquitatis reverentia, teils aus solchen der *ratio* sowie der *experientia*.¹⁵³ Das Problem war, dass die Lymphgefässe lange *für Milchgefässe gehalten* wurden: Ein sicheres Indiz (*certum indicium*) für die Unterscheidung der beiden Gefässtypen habe er aus einem Experiment gewonnen: Die *vasa lymphatica* führen eine wasserklare Flüssigkeit, die Lympha, von der Leber ab, ohne dass zu dieser wiederum *vasa lactea* führen.¹⁵⁴ Die konzeptuellen Elemente der epistemischen Situation sind in Bartholins Werk deutlich zu erkennen, so zum Beispiel in der *Praefatio* der *Anatomia Reformata*-Edition von 1673: Durch Experimente seien die alten und neuen Entdeckungen und Lehren der prüfenden Instanz der Vernunft unterzogen worden; dabei sei durch die neuen Entdeckungen in der *oeconomia corporis* der Alten sehr viel nach der Norm der Natur (*ad normam naturae*) zu verändern, anderes zu eliminieren und vieles zu ergänzen gewesen.¹⁵⁵ Die Harveysche Blutzirkulation und sein Lymphsystem bildeten gleichsam das neue Fundament, auf dem die Organisation des menschlichen Körpers aufgebaut sei.¹⁵⁶

Auch wenn Bartholin sich hiermit von Wissensansprüchen, die er nicht (mehr) nachvollziehen kann, distanziert und sie auch kritisiert, vermeidet er es, die hinter ihnen stehenden Autoritäten zu irrationalisieren. Dies tut er aus Gründen der *reverentia*, aber auch wissend, dass sich die Mediziner der Antike auf gemeinsame methodische Prinzipien wie den *sensus* oder die *autopsia* beriefen. Bartholin geht aber noch mehr von der Rationalität der Autoritäten eines Hippokrates, Aristoteles und Galen aus, die ihre Fehler sogar einsehen würden, wären sie noch am Leben. Er bedient sich – wie achtzig Jahre zuvor sein Kollege Varolio – einer kontrafaktischen Imagination, indem er imaginiert, die Autoritäten könnten aus der mythischen Unterwelt emporsteigen und in ein anatomisches Theater geführt werden,

---

153 Vgl. Th. Bartholin: Vasorum Lymphaticorum Historia Nova, Cap. III (Vasa Lymphatica in hepate): "Pugnavi pro ejus [sc. der Leber] dignitatem in Historia Lacteorum Thoracicorum contra Pecquetum, divisique cum corde imperium in opere sanguificationis, partim antiquitatis reverentia, partim rationibus quibusdam, partim denique Lactearum Venarum experientia." Zitiert nach: Messis Aurea, S. 202.

154 Th. Bartholin: Vasorum Lymphaticorum Historia Nova: "Hinc certum indicium deprompsimus, venas lymphaticas, pro lacteis hactenus reputatas, ex hepate liquore exportare, nihil hac via inferre, quod de lacteis antea credidimus." Zitiert nach: Messis Aurea, S. 206. Vgl. auch Nikolaus Mani: Die historischen Grundlagen der Leberforschung. II. Teil. Die Geschichte der Leberforschung von Galen bis Claude Bernard. Basel/Stuttgart 1967, S. 80-96.

155 Vgl. Th. Bartholin: Anatome [...] Quartum Renovata. Leiden 1673, Praefatio: "Experimentis denique omnia tam veterum quam recentiorum inventa & placita velut ad lapidem lydium examinantes, dominio verae solidaeque rationis naturam subjiciunt, sibi propitiam, omnibus salutarem. [...]. Imo turbata, per Lactea & Lymphatica nostra vasa, veteri corporis oeconomia, ex novis principiis & observationibus, plurima, quae antea credidimus, ad normam Naturae, apertius nobis locutae, erant varianda, delenda alia, multa addenda quae illius deerant perfectioni, [...]."

156 Ebd.: "Omnia ad Circulationem Harvejanam & Lymphatica nostra Vasa exegi, quibus velut fundamentis novis superstructum est aedificium, quod publico bono adornamus."

wo sie die wichtigsten Entdeckungen in der Anatomie des 17. Jahrhunderts zu sehen bekämen:

> [...] wenn man die Alten aus der Unterwelt zurückrufte und sie in unsere anatomische Theater führte, dann würden sie glauben, sie seien in einen anderen Erdkreis hinabgestiegen. Nachdem die Meisten von ihnen Harveys Blutkreislauf, Asellis und Pecquets Milchgefässe, unsere Lymphgefässe, den Wirsungsschen Gang sowie viele der Beobachtungen Riolans gesehen hätten, durch welche die Anatomie an grossem Ansehen gewonnen hat, würden sie ihre eigene Anatomie verurteilen und uns einen Band zu eliminierender Beobachtungen hinterlassen, bevor sie wieder in die Wellen des Styx zurückkehrten.[157]

Die von den Medizinern verwendete Imagination der Vergegenwärtigung (vom Typ "wenn Hippokrates, Galen, Aristoteles usw. noch lebten"), die sich auch bei Galilei und Kepler findet, erfüllt in der hier angesprochenen epistemischen Situation eine ganz präzise *kognitive Funktion*, die sich aus der zeitgenössischen Theorie des Umgangs mit den Autoritäten ergibt:[158] Denn, so wird suggeriert, würden Hippokrates, Aristoteles und Galen die neuen anatomischen Entdeckungen sehen, würden sie ohne zu zögern ihre Überzeugung ändern und sich den Lehren Harveys, Pecquets und Bartholins anschliessen, ja, sie würden sich für die Wahrheit entscheiden und sogar ihre Anatomiebücher zum Teil neu schreiben. Es handelt sich also bei diesem Muster der kontrafaktischen Imagination um eine von den Medizinern lange erprobte argumentative Strategie, die "zwei Dinge miteinander zu vereinbaren erlaubt: den innovativen Wissensanspruch als Abweichung von der autorisierten Tradition, ohne dabei diese gänzlich aufzugeben."[159] In dieser doppelten Strategie des Entautorisierens und des Bewahrens von Autorität ist denn auch ein wesentliches medizinisches Argumentationsmuster erfasst.

Bartholins gedankliches Szenario ist zudem von Erwägungen motiviert, die mögliche Konsequenzen in der medizinischen Praxis bedenkt, falls das Fundament der Medizin auf falschen Hypothesen gründete. Und auch hier würden ihm die Autoritäten folgen. Bartholin macht sich nämlich Gedanken über eventuelle neue Heilmethoden (*methodus medendi*), die aus den gemachten Entdeckungen resultieren könnten. Nicht sei es den

---

157 Vgl. Th. Bartholin: De Lacteis Thoracicis Historia Anatomica. De Lacteis Thoracicis Dubia Anatomica. Cap. V (Propter ademptum Hepati sanguificationis munus non esse immutandam Methodum medendi): "Crevit in immensum Anatomes scientia, & si veteres ab Orco revocati Theatris nostris Anatomicis inducerentur, in alium terrarum orbem se crederent delatos, plurimaque, visis Circulatione *Harvei*, Lacteis *Asellii* & *Pecqueti*, Lymphaticis nostris, ductu *Wirsungiano*, multisque *Riolani* observationibus, quibus rem Anatomicam immortali nominis celebritate auxit, damnarent sua, & abrogatarum observationum Volumen nobis relinquerent, antequam Stygias redirent ad undas." Zitiert nach: Messis Aurea, S. 180.
158 Danneberg: Überlegungen zu kontrafaktischen Imaginationen, S. 84f.
159 Ebd., S. 85. Vgl. auch ders.: Kontrafaktische Imaginationen in der Hermeneutik und in der Lehre des Testimoniums, hier S. 349-371, bes. S. 368.

Mathematikern gleich zu machen, die ihre Beweise auf Hypothesen, seien diese wahr oder fiktiv, aufbauen. Denn es gehe in der Medizin um mehr und es sei mit einem grösseren Schaden zu rechnen, wenn die Beschäftigung mit den Funktionen des menschlichen Körpers auf falschen oder erfundenen Hypothesen basierte.[160] Das hat auch Konsequenzen für die praktische Medizin (Ätiologie): Denn durch die neuen Entdeckungen liessen sich auch die Ursachen von Krankheiten eindeutiger bestimmen.[161]

8. *autopsia* und *historia anatomica*

Hat man sich die relevanten Momente der epistemischen Situation einmal vor Augen geführt, lässt sich auch der strategische Stellenwert der ›Autorisierung‹ besser einschätzen. Denn auch diese folgt der autoritätstheoretischen Logik. Wird nämlich die Rückführbarkeit des Testimoniums auf Autopsie bezweifelt, nimmt also die Bezugnahme auf das *argumentum ab auctoritate* ab, muss der Anatom seine neuen Wissensansprüche gegenüber dem sozialen Umfeld umso mehr rechtfertigen. Hier kommt denn auch der eigentliche Verwendungszweck der Autopsie als *demonstratio ocularis* zum Tragen. Wie der Fall Varolio zeigt, konnte die Gemeinschaft der Anatomen einer Universität einem Kollegen neue Wissensansprüche auch absprechen, so dass zum Beispiel über den Ursprung der optischen Nerven, so Varolio, die Studierenden auch mehrere Meinungen zu hören bekamen: "de ortu horum nervorum opticorum diversa a diversis intellexerunt".[162] Ein Anatom konnte jedoch auch gezielt Massnahmen gegen eine solche Situation ergreifen: Varolio adressierte seinen Traktat an den angesehenen Mediziner Girolamo Mercuriale, von dem sich der jüngere Anatom Unterstützung und Protektion (*patrocinium*) erhoffte.[163] Auch liess er Mercuriales Antwortbrief

---

160 Th. Bartholin: De Lacteis Thoracicis Historia Anatomica. De Lacteis Thoracicis Dubia Anatomica. Cap. V (Propter ademptum Hepati sanguificationis munus non esse immutandam Methodum medendi), S. 179: "Caeterum medendi methodus an plane sive per ductus Pecquetianos, sive nostros Lymphaticos immutetur, jam dispiciam. Nollem sane falsis suppositionibus inniti nostrae Medicinae fundamenta, & à natura alienis. Nolumus Mathematicorum filios imitari qui hypothesibus, seu veris seu petitis, demonstrationes suas superstruunt. Majus in corpore humano negocium volvitur, majori damno pensandum, si falsis hypothesibus fictisque partium functionibus nitatur."
161 Ebd., S. 180: "Causas morborum novis his inventis veriores clarioresque evadere."
162 De nervis opticis, f. 14*v*.
163 Ebd., f. 1*v*. „Quoniam verò quae ego observavi eam capitis historiam, quam tot praeclarissimi viri perpetuo approbarunt aliqua ex parte pervertere videntur, unde multi de ipsis dubitent, multique obstinatè eadem infringere conentur, ideo te [sc. Mercuriale] ipsum omnibus numeris absolutum harum mearum lucubrationum patronum eligo, tantam enim audio esse apud omnes tui existimationem, & famam, ut facile sperare possim tuum patrocinium iis laboribus meis adversus quodcunque exitiale venenum praestantissimi fore Antidotum."

in seinem Traktat abdrucken. Das sollte helfen, Glaubwürdigkeit zu stiften.

Die Autopsie als *demonstratio ocularis* diente also der Gewinnung neuer Zeugnisgeber bzw. der Herstellung von Glaubwürdigkeit. Detailreich rekonstruiert Varolio im Traktat einzelne Episoden seiner öffentlichen (und privaten) Sektionen, die er in den Jahren 1570-72 wiederholt durchführte und auf den Monat genau datierte.[164] Sobald die Gelegenheit zur Öffnung eines menschlichen Gehirns (*occasio corporum*) gegeben war, habe er im *Gymnasio Bononiense* den Anwesenden die entdeckte anatomische Struktur offengelegt und die Übung öfters wiederholt.[165] Als dann der renommierte Philosophieprofessor Federico Pendasio 1571 nach Bologna berufen wurde,[166] gab dieser Varolio die Gelegenheit, einen menschlichen Kopf zu präparieren und zu sezieren, und zwar in dem Raum, wo der Professor ansonsten vor versammelter Studentenschaft seine Aristoteleskommentare las. Den Anwesenden habe Varolio die Wahrheit vor Augen gelegt (*veritatem ipsam oculis omnium subieci*).[167] Auch hier diente die anatomische Vorführung in einem Vorlesungssaal vor allem dazu, Glaubwürdigkeit zu erzeugen und zwar auch durch die Präsenz von glaubwürdigen Zeugen. Denn Pendasio gab Varolio nicht nur die Gelegenheit, empirische Befunde darzulegen, sondern beglaubigte gleichzeitig die neuen Wissensansprüche des Anatomen durch sein ganzes institutionelles Gewicht als renommierter Philosophieprofessor. Eine ähnliche beglaubigende Funktion übernahmen auch die Kollegen anderer Fakultäten sowie die Mitglieder akademischer Institutionen wie dem Senat der Universität, denen Varolio seine Befunde ebenfalls zeigte. An einer Stelle seines Textes macht er dies sogar explizit: Die genannten Personen werden aufgrund ihrer Autorität (*auctoritas*) zu glaubenswürdigen Zeugen (*testimonium*) seiner Forschungsresultate gemacht.[168]

---

164 Vgl. zu Varolios Gehirnautopsien von 1570-72 auch unten Kap. 2, 3.3.
165 Ebd., f. 13*v*: "Quum tamen multi essent, qui hoc non vidissent, & propterea id esse verum minime credere possent, ideo ubi anno MDLXXI. mense Aprilis data esset corporum occasio, unde publicam administrationem corporis humani in hoc Bononiensi Gymnasio aggredi possem, in fine eius administrationis (capitis fabrica prius declarata) quamvis cerebrum esset flaccidam, & propter caliditatem ambientis semiputridum, illud omnibus iterum adeo patefeci, ut qui prius viderant maxime in hac veritate confirmarentur, qui verò non crediderant & animo quiescerent, & veritatem confiterentur."
166 Lohr: Latin Aristotle Commentaries. Bd. 2, S. 305.
167 De nervis opticis, f. 14*v*: „Quinimo non defuerunt qui iterum adversus Naturam hac nova convitati occasione insurrexerunt, Quamobrem à multis rogatus rursus huius ostensionis gratia caput paravi, & ubi PENDASIUS unam ex suis lectionibus perfecisset praesentibus omnibus Bononiensis scholae studiosis, qui praedictae lectioni interfuerant veritatem ipsam oculis omnium subieci."
168 Ebd., f. 14*r* u. 16*r*. Neben Pendasio (Philosophus supraordinarius) werden die folgenden Namen genannt: Julius Sirenius (Philosophus & Theologus), Christophorus Mauritius (Philosophus & Medicus), Fabritius Garzonius (Medicus), Ioannes Cechius (Primus Theoricus ordinarius), Constantinus Brancaleonus (Practicus ordinarius) sowie die Senatoren Camillus

Somit operierten Anatomen wie Varolio und später Bartholin[169] und Olof Rudbeck schon längst mit den Strategien der Beglaubigung und Validierung von Wissensansprüchen, wie sie die sogenannte *Social History of Truth* als "standards of proof" im institutionellen Rahmen der Londoner *Royal Society* für sich reklamiert.[170] Dass diese Beweisverfahren hier gut angenommen wurden, hat nicht zuletzt mit ihrer Begründung auf der Autoritätstheorie zu tun. Ausserdem hatten bei Rudbeck die Angaben über den Modus der Vivisektion sowie die Aufzeichnung der auf den Tag genau datierten Stationen seiner Entdeckung seröser Gefässe ebenfalls eine ›autorisierende‹ Funktion.[171] Die Textkategorie der *Historia*

Palleottus, Vincentius Campeggius, Thomas Cospius. Vgl. auch ebd., f. 16r: "Viri, quorum apud omnes tanta est auctoritas, ob eorum virtutes iam diu toto orbe perspicuas, ut tali testimonio hac mea lucubratione munita nihil vereri debeam quin ab omnibus citra omnem difficultatem pro certa habeatur, eoque magis quoniam praesentes aderant, & rem ipsam ad unguem inspicere voluerunt perillustres, omnique virtutum genere ornatissimi senatores [...].

169 Bartholin: De Lacteis Thoracicis Historia Anatomica, Cap. V (Novum Pequeti Lactearum complementum in hominibus à nobis observatum): "Interea si actionem falsi instituant, tabulas pro me habeo & testes, maximos, minimos, omniumque ordinum spectatores honoratissimos, qui demonstrantibus nobis secantibusque publice, privatim, adfuerunt, inprimis Illustrem & Magnificum Heroem Dn. Christianum Thomaeum de Stougaard, Equitem Auratum, Ser. Reg. Cancellarium Magnum, & Academiae literatorumque Conservatorem perbeignum, aliosque Generosos nobilissimosque Viros, quos rei novitas & in me favor solitus ad hocnaturae spectaculum invitaverat, nunquam non hoc nomine laudandos, nec non Medicos quamplures Excellentissimos Anatomicorum rerum peritissimos *Iacobum Fabricium, Olaum Wormium, Simonem Paulli, Paulum Mothium Henricum Fuiren, Iacobum Finckium,* aliosque Professores Regios, & lectissimorum studiosorum splendidam coronam." Zitiert nach: Messis Aurea, S. 52f.

170 So etwa Lorraine Daston: Early Modern History Meets the History of the Scientific Revolution: Thoughts Towards a Rapprochement. In: Zwischen den Disziplinen? Perspektiven der Frühneuzeitforschung. Hg. von Christopher Wild und Helmut Puff. Göttingen 2003, S. 37-54, hier S. 45. Vgl. auch Peter Dear: *Totius in verba*. Rhetoric and Authority in the Early Royal Society. In: Isis, Vol. 76 (1985), Nr. 281, S. 145-161. Zu fragen ist dennoch, ob Dastons Forschungsprogramm einer ›Geschichte der Erfahrung‹ (Michel Foucault) in der Frühen Neuzeit, die als "new narrative" (ebd., S. 49) die alte, nicht mehr überzeugende "grand narrative", ebd., passim) der *History of Science* und der allgemeinen Geschichtsschreibung ersetzen soll, mit der hier erörterten epistemischen Situation in der Anatomie nicht etwas verständlicher gemacht werden könnte. Dastons Satz – "[t]he new natural knowledge of early modern Europe was prolific in new forms of experience" (ebd., S. 51) – würde dann heissen, dass neue Wissensansprüche die Akteure zu der Erzeugung neuer Formen der Erfahrung führte, wie zum Beispiel anatomische Demonstrationen, Experimente etc. Zu Analyse und Kritik des sozialkonstruktivistischen Ansatzes in Steven Shapins *A Social History of Truth* (Chicago 1994) vgl. Peter Lipton: The Epistemology of Testimony. In: Studies in History and Philosophy of Science, Vol. 29, Nr. 1 (1998), S. 1-31, hier S. 3-14. Zur Einbettung der ›Epistemologie der Glaubwürdigkeit und des Vertrauens‹ in die ›Theorie der Autorität und des Testimoniums‹ vgl. De Angelis: Sehen mit dem physischen und dem geistigen Auge.

171 Vgl. Olof Rudbeck: Nova Exercitatio Anatomica, Exhibens Ductus Hepaticos Aquosos et Vasa Glandularum Serosa, Cap. VI (Notans Tempora Quibus Vasa Glandularum Serosa Inventa Sunt): "Anno millesimo sexcentesimo quinquagesimo primo, 27. Januarii, mihi, venas haemorrhoidales canis inquirenti, vasa quaedam sub intestino colon & recto iacentia, sero

Anatomica, wie sie etwa Bartholin schreibt, hatte sich nämlich gegenüber ihrer traditionellen Funktion, einzig die detaillierte Beschreibung einer anatomischen Struktur zu sein, weiterentwickelt: Neben der *descriptio* enthält die *Historia anatomica* – wie eben auch bei Rudbeck festzustellen ist – eine detaillierte *Darstellung der Entdeckung* einer neuen anatomischen Struktur, mithin war sie zu einem wichtigen Mittel der textuellen (und visuellen) Darstellung von neuen Wissensansprüchen avanciert.[172]

9. demonstratio ocularis

Die *demonstratio ocularis* wird in der Anatomie des 16. und 17. Jahrhunderts in mindestens zwei Wirklichkeitssphären konstituiert: Zum einen im anatomischen Theater oder, wo es ein solches noch nicht gab, in einem Vorlesungssaal oder in einem beliebigen anderen öffentlichen (oder privaten) Raum, in dem der Anatom mit einem Publikum kommuniziert und am Kadaver die Teile des menschlichen Körpers vorzeigt. Zum anderen kann die *demonstratio ocularis* auch in Texten dargelegt werden, in denen der Anatom neben der sprachlichen auch visuelle Formen der Darstellung von neuen Wissensansprüchen verwendet.[173] So werden im anatomischen

---

plena, obviam venerunt, quorum ductum altius rimatus, succum serosum illis contentum vesiculae chylosae comperi immeantem. Postea 8. Februarii ejusdem anni, in vitulo ac ove, dum oesophagum cultro ab arteria aorta, & dorsi vertebris, dirimerem. Glandula magna oesophago, prope diaphragma, adnexa, longum habens vas sero abundans, apparuit, quod mihi primo intuitu dubium reddidit, num ne ductus esse chyliferus: verus paulo infra, ablata arteria aorta, ipse in lucem prodiit, meque isto dubio exsolvit. Anno autem millesimo sexcentesimo quinquagesimo secundo, 6. Martii, bis eodem die, in ove, cum venarum & arteriarum spermaticarum anastomoses pervestigarem, mihi perplurima vasa limpidissima, nodosa, seroque extumescentia occurrebant; quae glandularum aliquot ad venas crurales sedem obtinentium superficiem tegebant, atque vesiculam chylosam aggrediebantur. Denique 19. Octobris, felis venas & arterias abdominis illustrans, alios adhuc meatus serosos, lumbares venas, quae infra renes sedem occupant, comitantes animadvertebam: quorum ramuli, hinc & illinc inter musculos transversos & obliquos abdominis dispersi, magnam lateris partem onerarunt. Die autem 30. ejusdem mensis, apertus canis thorax, reflexis ad dextrum pulmonibus una cum corde, glandulas duas, circa connexionem pulmonum & cordis, mediante mediastino, sitas, unum canalem, directa ductui chylifero sub corde immitentes, manifestavit. Ultimo denique, Anno millesimo sexcentesimo quinquagesimo tertio, 27. Aprilis, cum meis amicis aliquibus, insertionem ductus chyliferi in axillarem venam, ostenderem, fortuito prae oculis, parvae glandulae situm sub sterno ad claviculas, inter mammarias venas occupantes, veniebant, quae duos ramulos sero tumentes lacteis thoracicis tradebant." Zitiert nach: Messis Aurea, S. 277-279.

172 Vgl. auch Pomata: *Praxis Historialis.* The Uses of *Historia* in Early Modern Medicine, S. 118-121, die u.a. die "history of discovery" der Milchgefässe bei Gaspare Aselli (1627) untersucht.

173 Zur Typologie von Bildfunktionen im Wissenschaftsdiskurs vgl. Hartwig Kalverkämper: Bildsemiotik fachlicher Informationsregeln – zugleich eine diachrone Argumentation für das

Bild durch die Verwendung der Holzschnitttechnik seit der *Fabrica* Vesals "Gegenständlichkeit und Plastizität des Gegenstandes" betont, die sich besonders bei der Darstellung einzelner Organe zeigen; dabei gilt in der Forschungsliteratur gerade die Visualisierung der Hirnbasis in Varolios *De nervis opticis* als besonders gelungenes Beispiel.[174]

Dennoch ist zu fragen, was es denn heisst und warum das so ist, dass Varolio die an Kadavern zum Vorschein gebrachten Nervenstrukturen von Gehirn und Rückenmark sprachlich beschreibt und auch noch visuell darstellt. Denn die von Vesal verfolgte Methode der Integration von Bildmaterial in den Forschungstext war bei den Anatomen nicht üblich, weil die meisten von ihnen nach wie vor allgemeine Darstellungen der Struktur des menschlichen Körpers anboten, in denen Beschreibung und Forschung nur ein Teil war und nicht einmal der wichtigste. Vivian Nutton bringt diese Situation wie folgt auf den Punkt: "It might be argued that the more anatomy books repeated discoveries made by others, the less the need for visual material to verify the novel conclusions of the author."[175] Bei Varolio verhält sich das genau umgekehrt: Er muss seine neuen Schlussfolgerungen *demonstrieren* und zwar tut er das in der Kombination von Bild der Hirnbasis (Abb. 1) und Begleittext, in dem die Merkmale des *abgrenzenden* Autopsiekonzepts zu erkennen sind: Am Beispiel des Ursprungs der optischen Nerven wird das, was bislang als *communis opinio* angenommen wurde, dem gegenübergestellt, was der Anatom jetzt ›sieht‹ und die übrigen Anatomen vorher ›nicht gesehen‹ haben beziehungsweise unbekannt war:

> FIGURA PRIMA.   I. Origo nervis opticis communiter ascripta.
> [...].
> a. b. Tota portio nervorum opticorum caeteris Anatomicis ignota, & ubi b, est reflexio praedicti nervi in posteriori parte spinalis medullae.[176]

---

narrative wissenschaftliche Bild. In: Darstellungsformen der Wissenschaften im Kontrast. Hg. von Lutz Danneberg und Jürg Niederhauser. Tübingen 1998, S. 349-410, hier S. 368-371.
174 Robert Herrlinger und Marielene Putscher: Geschichte der medizinischen Abbildung. 2 Bde. (Bd. 1: Von der Antike bis 1600. Bd. 2: Von 1600 bis zur Gegenwart) München 1967/1972, ›hier Bd. 2, S. 17.
175 Vivian Nutton: Representation and Memory in Renaissance Anatomical Illustration. In: Immagini per conoscere. Dal Rinascimento alla Rivoluzione Scientifica (Atti della Giornata di Studio, Firenze, Palazzo Strozzi, 29 ottobre 1999). Hg. von Fabrizio Meroi und Claudio Pogliano. Firenze 2001, S. 61-80, hier S. 77f.
176 De nervis opticis, f. 17r-18r.

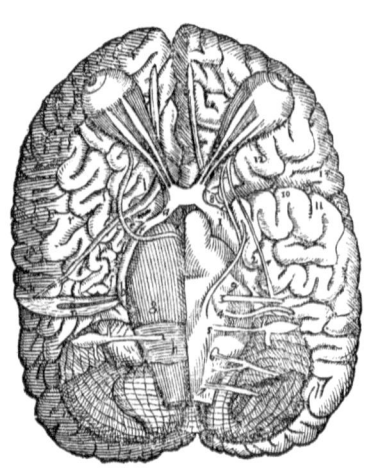

Abb. 1: *Figura prima:* Gehirnbasis (von unten) mit Legende aus Costanzo Varolio *De nervis opticis* (Padua, 1573).

In der Visualisierung einer bislang unbekannten Struktur der optischen Nerven in einem Text nähert sich die *demonstratio ocularis* ihrer eigentlichen Bedeutung. Zu bedenken ist dabei der antike rhetorische Ursprung des Begriffs der *demonstratio*, der, etwa in der *Rhetorica ad Herennium*, die anschauliche Schilderung eines Gegenstandes mit Worten bedeutet und zwar so, dass der Eindruck entsteht, eine Sache werde wirklich ausgeführt und spiele sich vor unseren Augen ab.[177] Der Terminus *demonstratio* konnotiert also nicht nur den logischen Beweis, sondern besitzt auch eine rhetorische Bedeutungskomponente, die sich im semantischen Feld von ›Zeigen‹, ›Vorzeigen‹, ›Beweisen‹ manifestiert.[178]
Im anatomischen Kontext des 16. und 17. Jahrhunderts heisst ›dimostrare l'ana-

---

[177] Rhetorica ad Herennium, IV, 68: „Demonstratio est, cum ita verbis res exprimitur, ut geri negotium et res ante oculos esse videatur." Zitiert nach der Ausgabe: Rhetorica ad Herennium. Lateinisch-Deutsch. Hg. und übersetzt von Theodor Nüßlein. Zürich 1994, S. 314. Vgl. hierzu Giovanna Ferrari: L'esperienza del passato, bes. das Kap. ›Tecniche retoriche e scienza‹, S. 327-343, die auf dem wegweisenden Aufsatz von Carlo Ginzburg: Montrer et citer. La vérité de l'histoire. In: Le débat, n. 56 (1989), S. 43-54 aufbaut.

[178] Ginzburg: Montrer et citer, S. 46: "*Demonstratio*. Les équivalents de ce mots latin dans les langues européennes modernes – *démonstration*, démonstration, *dimostrazione*, etc. – dissimulent son noyau rhétorique sous un voile euclidien." Vgl. auch Rüdiger Campe: Evidenz als Verfahren. Skizze eines kulturwissenschaftlichen Konzepts. In: Vorträge aus dem Warburg-Haus, Bd. 8 (2004), S. 105-133, bes. S. 110-115.

tomia‹ das konkrete Vorzeigen der Teile des menschlichen Körpers, eine Aufgabe, die nach der alten Methode der anatomischen Lehre ja auch der sogenannte *ostensor* übernahm. In der neuen Situation der *demonstratio ocularis*, wie sie etwa Varolio im Vorlesungssaal vorführt, bedeutet *demonstratio* das *ante oculos ponere*, also das ›Vor-Augen-Stellen‹ einer vorher unbekannten anatomischen Struktur. Auch Galen argumentiert vor diesem semantischen Hintergrund, wenn er die Evidenz des *sensus* derjenigen der *oratio* vorzieht.[179] In der Renaissance ist der rhetorische Hintergrund der *demonstratio* auch deshalb wichtig, weil er uns hilft, zu verstehen, weshalb die Mediziner das (neue) anatomische Wissen in ihren Texten visualisierten und eben anschaulich darstellten, als hätten wir die gezeigten Teile lebendig und plastisch vor Augen. Deutlich wird diese Verwendung des Terminus *demonstrare* etwa an einer Stelle der Vorrede zu der *Anatomia capitis humani* (1537) des Marburger Artztes und Mathematikers Johannes Dryander: Es sei seine Absicht, annähernd die ganze Anatomie des menschlichen Hauptes aufgrund von zwölf Figuren darzulegen, einige davon habe er neben den dazugehörigen Text gestellt, um der *demonstratio* willen,[180] also um das, was der Text dem Leser mit Worten vor Augen führt, auch noch bildlich darzustellen. Auch Fabrici da Acquapendente liess unter seiner Leitung grossartige anatomische Gemälde (Öl auf Papier) anfertigen, die seine anatomischen Entdeckungen darstellen.[181] Obwohl sich bei Giovanna Ferrari erste Hinweise dazu finden,[182] ist die *demonstratio* als rhetorische Vorgabe der Bildproduktion in dem heute so trendigen Thema des Bildes in der wissenschaftlichen Literatur seit der Frühen Neuzeit kaum richtig reflektiert worden,[183] gerade im Blick auf die Visualisierung des medizinischen Wissens.[184]

---

179 De usu partium XII, 8; vgl. oben den Anfang von Kap. 4.
180 Anatomiae, hoc est, corporis humani dissectionis pars prior [...] Per Io. Dryandrum Medicum & Mathematicum. Marburg 1537, Vorrede (unpag.): "Universam ferme capitis anatomiam, duodecim figuris absolvere est animus, cuique figurae, demonstrationis gratia, suas litteras apposuimus." Vgl. auch Vesalius: de Humani corporis fabrica, Praefatio, fol. 4r: "Hac siquidem ratione, qui secanti adfuere, demonstratorum habebunt commentarios, caeterisque leviori negotio Anatomen ostendunt." Vgl. auch Ferrari: L'esperienza del passato, S. 342, Anm. 106. Vgl. zu Dryander auch Barbara Mahlmann-Bauer: Anschaulichkeit als humanistisches Ideal. Johannes Dryander, Medicus atque Mathematicus Marpurgensis (1500-1560). In: Gemeinnützige Mathematik – Adam Ries und seine Folgen. Hg. von Jürgen Kiefer und Karin Reich. Akademie gemeinnütziger Wissenschaften zu Erfurt. Acta Academiae Scientiarum 8 (2003), S. 223-266.
181 Il teatro dei corpi. Le pitture colorate di Girolamo Fabrici D'Acquapendente.
182 Ferrari: L'esperienza del passato, S. 342.
183 Vgl. u.a. The Power of Images in Early Modern Science. Hg. von Wolfgang Lefèvre, Jürgen Renn und Urs Schöpflin. Basel et al. 2003; Pamela H. Smith: Art, Science, and Visual Culture in Early Modern Europe. In: Isis, 97 (2006), S. 83-100; Konstruierte Sichtbarkeiten. Wissenschafts- und Technikbilder seit der Frühen Neuzeit. Hg. von Martina Heßler. München 2006. Vgl. jetzt De Angelis: Darstellungsformen medizinischen Wissens.
184 Vgl. u.a. Sachiko Kusukawa: From Counterfeit to Canon: Picturing the Human Body, Especially by Andreas Vesalius (Max-Planck-Institut für Wissenschaftsgeschichte, Preprint 281, 2004); dies.: The Uses of Pictures in the Formation of Learned Knowledge: The Cases of Leonhard

Ein Beispiel einer rhetorischen Argumentationsweise finden wir auch im Text von Varolio an der Stelle, in der er sagt, er habe den im Vorlesungssaal Anwesenden die Wahrheit vor Augen geführt: *veritatem ipsam oculis omnium subieci*.[185] Das rhetorische Substrat der *demonstratio*, die auf sinnliche Evidenz abzielt, ist hier explizit ausgesprochen. Mit anderen Worten: Varolio versucht im Text die Situation des Vorlesungssaals erneut aufleben zu lassen und generiert damit die Illusion des Bezugs auf eine Realität, die ausserhalb des Textes liegt. Die These ist also, dass der Anatom in der rhetorischen Gestaltung seines Textes die technisch-darstellerischen Mittel des Redners einführt. Quintilian etwa spricht von der *evidentia* als Anschaulichkeit und übersetzt damit den griechischen Terminus *enargeia* (ἐνάργεια); *evidentia* oder *energeia* begreift er als grosser Vorzug der Rede, wenn es darum geht, etwas Wahres nicht so sehr zu sagen, als vielmehr vorzuzeigen.[186] Dieses grundlegende Verfahren der Evidenzherstellung durch die Figur der *demonstratio* bzw. *evidentia* wäre an weiterem Textmaterial der Anatomie des 16. und des 17. Jahrhunderts systematisch zu untersuchen.[187] Ein frühes Beispiel einer im Text dargestellten *observatio* findet sich bei Alessandro Benedetti (1452-1512), der an einer Stelle seiner *Anatomice* (¹1502) schildert, wie er das ganze Publikum urteilen lässt (*a toto*

Fuchs and Andreas Vesalius. In: Transmitting Knowledge. Words, Images, and Instruments in Early Modern Europe. Hg. von ders. und Ian Maclean. Oxford 2006, S. 73-96; Claus Zittel: Demonstrationes ad oculos. Typologisierungsvorschläge für Abbildungsfunktionen in wissenschaftlichen Werken der frühen Neuzeit. In: Zeitsprünge. Forschungen zur Frühen Neuzeit, Bd. 9 (2005), S. 97-135, der aber von der modernen Theoriebildung zum Bild im wissenschaftlichen Text ausgeht und den Bezug zur antiken Rhetorik nicht sieht. Zum Konzept des ›erzählenden Bildes‹ nach dem rhetorischen Vorbild der *narratio probabilis* vgl. Kalverkämper: Bildsemiotik, S. 378-383, der aber nicht speziell auf die Anatomie eingeht. vgl. auch Martin Kemp: Vision and Visualisation in the illustration of Anatomy and Astronomy from Leonardo to Galileo. In: 1543 and all that. Image and Word, Change and Continuity in the Proto-Scientific Revolution. Hg. von Guy Freeland und Anthony Corones. Dordrecht/Boston/London 2000, S. 17-51; ders.: 'The mark of truth': looking and learning in some anatomical illustrations from the Renaissance and eighteenth century. In: Medicine and the five senses. Hg. von William F. Bynum und Roy Porter. Cambridge 1993, S. 85-121, hier S. 97-103. Zu Vesals anatomische Visualisierungen, besonders zu den sogennannten ›Muskelmännern‹, vgl. jetzt Lutz Danneberg: Das Gesicht des Textes und die beseelte Gestalt des Menschen. Zu Formen der Textgestaltung und Visualisierung in wissenschaftlichen Texten sowie zu Problemen ihrer Deutung. In: Medizinische Schreibweisen, S. 13-72. Vgl. hierzu auch De Angelis: Sehen mit dem physischen und dem geistigen Auge.

185 Vgl. auch oben Abschnitt 8. in diesem Kapitel.
186 *Inst. or.* IV, 2, 63. Vgl. auch Ross Meijering: Literary and Rhetorical Theories in Greek Scholia. Groningen 1987, bes. S. 29-53 (u.a. zur *enárgeia* als Mittel des Zeigens und Visualisierens durch Texte).
187 Vgl. jetzt den Band Evidentia. Reichweiten visueller Darstellung in der Frühen Neuzeit. Hg. von Gabriele Wimböck et al. Münster 2007 (Pluralisierung & Autorität. Hg. vom Sonderforschungsbereich 573 an der Ludwig Maximilians-Universität München, Bd. 9), wo aber die *evidentia* als Darstellungsform der Anatomie nicht berücksichtig wird. Vgl. hierzu De Angelis: *Demonstratio ocularis*.

diiudicabitur theatro), dass die Gehörnerven – gegen die *opinio* des Aristoteles – an keinerlei Stelle eine Verbindung eingehen.[188] Zu fragen wäre somit, ob die Reproduktion der *experientia* in der Form der *oratio scripta* nicht zu einem Konstitutionsprinzip anatomischer Texte des 16. und des 17. Jahrhunderts gehört und ob die durch den Anatomen eingeführte kommunikative Ebene mit einem Publikum – als ›virtuelle Zeugenschaft‹ – nicht konstitutiv zu deren Verständnis beiträgt.[189] Denn ganz unmissverständlich verbirgt sich dieser antike rhetorische Wissenshintergrund auch hinter dem Konzept der *demonstratio*, die Varolio in seinem Text darstellt.

10. *Anatomische Tafeln Verdeutschet* (1656)

Als Werner Rolfinck in den *Dissertationes anatomicae* die Auffassung relativiert, anatomische Studien und das Öffnen von Kadavern würden sich negativ auf die Lebenserwartung der Anatomen auswirken (Widerstände gegen die Öffnung von Kadavern waren in der Zeit verbreitet),[190] lässt er eine Reihe von Anatomen und Chirurgen der ›Paduaner Schule‹ Revue passieren. Unter ihnen werden, neben Vesal, Gabriele Falloppia, Giulio Casseri, Adrianus Spigelius, Francesco Piazzoni, Johannes Wesling und Girolamo Fabrici da Acquapendente erwähnt, der als Nachfolger Falloppias beispielsweise mehr als fünfzig Jahre Anatomie doziert habe.[191] Wichtig ist die Namenliste deshalb,

---

188 Alexandri Benedicti physice Anatomice sive historia corporis humani. Impressum in alma Parisiorum academia Per Henricum Stephanum artis formulariae industrium opificem/ ex opposito scholae Decretorum habitantem [Paris 1514], Liber quartus, Cap. XVI (Secunda nervorum conjugatio), f. 44*r-v*. "At secunda conjugatio ad aures terminat, quod Aristoteles constanter negat. Ex ea sensorium auditus constituitur, de quo suo dicemus loco. Si qua in his coniugatio apparebit, a toto diiudicabitur theatro, quoniam ea nusquam apparet." Vgl. hierzu auch Ferrari: L'esperienza del passato, S. 154.

189 Vgl. hierzu ausführlich De Angelis: Sehen mit dem physischen und dem geistigen Auge. Vgl. zum Leser (*Lector*) als ›virtual witness‹ in den anatomischen Texten William Harveys Baroncini: Forme di esperienza, S. 158f.

190 Karin Stukenbrock: "Der zerstückte Cörper": Zur Sozialgeschichte der anatomischen Sektionen in der frühen Neuzeit (1650-1800). Stuttgart 2001, S. 251-257 u. 263-276. Abscheu und Ekel bei der Bevölkerung werden u.a. auf Äusserungen der Anatomen selbst zurückführt: "Sechs bis acht Stunden täglich stand er [sc. der Helmstedter Anatom Lorenz Heister, 1726, SDeA] in der Kälte und im 'Gestank', seine Hände und Füße wiesen Erfrierungen auf, und häufig verbrannte er sich am Wachs, das ihm in die Augen spritzte" (S. 252).

191 Dissertationes anatomicae, Cap. III (Anatome culpatur, quod vitae logaevae insidietur, & cadavera terreant Anatomicos), S. 42-47: "Quis ignorat, ANDREAM VESALIUM […]. GABRIEL FALLOPPIUS MUTINENSIS, vir ab ingenii acumine […]. JULIUM CASSERIUM PLACENTINUM in verâ anatomen docendi ratione, acris ingenii, judicii exquisiti, dexteritatisque admirandae specimina, in curiôsa de vocis auditusque organis historiâ, tabulis aeneis, quarum elegantia spirat vitam: multitudo necessaria, perfectio absoluta, magnitudo perspicua, artificium inimitabile: exornatâ, edentem, praematura mors abripuit. […].

weil sie eine Tradition herstellt, in der sich Rolfinck selbst auch sieht, als er um 1650 über Anatomie schreibt. Und diese Tradition war in dieser Zeit auch in Deutschland präsent. Hier kommen nämlich die einzelnen Fäden des bislang dargestellten Prozesses der Herstellung und Vermittlung von neuem medizinischem Wissen wieder zusammen.

Von Giulio Casseri aus Piacenza etwa hebt Rolfinck neben der Schrift *De vocis auditusque organis historia anatomica* (1600) auch dessen später in Deutschland berühmt gewordenen anatomischen Kupfertafeln hervor.[192] Diese Tafeln wurden 1627 von Daniel Rindfleisch, einem unter dem Pseudonym Daniel Bucretius bekannten Schüler von Adrianus Spigelius, veröffentlicht.[193] Spigelius selbst trat 1616 die Nachfolge von Casseri auf dem Chirurgielehrstuhl in Padua an. Casseri hatte seine Karriere als Chirurg und Anatom in Padua an der Seite von Fabrici begonnen, an dessen Stelle er 1613 trat. Seine Anatomielektionen waren jedoch schon in der Zeit, als er Fabrici vertrat und dieser ihn auch als Rivalen wahrzunehmen begann, vor allem bei den Studierenden der *Natio germanica* beliebt, die ihm Kadaver für seine Studien besorgten. Obschon die von Bucretius' beigefügten Erklärungen zum Teil fehlerhaft sind, waren Casseris Tafeln, die einen Höhepunkt barocker Ikonografie repräsentieren, massgeblich an der globalen Verbreitung der Entdeckungen der Paduaner Anatomie beteiligt.[194] 1593 hatte Casseri den deutschen Maler Joseph Murer beauftragt, seine anatomischen

---

ADRIANI SPIGELII nomen notum est: virtus nota [...]. FRANCISCUS PLAZZONUS hujus concurrens, insigni vultus & sermonis suavitate excellens vir [...]. Non potest abire indictus JOHANNES VESLING [...]. HIERONYMUS FABRICIUS à patriâ Aquapendens nominatus, Fallopii successor, triplicem ferè comitivam meritus, quinquaginta & ultra annos in anatomicô docendi munere consumsit, & senectutis limina salvus salutavit, serusque reliquit theatrum suis consiliis exstructum magnificentissimum, donec tandem senili marcore enervatus mundanam hanc scenam desereret."

192 Ebd.: "JULIUM CASSERIUM PLACENTINUM in verâ anatomen docendi ratione, acris ingenii, judicii exquisiti, dexteritatisque admirandae specimina, in curiôsa de vocis auditusque organis historiâ, tabulis aeneis, quarum elegantia spirat vitam: multitudo necessaria, perfectio absoluta, magnitudo perspicua, artificium inimitabile: exornatâ, edentem, praematura mors abripuit."

193 Vgl. Iulii Casserii Placentini Olim in Patavino Gymnasio Anatomiae & Chirurgiae Professoris Celeberrimi Tabulae Anatomicae LXXVIII Cum supplemento XX Tabularum Danielis Bucretii Vratislaviensis, Phil. & Med. Doct. Qui & omnium Explicationes addidit. Venedig 1627 [Frankfurt/M. 1632, Amsterdam 1645]. Vgl. zu Giulio Cesare Casseri den Art. von Augusto De Ferrari im Dizionario Biografico degli Italiani, Bd. 21 (1978), S. 453b-456a, dem ich die folgenden Daten entnehme. Daniel (Bucretius) Rindfleisch jr., wurde am 22. Juni 1626 in Padua promoviert; sein Hauslehrer in Schlesien war Martin Opitz gewesen; vgl. Zonta: Schlesische Studenten an italienischen Universitäten, S. 367.

194 Vgl. zu Fabricis und Casseris anatomische Tafeln jetzt Alessandro Riva: Priorità anatomiche nelle *tabulae pictae*. In: Il teatro dei corpi, S. 147-152, hier S. 147: "Molte delle scoperte presenti nelle tavole di Fabrici, che erano pronte nel 1600, sono infatti contenute nelle tavole del suo allievo e poi acerrimo rivale Giulio Casseri."

Befunde zu zeichnen, um 1600 waren die Kupfertafeln mehrheitlich fertiggestellt. In deutscher Übersetzung erschienen Casseris *Anatomische Tafeln* erstmals 1656 (²1707).[195]

Nimmt man Casseris Werk in Augenschein, so erkennt man, in welcher Weise anatomisches Wissen aus dem 16. auch noch im 17. Jahrhundert dargestellt und vermittelt wurde. Dabei übernehmen die Bilder die Funktion des ›Vor-Augen-Stellens‹, indem sie in signifikanter Weise neben die sprachliche Darstellung treten. Die *demonstratio* ist das organisierende Darstellungsmittel der Evidenz, die vom Bild hergestellt wird. Somit kann zumindest für diesen konkreten Fall ansatzweise gezeigt werden, *wie* bzw. *als was* Bilder, wenn es sich um anatomische Darstellungen handelt, *funktionieren*.[196]

Hinweise über die Bildfunktion gibt der kurze Einleitungstext in das zehnte Buch von Casseris Werk, der die beiden Methoden der Hirnsektion, – diejenige Galens und diejenige Varolios – behandelt. "In diesen Tafeln," so beginnt der Text, "wird dieses alles vor Augen gestellet/ was in dem Haupte (caput) mag gesehen werden/ aber insonderheit das Gehirne (cerebrum)."[197] Da die Bilder verschiedene Momente der Hirnsektion bzw. den Handlungsablauf nacheinander folgender Zerlegungsschritte demonstrieren, lässt sich durchaus von einer *Bildreihe* oder *Bildsequenz* sprechen.

Dabei werden "alle Theil vor Augen gestellet [...] in der Ordnung/ wie sie einem vor die Hand kommen/ in dem daß man sie nach Anatomischer Art zerleget: [...]."[198] Jedes Bild stellt also das Produkt des jeweils vollendeten Zerlegungsschrittes dar. Dabei wird mit diesen Bildern der Erkenntnisanspruch erhoben, "daß wenn einer diese Abbildung mit Fleiß beschawet/ er von sich selbst die Zerlegung des Haupts erlernen / und üben kann / und alle Züge und Schnitte des Messers ohne Mühe begreiffen."[199] So zeigen etwa die Tafeln I und II die beginnenden Sequenzen der galenischen Methode, die in Ta-

---

195 Vgl. Julii Casserii Placentini Anatomische Tafeln/Mit Denselben Welche DANIEL BUCRETIUS hinzugethan/ und aller beygefügten Erklärung; Zu Nutz und Ehren der Wundärzte/ Insonderheit aber Derer in den Hochlöblichen Königreichen Dännemarck und Norwegen Wohnenden. Auff Anordnung D. SIMONIS PAULLI, Ihr. K. May. zu Dännemarck/Norwegen/ec. Hoff-Medici, für diesen ins Deutsche übergesetzt/nun aber allererst an den Tag gegeben/ Nebenst einer Lateinischen Zugabe/ In sich begreiffend Die Einführung der Anatomen-Kunst/ und derer offentlichen Ubung/ Auff der uhralten und weitberühmten Königlichen Academien Kopenhagen. Frankfurt/M. 1656.
196 Gottfried Böhm: "Zwischen Auge und Hand: Bilder als Instrumente der Erkenntnis. In: Mit dem Auge denken. Strategien der Sichtbarmachung in wissenschaftlichen und virtuellen Welten. Hg. von Bettina Heintz und Jörg Huber. Wien/New York 2001, S. 43-54, hier S. 44.
197 Anatomische Tafeln, S. 192.
198 Ebd.
199 Ebd.

fel VII den Ursprung der optischen Nerven im verlängerten Rückenmark entsprechend von oben darstellt (Abb. 2), während die Tafeln IX und X nach Varolio "die newe und umbgekehrte Art zu zerlegen/ vor Augen stellen". Die Tafel IX veranschaulicht neben dem *nervus opticus* auch das *infundibulum* (das von Varolio angenommene Schleimabsonderungsorgan) und die *glandula pituaria* ("Schlamdrüßlein"), und dies zu einer Zeit, als die antiken Wissensansprüche zur Phlegmaabsonderung nach Hippokrates und Galen noch als glaubwürdig galten.

Das Wissen von den Sezierungsmethoden wird hier also durch die bildliche Darstellung vermittelt, die als autodidaktisches Instrument für angehende Anatomen und Chirurgen begriffen wird. Varolios spezialisiertes anatomisches Wissen war damit – um mit Ludwik Fleck zu sprechen – zu einer ›öffentlichen Tatsache‹ in handbuchwissenschaftlicher Form geworden.[200]

---

200 Ebd., S. 192-218. Vgl. zu Ludwik Flecks dreistufigem Modell der ›Entstehung einer wissenschaftlichen Tatsache‹ – Zeitschriftenaufsatz, Handbuchwissen, Populärwissenschaft – Uwe Pörksen: Blickprägung und Tatsache. Veranschaulichungsstufen der Naturwissenschaften – von der hypothetischen Skizze bis zum öffentlichen Idol. In: Darstellungsformen der Wissenschaften, S. 321-347, hier S. 324-326.

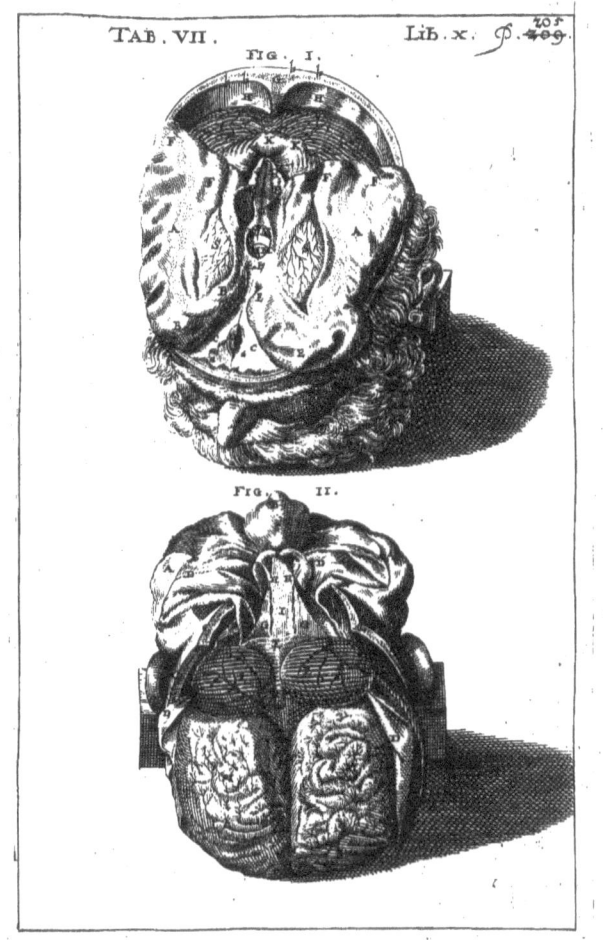

Abb. 2: *Tabula VII*: Der Ursprung der optischen Nerven nach Giulio Casseri. *Anatomische Tafeln Verdeutschet* (Frankfurt a. M., 1656).

11. Historisierung und *experientia*

Die beobachteten Praktiken der Beglaubigung neuer Wissensansprüche hatten sich um die Mitte des 17. Jahrhunderts auch auf das Glaubwürdigkeitskonzept ausgewirkt. Gerade vor dem Hintergrund der in der ersten Jahrhunderthälfte erbrachten Gesamtleistung wurde es für die Anatomen zunehmend schwieriger, so ohne Weiteres das *argumentum ab auctoritate* in einer Argumentation geltend zu machen. Aussagen über die Wahrheit einer Sache müssten nicht aufgrund von Autorität getroffen, sondern durch Argumente bestätigt werden, die aus der Autopsie selbst hervorgegangen seien, beteuert beispielsweise Jacob De Back.[201] Und Bartholin zieht im Rahmen seiner Erkenntnis, dass es für die Leber "vasa sui generis" gebe, lapidar den Schluss: "Wir glauben nur das, was wir mit den Händen anfassen und mit den Augen sehen."[202] Niemals sei die Autorität der Alten einer Erfahrung, die einen sehr hohen Gewissheitsgrad habe (*certissima experientia*) vorzuziehen.[203] Vergleicht man die Texte der Anatomen in der Zeitspanne etwa zwischen Aselli (1627) und Pecquet (1651) oder Rudbeck (1653) auch nur oberflächlich, lässt sich feststellen, dass Letztere deutlich weniger bis gar nicht mehr auf das *argumentum ab auctoritate* zurückgreifen. Autoritätstheoretisch ausgedrückt, heisst das, dass in der argumentierenden Praxis der Mediziner das Vertrauen auf das Testimonium tendenziell abnimmt und das Ersetzens des kunstlosen durch das kunstgemässe Argument bzw. Autopsie tendenziell zunimmt. Dabei konnten die Mediziner um 1650 bereits auf eine langjährige Erfahrung im Umgang mit autoritativen Texten zurückblicken. Darin lag ein wesentlicher Grund, weshalb die Medizin auch für andere Wissensbereiche (wie zum Beispiel die Rechtsphilosophie) in der zweiten Hälfte des 17. Jahrhunderts zu einer Leitdisziplin avancieren konnte.[204]

Diese Situation lässt vermuten, dass sich mit der Veränderung des Glaubwürdigkeitskonzepts sich auch der Umgang mit den Autoritäten zu verändern beginnt. Deren Leistungen werden *historisiert*, ohne dass ihnen bestimmte Fähigkeiten, also – nach der Theorie des Testimoniums – bestimmte Kompetenzen und ein bestimmtes Fachwissen abgesprochen werden. In diesem Sinn wären beispielsweise die kontrafaktischen Imaginationen eines Bartholin zu interpretieren. Der Wandel des

---

201 Dissertatio de corde, Sectionis primae, Cap. I, S. 55: "Qui de rei alicuius veritate laturus sententiam est, neque illustris cujusdam viri auctoritate, neque opinionis prius receptae amore, neque ullius rei studio, moveri, sed iis, quae oculis videntur, manuum tactu percipiuntur, & ab ipsâ autopsiâ depromptis rationibus confirmantur, fidere debet: […]."

202 Bartholin: De Lacteis Thoracicis Historia Anatomica. Cap. III (Chylo vehendo nec Cholidochum, nec Pancreas, Mesaraicas vulgares esse destinatus): "Sunt tandem qui eodem tempore easdem & sanguinem perferre & revehere chylum credant, quemadmodum in fluminibus contrarias subinde ferri aquas observamus. Sed nulli ex illis Naturae institutum unquam sunt assequuti. Nos tantum credimus, quantum manibus palpamus, oculisque videmus." Bartholin: Vasorum Lymphaticorum Historia Nova, Cap. VIII (Post inventa Vasa Lymphatica, Hepatis Exsequiae): "Vidimus quippe vasa illa prope hepar, sui esse generis, à contento liquore Lymphatica nobis dicta, ex hepate ad Receptaculum aquam inferre, […]." Beide Zitate nach Messis Aurea, S. 43 u. 234f.

203 Bartholin: De Lacteis Thoracicis Dubia Anatomica, Cap. V (Propter ademptum Hepati sanguificationis munus non esse immutandum Methodum medendi): "Veterum autoritatem experientiae certissimae nunquam esse praeponendam." Zitiert nach Messis Aurea, S. 190.

204 Vgl. hierzu Kap. 5 in dieser Arbeit.

Glaubwürdigkeitskonzepts in der Anatomie ist aber auch noch vor einem anderen Hintergrund zu betrachten: Bekanntlich hat Francis Bacon die Vorbildhaftigkeit der Antike selbst als *opinio* entlarvt. Die Reverenz vor der Antike – die *reverentia antiquitatis* – und die Autorität angesehener Männer in der Philosophie habe die Menschen von dem Fortschritt in den Wissenschaften abgehalten.[205] Bacons Aussage ist jedoch nicht nach dem traditionellen Argumentationsmuster der Autoritätenkritik zu lesen, sondern im Horizont einer Uminterpretierung der Wahrnehmung der antiken historischen Zeit. Die Welt, in der die Alten lebten, ist für Bacon nicht für das Greisen- und Grossväteralter zu halten. Das müsse von seinem Zeitalter gesagt werden und nicht von der alten Welt. Denn das Zeitalter der Alten sei zwar in Rücksicht auf das seinige älter und entfernter, in Rücksicht auf die Welt selbst jedoch neuer und jünger. Und wie von einem älteren Menschen aufgrund einer viel breiteren Erfahrungsbasis mit Recht eine grössere Kenntnis in menschlichen Angelegenheiten und ein reiferes Urteil zu erwarten sei als von einem jüngeren, so sei von seinem Zeitalter viel mehr als von früheren Zeiten zu erwarten.[206]

Bacons bedeutsame Veränderung in der Wahrnehmung der Antike wirft auch ein Licht auf die Interpretation der Leistungen der antiken Autoren durch die Anatomen. So argumentiert Bacon – wie diese – vor dem Hintergrund der Autoritätstheorie: Im *Novum Organum* (1620) weist er darauf hin, dass den antiken Autoren eine eigene Ehre (*suus honos*) zukomme, weil der Vergleich zwischen antiken und modernen Autoren nicht auf der Ebene der Fähigkeiten (*facultates*), sondern auf der der Methode (*via*) anzusetzen sei: "und wir unterstützen eine Person nicht aufgrund von Urteilen, sondern aufgrund von Beweisen."[207] Auf dem Hintergrund der Theorie des Testimoniums lässt sich besonders gut zeigen, wie diese Strategie der Entpersönlichung von Wissen gemeint war: Wissensansprüche werden nicht mehr nach den moralischen Qualitäten

---

205 Novum Organum, I, LXXXIV: "Rursus vero homines a progresssu in scientiis detinuit et fere incantavit reverentia antiquitatis, et virorum qui in philosophia magni habiti sunt authoritas, atque deinde consensus." Vgl. Francis Bacon: Works. Hg. von J. Spedding, R.L. Ellis, D.D. Heath. Bd. I, London 1858 (ND Stuttgart-Bad Cannstatt 1963), S. 190.

206 Ebd., I, LXXXIV: "De antiquitate autem, opinio quam homines de ipsa fovent negligens omnino est, et vix verbo ipsi congrua. Mundi enim senium et grandaevitas pro antiquitate vere habenda sunt; quae temporibus nostris tribui debent, non juniori aetati mundi, qualis apud antiquos fuit. Illa enim aetas, respectu nostri antiqua et major, respectu mundi ipsius nova et minor fuit. Atque revera quemadmodum majorem rerum humanarum notitiam et maturius judicium ab homine sene exspectamus quam a juvene, propter experientiam et rerum quas vidit et audivit et cogitavit varietatem et copiam; eodem modo et a nostra aetate [...] majora multo quam a priscis temporibus expectari par est; [...].

207 Ebd., I, XXXII: "Antiquis authoribus suus constat honos, atque adeo omnibus; quia non ingeniorum aut facultatum inducitur comparatio, sed viae; nosque non judicis sed indicis personam sustinemus." Vgl. Bacon: Works, Bd. 1, S. 162.

bzw. dem Charakter einer Person (*virtutes*) beurteilt, auf denen sich nach der antiken Topik die Glaubwürdigkeit und die Überzeugungskraft des Testimoniums unter anderem auch zu stützen hatten.[208] Der Vertrauensvorschuss gegenüber dem Testimonium ist bei Bacon also nicht mehr gegeben. Stattdessen hebt er die anatomische Praxis hervor: Sich mit der Menschen- und Tieranatomie zu beschäftigen, sei ganz richtig und nützlich, scheine sie doch ihren Gegenstand genau zu erforschen.[209] Anatomen werden also nunmehr danach beurteilt, was sie beweisen können (im Sinne von vorzeigen). So beschreibt etwa Bartholin, wie er aus der Analyse empirischer Daten (*vidimus*) die Information entnommen habe, dass ein Gefässtyp *sui generis* – die *vasa lymphatica* – existiert, dass dieser auf bestimmten Wegen eine spezifische Flüssigkeit transportiert und mit bestimmten Organen verbunden ist. Erst *danach* habe er erkannt, dass Galen nicht dasselbe gesehen hatte wie er, mithin dessen Wissensansprüche falsch waren.

Bedenkt man also bei den Medizinern des 16. und des 17. Jahrhunderts den Hintergrund der Theorie des Testimoniums, so ist besser zu begreifen, warum sie in den anatomischen Büchern der Autoritäten lasen, warum sie es von einem bestimmten Zeitpunkt an immer weniger getan haben und worin die neue Untersuchungsweise der Natur im Sinne Bacons eigentlich bestand. Denn für Bacon selbst steht grundsätzlich fest, dass der Stoff der Tradition nicht *per se* von Bedeutung ist, sondern dass dieser neue, selbstständige Untersuchungen provoziert. Dies hat wiederum mit Bacons Erkenntnis der "Geschichtlichkeit von Wahrheit" zu tun.[210]

12. *nova oeconomia corporis* und *anthropologia* um 1660 – Gerhardus de Neufville und Jacob de Back

Die Frage, die sich nach der vorangegangenen Darstellung stellt, ist, ob Bacons Uminterpretation der Antikenwahrnehmung und das neue medizinische Wissen, sich auf die *anthropologia* ausgewirkt haben, wenn man diese vom Casmannschen Grundschema her begreift.[211] Die Antwort ist – um es

---

208 Cicero: Topica, XIX, 73 -XX, 78. Vgl. hierzu Kennedy: A History of Reasonableness, S. 24f.
209 Novum Organum, II, VII: "Atque in anatomia corporum organicorum (qualia sunt hominis et animalium) opera sane recte et utiliter in sumitur, et videtur res subtilis et scrutinium naturae bonum." Vgl. Bacon: Works, S. 233.
210 Vgl. hierzu den anregenden Aufsatz von Claus Zittel: "Truth is the daughter of time". Zum Verhältnis von Theorie der Wissenskultur, Wissensideal, Methode und Wissensordnung bei Bacon. In: Wissensideale und Wissenskulturen in der frühen Neuzeit. Hg. von Wolfgang Detel und Claus Zittel. Berlin 2002, S. 213-238, Zitat S. 215.
211 Vgl. hierzu oben Kap. III, 7.

gleich vorwegzunehmen – ja, auch wenn das ›Neue‹ sich nicht schlagartig durchsetzt und von nun an nicht alles durch die Brille des ›Neuen‹ gesehen wird. Es verhält sich vielmehr so, dass das, was wir aus unserer ›modernen‹ Perspektive als das ›Neue‹ betrachten, von den Akteuren des 17. Jahrhunderts oft im Rahmen ›alter‹ Ordnungs- und Wissensstrukturen transportiert und gedacht wird. Zu fragen ist also eher, wie die ›alten‹ Denkstrukturen durch das neue Wissen verändert werden, wie der komplexe Prozess der Transformation der *anthropologia* vorangegangen ist und was er beinhaltet. Dem wollen wir in diesem Abschnitt, vor allem aber auch in den nächsten Kapiteln nachgehen.

Bacons Erkenntnis der Historizität von Wahrheit und Wissen hatten vor allem die Mediziner für sich beansprucht, und zwar auch dann, wenn diese nicht in erster Linie praktizierende Anatomen oder Ärzte, sondern Lehrer an Hohen Schulen waren und also einen eher theoretischen Zugang zum naturkundlichen Wissen hatten. Als ein frühes Beispiel der Bacon-Rezeption in Deutschland ist der Bremer Professor für Philosophie und Medizin, Mathematik und Physik, Gerhardus de Neufville (1590-1648) zu verzeichnen, der in den 1640er Jahren am Bremer Gymnasium lehrte.[212] In seiner bemerkenswerten Vorrede an den Leser zu dem Werk *Physiologia seu physica generalis de rerum naturalium* (1645) übernimmt de Neufville das historisierende Wissensmodell Bacons und betrachtet die überlieferten Methoden der Wissensvermittlung an Schulen – die *disputatio* und die *quaestiones* – als obsolet: Die Erfahrung (*experientia*) und die Beobachtung (*historia*)[213] vergangener Zeiten seien bislang zwar sehr gut attestiert worden, andere und bessere Hilfsmittel seien aber nötig, setze man sich zum Ziel, die Wahrheit der natürlichen Dinge (*res naturales*) zu erforschen.[214]

---

212 Forschungsliteratur über Gerhardus de Neufville ist nur spärlich vorhanden; einige Fussnotengaben finden sich in der Monographie von Francesco Trevisani: Descartes in Germania. La ricezione del cartesianiesimo nella Facoltà filosofica e medica di Duisburg (1672-1703). Milano 1992, s. Registerangaben, der G. de Neufville u.a. als einer der Lehrer Johann Claubergs in Bremen erwähnt. Vgl. hierzu Kap. 5 dieser Arbeit.
213 Zur Grundbedeutung von *historia* in der medizinischen Literatur der frühen Neuzeit vgl. Pomata: *Praxis Historialis*: The Uses of *Historia* in Early Modern Medicine. S. 106: "[…] the medical *historia* carried a strong empiricist connotation. It meant *sensata cognitio*, knowledge based on sense perception, as well as the report thereof."
214 Vgl. Physiologia seu Physica Generalis, De Rerum Naturalium, atque etiam substantiae corporeae, communi natura, primis principiis & causis communissimisque affectionibus, Aphoristicé proposita & perspicuè explicata: cui praeit Isagoge in Elementa Physica, qua Ratio & methodus acquirendae cognitionis seu scientiae rerum naturalium breviter exponitur: Auctore Gerhardo de Neufeville, Philos. & Medicin. D. & Professore, ac Reip. Bremensis Physico primario. Bremen 1645. Praefatio. Lectori benevolo salutem, unpag.: "Ex quibus haud difficulter perspicitur, veritatis in rebus naturalibus inquisitionem frustra tentari per disputationes, quibus quaestio quaelibet in utramque partem ventilatur, adductis variis rationibus atque auctoritatibus: quo in genere inquisitionis scholae omnes hucusque tanto conatu laborarunt. […] superiorum temporum experientia atque historia hactenus luculenter testatum fecit.

De Neufvilles Rede ist denn auch dezidiert programmatisch: Er erwähnt (mit expliziten Bezügen auf das *Novum Organum*) auch die vier zentralen Punkte, die Bacon zur Erneuerung der *scientia rerum* einfordert: 1. Ursachenforschung; 2. induktives Schliessen (*inductio*) aus empirischen Daten oder Experimenten auf allgemeine Sätze, wobei ein einfacher Verstehensprozess auf der Analyse einfacher Begriffe beruht, die sich auf eine gegebene Sache (*res*) beziehen; 3. die Erkenntnis erfolgt graduell vom Besonderen zum Allgemeinen; 4. die Vorurteilslosigkeit des Verstandes (Idolalehre).[215] Seine empiristische Erkenntnismethode der Naturforschung sowie zentrale Begriffe der Methodenlehre, wie die Induktion, expliziert de Neufville ausführlich auch in den einleitenden Kapiteln der *Physiologia*,[216] die als *Physica generalis* ja als allgemeine Darstellung der Prinzipien, Ursachen und Wirkungen der Naturkörper definiert ist. Gerade die gewählte Darstellungsform der Aphorismen signalisiert eine gewisse Offenheit gegenüber dem vorgetragenen Wissen, als sei es etwas Unabgeschlossenes, Fragmentarisches, sich im Wachstum Befindendes, ganz ähnlich wie das auch Bacon sah.[217] Vermutlich hat de Neufville als Medizinprofessor auch

Quare aliis, & quidem melioribus, praesidiis opus est, si rem tantam conficere atque ad optatum finem perducere nobis sit propositum."

215 Ebd.: "quum tamen certum sit, methodum inquirendi seu investigandi causas, si non magis, certè non minùs, ad naturalium praecipuè rerum scientiam necessariam esse. [...] quòd solam inductionem sufficere putat Auctor [sc. Bacon], ad comparandam solidam rerum scientiam, [...], quum tamen inductio solam propositionis universalis, ex particularis collectae, [...]. Ut enim, in simplici mentis apprehensione, per analysin simplicium notionum, plurimae quidem inveniuntur notiones sue termini simplices, qui ad rem subjectam referuntur & pertinent; [...] quòd gradatim progrediendum esse docet, à minus universalibus ad magis universalia: [...], quôd idem Auctor, ad interpretationem naturae, requirit mentem puram, h.e. ab omnibus praeconceptis opinionibus seu idolis, ut loquitur liberatam atque expurgatam, [...]."

216 Physiologia, Cap. IV (De sensu atque observatione, indeque nata experientia, deque historia naturali): "Aphorismus I. Sensus primo omnium ad acquirendam rerum naturalium scientiam requiritur; quod omnis nostra cognitio originaliter à sensibus hauriatur ac petatur, quorum est objectum cognoscendum intellectui proponere. [...] Aphor. XV. Inductio verò ipsa est forma collectioni, seu processus mentis à particularibus experimentis ad universalia principia, adeoque organon seu instrumentum cognitionis principiorum: unde intelligentia inductione acquiri dicitur"; Cap. XIV (De ratione & methodo investigandi causas, cum ipsarum rerum naturalium, tum affectionum, quae eisdem insunt). Aphor. IV: "Haec verò causarum investigatio, in scientiae naturalis acquisitione, primas tenet: siquidem omnis perfecta atque accurata rerum notitia ex causis petenda est. Ac philosophari etiam certe nihil est aliud, quam rerum causas investigare; uti & philosophus est causarum investigator."

217 Proficience and Advancement of Learning [1605], Second Book: "[...] so there remaineth nothing to fill the Aphorisms but some good quantity of observations: [...] Aphorisms, representing a knowledge broken, do invite men to inquire farther; whereas Methods [sc. methodisch-demonstrative Wissensdarstellungen], carrying the shew of a total, do secure men, as if they were at furthest." Vgl. Bacon: Works. Bd. 3, S. 405. Vgl. auch Lorraine Daston: Baconsche Tatsachen. In: Rechtsgeschichte 1 (2002), S. 36-55, die unter anderem auf Barbara J. Shapiro: A Culture of Fact. England 1550-1720. Ithaca/London 2000 aufbaut. Shapiro weist die Ableitung der Wendung ›matter of fact‹ aus der juristischen Sprache und deren Übertragung auf den Bereich der ›Naturtatsachen‹ nach.

das aphoristische Modell des Hippokrates vor Augen, in dem medizinische Grundsätze mit Beobachtungen verbunden werden.[218] Auch wenn de Neufville ein mathematisch-deduktives Modell der Bildung und Darstellung naturkundlicher Lehren, das aus ersten als wahr erkannten Prinzipien alle folgenden Sätze ableitet und demonstriert, nicht für adäquat hält,[219] heisst das dennoch nicht, dass in seinem Werk überhaupt keine Systematik vorhanden wäre, im Gegenteil. Hier liegt ja gerade der interessante Punkt.

Eine Ordnung ergibt sich aus der Behandlung der *scientia naturalis* und deren Teile. Der *Physica generalis* folgt nämlich eine *Physica specialis*, die in einem posthum herausgegebenen Werkband im Jahre 1668 erscheint.[220] Der Band war aus einer Reihe von Disputationen von Schülern des Bremer Gymnasiums hervorgegangen und fand dort als Lehrbuch Verwendung. Der erste Teil der *Physica specialis* umfasst eine *Cosmologia* (supralunare Welt)[221] und eine *Cosmographia* (sublunare Welt), der zweite Teil eine *Anthropologia* (Mensch). Was mich an diesem Nachfolgewerk interessiert, sind nicht nur einzelne spezifische Wissensinhalte, sondern auch strukturelle und wissenssystematische Aspekte, welche die Anthropologie betreffen. Indem die *Anthropologia* den Menschen, also vor allem dessen Körper und Seele, behandelt und letztere unter die *physica* subsumiert, haben wir es hier im Grunde mit einer aristotelischen Systematik von Disziplinen zu tun, wie wir sie aus dem philosophischen Unterricht, dem *cursus artium*, an den italienischen Universitäten des 16. Jahrhunderts her kennen, in dem die Kommentierung naturphilophischer Texte des *Corpus aristotelicum*, insbesondere auch *De anima*, im Mittelpunkt stand.[222] Anders ausgedrückt kann man sagen, dass die Betrachtung der menschlichen Seele

---

218 Zur Literatur über Hippocrates' Aphorismen vgl. Daston: Baconsche Tatsachen, S. 52, Anm. 51.
219 Physiologia, Praefatio: "At, tam definitiones rerum naturalium, quàm causae earundem, ut & affectionum illis inhaerentium, non possunt ex generalibus quibusdam principiis congnosci, sed, longa & difficili admodum inquisitione, ex variis et multiplicibus experimentis, per analysin & divisionem investigari, & inductione examinari ac probari debent: [...]."
220 Vgl. Viri Clarissimi, Gerhardi de Neufville, Philos. & M.D. ejusdemque ut & Phys. ac. Mathes. Profess. quondam celeberrimi, & Rep. Brem. Physici Primarii Cosmologia et Anthropologia, Sive Physica specialis partes duae principaliores, Ad modum physicae generalis, quam praedictus author Anno 1645 edidit, aphoristicè explicatae, & perspicuè traditae; Jam demum aliquot disputationibus pulicé in illustri Gymnasio Bremensi habitis pro studiosa Juventutis usu in lucem emissa ab Henrico Harmes, M.D. eiusdémque ut & Physicae Professore ordinario. Bremen 1668.
221 Unter de Neufville erörterten die Studierenden noch ein geozentrisches Weltsystem, wie etwa folgende Stelle zeigt: Cosmologia, Lib. I, Cap. XII (De planetis primariis, sole & luna), Aphor. III: "Planetae primarii sunt, quorum motus orbita ordinatur circa terram, ut centrum universii: nempe sol & luna" (*Respondebat publicè* Gerhardus Meier, Brem.)." In den 1640er Jahren, in denen die Disputationen vermutlich geschrieben wurden, mag dieser Umstand wenig erstaunen. Die Kopernikus-Debatte erreichte in Europa zwischen 1630 und 1660 ihren Höhepunkt und ging mit der Kritik an Descartes einher. Vgl. hierzu unten Kap. 5.
222 Vgl. oben Kap. 2, 2.1. in dieser Arbeit.

als Teil der *physica* im weitesten Sinne an die Tradition der naturalistischen Lektüre des Aristoteles anknüpft. Die Kontinuität mit Aristoteles muss sich bei de Neufville dennoch nicht unbedingt mit der Formulierung einer empiristischen Erkenntnismethode Baconscher Provenienz widersprechen. Nimmt man seine aphoristische Schreibweise und die Beobachtung, auf der sie beruht, ernst, so spricht das vielmehr für eine Veränderung des Anthropologiebegriffs um die Mitte des 17. Jahrhunderts.

Das kann anhand einiger Aphorismen über die Definition des Menschen gezeigt werden, mit der sich de Neufville gegenüber der Tradition positioniert. So ist es kein Zufall, dass er sowohl die Dominanz des Seelischen über das Körperliche im Neoplatonismus Marsilio Ficinos, als auch die Erhebung der Tiere zu vernünftigen Wesen bei Plutarch, Lorenzo Valla und anderen für falsch hält.[223] De Neufville argumentiert stattdessen aristotelisch: Er identifiziert den organischen Körper mit dem materiellen Prinzip, von dem die *anima rationalis* das formelle sei.[224] Ein von diesen beiden verschiedenes Prinzip, wie etwa den ätherischen Spiritus, der die unkörperlich-geistige Seele mit dem Körper verbinde, sei nicht nötig.[225] Denn die Seele (*anima*) wird als etwas Geistiges (*spiritualis*) aufgefasst, das proportional zum Körper sei, also gewissermassen dessen Akt und Entelechie, womit die Einheit der menschlichen Natur konstituiert wird.[226] In der Tat definiert de Neufville den Menschen aufgrund der substantiellen Form des Körpers und identifiziert diese mit der *anima rationalis*.[227] Gerade in ihrem rationalen und intellektiven Grad (und nicht nur in ihrem vegetativen und sensitiven) sei die Seele das formale Prinzip des Menschen, das ihn *specifice* von den Tieren unterscheidet.[228] Das entspricht genau dem Argument

---

223 Anthropologia, Cap. I, Aphor. III u. IV: "Cum animal homo dicitur, intelligitur inde falsam esse sententiam quorum Plaotnicorum, atque inter eos Marsilii Ficini, quâ hominem non id esse, quod ex corpore animaque constituitur, sed ipsam animam corpore, ceu instrumento, utentem, contendunt. [...] Vox altera, rationale, hominem à brutis animalibus essentialiter distinguit: Ideoque falsa est Plutarchi, Laurentii Vallae ac aliorum quorundam, bruta etiam ratione uti, statuentium opinio."

224 Ebd., Aphor. VII: "Interna principia sunt ejus materia & forma, nempe corpus organicum & anima rationalis: [...]."

225 Ebd., Aphor. VIII: "Tertium autem principium ab utroque diversum quod nonnulli ajunt esse spiritum aethereum seu coelestem, cujus officium sit natura extremè dissidentes, animam sc. incorpoream & spiritualem, corpusque crassum ac terrenum, veluti medium quoddam utrique proportionatum, inter se unire & copulare, non est necessarium: [...]."

226 Ebd.: [...] siquidem anima, licet spiritualis, per se ipsam est proportionata corpori, tanquam ejus actus & perfectio; materiam item & formam immediate uniri oportet, ut unum per se, quale homo est, constituant."

227 Ebd., Cap. III, Aphor. V: "Est autem anima rationalis actus primus substantialis corporis humani, spiritualis & incorporeus."

228 Ebd., Aphor. III: "Ideoque haec non secundum gradum vegetativum & sensitivum duntaxat, sed maxime secundum gradum intellectivum, seu quatenus est rationalis & intellectiva, hominis forma est: quum ita demum hominem à brutis animantibus specificè distinguat."

im *De anima*-Kommentar des jesuitischen Kollegiums der Conimbricenses, für welche die *anima intellectiva* als Form gemeinsam mit dem organischen Körper eine substantielle Einheit konstituiert: *unum quid in genere substantiam*.²²⁹ Wird die *anima intellectiva* mit der Form des Menschen identifiziert und die *unio* als *substantia* begriffen, so ist es nicht mehr länger möglich, die intellektive Seele als separate Substanz zu betrachten. So geht es denn auch bei de Neufville nicht mehr darum, wie etwa noch im dualistischen Anthropologiemodell Casmanns, die Seele als etwas vom Körper Separates zu definieren, sondern den Menschen als psychophysische Einheit zu verstehen. Separat vom Körper ist die Seele in dem Sinne, dass sie sich von ihm als dessen formalem Prinzip unterscheidet und also nicht materiell ist. Ansonsten habe die Seele eine natürliche Neigung (*inclinatio*), sich *naturaliter* mit dem Körper zu verbinden: *conjunctionem cum corpore appetit*.²³⁰ Das ist eine bemerkenswerte Definition des menschlichen Wesens, die sich von dualistischen Leib-Seele-Konzeptionen deutlich abhebt. Denn *in nuce* ist hier das innovative anthropologische Konzept der *conjunctio animae et corporis* formuliert, das in den 1640er Jahren entsteht. Obwohl die Disputationen der *Anthropologia* vermutlich in den 1640er Jahren geschrieben wurden, ist dennoch nicht anzunehmen, dass das anthropologische Konzept der *conjunctio* bei de Neufville auf den Einfluss des späten Descartes bzw. der Descartes-Interpreten zurückzuführen ist, die das Problem der Trennung von Körper und Seele zeitgleich zu diskutieren beginnen, indem sie von deren Vereinigung (*union*) ausgehen.²³¹ Bei de Neufville geht das *conjunctio*-Konzept vielmehr daraus hervor, dass er die Vereinigung zwischen Körper und Seele als proportionale Beziehung bestimmt. Medizinische Dissertationen über das Thema des *conjugium mentis et corporis* wurden an den medizinischen und philosophischen Fakultäten deutscher Universitäten erst in der zweiten Jahrhunderthälfte geschrieben und zwar dort, wo Cartesianer lehrten oder gelehrt hatten.²³²

---

229 Commentarii Collegii Conimbricensis S.J. in tres libros de Anima Aristotelis Stagiritae. Leiden ³1604, II, I, quaest. VI, art. I, S. 95. Zitiert nach: Guido Canziani: *Ego Cogito, Humanus Corpus, Nostrae Mentis Natura*. La conoscenza dell'unione anima-corpo nei *Principia*. In: Descartes: Principia Philosophiae (1644-1994). Atti del Convegno per il 350° della pubblicazione dell'opera, Parigi, 5-6 maggio 1994, Lecce, 10-12 novembre 1994. Hg. von Jean-Robert Armogathe und Giulia Belgioioso. Napoli 1996, S. 105-152, hier S. 139, der in Descartes *Principia* aber das gegenteilige Konzept der realen Distinktion der Substanzen bestätigt sieht.
230 Anthropologia, Cap. III, Aphor. XI: "Hinc verò oritur naturalis quaedam inclinatio animae, qua conjunctionem cum corpore naturaliter appetit, etiam, cum ab illo est separata: [...]."
231 Vgl. hierzu Gilles Olivo: Descartes crititque du dualisme cartésien ou l'homme des *Principia*: union de l'âme et du corps et vérité éternelles dans les Principia, IV, 188-198. In: Descartes: Principia Philosophiae (1644-1994), S. 231-253. Zur Entstehung des Problems der Vereinigung von Körper und Seele bei Descartes und den Cartesianern (Louis de la Forge, Iohann Clauberg, Nicolas Malebranche und Antoin Arnauld) vgl. Franco Aurelio Meschini: Neurofisiologia cartesiana. Firenze 1998, S. 71-73.
232 Tobias Andreae (1633-1685) präsidierte etwa die folgenden drei medizinischen Dissertatio-

Somit zeichnet sich im de Neufvilleschen Konzept der *conjuctio mentis et corporis* ein anthropologisches Modell ab, das unter Umständen erst später philosophisch und medizinisch erforscht wird. Zu fragen ist nämlich, ob de Neufvilles *conjunctio*-Konzept nicht eben die Basis für eine Medizin legt, welche die *conjunctio mentis et corporis* ins Zentrum ihrer Analysen stellt und nicht auf die mechanischen Aspekte der vitalen Abläufe. Die Frage ist also, ob hier in aristotelisch gefärbter Terminologie der substantiellen Einheit von Körper und Seele nicht einem organizistischen Modell Vorschub geleistet wird, das den Menschen in seiner psychophysischen Zusammensetzung erfasst und auch die *passiones animae* oder *affectiones* darunter subsumiert. Denn gerade die *passiones animae* – das wird in den *Exercitationes* von 1679 erörtert – machen bewusst, dass eine intime Verbindung zwischen Körper und Seele besteht; das Bewusstsein (*conscientia*), dass die *passiones animae* nichts anderes sind als perzeptive Effekte der *affectus sanguinis*, ermöglicht den Übergang zu einer klinischen Praxis, die es erlaubt, einen psychisch-affektiven Zustand zu verändern, indem auf den somatischen Teil eingegriffen wird und umgekehrt; das basiert auf der Annahme, dass das emotionale Leben an die physiologischen Mechanismen und an die Pathologie des Blutes und der *spiritus* gekoppelt ist.[233] Die "kardial bedingte Pathologie",[234] wie sie nach Harvey möglich wird, ist hier bereits komplett assimiliert.

Ein weiteres Aphorismusbeispiel zeigt, welche Voraussetzungen für die Erneuerung der Anthropologie bereits in den 1640er Jahren gegeben waren. De Neufville spricht davon, dass der menschliche Körper weit besser organisiert sei als die Körper aller übrigen Lebewesen, weil der Mensch im Vergleich zu ihnen mehr und höher entwickelte Lebensfunktionen vollziehe;[235] ausserdem sei sein Körper so ausgestattet, dass er mit seinen Artgenossen mitfühlen bzw. sich in sie sympathetisch einfühlen könne: die Zeichen des Charakters und der Gefühlsregung seien an seinem Körper viel klarer zu sehen als bei den übrigen Tieren.[236] Natürlich war diese Auf-

---

nen: Exercitationum prima de conjugio mentis et corporis [...]; Exercitationum secunda de cura mentis per corpus [...]; Exercitationum tertia & ultima de cura corporis per mentem [...]. Frankfurt/Oder 1679 [Resp.: Clemens Joseph Brecht]. Zitiert nach Trevisani: Descartes in Germania, S. 144f.

233 Ich fasse hier die ausführliche Darstellung der *Exercitationes* in Trevisani: Descartes in Germania, S. 145-154 knapp zusammen.

234 Fuchs: Die Mechanisierung des Herzens, S. 71: "Affekte beinflussen Puls, Wärme und Konstitution des Herzens und können durch die Schwächung der zentralen Wärme- und Nahrungsquelle unheilbare Krankheiten hervorrufen [...]."

235 Anthropologia, Cap. I, Aphor. X: "Hoc corpus longè majorem ac perfectiorem organorum apparatum ac distinctionem obtinet, quam coeterorum viventium corpora: idque, quia homo plures & perfectiores operationes vitales exercet atque coetera viventia."

236 Ebd., Aphor. XI: "Huic accedit & altera corporis humani praerogativa, quâ idem admirabili συμπαθεία ita respondet & consentit animae gubernatrici & informatrici, ut hujus morum

fassung nicht ganz neu, da sie zum Teil durch die Ausstattungsthesen der antiken Autoren – etwa des älteren Plinius oder Cicero – zum Teil bereits zu topischen Argumenten geworden waren und de Neufville sein Wissen explizit auch aus der physiognomischen Literatur der Renaissance bezieht. Dennoch bekommen diese Aphorismen durch den zeitlichen Rahmen, in den sie fallen, eine besondere Brisanz. Denn die zwei wichtigsten Anatomen Englands der 1660er Jahre, Thomas Willis und Richard Lower, hatten detaillierte anatomische und physiologische Belege für de Neufvilles Thesen dargelegt, welche die Betrachtung des Menschen als physisches und moralisches Wesen auf ein vollkommen neues Fundament stellen werden. Von der neuen Dimension der Anthropologie, die daraus hervorgeht, wird noch ausführlich zu sprechen sein.[237] Denn das Verständnis von Anthropologie, das die physische Seite der Gattung Mensch im Vergleich zum Tier als Basis für eine neue Sozial-, Handlungs- und Kulturtheorie legt, ist ein anderes als die *anthropologia*, die sich als Textgenre konstituiert.

Wieder etwas anderes ist das Vorkommen des Wortes *anthropologia* in Texten, die nicht selbst zum gleichnamigen Textgenre gehören, auch wenn bei solchen Wortverwendungen stets vom Casmannschen Grundschema auszugehen ist. So sind relevante Veränderungen dieses Grundschemas in einem Text der Harvey-Rezeption zu entnehmen, den ich in diesem Kapitel schon mehrfach erwähnt habe: Die *Dissertatio de corde* des niederländischen Mediziners Jacob De Back, die der Rotterdamer Zweitausgabe von Harveys *Exercitatio antomica de cordis et sanguinis motu* (1648) beigelegt ist.[238] Der Text hat mehrere Auflagen und erscheint 1660 zum dritten, 1671 zum vierten Mal.[239] Es handelt sich also um einen bedeutenden Text, der – wie sein Autor – heute praktisch vergessen ist. Er bildet gewissermassen einen ›Brückentext‹ zwischen der *anthropologia* im Casmannschen Sinne und der parallel dazu sich konstituierenden ›neuen Anthropologie‹ nach 1660. Bedeutend ist vor allem die Rede an den Leser ab der 1648er Ausgabe, in der die Definition des Begriffs *anthropologia* um die *Haematologia* – die Lehre vom Blut und dessen Krankheiten – erweitert wird:

> Die allgemeine Lehre vom Menschen nenne ich Anthropologie, deren Teile ich folgendermassen bestimme: Psychologie, Somatologie und Haematologie, die

---

& passionum multo clariora in illo apparent indicia, quàm in ullis coeterorum animalium corporibus: quâ de re ars peculiaris Physiognomica dicta, tradi solet."
237 Vgl. hierzu Kap. 6 dieser Arbeit.
238 Vgl. Jacobi de Back apud Roterdodamenses Medici ordinarii Dissertatio de Corde, In qua agitur De nullitate Spirituum, De Haematosi, De Viventium Calore, &c. Praemissum Ad Lectores Alloquium, Annexa Appendix pro circulatione Harveyana. Rotterdam 1648. In: Guilielmi Harvaei Medici Regij Exercitatio anatomica de Cordis et Sanguinis Motu. Rotterdam 1648.
239 Jacobi De Back: Dissertatio de Corde. Cum copioso Tam Rerum quàm Capitum indice, Editio Tertia. Rotterdam ³1660 [⁴1671].

Lehre von der Seele, des Körpers und des Blutes. Denn durch die antreibende Kraft der Seele und die Tätigkeit des Körpers sowie durch die Hilfe des Blutes, das sozusagen im Zentrum [sc. im Herzen] zusammenfliesst, werden sämtliche Funktionen, die wir im Menschen beobachten, sowohl die verborgenen als auch die sichtbaren, ausgeführt.[240]

Damit ist das Casmannsche Grundschema der Anthropologie von 1594 gut fünfzig Jahre später um das neue anatomische Faktum (*rem novam*)[241] der Blutzirkulation ergänzt worden und weist nun die folgende Struktur auf:

	PSYCHOLOGIA (Seele)
1648/60 **ANTHROPOLOGIA**	***SOMATOLOGIA*** (Körper)
	HAEMATOLOGIA (Blut)

Dieses neue Grundschema bedeutet nicht nur, dass Harveys Blutkreislaufslehre sich inzwischen als Fundament einer neuen Physiologie etabliert hatte, sondern dass seine Entdeckung – wie die Wortgeschichte der *anthropologia* selbst belegt – auch zum Fundament einer ›neuen‹ Anthropologie avancierte, wie sie ab den 1660er Jahren langsam Gestalt annahm. Zumindest gehörte die Harveysche Blutlehre nunmehr zum semantischen Feld des Wortes *anthropologia* und wurde auch im Bewusstsein der Mediziner mit diesem Begriff assoziiert.

Es ist dabei interessant zu verfolgen, wie De Back Harveys Text *De motu cordis & sanguinis* liest. Er hebt einerseits die phänomenale Ebene des Kreislaufs hervor,[242] und fügt hinzu, dass er seine *Dissertatio* verfasst habe,

---

240 Dissertatio de corde [1648], Ad Lectores Alloquium, S. 18f.: "Generalem de homine doctrinam Anthropologiam voco, partes, cujus statuo, secundum hanc divisionem, Psychologiam, Somatologiam, & Haematologiam, in animae, corporis & sanguinis doctrinam: ab anima enim impellente, corpore disposito operante, sanguine adjuvante, seu tamquam medio concurrente, omnes, quotquot in homine spectantur, tam occultae quam evidentes, peraguntur functiones" (meine Übersetzung).
241 Ad Lectores Alloquium [1660], S. 11.
242 Ad Lectores Alloquium [1660], S. 10f.: "Tali mihi instructo animo, ante annos circiter quidecim contigit in manus incidere Guilielmi Harveji Exercitationem Anatomicam de motu cordis & sanguinis, cùm jani ante quinque vel sex annos ini lucem prodierat, quamplurimis insignis doctrinae viris in sententiam tractis. In hâc (relictis plurimis veteris doctrinae statutis, cujus ego fundamenta jeceram) sanguinem non per venas ab hepate in singularum partium nutritionem, earundem attractione, moveri: sed, a corde per arterias, eundem, in totum corpus dicto usui, impelli, & superfluum per venas remeare, ut in corde denuo refocillatus (sic illi visum) & novis imbutus spiritibus, omnibus membris deintegrò reportaretur & circulari motu continuo saepius, idque parvo temporis spatio, reduceretur per eandem viam."

weil das Herz genauer zu prüfen sei.²⁴³ Andererseits ist ihm die enge Beziehung, die Harvey zwischen dem Kreislauf und dessen ontogenetischen Ursprung in der Embryogenese herstellt, nicht entgangen: So referiert de Back detailliert über die am dritten Tag der Entwicklung des befruchteten Hühnereis erscheinende Flüssigkeit im Zentrum der Keimscheibe (*cicatricula*), die, aus verflüssigtem Eiweiss entstanden und membranumgeben, den Anfang allen Lebens sei; im Zentrum dieser Flüssigkeit beginne dann der erste Blutpunkt zu pulsieren.²⁴⁴ Harveys Physiologie ist dementsprechend herzzentriert und durch die Kreissymbolik der Renaissance repräsentiert:²⁴⁵ Das Herz wird zum *Microcosmi Sol*, zur Quelle und Zentrum der Wärme sowie zum Verursacher aller Lebensfunktionen gemacht.²⁴⁶

Unmittelbar nach der Anthropologiedefinition fügt De Back in der dritten Auflage ausserdem neue Textteile ein, in denen er die *psychologia* und den Seelen- bzw. Lebensbegriff definiert. Ähnlich wie bei de Neufville wird die *psyché* als spezifische Form des Menschen bestimmt, die zugleich die *insita causa* aller Bewegungen und Funktionen sei.²⁴⁷ De Back rekurriert hier wiederum auf die Entelechie des Aristoteles und zwar im etymologischen Verständnis, die ihm der venezianische Humanist Ermolao Barbaro in seiner Übersetzung aus dem Griechischen gegeben habe: als Akt des organischen Körpers, der zum Leben befähigt ist.²⁴⁸ Mehr noch: Er privilegiert die Beschreibung der Seele nach Vives, aus dessen *De anima et vita* eine längere Passage zitiert wird.²⁴⁹ Rückblickend auf die

---

243 Ad Lectores Alloquium [1660], S. 14: "Dissertationem itaque de corde scribere sum aggressus, partim, quia cum Doct. Harveji materiâ convenit; partim etiam, quia cordis examen esse exactius tractandum & seduliori curâ perscrutandum existimo."
244 Ebd., S. 39: "In hoc fortè tertius reperitur humor, Fabricii cicatriculam seu maculam in ovo repraesentans, qui Harveyo oculus vere dicitur, quia vitelli tunica adhaerens, albus, planus, & circularis aviculae pupillam referat, sed ideo (ut opinor) magis, quia ex eo, tamquam arbori ex oculo, pullo omnis origo & vita exsurgat: opinionem hanc mihi parit, quia praeter duos numeratos humores evidentes, in ovo is reperiatur; dein quia sicuti, in plantae semine, oculos, gemma, & germen protuberans cernitur, sic in hujus fere meditullio futuri foetus exordium punctum primò saliens, dein vesicula pulsans, reperitur & conspicitur." Vgl. hierzu auch Fuchs: Die Mechanisierung des Herzens, S. 95.
245 Vgl. hierzu Fuchs: Die Mechanisierung des Herzens, S. 55f.
246 Ad Lectores Alloquium [1660], S. 23f.: "Hinc [sc. vom Herzen] omnes ejus emanant dignitates; hinc rex, Microcosmi Sol, caloris fons & focus, omnium actionum, ipsiusque vitae auctor nuncupatur: [...]."
247 Ebd., S. 18: "Psychologia doctrina est, quae animam humanam, ejusque effectus rimatur. Haec, ψυχὴ dicta, est hominis ipsa forma, sine quâ talis (scilicet homo) esse non potest, omnium motuum & functionum insita causa."
248 Ebd.: "Ab Aristotele ἐντελεχείας etymo notatur, (quod Hermolaus Barbarus perfecti habiam vertit) diciturque actus primus corporis organicis potentia viventis."
249 Ebd., S. 18f.: "Lubet Ludov. Vives praeclarè dictum hic inserere. 'Anima est agens praecipuum (inquit lib. 2. de anim.) habitans in corpore apto ad vitam. Agens nominatur, quasi artifex: nam quod agit quippiam per instrumenta, in eo ipso vis inest agendi illud ipsum, ut in pictore pingendi praecipuum additur. Nam si quis calorem, vel humorem, vel spiritus, aliquid dicat

Anfänge der frühneuzeitlichen Anthropologie im späten 15. und frühen 16. Jahrhundert und deren Texte, die im ersten und zweiten Kapitel dieser Studie behandelt wurden, schliesst sich hiermit ein Kreis. Bemerkenswert ist an De Backs Verfahren, dass er Kontinuitäten mit der humanistischen Aristotelesrezeption bildet und Harveys Blutkreislauf sozusagen in diese hineinbettet. Das führt dazu, dass De Back – im Gegensatz zu Harvey – Überlegungen zur Seele als dem wahrnehmenden und vitalen Teil und zum Geist (*animus*) als dem mental-kognitiven Teil der menschlichen Natur, der auch die mit dem Körper verbundenen Leidenschaften perzipiert, miteinschliesst.[250] Das hängt auch damit zusammen, dass De Back nicht ausschliesslich vom Kreislauf spricht, sondern von der *anthropologia* im neuen Sinn. Es gibt nämlich allen Grund anzunehmen, so meine These, dass die Betrachtung des ›ganzen‹ Menschen von der "vereinheitlichenden Dynamik" des Kreislaufs begünstigt wurde bzw. mit dieser überhaupt erst entstand:

> Mit dem Kreislauf als einheitliches Substrat der körperlichen Prozesse wurden die Schranken zwischen den verschiedenen Kompartimenten des Körpers – dem Arterien- und Venensystem, dem Kopf-, Brust- und Bauchraum – durchlässig oder hinfällig. Nicht nur das: Bisher waren die physiologischen Vorgänge dem alltäglichen Zeitmaß gefolgt (Riolan wollte in seinem letzten Versuch zur Rettung des galenischen Paradigmas höchstens einen Blutumlauf innerhalb 12-15 Stunden zugestehen!). Nun aber durchströmte die ganze Blutmasse mit hoher Geschwindigkeit das Herz und den Körper (*tota massa brevi tempore illinc pertranseat*; D[e]M[otu]C[ordis] 58/48), heftig, gleichförmig und unaufhörlich, so daß keine Zeit mehr zu bleiben schien für die komplexen lokalen Stoffwechselvorgänge der galenischen Physiologie, ihre Regelung durch *attractio*, *repulsio* usw. ›Vermischung und Verwirrung der humores‹ – das war nicht umsonst ein Haupteinwand Riolans gegen Harveys Theorie.[251]

Die englischen Mediziner der 1660er Jahre werden diese vereinheitlichende Dynamik der Physiologie des Blutkreislaufs weiter ausbauen, indem sie beim Menschen einerseits den Bau des Gehirns, andererseits den optimalen Zufluss des Blutes über die Halsschlagader in den Kopf erforschen und letzteres mit dem aufrechten Gang in Zusammenhang bringen. Das ist auch der Moment, in dem sich ein neues Verständnis von Anthropologie konstituiert, das den Textgenre *anthropologia* zwar einbeziehen kann, sich jedoch nicht mehr darauf beschränkt. Das hängt damit zusammen, dass die neue Anthropologie die Natur des Menschen von zwei Seiten her begreift – von

---

agere in corpore, sciat, illa omnia non per se agere, sed ab animâ id habere, ut agant. Ergo anima ipsa artifex est, non aliunde: in eo utique corpore vim suam mutuans.'"
250 Ebd., S. 19: "Differunt tamen inter se anima & animus; quod illa vitae sit & qua vivimus; hic consilii & quo sapimus: […]. Animi pathemata, paßiones, non animae, sed mentis aut animi, à sensuum organorum affectionibus, excitatae mutationes sunt quas corporis dispositiones cum anima percepit, patitur: percipere enim, non pati, sed agere est."
251 Fuchs: Die Mechanisierung des Herzens, Zitate S. 70.

seiner physischen und von seiner sozialethischen – und sich dabei auf biomedizinische Daten stützt. Die Konstituierung dieser doppelten Perspektive auf den Menschen hängt mit dem Naturgesetzbegriff zusammen, der sich in der Spätscholastik bei Francisco Suárez und Luis de Molina formiert und dessen Struktur sich auch bei Descartes und dem von ihm beeiflussten Naturrechtstheoretiker Richard Cumberland wieder findet. Die Frage, wie der Mensch physisch organisiert ist bzw. wie er sich in seiner Organisation vom Tier unterscheidet, ist also die andere Seite der Frage nach dem Menschen als Moral- und Kulturwesen. Beide Fragen nimmt die neue Anthropologie gemeinsam in den Blick. Die beiden folgenden Kapiteln erörtern einerseits die Frage, wie sich der Naturgesetzbegriff im siebzehnten gegenüber dem sechzehnten Jahrhundert verändert, andererseits die Frage, welche Rolle dabei das medizinische Wissen spielt. Das fünfte Kapitel eruiert den Einfluss des Cartesianismus auf die Ausbildung einer universalen ›zivilen‹ Ethik, das sechste Kapitel analysiert die Transformation der Anthropologie aus der Beziehung zwischen Naturrecht und Medizin.

5. Kapitel:
Pufendorf und der Cartesianismus:
Die Ausdifferenzierung der *ethica civilis*

1. Einleitung

Dem vorliegenden Kapitel sind bereits zwei detaillierte Studien vorangegangen.[1] Das Quellenmaterial, auf dem es basiert, wurde in der neuen Fassung nach analytischen Gesichtspunkten strukturiert und der Text mit weiteren Quellen ergänzt. Dabei wurde einerseits besonderen Wert darauf gelegt, die Anschlussstellen und die Zusammenhänge mit den vorangehenden Kapiteln herauszuarbeiten. Andererseits wird gezeigt, unter welchen epistemischen Voraussetzungen und anhand welcher gewichtiger Transformationen in dem Begriff des Naturgesetzes sich die Anthropologie im 17. Jahrhundert veränderte.

Mit der Rezeption der cartesianischen Philosophie um die Mitte des 17. Jahrhunderts setzte sich der Begriff *philosophia* als *scientia* der Natur und des menschlichen Handelns durch. Was als *scientia* zu begreifen war, beruhte auf der *cognitio philosophica* bzw. *explicatio scientifica*, die sowohl für den natürlichen als auch für den ethischen Teil der Philosophie beansprucht wurde. Pufendorf, der – wie bekannt ist – die cartesianische Philosophie schätzte, sah eine enge Verbindung zwischen ihr und der Medizin, der er in einigen seiner Texte Beispiele entnahm und die er – so meine erste These – als Leitdisziplin betrachtete. Leitend war die Medizin nicht nur als Disziplin, die im Laufe der ersten Hälfte des 17. Jahrhunderts bereits bedeutende Resultate erzielt hatte, sondern auch in ihrer Reflexion des Problems der Autorität – sei es gegenüber den Texten der medizinischen Autoren der Antike und der Renaissance, sei es gegenüber dem Text der Heiligen Schrift. Die Medizin, die für sich gewiss den Status einer *certa scientia* beanspruchen konnte, schaffte gewissermassen die Voraussetzungen für eine veränderte Wahrnehmung auf das Problem der Interpretation der Heiligen Schrift, auf das der Cartesianismus mit der Herausarbeitung von bibelhermeneutischen Thesen und einer Theorie der Autorität reagierte.

---

[1] Simone De Angelis: Pufendorf und der Cartesianismus. Medizin als Leitwissenschaft und die Rolle der Bibelhermeneutik in seiner Verteidigung des Naturrechts um 1680. In: IASL, 29/1 (2004), S. 128-171; ders.: Melanchthon in der Frühaufklärung. Melanchthonrezeption, humanistische Hermeneutik und kopernikanisches Weltbild bei den cartesianischen Theologen um 1650. In: Fragmenta Melanchthoniana. Bd. 3. Melanchthons Wirkung in der europäischen Bildungsgeschichte. Hg. von Günter Frank und Sebastian Lalla. Heidelberg, Ubstadt-Weiher u.a. 2007, S. 167-191.

Das Autoritätsproblem, um das es hier geht, lässt sich anhand eines Porträts des berühmten niederländischen Arztes Volcher Coiter (1534-1576) in groben Zügen umreissen (Abb. 3).² Das Bild zeigt den Arzt Volcher Coiter hinter einem Tisch im Halbprofil dem Betrachter zugewandt. Vor ihm liegt auf dem Tisch ein Schädel, auf dem seine linke Hand ruht. Der angewickelte rechte Arm und die offene rechte Hand deuten eine Geste des Vorzeigens oder Demonstrierens an. Coiter steht vor einem Bücherbord mit Folio- und Quartbänden, auf deren fein ausgeführten Bücherrücken die Namen antiker, mittelalterlicher und rinascimentalen Autoritäten – u.a. Fernel, Aristoteles, Plato, Hippokrates, Vesalius, Avicenna und Galen – lesbar sind.³ Mit Blick auf die erörterten Argumentationsweisen der Mediziner, kann mit gutem Grund gesagt werden, dass es sich hier u.a. um eine Visualisierung des Verhältnisses von Autopsie (in der Figur des vorzeigenden Anatomen) und Autorität (Bücher) handelt, das die epistemische Situation der Medizin ab der zweiten Hälfte des 16. bis weit ins 17. Jahrhundert hinein besonders charakterisiert.⁴ Signifikant ist nun, dass auf dem dargestellten Bücherbord der Titel eines weiteren Werkes zu erkennen ist: die *Biblia Sacra*, die also neben den anderen erwähnten Büchern steht. Das hat nun weniger mit der Darstellung von Coiters "weltanschauliche[r] Ausrichtung" oder dessen "Bildungsidealen" zu tun,⁵ als vielmehr damit, dass es sich bei der Heiligen Schrift um einen autoritativen Text handelt, genauso wie bei den Texten von Hippokrates, Galen oder Aristoteles.

---

2   Es handelt sich um das sogenannte Londoner Coiter-Porträt, ein Ölgemalde, das mit den Initialen HB signiert ist und der Collection „Nederlansch Tijdschrift voor Geneeskunde" (Amsterdam) angehört. Robert Herrlinger schreibt das Gemälde Hans Bock dem Älteren zu, der als Künstler in Basel lebte. Vgl. Robert Herrlinger: Volcher Coiter, 1534-1576. Beiträge zur Geschichte der medizinischen und naturwissenschaftlichen Abbildung I, 1952. Nürnberg 1952, S. 113f. Ein Farbdruck dieses Bildes findet sich in: Opuscula Selecta Neerlandicorum De Arte Medica. Bd. 18. Amsterdam 1955, Table I.
3   Herrlinger: Volcher Coiter, S. 111, Anm. 3.
4   Vgl. Kap. 4 dieser Arbeit.
5   Groß/Steinmetzer: Strategien ärztlicher Selbstautorisierung, S. 313, die auf das Nürnberger Coiter-Porträt von Nicolaus Neufchatel (1575) Bezug nehmen. Das Londoner Coiter-Porträt stellt eine Kopie desselben dar und zeigt ein ähnliches Szenario (ebd., S. 309-314).

Abb. 3: Das Nürnberger *Coiter*- Portrait, (1575). Dem *Nicolaus Neufchatel*, gen. *Lucidel*, zugeschrieben. (Zitiert nach: Robert Herrlinger: Volcher Coiter 1534-1576. Nürnberg 1952, Tafel VI).

Die Visualisierung zeigt also, dass der Anatom Coiter neue Wissensansprüche zwar aufgrund von Autopsie ermittelt, er dennoch in der Heiligen Schrift ebenso liest wie in den Texten der antiken Autoritäten. Doch während im 16. Jahrhundert die Wissensansprüche der Heiligen Schrift grundsätzlich unproblematisiert und in ihrer Autorität und Wahrheit unerschüttert blieben, änderte sich die Sachlage im 17. Jahrhundert im Zuge der Rezeption von Cartesianismus und Kopernikanismus. Das heisst, dass die

Autoritätsfrage, die im 16. Jahrhundert vor allem die medizinischen Werke der Antike und des Mittelalters betraf, im 17. Jahrhundert auch auf die Heilige Schrift übertragen wurde. Dabei blieben die Argumentationsweisen der Mediziner in den Köpfen der Gebildeten auch noch nach 1650 erhalten, als sich die epistemische Situation veränderte. Wenn also Gelehrte und Wissenschaftler der Medizin Beispiele entnehmen, so tun sie das deshalb, weil sie ihr den Status als führende Disziplin im Prozess der Transformation von Wissensansprüchen anerkennen, besonders auf dem Feld der Anatomie seit dem 16. Jahrhundert. Von dieser Grundannahme ist bei den folgenden Überlegungen auszugehen.

In diesem Kapitel wird eine bestimmte Form von Cartesianismus in den Blick genommen, die sich um 1650 um eine Gruppe von cartesianischen Theologen in den Niederlanden konstituierte und dort mit dem Coccejanismus – einer Form von theologischer Lehre, die auf den Leidener Theologieprofessor Johannes Coccejus (1603-1669) Bezug nahm – eine Verbindung einging, die auch in Deutschland rezipiert wurde. Hieraus folgt meine zweite These: Es war sozusagen der Faktor des ›Doppelten Kappas‹ – der Kombination von Cartesianismus und Coccejanismus –, der das wissenschaftliche und theologische Denken Samuel Pufendorfs noch bis in die 1680er und 1690er Jahre beeinflusst hat. Die Synthese von Cartesianismus und Coccejanismus war zudem auch in den Blick seines theologischen Gegners Valentin Alberti geraten, der sie auf akademischer Ebene anprangerte. Er tat dies in seiner Leipziger Dissertation *Diploun Kappa Quod est Cartesianismus Et Coccejanismus Belgio hodie molesti, nobis suspecti* (1678), in der programmatisch der in den 1680er Jahren ausgetragene Konflikt mit Pufendorf um dessen *scientia moralis* bereits angelegt ist.

Ausgehend von einer Stelle aus Pufendorfs polemischer Schrift gegen Alberti – der *Commentatio super Invenusto pullo* (1688) – wird im folgenden Abschnitt in das hier skizzierte Problemszenario eingeführt. Es steht historisch auch im Zusammenhang mit der Rezeption des Cartesianismus und Coccejanismus in Deutschland, speziell an der Universität Duisburg um 1650, wo der reformierte Theologe und Philosoph Johann Clauberg (1625-1665) wirkte. Ausserdem kann anhand der erwähnten Quellen zu der Debatte um den Cartesianismus und den Kopernikanismus zwischen 1630 und 1660 abgelesen werden, dass Pufendorfs Schrift zur Verteidigung der cartesianischen Philosophie – *Unvorgreiffliches Bedencken über der deputirten von der Priesterschafft requeste wegen der abschaffung der Cartesianischen Philosophie* (1688) und auch die *Commentatio* – in einer langjährigen Tradition stehen.

2. Medizinische und bibelhermeneutische Argumentationsformen

Mit ihrer kommentierten Edition des Auktionskataloges von Samuel Pufendorfs Bibliothek hat Fiammetta Palladini der Frühneuzeitforschung ein bedeutendes Dokument zur Verfügung gestellt.[6] Vergleichbar mit den Bibliotheken von Erasmus von Rotterdam, Hugo Grotius, Pierre Bayle oder John Locke gehörte Pufendorfs Bibliothek in die Reihe der *Bibliothecae Selectae* berühmter Gelehrter und Wissenschaftler der frühen Neuzeit, die als historiographischer Gegenstand in den letzten Jahren vermehrt die Aufmerksamkeit der Forscher gefunden haben.[7] Die Publikation dieses Dokuments erlaubt nicht nur „einen tiefen Blick in die Werkstatt eines bedeutenden Geistes",[8] sondern erweist sich auch bei der Rekonstruktion des kultur- und wissenschaftsgeschichtlichen Kontextes, in dem dessen Werk entstanden ist, als ausserordentlich hilfreich.

Das Besondere an der Pufendorfschen Bibliothek war – wie Palladini betont – die massive Präsenz medizinischer und naturwissenschaftlicher Werke, die statistisch gesehen – nach den Werken, die der Naturrechtstheoretiker Pufendorf zum Verfassen der eigenen Schriften gebraucht hat (Geschichte, Recht, Philosophie und Theologie), – die drittgrösste thematische Gruppe bildeten.[9] Nach der Herausgeberin des Bandes aber lasse sich „die systematische Anschaffung der wichtigsten Arbeiten auf den Gebieten der Medizin, Anatomie, Physiologie, Pathologie usw., [...] weder mit Rücksicht auf Pufendorfs Werke und Zitate noch aus seinen Briefen erklären. Daher bleibt sie für mich ein fesselndes und beunruhigendes Problem [...]."[10] Dieses Problem hat die Pufendorfforschung bislang jedoch kaum beachtet. Zu Recht bemerkt Detlef Döring in seiner bemerkenswer-

---

6   La Biblioteca di Samuel Pufendorf. Catalogo dell'asta di Berlin del settembre 1697, edito, con introduzione e note da Fiammetta Palladini, con una prefazione in tedesco/mit einem deutschen Vorwort e la riproduzione anastatica dell'originale. Wiesbaden 1999 (Wolfenbütteler Schriften zur Geschichte des Buchwesens, Bd. 32). Eine Zusammenfassung der Einleitung der Herausgeberin in deutscher Sprache findet sich in ihrem Beitrag: Fiammetta Palladini: Die Bibliothek Samuel Pufendorfs. In: Samuel Pufendorf und die europäische Frühaufklärung. Werk und Einfluss eines deutschen Bürgers der Gelehrtenrepublik nach 300 Jahren (1694–1994). Hg. von ders. und Gerald Hartung. Berlin 1996, S. 29–39.
7   Vgl. etwa Bibliothecae Selectae. Da Cusano a Leopardi. Hg. von Eugenio Canone. Firenze 1993 (Lessico Intellettuale Europeo, Bd. LVIII).
8   Vgl. die Rezension von Michael Stolleis über Palladinis Pufendorf-Band. In: Ius Commune. Zeitschrift für Europäische Rechtsgeschichte, XXVI (1999), S. 423–425, hier S. 424.
9   Palladini: Die Bibliothek Samuel Pufendorfs, S. 34: „Drittens [sc. nach den historischen und juristischen Werken, SDeA] haben wir mit 257 Titeln und einem Anteil von 13,44% medizinische und naturwissenschaftliche Schriften, wobei unter ‚Naturwissenschaften', neben Chemie, Alchemie, auch Botanik, Zoologie, Mineralogie, Pharmakologie, Geologie und Physik zusammengefasst werden." Vgl. auch Pufendorf: La Biblioteca, Introduzione, S. XXII.
10 Palladini: Die Bibliothek Samuel Pufendorfs, S. 36.

ten Einleitung zu Pufendorfs *Unvorgreifflich Bedencken*, dass das Ausmass der Anteilnahme Pufendorfs an den „grossen Epochenbewegungen" seines und des vorigen Jahrhunderts – der Reformation, des Skeptizismus, der Entdeckung neuer geographischer Räume und ihrer verschiedenen Kulturen sowie der Entdeckungen der *new science* – im einzelnen nur wenig untersucht worden sei: „zu sehr konzentriert sich die Forschung seit jeher auf dogmen- und systemgeschichtliche Analysen."[11]

Dies bedeutet, dass die Frage, warum Pufendorf naturwissenschaftliches und medizinisches Wissen in seinen Denkhorizont einbezogen hat, vermutlich nicht allein aus der Naturrechtsdiskussion in Deutschland heraus beantwortet werden kann. Vielmehr müssen hier Prozesse in der Transformation von Wissensansprüchen in den Blick genommen werden, die sich in der ersten Hälfte des 17. Jahrhunderts (1630-1660) im europäischen Kontext vollzogen haben und – am Beispiel der Debatten um den Kopernikanismus und die cartesianische Philosophie – in unterschiedlichen konfessionellen Kontexten eine Resonanz fanden. Die Kämpfe, die Galileo Galilei (1564-1642) in Italien gegen die katholische Kirche und eine Gruppe von cartesianischen Theologen in den Niederlanden gegen die reformierte Orthodoxie ausgefochten haben, verfolgten primär das Ziel, das Verhältnis von Theologie, Philosophie und Naturwissenschaften neu zu definieren und gegenüber früheren Jahrhunderten entscheidend zu verändern. Die Resultate dieser Auseinandersetzungen wirkten später – wie zu zeigen sein wird – auch auf Pufendorfs Naturrecht.

In der Einleitung zu ihrem jüngst herausgegebenen Werk von Pufendorf – der Sammlung der polemischen Schriften über das Naturrecht *Eris Scandica* – macht Fiammetta Palladini im Blick auf die Bezugnahmen auf die Medizin in Pufendorfs Texten eine interessante Feststellung: In der Zeit nach der Erstveröffentlichung von Pufendorfs bedeutendem Werk *De jure naturae et gentium* (1672) nahmen die Beispiele solcher Bezugnahmen zu; um 1675 etwa seien sie kaum vorhanden gewesen, zwischen 1678 und 1688 jedoch lasse sich ein vertieftes Interesse Pufendorfs an der Medizin anzeigen, das sich auch statistisch im Buchbestand durch den Zuwachs medizinischer Bücher in diesen Jahren äussere; dabei stelle Pufendorf zwischen der cartesianischen Philosophie und der Medizin einen engen Zusammenhang her:

> Er [sc. Pufendorf, SDeA] billige die cartesianische Methode, lieber die Natur zu untersuchen, als in muffigen scholastischen Büchern zu blättern, und auch er

---

11 Samuel von Pufendorf: Unvorgreifflich Bedencken über der deputirten von der Priesterschafft requeste wegen der abschaffung der Cartesianischen Philosophie. In: Ders.: Kleine Vorträge und Schriften. Texte zu Geschichte, Pädagogik, Philosophie, Kirche und Völkerrecht Hg. von Detlef Döring. Frankfurt/M. 1995, Einleitung S. 388–431, Text S. 432–441, hier S. 390f.

verlasse sich lieber auf die eigene Vernunft als auf die Worte eines Meisters zu schwören. Besonders in dem Werk gegen Alberti, *De invenusto Veneris Lipsicae pullo*, finden wir einige sehr interessante Erörterungen über die cartesianische Philosophie, die als scharfsinnig, nüchtern und realitätsnahe charakterisiert wird. In diesem Werk finden wir die cartesianische Philosophie mit der Medizin verbunden. Aus Pufendorfs Bibliothek wissen wir, dass er eine erstaunlich grosse Anzahl von medizinischen Büchern besass. Die genaue Lektüre seiner polemischen Schriften zeigt, dass seine medizinischen Interessen sich mit den Jahren verstärkt haben, denn die medizinischen Beispiele oder Vergleiche beginnen erst im *Specimen controversiarum* (1678) und sind besonders häufig in dem letztgenannten Werk gegen Alberti.[12]

Insbesondere in der Schrift gegen den Leipziger Theologieprofessor Valentin Alberti stellte Pufendorf einen Zusammenhang her zwischen seiner Auffassung von der *justa libertas philosophica*, die gegenüber der geoffenbarten Religion und den Gesetzen des Staates die höchste Achtung habe, und der cartesianischen Methode, die durch sorgfältige Überlegung und genaue Forschung immer tiefer in die Wissenschaften und in die Natur eindringe; dies sei der Weg, auf dem die Mediziner in seinem Jahrhundert die *ars medica* in hohem Masse verbessert hätten und noch täglich vervollkommneten.[13] Dasselbe gelte auch für die Physik, die auf bewunderswerte Weise aufzublühen begonnen habe. Im Vergleich zu ihr sei die dem Text des Meisters verpflichtete Wissenschaft der Aristoteliker keinen roten Heller wert. Dabei bezog sich Pufendorf in seinen Äusserungen explizit auch auf das medizinische Umfeld in Sachsen seit den 1650er Jahren, wo Descartes im Gegensatz zu Aristoteles geschätzt werde und die Mediziner lieber der Erforschung der Natur und den neuesten Experimenten folgten als den staubigen Büchern der Scholastiker.[14] Zu bemerken ist hier, dass sich Pufendorf nicht so sehr gegen Aristoteles selber, als vielmehr gegen den scholastischen bzw. christianisierten Aristotelismus des 17. Jahrhunderts wendet, zu dessen Vertretern eben auch der lutherische Theologe Valentin Alberti gehörte.

---

12   Samuel Pufendorf: Eris scandica und andere polemische Schriften über das Naturrecht. Hg. von Fiammetta Palladini. Berlin 2002. In: Samuel Pufendorf: Gesammelte Werke. Hg. von Wilhelm Schmidt-Biggemann, Bd. 5, Eris Scandica, Einleitung, Zitat S. XIII.

13   „A qua licentia [sc. effraenis philosophandi licentia] toto coelo differt iusta libertas philosophica, cui primo omnium divina revelatio, & leges Reipublicae inter Sacrosancta habentur; [...]; tum opera datur, ut diligenti meditatione & investigatione in intima scientiarum, naturamque rerum longius penetretur. Eam viam insistentes Medici hoc saeculo artem suam insigni modo perfecerunt, & quotidie adhuc perficiunt. Per eandem scientia Physica admirando modo efflorescere coepit, ad quam scientia eorum, quibus summa probandi ratio haec est, *habemus expressum textum in Aristotelem* ne triobolo quidem digna est." Vgl. Pufendorf: Commentatio super Invenusto Veneris Lipsicae Pullo, Valentini Alberti Professoris Lipsiensis Calumniis et Ineptis Opposita (¹1688). In: Ders.: Werke. Bd. 5, S. 270.

14   Ebd., S. 291f.: „Ac est quod caveant sibi Domini Medici Lipsienses, ne ab Alberto ad Sanctum Officium Inquisitionis pertrahantur. Nam et illos audio Cartesium prae Aristotele aestimare. Et in universum eius professionis homines hoc vitio laborant, ut malint rerum naturam et recentia experimenta, quam pulverolentas scholarum naenias sequi."

Für einen Leipziger Studenten, so Pufendorf, sei das Studium der Medizin praktisch der einzige Weg, sich Kenntnisse von der cartesianischen Philosophie zu verschaffen, zumal diese ohne einen kompetenten Dozenten kaum erlernt werden könne und es niemanden gebe, der sie lehre, ohne sich den Attacken der meisten (sc. Professoren und Theologen der Leipziger Universität) auszusetzen.[15] In Pufendorfs Bibliothek war in der Sektion der medizinischen und naturwissenschaftlichen Bücher das Umfeld der sächsischen Medizin (Leipzig, Jena) – unter anderem mit Texten der Anatomen und Ärzte Christian Lange (1652), Werner Rolfinck (1656), Daniel Ludwig (1674) und Michael Lyser (1679) – stark vertreten.[16] Die Entdeckung der kleinsten Gefässe des Herzens durch den schlesischen Anatomen Adam Christian Thebesius (1686-1732) in *De circulo sanguinis in corde* (1706), der in Leipzig durch den experimentellen Physiologen Johannes Bohn (1640-1718) hierfür erste Impulse bekam, ist ein gutes Beispiel, um die Realität der cartesianischen Medizin in Sachsen, auf die sich Pufendorf bezieht, zu beschreiben.[17] Wichtiger noch für den hier beabsichtigen Argumentationszusammenhang ist, dass Pufendorf einen so bedeutenden Text wie Rolfincks *Dissertationes anatomicae* (1656) direkt besass. Anhand dieses Werkes lassen sich Pufendorfs Beziehungen zum medizinischen Denken und Argumentieren vielleicht am besten kontextualisieren. Das, was Rolfincks Text exemplifiziert, nämlich den theoretisch begründeten Umgang mit Autoritäten,[18] ist also in den folgenden Ausführungen über Pufendorf und die Medizin im Hinterkopf zu behalten.

Die Frage nämlich, was Pufendorf in der Schrift gegen Alberti mit Hilfe der medizinischen Beispiele oder Vergleiche exemplifizieren wollte bzw. die Frage, welche Funktion sie hatten oder wofür sie Beispiele waren, ist bislang nicht ergründet worden. Im Text der *Commentatio* machen wir diesbezüglich eine weitere interessante Feststellung. Eine dieser medizinischen Bezugnahmen steht nämlich im Kontext von bibelhermeneutischen Aussagen, in denen Pufendorf die Heilige Schrift auf bestimmte Wissensansprüche einschränkt, wobei dies aufgrund von autoritätstheoretischen Annahmen erfolgt und auch Wahrheitskriterien

---

15 Ebd., S. 269: „Cum itaque illa Philosophia [sc. cartesiana] sine solerti manuductore addisci nequat, ac nemo sit, qui eam docere audeat, quin plurimi in eandem invehantur, quae via superest adolescenti, ut Lipsiae eius Philosophiae notitiam haurire queat? nisi forte ad medicinam sese applicuerit."
16 La Biblioteca di Samuel Pufendorf, Introduzione, S. XXXVII.
17 Andreas Mettenleiter: Adam Christian Thebesius (1686-1732) und die Entdeckung der Vasa Cordis Minima. Biographie, Textedition, Medizinhistorische Würdigung und Rezeptionsgeschichte. Stuttgart 2001. Vgl. hierzu meine ausführliche Rezension in: Cardanus. Jahrbuch für Wissenschaftsgeschichte. Bd. 4 (2004), S. 110b-118b.
18 Rolfincks Text wird in Kap. 4 dieser Arbeit ausführlich behandelt.

voraussetzt, bei denen die cartesianische Philosophie (ebenfalls) eine zentrale Rolle spielt.

Um das zu erklären, möchte ich zunächst das medizinische Beispiel inhaltlich betrachten. In ihm spricht Pufendorf die Lokalisierung der Seelenvermögen im Gehirn durch die Mediziner an, die hier nicht der Bibel folgen, in der stehe – z.B. Mt 15,19; Mc 7,21[19] –, dass die seelischen Vermögen im Herzen des Menschen lokalisiert seien. Bereits Melanchthon hatte in seinem *Liber de anima* (1553) – dem antiken Modell Galens folgend und sich von Aristoteles absetzend – keine Probleme, die *anima rationalis* im Gehirn zu lokalisieren.[20] Nicht anders verhielt es sich in der praktischen Medizin und Anatomie der 1660er und 1670er Jahre, wo das Gehirnorgan – diesmal kritisch gegenüber Galen und beeinflusst von der cartesianischen Medizin – empirisch untersucht wurde: Beispielsweise war Thomas Willis' Gehirnphysiologie an der Diskussion der traditionellen Fakultätenlokalisation beteiligt, die im Laufe des 17. Jahrhunderts den Experimenten der praktischen Medizin und der Pathologie nicht standhalten konnte und sukzessive revidiert wurde.[21] Pufendorf, der diese Diskussion kannte und auch Willis' Werk besass,[22] konnte sich auf die Mediziner berufen, um seine bibelhermeneutischen Argumente zu stützen:

> Hätte jemand gesagt, dass Gott, der den Menschen geschaffen hat, nicht wusste, wo der Sitz der menschlichen Seelenvermögen sei, und wo diese ihre besonderen Operationen, die auch den Denkprozess begleiten, zum Vorschein bringt? Und nichtsdestoweniger glaubt kein Mediziner, dass er sich gegenüber Gott und der Heiligen Schrift respektlos zeige, wenn er den Sitz der anima rationalis nicht im Herzen, sondern im Gehirn lokalisiere; so wie wir auch alle fühlen, dass die Gedanken uns durchs Hirn und nicht durchs Herz gehen. [...]. Wenn daher dennoch ein Mediziner diese sozusagen aus der Heiligen Schrift gewonnene Hypothese, dass das Herz der Sitz der Gedanken und der anima rationalis sei, mit allen Mitteln durchzusetzen versuchte, würden ihn seine Medizinerkollegen gewiss zuallererst ins anatomische Theater führen. [...] Daher ist in derartigen Aussagen die Heilige Schrift gewiss nicht nach der philosophischen Erkenntnisweise und der Naturbeobachtung zu korrigieren und noch weniger der Fehler zu überführen, sondern nur richtig zu interpretieren, nämlich dass an dieser Stelle [sc. der Heiligen Schrift] die Sprache des Volkes gebraucht wird und nicht diejenige der begrifflichen Genauigkeit in der philosophischen Denkart. [...]. Und was die kopernikanische Hypothese angeht: Falls sich durch Naturbeobachtung und Vernunft unabhängig von der Kontroverse nachweisen lässt, dass sich die Erde bewegt, würde dies nicht gegen die Heilige Schrift sprechen: weil in diesem Fall die Sätze der Schrift

---

19 Diese Bibelstellen entnehme ich Palladini: La Biblioteca, S. 416.
20 Vgl. hierzu Kap. 1, 1.2. in dieser Arbeit.
21 Michael Kutzer: Tradition, Anatomie und Psychiatrie: Die mentalen Vermögen und ihre Gehirnlokalisation in der frühen Neuzeit. In: Medizinhistorisches Journal, Bd. 28 (1993), Heft 4, S. 199-228, hier S. 215-222.
22 Von Thomas Willis besass Pufendorf die Opera omnia (Genf 1680), vgl. Pufendorf: La Biblioteca, S. 441a.

über die Bewegung der Sonne nach der allgemeinen Sprechweise des Volkes und nach der Erscheinung zu erklären wären.²³

Es handelt sich hier um eine absolut zentrale Stelle in Pufendorfs Werk, die uns hilft, den Wandel der epistemischen Situation zu verstehen, in deren Rahmen sich die neue, auf dem natürlichen Recht basierende Anthropologie konstituiert. Um die komplexen Gedanken und Zusammenhänge, die in dieser Passage geäussert werden, zu erfassen, wollen wir uns der Klarheit halber zuerst auf den oberen Teil des Zitats zur *demonstratio ocularis* (i) und dann auf den unteren Teil zur *Akkommodationslehre* (ii) konzentrieren. Im ersten Teil des Zitats spricht Pufendorf das Demonstrationsverfahren der Mediziner an, also die Zurschaustellung von neuen Wissensansprüchen, welche die Teile des menschlichen Körpers betreffen, im anatomischen Theater zur Erzeugung von sinnlicher Evidenz, wie wir das von Varolio oder von Bartholin her kennen. Nur ist es diesmal nicht der Text einer antiken Autorität, von dem sich die Mediziner absetzen, sondern die Heilige Schrift selbst. Pufendorf imaginiert also ein durchaus realistisches Szenario, in dem eine Medizinergruppe Aussagen der Heiligen Schrift, die sich auf anatomisches Wissens beziehen, entautorisieren, ohne dass diese Mediziner deswegen glaubten, gegen den Bibeltext zu verstossen oder gleich als Atheisten dazustehen. Pufendorf kennt also das Argumentationsmuster, das die Mediziner verwenden und das sich aus der zeitgenössischen Theorie der Autorität ergibt.²⁴

Im zweiten Teil des Zitats folgt Pufendorf einer Variante dieses Argumentationsmusters, die spezifisch für den Bibeltext gilt: Die Heilige Schrift wird partiell entautorisiert, ohne dass ihr *in toto* Autorität und Wahrheit abgesprochen wird. Diesem Kunststück diente – wie Lutz Danneberg gezeigt hat – im 17. und 18. Jahrhundert „im wesentlichen das Lehrstück der Akkommodation, der Vorstellung, der *liber supernaturalis* sei *ad captum vulgi loqui* verfasst – zumindest in solchen Partien, bei denen es zu Über-

---

23 Pufendorf: Werke. Bd. 5 (Commentatio), S. 266f.: „Sic quis dixerit, Deum hominis conditorem ignorare, ubi animae humanae sedes sit, et ubi ea praecipuas suas operationes, quas inter et cogitationes sunt, exserat? Et nihilominus nemo Medicorum se irreverentem credit in Deum et sacram Scripturam, si animae rationalis sedem non in corde, sed in cerebro assignet; sicuti et omnes sentimus, cogitationes nobis per cerebrum, non per cor volutari. [...]. Quod si tamen aliquis Medicis hanc hypothesin tanquam è sacris literis petitam utique obtrudere conetur: cor esse sedem cogitationum et animae rationalis, Medici quidem primo istum in theatrum Anatomicum adducent. [...]. Unde in ejusmodi effatis Scriptura sacra non quidem è Philosophia et rerum natura corrigenda, multo minus erroris arguenda, sed duntaxat dextre explicanda est, nempe eo loco adhiberi dictionem popularem, non quae ad subtilitatem philosophicam exasciata sit. [...] super hypothesi Copernicea: si ex natura rerum et ratione citra controversiam demonstrari possit terram moveri, id non fore contra Scripturam sacram: quia eo casu phrases Scripturae de motu Solis essent explicandae populariter et secundum apparentiam" (meine Übersetzung; auch im folgenden stammen alle Übersetzungen aus dem Lateinischen von mir).
24 Vgl. hierzu Kap. 4, Abschnitte 3, 4, 6 u. 8 in dieser Arbeit.

schneidungen mit dem *liber naturalis* kommt."[25] Dem Akkommodationsgedanken und seiner Rolle bei der Beurteilung von Wissensansprüchen in den (Natur)wissenschaften der Frühen Neuzeit hat die Forschung jüngst wieder Aufmerksamkeit geschenkt.[26] Um 1650 wurde die Akkommodationstheorie vor allem von cartesianischen Theologen als argumentatives Kernstück ihrer Verteidigung der cartesianischen Philosophie und des Kopernikanismus verwendet. Einer dieser cartesianischen Theologen war der Schlesier Christoph Wittich (1625-1687), „vermutlich der erste Inhaber eines theologischen Lehrstuhls, der die Akkommodationsannahme offensiv entfaltet."[27] Er tat dies erstmals in den *Dissertationes Duae Quarum Prior De S. Scripturae in rebus Philosophicis abusu, examinat* (1653).[28]

Bevor ich auf die Debatte um das ›Doppelte Kappa‹ eingehe, ist noch ein möglicher Einwand auszuräumen, der lautet, dass, Thomas Hobbes (1588-1679) in *De cive* (1642) die Positionen Wittichs vorwegnimmt, so dass vielmehr Hobbes – statt Wittich – Pufendorfs Quelle ist. Obwohl Hobbes in *De cive* den Bibeltext in Fragen des Rechts (*in quaestionibus iuris*) und der Naturwissenschaft (*scientiae naturales*) ebenfalls deautorisiert und die Wissensansprüche der Bibel auf das Seelenheil einschränkt,[29]

---

25 Danneberg: Die Anatomie des Text-Körpers und Natur-Körpers, S. 274f., Zitat S. 275.
26 Kenneth J. Howell: God's Two Books. Copernican Cosmology and Biblical Interpretation in Early Modern Science. Notre Dame, Indiana 2002; Rienk Vermij: The reception of the new astronomy in the Dutch Republic, 1575-1750. Amsterdam 2002, Part IV, 12 (Copernicanism as a theological problem: the Wittich affair), S. 256-271; Wiep van Bunge: From Stevin to Spinoza. An Essay on Philosophy in the Seventeenth-Century Dutch Republic. Leiden, Boston, Köln 2001, Kap. 2.2. (The Rise of Dutch Cartesianism), S. 44-54, hier S. 50-53. Zum Akkommodationsgedanken in der Geschichte der Theologie seit den Kirchenvätern vgl. die Darstellung bei Lutz Danneberg: Schleiermacher und das Ende des Akkommodationsgedankens in der *hermeneutica sacra* des 17. und 18. Jahrhunderts. In: 200 Jahre „Reden über die Religion". Akten des 1. Internationalen Kongresses der Schleiermacher-Gesellschaft Halle 14.-17. März 1999. Hg. von Ulrich Barth und Claus-Dieter Osthövener. Berlin/New York 2000, S. 194-246, hierzu bes. S. 201-215 (inklusive bibliographische Angaben in den Fussnoten). Zu Galileis Bibelhermeneutik in seiner Verteidigung des kopernikanischen Systems vgl. Antonino Poppi: La lettera del cardinale Carlo Conti a Galileo su cosmologia aristotelica e Bibbia (7 luglio 1612): l'approdo galileiano alla nuova ermeneutica biblica. In: Ders.: Ricerche sulla teologia e la scienza nella Scuola padovana del Cinque e Seicento. Soveria Mannelli 2001, S. 189-217; Romano Nanni: Galileo Galilei 1613-1616. Naturphilosophie und Bibelexegese. In: Zeitsprünge. Forschungen zur Frühen Neuzeit. Bd. 5 (2001) Heft 3/4, S. 217-253.
27 Danneberg: Das Ende des Akkommodationsgedankens, S. 211. vgl. zu Wittich auch Howell: God's Two Books, S. 174-179.
28 Vgl. Christoph Wittich: Dissertationes Dvae Qvarum Prior De S. Scriptura in rebus Philosophicis abusu, examinat, 1. An Physicae genuinum Principium sit Scriptura? 2. An haec de rebus naturalibus loquens accuratam, semper veritatem, an potius sensum & opinionem vulgi saepius sequatur? Altera Dispositionem & Ordinem totius universi & principalium ejus corporum tradit, sententiamque Nobilissimi CARTESII, de vera Quiete & Vero motu Terrae defendit, [...]. Amsterdam 1653.
29 Vgl. Hobbes: De cive, Cap. XVII, 6: „ [...] non dedit ei [sc. Christus] Deus Pater potestatem

liegen die Quellen für Pufendorf dennoch ziemlich sicher in den Schriften Wittichs. Denn was aus den zitierten Hobbes-Stellen nicht hervorgeht, ist eine Erklärung, weshalb die Bibel an Stellen, wo sie über natur- und rechtskundliche Fragen spricht, keine Autorität sein kann. Bei Hobbes lesen wir nichts über das bibibelhermeneutische Argument, die Heiligen Schriftsteller hätten solche Stellen an die kognitiven Fähigkeiten ihrer Adressaten, sprich: an die ›Vorurteile der sinnlichen Wahrnehmung‹ (*praejudicia sensuum*) angepasst. Auch wenn der Akkommodationsgedanke in der theologischen Tradition seit den Kirchenvätern bekannt war, kam er erst durch den Druck, den die Herausforderungen der *new science* und der Medizin nach 1600 auslösten, richtig zum Tragen. Erst die cartesianischen Theologen – allen voran Wittich, der ausführlicher argumentiert als Kepler und Galilei, – haben den Akkommodationsgedanken systematisch durchdacht und in einflussreichen Werken in der zweiten Hälfte des 17. Jahrhunderts überkonfessionell verbreitet. Deshalb bleibt Wittich auch für Pufendorf eine primäre Quelle, ohne dass man deswegen abstreiten muss, dass Pufendorf ähnliche Dinge auch bei Hobbes gelesen hat. Dies zeigt nur, dass die Frage nach dem Umgang mit biblischen Wissensansprüchen, die gleichzeitig auch ausserbiblischen Quellen entnommen werden konnten und diesen auch widersprachen, die Gelehrten und Naturforscher nach 1600 zunehmend beschäftigte.

---

iudicandi, de *meo* & *teo*, sicut Regibus Terrae; nec potestatem *cogendi* per *poenas*; neque *leges ferendi*; sed mundo ostendendi, & *docendi viam* & *scientiam salutis*, hoc est *praedicandi* & *explicandi* quid faciendum iis est, qui in *regnum coelorum* intraturi sunt. Quod non habuerit CHRISTUS potestatem à patre ad iudicandum [...] in omnibus *quaestionibus iuris*, [...];" XVII, 11: „Porro quoniam Servator noster civibus nullas indicavit leges circa civitatis regimen, praeter leges naturae, hoc est, praeter mandatum obedientiae civilis, [...];" XVII, 12: „Praeterea, haec omnia, propugnacula, domos, templa aedificare; pondera ingentia movere, ferre, tollere; Maria tutò transmittere; Machinas ad omnem vitae usum construere; Orbis terrarum faciem, siderum cursus, Anni tempestates, temporum rationes & denique naturam rerum cognoscere; iura naturalia & civilia callere; scientiaeque omnes quae Philosophiae nomine comprehenduntur, partim vivendum, partim ad bene vivendum necessariae sunt. Horum scientiae (quia CHRISTUS eam non tradidit,) ratiocinatione, id est, texendo consequentias initio sumpto ab experientiis, addiscenda est. [...] Atque haec (nimirum *ius*, *politia*, & *scientiae naturales*) subiecta sunt de quibus CHRISTUS praecepta tradere, aut quicquam docere, praeter hoc unum, ut in omnibus circa illa controversiis, cives singuli, civitatis suae legibus & sententiis obedirent, ad officium suum pertinere negat." Zitiert nach: Thomas Hobbes: De cive. The Latin Version. Hg. von Howard Warrender. Oxford 1983, S. 254f. u. S. 260-262.

3. Die Debatte um das ›Doppelte Kappa‹ (1630-1660)

Als die *Dissertationes duae* in Amsterdam erschienen, befand sich Wittich in Duisburg, wo er sich seit 1652 aufhielt und seit 1653 am reformierten *Gymnasium Illustre* als Ordinarius der Theologie lehrte. Er hatte aber seinen Text wohl in Herborn verfasst, wo er noch bis 1651 an der *Hohen Schule* Professor der Mathematik gewesen war und auch über Theologie Vorlesungen hielt. Gemeinsam mit Wittich hatte am Duisburger Gymnasium seit 1651 auch der ebenfalls von der *Hohen Schule* zu Herborn berufene junge Professor der Philosophie und Theologie Johann Clauberg seine Lehre aufgenommen.[30] Die Namen der beiden befreundeten Kollegen sind in relevanter Weise mit der Rezeption des Cartesianismus in Duisburg um 1650 verbunden, die Francesco Trevisani in einer grundlegenden Arbeit erforscht hat.[31] 1655 folgte Wittich einem Ruf nach Nijmegen, wohl auch im Zuge seiner Auseinandersetzungen mit der Orthodoxie in der reformierten Klevischen Synode, die gegen die *Dissertationes Duae* Anklage erhob.[32] 1659 wurde diese Schrift in überarbeiteter Fassung unter dem Titel *Consensus veritatis in Scriptura Divina et Infallibili Revelatae cum Veritate Philosophica a Renato Des Cartes Detecta* neu herausgegeben.[33]

Wichtig ist für meinen Diskussionszusammenhang, dass Wittichs *Consensus veritatis* am Ende einer langjährigen Debatte stand, aus der in den 1650er Jahren eine Reihe von Schriften hervorgegangen waren und auf die Pufendorf im obigen Zitat aus der *Commentatio* explizit hinweist. Eine Vorstellung von dem Ausmass der in den Niederlanden geführten Kontroverse um den Kopernikanismus/Cartesianismus, die mit Wittich auch nach Norddeutschland kam, gibt noch immer das Werk von Ernst Zin-

---

30 Gerhard Menk: „Omnis novita periculosa". Der frühe Cartesianismus an der Hohen Schule Herborn (1649-1651) und die reformierte Geisteswelt nach dem Dreißigjährigen Krieg. In: Comenius. Erkennen – Glauben – Handeln. Internationales Comenius-Colloquium Herborn 1984. Hg. von Klaus Schaller. Sankt Augustin 1985, S. 135-163.

31 Francesco Trevisani: Descartes in Germania. La ricezione del cartesianesimo nella Facoltà filosofica e medica di Duisburg (1652-1703). Milano 1992; zum institutionellen Rahmen und zur Einführung der cartesianischen Philosophie in Duisburg s. ebd., S. 19–40. In Deutschland ist dieses wichtige Buch bislang kaum angemessen gewürdigt worden.

32 Vgl. hierzu ebd., S. 27-29.

33 Vgl. Christoph Wittich: Consensus Veritatis in Scriptura Divina et Infallibili Revelatae cum Veritate Philosophica a Renato Des Cartes detecta, Cujus occasione Liber II. & III. Principiorum Philosophiae dicti des Cartes maximam partem illustrantur cum Indice, [...], Nijmegen 1659. Literatur über Wittichs Werk ist nur spärlich vorhanden; vgl. Howell: God's Two Books, S. 174-179, Danneberg: Das Ende des Akkommodationsgedankens, S. 211-215; vgl. auch Mauro Pesce: Il *Consensus veritatis* di Christoph Wittich e la distinzione tra verità scientifica e verità biblica. In: Annali di storia dell'Esegesi 9/1 (1992), S. 53-76. Vgl. ferner auch die ältere Arbeit von Ernst Bizer: Die reformierte Orthodoxie und der Cartesianismus. In: Zeitschrift für Theologie und Kirche, 55 (1958), S. 306-372.

ner: *Entstehung und Ausbreitung der Coppernicanischen Lehre* (1943).³⁴ In der *Praefatio* zu seinem Werk erwähnte aber auch Wittich diejenigen Schriften, die ihn direkt in die Polemik einbezogen hatten. Den Anfang machte für Wittich der Herborner Professor Cyriacus Lentulus, der gegen Descartes polemisierte und die reformierten cartesianischen Theologen – vor allem Clauberg und Wittich – beschuldigte, sie würden die Auferstehung der Toten negieren und die cartesische Theorie der Erddrehung um die Sonne vertreten, was den „Dei oraculis manifestissime contraria" sei.³⁵ An dieser Verleumdung seien auch die Schriften von Jacobus Revius – u.a. seine *Statera Philosophiae Cartesianae* – beteiligt gewesen, und Lentulus habe in seiner Schrift *Nova Renati Cartesi des Cartes Sapientia faciliori quam antehac methodo detecta* diese Angriffe noch weiter verschärft und die verzerrt wiedergegebenen Lehren Descartes' diffamiert.³⁶ Die Verteidigung Descartes' durch Clauberg und Wittich liess nicht lange auf sich warten.

Bereits in der Vorrede der *Dissertationes duae* schrieb Wittich, dass einige *Discipuli Cartesii* – unter ihnen der Professor aus Groningen Tobias Andreae (1604-1676), Johann Clauberg und er selbst – sich daran gemacht hätten, gegen die Machenschaften seiner Gegner um der Wahrheit der Lehren ihres Meisters willen anzutreten.³⁷ So begegnete Clauberg in der *Defensio cartesiana* (1652) den Descartes-Gegnern Revius und Lentulus mit dem grundlegenden Argument, diese hätten die exoterischen oder populären Lehren im *Discours de la méthode* angegriffen,³⁸ während doch die – an ein Fachpublikum gerichteten – akroamatischen Lehren wie die *Meditationes de prima philosophia* oder die *Principia philosophiae* die eigentliche Herausforderung der cartesianischen Philosophie seien.³⁹ Rückblickend erinnerte sich

---

34 Erst Zinner: Entstehung und Ausbreitung der copernicanischen Lehre. Zweite Auflage, durchgesehen und ergänzt von H. M. Nobis und F. Schmeidler. München ²1988, Ausgabe Erlangen ¹1943, hier S. 374-376. Vgl. auch H. A. M. Snelders: Science and Religion in the Seventeenth Century: The Case of the Northern Netherlands. In: Italian Scientists in the Low Countries in the XVIIth and XVIIIth Centuries. Hg. von C. S. Maffioli und L. C. Palm. Amsterdam/Atlanta 1989, S. 65-77: „From the 1640s until the end of the seventeenth century the struggle between the adherents and opponents of Cartesianism dominated the universities of the Republic" (S. 72).
35 Consensus veritatis, Praefatio, S. 2. Die Zitate aus der Praefatio folgen der 2. Ausgabe des Consensus veritatis (1682) und ihrer Paginierung. Die beiden Praefationes sind identisch. Wittich zitiert in seinem Werk andere Autoren in kursiv; die Schreibweise dieser Zitate wird in meinem Text übernommen.
36 Ebd.
37 Dissertationes Duae, Praefatio ad Lectorem, f. 3*v*-f.4*r*.
38 Z.B. hat Jacobus Revius in seiner Schrift *Methodi cartesianae consideratio theologica* (Leiden 1647) u.a. den methodischen Zweifel, die Gottesidee, die Abwertung der Sinneserfahrung etc. untersucht und aus orthodox theologischer Sicht abgelehnt. Vgl. hierzu Jacobus Revius: A Theological Examination of Cartesian Philosophy. Early Criticisms (1647). Hg. von Aza Goudriaan. Leiden/Boston 2002, S. 31-42.
39 Vgl. Johann Clauberg: Defensio Cartesiana, Adversus Jacobum Revium Theologum Leidensem, et Cyriacum Lentulum Professorem Herbornensem: Pars Prior Exoterica, in qua Renati

Wittich im *Consensus veritatis*, dass Clauberg nach der Publikation der *Defensio cartesiana* diese Lehren zu kommentieren angefangen habe.[40]

Wittich selbst habe in den *Dissertationes Duae* Descartes' kosmologische Lehren behandelt und gezeigt, dass diese nicht gegen die Heilige Schrift sprächen.[41] Prinzipiell gehe es um Descartes' physikalischen Satz zur jährlichen Bewegung der Erde um die Sonne und um deren tägliche Drehung um die eigene Achse, die der französische Philosoph *post Copernicum* selber dargelegt und durch einen äusserste Gewissheit und Evidenz beanspruchenden mathematischen Beweis verteidigt habe; diesem habe man bislang nicht widersprechen können.[42] Bezüglich derjenigen Stellen aus der Heiligen Schrift, die der Bewegung der Erde scheinbar widersprächen, habe er das hermeneutische Prinzip der Kopernikaner angewendet: „ [...] responderam loquendi ratione à Copernicanis frequentatâ, *scripturam iis in locis loqui secundùm opinionem vulgi, non secundùm accuratam veritatem* [...]."[43]

Aber genau diese hermeneutische Maxime hätten die Verteidiger der Heiligen Schrift nicht gelten lassen, weil sie deren Autorität gänzlich aufhebe (*omnem Scripturae authoritatem evertens*).[44] In diesem Sinn hätten sich auch die Autoren der Disputationen aus der „Academia Ultrajectina" geäussert: *De Autoritate, Veritate & Infallibili Fide sacrae scripturae in rebus Philosophicis*.[45] Darauf habe Wittich mit seiner Duisburger Disputation über den Stil der Heiligen Schrift geantwortet.[46] Dies wiederum rief als Antwort die Schrift Pieter van Maestrichts *Vindiciae veritatis et auctoritatis Sacrae Scripturae in rebus philosophicis* hervor. Wittich erwähnte die Vorwürfe, die van Maestricht an ihn richtete: u.a. derjenige, dass „*[c]onceptus scripturae de Deo ejusque attributis exigendos esse ad limam rationis humanae eâque*

Cartesii Dissertatio de Methodo vindicatur, simul illustria Cartesianae Logicae & Philosophiae Specimina exhibentur. [Duisburg] 1652, I, 15: „[...] contra Meditationes & Principia fortius insurgent, si quid possunt. 2. Sit ita, ut Dissertationem ex parte refutent, nihil ideo decedet Philosophiae Cartesianae."

40 Consensus veritatis, Praefatio, S. 2.
41 Ebd.
42 Dissertationes Duae, Praefatio ad Lectorem, f. 4r.: „Praecipua autem ferè inter sententias Cartesii Physicas, quae absurdorum luto etiamnum adspergitur, est, de Terrae delatione circa Solem annuâ & circa axem proprium diurnâ, quam ipse dextrè expositam post Copernicum, qui eam diu sepultam resuscitaverat, asseruit Mathematicâ demonstratione certissimâ & evidentissimâ, cui contradici, nisi ab iis, qui eam non capiebant, hactenus non potuit, neque unquam poterit."
43 Consensu veritatis, Praefatio, S. 3.
44 Dissertationes Duae, Praefatio ad Lectorem, f. 4r-f. 4v: „Et quia à sententiae istius defensoribus ad loca Scripturae, quae contra eam objiciuntur, responderi solet, Scripturam loqui de his rebus secundùm vulgi opinionem ex praejudiciis sensuum decernentis, id denuò tanquam inauditum, impium & omnem Scripturae authoritatem evertens, fuit exceptum."
45 Consensus veritatis, Praefatio, S. 3.
46 Vgl. Christoph Wittich: Consideratio theologica de Stylo Scripturae Quem adhibet cum de rebus naturalibus sermonem instituit. Leiden 1656; Consensus veritatis, Praefatio, S. 3.

corrigendos" und dass die „*scripturam aliquâtenus esse verbum Dei non purum*".[47] Dagegen protestierte Wittich, indem er klarstellte, dass er „non de conceptibus scripturae, sed de conceptibus vulgi" gesprochen habe.[48] Und wenn unter dem „purum Verbum Dei" dasjenige Wort verstanden werde, in dem Gott in keiner Weise die menschliche Sprechweise angenommen habe, deren Ursprung sich auf ein Vorurteil beziehe, dann sei es fraglich, ob bei einer solchen Annahme die Heiligen Schrift als „purum verbum Dei" betrachtet werden könne.[49]

Inzwischen hatte auch der protestantische Geistliche aus Leiden, Jacobus du Bois (gest. 1661) mit seiner Schrift *Dialogo Theologico Astronomico*[50] Wittichs Thesen angefochten sowie einen weiteren Traktat verfasst *(Veritas sacra in Naturalibus & Astronomicis)*,[51] den Wittich als „virulento" bezeichnete. Auch Jacobus Revius mit der Schrift *Anti-Wittichius*, Johannes Herbinius mit seinem *Examen Theologico Philosophicum famosae de Solis vel Telluris motu controversiae*[52] sowie Martinus Schoockius mit der Schrift *De scepticismo* hatten in die Debatte eingegriffen. Wittich erwähnte aber auch Schriften zur Verteidigung der cartesianischen Philosophie wie diejenige von Lambertus van Velthuysen (1622-1685) *Naeder Bewys, dat noch de Leere van der Sonne stilstandt en des aerdtrycks beweging &c. strydigh syn et Godes woordt tegens I. du Bois,* der mit du Bois in mehreren kleineren Streitschriften über „the interpretation of biblical texts" diskutierte.[53] Weiter bezog sich Wittich auf zwei Schriften von Irenaus Philalethus *Bedenckinghen op den staat des geschils over de Cartesianische Philosophie* und *De verstrickte Astronomus Jacobus du Bois,* während Zinner zudem die Schrift eines Anonymen erwähnt:

---

47 Consensus veritatis, Praefatio, S. 12.
48 Ebd.
49 Ebd.: „Quaero enim si per *purum Dei verbum* intelligatur tale verbum, in quo nulla sit locutio humana à Deo adoptata, & suam originem referens ad aliquod praejudicium, an eo sensu scripturam audeas afferere purum Dei verbum?"
50 Vgl. Jacques Du Bois: Dialogus theologico-astronomicus in quo ventilatur quaestio astronomica, an terra in centro universi quiescat et sol aliaque luminaria coelestia circa eam moveantur, an vero sole quiescente, terra circa eam feratur, et ex sacris litteris terrae quietem, soli vero motum competere probatori. Leiden 1653 (zitiert nach Zinner: Entstehung und Ausbreitung, S. 529).
51 Vgl. Jacques Du Bois: Liber de veritate et auctoritate S. Scripturae in naturalibus et astronomicis contra Christoph. Wittichium. Utrecht 1654 (zitiert nach Zinner: Entstehung und Ausbreitung, S. 529).
52 Vgl. Johannes Herbinius: De solis vel telluris motu controversiae examen theologico-philosophicum ad Sanctam Normam institutum. Utrecht 1655 (zitiert nach Zinner: Entstehung und Ausbreitung, S. 535).
53 Snelders: Science and Religion, S. 74f., Zitat S. 74; Howell: God's Two Books, S. 169-173. Vgl. auch Lambertus van Velthuysen: Nader Bewys. Dat noch de Leere van der Sonne Stilstand, En des Aertryx Beweging, Noch de gronden vande Philosophie van Renatus Des Cartes strydig sijn met Godts Woort. Gestelt tegen een Tractaet van J. du Bois, Predikant tot Leyden: Genaemt Schadelickheyt van de Cartesiaenische Philosophie etc. Utrecht 1657 (zitiert nach Snelders: Science and Religion, S. 75, Anm. 43).

Demonstratio mathematica ineptiarum et ignorantiae Jacobi du Bois in oppugnanda hypothesi Copernicana et philosophia Cartesiana.[54]

Zinner und Snelders führen ferner auch eine Reihe anticopernicanischer Schriften auf, die sogar auf die 1630er Jahre zurückgehen wie die von S. H. Cardinael[55] und die des Utrechter Theologieprofessors Gisbertus Voetius (1589-1676), der in dieser Periode auch die philosophischen und physikalischen Lehren Descartes' sowie die medizinischen Lehren des Descartes-Schülers Henricus Regius (1598-1679) bekämpfte.[56] Später veröffentlichte er seine Schriften in einer gesammelten Ausgabe seiner Disputationen.[57] Auch findet sich in Zinners Liste die Schrift von D. R. van Nierop *Des aertrycks beweging, ende sonne stilstant bewijsende dat dit geensins met de Christelijke religie is strijdende*,[58] die nach Wittichs *Consensus veritatis* erschien, so wie auch eine Reihe von Schriften procopernicanischer Autoren wie Bernhard Varenius' *Geographia generalis* und Daniel Lipstorps *De Copernicano Mundi systemate et terrae motu triplici* bzw. *Copernicus redivivus seu de vero Mundi systemate*.[59]

Wittich zeigte ferner, dass Descartes auch die Zustimmung anerkannter Theologen habe wie Johann Clauberg in der *Dubitatio cartesiana* und Johannes Coccejus in seiner Schrift über die Föderaltheologie, und dass seine Lehren, in denen er Erklärungen nach dem *lumen rationis* anbiete, mit denjenigen der orthodoxen Theologen vereinbar seien (u.a. betreffe dies die Lehre des freien Willens, diejenige, dass die Tiere nicht denken bzw. keinen Verstand haben sowie dass es keine anderen Welten geben könne).[60] Das theologische Problem jedoch, um das es der

---

54 Rotterdam 1656 (zitiert nach Zinner: Entstehung und Ausbreitung, S. 530).
55 S. H. Cardinael: Mathematische ofte Wisconstighe bewysredenen [...] teghens Het ghevoelen van N. Copernicus, Amsterdam/Haarlem 1635 (zitiert nach Zinner: Entstehung und Ausbreitung, S. 523).
56 Snelders: Science and Religion, S. 72f.
57 Gisbertus Voetius: Selectae disputationes theologicae. Utrecht 1648-56 (zitiert nach Zinner: Entstehung und Ausbreitung, S. 557).
58 Amsterdam 1661 (zit. nach Zinner: Entstehung und Ausbreitung, S. 546).
59 Bernhard Varenius: Geographia generalis. Amsterdam 1650; Anonymi cuiusdam Epistola de Terrae motu, qua mathematice demonstratur, ad perpetuam rationem phaenomenorum corporum coelestium obtinendam terrae mobilitatem esse assumendam: item, quid hac de re secundum sacram Scripturam statuendum sit. Utrecht 1651. Abdruck in D. Gorlaeus: Idea physica. Utrecht 1651; Daniel Lipstorp: De Copernicano Mundi systemate et terrae motu triplici exerit., II. Rostock 1652; ders.: Copernicus redivivus seu de vero Mundi systemate, Liber singularis. Leiden 1653 (zitiert nach Zinner: Entstehung und Ausbreitung, S. 556, 517, 542). Vgl. auch Manfred Büttner: Die Geographia generalis vor Varenius. Geographisches Weltbild und Providentiallehre. Wiesbaden 1973.
60 Consensus veritatis, Praefatio, S. 8f.: „ [...] quae verba ad Cartesii consensum cum nostris Theologis probandum à solidissimae eruditionis Theologo Johanne Coccejo in tractatu de Foedere Dei art. 99 laudantur." Coccejus zitiert zum freien Willen sowohl den Kardinal Bellarmin als auch Descartes; vgl. Johannes Coccejus: Summa Doctrinae De Foedere et Testamento Dei, [...], Editio secunda auctior & emendatior. Leiden 1654, Cap. V, §99, S. 120f.: „[...]

Orthodoxie (jedweder konfessioneller *couleur*) bei ihrer Ablehnung von Cartesianismus bzw. Kopernikanismus ging, kann an einem bedeutenden Rezeptionsdokument der hermeneutischen Lehre Wittichs abgelesen werden, das die überkonfessionelle Relevanz und Resonanz seiner Schrift auch in den 1660er Jahren demonstriert. 1665 hatte der berühmte katholische Astronom, Giovanni Battista Riccioli (1598-1671), der schon in seinem Werk *Almagestum Novum* von 1651 gegen den Heliozentrismus argumentiert hatte, in seinem Nachfolgewerk, der *Astronomia Reformata*,[61] auf Wittichs Thesen geantwortet: *Respondetur Novis quibusdam, vel nova forma inculcatis Objectis praecipue ex Sacris literis positis*. Was Riccioli an Wittichs Akkommodationstheorie[62] nicht akzeptieren konne, war, dass durch sie auch die Glaubensinhalte (hier des katholischen Glaubens) nicht der göttlichen Autorität in der Heiligen Schrift selbst, sondern dem Licht der menschlichen Vernunft unterstellt wären.[63] Denn Riccioli wusste, dass Wittichs philosophische Wahrheitskriterien der cartesianischen Erkenntnislehre folgten, die Riccioli als einem an der Philosophie der aristotelischen Scholastik geschulten Jesuiten ohnehin ›systemfremd‹ sein mussten.[64] Wittich scheint die Einsprüche des jesuitischen Astronomen nicht wahrgenommen zu haben, jedenfalls wird Riccioli in der Vorrede zur zweiten Ausgabe des *Consensus veritatis* von 1682 nicht erwähnt.[65]

Bellarm. de gr. & lib. arb. l. 3. c. 6. §. 5. [...]. & c. 17. §. 2. 3. *Non est de ratione & essentia liberi arbitrii posse velle bonum & malum, &c. sed satis est, si quis habeat optionem diversarum rerum, & electio fiat cum pleno atque perfecto judicio rationis. Posse eligere malum, non perfectio, sed imperfectio est dicenda libertatis.* Cui concinit Renatus Cartesius ejusdem communionis Philosophus in meditat. IV. [...]."

61 Giovanni Battista Riccioli: Astronomiae Reformatae Tomi Duo, Quorum Prior Observationes, Hypotheses, et Fundamenta Tabularum, Posterior Praecepta pro usu Tabularum, Et ipsas Tabulas Astronimicas CII. continet. Prioris Tomi in Decem Libros Divisi, Argumenta Pagina sequenti exponuntur, [...]. Bologna 1665.

62 Ebd., II. Appendix ad Caput XVII. De Motu Diurno Solis, ac Reliquorum Siderum, potiùs quam Terrae contra Copernicanos, S. 88b-89a: „adducunt generatim illud Isaiae 8. *Sume tibi librum grandem scribe in eo stylo hominis* hoc est, ait Vuittichius, loquere humano modo, & captui vulgi in loquendo se accommodata [...]."

63 Ebd., S. 89a: „Sed nego Sacram Scripturam in rebus quantumvis abstrusis, ita se accommodare ad vulgi captum in loquendo, ut falsum dicat, eiusqe falsitatem suo loquendi modo confirmet, alioquin si semel deprehensa esset falsum dixisse non esse in reliquis authoritatis irrefragabilis; quod sane periculum longe maius est, quam ne verum dicendo, licet arduum captu, absterreantur homines ab aliis credendis; An propterea Catholici credere debent ea tantum, quae aut alioquin lumine naturali nota sunt, aut facilia captu, quia talia sunt, & Mysteria SS. Trinitatis, Incarnationis Verbi Divini, Eucharistiae, &c. recusare, quia sunt difficillima captu? Si sic esset iam fidei motivum formale non esset authoritas Dei dicentis, & revelantis, sed lumen humani intellectus."

64 Ugo Baldini: La formazione scientifica di Giovanni Battista Riccioli. In: Copernico e la questione copernicana in Italia dal XVI al XIX secolo. Hg. von Luigi Pepe. Firenze 1996, S. 123-182, bes. S. 153-156 u. S. 161f.

65 Consensus veritatis [...]. Editio secunda à multis mendis emaculata & non parum aucta, Leiden 1682; Praefatio ad lectorem Secundae Editioni praefixa, f. 3v: „Adversariorum, quantum

Wittichs cartesianische Wahrheitskriterien in der Beurteilung der Aussagen der Heiligen Schrift werden später ausführlich behandelt. Hier sind mit Blick auf die Konstellation einer Reihe geopolitischer und wissenschaftshistorischer Faktoren, unter denen sich Pufendorfs Konzept der *scientia* in den 1650er und 1660er Jahren formierte, einige Punkte festzuhalten und mit weiteren Argumenten zu stützen. 1. Aufgrund der Übereinstimmung der Position Pufendorfs mit derjenigen Wittichs hinsichtlich der Interpretation der Heiligen Schrift lässt sich vermuten, dass sich bereits in den 1650er Jahren ein relevanter cartesianischer Einflusskontext für Pufendorf zu konstituieren begann, der sich *räumlich* von den Universitäten der Niederlande (Leiden) bis zu den geographisch entlegenen, nordwestdeutschen Gebieten des Kurfürstentum Brandenburg-Preussen erstreckte, in deren geistigem Zentrum die Universität Duisburg lag, und der (auch in Sachsen) noch bis in die 1680er und 1690er Jahre einflussreich geblieben war. 2. Die Akkommodationstheorie gehörte – in der Version, in der Christoph Wittich sie ausformuliert hat – um 1660 längst zum Hintergrundwissen von Philosophen, Theologen und Naturforschern und wurde in unterschiedlichen konfessionellen Kreisen kontrovers diskutiert. Ausserdem schuf die Akkommodationstheorie einen freien Denkraum für die Herausbildung von Prinzipien philosophisch-wissenschaftlicher Erkenntnis, die sich (in der Naturphilosophie) von der Autorität der Heiligen Schrift emanzipieren konnten. 3. In dem genannten geopolitisch-kulturellen Raum, der für Pufendorf in den 1650er und 1660er Jahren relevant wurde, erfolgte die Rezeption des Cartesianismus parallel zu der des Coccejanismus, die in der Zeit als Synthese wahrgenommen wurden.

Den intellektuellen Klimawechsel in den 1650er Jahren in Duisburg belegt ausserdem die kleine Schrift Claubergs *Unterschied Zwischen der Cartesianischer, Und der sonst in Schulen gebräuchlicher Philosophie.*[66] Dass ein Hochschullehrer in der Mitte des 17. Jahrhunderts eine akademische Schrift in deutscher Sprache verfasste,[67] ist keine *quantité négligeable* und sagt viel über das neue Epochenbewusstsein aus, das Clauberg einem breiten Publikum, vor allem aber seinen Duisburger Studenten vermitteln wollte. Diesem neuen Bewusstsein musste seiner Meinung nach auch eine Erneuerung des philosophischen Denkens folgen. Clauberg attestiert der cartesianischen Philosophie, sie sei vor dem Hintergrund neuer Erfahrungen konzipiert worden, die im Zuge der Naturwissenschaften – etwa der Erfindung des Fernrohrs (1609) oder

---

sciam, nemo refutationem hujus opusculi aggressus fuit; [...]."

66 Vgl. Unterschied Zwischen der Cartesianischer, Und der sonst in Schulen gebräuchlicher Philosophie, Beschrieben durch Iohann Clauberg, Der. H.Schrift und Weißheit Lehrer/ in der Hohen Schule zu Duißburg. Duisburg 1657.

67 Die Schrift erschien posthum auch auf Latein: Differentia Inter Cartesianam Et aliàs in Scholis usitatam Philosophiam Conscripta per Johannem Claubergium, SS. Theol. & Philos. Professorem in Universitate Duisburgensi; Nunc autem ex Lingua Germanica in Latinam translata. [...]. Apud Rupertum Völckern/ Bibliop. Berlin 1680.

der Entdeckung der Magnetkraft der Erde in William Gilberts *De magnete* (1600)[68] –, aber auch im Zuge der Schifffahrt und der Erforschung neuer Kontinente entstanden waren.[69] Eine im Vergleich zur Antike erfahrenere Zeit müsse auch eine entsprechende Philosophie hervorbringen, so Clauberg.[70] Mit dem Diktum, "daß die wahrheit eine tochter der zeit [sey]",[71] schliesst er direkt an Bacon an.[72]

Vom Philosophen fordert Clauberg demnach Realitätssinn: "dass er wisse was in der welt sey und geschehe/ ehe er könne ergründen/ umb welche ursachen willen es solcher gestalt und nicht auf eine andere weise geschehe (dan hierin bestehet das philosophieren)"; ausserdem verfüge das Philosophieren nach der cartesianischen Methode über präzise "erfindungs regulen", die Clauberg ausführlich beschreibt.[73] Wie wir wissen, war auch Pufendorf von der Nüchternheit und der Realitätsnähe der cartesianischen Philosophie überzeugt, besonders was ihre Verbindung zur Medizin anbelangte.

---

68   Guilielmi Gilberti Colcestrensis, Medici Londinensis, De Magnete, Magneticisque Corporibus, Et De Magno magnete tellure; Physiologia nova, plurimis & argumentis, & experimentis demonstrata. London 1600. Vgl. auch die englische Übersetzung: William Gilbert: De Magnete, translated by P. Fleury Motteley. New York 1991 [¹1893, 1958].

69   Clauberg: Unterschied, ›Der II. Unterschied/ Vom zustand und gelegenheit der zeit/ in welcher die alte / oder hingegen die neue Philosophie erfunden‹, S. 11f.: "Inmassen wir in solcher zeit leben / in welcher das grosse weltmeer durchschiffet ist / die entfernesten Länder weit und breit durchwandert / die himmlische Cörper seind' durch neuerfundene Perspective brillen durchsehen und beschauet worden. Man hat neue Länder / und darin neue Sachen / neue gestalt an Sonne / Mond und Sternen angemercket. Es haben sich reiche und verständige Leute gefunden / als Gilbertus der berühmte Engeländer etc. welche ihre meiste lebzeit angewand / umb allerhand eigenschaften des magnets zuerforschen / wie denn dieser Gilbertus der erste gewesen ist / welcher erfunden daß die magnetische kraft sich durch die gantze erde ausbreite / welche dannhero der allergrösseste magnet mag genennet werden."

70   Ebd., S. 12: "Wie kan es denn wunder sein / daß die Philosophie heutiges tages von grund auf habe besser erbauet werden können / als vor alters? Den alten wird hiemit der ruhm ihres verstandes und fleisses gar nicht benommen / sondern es wird nur geleugnet / daß sie die erfahrung / so durch langheit der zeiten allein erhalten wird / zu ihrem dienst gehabt: […]."

71   Ebd., S. 11f.

72   Francis Bacon: Novum Organum, I, 84 u. 32; vgl. zu Bacons historisierender Interpretation der Leistungen der antiken Autoren oben Kap. 4, 9.

73   Clauberg: Unterschied, S. 13; ›Der III. Unterschied/ Was angehet die Regulen/ welcher man sich gebrauchet im Philosophieren‹, S. 15-19. Die erste der cartesianischen *Regulae philosophandi* ist, "daß man in Philosophischen Sachen / das ist / in dingen welche auß dem licht der natur müssen erkant werden / nimmer etwas für wahr und gewiß auf und annehme / man habe dem zuvoren recht und gründlich verstanden / daß es sich also verhalte. Diese regul erfordert / 1. Daß man alle eilfertigkeit in urtheilen meide / und zeit gnug nehme umb die Sache nach nohturft zu überlegen. 2. Daß man allerley vorgefassete meinungen anfänglich ablege / und durch solche von reiffer erwegung der sachen / davon man uhrteilen soll / sich nit lasse abwenden. 3. Daß man keinen Schluß mache / kein endurtheil fälle / als nur von dem / welches also klar und deutlich unserer vernunft vorkommt / daß man nicht weiter daran zweifelen könne" (ebd., S. 16).

In der Periode zwischen 1652 und 1661 bestand Claubergs Lehre an der Philosophischen Fakultät in Duisburg hauptsächlich in der Diskussion von Disputationen naturphilosophischen und physikalischen Inhalts, die als Kommentare zu den *Principia philosophiae* von Descartes verfasst wurden.[74] Diese Kommentare gingen später als *Disputationes Physicae* in Claubergs *Opera Physica* (1664) ein, die Clauberg dem Leidener Philosophen Johannes de Raey (1622-1702) widmete[75] und die sich auch in Pufendorfs Bibliothek befanden.[76] In den *Disputationes* führt Clauberg die von der Medizin erzielten Resultate auf ihre Emanzipation von der Physik in den Schulen und auf ihre experimentellen und empirischen Verfahren zurück.[77] Sein physisches Werk enthält auch eine von Descartes' *De homine* (1662) beeinflusste Neurophysiologie und Organismustheorie des menschlichen Körpers (*Theoria corporum viventium*) sowie eine Anthropologie, die auf der Verbindung von Körper und Seele basiert (*Corporis et Animae in Homine Conjunctio*).[78] In Claubergs Konzeption des *commercium corporis et animae* ist das (körperbedingte) emotionale Leben auch immer an (bewusst gesteuerte) Handlungen gekoppelt, die im realen Leben des ›ganzen‹ Menschen konkret wirken (*conjunctio actuosa*).[79] Unter Claubergs Schüler Tobias Andreae (1633-1685), der zwischen 1662 und 1669 den medizinischen Lehrstuhl innehatte, wurden in Duisburg auch medizinische Dissertationen geschrieben, die u.a. an die neuen Entdeckungen der Anatomie und Physiologie in der postharveyschen Periode anknüpften.[80]

---

74 Trevisani: Descartes in Germania, S. 85. Vgl. allgemeiner auch Hanspeter Marti: Dissertation und Promotion an frühneuzeitlichen Universitäten des deutschen Sprachraums. Versuch eines skizzenhaften Überblicks. In: Promotion und Promotionswesen an deutschen Hochschulen der Frühmoderne. Hg. von Rainer Müller. Köln 2001, S. 1-44.
75 Vgl. Johann Clauberg: Opera Physica, Id est, Physica Contracta, Disputationes Physicae, Theoria Viventium, & Conjunctionis Animae cum Corpore Descriptio. Accedunt ejusdem Metaphysica de ente. Johanni De Raei Philosopho & Medico in inclyta Batavorum Academia Leydensi Celeberrimo Johannes Claubergius S. P. D. Im Buchinnern findet sich auch der Titel: Johannis Claubergii Physica, Quibus Rerum Corporearum Vis & natura, Mentis ad Corporum relatae proprietates, denique Corporis ac Mentis arcta & admirabilis in Homine conjunctio explicantur. Amsterdam 1664.
76 Pufendorf: La Biblioteca, S. 97.
77 Clauberg: Disputationes Physicae, I, 11: „[...] Medicina quodcunque boni habuit non ex illis, quae in Scholis Physicis frequentabantur, disputationibus hasuit; sed potiùs ab experientia & observatione [...]." Vgl. auch Trevisani: Descartes in Germania, S. 95.
78 Clauberg knüpft an das bei Descartes und den Cartesianern seit den 1640er Jahren debattierte Problem der *conjunctio animae et corporis* an; vgl. hierzu Meschini: Neurofisiologia cartesiana; zu Clauberg bes. S. 73n, 127, 134; s. auch Kap. 4, 10 in dieser Arbeit.
79 Clauberg: Corporis et Animae in Homine Conjunctio, X (Titel), 5: „[...] quod conjunctio animi & corporis in actibus quibusdam vel hanc ob causam debuerit consistere, quia debuit constituere vitam *totius*, quae Homini composito tribuitur, à vita *partium* componentium distincta. Vitam dico, quae sine actu intelligi nulla potest. [...]. Vgl. auch Trevisani: Descartes in Germania, S. 111f.
80 Trevisani: Descartes in Germania, S. 129-136.

Dass nach dem Dreissigjährigen Krieg an der 1655 neugegründeten Duisburger Hochschule Descartes' Philosophie frei gelehrt werden durfte, war auch Resultat der längjährigen Kultur- und Religionspolitik des Kurfürsten Friedrich Wilhelm von Brandenburg-Preussen, dem die nordwestdeutschen reformierten Gebiete des ehemaligen Kurfürstentum Kleve politisch untertan waren; insbesondere die *Kirchenordnung* von 1662 hatte auf das Verhältnis zwischen den cartesianischen Theologen und der offiziellen Kirche von Kleve eine entscheidende Wirkung.[81] So hatte Duisburg im 17. Jahrhundert auch „als Ausbildungsstätte von protestantischen Theologen Bedeutung".[82] Die rechtlichen Massnahmen des Kurfürsten zur Regelung der konfessionalen Politik ermöglichten auch die Öffnung der Universität Duisburg gegenüber der cartesianischen Philosophie und der Bundestheologie des Johannes Coccejus in den Niederlanden (besonders in Leiden).[83] Die Hochschule war aufgrund ihrer geographischen Lage und konfessionellen Prägung in den Einflussraum der Niederlande gelangt und wurde gleichsam in dessen Bildungssystem inkorporiert.[84] Clauberg selbst war 1648 – dem Jahr, in dem Coccejus' Sammlung von Disputationen über die Bündnistheologie erstmals erschien[85] – in Leiden als Theologiestudent eingeschrieben und wurde dort in den Kreis cartesianischer Theologen und Philosophen – u.a. Abraham Heidanus (1597-1678), Frans Burman (1628-1697) und Johannes de Raey – aufgenommen.[86] Sowohl Clauberg als auch Wittich waren primär überzeugte Cocceianer und erst in zweiter Linie Cartesianer.[87] Pufendorf selber diente ausserdem ab 1689 in Berlin als Hofhistoriograph des reformierten Herrscherhauses Brandenburg-Preussen, so dass er während seiner ganzen wissenschaftlichen Karriere – seit seiner Studienzeit und

---

81 Ebd., S. 35–40. Zu Religionspolitik und Konfessionsentwicklung in den nordwestdeutschen Regionen des Rheinlandes vgl. Stefan Ehrenpreis: Kirchen, Bildungswesen und Gesellschaft im 17. und 18. Jahrhundert. Herzogtum Berg und Grafschaft Mark im Vergleich. In: Zeitschrift des Bergischen Geschichtsvereins, 99 (1999-2001), S. 71-113.
82 Ehrenpreis: Kirchen, Bildungswesen und Gesellschaft, S. 83.
83 Trevisani: Descartes in Germania, S. 39f.
84 Jörg Engelbrecht: Zwischen den Kulturen. Die Universität Duisburg und die Niederlande in der Frühen Neuzeit. In: Deutsch-niederländische Wechselbeziehungen von der frühen Neuzeit bis zur Gegenwart. Hg. von Guillaume van Gemert und Dieter Geuenich (Schriftenreihe der Niederrhein-Akademie, Bd. 5). Essen 2003, S. 90-103, hier S. 92.
85 Collatione de Foedere et Testamento Dei: Ad illustrandam Methodum & analogiav doctrinae pietatis in Scripturis traditam, institutam a Johanne Coccejo, S. Th. & Hebr. L. Prof. Franeker 1648.
86 Theo Verbeek: Johannes Clauberg: A Bio-Bibliographical Sketch. In: Johannes Clauberg (1622-1665) and Cartesian Philosophy in the Seventeenth Century. Hg. von dems. Dordrecht et al. 1999, S. 181-199; vgl. auch ders.: Descartes and the Dutch. Early Reactions to Cartesian Philosophy, 1637-1650. Carbondale/Edwardsville 1992, bes. S. 70-77.
87 Trevisani: Descartes in Germania, S. 25-29 sowie S. 31: „[...] tanto Clauberg che Wittich erano naturalmente ferventi coccejani prima che cartesiani [...]."

mit einigen Unterbrüchen – in dieses territorienübergreifende deutschniederländische Netzwerk eingespannt war.

Detlef Dörings Vermutung, dass Pufendorf spätestens in den Jahren 1660/61, als er sich in den Niederlanden („hauptsächlich wohl an der Universität Leiden") aufhielt, „eingehende Kenntnisse über die ‚neue Philosophie' gewonnen hat" und dass hier auch „Pufendorfs spätere Theologie in ihrer Abhängigkeit vom Cartesianismus und Coccejismus [...] ihre Wurzel [haben] könnte",[88] ist vor dem bislang geschilderten Hintergrund mehr als plausibel. Dass die philosophischen Lehren Descartes' und diejenigen der cartesianischen Theologen der Niederlande um 1680 auch in Sachsen rezipiert worden waren, kann jetzt aufgrund eines weiteren historischen Dokuments konkret belegt werden. Es handelt sich um die bereits erwähnte Schrift Valentin Albertis Διπλοῦν Κάππα *Quod est Cartesianismus Et Coccejanismus Belgio hodie molesti, nobis suspecti*, die von der Pufendorfforschung bislang kaum berücksichtigt wurde. Obwohl Pufendorf in seiner letzten Streitschrift zum Thema Naturrecht diese Arbeit Albertis explizit erwähnt,[89] haben weder Fiammetta Palladini noch Detlef Döring in seiner Einleitung zu Pufendorfs föderaltheologischem Werk *Jus feciale divinum* die Bedeutung erkannt, die ihr sowohl in inhaltlicher wie in wissenschaftspolitischer Hinsicht zukommt.[90] Alberti verteidigte den Inhalt seiner Schrift in der *Disputatio solennis pro Doctoratu* am 17. September 1678 in Leipzig und wurde damit zum Doktor der Theologie promoviert; im selben Jahr erschien die Schrift erstmals in Leipzig.[91] Der Traktat ist u.a. der Darstel-

---

88 Pufendorf: Kleine Vorträge und Schriften, Einleitung, S. 403-405, Zitate S. 403 u. 405.
89 Pufendorf: Werke. Bd. 5 (Eris Scandica), S. 339, 7ff.
90 Samuel Pufendorf: Jus feciale divinum. Hg. von Detlef Döring. Berlin 2004. In: Ders.: Gesammelte Werke. Hg. von Wilhelm Schmidt-Biggemann. Bd. 9: Jus feciale divinum, Einleitung, S. VII-LXXVIII, hier S. XLVIII, Anm. 187. Vgl. auch Döring: Samuel Pufendorf und die Heidelberger Universität in der Mitte des 17. Jahrhunderts, bes. S. 318-320, der aber die Wirkung der Synthese von Cartesianismus *und* Coccejanismus auf die Ausdifferenzierung einer *scientia moralis* bei Pufendorf unterschätzt. Von einem "remarkable success of the Cartesio-Cocceian alliance", die auch noch von Pierre Bayle (Dictionnaire historique et critique, Rotterdam 1702, (1697), art. Matthieu Dresserus, rem. A) kommentiert wird, spricht auch Wiep van Bunge: From Stevin to Spinoza., S. 53.
91 Vgl. Διπλοῦν Κάππα Quod est Cartesianismus Et Coccejanismus Belgio hodie molesti, nobis suspecti, Juvante EO, qui unus est Bonus, In Panegyrin Doctoralem Theologicam XVII.Sept. A. MDCLXXIIX. Adducti, Et qua Errores, Nostraeque Ecclesiae INTERESSE Examinati à L. Valentino Alberti, Log. & Metaph. P.P. Ord. SS. Theol. Extraord. Collegii B.M. Virg. h.t. Praeposito & Acad. Decemviro. Leipzig 1678. Im Titel geringfügig verändert, wurde die Schrift 1708 auch in Wittenberg publiziert: Διπλοῦν Κάππα Quod est Cartesianismus Et Coccejanismus [...] examinati à Valentino Alberti, S.S. Theol. Doctore & Prof. Publico, Consist. Elect. & Ducal. Assesore, Alumnorum Saxon. Ephoro, & Academiae Decemviro. Wittenberg 1708. Die Wittenberger-Ausgabe befindet sich auch in der Traktatsammlung: Theological Tracts 1683-1708, British Library, 700 h 5; die Leipziger-Ausgabe befindet sich auch in der Herzog August Bibliothek Wolfenbüttel, M: Li 1819. Bibliographisch erfasst ist Albertis Schrift bereits bei Ernst-Dietrich Osterhorn: Die Natur-

lung und Kritik der Synthese zwischen Cartesianismus und Coccejanismus gewidmet, wie sie sich (nach dem Verständnis des Autors) in den Schriften einiger cartesianischer Theologen in den Niederlanden vorfand.[92] Alberti setzte sich vor allem mit Abraham Heidanus und Christoph Wittich auseinander, deren Positionen er angriff. Insbesondere liess Alberti die Akkommodationsannahme nicht gelten. Bevor ich auf seine Schrift ausführlicher eingehe, ist zunächst die Akkommodationstheorie Wittichs zu referieren, damit deutlich wird, wie Pufendorf darauf Bezug nimmt.

4. Die Akkommodationstheorie

Wittich legt seinen Überlegungen die Unterscheidung zwischen zwei Arten menschlicher Erkenntnis zugrunde: die *cognitio accurata* oder *philosophica* und die *cognitio vulgaris* oder *communis*.[93] Dabei werde die *cognitio communis*, die allen Menschen gemeinsam sei und im Wesentlichen auf Sinneswahrnehmung und Alltagserfahrung beruhe, durch die ihr überlegene philosophische Erkenntnis der Natur in zweierlei Hinsicht entlarvt: die sinnlich perzipierten Qualitäten der Dinge seien dunkel und verworren und – gemessen an der philosophischen – sei die durch die Sinne gewonnene Erkenntnis gering, wie Wittich mit einem Beispiel aus der anatomischen Forschungspraxis illustriert.[94]

---

rechtslehre Valentin Albertis. Ein Beitrag zum Rechtsdenken der Lutherischen Orthodoxie des 17. Jahrhunderts. Diss. Berlin 1962, S. V. Ich zitiere Albertis Schrift nach der Ausgabe Wittenberg 1708.

92 Vgl. zu dieser Synthese Willem J. van Asselt: The Federal Theology of Johannes Coccejus (1603-1669). Leiden et al. 2001, S. 72-135. Vgl. auch Ernestine van der Wall: Cartesianism and Coccejanism: a natural alliance? In: De l'humanisme aux Lumières, Bayle et le protestantisme. Mélanges en l'honneur d'Elisabeth Labrousse. Paris 1996, S. 445-455; dies.: Orthodoxy and Scepticism in the Early Dutch Enlightenment. In: Scepticism and Irreligion in the Seventeenth and Eighteenth Centuries. Hg. von Richard Popkin und Arjo Vanderjagt. Leiden et al. 1993, S. 121–141; dies.: The Religious Context of the Early Dutch Enlightenment. Moral, Religion and Society. In: The Early Enlightenment in the Dutch Republic, 1650-1750. Selected Papers of a Conference held at the Herzog August Bibliothek, Wolfenbüttel 22-23 March 2001. Hg. von Wiep van Bunge. Leiden/Boston 2003, S. 39-57.

93 Consensus veritatis. Cap. I.

94 Ebd., Cap. I, 15-16, S. 6f.: „Atque haec notitia *Communis*, omnibus hominibus communibus adminiculis acquirenda concessa, in quâ tamen etiam alii aliis ulterius progrediuntur, quae collata *cum cognitione Philosophicâ* rerum naturalium deprehenditur imprimis in his duobus ab eâ superari nimirum, 1. quod obscurae admodum sint & confusae qualitatum sensibilium perceptiones. [...]. Quod pauca sint comparatae ad Philosophicam cognitionem, quae hoc modo percipiuntur. [...]." Wittichs Beispiel bezieht sich auf die Methode der anatomischen Präparate, mit denen durch chemische Substanzen (*spiritus*) im submikroskopischen Bereich liegende dünnste Gefässe sichtbar gemacht werden: „Multa etiam corpora sua subtilitate & exiguitate sensus nostros plane effugiunt, ut vel ex acari membris subtilissimis, item ex spirituum quorundam Chymicorum subtilitate vasa vitrea penetrantium & c. patet."

Ferner leitet er aus der *cognitio communis* eine ›Vorurteilstheorie‹ ab: Die *praejudicia sensuum* entstünden im allgemeinen nicht so sehr durch die Sinne, wie sie dem Menschen von Gott gegeben seien, als dadurch, dass der Mensch oft mehr über die Dinge urteile und ihnen zuschreibe, als er in ihnen wahrnehme.[95] Auf einen Einwand aus der bereits erwähnten Schrift von Jacob du Bois *Dialogus theologico-astronomicum* antwortet Wittich (nach *Cartes. Medit. quartam & Sextam*), dass die cartesianische Philosophie nicht lehre, dass die Sinneswahrnehmung uns (im Gegensatz zum Intellekt) täusche. Auch seien die Ideen, die der Intellekt durch die Sinne empfange, für sich betrachtet nicht falsch, sofern kein Urteil folge; vielmehr entstehe ein Fehler aufgrund der genannten Vorurteilstheorie, wenn jemand also über die sinnlich erworbenen Ideen mehr urteilt als er in ihnen wahrnimmt („plus judicat quam in iis percepit.")[96]

Seine Theorie der *praejudicia* stellt Wittich ferner in eine interessante sprachhistorische Perspektive, die auf die Entstehung von Sprache in einem Frühstadium der Menschheitsgeschichte (*ineunte aetate*) verweist: Solche Vorurteile seien mit den Menschen entstanden, bevor diese von der Sprache Gebrauch gemacht hätten, und daher in den gewöhnlichen Sprachgebrauch (*sermo ordinarius*) konstitutiv aufgenommen worden. Dieser musste zum gegenseitigen Verständnis der Menschen untereinander auch beibehalten werden und habe sich – trotz der entlarvten Ungenauigkeiten – bei den Astronomen, welche die Erscheinungen erklären, konserviert.[97] Nicht anders verhalte es sich mit der Heiligen Schrift, die in ihrer Rede von den physikalischen Gegenständen die überlieferte Sprachverwendung (*sermonem receptum*) für das Volk der Ungebildeten (*idioti*) beibehalten habe; eine Veränderung dieser Sprache durch die Heiligen Schriftsteller im Sinne der *cognitio accurata* wäre nicht ohne eine grosse Konfusion zustande gekommen und hätte der Heiligen Schrift vieles von ihrer Verstehbarkeit und Transparenz genommen.[98]

---

95 Ebd., Cap. I, 17, S. 8: „Ortum ea communem debent non tam ipsis sensibus, ut sunt à Deo dati, quàm quod ultra eorum perceptionem sese judicium in primâ infantia extendit, plus judicat rebusque adscribit quàm unquam in iis percepit [...]." Hier gibt Wittich astronomische Beispiele: So seien ungelehrte Leute überzeugt, dass der Mond nach der Sonne die übrigen Sterne an Leuchtkraft und Grösse übersteige, was auch von Gelehrten behauptet werde, die den astronomischen Studien fernstünden („ab Astronomiae studiis alieni existunt"). Vgl. ebd., Cap. I, 17, S. 9.

96 Ebd., Cap. I, 20, S. 10.

97 Ebd., Cap. I, 21, S. 11f.: „Talia Praejudicia cum hominibus adsint, antequam sermone uti possint, factum est, ut sermo ordinarius super iis fuerit fundatus, qui etiam post Praejudicia deposita debuit, retineri, ut homines se mutuò intelligerent, unde Astronomi etiam post detectos errores phrases consuetas usurparunt, ut apparet; quando solem oriri dicunt & occidere, [...]" (S. 11). Wittich bringt Beispiele solcher zu Sprachformeln erstarrten *Praejudicia* in den astronomischen Schriften von Ptolemäus, Clavius (*Sphaer. de Sacro Bosco*) und Copernicus (*Epit. Astron. Copern.*).

98 Ebd., Cap. I, 23, S. 13: „[...] etiam scriptura loquens de rebus naturalibus censenda est reti-

Die Leistung der *cognitio philosophica* bestehe also darin, die *praejudicia* und die Ungenauigkeiten der *cognitio communis* zu eliminieren und zu korrigieren, indem sie die Wahrheit aufdecke (*veritate retecta*).[99] In der Naturlehre deduziere die philosophische Erkenntnis von den ersten Prinzipien und Ursachen der Naturkörper („deducit à primis earum Principis & Causis") und erforsche die innere Beschaffenheit ihrer Teile (*structurae, nexus, intervalla, motus*) sowie die verborgenen Kräfte und deren Ursachen („inditas potentias [...] & huius talis naturae causas investigat").[100] Wittich zeigt dies am Beispiel einer der ersten Duisburger Dissertationen auf naturwissenschaftlichem Gebiet – die *Disputatio physica de origine fontium & aquis* (1652)[101] –, die Clauberg in die *Defensio cartesiana* aufgenommen hat: Hier ging Clauberg u.a. von der wissenschaftlichen Analyse der *cognitio communis* in *Eccl. I.7* aus.[102] In diesem Sinn gab nach Wittich die philosophische Analysis sinnlicher Erkenntnismerkmale, die das Volk *confuse* begreife, Rechenschaft über die formalen Prinzipien und Ursachen, die ihrerseits aus klaren und deutlichen Perzeptionen oder Begriffen nachvollziehbar abgeleitet worden seien.[103] Was er somit ausschloss, war, dass aus der Heiligen Schrift eine Naturphilosophie gewonnen werden konnte. Er wertete die Versuche, aus dem *liber supernaturalis*, eine mosaische, heilige oder christliche Physik abzuleiten, als dessen Missbrauch.[104] Dabei konnte er sich auch auf Calvin berufen.[105]

---

nuisse sermonem receptum, ne difficultatem non necessariam objiceret idiotis. Pone enim, solicitè cavisse scriptores sacros; ut ubi formula usitata alicui Praejudicio inniteretur, eam mutarent in accuratam, quae nudam veritatem exprimeret, annon inde magna confusio fuisset exorta, multumque de intelligentiâ & perspicuitate sacrarum literarum periisset; [...]."

99 Ebd., Cap. I, 24, 14.
100 Ebd.
101 Vgl. Disputatio Physica de Origine Fontium et Aquis Quam Favente Deo per Opt. Max. Praeside Admodum Reverendo Clarissimo Viro, Dn. IOHANNE CLAUBERGIO, SS. Theologiae & Philosophiae in Athenaeo Teutoburgensi, Professore Publico omnium examini subjicit IOHANNES AXIUS Sigenâ- Nassovicus Die 16. Martij ab hora 10. ad merid. In Auditorio Publico. Teutoburgi Clivorum [Duisburg] 1652.
102 Consensus veritatis, Cap. III, 45, S. 28 sowie Clauberg: Defensio cartesiana, XXXI. Vgl. hierzu auch Trevisani: Descartes in Germania, S. 27 u. S. 54.
103 Consensus veritatis, Cap. I, 24, S. 14f.: „Per Cognitionem Philosophicam qualitatum sensibilium, vulgò confuse cognitarum, rationes formales & Causae explicantur, [...] omnia à primis principiis manifestâ deductionis consequentia derivat, nihil admittens, nisi quod vel per se sit clarè & distincte perceptum, vel ex claris notionibus per apertam & perspicuam Consequentiam deductum, [...]."
104 Ebd,, Cap. II, 27, S. 16: „Ex eodem praecedente capite manifestum evadit, quid de scriptura sacra censeamus ratione scientiae & cognitionis Philosophicae, nimirum, I. *cognitionem Philosophicam rerum naturalium non posse ex sacris literis hauriri*. 2. *ex scripturâ non debere nec posse systemata Physica concinnari*. Utrumque statuimus contra eos, qui nobis Physicas Mosaicas, sacras, Christianas &c. voluerunt procudere [...]." Vgl. auch Dissertationes Duae, Cap. I (Dissertationis de Usu et Abusu Scripturae in Philosophia Naturali).
105 Consensus veritatis, Cap. V, 64, S. 44f.: Consentit Calvinus, qui Comment. in Genes. cap. I., v. 14. *Tenendum est illud, Mosen non accute philosphari de occultis mysteriis, sed referre quae etiam rudibus*

Für Pufendorf war Wittichs Unterscheidung zwischen den menschlichen Erkenntnisarten insofern von Interesse, als sie sich u.a. auch mit der Unterscheidung "zwischen theoretischen und praktischen Disziplinen, bzw. zwischen Philosophie und Theologie" veknüpfen liess.[106] Dies berührt einen fundamentalen Punkt in der Auseinandersetzung mit Alberti um die von Pufendorf etablierte philosophische Disziplin des Naturrechts. In der *Commentatio* spricht der Naturrechtstheoretiker das methodische Problem direkt an:

> [...] ich leugne nicht, dass ich mit der Albertinischen Methode nicht einverstanden bin, und ich erkenne noch nicht klar, was es die christliche Religion angeht, wenn wir die Theologie mit der Philosophie, die Offenbarung mit der Vernunft vermischen, und aus der Heiligen Schrift Grundsätze gewinnen, um darauf philosophische Disziplinen zu errichten. [...]. Es ist auch nicht Gottes Plan gewesen, als er die heiligen Schriftsteller zum Aufschreiben der biblischen Bücher inspirierte, den Menschen philosophische Lehren beizubringen, sondern dem Menschengeschlecht den Weg zum ewigen Heil offenzulegen. Diese Bücher enthalten daher einiges, was die philosophischen Disziplinen angeht, dies ist aber nicht nach der philosophischen Erkenntnisart abgehandelt worden, sondern so, wie es der Sinneswahrnehmung und der Kenntnis des Volkes entspricht.[107]

In dem auf diese Stelle folgenden Text machte Pufendorf besonders deutlich, welche Funktion die (natur)wissenschaftlichen und medizinischen Beispiele in der *Commentatio* haben: Sie sollen den Unterschied zwischen der *cognitio philosophica* der Wissenschaften und der an die Fassungskraft des Volkes („ad huius captu loqui"[108]) akkommodierten Sprache der Heiligen Schrift veranschaulichen. Wir kennen das Argumentationsmuster, das Pufendorf dabei verwendet: In dieser Hinsicht, also im Bereich der Wissenschaften, entzieht er dem biblischen Text die Autorität: So lasse sich aus ihm keine Geometrie oder Mathematik ableiten, die auf Dauer nicht falsifiziert würde;[109] so wie auch das Volk einen Redner für verrückt halten würde,

---

    nota sunt, & posita in vulgari usu. Et ad v. 16. Moses populariter scripsit, quae sine DOCTRINA & LITERIS omnes idiotae COMMUNI SENSU percipiunt [...]. Nec Moses sane ab eo studio (puta Astronomico) retrahere nos voluit, cùm omisit, quae sunt artis propria. sed quia non minus Indoctis & rudibus, quàm doctis ordinatus erat Magister, [...]. Si de rebus vulgò ignotis locutus foret, causari poterant Idiotae altiora haec esse captu suo." Vgl. hierzu auch unten Kap. 5, 6.2.

106 Danneberg: Das Ende des Akkommodationsgedankens, S. 212.
107 Pufendorf: Werke. Bd. 5 (Commentatio), S. 266: „Quanquam enim revera controversia inter nos praecipua sit de fundamentali propositione [...] in disciplina Juris Naturalis: [...] non inficior, me ab Albertina methodo dissentire, necdum perspicere, quid rei Christianae intersit, si Theologiam Philosophiae, revelationem rationi immisceamus, et è sacris literis hypotheses petamus, quibus disciplinae philosophicae superstruantur. [...] Deo non fuit propositum, dum viros sacros inspirat ad scripto consignandos libros Biblicos, dogmata philosophica homines docere, sed viam ad salutem aeternam humano generi pandere. Hisce libris inspersa hinc inde sunt nonnulla ad disciplinas philosophicas spectantia, non quidem philosophico modo accurate deducta, sed prout in sensus et notitiam populi incurrunt."
108 Ebd., S. 266.
109 Ebd.: „Et tamen si quis secundum ἀκρίβειαν mathematicam id dictum accipere velit, ac

wenn er ausgehend von der biblischen Episode, wo der Heiland (*Salvator*) die Schwiegermutter des Petrus vom Fieber geheilt habe, in eine detaillierte medizinisch-pharmazeutische Erörterung über das Fieber abschweifte.[110] Mit diesem Beispiel verdeutlicht Pufendorf, dass sein Wissen über die Natur und die verschiedenen Aspekte des Fiebers, die Blutwallungen, die Ursachen der Verkrampfung und Ermüdung im Fieberzustand, den Aderlass oder die Eigenschaften der Wurzel des Chinarindenbaums etc., einer anderen Quelle als der Heiligen Schrift entstammt, vermutlich aus den medizinischen Büchern, die er besass. Diese erfüllten somit einen Zweck, den die Bücher der Heiligen Schrift nicht notwendig zu erfüllen brauchten, weil es nicht ihrem Zweck entsprach, wie Pufendorf bereits festgestellt hatte. Dort aber, wo sie dem Menschen den Weg zum Heil aufzeigen, bewahrt Pufendorf die Autorität und Wahrheit der biblischen Bücher. Die beiden Momente des Argumentationsmusters – die partielle Entautorisierung und die Bewahrung von Autorität – sind somit wie schon bei den medizinischen Büchern auch hinsichtlich des Bibeltextes gegeben.

Das Argument des Skopus der Heiligen Schrift hatten – wie zuvor Calvin[111] und Galilei[112] – auch die cartesianischen Theologen übernommen. Man müsse davon ausgehen, sagt Wittich, dass die Heilige Schrift keine anderen Mittel vorschreibe als diejenigen, die zur Erkenntnis des Heils geeignet seien und ohne welche die *cognitio salutaris* nicht gewonnen werden könne.[113] Dabei gründete die Einschränkung des Wissensanspruch der Heiligen Schrift, nämlich Erkenntnisquelle des Heils zu sein, auf dem Argument, dass das, was nicht notwendig auch der Skopus der Heiligen Schrift sei, wie z.B. die Erklärung der Naturphilosophie, somit auch nicht in ihr gesucht werden müsse.[114] Faktisch gab Wittich also die Vorstellung

---

istud velut hypothesin è sacra Scriptura petitam Geometriae substernere aggrediatur, dubium non est, quin quicquid operationum et demonstrationum ex eo principio deductum fuerit, falsum sit futurum."

110 Ebd.: „Sic si concionator ad populum verba faciens, ubi mentio incideret de socru Petri, quam Salvator noster à febri curavit, vellet digressionem facere de natura et differentia febrium, de fermentatione, de causis intensionum et remissionum in febribus, de venaesectione, de virtute radicis Chinae, et similib.; etsi haec omnia verissima et argutissima essent, ab auditoribus tamen plane delirare censebitur."

111 Howell: God's Two Books, S. 140-146: „Calvin explained the language of the Scriptures as being directed toward the human observer and clearly distinguished the purposes of astronomy and the Scriptures. The purpose of the Scriptures was not primarily to teach cosmology but to instruct humans in their salvation" (S. 141).

112 Poppi: Ricerche sulla teologia e la scienza, S. 191, 201f.

113 Consensus veritatis, Cap. III, 35, S. 21: „Ergò existimandum est à scriptura etiam non alia praescribi media, quam quae ad cognitionem salutarem sunt appropriata, & sine quibus illa obtineri non possit."

114 Ebd.: „Quidquid non est necessarium, ut scriptura omnes suos fines obtineat, illud non quaerendum in scriptura: At Explicatio Philosophica rerum naturalium non est ad id necessaria. E. Min. probatur."

auf, dass alle Wahrheiten zum *fundamentum salutis* bzw. zum Bereich der Glaubenslehre und der Offenbarungstheologie gehörten.[115] Dies erklärt u.a. auch, warum Pufendorf auf andere Wissensquellen wie z.B. die Medizin oder die Psychologie zurückgreift, um über den Menschen als physisches und moralisches Wesen wissenschaftliche Kenntnisse zu erwerben.[116]

Die Annahme des Skopus der Heiligen Schrift begründete Wittich aus der Heiligen Schrift selbst.[117] Insbesondere könnten nach *2. Tim. III.* die *fines scripturae* auf diese vier Punkte zurückgeführt werden: 1) *ad doctrinam* die fundamentalen Prinzipien der christlichen Religion zu bestimmen; 2) *ad redargutionem* Fehler in Glaubensfragen nachzuweisen; 3) *ad correctionem* depravierte Sitten und Moral zu verbessern; 4) *ad disciplinam in justitia* die moralischen Prinzipien in der Rechtsprechung, d.h. was gerecht/ungerecht bzw. moralisch/unmoralisch sei, aufzuzeigen. Nichts finde sich hingegen über den Skopus der Heiligen Schrift, in der Naturphilosophie zu unterweisen.[118] Die genannten *fines scripturae* lassen sich (zumindest teilweise) durchaus mit dem bei Pufendorf um 1680 manifesten Interesse an einer christlichen Theologie vereinbaren, „die mit Hilfe der cartesianischen Methode auf der Grundlage der Heiligen Schrift und des gesunden Menschenverstandes unbezweifelbare Glaubensartikel aufzustellen vermag."[119] In dem bekannten Brief an seinen Bruder Esaias vom 24. 2. 1681 hat Pufendorf den Skopus der Glaubensprinzipien, die für ihn auf den Dissens innerhalb des Protestantismus einigend wirken sollten, sogar explizit gemacht : „[...] capita Christianae religionis ad salutem necessaria, sufficientia, et velut adaequata, ad modum propositionum mathematicarum demonstrentur."[120] In den Angelegenheiten des Glaubens (*res credendae*) war

---

115 Ebd., Praefatio: „[...] non omnis Veritas pertineat ad fundamentum salutis pertineat ad fundamentum salutis, vel non spectet Fidem & Theologiam Revelatam."
116 Vgl. hierzu auch ebd., Cap. V, 50, S. 50: „At in Scriptura talis scientifica explicatio [sc. de homine, de plantis, &c.] non habetur, nec ab ea exigitur, ab iis qui statuunt, non esse hunc ejus scopum, ut instruat in cognitione scientifica rerum naturalium: [...]."
117 Ebd., Cap. III, 35, S. 20: "Fines scripturae in ipsa scriptura nobis recensentur 2 Tim. III. 16,17. [...]." Auch folgende andere Bibelstellen werden angegeben: Deut. VI.1,2., Rom. XV. 4., Joh. XX. 31.
118 Ebd., S. 20: „Utilis autem est scriptura *ad doctrinam* non quamvis, sed, [...], quae est de capitibus Christianae religionis, *ad redargutionem* errorum in fide, *ad correctionem* vitae & morum pravorum, *ad disciplinam* in justitiam, ostendendo, quid justum & injustum, honestum & turpe sit. Nullibi autem invenimus finem scripturae esse instructionem in cognitione Philosophiae naturalis."
119 Detlef Döring: Pufendorf-Studien. Beiträge zur Biographie Samuel von Pufendorfs und zu seiner Entwicklung als Historiker und theologischer Schriftsteller. Berlin 1992, Zitat S. 78.
120 Pufendorf an Esaias Pufendorf, Stockholm, 24. 2. 1681. Vgl. Pufendorf: Briefwechsel. Hg. von Detlef Döring. In: Ders.: Gesammelte Werke. Bd. 1. Hg. von Wilhelm Schmidt-Biggemann. Berlin 1996, S. 122-127, Zitat S. 126. Vgl. auch Detlef Döring: Untersuchungen zur Entwicklung der theologischen und religionspolitischen Vorstellungen Samuel von Pufendorfs. In: Religion und Religiosität im Zeitalter des Barock. Hg. von Dieter Breuer. Wiesbaden 1995 (Wolfenbütteler Arbeiten zur Barockforschung, Bd. 25), S. 873-882, hier S. 880.

für Wittich (ebenso wie für Pufendorf) die göttliche Offenbarung in der Heiligen Schrift der Ort der Gewissheit und der *clara et distincta perceptio*.[121]

5. Die theologische Reaktion auf das ›Doppelte Kappa‹

Drei Jahre nach der Veröffentlichung von Pufendorfs akademischer Dissertation *De statu hominum naturali* (1675), in der er eine von der *Genesis* abweichende Hypothese vom Ursprung des Menschen präsentierte,[122] reagierte Valentin Alberti in seiner theologischen Dissertation auf die Synthese von Cartesianismus und Coccejanismus in den Niederlanden. Diese erzeugte in seinen Augen nichts anderes als das Übel der Heterodoxie und war daher nicht zu unterschätzen. So waren Wittichs Schriften in der Anwendung der Prinzipien der cartesianischen Philosophie auf die Bibelexegese, die wiederum ein zentrales Element der cocceiischen Theologie war,[123] ein Produkt dieser Synthese. Dies musste die Orthodoxie als Angriff auf die Autorität ihrer kirchlichen Lehre verstehen. Im gleichen Jahr 1678 erschien nämlich erstmals auch Albertis *Compendium Juris Naturae Orthodoxae Theologiae Conformatum*.[124]

Albertis Dissertation ist in drei Teile gegliedert. Im ersten Kapitel (*historicum*) werden die Prinzipien der Philosophie Descartes', die Thesen der cartesianischen Theologen an der Leidener Universität sowie die Prinzipien der Theologie des Johannes Coccejus referiert und die Berührungspunkte zwischen Cocceianern und Cartesianern angegeben. Im zweiten Kapitel (*elenchticum*) werden diese Positionen nochmals Punkt für Punkt aufgenommen und verworfen. Im letzten Kapitel (*practico-didacticum*) werden aus der Praxis und dem Verlauf der in den Niederlanden andauernden Kontroverse zwischen den cartesianischen Theologen und der Orthodoxie Konsequenzen für die eigene lutherisch-orthodoxe Kirche (*pro Ecclesia nostra*) gezogen.[125] Alberti gibt uns somit einen wichtigen Hinweis dafür, dass spätestens seit den 1670er Jahren die Positionen der cartesianischen Theologen auch in Norddeutschland, ja sogar in Sachsen

---

121 Consensus veritatis, Cap. I, 5, S. 3: „At in Fide loco istius clarae & distinctae perceptionis rei credendae est revelatio divina, cui fides innititur, cùm sit assensus & judicium, quo aliquid affirmatur vel negatur propter testimonium divinum."
122 Samuel Pufendorf: On the Natural State of Men. The 1678 Latin Edition and English Translation. Hg. von Michael Seidler. Lewiston et al. 1990.
123 Vgl. hierzu die Darstellung in van Asselt: The federal theology, S. 106-135.
124 Frank Grunert: Normbegründung und politische Legitimität. Zur Rechts- und Staatsphilosophie der deutschen Aufklärung, Tübingen 2000, hier S. 36-56: „ [...] Albertis erklärtes Ziel war ein explizit christliches Naturrecht als Gegenmodell zu einem profanen, ausschliesslich auf der Vernunft basierten Naturrecht" (S. 39).
125 Cartesianismus et Coccejanismus, S. 4.

rezipiert wurden und damit in der Zeit seines Streits mit Pufendorf in relevanter Weise ins Gewicht fielen. Im Folgenden sollen einige relevante Stellen aus dieser Schrift dargestellt werden, auch um eine Vorstellung vom Grad der Rezeption der cartesianischen und coccejanischen Lehren bei einem orthodoxen Theologen aus Leipzig zu bekommen.

Unter den gehandelten Thesen und Hypothesen Descartes' kommt Alberti auch auf die in den *Principia philosophiae* angesprochene Lizenz des christlichen Philosophen zu sprechen, falsche Annahmen und dem christlichen Glauben widersprechende Hypothesen aufzustellen. Dabei wird zum einen die im Rahmen des *matter-and-motion*-Konzepts der cartesischen Naturphilosophie entworfene Erdentstehungshypothese erwähnt, mit der Descartes „contra historiam creationis" die Entstehung der Welt aus der Bewegung von Materie abgeleitet habe.[126] Diese Theorie Descartes' sollte dann in den erdgeschichtlichen Entwürfen des 18. Jahrhunderts eine grosse Wirkung haben.[127] Zum anderen wiederhole Descartes seine „licentia fingendi" auch im Bereich der Moralphilosophie, indem er im *Traité des passions de l'âme* (1649) dem Menschen die absolute Beherrschung der Leidenschaften attestiere[128] und ihn „philosophico more" und nicht im Zustand des Sündenfalls betrachte, in dem die vielen ungeordneten Gemütsbewegungen ihren Ursprung hätten.[129] Obzwar Alberti hypothetische Fiktionen in der Philosophie in Erwägung zieht, müssten diese jedoch dem geoffenbarten Wort nicht widersprechen: „Christiana enim necesse est sit Philosophia nostra."[130]

Damit reagierte Alberti offenbar auf Dissertationen und Schriften der Leidener Universität, die um 1670 unter Johannes de Raey diskutiert wurden und in denen die Vorstellung, dass es eine ›christliche Philosophie‹ gebe, als vernunftswidrig verworfen wurde; auch liess sich aus ihnen

---

126 Ebd., Cap. I, §16: „*Quarta hypothesis: posse à Philosopho, qui sit Christianus, assumi praesupposita falsa & fidei Christianae contraria; Princip. part.3. §.45 seqq.* Ubi, contra historiam creationis, fingit, fingereque se agnoscit, DEum, initio subtilissimae materiae indidisse motum, ex quo caetera omnia paulatim suapte exitierint, eumque motum, situm & ordinem, quo nunc visuntur, consecuta sint."

127 Rossi: I Segni del Tempo.

128 Dieser Punkt wurde vom Leipziger Theologen Josua Schwarz auch dem Pufendorfschen Naturrecht unterstellt: Vgl. Pufendorf: Apologia (1674): „Index praecipuarum Nouitatum, quas Dn. Prof. Pufendorfius libro suo de Nat. & Gentium hic apud nos edidit. [...] De libero arbitrio. [...]. II. OMNIBUS suis affectibus vel passionibus imperare hominem posse, verbis CARTESII, quae sua facit, statuit, p. 55. Illud instituto nostro & c." Zitiert nach Pufendorf: Werke. Bd. 5, S. 54.

129 Cartesianismus et Coccejanismus, Cap. I, §16: „Quam fingendi licentiam de ortu rerum naturalium, repetit in moralibus, dominium nobis absolutum tribuens in affectus nostros; *part.I. de passion.art.50*. Considerat enim hominem Philosophico more, nec penetrat in nativam illius corruptionem, horum motuum anomalorum & eccentricorum in nobis foecundissimam matrem [...]."

130 Ebd., Cap. II, § 13.

entnehmen, dass sich in der Heiligen Schrift nichts anderes finde als „facta Theologica".[131] Alberti hatte aber auch Wittichs *Dissertatio de Abusu Scripturae* gelesen und zitierte besonders aus dem dritten Kapitel der Schrift, wo die Akkommodationsannahme auch auf die *res practicas & morales* der Heiligen Schrift angewendet wurde: Diese enthalte nach Wittich viele Ausdrücke *secundum opiniones hominum*, die daher nicht mit der Wahrheit übereinstimmten; also benötige die Philosophie keine Voraussetzungen aus der Heiligen Schrift, um christlich zu werden, vielmehr bedürfe der Heilige Text der philosophischen Erörterung, damit niemand denke, er beinhalte falsche Angaben.[132] In einer weiteren einflussreichen Schrift Wittichs, nämlich in seiner Antrittsvorlesung an der Universität Leiden von 1671 – der *Theologia pacifica, in qua varia Problemata Theologica inter Reformatos Theologos agitari solita ventilantur* – konnte Alberti lesen, dass die Wahrheitsnorm auch in der Theologie die *clara et distincta perceptio* sei.[133]

In einem weiteren Abschnitt stellt Alberti auch einige inhaltliche Elemente der Theologie des Coccejus dar, der unter den reformierten Theologen „imprimis eos, qui Philologiam & Hermeneuticam sacram" behandelt habe: Es sind dies u.a. die *Hypothesis hermeneutica* von der Sinnfülle der Heiligen Schrift, d.h. die Annahme, dass die *verba* in der Heiligen Schrift alles das bedeuten, was sie bedeuten können;[134] die typologische Interpretation

---

131 Ebd., Cap. I, §30: „Hypotheses est una: *Nullam admittendam esse Philosophiam Christianam* [...]. *Non minus contra rationem est, quod nonnulli Philosophiam Christianam esse velint, quam si Muhammedanam dicerent. Omnis enim Philosophiaa revelationis atque adeo Religionis expers est*: D. Cranemius in disp. Lugdun.Bat. habita A. 1671.31. Jan. th.8. Imo *corruptae Philosophiae causa est, ex censura D. de Raey* disp. de form. hum. corol. 5. *quod per Scripturam sit facta Theologica*." Auch Pufendorf spottet gegenüber Albertis Vorstellung einer ›philosophia christiana‹ mit ähnlichen Worten; vgl. Pufendorf: Werke. Bd. 5 (Commentatio), S. 291: „Denique circa Philosophiam Christianam puerili plane modo se jactat Albertus, cum isto instituto nil frivolum magis excogitari queat. Sane eodem jure, quo is Logicam Christianam comminiscitur, alii licebit venditare Logicam Muhammedanam, ad quam nihil aliud requiritur, quam ut exempli loco adducatur haec propositio; Muhammedes est magnus Propheta."

132 Ebd., Cap. I, §31: „De *moralibus* id expressis verbis testatur WITTICHIUS *in dissert. de Abusu Scriptura, cap.3.* cujus titulus: *Ostenditur multis locis Scripturae, qui circa res practicas & morales, locutiones continet, secundum opinionem hominum à veritate recedentem. Unde concludunt*: Philosophiam non opus habere praesuppositis è S: Scriptura, ut fiat Christiana; sed potius scripturam indigere Philosophica expositione, ne falsa censeatur referre." Vgl. auch Dissertationes Duae, Cap. III.

133 Ebd., Cap. I, §33: „*Clara & distincta perceptio est primum illud, ad quod mensurandam est veritas; normae autem & mensurae non iterum quaerenda est alia norma vel mensura.* Wittich. Theolog. Pacif. cap. 3. §.34. [...]. Clare Wittichius iterum d.l.§.25. *Primarius usus, quem Philosophia Cartesii praebet Theologo, est, quod inculcat saepissime hoc axioma: non esse judicandum nisi de clare & distincte perceptis,* [...]."

134 Ebd., Cap. I, §43: „*Verba S. Scripturae id omne significare ex intentione Spiritus S. quod significare possunt.* [...] *Nulla*, inquit, in Deut. XXXII, 1. *est ratio, quare nostrae expositionis sententia debeat excludi, & quare verba Mosis non debeant judicari significare, quod significare possunt, imo significant. Ubi sunt verba potestatem aliquam habentia, cui nullum argumentum reluctetur, ibi est significatio. Idem ad Rom. X.6. Impossibile est, aliquid fieri in mundo, de quo verba Spiritus S. recte & apte, omnibus rationi-*

des Alten und Neuen Testaments: *Totum Vetus Testamentum & Ecclesiam Judaicam esse speculum ac typum, in quo prophetice exhibeatur facies Ecclesiae in N.T.*; die Verknüpfung des Alten und Neuen Testaments zu einer einheitlichen Sinnstruktur: *In V.T. fuisse tempus sitis; in N. esse tempus satietatis (hypothesis dogmatica)*; die Aufteilung des AT und NT in historische Perioden (*hypothesis chronotactica*); die Lehre des Gnadenbundes (*foedus gratiae*), nach dem das Heil des Menschen auf seinem Bündnis mit Gott beruhte.[135]

Nach Alberti lag der *proton pseudos* der hermeneutischen Hypothese darin, dass nicht Interpretamente (*cogitationes*) auf die Heilige Schrift bezogen werden, sondern diese eher auf jene zurückgeführt und mit ihnen erklärt werde.[136] Auf diese Weise habe Coccejus die typologische Auslegung in die Heilige Schrift hineingetragen, ohne aus der Heiligen Schrift selbst zu beweisen, dass dies die Absicht Gottes (*intentio Dei*) sei, oder auch ein Beispiel dafür zu geben, wie Coccejus' Gedanke verstanden werden könne und zu lehren gewesen wäre.[137] Nicht anders als Kardinal Bellarmin, den er zitiert, verwendet Alberti die traditionelle hermeneutische Regel, dass vom literalen Sinn grundsätzlich nicht abzuweichen sei, wenn nicht der Text oder der Kontext es erfordere.[138] Ferner begebe sich Coccejus mit der chronotaktischen Hypothese ins Lager der Chiliasten, und zwar zu denjenigen, die das Reich Gottes in Kürze erwarteten;[139] diese These sei der orthodoxen Theologie suspekt. Der Coccejischen Lehre, derzufolge der Dekalog im Alten Testament die Formel des Glaubens- und des Gnadenbundes gewe-

---

bus congruentibus, usurpari possint, ut id non intuitus sit Spiritus S. loquens in Prophetia, & non voluerit legentem ea verba ei rei accommodare." Zum coccejanischen *sensus fecundus* vgl. auch Danneberg: Die Anatomie des Text-Körpers, S. 301f.
135 Ebd., Cap. I, §44-50; vgl. zur Beziehung Gott-Mensch van Asselt: The Federal Theology, bes. S. 310-321: „This relationship between the covenant concept and the friendship model for the divine-human relationship constitutes the genuinely original element in Cocceius' thought" (S. 313).
136 Ebd., Cap. II, §20: „[...] *cogitationes* [...] sibi proprias non ad S. Scripturam, sed hanc potius ad illa contulerit & exposuerit; [...]."
137 Ebd., Cap. II, §21: „Hunc in modum in S. Scripturam 1.) intulit, quam inde efferre non poterat, naturam typicam V. T. qua statum N. referret [...]. Cum enim, extra Scripturam, nullibi verba id omne significent, quod significare possunt, [...]; probandum erat ex ipsa Scriptura, hanc esse intentionem DEI, requirentis aut saltem indulgentis, ut ita intelligi à nobis & exponi queat; aut exemplum adduci debebat, quo optimus ille verborum suorum interpres hanc hermeneuticam nos docuisset."
138 Ebd., Cap. II, §24: „Tametsi enim Recentiores Papistae, convicti scilicet à nobis [sic!], ad sensum literalem, nisi aliud textus, & contextus requirat, respiciendum esse, nobiscum statuunt: *Nam cum sensum*, inquit Bellarm. L. 3. de verbo DEI cap. 3. *qui ex verbis immediate colligitur, certum est, sensum esse Spiritus S. At sensus mystici & spirituales varii sunt, & licet aedificent, cum non sint contra fidem aut bonos mores, tamen non semper constat, an sint à Spiritu S. intenti;* [...]."
139 Ebd., Cap. II, §32: „Septimam autem periodum, quam jam instare putat, dum de regno glorioso Christi in his terris intelligit, omniaque fausta & felicia in eo fidelibus promittit, nae in *Chiliastarum* castra transfugit."

sen sei,¹⁴⁰ begegnet Alberti – im Blick auf das berühmte dogmatische Werk *Breviarium theologiae exhibens praecipuas fidei controversias* (1641) des Leipziger Theologen Johannes Hülsemann (1602-1661) – mit der Interpretation des Dekaloges als *lex divina*, die sich im Alten Testament und in den Evangelien in zweierlei „Formen" ausprägte.¹⁴¹ Mit dem Verhältnis von Bund und Testament und mit den Kommentaren im Werk Hülsemanns, das sich in seiner Bibliothek befand,¹⁴² hatte sich um 1690 auch Pufendorf in seinen theologischen Schriften und Briefen beschäftigt; zudem stand Pufendorf auch dem chiliastischen Element nicht fern.¹⁴³

Die Gemeinsamkeiten zwischen Cartesianern und Cocceianern bestünden Alberti zufolge in den Niederlanden eher in ihrer gemeinsamen Verteidigung („eos conjuncti se defendere") als in der Übereinstimmung in der Lehre („foedus non tam dogmaticum quam civile").¹⁴⁴ Denn Coccejus habe das Fundament seiner Theologie nicht in der Philosophie Descartes' gesucht, die Coccejus, wie er selbst zugebe, nicht gründlich studiert habe, sondern in der „Philologia sacra".¹⁴⁵ Auf diesen Aspekt ist weiter unten nochmals zurückzukommen.

Einige Argumente im zweiten Kapitel von Albertis Schrift folgen ferner dem Modell, das in den Niederlanden auf seiten der Orthodoxie in den Schriften von Voetius und Revius gegen Descartes sowie von Antonius Hulsius (1615-1685) gegen Coccejus entwickelt worden war.¹⁴⁶ Auch inhaltlich sind diese Positionen bekannt: Z.B. kommt bei Alberti Voetius' Diskussion über den spekulativen und praktischen Atheismus und dessen *causae consequentes* vor, worunter dieser die *libertas philosophandi* subsumierte, „which desires to renovate science without laborius and ardous work, and without the use of books, teachers, and writings. Both led to skepticism or semi-scepticism."¹⁴⁷ Auch wird von Alberti das (bereits in Melanchthons *Loci communes theologici* behandelte) Argument von der eingeborenen natürlichen Kenntnis von Gott erwähnt, die Descartes' Methode

---

140 Ebd., Cap. I, §50: „[...] Decalogum in V.T. Fidei & foederis gratiae formulam fuisse; *Coccej. Catech.* p. 333."
141 Ebd., Cap. II, §33: „Bene Doctor meus, B. Hülsemannus Breviar. cap. 8. th. 14. *Quod proprie legis est, pertinet ad formam specificam Veteris: quod Evangelii, ad formam specificam Novi Testamenti* [...]." Insofern wird hier an den Gesetzesbegriff in den *Loci communes theologici* Melanchthons angeküpft; vgl. Kap. 1, 2. in dieser Arbeit.
142 Pufendorf: La Biblioteca, S. 203.
143 Döring: Pufendorf-Studien, S. 87 bzw. S. 103f. Döring führt „die Übernahme chiliastischer Hoffnungen" (ebd., S. 104) bei Pufendorf auf den Einfluss des Pietismus zurück.
144 Cartesianismus et Coccejanismus, Cap. I, §63.
145 Ebd.
146 Dieser polemische Schrifttypus ist inzwischen auch gut erforscht worden; vgl. zuletzt (zu Voetius u. Hulsius) van Asselt: The federal theology, S. 86-94 u. s. 283f. und (zu Revius) Goudriaan: Jacobus Revius.
147 van Asselt: The federal theology, S. 88.

des Zweifels angeblich in Frage stelle.¹⁴⁸ Die natürliche Kenntnis von Gott war für Alberti deshalb von entscheidender theologischer Bedeutung, weil er aus dem „per revelationem [...] perzipierbaren status integritatis" (vor dem Sündenfall) die Normen seines christlichen Naturrechts ableitete.¹⁴⁹ Die cartesianischen Theologen hatten ihrerseits immer wieder erklärt, dass die *dubitatio cartesiana* sich weder auf die Angelegenheiten des Glaubens noch auf die Dinge des täglichen Lebens (*ad usum vitae*) beziehe, sondern lediglich in wissenschaftsbegründendem Sinne zu verstehen sei: Sie werde für denjenigen notwendig, der auf solider Wissensgrundlage eine *certam & indubitatam scientiam* aufbauen wolle.¹⁵⁰

Wichtiger aber war für die Orthodoxie das von den Cartesianern gestellte hermeneutische Problem bei der Interpretation der Heiligen Schrift, deren Autorität Alberti – wie vor ihm Voetius – vollends restituieren wollte. Der Akkommodationsannahme begegnet Alberti mit der Gegenannahme, dass die Heilige Schrift zwar nach der Fassungskraft des Volkes, nicht aber „secundum errores ejus" spreche.¹⁵¹ Dies zeigt, dass der Akkommodationsgedanke auch anders genutzt werden konnte. Alberti räumt ein, dass die Sprache des Volkes grundsätzlich auch falsch sein kann, nicht jedoch wenn diese in der Heiligen Schrift verwendet wird, denn nicht weniges in ihr entspreche der göttlichen Denkweise.¹⁵²

Der Akkommodationsgedanke führte bei Alberti also nicht notwendig zur Entautorisierung der Heiligen. Schrift. Dabei ging es ihm vor allem darum, gegenüber den cartesianischen Thesen die Erkenntnisebene der sinnlichen Wahrnehmung (wieder) aufzuwerten, weil diese sich eher mit seinen theologischen Intentionen verbinden liess. So sei zu berücksichtigen, dass einige Meinungen des Volkes – wie z.B. die, dass die Erde ruhe („de quiete terrae, &c."), – die Cartesianer bzw. Kopernikaner zu Unrecht für falsch hielten („perperam adversarii habeant pro erroneis").¹⁵³ Dass der Theologe Alberti hier ein kosmologisches Argument anbringt,

---

148 Cartesianismus et Coccejanismus, Cap. II, §3, S. 30: „Nam dubitare de Deo, methodo Cartesiana, nihil est aliud, quam quis de Deo habere potest cognitionem, ad tempus ex animo summovere; Cartesio ipso interprete *Ep.L.II.10.* aut rejicere DEUM inter illa, quae falsa esse fingimus; *part. I. princip. §. 7.* quod temporario Atheismo magis quam ovum ovo convenit. Sed obstat licentiae affectandi illum notitia naturalis de DEO insita τὸ γνωσὸν τοῦ Θεοῦ, Rom. I,19. obstat acquisita; [...]."
149 Vgl. hierzu Grunert: Normbegründung, S. 39f., Zitat S. 39.
150 Consensus veritatis, Praefatio: „Dubitatio cartesiana, neque ad res fidei neque ad usum vitae se extendens, eumque respiciens, qui philosophari incipit, nihil aliud denotat, quàm serium examen omnium opinionum, quas quis ab infantiâ hausit, ut nulla admittatur, nisi quae fundamentis solidis insistat; quod non tantùm licitum, sed etiam necessarium esse ei, qui certam & indubitatam quaerit scientiam, quis non videat?"
151 Cartesianismus et Coccejanismus, Cap. II, §15, S. 38.
152 Ebd.: „ [...] in modum de DEO ipso in Scriptura non pauca ἀνθρωποπαθῶς μὲν λέγονται θεοπρεπῶς δε νοῦνται; Athanas. dialog. 1. de S. Trinit."
153 Ebd.

ist nicht zufällig. Im Gegensatz zu der Akzeptanz, welche die kopernikanische Theorie in späteren Jahrhunderten erfahren sollte, blieb diese auch noch in der zweiten Hälfte des 17. Jahrhunderts unbewiesen. Was nicht existierte, war ein entscheidender empirischer Befund. So war es den Gegnern des Kopernikanismus möglich – und dies zeigte sich bereits in der Zeit der Auseinandersetzungen mit Galilei –, die Position einzunehmen, „dass von einer *ad-litteram*-Interpretation der Heiligen Schrift nur unter der Voraussetzung einer *demonstratio evidentissima* etwa des Heliozentrismus abzurücken sei [...]."[154] So weist z.B. der Astronom Giovanni Battista Riccioli seinen Argumenten „pro Telluris Immobilitate, contra eius motum partim Diurnum" keine physikalische Evidenz zu und noch weniger eine mathematische. Einige Argumente besässen eine physikalische Evidenz, jedoch nicht eine mathematische, und nur ein einziges Argument „contra Telluris motum" verfüge über eine „Evidentiam Physicomathematicam".[155] Somit konnte auch Alberti die Ruhestellung der Erde annehmen, wie es der blossen sinnlichen Wahrnehmung entsprach, und gleichzeitig zum literalen Sinn der Heiligen Schrift zurückkehren. Damit befand er sich mit der ganzen scholastischen Tradition seit Augustinus und der katholischen Theologie sowie mit der Position Ricciolis im Einklang.[156] Gleichzeitig

---

154 Danneberg: Das Ende des Akkommodationsgedankens, Zitat S. 205 sowie S. 205f.: „Anzumerken ist an dieser Stelle, dass zur physikalischen Erklärung recht wenig angeboten wurde und dass die empirischen Befunde keine in der Zeit allgemein akzeptable Auszeichnung einer konkurrierenden Theorie erlaubten."
155 Riccioli: Astronomia Reformata, II. Appendix ad Caput XVII [...], S. 81b: „Eadem vero Sectione à Capite XIX. ad XXXIII. pro Telluris Immobilitate, contra eius motum partim Diurnum, partim Annuum proposui Argumenta 77. Quorum pleraque dissoluimus, ostendimusque non habere evidentiam Physicam, nedum Mathematicam, perpauca tamen esse, quae Physicam Evidentiam habent, sed non Mathematicam, Unicum autem, quod in quinque deduximus, excogitatum à Nobis contra Telluris motum Evidentiam habere Physicomathematicam docuimus ibi Capite XIX. [...]" Vgl. zu Ricciolis „geoheliocentric system" jetzt Francesco Castaldi: A Geocentrist Without Vocation, Father Giovan Battista Riccioli. In: Physis, XLI (2004), 1, S. 67-95: „[...] based on data and definitions now available, it is possible to deduce that Riccioli was thinking of a calculation system formally of the Tychonic type, but modified by Keplerian way, with the five planets describing ellipses around the Sun. [...] This ascertainment provides a possible reason for considering him another Keplerian of the seventeenth century, aware of the mathematical equipollence of a geoheliocentric system with the Keplerian one, and clever enough to disquise himself when proceeding with rigorous practical calculations" (S. 86 u. 95). Vgl. auch Volker Remmert: Widmung, Welterklärung und Wissenschaftslegitimierung. Titelbilder und ihre Funktionen in der wissenschaftlichen Revolution. Wiesbaden 2005, S. 85-99, der das Frontispiz des *Almagestum novum* untersucht und u.a. zeigt, mit welchen Bibelstellen Riccioli die Erdbewegung ablehnt.
156 Ebd., S. 89b: „Praeterea dico cum Sanctis Doctoribus Augustino, Gregorio, Thoma Aquinate, & Theologis Catholicis, Sacram Scripturam semper prius intelligendam in sensu litterali prout communiter sonant verba, quando non est manifeste inconveniens eam sic accipere: Sicut non est in proposita controversia, cum a nemine adhuc demonstrata sint Telluris motus, & Solis immobilitas, quantumcunque oppositum venditare satagant nonnulli sectatores Copernicarum Revolutionum, aut Carthesianorum Vorticum, a quibus plerique sane Philo-

konnte er – wie schon Revius – gegenüber dem cartesischen Argument der Sinnestäuschung die biblisch begründete „cognitio Dei e contemplatione creaturarum", „e s. scriptura", „ex auditu verbi divini" sowie den „testimonium apostolorum de Christo", die auf dem *sensus* basierten, restituieren.[157]

Das letzte, praktiko-didaktische Kapitel von Albertis Traktat zeigt in besonderem Masse, inwiefern die Auseinandersetzung zwischen Cartesianismus/Coccejanismus und Orthodoxie in den Niederlanden eine wichtige historische Voraussetzung für den späteren Konflikt in Deutschland bildete. In seiner Analyse machte Alberti eine Reihe von Ursachen hierfür verantwortlich. Zum einen sei es der höchste Grad von Selbstbestimmung (*licentiae gradus*), den Philosophie und *Philologia Sacra* in der freien niederländischen Republik angestrebt hätten.[158] Dabei sei die Philosophie in das Feld der Theologie eingedrungen und habe das Wort (*verbum*) in verschiedener Weise korrumpiert: einmal, indem die Philosophie theologische Prämissen aus ihrem Bereich ausgeschlossen habe und einmal, indem sie auf theologischem Feld eigene, „äusserst schädliche" Thesen und Hypothesen eingeführt habe (wie z.B. die Akkommodationstheorie oder die *cognitio philosophica*).[159] Obwohl seine Gegner darauf bestünden, dass die Philosophie nicht christlich genannt werden könne, weil sie „nullum ei cum Religione intercedit commercium",[160] sei es in Wirklichkeit so, dass die Philosophie mit der Theologie interferiere und die ihrem gegenseitigen Kontakt auferlegten Grenzen nicht einhalte.[161] Auch von der *Philologia profana* wird mit den Worten des reformierten Heidelberger Theologen David Pareus (1584-1622) lapidar gesagt: „Ich glaub/ der Teufel habe die Criticam erdacht."[162]

Die andere Ursache sei, dass die *Novatores* sich nicht mehr an die Observanz der „formulas docendi ac loquendi in Theologia"[163] gebunden fühlten, welche dem inzwischen konsolidierten ›Systema Theologiae‹ angehörten. Eine offene Abweichung von den Glaubensbekenntnissen oder Bekenntnisschriften der offiziellen Kirchen (wie z.B. die Beschlüsse der Dordrechter Synode) wurde von der Orthodoxie (wie bereits von den Hul-

---

    sophiae periti vehementer abhorrent."
157 Revius: Methodi Cartesianae Consideratio Theologica, Cap. IX, S. 68-71, Zitate S. 68f.
158 Cartesianismus et Coccejanismus, Cap. III, §6.
159 Ebd., Cap. III, §7: „[...] ipsa [sc. Philosophia] in Theologiam irruebat, eamque non uno modo vitiabat, Verbo: peccabat gravissime tum in suo, tum in Theologico foro; ibi privative, non admittendo praesupposita Theologica; hic positive, suas intrudendo theses & hypotheses, speciosas quidem, sed maxime noxias, [...]."
160 Ebd., Cap. III, §8.
161 Ebd.: „Esto enim; limites inter Philosophiam & Theologiam positos mutuum contactum non admittere, [...]."
162 Ebd., Cap. III, §11.
163 Ebd., Cap. III, §12.

sius' und den Hülsemanns vorgeschrieben) nicht toleriert.[164] Alberti lehnte Toleranz ab, weil stets neue Schismata, eitrige Auswüchse, andauernder Streit oder Häresie, Libertinismus und Atheismus ihre Früchte seien.[165] Daraus konnte er die Legitimation schöpfen, um sein eigenes Programm für die 1680er Jahre in Deutschland anzukündigen: „Ergo, tolerantia non est adhibenda."[166]

Die wichtigste Position unter den cartesianischen Theologen, die Alberti in diesem Abschnitt referiert, war aber diejenge von Abraham Heidanus in seiner Schrift *Consideratien, over Eenige saecken onlanghs voorgevallen in de Universiteyt binnen Leyden* (Leiden ²1676).[167] Die Schrift enthält u.a. eine Verteidigung des Coccejus gegen den Vorwurf, die cartesianische Philosophie seiner Theologie zugrundegelegt zu haben, sowie eine Verteidigung von Melanchthons Lehren, die sich den Lehren der Reformierten annäherten und keinen Eingang ins Konkordienbuch fanden.[168] Es handelt sich hier um gewichtige Aussagen in einem Text, der eine Verteidigung Melanchthons von vornherein nicht vermuten lässt. Das macht Heidanus' Schrift *Consideratien* zu einem bemerkenswerten Dokument, das einer weitergehenden Erörterung bedarf. Im folgenden Abschnitt wird es analysiert und weiter kontextualisiert.

---

164 Ebd.: „Hinc generaliter & cordate B. *Hülsemannus* Dialys. Apologet. pag. 323. Dico, inquit, *affirmo & assevero: sufficere ad hoc, ne quis tanquam publicus Doctor Ecclesiae in ecclesia provinciali aut nationali toleretur, si ostendatur publicus & pertinax ejus dissensus a provincialibus aut nationalibus Symbolis doctrinae publicae, illic receptis, aut ex pacto & stipulato suscipiendas*."

165 Ebd., Cap. III, §14: „Peperit etiam suavissima *Tolerantiae* Vox Autoribus suis titulum *Pacificorum*, teste *Hulsio Theolog. hypothet. part.* [...]. Sed, *quot tolerantiae transactiones, tot nova schismata, tot ex vulnere impuro purulenta ulcera, [...], tot dissidiorum diuturna, imo perpetua semina, tot funestissimi arietes, corpori Christi subvertendo, lacerando, dissipando suppositi, aliis in majorem haeresin, aliis in Libertinismum; aliis in Atheismum provolutis,* [...]. *Hi fructus tolerantiae,* Hulsius loc. cit. pag.96."

166 Ebd.

167 Documenta Reformatoria. Hg. von J.N. Bakhuizen van den Brink et al.. Bd. 1. Kampen 1960, S. 439-441.

168 Cartesianismus et Coccejanismus, Cap. III, §15: „*Via*, ex omine Heidani considerat. pag.51. *sternitur novo Concordiae Libro, ut nova introducta subscriptionis formula, qui obtemperare detrectaverint, ministeriis removeantur.* [...]. *Ubi pauci quidam Theologi, pacifici illius Melanchthonis, qui communis Germaniae Magister audiit, quondam discipuli, arrogare sibi potestatem autoritatemque ausi sunt libris ejus omnem abrogandi fidem locumque; canonem doctrinae novum condendi; errores suos de persona & coena Christi in Canonem referendi; Ecclesias alias non auditas damnandi, cunctisque in istum suum librum non consentientibus anathema scribendi, eosdemque ministerio movendi &c.*"

6. Melanchthon bei den cartesianischen Theologen

6.1. Heidanus' und Wittichs *Consideratien* (1676)

Dass die Beziehungen zwischen Melanchthon und den Niederlanden im 17. Jahrhundert lange vernachlässigt wurden, hängt u.a. damit zusammen, dass die Rezeption des Reformators in der Theologie des niederländischen Calvinismus bis vor wenigen Jahrzehnten noch für unwahrscheinlich gehalten wurde. Melanchthon sollte einem anticalvinistischen Bild entsprechen, das sich die kirchen- und theologiegeschichtliche Forschung von ihm machte.[169] Die Beziehung des niederländischen Calvinismus zu Melanchthon ist jedoch von vielfältiger Natur. Das zeigt sich etwa in dem Wirken der cartesianischen Theologen. Da der Reformator – wie es die neueste Forschung zeigt – im reformatorischen Kontext jedoch unterschiedlich interpretiert wurde, kommt es darauf an, zu verdeutlichen, in welcher Hinsicht Melanchthon zu dieser Theologengruppe in Verbindung stand. Die partielle Rückkehr zu Melanchthon durch die cartesianischen Theologen geht einerseits aus einem bekannten Konflikt dieser Theologen mit den konservativen Kräften der reformierten Kirche hervor, welche die cartesianische Philosophie und das wissenschaftliche Weltbild, für das sie eintrat, heftig bekämpfte.[170] Andererseits ist die Rückwendung zu Melanchthon aber in den Kontext einer komplexen historischen Situation zu stellen und erst aus der Analyse des wissensgeschichtlichen Zusammenhangs zu verstehen, den ich in diesem Kapitel entfalte.

Mit der 1676 veröffentlichten Schrift *Consideratien over Eenige saecken onlanghs voorgevallen in de Universiteyt binnen Leyden* (zu deutsch: ›Überlegungen über einige Dinge, die kürzlich an der Universität Leiden vorgefallen sind‹) reagierten die cartesianischen Theologen auf das von den Kuratoren der

---

169 Erst seit jüngst wird das Verhältnis Melanchthons zu den Niederlanden revidiert und differenzierter diskutiert; vgl. Andreas J. Beck: Zur Rezeption Melanchthons bei Gisbertus Voetius (1589-1676), namentlich in seiner Gotteslehre. In: Melanchthon und der Calvinismus. Hg. von Günter Frank und Herman J. Selderhuis. Stuttgart-Bad-Cannstatt 2005 (Melanchthon-Schriften der Stadt Bretten, 9), S. 317-342; Albert de Lange: Melanchthon und die Niederlande im 19. Jahrhundert. In: Melanchthon und die Neuzeit. Hg. von Günter Frank und Ulrich Köpf. Stuttgart-Bad Cannstatt 2003 (Melanchthon-Schriften der Stadt Bretten, 7), S. 275-323; Herman J. Selderhuis: Melanchthon und die Niederlande im 16. und 17. Jahrhundert. In: Melanchthon und Europa. 2. Teilband Westeuropa. Hg. von Günter Frank und Kees Meerhoff. Stuttgart 2002 (Melanchthon-Schriften der Stadt Bretten, 6), S. 303-324.
170 Paul Dibon: Der Cartesianismus in den Niederlanden. In: Grundriss der Geschichte der Philosophie. Die Philosophie des 17. Jahrhunderts. 4 Bde. Hg. von Jean-Pierre Schobinger. Basel 1988-2001. Bd. 2.1. (1993), S. 349-374, Kap. 3 (Die erste cartesianische Generation: 1650-1666), und Kap. 4 (Die «abtrünnigen Schüler»); Jonathan I. Israel: The Dutch Republic. Its Rise, Greatness, and Fall 1477-1806. Oxford 1995, bes. Kap. 34 (Intellectual Life, 1650-1700), hier S. 889-899.

Universität im selben Jahr verhängte Lehrverbot über eine Liste von zwanzig philosophischen und theologischen Sätzen.[171] Die von den Theologen Friedrich Spanheim (1632-1701) und Antonius Hulsius (1615-1685) verfasste Liste betraf in fünf Punkten die Lehren Coccejus, die restlichen spezifische Thesen der cartesianischen Philosophie und Kosmologie sowie der Bibelexegese Wittichs, gegen den sich die Theologen hauptsächlich richteten.[172] Obwohl sie ungenannt bleiben, gelten Christoph Wittich und der Philosoph Burcherus de Volder als die Verfasser des eigentlichen Textes der *Consideratien*, während Heidanus lediglich eine ausführliche Einleitung dazu geschrieben hat (S. 1-48). In den *Consideratien* wird zu den inkriminierten Sätzen Punkt für Punkt Stellung bezogen (S. 49-144).[173]

Bestimmt war es kein Zufall, dass die Theologen auch einen Satz Lodewijk Meyers (1629-1681) auf die Liste setzten und damit Wittichs hermeneutische Thesen gefährlich in die Nähe von dessen radikalen exegetischen Ansatz stellten. Wie der Vergleich mit der hermeneutischen Position Wittichs zeigen wird, bestehen zwischen ihm und Lodewijk Meyer jedoch gewichtige Unterschiede. Mit dem im Protestantismus an sich traditionellen Prinzip, nämlich die Heilige Schrift durch diese selbst zu verstehen und zu interpretieren (*interpretes sui*), bricht Meyer in seiner skandalösen Schrift *Philosophia S[anctae]. Scripturae Interpres* (1666), indem er die *ratio*, also einen demonstrative Gewissheit beanspruchenden Status von Wissen, zum Auslegungsprinzip der Heiligen Schrift erhebt.[174] Dies bedeutet, dass Meyer den Unterschied zwischen der Ebene des Sinns eines Satzes der Heiligen Schrift, der aufgrund des Kontextes zu ermitteln ist, und der Ebene seiner Wahrheit, die mit der Vernunft zu erfassen ist,

---

171 Vgl. Abrahami HEIDANI Consideratien, over Eenige saecken onlanghs voorgevallen in de Universiteyt binnen Leyden. Den tweeden Druck verbetert. Leiden 1676, S. 1: "'t Heestde Ed. Achtb. Heeren Curateuren over de Universiteyt, en Borgermeesteren der Stadt Leyden, den 16. January deses loopenden Jaers, den Senaet de Academie, daar sy in vollen getale, alleenlik een Borgermeester absent zijnde, verschenen zijn, gelieft bekent te maken, en soo mondelingh door een serieuse aenspraeke vande eerste Heer Curateur te insinueren, en daar na door hare E. Secretaris doen oplesen sekere Resolutie, by hare Ed: Achtb: genomen over *eenige stellingen, die soo inde Theologie als inde Philosophie, eenige jaren herwaerts ende sulcx van tyt tot tyt in dese Academie souden geventileert zijn*: met expres verbot van die in 't toekomende geensints te doceren."

172 Dibon: Der Cartesianismus in den Niederlanden, S. 373, der die inkriminierten Thesen zwar genauer spezifiziert, auf die Stellungnahmen in den *Consideratien* aber kaum eingeht.

173 Ebd., 350b. Der Text erscheint 1678 auch in lateinischer Sprache: Considerationes ad res quasdam nuper gestas in Academia Lugduno-Batava (Hamburg 1678) 234 S. in 8° (ebd.).

174 Manlio Iofrida: Linguaggio e verità in Lodewijk Meyer (1629-1681). In: L'Hérésie Spinoziste. La discussion sur le *Tractatus Theologico-Politicus*, 1670-1677, et la Réception Immédiate du Spinozisme (Actes du Colloque international de Cortona, 10-14 Avril 1991). Hg. von Paolo Cristofolini. Amsterdam/Maarseen 1995, S. 25-35. Vgl. auch Bizer: Die reformierte Orthodoxie und der Cartesianismus, S. 329-333.

auflöst.[175] Später wurde Meyers Schrift mit Spinozas *Tractatus Theologico-Politicus* (1670) assoziiert und oft auch gemeinsam mit diesem abgedruckt.[176] Wittich reagiert in den *Consideratien* auf den Affront der Theologen und gibt zu verstehen, dass er die Thesen des Traktats *de Philosophie uytlegster van de Schrifture* stets klar abgelehnt hat.[177] Heidanus wirft seinerseits den Kuratoren der Universität vor, Exzerpte anderer Schriften zu verleumderischen Zwecken zu missbrauchen.[178] Ausserdem befreit er Coccejus von dem Vorwurf, dieser habe seiner Theologie die Philosophie Descartes' zugrundegelegt; stattdessen habe Coccejus Theologie und Philosophie getrennt und wollte sie auf jeweils unterschiedlichen Prinzipien gegründet wissen: die Theologie auf dem Wort Gottes und die Philosophie auf der natürlichen Vernunft.[179] Dieses Differenzkriterium ist fundamental, um zu verstehen, in welchem Sinne dann auch für Wittich (im Gegensatz zu Lodewijk Meyer) der Einsatz philosophischer Erkenntnismittel zur Eruierung des *sensus verus* von fraglichen oder dunklen Bibelstellen eine Rolle spielt. Mit Wittichs Konzeption, die in den *Consideratien* explizit zur Sprache kommt, will ich mich beschäftigen,[180] sobald ich auf Heidanus' Hauptargumentationspunkt in seiner Einleitung, in dem es um Melanchthon geht, eingegangen bin.

---

175 Vgl. Louis Meyer: La Philosophie Interprète de L'Écriture Sainte, übersetzt, kommentiert und eingeleitet von J. Lagrée und P.-F. Moreau. Paris 1988, chap. IV, 4, S. 92f.: "Dans ceux-ci [sc. les écrits sacrés et divins] les vérités et les vrais sens sont unis partout d'un lien indissoluble qu'on ne trouve pas dans ceux-là [sc. les écrits profanes et humains]. Qui donc en aura extrait les vérités, aura aussi extrait les sens vrais, et qui aura démontré que les explications des autres contiennes des faussetés, aura aussi démontré qu'elles sont fausses."

176 Jonathan I. Israel: Radical Enlightenment. Philosophy and the Making of Modernity 1650-1750. Oxford 2001, S. 197-217, S. 200.

177 Consideratien, S. 139: "Soo hest oock Wittichius by alle gelegentheit de selve sententie [sc. *dat de Philosophie is een uytlegster van de H. Schrift*] in syn Collegien ende Lessen wederleyt, gelijck sulcks uit het getuigenisse van syn discipulen tot allen tijden kan vernommen worden."

178 Ebd., S. 13: "Voor eerst dan, achten wy 't voor een periculeuse en bedriegelijke maniere van doen, als het niet in oprechtigheyt geschiet, uyt andere Lieden schriften Extracten te maecken, en 't geene men uyt de selve tot nadeel van yemant, die men verdacht soeckt te maecken, even oft syn eygen gevoelen was, eenlijck te excerperen, en 't selve dien op te dichten."

179 Ebd., S. 17f.: "'t Welcke wondere en vreemde inbeeldingen zijn, regelrecht strydende tegen het oogemerck en meyninghe en practijcke van die Heeren, die altijt van oordeel sijn geweest, datmen de Theologie en Philosophie, niet d'een op d'anders, maar elck op haar eigen gront moeste timmeren; de Theologie enckelick op 't fundament van Godts Woordt, de Philosophie alleen op de ghesonde natuyrlijcke reden, sonder dat d'eene sich de Jurisdictie over de ander aennam."

180 Es ginge hier entschieden zu weit, Lodewijk Meyers und Wittichs Thesen im Detail zu vergleichen; vgl. aber Iofrida: Linguaggio e verità in Lodewijk Meyer; Wiep van Bunge: Van Velthuisen, Batelier und Bredenburg on Spinoza's interpretation of the Scriptures. In: L'Hérésie Spinoziste, S. 49-65. Vgl. auch Balthasar Bekker: Die bezauberte Welt (1693). Hg. von Wiep van Bunge. Stuttgart-Bad Cannstatt 1997, bes. van Bunges Einleitung, S. 7-61; Disguised and Overt Spinozism around 1700. Hg. von Wiep van Bunge und Wim Klevert. Leiden et al. 1996; Special theme. Spinoza and Dutch Cartesianism. Hg. von Wiep van Bunge. Würzburg 2006.

Klar und offen tritt Heidanus für die Freiheit des Denkens ein, das sich an keine Orthodoxie gebunden fühlt. Er bringt diese Auffassung durch die berühmte antike Maxime zum Ausdruck, die im 16. und 17. Jahrhundert als rhetorische Strategie diente, wenn man sich gegen eine Autorität wenden wollte: Die cartesianischen Theologen seien zwar Freunde von Calvin und Coccejus, aber mehr noch von der Wahrheit, die sie, wo auch immer sie sei, gerne bei sich aufnähmen.[181] In dieser Abwendung von etablierten dogmatischen Standpunkten liegt der Ansatzpunkt für seine begründete Bezugnahme auf Melanchthon. Denn in einem zentralen Passus seiner Argumentation schränkt Heidanus die Bedeutung bekenntnisnormierender Schriften der öffentlichen Kirchen und nationalen Synoden – wie zum Beispiel diejenige von Dordrecht (1618/19) – ein. Er stellt jene Glaubensartikel der älteren und neueren Dogmatik in Frage, die von der Lehre Melanchthons abweichen. Heidanus bezieht sich explizit auf das lutherische Konkordienbuch von 1580 sowie auf die ebenfalls im vorangehenden Jahrhundert im Reich eingeführte Ubiquitätslehre.[182] So hätten einige wenige Theologen, die Schüler des *Magister Germaniae* gewesen seien, die Macht und die Autorität an sich reissen dürfen und es gewagt, seine Schriften zu diskreditieren und abzuschaffen, um einen neuen Lehrkanon zu begründen; dabei hätten sie Melanchthons Irrtümer bezüglich der Person und des Abendmahls Christi angegeben, anders denkende Kirchen verurteilt und alles, was mit dem neuen Kanon nicht übereinstimmte, scharf angegriffen.[183]

---

181 Consideratien, S. 13: "[…] we syn vrye Lieden, die waerheyt en vryheyt beminnen, vrienden van Calvinus en Coccejus, maar noch meer van de waarheyt, die wy waar wy se oock vinden, geerne tot ons nemen, en herbergen; […]." Zu historischen Kontexten und Funktion der Formel *Amicus Plato, amicus Aristotelis, sed magis Amica veritas* im 16. und 17. Jahrhundert vgl. Danneberg: Die Anatomie des Text-Körpers, S. 166ff.: "In ihr [sc. der Formel] pflegte man dann die Namen einzusetzen, gegen deren Autorität man sich wenden wollte" (166).

182 Consideratien, S. 44: "Want dit te meynen door publique *Conferentien*, of een *Nationale Synode* te beflechten, dunckt ons, behoudens beter oordeel, de saacke van dat gewichte niet te zijn, om die soo hooch op te nemen, de deure tot scheuringe te ontfluyten, tot het smeden van een Nieu *Concordie-boeck* den wegh te banen, om een nieuw Formulier van onderschrijvinge in te voeren, en den weygerigen van haare diensten te deporteren. Gelijck men door sulcken wegh de *Ubiquiteyt* in Duytslandt inde voorige eeuwe, door allerley bedenckelijcke konsten en practijcken heeft weten door te dringen, en als een Geloofs Artijckel op 't hooge Altaar verheffen." Vgl. zur ›Ubiquitäts‹-Lehre den Eintrag von Jörg Baur. In: TRE, Bd. XXXIV, 2/3, S. 224-241, hier, S. 239: "Die "Ubiquitäts"-Lehre stellt klar, daß in Christus *dieser* Gott und Mensch allen Geschöpfen gegenwärtig ist."

183 Consideratien, S. 44: "Daar eenige weynige Theologanten, gewesene Discipulen van dien vreedelievenden Melanchthon, vermaart voor de algemeyne Meester van Duytslandt, sich hebben derven arrogeren de auctoriteyt ende macht, om de Schriften van Melanchthon alle credijt te benemen, en achter de banck te werpen; een nieuw Conçept van leere te ontwerpen, hare dwalingen omtrent de persoon Christi, en 't Avontmael te canonizeren, andere Kercken ongehoort te veroordeelen, en alle die dit Boeck niet en wilde of konden aennemen, te anathematizeren, en van haare diensten ontstetten."

Heidanus argumentiert hier mit seiner Deutung des Konkordienbuchs als Missbrauch ganz nah an dessen Gegenschrift, der *Admonitio christiana* (1581) des Zacharias Ursinus (1543-1583), der in Wittenberg bei Melanchthon studiert hatte.[184] Ursinus hebt in seiner Schrift eine Reihe unüberwindbarer Differenzen mit der Position der Konkordientheologen hervor und plädiert schliesslich für eine konstruktive Untersuchung problematischer Stellen des Textes der Augsburger Konfession (1555) sowie für ein verbessertes Verständnis der in ihr enthaltenen Glaubenslehre.[185] Heidanus empfiehlt der zeitgenössischen kirchlichen und politischen Obrigkeit konsequenterweise die eingehende Lektüre und das Studium der *Admonitio Christiana*, die von den Heidelberger Theologen am Ende des 16. Jahrhunderts herausgegeben worden ist.[186] Eigentlich mag diese Situation wenig erstaunen, wenn man bedenkt, dass jene ›calvinistischen‹ Theologen der Heidelberger Fakultät nicht die *Institutio* Calvins, sondern die *Loci communes* Melanchthons als Lehrbuch verwendeten und es seiner Klarheit halber für geeignet hielten, das Verständnis des Evangeliums zu fördern und weiter zu vermitteln.[187] Ausserdem war der junge Heidanus 1619 als Theologiestudent in Heidelberg eingeschrieben.[188] Bedeutsamer noch ist die Tatsache, dass Heidanus und die cartesianischen Theologen zwischen 1650 und 1680, also mitten in der Periode der *new science*, in der theologischen Lehre *ad fontes* gingen, d.h. auf die Melanchthonschen Quellentexte und die des Heidelberger Calvinismus um 1600 zurückgriffen. Damit schliessen sie direkt an die reformatorische Periode an, die der Konkordienformel und der konfessionellen Pluralisierung vorangeht.

---

184 Ursinus gehörte zu den wichtigsten Heidelberger Theologen in der Blütezeit der Heidelberger Universität; vgl. Herman J. Selderhuis: Eine attraktive Universität – Die Heidelberger Theologische Fakultät 1583-1622. In: Bildung und Konfession. Theologenausbildung im Zeitalter der Konfessionalisierung. Hg. von Herman J. Selderhuis und Markus Wriedt. Tübingen 2006, S. 1-30, hier S. 4-8: „Ursinus gilt als die wichtigste Verbindung zwischen dem Denken Melanchthons und der reformierten Theologie" (S. 5).

185 Irene Dingel: Concordia controversa. Die öffentlichen Diskussionen um das lutherische Konkordienwerk am Ende des 16. Jahrhunderts. Gütersloh 1986, S. 141-148: "'So ist nvn am tag/ daß wir die Augspurgische Confession in keinen fremden verstand ziehen/ vns damit zudecken/ wie Gegentheil von vns dichtet/ Sonder was vns darinnen mißfellt vnverholen anzeigen/ vnd jhren rechten verstand aus jhren eignen worten vnd Lehr/ vnd aus viel bessern vnd glaubwirdigern erklärungen derselben nemen/ denn das Bergisch Buch ist'" (zitiert nach ebd., S. 145).

186 Consideratien, S. 44: "Ick wenschte wel van herten, dat dit Boeck [sc. Hospinianus' *Concordia discors*], als mede de *Admonitio Christiana de libro Concordiae*, van den Heydelberghen Theologen in die tijdt in 't licht gegeven, van alle onse Kerckelijcke en Politijcque Persoonen in dees tijdt neerstelick gelesen en overwogen mochte werden."

187 Herman J. Selderhuis: Ille Phoenix: Melanchthon und der Heidelberger Calvinismus 1583-1622. In: Melanchthon und der Calvinismus, S. 45-59, hier S. 54-58: „Das ist kein Urteil über Calvin, sondern zeigt, daß Melanchthon an dieser Fakultät sozusagen gleichberechtigt mit dem Genfer gesehen wurde" (S. 55).

188 Ebd., S. 58.

6.2. Modi des Sprechens und der *sermo exterior*

Um den Rückgriff auf die Melanchthonsche Lehre weiter zu kontextualisieren, wende ich mich jetzt der siebten der aufgelisteten verbotenen Thesen zu, die auf Wittichs Bibelhermeneutik anspielt. Der verbotene Satz, um den es geht, besagt, dass die Heilige Schrift sprachlich die irrtümlichen Vorurteile des gemeinen Volkes wiedergibt.[189] In den *Consideratien* wird zunächst auf Wittichs Schrift *Theologia pacifica* (1671) Bezug genommen, mit der dieser in die Debatte um Lodewijk Meyers Thesen eingriff und die wiederum eine Kritik an philosophische Grundannahmen seines früheren Groninger Lehrers Samuel Maresius (1599-1673) darstellte.[190] In dieser Schrift fragt Wittich, ob sich der Heilige Geist, wenn er von Wundern spricht, in der gewöhnlichen menschlichen Sprechweise ausdrückt, obwohl diese auf Vorurteilen beruht; der Heilige Geist könne in der Rede von natürlichen Phänomenen nicht über die Kenntnisse des gemeinen Volkes gehen. Damit wurde zum Beispiel für widerstreitende Stellen der Heiligen Schrift, wie diejenige über den Stillstand der Sonne am Himmel während des Kampfes von Gibeon (Jos, 10, 12-14), eine Erklärung angeboten.[191] Diese basiert auf Wittichs Akkommodationslehre, von der bereits die Rede war.[192]

Bei der Akkommodation handelt es sich um ein in der älteren theologischen Tradition bewährtes hermeneutisches Prinzip. Wittich zeigt, dass eine Reihe bekannter Theologen ebenfalls von Regeln zur Auslegung der Heiligen Schrift gesprochen haben: Die Schrift spricht nach der *opinio* und nicht nach der Wahrheit, wobei mit *opinio* nichts anderes gemeint ist als die Vorurteile und Irrtümer des gemeinen Volkes.[193]

---

189 Consideratien, S. 74: "De sevende stellinge staat al wederom op de rekeninge van Dn. Wittichius, luidende aldus: *Dat de H. Schriftuire spreeckt na de dwalende vooroordelen van't gemeene volck*; [...]".

190 Vgl. Christoph Wittich: Theologia pacifica, in qua varia Problemata Theologica inter Reformatos Theologos agitari solita ventilantur. Leiden 1671; vgl. hierzu auch Dibon: Der Cartesianismus in den Niederlanden, S. 370-372.

191 Consideratien, S. 74f.: "Daar wordt geciteert uyt sijn Theol. Pacif. pag. 15. *De vrage is, of de H. Geest in 't voorstellen van die twee miraculen* (waar van gehandelt wordt Jos.X.12. daar de Sonne geseght wort stil gestaan te hebben, [...] *niet gebruyckt de gewoone maniere van spreken, alhoewelse op vooroordeelen steunde, 't welcke ick gantschelyck oordeel soo te sijn etc. De H. Geest sprekende van natuirlicke dingen wilde niet gaan boven de gemeene* [...] *kennisse van 't gemeene volck Pag. 14.* [...]".

192 Vgl. oben Kap. 5, 2.

193 Consideratien, S. 75: "Sy seggen alle, *dat de Schriftiure dickwils spreekt nae de opinie, niet nae de waarheyt*. Wat is nu de opinie, gestelt sijnde tegen de waarheidt, anders, als eene dwalende opinie of een misverstant, vooroordeel, ofte dwalinge van 't gemeene volck. Wittichius heest tot dien einde in sijn 1. Dissertatie cap.4.§.12. ende sijn Consensus Veritatis cap. 31. bygebracht de woorden van *Chrysostomus, Calvinus, Rivetus, Pareus, Mercerus, Piscator, Polanus, Alstedius, onse Neerduitsche Kantteeckeningh, Marloratus, Cartwright, Junius, Musculus, Scultetus, Ursinus, de Leytsche Professoren in haer synopsis, Perkinsius, Raynoldus, Finckius, Jeremias Dyck, Ravanellus, Chamierus, Spanhemius, Cappellus,* &c." Vgl. auch Consensus veritatis, Cap. XXXI (Consensus Theologo-

Wittich zitiert ausführlich aus den Schriften dieser Theologen.[194] Dem Akkommodationsprinzip hatte nicht zuletzt Calvin (1509-1564) in seiner Bibelhermeneutik eine relevante Stellung eingeräumt.[195] Der Gebrauch dieses Instruments der Interpretationslehre lässt sich bei ihm, der sich durch Cicero, Quintilian, Lorenzo Valla und Rudolph Agricola beeinflusst zeigt, auf sein Bewusstsein für die rhetorischen Prinzipien des Sprechens und des evidenten, d.h. wahrscheinlichen Argumentierens (*evidens probatio*) zurückführen: Die Rede wird auf eine gegebene Wirklichkeit bezogen und soll beim Zuhörer Glaubwürdigkeit erzeugen.[196] So gibt Calvin in seinen *Genesis*-Kommentaren zu bedenken, dass Moses über die verborgenen Mysterien nicht streng philosophisch argumentiert, sondern sich auf Dinge bezogen habe, die überall auch den Ungebildeten bekannt und allgemein gebräuchlich gewesen seien. Moses habe *populariter* geschrieben, was alle Ungebildeten nach dem allgemeinen Sinn verstanden hätten. Er habe uns nicht wirklich vom Studium der Astronomie abhalten wollen, als er uns die genauen Kenntnisse dieser Kunst vorenthielt, sondern habe sich nicht weniger an die Ungebildeten als an die Gebildeten gerichtet. Hätte Moses über Dinge gesprochen, die dem Volk nicht bekannt gewesen wären, so hätten die Ungebildeten den Vorwand angeben können, dass dies ihre Fassungskraft übersteigt.[197] Auf diese

---

rum cum sententia nostra ostenditur).

194 Consideratien, S. 76: "*Rivetus in sijn Exercit. in Genesin in de Editie in quarto p. 595: Hier komen te pas eenige regulen, die men in 't uytleggen van de Schriftuire moet waarnemen: de eerste is, dat de schriftuir haar dickwils voegbt naar de opinie van de menschen; de twede, dat dickwils de dingen haere namen krygen van een verkeert begryp; soo worden in de Schriftuir wysen genaamt, die het volck daar voor hout, hoewel sy in der daat dwasen sijn Matth.XI.25.*"

195 Ford Lewis Battles: God Was Accommodating Himself to Human Capacity. In: Interpretation. A Journal of Bible and Theology, 31 (1977), S. 19-38; ders.: Calvin's Commentary on Seneca's De Clementia. Hg. von F. L. Battles und A. M. Hugo. Leiden 1969, Einleitung S. 3-140, hier S. 78: "In Calvin's subsequent Christian writings, the term 'accommodare' is generally applied to God's 'tempering' his revelation to our human capacities." Vgl. auch Herman. J. Selderhuis: Gott in der Mitte. Calvins Theologie der Psalmen. Leipzig 2004. Calvin verwende den *accommodatio*-Begriff, "um das grundsätzliche Anderssein Gottes anzudeuten. Wenn Gott sich unserem Vorstellungsvermögen anpaßt, dann impliziert das zugleich, daß Gott in Wirklichkeit anders ist" (S. 39). Mit Blick auf die kopernikanische Theorie werden die cartesianischen Theologen den beschriebenen Umstand dahingehend erweitern, dass die an das sinnliche Vermögen des Volkes angepasste Sprache des Bibeltextes impliziert, dass nicht nur Gott, sondern auch die Welt 'in Wirklichkeit anders ist'. Vgl. auch Battles: God Was Accommodating Himself to Human Capacity, S. 21: "The entire created universe and all its parts are naught but a grand accommodation on God's part of himself to the crowing glory (and subsequent shame) of that creation, namely man."

196 Thomas F. Torrance: The Hermeneutics of John Calvin. Edinburgh 1988, S. 111-126; William J. Bouwsma: John Calvin. A Sixteenth Century Portrait. New York. Oxford 1988, S. 124-127.

197 Vgl. Commentarii in Quinque Libros Mosis, I: Commentarius in Genesin [1554], Cap. I, 14 u. 16. In: Ioannis Calvini Opera quae supersunt omnia. Hg. von W. Baum, E. Cunitz und E. Reuss. Bd. 23 [= CR 51]. Braunschweig 1882, 21-22: "Tenendum est illud, Mosen non acute philosophari de occultis mysteriis: sed referre quae passim etiam rudibus nota sunt, et posita

Stellen aus dem calvinschen Werk hatte Wittich im *Consensus veritatis* explizit hingewiesen.[198]

Wichtiger war ihm aber das korrekte Verständnis seines zentralen Arguments: Wenn die Heilige Schrift ihre Rede an den Sprachgebrauch und an die Vorstellungskraft des gemeinen Volkes anpasst, heisst dies nicht, dass sie etwas Falsches lehrt, sondern, dass sie stets eine allgemeine Wahrheit vermittelt.[199] Es geht nicht um die Frage, ob der Heiligen Schrift zu glauben ist oder ob sie falsch spricht, sondern darum, dass ihre Sprache nicht im literalen Sinn interpretiert werden kann, schon gar nicht von dem, "der die Wahrheit und Autorität der Schrift sicherstellt."[200] Die Schrift lehrt eine allgemeine Wahrheit, die "gewissermassen in solchen Wörtern eingewickelt [*involutam*]" ist.[201] Dieses Argument bietet eine Möglichkeit, die Wahrheit und Autorität der Heiligen Schrift zu wahren. Zugleich bestimmt es die Funktion der *cognitio philosophica*: den wahren Sinn einer verbalen Aussage der Heiligen Schrift zu ermitteln.

Ein solches Konzept von philosophischer Erkenntnis hatte in den 1650er Jahren Wittichs befreundeter Kollege in Duisburg Johann Clauberg erarbeitet. Der dritte, analytische Teil seiner *Logica vetus et nova* war nämlich der Ermittlung des wahren Sinns dunkler Rede gewidmet.[202] In

---

in vulgari usu. […]. Hoc interest, quod Moses populariter scripsit quae sine doctrina et literis omnes idiotae communi sensu percipiunt: […]. Nec Moses sane ab eo studio [sc. Astronomico] retrahere nos voluit, quum omisit quae sunt artis propria: sed quia non minus indoctis et rudibus quam doctis ordinatus erat magister, […]. Si de rebus vulgo ignotis loquutus foret, causari poterant idiotae altiora haec esse captu suo."

198 Consensus veritatis, Cap. V, 64, S. 44f. Calvins Akkommodationsgedanke ist allerdings nicht dahingehend zu verstehen, dass er der kopernikanischen Theorie (falls er sie kannte) nicht widersprochen hätte; vgl. hierzu Danneberg: Das Ende des Akkommodationsgedankens, S. 202-205 (u. Forschungsliteratur in den Anm.).

199 Consideratien, S. 77: "Het komt alleen hier aan op den rechten sin van dese stellinge, die by Wittichius, volgende alle onse Theologanten, is, *dat de Schriftuire, gebruickende soodanige manieren van spreecken, daarmede niet uytdruckt 't gene wel door 't gemeene volck of awalende menschen, wanner se soodanige manieren van spreecken gebruicken, uytgedruckt wordt, ende soo geene dwaling oyt of oyt daarmede leerdt, maar datse daarmede altoos eene gemeene waarheit leert*, gelijck hy 't selve in sijn Consensus Veritatis in 't breede heest angewesen."

200 Ebd., 77f.: "Maar onse partyen duyden dese woorden in soodanigen sin, *dat de Heilige Schryvers, of veel meer den H. Geest, die in de Schriftuire spreeckt, soude in de dwalende vooroordelen des gemeenen volcks spreken, ende alsoo volgens deselve spreken, leeren en dwalen*; in welcken sin die woorden van niemant konnen genomen worden, die de waarheidt ende autoriteyt van den Schriftuire vast steldt; […]."

201 Consensus veritatis, Praefatio, 7: "Non quaeritur: *An Scripturae sit credendum? An Scriptura falsum loquatur? An Scriptura multis falsitatibus scateat?* […]. Sed quaestio est: *An non Scriptura utatur sermone è trivio desumto & phrasibus quae ex praejudiciis habent ortum, non tamen illa ipsa praejudicia docendo, sed veritatem generalem talibus verbis quasi involutam?*"

202 Vgl. Johann Clauberg: Logica vetus et nova [1654, 1658], Modum inveniendae ad tradendae veritatis, in Genesi simul, & Analysi, facili methodo exhibens. In: Ders.: Opera omnia philosophica […] Cura Joh. Theod. Schalbrüchii. Amsterdam 1691, S. 765-910; Logica Pars Tertia (De Vero Orationis obscurae sensu investigando). Vgl. zu Claubergs *Logica* auch Danneberg:

der Architektonik der Claubergschen Logik entspricht dieser dritte Teil der Situation des Menschen nach dem Sündenfall, der Gott zum *sermo exterior*, zur Bibel, führt; denn erst nach dem Sündenfall erweist sich zwischenmenschliche Kommunikation im Allgemeinen und die Aufnahme der biblischen Botschaft im Besonderen als ein Zwang.[203] Das deckt sich ziemlich genau mit dem, was Melanchthon über die Aufnahme des göttlichen Wortes in den Evangelien als der *lex divina* lehrt, die für das menschliche Heil notwendig wird, nach dem (nach dem Sündenfall) das ursprüngliche natürliche Gesetz (*lex naturalis*) getrübt worden ist.[204] Das zeigt nicht nur die Kontinuität mit der Melanchthonschen Lehre der *Loci communes theologici* und *De anima*, sondern macht bei Clauberg auch die Integration einer (biblischen) Hermeneutik in die Logik nachvollziehbar.

Weil eine Rede (*sermo externus*) aus Wörtern besteht, so ist, um ihren Sinn zu erfassen, zuerst die Bedeutung der Wörter (*significatio vocabulorum*) zu ermitteln. Weil die Bedeutung und der Sinn in der Kongruenz der Rede und der Wörter mit den bezeichneten Dingen (*res*) und der Intention des Autors (*mens*) bestehen, müssen auch der Autor selbst, der Zweck des Sprechens (*scopus*) sowie die Dinge, über die gesprochen wird, und andere ähnliche Umstände der Rede berücksichtigt werden.[205] Nimmt man den Autor in den Blick, so ist es einfacher, den Sinn einer Rede zu ermitteln, wenn man berücksichtigt, *für wen* der Autor schreibt und dementsprechend auch *was* und *wie* er etwas sagt, damit es dem Publikum entspricht, an das er sich richtet.[206] So spricht etwa jemand, der sich an die Philosophen wendet, die Sprache der Philosophen und glaubt nicht, die Wörter in anderer Bedeutung verwenden zu müssen, als es bei diesen üblich ist. Genauso ist zwischen den Modi des Sprechens über Gott (*modi loquendi de Deo*) und den anderen Redeweisen zu differenzieren: Erstere akkommodieren sich – wie in der Heiligen Schrift – an das sinnliche Wahrnehmungsvermögen des Volkes und vermitteln die Wahrheit an ein gemischtes Publikum, letztere drücken mehr die eigentliche Wahrheit (*nudam veritatem*) aus, sind jedoch nicht an das Volk, sondern – wie in der Metaphysik – an ein gelehrtes Publikum gerichtet.[207]

Das Ende des Akkommodationsgedankens, S. 208 u. 214.

203 Lutz Danneberg: Logik und Hermeneutik im 17. Jahrhundert. In: Theorie der Interpretation vom Humanismus bis zur Romantik, S. 75-131, hier S. 122.

204 Vgl. Kap. 1, 2 in dieser Arbeit.

205 Logica vetus et nova, III, Cap. I, S. 844: "Cùm sermo externus constet ex vocabulis, ut *sensus* ejus percipiatur, priùs *vocabulorum significatio* indaganda; & quia significatio & sensus consistunt in sermonis & verborum cum rebus significatis & cum mente authoris congruentia, spectandus quoque est *author* ipse, & *scopus* loquendis, & *res de qua loquitur*, aliaeque *sermonis circumstantiae*; […]."

206 Ebd., III, Cap. III, S. 846: "Et sensus quidem facilius in eiusmodi consideratione invenietur, si expenderis, quid, & quomodo conveniat ille dicere, qui talem personam compellat."

207 Ebd., III, Cap. III, S. 847: "Sic qui *Philosophis* scribit, horum linguâ loqui, nec vocabula, in

Ein hermeneutisches Konzept, das Sprachwahl und Adressatenkreis in einer gegebenen Kommunikationssituation zueinander in Beziehung setzt und aufeinander abstimmt, ist daher prinzipiell nach praktischen Belangen ausgerichtet und beansprucht dementsprechend für die Erkenntnis nicht mathematische oder metaphysische, sondern eine moralische Gewissheit. Dieser Erkenntnisgrad ist denn auch auf die Belange der Lebenspraxis ausgerichtet. Ein solcher Wissensanspruch wird deutlich, wenn es auf der Analyseebene einzelner Wörter bei Clauberg heisst, dass zur Erforschung ihrer Bedeutung und zum Textverständnis philologische, lexikalische, grammatische und rhetorische Hilfsmittel zu Rate zu ziehen sind.[208] Dabei setzt er voraus, dass der eigentliche Sinn der Rede von Natur aus dem übertragenen vorausgeht und dass solange an jenem festgehalten werden muss bis uns eine Notwendigkeit zwingt, einen übertragenen Sinn anzunehmen.[209] So wurde zum Beispiel um 1650 aus der Sicht der cartesianischen Theologen die kopernikanische Theorie als eine solche ›Notwendigkeit‹ angesehen. Dabei führte die Anerkennung dieser Theorie zu einem Konflikt nicht nur mit einer alternativ bestehenden astronomischen Theorie, die mit dem allgemein akzeptierten Wissen übereinstimmte, sondern auch mit dem Literalsinn des biblischen Textes, dem die kopernikanische Theorie direkt widerspricht. Doch genau für solche Fälle bietet Claubergs Ansatz die Möglichkeit, den erweiterten Sinn – den *sensus latus* – einer Rede zu bedenken. Clauberg warnt davor, die Wörter der Rede nicht leichtfertig in ihrer Bedeutung einzuschränken, wenn die unermessliche Weisheit des Autors eine umfassendere Bedeutung zulässt und dabei andere Gesetze der Interpretation nicht verletzt werden. Ganz besonders gilt diese Regel dort, wo es darum geht, die göttliche Rede zu erklären (*in explicandis eloquiis Dei*), die ebensowenig einzuschränken ist als das göttliche Werk.[210] Denn die Ausweitung der Weisheit und Allmacht Gottes steht nicht im Widerspruch zur Ausdehnung des Weltalls: Es ist

---

alia significatione, quam quae apud eos recepta est, usurpare velle creditur. Conf. Log. II. 31. Ita distinguendum est inter modos loquendi de Deo *ad vulgi sensum* accommodatos, & veritatem ad homines promiscue relatam continentes, quibus Sacrae Literae uti solent, humanos affectus Deo adscribentes, & alios magis nudam veritatem, nec ad vulgus hominum relatam, exprimentes, quibus utendum est in Metaphysicis ad erudiendos *scientiae huius filios*."

208 Ebd., III, Cap. V, S. 849: "Considerandum est I. quid artes Philologicae, Lexica, Grammatica, Rhetorica, huc valeant conferre: earum enim si non imprimis, at certe primae, ad scriptorum omnium intelligentiam partes requiruntur."

209 Ebd., III, Cap. V, S. 850: "Cum sensus orationis proprius naturâ sit prior tropico, tam diu in illo persistendum est, donec ad hunc amplectandum adigat necessitas."

210 Ebd., III, Cap. VII, S. 853: "Adde cautelam hanc, *ne verba alicuius orationis facilè restringas, si latiorem eis significationem profunda authoris sapientia concedat, nec aliae interpretandi leges abnuant*. Qui canon praecipue locum habet in explicandis eloquiis Dei: huius enim, utpote summé sapientis summeque boni & potentis, & verba & opera angusta potius & ampla, quam angusta & limitata animo sunt cogitanda."

nämlich nicht anzunehmen, dass etwa die Sterne oder die Welt einen so engen Umfang haben, wie man sich dies nach dem Grössenverhältnis ihres Körpers gewöhnlich vorstellt, und ein Bewunderer der göttlichen Allmacht ist absolut berechtigt, Gottes Werk auszuweiten.[211] Demzufolge dehnen gebildete und fromme Männer in der Erklärung des göttlichen Wortes dessen Sinn – *intelligentiam, sensum & significationem* – so weit wie möglich aus, als dem kein offensichtlicher Grund entgegensteht.[212]

Der Hintergrund von Claubergs *Logica* wirft also weiteres Licht auf Wittichs bibelhermeneutische Thesen. Seine Replik auf die Zensur des konservativen Flügels der reformierten Theologen wurde aber im Horizont des sich verschärfenden Konfliktes zwischen den Konservativen und den cartesianischen Theologen in den 1670er Jahren, zu dem auch die 'Affäre Lodewijk Meyer' und Spinoza beigetragen hatten, nicht goutiert. Heidanus, der die *Consideratien* unter seinem Namen veröffentlicht hatte, wurde zwei Jahre vor seinem Tod von seinem Amt als Professor der Theologie in Leiden suspendiert. Die Schrift wurde dennoch stark rezipiert, so dass im selben Jahr 1676 ihre zweite Auflage erschien. Auch Wittichs *Consensus veritatis* wurde 1682 zum zweitenmal aufgelegt.[213]

Wie aus den *Consideratien* hervorgeht, versuchten die Gegner Wittichs im Zuge des Konflikts, die Grenze zwischen der hermeneutischen Position der cartesianischen Theologen und derjenigen Lodewijk Meyers, der Claubergs Logik kannte und sich auch darauf bezog,[214] zu verwischen: Zum Teil gelang dies auch auf Kosten einer differenzierten Wahrnehmung. Denn obzwar Clauberg und Wittich in philosophischer Hinsicht Cartesianer waren, waren sie in theologischer Hinsicht zugleich Coccejaner. Johannes Coccejus hatte aus theologischer Sicht ein philologisches Konzept der ›sicheren Auslegung des Bibeltextes‹ verfolgt, das längst zur reformierten Tradition gehörte und das die cartesianischen Theologen (im Gegensatz zu Lodewijk Meyer) ihrerseits befürworteten. Die Reaktion

---

211 Vgl. Johann Clauberg: Differentia Inter Cartesianam, Et in Scholis vulgo usitatam Philosophiam. In: Ders.: Opera omnia, S. 1217-1235, hier S. 1227: "Cum clarissime intelligamus, Deum omnipotentem perfectissimumque Creatorem omnium rerum esse; contra verò non animadvertamus stellas forte aut mundum tam exiguum circuitum habere, quemadmodum quidam juxta mensuram sui corporis sibi imaginari solent, admiratori aestmatorique Divinae Omnipotentiae utique fas erit, opera divina potius amplificare quàm contrahere & imminuere; siquidem in ipso Sacro Codice etiam opera Dei laudare, idem est ac Nomen Dei amplificare, celebrare."
212 Ebd., 1227: "Denique quemadmodum Sacrarum Literarum periti pientissimique Viri, in explicatione Divini Verbi, ejus intelligentiam, sensum & significationem tam late accipi & extendi sinunt quam fieri potest, & donec nulla aperta ratio detur […]."
213 Consensus veritatis […]. Editio secunda à multis mendis emaculata & non parum aucta. Leiden 1682.
214 Meyer: La Philosophie Interprète de L'Écriture Sainte, Chap. II, 2 u. Chap. IV, 9. Vgl. hierzu auch Iofrida: Linguaggio e verità in Lodewijk Meyer, S. 27.

konservativer Calvinisten vom Schlage eines Gisbert Voetius (1589-1676) auf die Synthese von Cartesianismus (bzw. Kopernikanismus) und Cocceianismus konnte hingegen nur in eine Richtung gehen: die Ablehnung jedweden Hermeneutikangebots, das von der *ad-litteram*-Interpretation des biblischen Textes abwich.[215] In dieser Haltung unterschieden sich die Voetianer übrigens nicht von Theologen vom Schlage eines Valentin Alberti in Leipzig oder von der katholischen Kirche, die in den 1630er Jahren Galileo Galilei den Prozess gemacht hatte. Der Weg, der die cartesianischen Theologen zu Melanchthon zurückbrachte, führte aber gerade auch über die hermeneutische Schiene des Johannes Coccejus.

6.3. *philologia* und *hermeneutica sacra*

Betrachtet man die Entwicklung der neueren Dogmatik im 17. Jahrhundert, wird deutlich, welche Herausforderung Coccejus' philologisch basierte Bibelhermeneutik für die akademische Theologie darstellte, besonders bei den lutherischen Theologen. Diese hatten ihre Interessen auf die ›reine Lehre‹ konzentriert und sich von Melanchthon respektvoll distanziert. Dies zeigt eine Studie über das Melanchthonbild des bedeutenden lutherischen Philosophen und Theologen in Wittenberg, Abraham Calov (1612-1677).[216] Calovs theologisches System hatte andere Prämissen: Er gründete sein Werk *Systema locorum theologicorum* (1655-1677) auf eine kognitive Psychologie – die *Gnostologia* –, die unterschiedliche mentale Operationen einschliesst. So unterscheidet die *Gnostologia* ein *cognoscibile naturale*, das vom Buch der Natur erworben wird, von einem *cognoscibile theologico*, das der Heiligen Schrift entnommen wird.[217] Die *Gnostologia* betrifft also auch die theologische Erkenntnis sowie die Ausbildung einer Grundhaltung des theologischen Wissens (*habitus theologiae*).[218]

Auf der Basis der Trennung von *habitus theologiae* und *habitus fidei* erwuchs aus Calovs System die spezifische Aufgabe des akademischen

---

215 van Bunge: Einleitung zu B. Becker: Die bezauberte Welt, S. 15-21.
216 Kenneth. G. Appold: Das Melanchthonbild bei Abraham Calov (1612-1686) In: Das Melanchthonbild und Melanchthonrezeption in der Lutherischen Orthodoxie und im Pietismus. Hg. von Udo Sträter. Wittenberg 1999, S. 81-92.
217 Abraham Calov: Gnostologia [¹1632, 1637], Cap. I (Cognoscibilis definitio): "*Cognoscibile naturale est distinctum à Theologico. Res omnis, quae cognitionem gignit in nobis innotescit vel è libro Naturae vel Scripturae. Indescibile Rationis & Revelationis; Hoc posterius dimittitur ad Theologos, quod productio ejus longé sit diversa saepe ab excitatione cognitionis naturalis. [...] Scibile, quod per revelationis gratiam innotescit, fundamentum habet Scripturam: Quod per Creationem revelatur, Naturam utrumque summum principium & ultimum, Deum loquentem in verbo gratia vel potentia.*" Zitiert nach der Ausgabe der *Scripta Philosophica*. Rostock 1650-51, S. 5.
218 Vgl. zu Calovs *Systema* die Studie von Kenneth Appold.: Abraham Calov's Doctrine of *Vocatio* in Its Systematic Context. Tübingen 1998, hier S. 54.

Theologen. Diese bestand darin, die Glaubenswahrheiten von der ›Materie der Heiligen Schrift‹ durch theologisches Räsonnement abzuleiten und nach der analytischen Methode zu ordnen. Diese Erkentnismethode, die Calov vom Paduaner Aristoteliker Iacopo Zabarella (1533-1589) übernahm, war schon von Bartholomäus Keckermann (1571-1609) auf die *Theologia practica* übertragen worden.[219] Im Glaubensprozess kam es also auf die sogenannten ›soteriologischen Schlüsse‹ an, die der professionell ausgebildete Theologe zu ermitteln hatte. Dabei bleibt unklar, ob der Gläubige, jeden exegetischen Schritt des Theologen nachzuvollziehen hatte, oder sich direkt auf dessen Konklusionen beziehen konnte.[220] Gemäss einem solchen Theologieverständnis lag die Interpretation der Heiligen Schrift primär in den Händen weniger professioneller Theologen. Von hier aus lässt sich auch Heidanus' Kritik an der orthodoxen Dogmatik besser begreifen, die das Produkt der kognitiven Tätigkeit des Theologen war. Damit traf er einen neuralgischen Punkt, der am Selbstverständnis des Theologen und an dem seiner akademischen Disziplin rührte. Das lässt sich auch an der Antwort von Valentin Alberti ablesen, der Heidanus Kritik als Verleumdung auffasste: „Audio calumniam",[221] ist Albertis lapidare Antwort.

Umso deutlicher geht vor diesem Hintergrund die Position von Coccejus und der cartesianischen Theologen hervor, die um 1660 auf je unterschiedliche Weise einen alternativen Zugang zum Verständnis der Heiligen Schrift anboten. Coccejus' philologisch-exegetischer Zugang unterschied sich von anderen konkurrierenden Ansätzen in der Art und Weise, wie aus der Heiligen Schrift eine *sacra doctrina* und eine *sacra theologia* zu gewinnen waren. Coccejus orientierte sich in Glaubensfragen wohl an dem Heidelberger Kathechismus, den er ausführlich kommentierte.[222] Das Fundament seiner Theologie bildete dennoch die *philologia sacra*, mit der er auf die ›Gewissheit der Auslegung‹ abzielte.[223] Damit überträgt Coccejus die Me-

---

219 Ebd., S. 42-45 u. 54-59.
220 Ebd., S. 61.
221 Cartesianismus et Coccejanismus, Cap. III, §54.
222 Vgl. Johannes Coccejus: Explicatio Catecheseos Heidelbergensis, in: Operum Johannis Coccei, Dum Viveret in Academia Lugduno-Batava S.S. Theologiae Professoris, Tomus Sextus. Amsterdam 1673, S. 3-84. In: Ders.: Opera omnia Theologica, Exegetica, Didactica, Polemica, Philologica Divisa in Octo Volumina. Amsterdam 1675. Auch vor dem Hintergrund der Ergebnisse der neuesten Forschungen zum Heidelberger Kathechismus wäre es interessant, Coccejus' Kommentar einmal gründlich zu analysieren: vgl. Lyle D. Bierma: The Structure of Heidelberg Catechism: Melanchthonian or Calvinist In: Melanchthon und der Calvinismus, S. 29-43. Überzeugend wehrt sich Bierma gegen eine Vereinnahmung des Heidelberger Katechismus für eine bestimmte Konfession; vielmehr arbeitet er dessen strukturellen Aspekte heraus, die sich nicht eindeutig theologischen Etikettierungen wie "calvinistisch", "melanchthonisch" oder "lutherisch" zuweisen lassen.
223 Vgl. zu Coccejus' Hermeneutik auch van Asselt: The Federal Theology of Johannes Coccejus, Kap. 4, S. 106-135: "Coccejus does not so much seek in Scripture the abstract, which is

thoden der älteren Philologie auf den Bibeltext. In Leiden hatte die humanistische Bibelwissenschaft durch Gelehrte wie Joseph Justus Scaliger (1540-1609) oder Hugo Grotius (1583-1645) bereits Tradition.[224] In der Tradition von Valla, Polizian und Erasmus hatte die Textkritik den Status eines autonomen Erkenntnisinstruments erlangt, das auf einer anderen Ebene als das je spezifische disziplinäre Wissen lag und *über* dieses sprach; wichtig war dabei die variable Funktion der autonom gewordenen Philologie, die später auch die Basis für Glaubensfragen bildete.[225] Coccejus verstand sein Philologiekonzept dahingehend, dass er die Erkenntnis der Wahrheit der Heiligen Schrift nicht auf den Verstand weniger Menschen eingeschränkt wissen wollte.

In der Vorrede an den Leser, die er 1660 für die Leidener Ausgabe seines Werkes über die Föderaltheologie verfasst hat, legt Coccejus sein Konzept von *philologia sacra* dar. Er begreift die philologisch-kritische Arbeit am Bibeltext als eine Forschungsleistung zur Eruierung der Fundamente des Glaubens und der Ursachen des Seelenheils. Das folgende Zitat ist der deutschen Übersetzung des Werkes entnommen, die 1694 in Bremen erscheint:

> Mein Zweck aber ist gewesen den Grund und Natur des Glaubens/ dem die Schrifft die Gerechtigkeit zurechnet/ und die Ursachen unserer Hoffnung zu erforschen; und im Gegentheil die Fundamental- oder Hauptmängel deren Religionen/ von welchen wir uns nothwendig absondern/ zu entdecken; [...]. Die meiste Zeugnisse der Schrift/ derer Nachschlagung unter dem Lesen verhinderlich seyn könte/ und die dennoch der Leser nicht anders als mit seinem Schaden mögte scheinen zu verwahrlosen/ haben wir von Wort zu Wort hierbey gesetzet/ ja auch zu Zeiten erläutert. Wir haben sie aber so/ wie sie aus dem Hebräischen Text des Alten und Griechischen des Neuen Testaments von uns verdolmetschet seynd/ hinzugefüget.[226]

---

always consistent with itself, but the concrete and historical. History and language are more important to Coccejus than reason and logic, although the latter notions certainly have a role to play in the "ordo docendi" and in the structuring of doctrine" (S. 121).

224 Vgl. zu Coccejus' Bibelkommentaren jetzt Adina M. Yoffie: Cocceius and the Jewish Commentators. In: Journal of the History of Ideas, 65, 3 (2004), S. 383-398: "These commentaries were based not only on Cocceius's extensive knowlegde of Oriental languages but also on his readings of medieval Jewish commmentators. These were the same commentators that Cocceius would later praise in chapter eight of the *De Ratione*" (384). Die Schrift *Protheoria de ratione interpretandi sive introductio in philologiam sacram* (ca. 1650) wurde, wie auch die meisten Bibelkommentare, erst *postum* in dem achtbändigen Werk von Coccejus' *Opera omnia* herausgegeben (ebd., S. 383-385). De ratione wird auch noch zu Beginn des 18. Jahrhunderts abgedruckt: vgl. Johannes Coccejus: ΠΡΟΘΕΩΡΙΑ De Ratione Interpretandi in Philologiam Sacram. In: Ders.: Opera Theologica et Philologica, Divisa in Duo Volumina. Amsterdam 1706. Bd. 1, S. 62-75.

225 Herbert Jaumann: Bibelkritik und Literaturkritik in der frühen Neuzeit. In: Zeitschrift für Religions- und Geistesgeschichte, 49, 2 (1997), S. 123-134, hier S. 125-129.

226 Summarischer Unterricht Von dem Bunde und Testamente Gottes/ Ehemals zu verschiedenen Zeiten erkläret und vermehret Von Joh. COCCEJUS, Weyland Doctor und Professor

Dabei werde die Arbeit der so genannten "hochgelehrten Dolmetscher" keineswegs verachtet, sondern, so Coccejus, durch neue Sinndeutungen ergänzt. Denn:

> [...] weil der Reichthum des heiligen Wortes so groß ist/ daß er durch den Verstand weniger Menschen nicht kan erschöpffet werden/ und es sich offt zuträgt/ daß einer dieses/ ein anderer etwas anderes darinnen ersiehet/ so ist ein jeder das/ was er selbsten gesehen/ außzudrucken/ wo ich nicht irre/ am allerschicktesten.[227]

Hiermit ist ein weiterer Aspekt von Coccejus' Konzept angesprochen: Die *philologia sacra* führt zu einer Subjektivierung und Entfaltung des Sinngehalts der Heiligen Schrift. In seinen Bibelkommentaren hat Coccejus die Sinnabundanz des biblischen Wortes, den *sensus fecundus*, an der hermeneutischen Maxime ausgerichtet, dass die Wörter in der Heiligen Schrift all das bedeuten, was ihnen als Bedeutungszuweisung zukommen könne.[228] Dies heisse jedoch nicht, dass die Bedeutung "nach menschlichem gut düncken" zugewiesen werden könne, wie sich Coccejus in der in deutsch verfassten Widmung an die Pfalzgräfin Maria Eleonora äussert, die dem philologischen Kommentar zum Alten Testament, dem *Lexicon et Commentarius Sermonis Hebraici et Chaldaici Veteris Testamenti*, vorangestellt ist. Dort beteuert der Theologe noch einmal, dass die "Wissenschaft der Sprache", also die Philologie, das geeignete Instrument ist, um hinsichtlich des ursprünglichen Sinnes des göttlichen Wortes Gewissheit zu erlangen:

> Hierzu ist dan nötig/ daß dasselbige wort [sc. Gottes] in allen Sprachen gelesen werde/ so eigentlich/ einfältig/ deutlich/ verständlich/ mit genugsamer gewissheit/ nicht nach menschlichem gut düncken/ sondern in solch einer offenbarung/ daß ein jegliches gewissen bezeugen könne/ daß das einmahl der sin Gottes sein müsse/ was man lieset/ und daß man nicht zu wundschen habe/ daß der sin in andern wörtern were furgeleget worden. Man kan dan den getrewen Gott nicht gnugsam loben und preisen/ daß derselbe nicht allein sein Wort so wunderbarlich und so mächtig hat bewahret/ sondern auch die Wissenschaft der Sprache/ darinnen es beschrieben/ in der Welt hat lassen überbleiben/ und so viel gelärte Leute daran hat lassen arbeiten/ daß man die eigentliche krafft und nachtruck eines jeden worts möge verstehen/ und daß er mittel an hand gegeben/

---

der Heil. Schrifft auff der Hohen-Schule zu Leiden/Nunmehro aus dem Lateinischen ins Hoch.Teutsche gebracht durch Andreas Hoppenroht/Von Bremen/Weyland Diener am Wort Gottes bey der Christl. Reformierten-Gemeinde zu Düsseldorf. [...], Bremen 1694, Vorrede an den Leser, f. 4v-f. 6v.

227 Ebd., f. 6v.

228 Vgl. z.B. J. Cocceius Ad Ultima Mosis, hoc est Sex postrema capita Deuteronomii, Considerationes, Cap. XXXII, 1, §701: "Quod quum ita sit, nulla reddi potest ratio, quare nostrae expositionis sententia debeat excludi; & quare verba Mosis non debeant judicari significare, quod significare possunt, imò significant. Ubi enim sunt verba potestatem aliquam habentia, cui nullum argumentum reluctetur, ibi est significatio." Zitiert nach: Operum Johannis Coccei, Dum Viveret in Academia Lugduno-Batava S.S. Theologiae Professoris, Tomus Primus. Amsterdam 1673. In: Ders.: Opera omnia (1675).

allgemach zu völligen und gewissen erkäntnuß zu gelangen/ und die fehlenden von den rechten und waren gedancken zu unterscheiden.[229]

Auch wenn Coccejus' Ansatz und derjenige der cartesianischen Theologen von der späteren Bibelkritik Spinozas deutlich zu unterscheiden sind, steht auch die Schriftlektüre der Cartesio-Cocceianer, wie es Herbert Jaumann formuliert hat, unter dem "Gesetz der Trennung von philologisch-historischer Rationalität ('Wissenschaft') einerseits und der Entnahme des dann nur noch subjektiv bedeutsamen 'Glaubensschatzes' andererseits."[230] Aber in Coccejus' Philologiekonzeption läuft die erste Position auf die zweite hinaus: *philologia sacra* als ›Ursachenforschung‹ des Glaubens führt "zu einer offenbarungsorientierten Lektüre, die die Heilsbotschaft auch vom Geschichtsprozeß trennen kann."[231] Die cartesianischen Theologen hatten dann ihrerseits die Heilige Schrift auf diese Funktion, nämlich Quelle des Seelenheils zu sein, eingeschränkt.[232]

Es ist aus der Perspektive des theologischen Ansatzes des Coccejus und der cartesianischen Theologen heraus, aus der auch Pufendorf in den 1690er Jahren die lutherische Orthodoxie scharf kritisierte; der intellektualistische Zugang zum Glauben, den diese privilegierte, ging für ihn auf Kosten der gelebten Praxis des Glaubens, von der er aus moralischer Sicht einen verändernden Impuls in Kirche und Gesellschaft forderte.[233] Mit Blick auf die Beeinflussung Pufendorfs durch die cartesianischen Theologen und den Cocceianismus ist schliesslich die Frage zu klären, inwiefern er in der Moralphilosophie und Theologie zu der Tradition Melanchthons zurückkehrte bzw. davon abwich und weshalb die Medizin im Laufe des 17. Jahrhunderts für ihn die Funktion einer Leitdisziplin übernahm.

---

229 Vgl. Johannes Cocceius: Lexicon et Commentarius Sermonis Hebraici et Chaldaici Veteris Testamenti. Accedunt Interpretatio Vocum Germanica, Belgica ac Graeca ex LXX Interpretibus; Et necessari Indices. Amsterdam 1669: [Widmung] Der Durchleuchtigsten Fürstin und Frawen/ Frawen Mariae Eleonorae, Pfalzgrävin bey Rhein/ Hertzogin in Bayern und Grävin zu Spanheim/ u. Geborner aus Churfürstlichem Stamm der Marckgraven zu Brandenburg/ u. in Preussen/ zu Jülich/ Cleve und Berge Herzogin/ u. Wittwen/ Meiner gnädigsten Fürstin und Frawen.
230 Jaumann: Bibelkritik und Literaturkritik in der frühen Neuzeit, S. 131.
231 Ebd.
232 Consensus veritatis, Cap. III, 35: "Ergò existimandum est à scriptura etiam non alia praescribi media, quam quae ad cognitionem salutarem sunt appropriata, & sine quibus illa obtineri non possit."
233 Vgl. hierzu Döring: Pufendorf-Studien, S. 103f.

7. Ein neues System von Moraldisziplinen

7.1. Pufendorf und die Medizin

Das von Pufendorf in der *Commentatio* erwähnte Beispiel von der Lokalisation der psychisch-mentalen Fakultäten im Gehirn durch die Mediziner[234] hatte Christoph Wittich bereits dreissig Jahre vorher im *Consensus veritatis* benutzt, um seine bibelhermeneutischen Thesen zu stützen. Wittich bezog sich auf die Resultate der gehirnphysiologischen und -pathologischen Forschung und zitierte die Werke berühmtester Mediziner seiner Zeit, u.a. des Wittenberger Professors Daniel Sennert (1572-1637) und des dänischen Anatomen Thomas Bartholin.[235] Damit ersetzte anatomisches Wissen den *liber supernaturalis* dort, wo diesem, wie z.B. in der Fakultätenlokalisation, von den Medizinern keine Autorität mehr zugesprochen wurde. Es waren also die im Laufe des 17. Jahrhunderts erworbenen Kenntnisse auf dem Feld der Anatomie und Physiologie, welche die biblische Anthropologie in Frage stellten. Dieser Prozess ist modellhaft, um den analogen Vorgang auf dem Feld des Naturrechts zu verfolgen, das Pufendorf um 1670 nicht mehr auf der Autorität der Heiligen Schrift gründete, sondern auf den Vernunftsprinzipien des gesunden Menschenverstandes. In diesem Sinne übernahm die Medizin für das Pufendorfsche Naturrecht – besonders in der Phase seiner Auseinandersetzung mit dem Theologen Alberti – die Funktion einer Leitdisziplin. Die folgenden Überlegungen knüpfen an die im vierten Kapitel erarbeiteten Ergebnisse an, die nun im Blick auf die Beziehungen zu Pufendorf untersucht werden.

Im Zuge des Transformationsprozesses des medizinischen Wissens im 17. Jahrhundert und der Entwicklung empirisch-experimenteller Metho-

---

234 S. oben Kap. 5, 2.
235 Consensus veritatis, Cap. XXV, art. 554-564, S. 449-458, hier S. 450f.: „Sic Sennertus Epit. Naturalis scientiae lib. 6, cap. 1. *Eadem quaestio est, quaenam sit sedes animae, & quod membrum principale. Sed quodnam illud sit membrum, Princeps Platonicis, quibus Galenus & Medici multi se adjungunt, cum Peripateticis lis est. Plato & Galenus tres praecipuas partes, Epar, Cor, & Cerebrum, Cerebroque principatum, quod in eo sensus motusque principium animae rationalis resideat, deferunt.* Hanc esse sententiam communem Medicorum testatur & Bartholinus Controversiarum Anatomicarum quaest. 4. de partibus, earumque facultatibus & functionibus, ubi inter alia, sic inquit, *Dicet forte quispiam pro Medicorum communi opinione primatum cerebro deferente &c.* Atque huic Medicorum sententia evidentissime nititur ratione: Nam 1. in cerebro sit concursus omnium nervorum, per quos & corpus dirigitur, & ea quae exterius fiunt in corpore vel extra illud animae repraesentantur. Ibi ergò sedem habet praecipuam, ubi omnia quae ad corpus spectant potest percipere, & unde totum corpus potest dirigere. 2. Cerebro affecto varias passiones animae contingere videmus, ut amentiam, furorem, phrenesin &c. quae oriuntur ex vario spirituum motu in cerebro, propter ejus laesionem, quo fit ut glandula pinealis varie moveatur, & menti diversum quid significet; at corde, male habente, non ideo talia animam opprimunt pathemata."

den in der Physiologie waren es besonders die Mediziner, die das Verhältnis des neuen (medizinischen) Wissens zur Autorität reflektierten, und zwar nicht nur zu derjenigen des *liber supernaturalis*, sondern auch zu der antiken der *libri artificiales*, allen voran derjenigen von Aristoteles und Galen. „Non autoritatibus, sed rationibus agemus: vetera & nova conjungemus", schrieb der bedeutende Jenenser Anatomieprofessor Werner Rolfinck in der Überschrift des Methodenkapitels seines Werkes *Dissertationes anatomicae* (1656), das Pufendorf erworben und gelesen haben dürfte, als er selbst in Jena studierte (1657).[236] Rolfinck, der die um 1600 berühmte Paduaner Schule der Anatomie durchlaufen hatte, gab an, er wolle in seinem Werk einige Vorurteile gegenüber den antiken Autoren beseitigen, die *res* aber nicht nach der Autorität der Alten, sondern nach der Wahrheit (*veritas*) beurteilen; auch werde er auf die neuen Autoren hören, die durch neue Entdeckungen die Medizin weitergebracht und bereichert hätten.[237]

Insbesondere nannte Rolfinck eine Reihe von Forschern, welche nicht so sehr durch ihre individuellen Beiträge, sondern durch ihre Gesamtleistung zwischen 1620 und 1650 die Hämatologie und die Hepatologie revolutioniert hatten:[238] In den 1620er Jahren entdeckten William Harvey den Blutkreislauf und Gaspare Aselli (1622) die Milchgefässe (*vasa lactea*), welche die verdaute Nahrung (Chylus) aus den Därmen resorbieren;[239] später zeigte Jean Pecquet (1651)[240], wie die Nährflüssigkeit über die Milchgefässe und durch den *ductus thoracicus*, den Pecquet und Johannes van Horne (1652) in den Tieren und Bartholin (1652) im Menschen entdeckten, in die rechte Herzkammer, also ins venöse System, fliesst. Im Zuge ihrer eigenen Studien zu den Milchgefässen entdeckten ferner Olof Rudbeck und Thomas Bartholin (1653) die Lymphgefässe der Leber (*vasa lymphatica*), die nun von den *vasa lactea* unterschieden wurden; die *vasa lymphatica* leiten eine wasserklare Flüssigkeit, die Lympha, aus

---

236 Vgl. hierzu auch Pufendorf: La Biblioteca, Introduzione, S. XXXVII.
237 Dissertationes Anatomicae methodo syntheticâ exaratae, Lib. I, Cap. XII, S. 166f.: „Removebimus ergò nonnunquam *antiquitatis praejudicium*, & res non autoritate Veterum, sed *veritate* aestimabimus, *recentioresque* audiemus, qui novis saluberrimis inventis magnâ accessione artem locupletavere: [...]."
238 Ebd., S. 167: „In oculis igitur etiam habebimus NOVA RECENTIORUM INVENTA. *Caspar Asellius* venarum lactearum publicatione celebris: *Guilielus Harveus* circulationis sanguinis inventuor. [...]. *Johannes Pecquetus, Bartholinus, Horne*, ubi res postulat, lactearum thoracicarum: *Bartholinus* & *Rudbeckius* vasorum lymphaticorum crystallinorum nectare nostras meditationes irrorabunt."
239 De Lactibus Sive Lacteis Venis Quarto Vasorum Mesaraicorum genere Novo Invento Gasparis Asellii Cremonensis Anatomici Ticinensis Dissertatio Qua Sententie Anatomice multe vel perpera recepte convelluntur vel parum percepte illustrantur. Mailand 1627.
240 Joannis Pecqueti Diepaei Experimenta Nova Anatomica, Quibus Incognitum hactenus Chyli Receptaculum, & ab eo per Thoracem in ramos usque Subclavios VASA LACTEA deteguntur. Eiusdem Dissertatio Anatomica, De Circulatione Sanguinis, & Chyli Motu. Hardervici 1651. [...] Huic secundae Editioni, quae emendata est, illustrata, aucta, Accessit De thoracicis Lacteis Dissertatio [...]. Paris 1654.

der Leber ab, zu der wiederum keine *vasa lactea* führen. D.h., dass die Leber die resorbierte Nahrung nicht empfängt und verarbeitet und daher nicht mehr als blutbildendes Organ betrachtet werden darf (so wie nach Galen lange angenommen). Bartholin überträgt die Blutbildung (Hämatose) auf das Herz, die Leber wird auf ihre exkretorische Funktion beschränkt.[241]

Für die hepatologischen Beiträge von Thomas Bartholin scheint sich Pufendorf, der den dänischen Anatomen 1659 auch persönlich traf,[242] besonders interessiert zu haben, wie eine Reihe von Texten in seiner Bibliothek belegt. So befanden sich dort u.a. Bartholins Traktat *De lacteis thoracicis* (1652)[243] in einem Sammelband anatomischer Schriften desselben Autors (1670)[244] so wie auch das berühmte und mehrfach edierte Anatomielehrbuch *Anatome renovata* (1673), in dessen Sektion über die Leber Bartholin bestätigte, dass dieses Organ *non sanguificat*, und die Forschungsdiskussion auf den neuesten Stand brachte.[245] Im Anhang dieser *Anatome*-Ausgabe sind ausserdem die beiden berühmten an Bartholin gerichteten Briefe von Jan de Wale (1604-1649) abgedruckt, der sich am Ende der 1630er Jahre für die Etablierung der Harveyschen Lehre in den Niederlanden einsetzte: De Wale beschrieb u.a. die Bewegung des Nährsaftes in den Milchvenen (*vasa lactea*) aufgrund transversaler Kontraktion des Fiberngewebes und bestätigte die Lehre des Blutkreislaufs aufgrund neuer vivisektorischer Experimente (Gefässligaturen).[246] Pufendorf konnte darüber hinaus in dem von ihm besessenen Band der *Epistolarum medicinalium* (1663-67) von Bartholin nachlesen, wie dieser während seines Aufenthaltes in Leiden (1637-40) einigen von diesen Experimenten beigewohnt und de Wale überzeugt habe, seine Resultate zu veröffentlichen.[247]

---

241 Mani: Die historischen Grundlagen der Leberforschung, II. Teil, bes. S. 80-96. Vgl. zum Kontext auch Giuseppe Ongaro und Antonio Gamba: Esperimenti di Johann Georg Wirsung sulla circolazione del sangue. In: Atti e Memorie dell'Accademia Patavina di Scienze, Lettere ed Arti, Vol. – CIV (1991–1992) – Parte II: Classe di Scienze Matematiche e Naturali, S. 53-80 sowie Luigi Belloni: Per la storia della medicina. Bologna 1980, S. 21-28.
242 Pufendorf: La Biblioteca, Introduzione, S. XXXVII.
243 Vgl. Thomae Bartholini De lacteis thoracicis in homine brutisque nuperrimè observatis, historia anatomica. publicè proposita Respondente M. Michaele Lysero. Hafniae 1652.
244 Pufendorf: La Biblioteca, S. 36b.
245 Vgl. Thomas Bartholin: Anatome Ex omnium Veterum Recentiorumque Observationibus Imprimis Institutionibus b.m. Parentis Caspari Bartholini, Ad Circulationem Harvejanam, et Vasa Lymphatica Quartum Renovata. Leiden 1673, Cap. XIV (De Epate), S. 142: „Chyli in sanguinem mutatio prima ordine ita se habet, naturae consona, si organum ipsum excludatur. Hepar enim vel prorsus *non sanguificat*, vel *non solum*." Vgl. auch Pufendorf: La Biblioteca, S. 32a-b.
246 Vgl. Johannis Walaei Epistolae Duae De Motu Chyli, et Sanguinis Ad Thomam Bartholinum, Casp. Filium (Leiden 1640). In: Th. Bartholin: Anatome (1673), S. 761-793 u. S. 794-804, bes. S. 789: „In intestinis chylus longam moram non trahit, sed quamprimum fibrarum transversarum constrictione propellitur: [...] Vero quoque simile est, ex intestinis lacteisque chylum attrahi, celerius enim ex iis movetur, quam intestina venaeve lacteae pellere videantur & promovere."
247 Vgl. Th. Bartholin: Epistolarum Medicinalium à Doctis vel ad Doctis scriptorum, Centu-

In der 1673er Ausgabe der *Anatome renovata* drückte Bartholin vielleicht am deutlichsten das Bewusstsein aus, dass in den anatomischen Studien in seinem Jahrhundert eine neue Phase eingeleitet worden war. Die alten und neuen Entdeckungen und Lehren seien experimentell und durch den Verstand überprüft worden; aufgrund der neu entdeckten Milch- und Lymphgefässe sei in der *oeconomia corporis* der Alten sehr viel nach der Norm der Natur (*ad normam Naturae*) zu verändern, anderes zu eliminieren und vieles zu ergänzen gewesen.[248] Die Harveysche Blutzirkulation und sein Lymphsystem bildeten gleichsam das neue Fundament, auf dem sich die Organisation des menschlichen Körpers (*fabrica*) stütze.[249]

Um 1660 bildete also die Konstellation und komplexe Interaktion einer Reihe von Faktoren – die medizinischen Argumentationsweisen und die Theorie der Autorität auf der einen Seite, die cartesianische Philosophie und die Akkommodationstheorie auf der andern – den wissensgeschichtlichen Hintergrund, auf dem die cartesianischen Theologen, das Verhältnis zwischen den Wissenschaften und der Heiligen Schrift neu reflektierten. Daraus resultierte ein Konzept für die disziplinäre Ausdifferenzierung der Wissenschaften sowie die Legitimation, eine Disziplin auf der *cognitio philosophica* bzw. der *explicatio scientifica* (im cartesianischen Sinne) zu begründen. Die neue Weise, Disziplinen und Wissensansprüche differenziert zu betrachten, betraf jedoch nicht nur das Verhältnis zwischen den Naturwissenschaften/Medizin und der Theologie, sondern auch das zwischen Moralphilosophie bzw. Ethik und Theologie. Die Ausdehnung der Diskussion auf diese Disziplinen, die ebenfalls von den cartesianischen Theologen ausging, war nun auch im Blick auf Pufendorfs Konzeption des Naturrechts und seinem Begriff des ›Naturgesetzes‹ von ausserordentlicher Relevanz.

---

ria I. & II. Hafnia 1663, S. 13: „Sanguinis motum circularem tandem admisit Cl. *Walaeus*, crebris factis in animalibus experimentis, ad nos non raro invitavit & admisit, jamque in eo est, meo rogatu, ut chartae haud periturae committat quidquid *Harvei* invento illustrando & confirmando conferre potest, quod onus in me derivare voluit, sed tandem vix impetravi ut Epistolis rem totam complecteretur meo operi [sc. Institutiones Anatomicae] annectandis." Vgl. auch Pufendorf: La Biblioteca, S. 34.

248 Bartholin: Anatome, Praefatio: „Experimentis denique omnia tam veterum quam recentiorum inventa & placita velut ad lapidem lydium examinantes, dominio verae solidaeque rationis naturam subjiciunt, sibi propitiam, omnibus salutarem. [...]. Imo turbata, per Lactea & Lymphatica nostra vasa, veteri corporis oeconomia, ex novis principiis & observationibus, plurima, quae antea credidimus, ad normam Naturae, apertius nobis locutae, erant varianda, delenda alia, multa addenda quae illius deerant perfectioni, [...]."

249 Ebd.: „Omnia ad Circulationem Harvejanam & Lymphatica nostra Vasa exegi, quibus velut fundamentis novis superstructum est aedificium, quod publico bono adornamus."

7.2. Die Trennung von *ethica* und *theologia practica*

Mit der Idee, „dass der Gegenstand der Morallehre das Naturrecht bzw. das Naturgesetz ist", kehrte Pufendorf – wie Fiammetta Palladini zu Recht hingewiesen hat – „zu den Quellen seiner Kultur", d.h. zu Melanchthon zurück.[250] Melanchthon definiert die *Philosophia moralis* als denjenigen Teil des göttlichen Gesetzes (*lex divina*), der sich auf die äusseren (sittlichen) Handlungen bezieht.[251] Gleichzeitig ist die *Philosophia moralis* eine Explikation des natürlichen Gesetzes (*lex naturalis*) bzw. ist Teil von ihm.[252] Der Begriff *philosophia* ist bei Melanchthon durch das Konzept der eingeborenen und dem Menschen bei der Schöpfung eingegebenen natürlichen Kenntnisse (*notitiae naturales*) klar umrissen; diese werden vom Evangelium als der anderen Quelle der Gotteserkenntnis deutlich unterschieden.[253] Das Naturgesetz (*lex naturalis, lex mentis*) umfasst bei Melanchthon also sowohl die spekulativen Prinzipien der Wissenschaften (*principia, quae gubernant speculabilia*) als auch die praktischen Prinzipien des moralischen Urteils (*principia moralia, quae gubernant vitae actiones*).[254] Als Teil des natürlichen Gesetzes beansprucht Melanchthon für die *principia moralia* dieselbe Gewissheit (*certitudo*) in der Erkenntnis wie für die *principia speculabilia*.[255] Mit den *notitiae naturales* überträgt Gott sein eigenes Abbild (*imago*), d.h. die *notitia Dei, et discrimen honestorum et turpium* auf den menschlichen Verstand.[256] Im Blick auf die natürliche menschliche Schwäche (*imbecillitas*), die durch den Sündenfall gegeben ist, sind die *notitia moralia* jedoch nicht hinreichend, um den göttlichen Willen zu erkennen und ihm zu gehorchen.[257] Deshalb ist die

---

250 Fiammetta Palladini: Samuel Pufendorf als Moralphilosoph. In: Jahrbuch für Recht und Ethik 8 (2000), S. 199-207, Zitat S. 203.
251 Philipp Melanchthon: Philosophiae Moralis Epitomes. Libri Duo, 1538 (benutzte Ausgabe: Philippi Melanthonis Opera quae supersunt omnia. In: Corpus Reformatorum. Bd. 16 (=CR 16). Hg. von C. G. Bretschneider und H. E. Bindseil. Halle a.S. 1850, Sp. 21: „Philosophia moralis est pars illa legis divinae, quae de externis actionibus praecipit."
252 Ebd., Sp. 23: „Manifestum est philosophiam moralem esse explicationem legis naturae."
253 Ebd., Sp. 21-23: „[...] Evangelium prorsus aliud genus doctrinae esse quam philosophiam. [...]. Sed hic sciendum est, philosophiam esse non omnes omnium opiniones, sed certas notitias, quae sunt demonstrationes, [...]."
254 Melanchthon: In Primum Librum Ethicorum Aristotelis Enarrationes, CR 16, Sp. 286: „Porro ut sunt principia, quae gubernant speculabilia, ut omnes lineae ductae a centro ad circumferentiam eiusdem circuli sunt aequales: ita sunt principia moralia, quae gubernant vitae actiones, ut, homo nascitur ad civilem societatem, et hanc tueri debet."
255 Ebd.: „Sed quaestio est, qui fiat, ut maior existimetur certitudo esse speculabilium quam moralium. Bis quatuor sunt octo, quam his: Pacta sunt servanda, Mendacium fugiendum est, Adulterium vitandum est. Respondeo: Bona mens sciat parem esse certitudinem principiorum speculabilium et practicorum."
256 Ebd., Sp. 279: „Transfuderat Deus imaginem suam, id est, notitiam Dei, et discrimen honestarum et turpium in mentes humanas, tanquam speculum, [...]."
257 Melanchthon: Philosophiae Moralis Epitomes, CR 16, Sp. 23: „Nam lex divina hominum mentibus impressa est, sed in hac imbecillitate naturae obscurata est, ut non satis perspici

philosophia moralis auch Teil der *lex divina* oder des Dekalogs, d.h. sie gründet auf demjenigen Gesetz, das von Gott verkündet und in den Büchern Mose und den Evangelien aufgeschrieben wurde.[258] Dignität kommt der Moralphilosophie also insofern zu, als sie Teil des göttlichen Gesetzes ist, auch wenn sie nicht das Evangelium ist.[259]

Durch „einige kleine Verschiebungen", jedoch auf einem „ähnlichen Material", so Fiammetta Palladini, sei Pufendorf dazu gekommen, „die Moraltheologie auf die Seite des Evangeliums" zu schieben, während er „die Philosophie ganz alleine das Gebiet der menschlichen äusserlichen Handlungen beherrschen" lässt.[260] Die Argumente, mit denen Pufendorf Melanchthons Konzept der *imago-Dei* im menschlichen Verstand verwirft und die Ausklammerung des Dekalogs aus seinem Naturrecht gegenüber seinen Kritikern (der Theologe Josua Schwarz, der Jurist Nicolaus Beckmann und natürlich Valentin Alberti) verteidigte, sollen hier nicht noch einmal dargestellt werden.[261] Vielmehr gilt es, über den Kontext der cartesianischen Theologen die historischen Voraussetzungen von Pufendorfs ›Materialverschiebungen‹ zu erklären. Denn das Modell für die disziplinäre Trennung der Moralphilosophie von der Theologie war wiederum in Wittichs *Consensus veritatis* vorgegeben.

Christoph Wittich schliesst aufgrund der Akkommodationstheorie aus, dass aus der Heiligen Schrift eine philosophische Erkenntnis der Natur gewonnen werden könne.[262] In der *Dissertatio de Abusu Scripturae* macht er die Akkommodationsannahme auch für die *res practicas et morales* der Heiligen Schrift geltend: Diese enthalte viele Ausdrücke *secundum opinionem hominum*, die daher nicht mit der Wahrheit übereinstimmten.[263] Argumente

---

      possint illa praecepta, quae iubent statuere de voluntate Dei, et de perfecta obedientia cordis praecipiunt."
258 Philosophiae Moralis Epitome, Philippo Melanchthone autore, Nunquam antea excusa, 1538, S. 3: „Nec alia aptior aut verior definitio excogitari potest, quam si definiamus Philosophiam moralem esse partem legis divinae seu decalogi, quatenus eam ratio pervidet." Dieser Satz aus der Erstausgabe der *Epitome* (1538) wurde in der der dritten Edition 1540 (= 1542, 1546) folgenden Ausgabe des Corpus Reformatorum nicht als Variante verzeichnet (vgl. CR 16, Sp. 11-14). Vgl. aber auch Melanchthon: Loci communes theologici, CR 21, Sp. 687: „Leges divinae sunt, quae a Deo traditae sunt, quocumque; tempore, et extant scriptae passim in Mose, & libris Evangelij."
259 Melanchthon: Philosophiae Moralis Epitomes, Sp. 23: „Magna igitur laus est philosophiae moralis, quod est pars legis divinae et sapientia Dei, etiamsi non est Evangelium."
260 Palladini: Pufendorf als Moralphilosoph, S. 204.
261 Vgl. hierzu Palladini: Pufendorf als Moralphilosoph, S. 205f.
262 Consensus veritatis, Cap. II, 34: "Si Scriptura loquens de rebus naturalibus promiscue utitur formulis receptis sive eae veritatem nudam exprimant, sive talem quae ad hominum sensus sit relata & praejudiciis atque erroribus involuta: E. non potest cognitio Philosophica rerum naturalium ex Scripturâ peti: [...]."
263 Dissertatio de Abusu Scripturae, Cap. III (*Ostenditur multis locis Scripturae, qui circa res practicas & morales, locutiones continent, secundum opinionem hominum à veritate recedentem*).

für seine Thesen leitet er im *Consensus veritatis* aus dem Skopus der Heiligen Schrift ab. Der Skopus bildet das Kriterium, nach dem er das Verhältnis zwischen dem Bibeltext und den anderen Disziplinen und Wissenschaften reflektiert und systematisch neu ordnet. Dabei setzt er sich mit dem Material der theologischen Tradition auseinander.

Wittich (und später in ähnlicher Weise auch Pufendorf) argumentierte vor allen Dingen gegen die Konzeption einer „christlichen Physik" bzw. „christlichen Ethik", wie sie in der zweiten Hälfte des 16. Jahrhunderts etwa der Calvin-Schüler Lambertus Danaeus (1530-1596) in seinem Werk *Physice Christiana* (¹1576) aus der Heiligen Schrift begründet hatte.[264] Im Kapitel des *Consensus veritatis*, in dem Wittich seine bibelhermeneutischen Thesen argumentativ stützte, zitierte er folgende Passage aus Danaeus' Werk, demzufolge die Heilige Schrift selbst auch eine Physik umfasse:

> Sollen etwa von denselben [den heiligen Buchstaben] die Theologie und die Ethik als Teil der Philosophie gänzlich in ihrer Art unterschieden werden? Und wird es dennoch einen so unbedachten Menschen geben, der es zu leugnen wagt, dass diese äusserst wahre und universale heilige Schrift eine ethische Lehre beinhalte? Die Grenzen, die einer getrennten disziplinären Behandlung gesetzt sind, hindern also nicht, dass dieselbe Heilige Schrift und dieselben Buchstaben sowohl eine allgemeine Naturlehre als auch eine Theologie umfassen, weil die Physik selbst auf eine bestimmte Art Teil der Theologie ist und diese untermauert.[265]

Wittich entfaltet seine Gegenargumentation in zwei Teilschritten. Aufgrund des Skopus-Arguments entkoppelt er zunächst die *physica* von der Morallehre der Heiligen Schrift:

> 1. [...]. Daher fällt Danaeus' Einwand von selbst zusammen, woraus das Kriterium des Unterschieds zwischen der Physik und der Ethik hervorgeht: Der Skopus der Schrift ist derjenige, unsere Sitten nach der Norm des göttlichen Gesetzes zu gestalten, weshalb sie vollendete moralische Vorschriften beinhaltet, nicht aber das Wesen der natürlichen Dinge zu erklären, wie gezeigt worden ist.[266]

---

264 Vgl. Lambertus Danaeus: Physice Christiana, sive Christiana De Rerum Creatarum Origine, et Usu Disputatio. Tertia Editio. Aliquot locis ab ipso autore aucta, cui etiam accessit Index duplex [...]. Genf 1588. Vgl. zu Danaeus grundlegend Christoph Strohm: Ethik im Frühen Calvinismus. Humanistische Einflüsse, philosophische, juristische und theologische Argumentationen sowie mentalitätsgeschichtliche Aspekte am Beispiel des Calvin-Schülers Lambertus Danaeus. Berlin/New York 1996.

265 Danaeus: Physice Christiana, Part. I., Cap. 33, 39f.: „Nònne ab iisdem istis Theologia & Ethica Philosophiae pars toto genere discernuntur? Et tamen quis eorum tam temerarius erit, qui Ethicen, eàmque verissimam & universam sacram Scripturam tradi negare audeat? Ergo distincti artium, & tractationum fines non obstant quo minus eadem sacra Scripturâ iisdemque literis, & Physice illa universalis, & Theologia sit comprehensa, quia & ipsa Physice quodammodo Theologiae pars est, illique subservit. [...]."

266 Consensus veritatis, Cap. III, 48: „1. [...] Itaque sic Danaeai exceptio sponte sua collabascit, unde & diversitatis ratio apparet inter Physicam & Ethicam, quod scripturae finis sit mores nostros secundum normam legis divinae informare, unde moralia praecepta perfectissima tradit, non vero rerum naturalium essentiam enodare, uti ostensum."

Mit der Norm des göttlichen Gesetzes, der *lex divina*, greift Wittich auf ein zentrales Element der Gesetzeslehre Melanchthons zurück. Den Gesetzesbegriff hat Melanchthon in den verschiedenen Ausgaben der *Loci communes theologici* (1521-1559) im Rahmen seiner Naturrechtslehre entwickelt und in seiner Seelenlehre, im *Liber de anima* (1553), im Abschnitt über das rationale Erkenntnisvermögen diskutiert.[267] Dennoch gibt es gewichtige Differenzen zwischen Wittich und Melanchthon hinsichtlich der Unterscheidung von Quellen ethischer Normen und deren jeweiliger Geltungsansprüche.

Melanchthon leitet sittlich-soziale Normen auch von den in den menschlichen Verstand von Gott eingepflanzten natürlichen Kenntnissen ab, die praktischer Natur sind (πρακτικαὶ) und sich von den theoretischen Kenntnissen (θεωρητικαὶ), welche die Erkenntnis leiten, unterscheiden.[268] Die natürlichen Kenntnisse oder *notitiae naturales* konstituieren das natürliche Gesetz oder *lex naturae*. Dieses beinhaltet das von Gott gegebene Gesetz und ist durch die Schöpfung im Menschen entstanden.[269] Das natürliche Gesetz ist somit vom göttlichen Gesetz oder *lex divina* zu unterscheiden. Letzteres wurde durch die Offenbarung verkündet und in den Büchern Mose und den Evangelien aufgeschrieben.[270] Im Gegensatz zu Melanchthon anerkennt Wittich also einzig die *lex divina* in der Heiligen Schrift als Quelle des moralischen Sittengesetzes. Aus dem zweiten Argumentationsschritt gegen Danaeus erfahren wir, warum das so ist.

Wittich macht aus der *ethica* und der *theologia practica* zwei unterschiedliche Disziplinen. Die Grenze zwischen ihnen bilden dabei die unterschiedlichen Quellen, aus denen ethische Normen gewonnen werden können:

2. Diejenigen aber, welche wollen, dass die Ethik und die praktische Theologie getrennte Disziplinen sind, setzen diesen die Grenzen ausgehend von dem Unterschied ihrer Prinzipien, und zwar dass die Ethik nur diejenigen moralischen Regeln lehrt, die vom übrig gebliebenen Licht der Vernunft eruiert werden können, die *theologia practica* hingegen diejenigen, welche die göttliche Offenbarung

---

267 Vgl. oben Kap. I, 2 sowie auch De Angelis: Anthropologie und Gesetz, S. 871-893.
268 Melanchthon: Liber de anima; vgl. CR 13, Sp. 167: "De noticiis naturalibus etiam sciant has a Deo insitas esse mentibus humanis, [...]. Sunt autem aliae noticiae naturales θεωρητικαὶ, quae gubernant cognitionem, unde oriuntur Arithmetica, Geometria, et pleraeque aliae doctrinae. Aliae sunt πρακτικαὶ, quae gubernant actiones, unde leges de moribus et de gubernatione civili oriuntur, [...].
269 Melanchthon: Loci communes theologici; vgl. CR 21, Sp. 711 (De lege naturae): "Vt lumen oculis diuinitus inditum est, ita sunt quædam noticiæ mentibus humanis inditæ, quibus agnoscunt et iudicant pleraque. Philosophi hoc lumen vocant noticiam principiorum, vocant κοινὰς ἔννοιας & προλήψεις. Ac uulgaris diuisio nota est: alia esse principia speculabilia, ut noticias numerorum ordinis, syllogismi, principia geometrica, physica, hæc omnes fatentur esse certissima, & fontes maximarum utilitatum in uita: qualis enim esset vita sine numeris, sine ordine? Alia sunt principia practica, ut totum discrimen naturale honestorum & turpium."
270 Ebd., 687: "Leges diuinæ sunt, quæ a Deo traditæ sunt, quocumque; tempore, et extant scriptæ passim in Mose, & libris Euangelij."

vorschreibt. Nach dieser Auffassung enthielte also die Heilige Schrift keine Ethik, sondern nur eine *theologia practica*, [...].[271]

Für die *ethica* oder *philosophia moralis* beansprucht Wittich also einen anderen Erkenntnisweg als den der *Theologia practica*. Somit löst er – und es handelt sich um einen methodisch und wissenschaftsgeschichtlich bedeutsamen Schritt – die Ethik vom theologischen Naturgesetz Melanchthons ab. Denn Melanchthon hatte die *philosophia moralis* – gemäss seinem schöpfungstheologisch begründeten Verständnis von Philosophie[272] – als *explicatio legis naturae* bzw. als Teil des natürlichen Gesetzes betrachtet.[273] Somit wird auch nachvollziehbar, warum Valentin Alberti in *Diploun Kappa* am Melanchthonschen Konzept der ›eingeborenen natürlichen Kenntnis von Gott‹ (*notitia naturalis de Deo insita*) festhält und diese gegen den cartesischen Zweifel an Gott wendet: Denn an Gott zu zweifeln, so Alberti, sei gemäss der cartesianischen Methode nichts anderes, als die ganze Kenntnis von Gott für eine gewisse Zeit dem Geist zu entziehen, was uns zu ›spekulativen Atheisten‹ mache.[274] Dieser Angriff der Orthodoxie ist sehr wohl begründet, denn Alberti braucht ja das theologische Konzept der eingeborenen Kenntnis für sein ›christliches‹ Naturrecht, das vom *prälapsarischen* Zustand des Menschen nach der Schöpfung ausgeht.[275] Von einer solchen Vorstellung von Naturrecht wollte Pufendorf jedoch nichts wissen und verwirft in seinen polemischen Schriften das Konzept der *imago Dei* im menschlichen Verstand, das er für eine Erfindung Melanchthons hält und das sich biblisch nicht nachweisen lässt.[276]

---

271 Consensus veritatis, Cap. III, 48: „2. qui vero volunt, distinctas esse Ethicam & Theologiam practicam disciplinas, illi a diversitate Principiorum limites iis ponunt, nimirum, ut Ethica tantum tradat illas Regulas morum, quae e reliquis luminis naturalis possunt erui, sed Theologia practica eas, quas divina revelatio praescribit, Ergo secundum hanc sententiam scriptura non traderet Ethicam, sed Theologiam Practicam tantum, [...]."

272 Frank: Die Vernunft des Gottesgedankens, S. 54-68.

273 Melanchthon: Philosophiae Moralis Epitomes, CR 16, S. 23: "Manifestum est philosophiam moralem esse explicationem legis naturae."

274 Cartesianismus et Coccejanismus, Cap. II, § 3: "Primas ex illis facile tenet prima Cartesiana thesis supra cap. I.§.10. *semel in vita de DEO dubitandum esse*. Sic enim semel in vita oportebit not Atheos speculativos fieri. Nam dubitare de Deo, methodo Cartesiana, nihil aliud, quam totam, quam quis de Deo habere potest cognitionem, ad tempus ex animo summovere; Cartesio ipso interprete *Ep. L. II. 10*. aut rejicere DEUM inter illa, quae falsa esse fingimus; *part. I. princip. §. 7*. quod temporario Atheismo magis quam ovum ovo convenit. Sed obstat licentiae affectandi illum notitia naturalis de DEO insita, τὸ γνωσὸν τοῦ Θεοῦ, Rom. I, 19. obstat acquisita; ibid. v. 20."

275 Zu Albertis Naturrechtslehre im *Compendium Juris Naturae Orthodoxae Theologiae Conformatum* vgl. Grunert: Normbegründung und politische Legitimität, S. 36-56.

276 Pufendorf: Specilegium controversiarum, Circa Jus Naturae Ipsi motarum. In: Ders.: Werke, Bd. 5, Eris Scandica: Specilegium controversiarum, Cap. II, S. 219, 41ff.: "Ex quo rectè infertur, quae in Divinis Literis de imagine Dei traduntur, ad doctrinam de jure naturali nihil pertinere. [...] Et revera tota ista machina innititur phrasi extra Divinas Literas à Philippo Melanchthone ni fallor inventa, et ab aliis citra curiosam inquisi-

Bevor wir auf Pufendorfs eigene Systematisierung der Morallehren kommen, ist noch zu zeigen, dass Wittich mit seinen Thesen nicht ganz alleine da stand. Vor dem Exzess einer Interpretationsweise der Heiligen Schrift, die in ihr das Vollkommene sieht, so dass die ganze Philosophie in deren Quellen gesucht werden müsse („praesupponit in Scripturis perfectionem, ut etiam omnis philosophia ex earum fontibus peti debeat") hatte schon Francis Bacon gewarnt.[277] Wittich zitiert aber mitunter auch Mediziner und Naturphilosophen, bei denen er ebenfalls Unterstützung fand. So wandte sich gegen die Konzeption einer *physica mosaica* auch der Bremer Medizinprofessor Gerhardus de Neufville, bei dem auch Clauberg studiert hatte.[278] Für de Neufville steht fest, dass in den biblisch begründeten Werken von Danaeus, Otto Casmann[279] und Conradus Aslacus (1564-1624)[280] sehr wenig Naturphilosophie enthalten sei und diese nicht so gelehrt werde, wie sie ein Naturphilosoph nach den Kriterien der *scientia certa atque evidenti* entwickeln müsse; Zweck der Heiligen Schrift sei, den Menschen über seinen Weg zum Heil zu unterweisen.[281] Ausserdem gibt sich der ›Baconianer‹ de Neufville auch ziemlich sicher darüber, dass andere naturphilosophische Tendenzen hervorgehend etwa aus dem italienischen Renaissanceplatonismus und dem Hermetismus seiner Vorstellung von *experimentum* und *scientia* nicht genügen und, so wird suggeriert, sich institutionell auch nicht werden durchsetzen können.[282] Das ist nicht weiter erstaunlich, wenn

---

tionem discussa; [...]." Vgl. zur *imago Dei* bei Melanchthon oben Kap. 1, 2.
277 Francis Bacon: De Dignitate et Augmentis Scientiarum, Lib. IX. In: Ders.: The Works. Bd. 1, S. 835. Vgl. auch Consensus veritatis, Cap. VI, 87.
278 Trevisani: Descartes in Germania, S. 73, Anm. 133; vgl. zu De Neufville unten Kap. 4, 10.
279 Otto Casmann: Cosmopoeia et Uranographia Christiana, seu Commentationum disceptationumque physicarum, Syndromus Methodicus et Problematicus II. De Mundo in genere, & Coelo. [...]. Ex Dei Verbo, Philosophicis cum veteribus, tum recentioribus liberius philosophantibus methodice propositus & in capita distinctus. Frankfurt 1598.
280 Conradus Aslacus: Physica & Ethica Mosaica, ut Antiquissima, ita vere Christiana, Duobus Libris Comprehensa. Hanau 1623.
281 Physiologia seu Physica Generalis, Praefatio ad lectorem: „[...] Hanc ob causam nonnulli, scripturae S. nobis divinitus revelatae auctoritate potissimum, de rebus naturalibus certi aliquid defieniendum esse, contendunt: inter quos praecipue est Lambertus Danaeus, qui Physicam Christianam, ex sola fere scriptura S. collectam & deductam, concinnavit. Idem statuunt Otto Casmannus in Prolegomenis Cosmopoeia & Uranographiae Christianae praemissis, Conradus Aslacus lib. 1. physicae Mosaicae cap. 1. & alii. [...] certum tamen est, eiusmodi [sc. de rebus naturalibus] pauca admodum esse, neque eo modo tradita, uti eadem à naturali philosopho scientia certa atque evidenti comprehendi debent; & constat, scripturam S. nobis longè alio fine à Deo esse traditam, videl. ut nos, de voluntate Divina nostraque salute per Christum obtinenda, erudiat." Vgl. auch Consensus veritatis, Cap. VII, S. 87. Vgl. zu den Autoren, die eine sogenannte *physica mosaica* schrieben, Ann Blair: Mosaic Physics and the Search for a Pious Natural Philosophy in the Late Renaissance. In: Isis, 91 (2000), No. 1, S. 32-58, die aber die hermeneutische Herausforderung der neuen Medizin und Naturwissenschaften nicht sieht.
282 Nach de Neufville liegt das daran, dass deren Experimente von nur einerlei Art sind (*experimenta unius generis solum*), aus denen die Meisten dann eine universale Naturphilosophie

man bedenkt, dass er Oppositionsbewegungen ins Visier nimmt, die gegen das akademische Etablissement, zu dem er selbst gehörte, offensiv auftraten. Auf der anderen Seite hat er eine ziemlich klare Vorstellung davon, in welche Richtung sich die experimentelle Wissenschaft zu bewegen schien, die sich im Zuge von Baconismus und Cartesianismus an den grossen europäischen Akademien der 1660er Jahre ja dann auch etablierte.

Ähnlich verhält es sich mit dem Begriff der ›philosophischen Wissenschaft‹, den Pufendorf für seine *ethica universalis* beanspruchte und bei dem der Cartesianismus, wie wir im Kontext der cartesianischen Theologen gesehen haben, eine zentrale Rolle spielte. Es war Pufendorfs Lehrer, Erhard Weigel (1625-1699), Professor der Mathematik, der im Kontext der Universität Jena um 1660 über den Begriff der ›philosophischen Wissenschaft‹ nachgedacht hat. Er tat dies auch in seinen populärwissenschaftlichen Sachbüchern, so etwa in dem mathematisch-astronomischen Werk *HimmelsSpiegel* (1661),[283] das in der *Fortsetzung des HimmelsSpiegels* (1665) einen zweiten Teil erhielt; zwei weitere Nachfolgewerke Weigels, sowohl das chronologisch-astronomische Werk *Bürgerlicher Zeit-Spiegel* (1664)[284] als

---

abzuleiten versuchten. So etwa die Chemiker (*chymici*), die aus ihren Öfen bzw. chemischen Experimenten die Prinzipien einer ganzen Naturwissenschaft aufstellten, wie das aus den Schriften des Theophrastus Paracelsus und der Paracelsianer (Petrus Severinus, Oswaldus Crollius, Henricus Nollius) hervorgehe. Dasselbe gelte auch für William Gilbert mit seinen magnetischen Experimenten, Robert Fludd mit seinen Experimenten zur Verdichtung und Verdünnung von Körpern aufgrund von Wärme und Kälte sowie auch für Tommaso Campanella und Bernardino Telesio und deren Kälte- und Wärmephysiologie. Vgl. Physiologia seu Physica Generalis, Praefatio ad lectorem: „Multò minus hîc sufficiunt experimenta unius generis solùm, quantúmvis selecta & accuratè examinata: è quibus plurimi universam philosophiam naturalem educere conati sunt, [...]. Ex horum numero praecipuè sunt Chymici, qui è fornaculis suis, id est chymicis solùm experimentis, totius scientiae naturalis principia exstruere nituntur, ut ex Theophrasti Paracelsi, Petri Severini, Oswaldi Crollii, Henrici Nollii atque aliorum scriptis cognoscere licet. Eadem ratione etiam Guilhelmus Gilbertus Anglus solis experimentis magneticis, & Robertus Fludd seu de Fluctibus solis fere experimentis rarefactionis & condensationis corporum à calore & frigore, naturalis scientiae principia constituere simulque fulcire & stabilire conati sunt. Thomas etiam Campanella, eiusque antecessor Bernardinus Telesius, licèt, duce sensu philosophandum esse, contendant; ex solis tamen caloris frigorisque rationibus (quae cum materia faciunt prima corporum omnium principia) actionibus, omnia ferè in naturali scientia derivare annituntur: [...].“ Vgl. zu diesen naturphilosophischen Bewegungen: Kühlmann/Telle: Corpus Paracelsisticum. Dokumente frühneuzeitlicher Naturphilosophie in Deutschland; zu Campanella und Telesio vgl. Mulsow: Frühneuzeitliche Selbsterhaltung; zu Paracelsus/Paracelsismus auch Hirai: Le concept de sémence, III, Chapp. 8, 9, 11.

283 Vgl. Erhard Weigel: Speculum Uranicum Aquilae Romanae Sacrum, Das is HimmelsSpiegel/Darinnen Ausser denen ordentlichen/ auch die ungewöhnlichen Erscheinungen des Himmels mit gebührenden Anführungen abgebildet/ Vornehmlich aber Der im Gestirne des Adlers jüngsthin entstandene Comet/ Nebenst einer neuen Himmels-Charte unter dem Adler des H. Römischen Reichs dargestellet wird [...]. Jena 1661.

284 Vgl. Erhard Weigel: Speculum Temporis civilis Das ist Bürgerlicher Zeit-Spiegel, Darinnen die so wohl bey den Christen und im H. Römischen Reich, jetzt und vor Alters üblichen Zeiten, als Tage, Stunden, Monaten, Jahre, deren Periodi oder Reihen, und Epochae oder

auch das geographisch-astronomische Werk *Erdspiegel* (1665)[285] befanden sich in Pufendorfs Bibliothek.[286] In der *Vorbetrachtung* des *HimmelsSpiegel* hielt Weigel die Kriterien wissenschaftlicher Erkenntnis fest:

> [...] Und aus solchen annoch klimmenden Füncklein [sc. des Ebenbilde Gottes] entspringet eben die natürliche Weisheit / welche unser Verstand durch Vermittelung etlicher angebohrnen Anmerckungen auss der Natur und den Dingen der Welt erforschet / und so weit ers bringen kann / in fleissigen Nachdencken vollstrecket / welche wie sie von uns Teutschen die **Weltweisheit** / zu latein aber aus dem grigischen [sic!] Philosophia dass ist/ die Lust zur Weisheit / weil sie nemblich bey den Menschen noch unvollkommen ist / genennet wird / also ist sie / in einem kurtzen Begriff zubeschreiben / nichts anders als die Wissenschaft / und Betrachtung der Wercke Gottes / und des Thuns so in der Welt geschicht / zu Gottes Ehren und des Menschen Erbauung und Nutzen gerichtet. Und weil solche Wissenschaft nicht erdichtet / sondern aus der Natur genommen / und derselben gleichsam nur abgemercket ist / also dass sich die Sache / welche in einem gewissen Satz der wahren Weltweisheit begriffen / in der That wahrhafftig also befinde / massen solches entweder der natürliche Verstand oder die unfehlbare Erfahrung selbst bezeuget / oder aber aus gewissen und wahrhafftigen Gründen und Ursachen durch eine dringende Schluss Rede nothwendig folgen muss; Als wird gedachte Weltweisheit nach verjüngter Art zu reden / die Wissenschaft und Betrachtung der Warheit genennet. [...].[287]

Erfahrung und Deduktion aus einem als wahr erkannten Prinzip – darin liegen die Kriterien, auf denen Pufendorf Jahre später seine *scientia moralis* begründet hat. Dabei lehnt er die theologische Gottesebenbildlichkeitslehre strikt ab und betrachtet den Menschen im *postlapsarischen* Zustand. Ihm den ethischen Teil der Philosophie zu überlassen, hatte Pufendorf seinen Lehrer schon 1659 gebeten.[288] In den polemischen Schriften erinnert Pufendorf an

---

Zahl-Wurtzeln, wie auch Fest-und Feyer-Tage, und dero Cyclische Sonn- und Mond-Zeiger, nechst andern zu gemeinnütziger Nachricht und bessern Verstand der historischen Scribenten dienlichen Chronologischen Anmerckungen, klärlich abgebildet [...]. Jena 1664.

285 Erhard Weigel: Speculum Terrae, Das ist/ Erd-Spiegel/ Darinnen der Erdcreis Nach seinen Eigenschaften an Land und Wasser: Nach denen Völckern und Einwohnern seiner Länder: Nach der Figur und Grösse seines Cörpers: Nach der Länge und Breite seiner Fläche: Nach der Lage seiner Theile/ so wohl gegen einander und in gewissen Gegenden; als unter denen Sternen in gewissen Zonen und Climen: sampt andern Geographischen Anmerckungen/ abgebildet [...]. Jena 1665.

286 Pufendorf: La Biblioteca, Introduzione, S. XLIV sowie S. 435. Für das Wissenschaftsverständnis des frühen Pufendorf war aber vor allem Erhard Weigels *Analysis Aristotelica* (1658) von Bedeutung, welche die geometrische Methode als gültiges Mittel wissenschaftlichen Darstellens und Beweisens in den Mittelpunkt stellt; vgl. jetzt Erhard Weigel: Werke. Bd. 3: Analysis Aristotelica et Euclide restituta. – Clavis Pansophiae 3,3. Hg. von Thomas Behme. Stuttgart-Bad Cannstatt 2008.

287 Weigel: HimmelsSpiegel, f. A1v.

288 Pufendorf an Erhard Weigel, Helsingör, 17. 4. 1659. Vgl. Pufendorf: Briefwechsel, S. 14: „Istud Te magnopere oro, ut caeterae Philosophiae partes latum tibi satis aperiant campum ingenii ostendendi, velis Ethicam mihi relinquere velut propriam." Vgl. auch Palladini: Pufendorf als Moralphilosoph, S. 199.

das dabei gewählte Verfahren: Der Entschluss, das Naturrecht in die Form einer Disziplin zu bringen, erfordert die Konstitution eines fundamentalen Prinzips oder Proposition, die sämtliche Regeln (*praecepta*) zusammenfasst, aus der das Lehrgebäude abgeleitet und in der dasselbe wieder aufgelöst werden kann. Dieses Prinzip muss derart beschaffen sein, dass dessen Wahrheit allein durch das Licht des Verstandes erhellt. Mehr noch: Alle Menschen können durch Beweisführungen gezwungen werden, die Wahrheit dieses Fundaments anzuerkennen.[289] Wie bekannt ist, macht Pufendorf die *socialitas* des Menschen zum Fundamentalprinzip und erklärt diese zum Inhalt des ersten Naturgesetzes seiner Moralphilosophie.[290] In deren Zentrum standen die Pflichten des Menschen (und des Bürgers) als vergesellschafteten Wesens, der nicht unbedingt auch Christ zu sein brauchte. In Ähnlichkeit mit Wittichs Modell benannte Pufendorf in *De officio hominis et civis* (1673) vielleicht am deutlichsten die zu unterscheidenden Erkenntnisquellen der universal menschlichen und der christlichen Morallehre:

> Es liegt auf der Hand, dass die Menschen die Kenntnis ihrer Pflichten, bestimmte Dinge in diesem Leben, weil sie ehrenhaft sind, zu tun und andere wegen ihrer Schändlichkeit zu unterlassen, aus drei Quellen schöpfen. Nämlich aus dem Lichte der Vernunft, aus den staatlichen Gesetzen und aus der besonderen Offenbarung Gottes. Aus der ersten Quelle entspringen die allgemeinsten Pflichten des Menschen, besonders die, die ihn dazu befähigen, mit den anderen Menschen in Gesellschaft zu leben. Aus der zweiten entspringen die Pflichten des Menschen, soweit er sein Leben als Untertan eines ganz bestimmten Staates führt. Und aus der dritten fliessen schliesslich die menschlichen Pflichten, die den Menschen als Christ betreffen. Daraus ergeben sich auch drei verschiedene wissenschaftliche Disziplinen. Die erste ist die Wissenschaft des Naturrechts, das allen Völckern gemeinsam ist. Die zweite ist die Disziplin des positiven Rechts der einzelnen Staaten, die so vielfältig ist oder sein kann, wie es Staaten gibt, in die die Menschheit sich geteilt hat. Und die dritte Wissenschaft ist die Moraltheologie, die von dem Teil der Theologie zu unterscheiden ist, in dem die Glaubenswahrheiten dargelegt werden.[291]

---

289 Pufendorf, Specimen controversiarum circa ius naturale ipsi nuper motarum [1678], Cap. IV (De Fundamentali Propositione Legis Naturalis), § 1. In: Ders.: Eris Scandica, S. 142: "Postquam constitutum mihi fuerat jus naturale in justae formam disciplinae redigere, cujus partes inter se bene cohaererent, et ex se evidenter fluerent; prima cura fuit circa constituendum idoneum fundamentum, seu propositionem fundamentalem, quae videlicet omnia ejusdem praecepta compendio complecteretur, et ex qua facili et perspicua subsumtione deduci, in eamque resolvi possent. [...] debebat talis esse [sc. propositio fundamentalis, SDeA] ut non solum caetera praecepta per evidentem consequentiam inde fluerent, sed et ut ejusdem veritas ex solo rationis lumine exsplendesceret; adeoque ad eandem agnoscendam omnes perspicuis demonstrationibus adigi possent, [...]."

290 Samuel von Pufendorf: Über die Pflicht des Menschen und des Bürgers nach dem Gesetz der Natur [1673]. Hg. von Klaus Luig. Frankfurt/M./Leipzig 1994, 1. Buch, Kap. 3, § 8: „Die Regeln dieses Gemeinschaftslebens oder die Lehren darüber, wie sich ein jeder betragen muß, um ein nützliches Glied der menschlichen Gesellschaft zu sein, werden als Naturrecht [*leges naturales*] bezeichnet."

291 Pufendorf: Über die Pflicht des Menschen und des Bürgers, S. 13.

Auch in seiner Schrift gegen Alberti ging es Pufendorf primär darum, seine Aufgabe als Theoretiker des Naturrechts klar zu machen und von derjenigen des Moraltheologen zu unterscheiden: „Da es also nicht meine Absicht ist, die Menschen zu ihrem Heil zu führen, genügt es mir, wenn sie die Gesellschaft als das unmittelbare Ziel ihrer Handlungen betrachten: ein solches Ziel schliesst ein höheres nicht aus."²⁹²

Nimmt man somit als Ausgangspunkt einer Reinterpretation Pufendorfs die Denkstruktur des ›doppelten Kappas‹ – also die Verbindung von Cartesianismus und Coccejanismus, wie sie in diesem Kapitel in ihren historischen Voraussetzungen analysiert wurde – , dann lässt sich auch ein systematisches Raster gewinnen, in das die heterogenen Bestandteile im Denken dieses bedeutenden Gelehrten integriert werden können. Damit kann nicht nur die Komplementarität der säkularisierten *ethica civilis* und der christlichen Moral, die Pufendorf zur Beförderung der ›Civilordnung‹ für indispensabel hält, verstanden werden, sondern auch die Rolle der Medizin und der Naturwissenschaften für die Herausarbeitung eines philosophischen Wissenschaftsbegriffs und diejenige der Bibelhermeneutik für die Bewältigung des neuzeitlichen Problems der Entautorisierung der Heiligen Schrift im Bereich der Natur- und Rechtsphilosophie. In dieses Raster integrierbar wird schliesslich auch Pufendorfs Entwicklung zum theologischen Schriftsteller in den 1690er Jahren. Sein „Programm der Fundamentaltheologie", die auf der Interpretation der Heiligen Schrift beruht²⁹³ und von der Föderaltheologie des Johannes Coccejus inspiriert ist, fand in seiner posthum erschienenen Schrift *Jus feciale* (1695) auch eine konkrete Ausformulierung.²⁹⁴

Gerade der ›theologische‹ Pufendorf gewährt, wie mir scheint, einen Einblick in seine Konzeption der *Natur des Menschen*. Entscheidet sich nämlich der gläubige Mensch aus freien Stücken, das von Gott zugesprochene Heil anzunehmen und mit ihm einen (vertragsähnlichen) Bund einzugehen (*salus ex foedere*), dann tritt der tiefere Sinn der christlichen Moral in Pufendorfs Vorstellung von Gesellschaft erst deutlich hervor. Denn wird der

---

292 Pufendorf: Werke. Bd. 5 (Commentatio), S. S. 283: „Quomodo autem Deus omnibus nostris actionibus ultimus esse finis debeat, docere non ad jus naturale, sed ad Theologiam moralem spectat; [...] Mihi denique cui non est propositum homines salvos facere, sufficere potest, si homines in dirigendis actionibus ad societatem respiciant velut ad scopum proximum, qui tamen supremum et nobiliorem non excludit." Vgl. auch Palladini: Pufendorf als Moralphilosoph, S. 206.
293 Zu den bibelexegetischen und -philologischen Werken in Pufendorfs Bibliothek vgl. Pufendorf: La Biblioteca, Introduzione, S. LV: „Si tratta di opere che, per intenderci, potremmo chiamare di filologia biblica, cioè tutta una serie di opere linguistiche, critiche, storiche, esegetiche, finalizzate alla comprensione del testo biblico."
294 Diesen Aspekt des Pufendorfschen Oeuvres hat Detlef Döring: Pufendorf-Studien, S. 55-142, bes. S. 89-97 (Zitat S. 89) sowie in seiner Einleitung zum *Jus feciale divinum* im 9. Bd. der Werkausgabe Pufendorfs (2004), bes. S. XLV-LVIII ausführlich beschrieben.

Mensch (nach der von Pufendorf verworfenen calvinistischen Prädestinationslehre) „zu einer äusseren Impulsen folgenden Maschine",[295] dessen Heilsschicksal *ex absoluto decreto* vor aller Zeit bereits besiegelt ist, dann mag eine (christliche) Morallehre überflüssig erscheinen. Bei Pufendorf tritt hingegen das (auch für sein Heil) Verantwortung tragende Subjekt, das die Gesellschaft zum unmittelbaren Ziel seiner moralischen Handlungen betrachtet, umso deutlicher hervor.

---

295 Döring: Pufendorf-Studien, S. 115.

6. Kapitel:
Naturrecht und Medizin

1. Naturgesetz und Anthropologie

Auf der Basis seiner Charakterisierung der Natur des Menschen durch die Konzepte *amor sui*, *imbecillitas* und *pravitas*[1] schliesst Samuel Pufendorf in *De jure naturae et gentium* auf das Naturgesetz: Der Mensch sei ein Tier, das in höchstem Masse nach Selbsterhaltung strebe, er sei bedürftig und ohne die Hilfe seinesgleichen unfähig, sich zu erhalten, er sei in höchstem Masse fähig, gemeinsame Interessen zu fördern; derselbe sei aber oft boshaft, aufdringlich und leicht reizbar sowie bereit, anderen zu Schaden. Damit ein so gearteter Mensch überlebt und von dem Guten profitiert, das ihm in seiner Situation zukommt, sei es notwendig, so Pufendorf, dass er gesellig sei, d.h. dass er wolle, dass er sich mit seinesgleichen verbinde und sich anderen gegenüber so verhalte, dass er ihnen nicht die Gelegenheit gebe, ihm zu schaden, sondern vielmehr Grund dafür gebe, das, was ihm nützt, zu erhalten und zu fördern.[2]

Pufendorfs Charakterisierung der *conditio humana* fällt ausgesprochen ambivalent aus; er präsentiert eine Reihe von Daten, die einerseits für, andererseits gegen das Soziabilitätstheorem sprechen. Es ist zu Recht hingewiesen worden, dass weder eine konventionalistische noch eine naturalistische Interpretation der *socialitas* bei Pufendorf ganz zutrifft: Denn wenn Pufendorf es als das fundamentale Naturgesetz in Aussicht stelle, dass

---

1 Vgl. De jure naturae et gentium, II, 3, §14: "Id igitur primo homo habet commune cum omnibus animantibus, queis sensus sui inest, ut seipsum quam maxime amet, seipsum studeat omnibus modis conservare quae bona sibi videntur nitatur adquirere, mala repellere. [...] Praeter hunc amorem sui, studiumque seipsum omnibus modi conservandi, deprehenditur quoque in homine summa imbecillitas, atque naturalis indigentia, ut si homo solus absque ullo auxilio per alios homines accedente, in hoc orbe destitutus concipiatur, vita ipsi in poenam data videri possit. [...] Iidem tamen homines non minus invicem nocumenti & molestiae inferre possunt, & saepe volunt, vel instigante prava libidine, vel subigente necessitate seipsos contra aliorum noxas defendendi." Zitiert nach: Samuel Pufendorf: De jure naturae et gentium. Erster Teil: Text (Liber primus – Liber quartus. Hg. von Frank Böhling. In: Ders.: Gesammelte Werke. Hg. von Wilhelm Schmidt-Biggemann. Berlin 1998, Bd. 4, S. 146-148.

2 De jure naturae et gentium, II, 3, §15: "Ex hisce positis facile est fundamentum legis naturalis invenire. Scilicet manifesto apparet, hominem esse animal sui conservandi studiosissimum, per se egenum, sine sui similium auxilio servari ineptum, ad mutua commoda promovenda maxime idoneum, idem tamen saepe malitiosum, petulans, et facile irritabile, ac ad noxam inferendam promtum, ac validum. Ejusmodi animali, ut salvum sit, bonisque fruatur, quae in ipsius conditionem hic cadunt, necessarium est, ut sit sociabile, id est, ut conjugi cum suis similibus velit, et adversus illos ita se gerat, ut ne isti ansam accipiant eum laedendi, sed potius rationem habeant ejusdem commoda servandi aut promovendi." Zitiert nach: Pufendorf: Werke. Bd. 4, S. 148.

sich der Mensch gesellig verhalte und die Gesellschaft respektiere, drücke er gewiss eine Proposition des Sollens aus, diese Proposition des Sollens aber wurzele (zumindest teilweise) in einer Situation des Seins. Es sei kein abstraktes Sollen, sondern ein Sollen, das sich zur Grundlage des Seins symmetrisch verhält.[3]

Wie jedoch dieses symmetrische Verhältnis zu verstehen ist und was dabei als Seinsgrundlage der *socialitas* bzw. als Fundament der *lex naturalis* genau zu betrachten ist, geht aus dieser Position nicht hervor. Die Naturrechtsforschung verbleibt bei der Explikation ihrer Theorie in der Regel innerhalb ihrer Fachgrenzen, konsultiert stets dieselben Texte und kommt daher über eine stereotype Auslegung ihrer Begriffe nicht hinaus. Stattdessen ist gerade im Licht des fünften Kapitel dieser Arbeit deutlich geworden, welche Relevanz etwa der cartesianischen Philosophie, dem naturwissenschaftlichen und medizinischen Wissen zukommt, wenn es darum geht, die Transformation des Naturgesetzbegriffs bei Pufendorf zu erklären. Das wirkt sich auch in bezug auf das angesprochene symmetrische Verhältnis aus. Denn die Medizin bildet nicht nur eine Voraussetzung für die Transformation von Wissensansprüchen auf dem Feld des Naturrechts, sondern liefert auch Material über die biologische Seite des Menschen, das zur Begründung naturrechtlicher Konzepte benutzt wird.

In dieser Arbeit wird die These vertreten, dass die Beschreibung der Genese und Entwicklung der modernen Anthropologie auf der Grundlage der Beziehung zwischen dem Begriff des Naturgesetzes und dem medizinischen Wissen zu erfolgen hat. Wie im ersten Kapitel gezeigt wurde, konstituiert sich diese Beziehung bereits in den Seelenschriften von Vives und Melanchthon im Zuge der Aristoteles- und Galenrezeption um die Mitte des 16. Jahrhunderts. In der zweiten Hälfte des 17. Jahrhunderts präsentiert sich das Verhältnis zwischen Naturgesetz und Medizin unter veränderten Bedingungen. Die Entkoppelung der *ethica* von der *theologia practica* durch Wittich und Pufendorfs Kritik am Innatismus der *lex naturalis* bzw. *notitiae naturales* bei Melanchthon führen zu einem philosophischen Konzept der *ethica* als *scientia* des menschlichen Handelns,

---

3 Franco Todescan: *Socialitas* e stato di natura in Pufendorf. In: Il diritto naturale della socialità. Tradizioni antiche ed antropologia moderna nel XVII secolo. Hg. von Vanda Fiorillo und Friedrich Vollhardt. Torino 2004, S. 139-157, hier S. 143-146. Todescan diskutiert besonders die Interpretationsansätze von *De jure naturae et gentium*, II, 3, 15 bei Fiammetta Palladini: Samuel Pufendorf discepolo di Hobbes. Per una interpretazione del giusnaturalismo moderno. Bologna 1990, S. 97: ("[i]n questo passo, quindi l'essere *sociabilis* dell'uomo non è un dato della sua natura, ma un imperativo morale: [...]" und Vanda Fiorillo: Tra egoismo e socialità. Il giusnaturalismo di Samuel Pufendorf. Napoli 1992, S. 37: "Va, però, fin d'ora enunciato che la socialità [sc. per Pufendorf], [...] non è da interpretarsi come concetto normativo, ma, piuttosto, come denotazione di un atteggiamento antropologico, di un ethos socialmente operante, construendosi come *Seins-* e non *Sollensbegriff*."

die auf Vernunft und Erfahrung basiert. Bereits Clauberg hatte darauf hingewiesen, dass die Philosophie nunmehr "der Grund" sei, "darauf die Rechtsgelehrtheit/ die Artzney- und andere Künste vornehmlich gebauet sind",[4] und meinte dabei natürlich die Prinzipien der cartesianischen Philosophie.

Aus diesen veränderten epistemischen Voraussetzungen folgt erst einmal, dass das Naturgesetz nicht mehr als etwas begriffen wird, das dem Subjekt eingeboren ist, sondern als etwas, das aus dessen *äusseren* Handlungen zu erkennen ist. Folglich gilt es, zu erklären, wie der Begriff der *lex naturalis* als Begriff der Rechts*philosophie* zu verstehen ist bzw. wie er in diesem Bereich verwendet wird und auf welchen Hintergrundannahmen er beruht. Aufschlussreich ist hierbei das Werk des englischen Naturrechtstheoretikers Richard Cumberland (1632-1718), der den Naturgesetzesbegriff bereits im Titel seines Werkes aufführt: *De Legibus Naturae. Disquisitio Philosophica, In qua Earum Forma, summa Capita, Ordo, Promulgatio, & Obligatio è rerum Natura investigantur [...].*[5] In einem der Schlussparagraphen der *Prolegomena* spricht Cumberland davon, dass er die Wahrheit der Sätze, welche die Naturgesetze ausdrücken, aus der "natürlichen Verbindung" (*è naturali nexu*) ihrer Begriffe zu demonstrieren versucht habe; dabei geht es um die Beziehung zwischen den freien menschlichen Handlungen und den Wirkungen, die daraus resultieren, die nicht weniger notwendig sei als die Beziehung zwischen der Bewegung einfacher Körper und den Wirkungen, die man daraus herleitet.[6] Cumberland parellelisiert hiermit den moralisch-rechtlichen Bereich der menschlichen Handlungen mit dem physischen Bereich der Körperbewegungen, indem er annimmt, dass in *beiden* Bereichen eine Notwendigkeitsbeziehung zwischen Bewegungen bzw. Handlungen und Wirkungen gilt. Dass er dabei den Unterschied zwischen der verständigen Natur und der unverständigen Natur ausser Acht lassen kann, hängt mit weiteren

---

4   Clauberg: Unterschied Zwischen der Cartesianischer, Und der sonst in Schulen gebräuchlicher Philosophie, fol. 3.
5   Vgl. Richard Cumberland: De Legibus Naturae Disquisitio Philosophica, In qua Earum Forma, summa Capita, Ordo, Promulgatio, & Obligatio è rerum Natura investigantur; Quinetiam Elementa Philosophiae Hobbianae, Cum Moralis tum Civilis, considerantur & refutantur. London 1672. Literatur über Cumberlands ist spärlich vorhanden, vgl. aber die solide Studie von Jon Parkin: Science, Religion and Politics in Restoration England. Richard Cumberland's De Legibus Naturae. Suffolk/Rochester, NY 1999; William Ewald: The Biological Naturalism of Richard Cumberland. In: Jahrbuch für Recht und Ethik, 8 (2000), S. 125-141.
6   De Legibus Naturae, Prolegomena, § XXVIII: "De aeternitate Legum Naturae fere nihil diximus: eidem tamen summâ quâ potui diligentiâ ubique prospeximus, dum harum propositionum immutabilem veritatem è naturali nexu inter earum terminos conamur demonstrare. [...] Illud itaque unicum in hunc finem inculcandum esse censemus, non minùs necessarium esse nexum inter actus humanos (utcunque liberos) postquam exerantur, & suos effectus, quàm inter actus motusve merorum corporum & effectus inde demonstratos."

Annahmen über kausale Strukturen des Weltsystems zusammen, in der bewegte Körper prinzipiell eingebunden sind.

Cumberland orientiert damit seine Moralphilosophie an den Prinzipien einer (mathematisch fundierten) Naturphilosophie und verbindet dies mit der Annahme, welche sämtliche Wirkungen von Körperbewegungen, die einer natürlichen Notwendigkeit folgen, als Produkt des Willens einer ersten Ursache ansieht; das sei dahingehend zu verstehen, dass sämtliche Bewegungen aller Körper ursprünglich der Kraft entspringen, die der erste Beweger ihnen aufgedrückt hat, und dass die Bewegungen durch diese kontinuierlich wirkende Kraft in Ewigkeit, nach bestimmten Bewegungsgesetzen, determiniert sind.[7] Eine physikalische oder mechanische Hypothese über das Weltsystem habe stets einer solchen Ordnung zu entsprechen und es sei Descartes, bei dem er seine hypothetischen Anleihen gemacht habe.[8] Es liegt also bei Cumberland in *De legibus naturae* für den moralisch-rechtlichen Bereich dieselbe Verwendung des Naturgesetzbegriffs vor, die Descartes in den *Principia philosophiae* in bezug auf die mechanischen Bewegungsgesetze physikalischer Körper verwendet hat.

Zu fragen ist nun, welche Struktur diesem Naturgesetzbegriff zugrundeliegt und auf welche Hintergrundtheorie sie zurückzuführen ist. Die Antwort ist, knapp gefasst, dass Descartes – und mit ihm auch Cumberland – *concursus*-theoretisch argumentieren, d.h. dass ihre Verwendung des Naturgesetzbegriffs der Lösung des Problems des göttlichen Handelns in der Welt entspricht, die in der Spätscholastik Francisco Suárez (1548-1617) und Luis de Molina (1535-1600) im Kontext des Gnadenstreites alternativ zu den Thomisten angeboten haben.[9] Wie Robert Schnepf gezeigt hat, ist

---

7   De Legibus Naturae, Prolegomena, § VII: "Quae à Physiologis (iis praesertim qui Mathematicis nituntur principiis) demonstrari solent supponimus satis probata; quoniam Moralis tantùm Philosophiae praecepta hîc tradere suscepimus, eaque è supposita aliquali Naturae cognitione deducere. Praesertim verò supposui effecta omnia motuum corporeorum quae naturaliter necessaria sunt, & fiunt absque interventu libertatis humanae, à Voluntate Causae Primae fieri. Hoc enim nihil aliud significat quàm motus Corporum omnium à vi impressâ primi motoris primùm cieri, & ab eadem permanente, secundum leges Motûs, perpetuò determinari."

8   De Legibus Naturae, Prolegomena, § XXVIII: "[...] modò talis sit [sc. hypothesi Physica] quae ex ordine inter Causas phaenomenorum naturales nos deducat ad Primam. Respexi tamen aliquando ad hypothesin Mechanicam, cujus specimen nobis dedit ingeniosissimus Cartesius, [...] quoniam viâ brevissimâ ad primum nos deducit Motorem, & ab adversariis plerique admittitur."

9   Robert Schnepf: Gottes Handeln und der Lauf der Natur. Probleme und Perspektiven der theologischen Vorgeschichte des neuzeitlichen Naturgesetzbegriffs im Mittelalter. In: Naturgesetze, S. 87-114, hier S. 102-110; vgl. auch Gerd Graßhoff und Hubert Treiber: Naturgesetz und Naturrechtsdenken im 17. Jahrhundert. Kepler – Bernegger – Descartes – Cumberland. Baden-Baden 2002, S. 162-193; Kausalität und Naturgesetz in der Frühen Neuzeit. Hg. von Andreas Hüttemann. Stuttgart 2001 (Studia Leibnitiana, 31); vgl. zu Molinas Lehre auch Pross: Le péché et la constitution du sujet à la Renaissance, S. 109-112.

es möglich, die *lex naturae* als *lex indicans*, also in der nicht-präskriptiven, sondern lediglich einen gesetzmässigen und daher notwendigen Zusammenhang beschreibenden Bedeutungskomponente, zu isolieren; die *lex naturae* kann also "als bloße Beschreibung eines in Gottes Handeln bzw. in Gottes Entscheidung fundierten notwendigen Bedingungszusammenhang angesehen werden."[10] Entscheidend ist nun für meine Belange, dass Suárez' und Molinas Lösung derart gestaltet ist, dass sie der menschlichen Freiheit nicht widerspricht, also nicht impliziert, dass jede äussere Handlung und jede mentale Handlung nur dann zustande kommt, wenn Gott zuvor sein kausales Vermögen aktiviert:

> Molina und Suárez nehmen demgegenüber an, dass Gottes *concursus* in nichts anderem als einer unterstützenden Handlung bestünde, die sich den natürlichen Verhältnissen vollständig anpasst und das Erreichen des Effekts sichert. [...] Die Art und Weise nun, in der Gott auf diese unterstützende Handlung festgelegt ist, durch welche zugleich die Notwendigkeit begründet wurde, mit der der Effekt jeweils eintritt, wurde beispielsweise von Suárez in den *Disputationes Metaphysicae* als ›lex‹ bezeichnet. Diese Gesetze beschreiben Gottes Handeln und in ihnen gründet die Notwendigkeit, mit der auf eine natürliche Ursache die Wirkung folgt. Aus der Perspektive der Kreatur kann die so begründete Notwendigkeit folglich auch ›necessitas naturalis‹ genannt werden.[11]

Wie Wolfgang Pross hervorgehoben hat, ergibt sich aufgrund derselben kausalen Struktur bei Molina einen spezifischen Handlungsraum für den Menschen in der Sphäre der *causae secundae*, in dem dieser sowohl das moralisch Gute als auch dessen Gegenteil, das moralisch Verwerfliche oder die Sünde, wählen kann:

> La possibilité d'imputer à l'homme, et ses forfaits doit être sauvegardée, sans pour autant porter préjudice à la bonté de Dieu. Cela présuppose un rayon d'action qui n'appartient qu'à l'homme, et il peut être retrouvé dans la sphère des «causes secondes» de Thomas d'Aquin, pourtant conçues d'une manière différante: dans

---

10 Schnepf: Gottes Handeln und der Lauf der Natur, S. 106.
11 Ebd., S. 107. Vgl. auch Suárez: Disputationes Metaphysicae [1597], Disputatio XXII, Sect. IV, 3: "Idque [sc. concurrere ad modum naturae] duplici ratione, primo, quia in concurrendo [sc. Deus] sese accommodat naturis rerum, et unicuique praebet concursum virtuti ejus accommodatum; secundo, quia postquam decrevit causas secundas efficere et conservare, infallibili lege cum eis concurrit ad earum operationem, [...]. At vero, supposita efficaci voluntate Dei concurrendi cum hac causa ad hanc actionem hic et nunc, jam ex necessitate prodit actio tali tempore et loco, tam a causa secunda quam a prima; sed respectu secundae est necessitas naturalis; respectu autem primae est tantum necessitas ex suppositione, seu immutabilitatis"; XXII, Sect. IV, 5: "Atque hinc fit primo causam primam et secundam convenire non casu, sed per se et ex instituto ad eamdem actionem efficiendam, quod maxime provenit ex modo operandi primae causae, sue ex scientia eius et providentia. Neque ad hoc necessaria est alia motio causae secundae, sed sola haec voluntas Dei quasi praeparantis et offerentis concursum iuxta leges suae divinae sapientiae et providentiae. Addendum est tamen hanc determinationem concursus, quantum ad duo, habere fundamentum in natura causae secundae." Zitiert nach: Francisci Suarez: Opera omnia, editio nova, a Carolo Berton. Bd. 25. Paris 1861, S. 829f.

l'oeuvre de Molina, l'influence de la cause première ne détermine pas les événements dans le monde, comme si Dieu avait voulu révoquer les lois naturelles qu'il a établies lui-même dans la sphère sublunaire; Dieu restreint plutôt par sa propre volonté l'emprise de sa force, afin de permettre à ses créatures de déployer toutes les facultés dont il les a dotées. Dans le monde ne règnent que les lois de la causalité établies par le créateur, mais pas sa toute-puissance.[12]

Il [sc. Dieu] sauvegarde toujours la liberté des leur [sc. êtres libres] arbitre accomplissent leurs vœux, sauf obstacle mis par les circonstances du moment à l'accomplissement de leur dessins. Pourtant, ils peuvent aussi accomplir le contraire, pour rester maîtres de leurs propres actions et pour être capable de mettre en œuvre leur vertu et leur vice, de gagner gloire ou réprobation, salut ou supplice.[13]

Damit sind die Voraussetzungen für die moderne Naturrechtstheorie, wie sie Cumberland später konzipiert, gegeben. Das systematische Verbindungsstück ist dabei der Naturgesetzbegriff: Descartes' Verwendung des Naturgesetzbegriffs in den *Principia philosophiae* an den Stellen, wo er die Bewegungsgesetze von Körpern beschreibt,[14] entspricht genau der hier

---

12 Pross: Le péché et la constitution du sujet à la Renaissance, S. 109-112, hier S. 110. Vgl. auch Louis de Molina: Concordia liberi arbitrii cum gratia [1588], Quaest. XIV, Art. XIII, Disp. XXVI: "Quemadmodum autem Deus, qui non solum infinitae potentiae, sed et omnipotens omnino est, non infinite, neque totum quod potest agit, quasi necessitate naturae influat. quippe cum id contradictionem implicet, sed aeterna liberaque determinatione suae voluntatis pro suo arbitrio praescripsit influxum praefinitis temporibus communicandum [...], quod alium requirat angelus, [...] alium cœlum, sol, et diversa astra, alum homo, et diversae animantes, alium aliae res si cum perspiceret causas secundas, quibus vires varias ad operandum statuebat conferre, nihil omnino posse efficere, nisi una cum illis in operatione et effectus earum ipse influeret, aeterna sua voluntate statuit, ita accommodare et quasi attemperare suum influxum, atque eo modo auxilium ac juvamen illis conferre, ut non ipse solus ad earum praesentiam actiones et effectus produceret, sed suum locum atque influxum sic illis relinqueret, ut operationes et effectus essent proprii earum, quod in creaturam dignitatem redundabat." Zitiert nach: Concordia liberi arbitrii cum gratiae donis, divina praescientia, providentia praedestinatione et reprobatione [...] D. Ludovico Molina [...]. Paris 1876, S. 157.
13 Concordia liberi arbitrii cum gratia, Quaest. XIV, Art. XIII, Disp. LIII, Membr. III: "[...] servata semper arbitrii libertate, hoc est, integrum illis relinquendo in instanti, in quo eos [sc. effectus liberos] producunt, nihil impedientibus circumstantiis omnibus tunc existentibus, eosdem non producere, quin, si ita velint, producere contrarios, ut ea ratione domini sint suarum actionum, virtutisque ac vitii, laudis ac vituperii, praemii ac supplicii sint capaces." Zitiert nach ebd., S. 366. (Die französische Übersetzung ist von Wolfgang Pross); vgl. hierzu auch Pross: Le péché et la constitution du sujet à la Renaissance, S. 112.
14 Principia philosophiae II, 36; AT VIII, S. 61: "Môtus naturâ sic animadversâ, considerare oportet ejus causam, eamque duplicem: primò scilicet universalem & primariam, quae est causa generalis omnium motuum qui sunt in mundo; ac deinde particularem à quâ fit ut singulae materiae partes motus, quos priùs non habuerunt, acquirant. Et generalem quod attinet, manifestum mihi videtur illam non aliam esse, quàm Deum ipsum, qui materiam simul cum motu & quiete in principio creavit, jamque, per solum suum concursum ordinarium, tantundem motûs & quietis in eâ totâ quantum tunc posuit conservat"; II, 37; AT VIII, S. 62: "Atque ex hac eâdem immutabilitate Dei, regulae quaedam sive leges naturae cognosci possunt, quae sunt causae secundariae ac particulares diversorum motuum, quos in singulis corporibus advertimus." vgl. hierzu auch Gaukroger: Descartes' System of Natural Philosophy, S. 114-117.

beschriebenen Struktur. Damit verwendet er den ursprünglich dem moralisch-rechtlichen Bereich zugehörenden Naturgesetzbegriff neuartig im Bereich der Physik; dabei müsste ihm das Suárezsche Konzept des *concursus* wohl noch aus der Zeit seines Unterrichts in La Flèche in Erinnerung geblieben sein.[15] Der Naturgesetzbegriff, wie er bei Descartes im Kontext der Naturphilosophie verwendet wird, ist also nicht in Analogie zum Rechtsbegriff gebildet und daher als blosse Metapher aufzufassen,[16] sondern hat damit zu tun, dass der Naturgesetzbegriff in beiden Bereichen – dem rechtlich-moralischen und dem physikalischen – auf demselben *concursus*-theoretischen Hintergrund beruht. Darin liegt der Grund, weshalb Cumberland eine Verklammerung der Bereiche Natur und Moral/Recht bzw. *physica* und *ethica* vornehmen kann und damit die Grundlage der modernen Anthropologie legt. Sein moralphilosophischer Ansatz besteht im Wesentlichen darin, zu bestimmen, was in der Handlungssphäre des Menschen den naturgemässen Tendenzen entspricht, mithin als naturgesetzlich geregelt verstanden werden muss.

Wie im Laufe dieses Kapitel zu zeigen sein wird, konstituiert Cumberlands Ansatz eine Grundstruktur des anthropologischen Denkens, die bis weit ins 18. Jahrhundert hineinragt und deren Tragweite nicht zu unterschätzen ist. Das ist vor allem auch der französischen Übersetzung von *De Legibus Naturae* durch den hugenottischen Rechtsprofessor Jean Barbeyrac (1674-1744) zu verdanken, der das Werk unter dem Titel *Traité philosophique des Loix Naturelles* im Jahre 1744 veröffentlicht und damit einer breiteren Gelehrtenschicht, zu denen auch die Mediziner gehörten, zugänglich gemacht hat.[17]

---

15 Rainer Specht: Regulae quaedam sive leges naturae. In: Kausalität und Naturgesetz in der Frühen Neuzeit, S. 65-75, bes. S. 67, 69, 74; vgl. zum Verhältnis Descartes-Suárez auch Aza Goudriaan: Philosophische Gotteserkenntnis bei Suárez und Descartes im Zusammenhang mit der niederländischen reformierten Theologie und Philosophie des 17. Jahrhunderts. Leiden u.a. 1999, bes. S. 261 (zur cartesischen Physik).

16 So – zu Recht – Schnepf: Gottes Handeln und der Lauf der Natur, S. 103, der das Fazit zieht, ebd., S.110: "Mir scheint, die Ursprünge des Naturgesetzbegriffs in der spanischen Scholastik zu suchen, erinnert daran, dass dieser Begriff ursprünglich eingebettet gewesen ist in eine den Menschen und die Natur gleichermaßen umfassende Theorie, die sowohl der Naturnotwendigkeit wie der Freiheit des Menschen gerecht werden wollte, ohne in Metaphern und Analogien zu fliehen. Fundament dieser Theorien war ein Selbstverständnis des Menschen, in dem Gott noch in seinem innersten Handeln so oder anders präsent war."

17 Vgl. Traité philosophique des Loix naturelles, où l'on recherche et l'on établit, par la nature des choses, la forme de ces lois, leurs principaux chefs, leur ordre, leur publication et leur obligation: on y refute les Elémens de la Morale & de la Politique de Thomas Hobbes. Par le Docteur Richard Cumberland depuis Evêque de Peterborough. Traduit du Latin par Monsieur Barbeyrac, […]. Avec des notes du traducteur, qui y joint celles de la Traduction Angloise. Lausanne/Genève 1744; vgl. auch die Ausgabe Amsterdam 1744. Zu Barbeyrac und der ›Westschweizer Naturrechtsschule‹ vgl. Simone Zurbuchen: Patriotismus und Kosmopolitismus. Die Schweizer Aufklärung zwischen Tradition und Moderne. Zürich 2003, S. 49-70. Zur Wirkung von Barbeyracs Pufendorf- und Cumberland-Übersetzungen vgl. Robert Derathé: Jean-Jacques Rousseau et les Sciences Politiques de son temps. Paris 1995, S. 89-92 u. S. 428f.: "[…] Barbeyrac a réussi à faire de ses traductions des instruments de travail incomparables" (S. 89).

Barbeyrac hatte zuvor auch Samuel Pufendorfs Hauptwerk *De jure naturae et gentium* ins Französische übersetzt und kommentiert, das – gerade in der übersetzten Variante – im frühen 18. Jahrhundert bereits mehrere Auflagen kannte.[18] Dabei besteht die Relevanz von Barbeyracs französischem Pufendorf-Kommentar in der Basler-Edition von 1732 u.a. gerade darin, dass er den cartesisch-suárezschen Naturgesetzbegriff verdeutlicht, den auch Pufendorf verwendet.

Das geschieht an der prominenten Stelle I, 1, 4-5 des Pufendorfschen Textes, in der es um die Bildung der sogenannten *entia moralia* geht. Barbeyrac deutet diese – aus *erkenntnistheoretischer* Sicht – als Bezeichnungen (*dénominations extérieures*), die von der Operation des Verstandes abhängen und nichts anderes seien als gewisse Verhältnisse, die der Verstand zwischen den Objekten oder den Ideen erfasst.[19] Durch diese Verstandesoperation, die Pufendorf als *impositio* bezeichnet, ist der Mensch, so Pufendorf, anders als das Tier in der Lage, seine Anlagen und Talente zu kultivieren, ein bestimmtes Handlungsprinzip zu verfolgen und die inkonstanten Gemütsbewegungen in seinem Innern zu regulieren; damit kann er entscheidend in sein Leben eingreifen und in dieses eine Ordnung hineinbringen.[20] Barbeyrac macht dann die hinter der Erkenntnisoperation der *impositio* stehende Struktur des Naturgesetzbegriffs sichtbar:

---

18 Vgl. Le droit de la Nature et des Gens, ou Systeme General Des Principes les plus importans de la Morale, de la Jurisprudence, et de la Politique. Traduit du Latin de seu Mr. Le Baron de Pufendorf. Par Jean Barbeyrac, Professeur en Droit & en Histoire à Lausanne. Avec des Notes du Traducteur, & une Préface qui sert d'introduction à tout l'Ouvrage. Quatrième Edition, revûë & augmentée considerablement. Tome Premier. Basel 1732.

19 Le droit de la Nature et des Gens, Liv. I, Chap. I (De l'origine des Etres Moraux, & leurs différentes sortes en général), § IV: "Comme les *Etres Physiques* sont originairement produit par la *Création*, on ne sauroit mieux exprimer la manière dont les Etres Moraux se forment, que par le terme d'*Institution* [sc. *impositio*, SDeA]. En effet ces dernier ne proviennent d'aucun principe interne de la Substance des Choses; mais ils sont attachez, par la volonté des Etres Intelligens, aux Choses déjà existentes & physiquement parfaites, & à leurs effets Naturels, de sorte qu'ils doivent uniquement leur existence à la détermination de ces Etres Libres"; § IV, n. 3: "Ceux-ci [sc. les êtres moraux] sont appelez des *Modes extérieurs*, ou des *Dénominations extérieures*. En effet ils dépendent de l'opération de l'Esprit, & ne sont autre chose que certains rapports qu'il conçoit entre les objets, ou les idées." Barbeyrac bezieht sich für diese Definition auf die Logik von Port-Royale (*L'Art de penser*, Liv. I Chap. II) sowie auf die Erkenntnistheorie John Lockes (*Essai sur L'Entendement Humain*, Liv. II, Chap. XXVIII).

20 Le droit de la Nature et des Gens, Liv. I, Chap. I (De l'origine des Etres Moraux, & leurs différentes sortes en général), § III: "Le *prémier Auteur des Etres Moraux*, c'est Dieu sans contredit, qui n'a point voulu que les Hommes vécussent comme les Bêtes, sans cultiver leurs talens & sans suivre aucun principe de Conduite, mais plutôt qu'ils réglassent leurs Sentimens & leurs Actions d'une manière convenable, ce qui ne pouvoit se faire que par le moien des Etres Moraux. La plûpart de ces Etres ont été ensuite immédiatement formez par *la volonté des Hommes*, selon que ceux-ci jugeoient à propos de les introduire dans la Vie, pour y établir quelques ordre, & pour la polir."

[...] il faut bien remarquer, que, selon nôtre Auteur, il y a deux sortes d'*Institution*: l'une purement arbitraire: l'autre qui a son fondement dans la chose même, & qui est une suite nécessaire de ce qu'on avoit déjà librement résolu; de sorte qu'à moins que de se démentir soi-même, on ne sauroit rien vouloir d'opposé, ni de différent. Un Architecte, par exemple, peut bâtir ou ne pas bâtir un Palais: mais posé qu'il se soit déterminé à le faire, il faut nécessairement qu'il dispose ses matériaux tout autrement que s'il construisoit une simple Cabane; & il passeroit pour fou, si après avoir dressé une Cabane, il s'avisoit de prétendre que ce fût un Palais. Cela n'empêche pourtant pas que la disposition des matériaux ne soit un effet du dessein & de la volonté de l'Architecte. Ainsi il étoit entièrement libre à Dieu de créer ou de ne pas créer l'Homme, c'est à dire un Animal Raisonnable et Sociable. Mais dès là qu'il eût pris la résolution de le mettre au monde, il ne pouvoit que lui imposer les Obligations qui conviennent nécessairement à la constitution d'une telle Créature. De sorte que si les *Loix Naturélles* dépendent originairement de l'*institution divine*, ce n'est pas d'une institution purement arbitraire, comme les *Loix Cérémonielles* qu'il donna aux Juifs; mais d'une *institution* fondée sur la nature même de l'Homme, & sur la Sagesse de Dieu, qui ne sauroit vouloir une fin, sans vouloir en même tems les moiens nécessaires pour y parvenir. Cependant, quoi qu'il ne faille jamais separer la Volonté de Dieu d'avec sa Bonté & sa Sagesse; on rapporte l'établissement des Loix Naturelles principalement à la Volonté divine, non seulment parce que cette Volonté est le principe des Actions de Dieu, mais encore parce que sa Sagesse & sa Bonté sont des attributs dont l'excercice est souverainement libre, & par conséquent qui ne sauroient être conçus sans la Volonté. Je tire encore ces éclaircissemens de divers endroits des autres Ouvrages de mon Auteur. Voiez *Specim. controvers*. Cap. V. §. 9. *Dissertat. Academic*. pag. 743; *Spicilegium controversiar*. Cap. III. §. 9.[21]

Wiederum determiniert Gottes Entscheidung ein Notwendigkeitsverhältnis auf der Ebene der Natur, in diesem Fall in der menschlichen Natur und deren Handlungssphäre: Denn Gott kann dem Menschen nur das als Naturgesetz – die *socialitas* – als Handlungsprinzip vorschreiben, was er selbst auf der Natur des Menschen gegründet hat bzw. ihr notwendig entspricht, und zu dessen Verwirklichung bzw. Ausprägung er ihm die nötigen Mittel gegeben hat, sprich: die körperliche Konstitution und die (hieraus resultierenden) geistig-psychischen Kapazitäten, von denen eben auch die mentalen Akte der *impositio* abhängen. Das theologische Ursprungsschema des Handelns Gottes (*creatio*) hat also in der Natur des Menschen (*impositio*) ein ontologisches Korrelat bzw. Fundament, auf das sich die Aufmerksamkeit des modernen Naturrechts vor allem richtet.

Das lässt sich zum Beispiel an der Stelle von Barbeyracs Kommentar ablesen, in der er die Möglichkeit in Aussicht stellt, die Pflichten des Menschen (*devoir de l'homme*) allein aufgrund der Vernunft *notwendig* zu erkennen, denn diese seien auch in der Idee des Naturgesetzes enthalten.[22] So gehören zum Fundament des menschlichen Naturgesetzes sowohl der

---

21 Le droit de la Nature et des Gens, Liv. I, Chap. I (De l'origine des Etres Moraux, & leurs différentes sortes en général), § 4, n. 4.
22 Le droit de la Nature et des Gens, Liv. II, Chap. III (De la Loi Naturelle en général), § XV, n. 5.

amor sui als das egoistische Prinzip als auch die *socialitas* als das altruistische Prinzip, die sich trotz ihrer grundsätzlichen Differenz nicht widersprechen; es gehe vielmehr darum, eine Balance zwischen ihnen zu finden, sofern das möglich ist:

> Il faut considérer la *Nature Humaine*, dont la constitution nous découvre originairement les fondemens du Droit Naturel, ou comme sortant des mains du Créateur, ou comme modifiée outre cela diversement par un effet de quelque acte humain. [...] Dieu s'étant proposé la conservation & le bonheur du Genre Humain, comme cela paroît manifestement, & par les Facultez dont il nous a enrichis, & par cette forte inclination qui nous porte invinciblement à rechercher le Bien & à fuire le Mal: il veut aussi sans doute que chacun travaille non seulement à se conserver & à se rendre heureux lui-même, mais encore à la félicité d'autrui. Voilà deux autres fondemens généraux de la *Loi Naturelle* prise dans toute son étendue; l'*Amour propre* (j'entends un Amour propre éclairé); & la *Sociabilité*. De sorte que, comme la Religion renferme tous les Devoirs de l'Homme vers Dieu, l'*Amour de soi-même* (car il vaut mieux s'exprimer ainsi pour ôter toute équivoque) comprend tout ce que l'on est tenu de faire directement par rapport à soi-même, & la *Sociabilité* tout ce qu'on doit à autrui. [...] Ainsi la Sociabilité n'est point opposé à l'Amour de soi-même, & l'Amour de soi-même n'est pas non plus précisément le fondement de la Sociabilité, comme si l'on ne devoit aimer les autres que parce qu'on s'aime soi-même, mais ce sont deux principes distincts, qui, quoi qu'ils aient ensemble une grande liaison, & qu'ils concourent également aux vûës du Créateur, différent néanmoins dans le fond, & doivent être sagement ménagez, en sorte que l'on garde entr'eux, autant qu'il est possible, un juste équilibre.[23]

Die These, die es hiermit zu formulieren gilt, ist, dass sich im späten 17. und frühen 18. Jahrhundert im Rahmen der Struktur des cartesisch-suárezschen Naturgesetzbegriffs eine Anthropologie konstituiert, die auf dem Zusammenschluss der Bereiche *physica* und *ethica* beruht und an Harveys Blutkreislauflehre und der von ihr beeiflussten Medizin des 17. Jahrhunderts anschliesst. Der Struktur des Naturgesetzbegriffs ist nämlich der Umstand inhärent, dass das Festhalten an den metaphysischen bzw. theologischen Prämissen eine Konzentration auf die *causae secundae* nicht von vornherein verhindert, sondern mit der Orientierung an empirischen Naturforschungsprogrammen geradezu kompatibel macht. Mithin können Gesetze als Handeln Gottes oder als göttliche Einrichtung *gedacht* und gleichzeitig *empirisch* erforscht werden. Das gilt auch für die Gesetze der menschlichen Natur, die durch Vernunft *und* Erfahrung aufzufinden sind. Ausgangspunkt bildet dabei die angenommene Gesetzmässigkeit zwischen den freien menschlichen Handlungen und den Wirkungen, die daraus resultieren. Folglich richtet sich die Aufmerksamkeit auf Körper und Seele, die als Ursachen von menschlichen Handlungen angesehen werden.

---

23   Ebd.

Systematisch wird dieser Ansatz von Cumberland ausgearbeitet, der den physischen und den ethischen Aspekt der menschlichen Natur gemeinsam in den Blick nimmt und dabei den folgenden Zusammenhang formuliert: "Les *Causes* des *Actions Humaines*, sont les *Facultez* de l'*Ame* & du *Corps* de l'*Homme*".[24] Das bewegt Cumberland, in *De Legibus Naturae* ein Kapitel über die ›Natur des Menschen‹ zu schreiben, in dem er eine Menge medizinischer und biologischer Daten zusammenstellt und diese als Grund ansieht, dass ein Individuum bereits durch seine geist-physische Konstitution zur Geselligkeit (zur Moral, Kultur etc.) befähigt und zu diesen – zumindest weitgehend – disponiert ist.[25] Damit legt er – gemeinsam mit Pufendorf – die Basis eines anthropologischen und kulturtheoretischen Ansatzes, der von Buffon bis Herder auch noch für das ganze 18. Jahrhundert grundlegend bleibt.[26]

Aus der Perspektive des 17. Jahrhunderts bedeutet das erst einmal, dass das Verhältnis von Naturrecht und Medizin, das wir schon seit Melanchthon kennen, auf dem Hintergrund der epistemischen und wissensgeschichtlichen Situation der 1640er-1660er Jahre in England, von der Cumberland ausgeht, erneuert wird. Hier existiert – bereits im Vorfeld der *Royal Society* – die Kultur der ›scientific clubs‹ und der ›discussion groups‹, in denen naturphilosophische Gegenstände verhandelt werden.[27] Cumberland entwickelte schon in der Zeit seiner Ausbildung am Magdalene College in Cambridge (1649-1656) medizinische und naturphilosophische Interessen und verfolgte später die Publikationen der *Royal Society*.[28]

Es ist dennoch zu fragen, was es denn heisst, wenn er sich beispielsweise für das ›law of nature‹-Projekt der *Royal Society* interessierte und die im Dezember-Januar 1668-69 in den *Philosophical Transactions* publizierten experimentellen Forschungsergebnisse von Christopher Wren und Christiaan Huygens über die Bewegungsgesetze sich stossender Körper in *De Legibus Naturae* erwähnt.[29] Der Sinn dieser Operation scheint mir

---

24 Traité philosophique des Loix naturelles, Discours Préliminaire de l'Auteur, § VIII; vgl. auch De Legibus Naturae, Prolegomena, § XVIII: "Actuum humanorum Causae sunt vires Mentis & Corporis humani."
25 De Legibus Naturae, Prolegomena, § XVIII: "Congessimus itaque valdè multa in capite de Nat. Hum. quibus singulis aliquatenus capaces fiunt tantae Societatis, & ad eam remotè saltem disponuntur."
26 Pross: Naturalism, anthropology and culture, S. 318-247, bes. S. 232-238 (›The anthropological history of man‹), hier S. 232f. Vgl. auch Johann Gottfried Herder: Ideen zur Philosophie der Geschichte der Menschheit. In: Ders.: Werke. Bde. III/1 (Text) u. III/2 (Kommentar). Hg. von Wolfgang Pross. München/Wien 2002.
27 Mordechai Feingold: The Origins of the Royal Society Revisited. In: The Practice of Reform in Health, Medicine, and Science, 1500-2000. Hg. von Margaret Pelling und Scott Mandelbrote. Aldershot 2005, S. 167-183, hier S. 176-183.
28 Parkin: Science, Religion and Politics, S. 12.
29 De Legibus Naturae, II, § 14. Vgl. auch Parkin: Science, Religion and Politics, S. 118-120 (›The Royal Society in the 1660s‹), hier: S. 118 u. S. 138f.

bislang noch nicht ganz ins rechte Licht gerückt worden zu sein. Denn das bedeutet nicht einfach, dass Cumberland hier den physikalischen Naturgesetzbegriff übernimmt und auf den ethischen Bereich ›zurückübersetzt‹.[30] Das hat vielmehr mit ebendem suárez-cartesischen Naturgesetzbegriff zu tun, dem Cumberland sowohl im physischen als auch im ethischen Bereich Geltung einräumt. Man muss sich das Beispiel einmal in seinem argumentativen Kontext genauer ansehen.

In II, 14 von *De Legibus Naturae* vergleicht Cumberland die Kommunikation handelnder menschlicher Individuen mit der Kommunikation bewegter Körper in einem physikalischen System. Der Vergleich ordnet sich in den Gesamtzusammenhang seiner gegen Hobbes gerichteten Argumentation und dient dazu, Hobbes' These zu widersprechen, dass im Naturzustand die Naturgesetze nicht die Kraft hätten, das friedliche Zusammenleben zwischen den Menschen zu garantieren und dass stattdessen auch die Guten (*boni*), um sich zu schützen, zur Gewalt greifen müssten.[31] Cumberlands Argument ist nun das folgende: Ereignet sich im zwischenmenschlichen Bereich ein Konflikt, der sich auf rein körperlicher Kraft stützt, dann ist seine Wirkung gemäss den Bewegungsgesetzen, die sich anhand einer Waage darstellen lassen, wie das Wren und Huygens am Beispiel des Stosses zweier Körper gezeigt haben.[32] So wie es unmöglich ist, so Cumberland, dass ein Pfund Gewicht auf einer richtig eingestellten Waage bewirkt, dass ein Gewicht von tausend Pfund gehoben wird, so reicht die Kraft eines einzelnen Individuums,

---

30   Graßhoff/Treiber: Naturgesetz und Naturrechtsdenken, S. 176 sprechen von einer "Transferleistung".

31   De cive, Epistola Dedicatoria, S. 1: "Hic [sc. in statu naturali] propter malorum pravitatem, recurrendum etiam bonis est, si se tueri volunt, ad virtutes Bellicas, vim & dolum, id est, ad ferinam rapacitatem." Vgl auch De Legibus Naturae, II, § XIV, S. 101. Vgl. hierzu jetzt Francesca Izzo: Forme della modernità. Antropologia, politica e teologia in Thomas Hobbes. Roma/Bari 2005, bes. S. 112-116, hier S. 114f.

32   De Legibus Naturae II, § XIV, S. 101: "Certamen enim omne inter homines per vim merè corpoream secundùm leges motûs naturales effectum suum perpetuò sortitur. Eas autem omnes in lance super uno centro aut binis oscillante exhiberi posse docuerunt Clarissimi viri, Wrennius, & Hugenius." In der Barbeyracschen Edition sind die Fundstellen aus den Philosophical Transactions präzise angegeben: vgl. Traité philosophique des Loix naturelles. Ausgabe Barbeyrac 1744, II, § XIV, S. 132: "Philosophic. Transact. num. 43, pag. 867, 868. Ibid. num. 46. pag. 927, 928." Barbeyrac übersetzt auch den Kommentar des englischen Cumberland-Übersetzers John Maxwell, der Cumberlands intendierten Vergleich deutlich zum Ausdruck bringt: "'Il [sc. Cumberland] le prouve ansi. Tous ces conflicts [sc. entre les Hommes] se font selon les Loix du Mouvement, lesquelles s'observent dans le choc de deux Corps qui se rencontrent; Loix, que WREN & HUYGENS ont démontré pouvoir être véritablement représentées par une Balance, dont le fléau est quelquefois suspendu à un Centre, à savoir, le Centre de gravité; d'autrefois à deux Centres, dont chacun est à une égale distance du Centre de gravité." Vgl. zu Wrens und Huygens Traktaten Friedrich Steinle: Von a-priori-Einsichten zu empirischen Regularitäten: Der Gesetzesbegriff und seine Alternativen in der frühen Royal Society. In: Kausalität und Naturgesetz in der frühen Neuzeit, S. 77-98, hier S. 81-83, der die *physikalische[n]* Bedeutung[en] des Naturgesetzbegriffs expliziert.

das sich nicht mehr für das Gemeinwohl (*bonum commune*) einsetzt und sogar dagegen arbeitet, indem es gewalttätig, listig oder habsüchtig handelt, nicht aus, um das Gewicht einer Waage, die durch eine grosse Masse menschlicher Kräfte auf die Seite des *bonum commune* hinuntergedrückt wird, auf die andere Seite zu heben, wo sich der Vorteil des Einzelnen befindet; man könne sich also nur durch die Berücksichtigung der Gesamtheit der menschlichen Kräfte überzeugen, dass von ihnen eher Hilfe als Gewalt zu erhoffen ist.[33]

Wie an diesem Beispiel abzulesen ist, hat Cumberlands Bezugnahme auf naturphilosophisches Wissen vor allem den Charakter einer *demonstratio ocularis*, also eines Vorzeigens, Vor-Augen-Stellens oder Beweisens (*preuve, démontrer*): Es dient dazu, seine Hauptthese zu stützen, dass nämlich die grosse Mehrheit der Menschen aufgrund von Bedürfnissen, psychischen Kapazitäten und Überlegung fähig ist, anderen zu helfen und im Hinblick auf das gemeinsame Ziel des *bonum commune* zu handeln. Es geht Cumberland also um die Gesamtheit der *psychophysischen* Kräfte des Menschen im ethischen Bereich, deren Wirkung in einem *notwendigen* kausalen Zusammenhang gesehen wird. Das ist denn auch der Grund, warum Körper und Seele als die Ursachen menschlicher Handlungen in Cumberlands Werk einen so zentralen Stellenwert einnehmen und ferner warum die ›Wissenschaften des Lebens‹ und die Medizin in ihrer *Begründungsfunktion* für das ethische Naturgesetz zu Leitdisziplinen für die *scientia moralis* avancieren.

In dem sich – im politischen Klima der puritanischen Reformen – erneuernden Interesse für Naturforschung standen nämlich auch die Mediziner an vorderster Front: An die Konzepte von *autopsia* und *experientia* schliessen beispielsweise seit den frühen 1650er Jahren die Naturphilosophen- und Mediziner-Gruppe der ›Oxford experimentalists‹ um William Petty (1623-1687)[34] sowie Thomas Willis (1621-1675) in seinen ›Oxford Lectures‹ über Anatomie in den frühen 1660er Jahren an, die eine neue Intepretation des Körpers auf physiologischer Basis ausarbeiten.[35] Wie das

---

33 De Legibus Naturae, II, § XIV, S. 101: "Nec tanti est momenti unius suprà alios omnes solertia, aut dolus, ut possit lancem innumerorum veris necessitatibus, viribus, & consiliis versùs commune bonum depressam in alteram partem (privata scilicet unius commoda) inclinare. Quapropter è virium humanarum generali natura non potest non manifestum esse, eas certiùs ad auxilium nobis ferendum duci posse per communis boni studium, quàm per vim, ac dolum, seu ferinam rapacitatem [...]."
34 Scott Mandelbrote: William Petty and Anne Green: Medical and Political Reform in Commonwealth Oxford. In: The Practice of Reform in Health, Medicine and Science, S. 125-149, hier S. 148: "[...] Petty's own interests represented the bringing together of two contemporary bodies of work. These were the anatomical and physiological concerns of William Harvey and the physicians who had worked in Royalist Oxford before 1646, and the traditions of atomism and chemistry that Petty had encountered in the Parisian circle of Marin Mersenne [...]."
35 Ebd., S. 149: "The treatments that Petty and Willis used to recover Anne Green were predominantly aimed at restoring the free flow of blood of good quality and the promotion and control of sensation." Vgl. auch Feingold: The Origins of the Royal Society Revisited,

noch im Detail zu zeigen sein wird, lehnt sich an diese Interpretation auch Cumberland in *De Legibus Naturae* an.

Die Folgerung, die sich aber schon jetzt aus seinem Ansatz ziehen lässt, ist, dass das Casmannsche Grundschema für die Anthropologie (1594), das um 1645/60 um die Komponente der Harveyschen Blutkreislauflehre bereichert wurde, um 1672 auch noch um die Komponente der *ethica universalis* zu ergänzen ist. Wie das im fünften Kapitel dargestellt wurde, emanzipiert sich diese durch die cartesianischen Theologen und Pufendorf von der *theologia practica* und bekommt jetzt bei Cumberland ein medizinisches Fundament. Das Grundschema nimmt daher die folgende Struktur an:

ANTHROPOLOGIA 1672–1744	*PSYCHOLOGIA* (Seele) *SOMATOTOMIA* (Körper) *HAEMATOLOGIA* (Blut) *ETHICA UNIVERSALIS* (Handeln)

Diese Situation zeigt, dass die Beziehung zwischen Naturrecht und Medizin, wie sie sich bei Cumberland konstituiert, der eigentlich neue geschichtliche Faktor ist, der eine Theorie über die Natur des Menschen determiniert, die nicht mehr innerhalb der traditionellen Textgattung *anthropologia* erfasst werden kann. Die Anthropologie umfasst jetzt auch eine *ethica universalis* bzw. eine Kulturanthropologie, die – im Blick auf die Natur des Menschen und die Konstitution von Gesellschaft, Moral und Kultur bei den Völkern der Erde – einen universellen Erklärungsanspruch erhebt und die um 1750 bei Buffon in die Naturgeschichte des Menschen (*histoire naturelle de l'homme*) integriert wird. Im weiteren Verfahren geht es also darum, diese neue Anthropologie im Blick auf die Interaktion ihrer Komponenten untereinander genauer zu beschreiben.

S. 183: "Other individuals who turned to science or medicine rather than to church or state included Seth Ward, Thomas Willis, and John Wallis, to name just those who left direct testimony of the fact." Vgl. auch Thomas Willis's Oxford Lectures. Hg. von Kenneth Dewhurst. Oxford 1980 sowie zum wissenschaftlich-kulturellen Feld immer noch grundlegend: Charles Webster: The Great Instauration. Science, Medicine and Reform 1626-1660. Bern u.a. 2002 [London ¹1975], bes. S. 129-144 (zu Oxford und Cambridge).

2. Biologie der Moral

2.1. Die Kategorie des Vorreflexiven

In der Erörterung seiner *mutual-benevolence*-These führt Cumberland einen Perspektivenwechsel ein, dem bislang nicht die gebührende Aufmerksamkeit geschenkt wurde. Cumberland geht es darum, das Konzept der *benevolentia* als Empfindung (*sentimens de Bienveillance*) zu präzisieren, und zwar als Antwort auf Hobbes' Einwand, es handle sich dabei um einen puren egoistischen Effekt, so dass Handlungen, die davon ausgingen, einzig darauf bedacht seien, einen Vorteil für sich selbst herauszuholen.[36] Cumberland macht dagegen deutlich, dass er Belege (*indicia*), die auf eine natürliche Disposition des Menschen zu *benevolentia*-Empfindungen hinweisen, nicht aus willentlichen Handlungen gewonnen hat (*non ex actibus voluntariis*), sondern aus Handlungen und Neigungen von Lebewesen (*propensiones naturales*), die *vorreflexiv* bzw. *vorbewusst* sind (*sed ex actibus, [...], quae insunt animalibus etiam insciis*) und die aus dem Bau und der Konstitution des Körpers selbst hervorgehen (*ab ipsa corporis sui fabrica, & temperie proveniunt*).[37] Dabei verwendet Cumberland die Begriffe *propensio naturalis*, *necessitas naturalis* oder *causa necessaria* synonym. Das bedeutet, dass er hier vor dem Hintergrund des cartesisch-suárezschen Naturgesetzbegriffs argumentiert, und zwar aus der Perspektive der Kreatur, welche die in Gottes Handeln begründete Notwendigkeit eines kausalen Zusammenhangs in der Natur als *necessitas naturalis* liest.

Wenn ich im weiteren Verfahren den Cumberlandschen Text vor allem in der französischen Version von Barbeyrac zitiere, so tue ich das deshalb, weil ich zeigen will, welchen Text die Gelehrten ab der Mitte des 18. Jahrhunderts vor Augen hatten. Dabei spricht die Übersetzung eines Textes immer auch für die Aktualität seiner Inhalte; dies ist umso interessanter, als die Übersetzung nach der üblichen geistesgeschichtlichen Periodisierung bereits im *siècle des lumières* stattfindet. In der Tat ist Cumberlands Konzepts des Vorreflexiven bzw. Vorbewussten von zentraler Bedeutung für die Anthropologie

---

36 De Legibus Naturae, Cap. II (De Natura Humana, & rectâ Ratione), § 20, S. 116f. Cumberland zitiert Hobbes englischer Traktat On Human Nature, Chap. IX, §§ 10, 15-17 sowie De cive, Cap. I, § 2.

37 Traité philosophique des Loix naturelles, Chap. II (De la Nature Humaine et de la Droite Raison), § 20, S. 145f.: "[...] ce n'est pas des actes volontaires, dont les fins sont différentes en divers Animaux, ou dans un même Animal en divers tems, que nous avons tiré des indices d'une disposition naturelle à certains sentimens de Bienviellance; mais des actes & des penchans absolument nécessaires, que se trouvent dans les Animaux, lors même qu'ils ne s'apperçoivent pas & quelquefois malgré eux, c'est-à-dire, comme nous l'avons montré en peu de mots, de ceux qui viennent de la construction & de la constitution même de leur Corps." Vgl. auch De Legibus Naturae, Cap. II, § 20, S. 117f.

(auch für die, die sich im 18. Jahrhundert so nennt), u.a. weil es versucht, Empfindungs- und Handlungsweisen in der lebensweltlich-phänomenalen Sphäre auf vorbewusst-somatische Bedingtheiten in der Natur des Menschen zurückzuführen. Das Vorreflexivitätskonzept erklärt aber erst einmal, warum Cumberland in den §§ 17-20 des zweiten Buches von *De Legibus Naturae* Beispiele aus den ›Wissenschaften des Lebens‹, insbesondere der Embryologie, im Detail referiert: Diese Beispiele ermöglichen, nichtintentionale bzw. vorreflexive Prozesse auf der Ebene des Lebendigen darzustellen, in der es keinen ›Geist‹ im Sinne von Denk- und Willensakten geben kann.[38] Für Cumberland ist klar, dass in embryogenetischen und nutritiven Prozessen keinerlei Kognition (*cognitio*) involviert ist.[39] Das erinnert uns an die im dritten Kapitel dieser Arbeit dargestellte Debatte um die aristotelische *anima vegetativa*. Das braucht uns hier nicht weiter zu kümmern, auch wenn Cumberlands Bezugstexte William Harveys *De generatione animalium* (1651), der 1668 an der *Royal Society* diskutiert wird,[40] sowie *De formatione foetu* von Walter Needham vom Cambridger Trinity College sind, die mehr als nur im Titel auf den aristotelischen Naturalismus des 16. Jahrhunderts anspielen.[41]

Cumberland begegnet Hobbes also zunächst auf der Ebene des *vorbewussten* Handelns von Lebewesen. Denn nur so macht es einen Sinn, dass Cumberland *benevolentia*-Handlungen bei Tieren als *propensiones naturales* beschreibt und gleichzeitig das begrenzte Niveau ihrer natürlichen Anlagen betont (etwa das Unvermögen, sich Vorstellungen von der Zukunft zu machen); dennoch reiche ihre Anlage bereits aus, um fast täglich den Vorteil ihrer selbst und den ihrer Nachkommenschaft zu befördern sowie gegenüber nichtverwandten Individuen derselben Art *benevolentia*-Empfindungen zu äussern.[42] Das embryologische Beispiel verdeutlicht anschliessend, wie

---

38 Vgl. zu der Bezugnahme auf die ›life sciences‹ in De Legibus Naturae auch Parkin: Science, Religion and Politics, S. 187-195, der aber die strategische Bedeutung von Cumberlands Vorreflexivitätskonzept in dessen Argumentation gegen Hobbes nicht sieht.

39 Traité philosophique des Loix naturelles, II, § 20, S. 146: "D'où il paroît que, dans la formation ou la nourriture du Fœtus, les Animaux ne sont point dirigez par une connoissance qui prevoie l'effet & se le propose pour Fin; beaucoup moins encore par un dessin de conserver aussi sa propre Vie: car, au contraire, ils contribuent plûtôt à l'abréger; en vaquant à la propagation de l'espèce. Mais ils font tout cela sans aucune déliberation; & les penchans, qui les y portent, renferment beaucoup plus encore de nécessité."

40 Thomas Birch: A history of the Royal Society of London. New York 1968. Bd. 2, S. 323. Vgl. auch William Harvey: Exercitationes de generatium animalium, quibus accedunt quaedam de partu, de membranis ac humoribus uteri, et de conceptione. London 1651.

41 Vgl. Walter Needham: Disquisitio anatomica de formato foetu London 1667. Zu den embryologischen Schriften von Harvey, Needham und Nathaniel Highmore vgl. Webster: The Great Instauration, S. 137-140 u. S. 142, 272.

42 Traité philosophique des Loix naturelles, II, § 20, S. 142: "Les mémes Causes Naturelles qui donnent du panchant à tout Animal pour la Propagation de l'espèce, produisent donc en lui un panchant à conserver sa Lignée. […] Car il faut avouer, qu'à la reserve de l'Homme, tous

die Verankerung solcher vorbewusster *benevolentia*-Handlungen in der Körperdisposition zu verstehen ist: Dieselbe Ursache, welche die Organe der Ernährung bildet, bildet auch die Gefässe für die Spermien; von derselben Masse der Nährflüssigkeit, die sich mit Blut vermischt, verwandelt sich ein Teil in Nahrung und ein Teil in Samenflüssigkeit; es gibt also eine natürliche Verbindung zwischen der Selbsterhaltung eines Individuums (Ernährung) und der Erhaltung der eigenen Art, zu denen der Blutkreislauf beiträgt.[43] *Mutual-benevolence*-Handlungen sind also Wirkungen solcher *vorbewusster* körperlicher Dispositionen, die Cumberland zufolge als Belege für die Regeln der Moral angesehen werden können.[44]

Die Regeln der Moralität untermauern auch die medizinischen Beispiele in den §§ 17-19. Cumberland formuliert die These, dass der Körper der Selbsterhaltung Grenzen setzt. So bildet etwa die oberste Hautschicht (*cuticula*) eine Grenze für die Diffusion und den Kreislauf des Blutes; dieser setzt wiederum den Bedürfnissen, die ein Tier zu seiner Selbsterhaltung bedarf, Grenzen; sämtliche Bedürfnisse des Körpers sind dem Blutkreislauf

---

les autres Animaux témoignent ici des sentimens peu vifs, et n'ont nulle prévoiance [animalium ingenium [...] hebes est admodum & minime providum]. Cependant cette simple ombre de petite pénétration, que l'on remarque dans les bêtes de toutes espèce, suffit pour qu'il arrive presque toûjours, qu'elles travaillent à leur avantage & à celui de leur Lignée, en exerçant quelque sorte de Bienveillance envers les autres de leur espèce." Vgl. auch De Legibus Naturae, II, § 20, S. 113f.

43 Ebd., S. 143: "Or cela [sc. la Propagation de leur espèce, et par conséquent le Bien Commun] parôit clairement, par la manière dont les Animaux se forment, & se nourrissent. Car il est très-certain, que, selon l'observation curieuse du Docteur HARVEY [De Generatione Animalium, Exercit. 69], les mêmes Causes qui forment ou dans la *Matrice*, ou dans l'*Oeuf*, les Parties nécessaires pour la nourriture de l'Individu, comme le Ventricule, le Cœur & c. forment aussi les *Vaisseaux Spermatiques*, & la différence des *Séxes*. De la même masse du *Suc nutritif*, melée avec le *Sang*, une partie se change en *Aliment*, & l'autre en *Semence*. Toute la Circulation du Sang, tout ce qui y aide, comme la force des fibres musculeuses du Cœur, la construction merveilleuse des *Valvules* dans les Veines; tout cela contribuë en même tems à la Nourriture de l'Individu, & à la Propagation de l'Espèce, puis que la matière qui sert à former la Semence, est ainsi portée dans les Vaisseaux Spermatiques. Enfin, tout ce que les Viscéres, quels qu'ils soient, & les autres Parties du Corps, ont influence sur l'entretien de l'état naturel du Sang, contribuë aussi à conserver la Vie de chaque Animal, & en forme en lui une disposition, du moins éloignée, à la propagation de l'Espèce; car tout déréglement considérable du Sang, empêche la génération." Vgl. auch De Legibus Naturae, II, § 20, S. 114f.

44 Ebd., S. 146 u. S. 143: "C'est par l'effect d'une contraction naturelle du Cœur, & non en conséquence d'un désir direct, & d'une volonté déterminée que les Animaux aient de se conserver, que le Sang est envoié dans les Vaisseaux Spermatiques, que la Semence s'en sépare là, s'y prepare, & y fermente: d'où naissent ensuite les aiguillons de l'Amour; car, ces deux désires viennent d'une même cause; [...] je laisse aux Lecteurs versez dans la Physique & dans la Médicine, le soin de pousser cette matière, & de tirer de ce qui se découvre dans la nature des l'Animal, d'autres observations, que l'on puisse regarder, par une parité des raison, comme autant d'indices naturels des règles de la Morale." Vgl. auch De Legibus Naturae, § 20, S. 118 u. S. 115.

eingeschrieben.⁴⁵ Können diese Bedürfnisse befriedigt werden, hindert die Selbstliebe nicht die Selbsterhaltung anderer (auch nichtverwandter) Tiere derselben Art; im Gegenteil: ihnen wird sogar Hilfe angeboten, u.a. deshalb, weil man sich erhofft, dieselbe Hilfsbereitschaft zurückzubekommen.⁴⁶ Cumberland formuliert hier eine Form des sogenannten ›reziproken Altruismus‹ und führt einen wichtigen Aspekt in die Anthropologie ein, der seinen antihobbesschen Ansatz stützt: Mit dem reziproken Altruismus demontiert er nämlich nicht nur Hobbes' These, dass im Naturzustand ein ›Recht auf alles‹ besteht,⁴⁷ sondern entlarvt auch das Hobbessche Konstrukt der Todesangst, die Menschen im Naturzustand dazu führt, anderen zu schaden, als eine falsche Einbildung.⁴⁸ Dies wird von medizinischer und

---

45 De Legibus Naturae, II, § XVII, S. 106: "Eadem cuticulae superficies quae in unoquoque animali limitat sanguinis ipsius diffusionem, & circuitum, eâdem vi limites figit necessitatibus quibus urgeri potest quodvis Animal ad quaerendam sui conservationem. Claudantur omnes corporis necessitates intra circumferentiam circuli à sanguine animali descripti: pauca illa quae sufficiunt ad ventilandum, & reparandum hunc sanguinem Vitalem, sufficiunt ad vitae, valetudinis, roborisque naturalis conservationem."

46 Traité philosophique des Loix naturelles, II, § XVII, S. 138: "Il paroit donc de la construction même des Parties intérieures des Animaux, que leur conservation demande seulement qu'ils usent de peu de choses pour appaiser leur Faim ou leur Soif, & pour se garantir des injures de l'Air; & qu'ainsi ils doivent laisser pour l'usage des autres tout le reste, que la Terre, cette Mère feconde, produit en grande abondance. La limitation naturelle de l'étenduë du Corps des Animaux, borne par elle-même leurs désirs à l'aquisition de ce peu qui leur est nécessaire: d'où il résulte naturellement une espèce de partage de Biens entre divers Animaux, dans lequel on trouve le fondement de la concorde, & de cette Bienveillance mutuelle qui fait l'objet de nos recherches. Car, dès-là que l'Amour Propre, naturel à tous les Animaux, peut se contenter des bornes où nous venons de faire voir qu'il est renfermé; il n'y a rien qui les tente de s'opposer à la conservation des autres de même espèce, soit en empêchant qu'ils ne jouïssent librement de toutes les autres choses, soit en refusant de travailler pour eux, lors qu'ils n'ont plus besoin de leurs forces pour eux-mêmes. Au contraire, ils sont portez par-là à secourir les autres, tant par le plaisir quelque petit qu'il soit, qu'ils trouvent dans leur Société, & par le bonheur présent qui leur en revient; que par l'espérance d'une pareille assistance qu'ils peuvent en recevoir à leur tour. Tous les Animaux, à mon avis, sentent (les Hommes au moins ne peuvent que le sentir) que, quand une fois ils se sont pourvûs des choses nécessaires, le meilleur qui leur reste à chercher, c'est de vivre tranquillement, & en Société avec les autres Animaux de même espéce; avantage, qu'ils ne sauroient se procurer, ou conserver, qu'en leur témoignant de la Bienveillance." Vgl. auch De Legibus Naturae, § XVII, S. 108f.

47 De Legibus Naturae, II, § XVII, S. 106: "Exigua est quantitas succi illius qui jejuni animalis stomachum faucésque vellicat, ac famem sitimve excitat; poindéque non multo indiget cibo potùve ut tota ejus vis retundatur. Ipsorum denique vasorum in quibus alimenta macerantur fermentanturque, vasorum chylum deferentium, venarum arteriarumque illum excipientium capacitas, adeo certâ parvâque mensurâ adimpletur, ut manifestum esse existimem nullum unquam brutum animal in Hobbii errorem incidisse, ut omnia ad sui conservationem necessaria esse judicaret."

48 Traité philosophique des Loix naturelles, II, § XVIII, S. 140: "Il n'y a ni bornes, ni fin, à de telles appréhensions [sc. Furcht], lors qu'elles viennent d'une fausse imagination, qui fait concevoir tous les Animaux d'une même espèce, comme aiant par une nécessité naturelle la volonté de se nuire réciproquement, & d'entrer en guerre l'un contre l'autre. Une disposition comme celle-là, telle qu'HOBBES nous représente celle de tous les Hommes dans l'Etat de

psychologischer Seite durchleuchtet: Ängste, die zu Aggression und Gewalt führen, stellen eine Pathologie dar, die auf organische Disfunktionen (des Blutes, des Gehirns und der Einbildungskraft) zurückzuführen sind und die grundsätzlich gegen die natürliche Konstitution verlaufen.[49] Die gleiche Körperkonstitution bewirkt nämlich, dass die Bewegungen der Einbildungskraft dieselben Empfindungen bzw. Bilder (*imaginatio/affectus*) produzieren; dadurch erkennen (*cognoscunt*) die Tiere, dass sie vom selben natürlichen Instinkt getrieben sind, Gundbedürfnisse zu befriedigen und fühlen sich ihrerseits befriedigt, indem sie anderen den Zugang zur Nahrung gewähren oder bei deren Beschaffung kooperieren.[50]

Derartige Gefühle des Wohlwollens haben in Cumberlands ›Physik der Affekte‹ denn auch eine wichtige gesundheitserhaltende Funktion, die daher rührt, dass die Einbildungskraft bzw. die psychische Verfassung die Intensität der Gefühle bewirkt und diese sich wiederum auf die vitalen Funktionen des Körpers – Blutkreislauf, Herzbewegung, Blutgefässe, Gehirn und Nerven – auswirken.[51] Die Mediziner wüssten deshalb zwischen gesundheitsfördernden und destruktiven *passiones* zu unterscheiden, die – wie die Krankengeschichte und das Autopsiebeispiel aus Harveys *De motu cordis* zeigen – den Menschen krank machen und zum Tod führen können.[52] Destruktive Gefühle wie Wut, Groll, Eifersucht und Hass stören

---

Nature, […]."

49 Ebd., S. 139f.: "Je ne vois, pour moi, aucune raison, qui m'empêche de croire, que toute sorte de Passions, qui troublent quelque Animal que ce soit, & le mettent hors de son assiette naturelle, jusqu'à le porter avec violence à des choses pernicieuses autres de son espéce, comme font les mouvemens de Malice, d'Envie, de Colère furieuse &c. doivent être regardées comme une intempérie du Sang, & peut-être du Cerveau, laquelle a quelque rapport avec la rage d'un Chien. On voit dans ces Passions des Symptômes manifestes de *Maladie*, un *épanchement de Bile*, une *effervescence* dangereuse du *Sang*, une couleur de *Jaunisse*, des espèce de *convulsions*, & autres accidens assez connus des Médecins. La crainte excessive qu'un Animal vient à avoir des autres de même espèce, n'est pas moins contre le cours de la nature, ou contre la manière ordinaire dont ils agissent tous par l'effet d'une bonne disposition naturelle; que la fureur qui en pousse quelcun à maltraiter son semblable. Cette crainte, comme une vraie Maladie, est nuisible à leur conservation: […] c'est aussi d'un désordre de l'Imagination, & d'un dérangement du Cerveau, que nâit la crainte chimerique qu'a un Animal de tous les autres de son espèce; n'y aiant rien de plus agréable que leur Société pour tous ceux dont le Cerveau est en bon état."

50 Ebd., S. 139: "Car la même image, qui lui représente ses semblables, comme tels, lui fait connoître nécessairement, qu'ils sont, de même que lui, sujet à la Faim & à la Soif, & par conséquent poussez par un même instinct naturel à chercher de quoi l'appaiser; de sorte que c'est leur faire plaisir, que de leur laisser l'usage libre des Alimens & de la Boisson, ou de les aider à en avoir."

51 Traité philosophique des Loix naturelles, II, § XIX, S. 140: "Or les *Physiciens* savent très bien, que l'*Amour*, le *Désir*, l'*Espérance*, la *Joie*, lors sur-tout qu'il s'agit d'un *grand Bien*, servent à entretenir le mouvement du *Sang*, & du *Cœur*, nécessaire à la Vie de l'Animal; en sorte qu'alors les *Artères* & les *Veines* le remplissent d'un Suc plus doux & plus coulant, que les Esprit Animaux se forment, sont plus agiles, & que la Circulation se fait mieux, par conséquent toutes les fonctions animales."

52 Ebd., S. 141f.: "Je me contente de contente de copier, d'une *Dissertation Anatomique* de Mr.

also den Blutfluss bis in die kleinsten Arterien des Gehirns und ziehen auch das Herz in Mitleidenschaft.⁵³ Die Kultivierung der *mutual benevolence*, so zieht Cumberland den Schluss, erweist sich als vorteilhaftes Verhalten für den Menschen.⁵⁴

Cumberland bewegt sich hier von der medizinischen auf die *moralphilosophische* Ebene: Die medizinischen Beispiele, welche die vorbewussten Dispositionen des Handelns veranschaulichen, zeigen nicht nur, dass die *mutual benevolence* ein in der Natur funktionierendes Prinzip ist, sondern es werden aus ihnen auch Argumente bzw. Gründe abgeleitet, welche die *mutual benevolence* zu einem Handlungsprinzip bzw. zu einer fundamentalen Proposition erhebt, welche die zwischenmenschlichen Beziehungen regelt. Damit ist ein wesentlicher Aspekt seiner Anthropologie berührt, den sich dieses Kapitel zu verdeutlichen vornimmt: Zwar unterscheidet Cumberland in diesen medizinischen Beispielen nicht strikt zwischen Tier und Mensch, weil es sein Anliegen ist, zu zeigen, dass die Ursachen der *benevolentia*, die für die Tiere gelten, ebenso (wenn nicht noch mehr) für den Menschen gelten. Dennoch darf der springende Punkt seiner argumentativen Strategie, die vom Vorreflexivitätskonzept aus gedacht ist, nicht aus dem Blick geraten: Cumberland führt eine weitere Argumentationsebene ein, die vom *Unterschied* zwischen der tierischen und der humanen Natur und deren Handlungssphären ausgeht und diesen Unterschied auf der

---

    HARVEY sur la *Circulation* du Sang [Harvaei *exercitatione Anatomica de circulatione sanguinis* […] *pag.* 89 editionis Cantabrigiensis] une histoire tout-à-fait merveilleuse, qui fournit un exemple très-remarquable, pour éclaircir l'observation, dont je fais ici usage. 'J'ai connus, dit-il, un Homme de cœur, qui aiant reçu un affront d'un autre plus puissant, en eut le Sang si fort échauffé de colère & de dépit, que, son envie & sa haine croissant de jour en jour par l'impossibilité où il étoit de se venger, & la passion violente, qui le dévoroit, demeurant renfermée au dedans de lui sans qu'il s'en ovrît à personne, il tomba dans une étrange sorte de maladie. Il sentoit une grande & douloureuse oppression dans le Cœur, & dans la Poitrine. Les plus habiles Médecins ne purent le soulager. Enfin, au bout de quelques années, il fut attaqué d'un Scorbut, qui le jetta en consomtion; dont il mourut. Il n'avoit trouvé de soulagement à son mal, que pendant les intervalles où toute la région de la Poitrine étoit pressée. Ses *Artéres Jugulaires* étoient enflées, de la grosseur du Pouce: elles battoient haut & fort, comme si l'une & l'autre eussent été l'*Aorte*, ou la *Grande Artère descendante*; & elle ressembloient à deux *neurismes* oblongs. Aiant fait la dissection du Corps, je trouvai le *Cœur* & l'*Aorte* si enflez & si pleins de Sang, que l'etenduë du Cœur, & les cavitez des Ventricules étoient de la grosseur d'un Cœur de Bœuf.'"

53 Ebd., S. 142: "L'expérience, qu'il [sc. Harvey] atteste, montre que ces sortes de Passions empêchent le cours libre du Sang, & cela, comme il semble, dans les petites branches des Artères, qui sont répanduës en divers endroits du Cerveau; de sorte que le Cœur en est fort encommodé, & par conséquent toute le Corps de l'Animal […]."

54 Ebd.: "D'où nous pouvons inférer que la constitution même de l'Animal, & la nature des Passions auxquelles il est sujet, enseignent aux Hommes, qu'il leur sera avantageux d'avoir de la Bienveillance envers les autres Hommes, & envers tous, autant qu'il est possible, puis que la haine a été capable de causer tant de maux à un homme qui s'étoit laissé emporter par cette passion contre un seul autre."

Überzeugung gründet, dass der Mensch nicht nur wie das Tier das *mutual-benevolence*-Prinzip befolgt, sondern dass er befähigt ist, die Soziabilität mit Hilfe seines Verstandes (*ratio*) zu einem höheren Grad zu vervollkommnen.[55] Cumberland formuliert damit eine Perfektibilitätsthese, welche die Anthropologie der Aufklärung aufnehmen wird: Der Mensch ist von Natur aus befähigt, Dinge zu tun, die über seine naturale Basis hinausgehen, also nicht mehr ›Natur‹ sind, sondern Formen der ›Kultur‹.

Denn: "Par le mot d'HOMME j'entens un *Animal doué d'Intelligence*, ou qui a une *Ame*" und selbst Hobbes anerkenne in seinem Traktat *On human nature*, dass die *mens* (*mind*) ein Hauptbestandteil des Menschen sei.[56] Kann es denn sein, so Cumberland, dass die Verbindung von Körper und Verstand die *conditio humana* schlechter mache als das Tier, wie Hobbes behauptet?[57] Denn dieser dreht das Argument gerade um: Weil der Mensch Verstand und Sprache hat, setzt er diese – anders als das verstandlose Tier – gegen das Naturgesetz ein.[58] Dem begegnet Cumberland mit dem Vorreflexivitätskonzept, das vom Verstand (*mind*) gerade absieht, und zeigt die Komplexität auf, die sich bereits auf der vorbewussten Ebene der beleb-

---

55 Traité philosophique des Loix naturelles, II, § XXI, S. 150: "Au reste, la raison pourquoi j'ai jugé à propos de rechercher les causes de la Bienviallance qu'on remarque entre toute sorte de Bêtes de même espèce, c'est parce qu'il est clair, à mon avis, que toutes ces causes, & plusieurs autres encore plus considerables, se trouvent dans les Hommes: de sorte que celles-là du moins les disposent naturellement à une Société, la plûpart du tems paisible & agréable, telle qu'on la voit entre les Bêtes de mêmes espèce, mais qui, avec l'aide de la Raison, peut être portée à un plus grand degré de perfection." Vgl auch De Legibus Naturae, II, § XXI, S. 123.

56 Traité philosophique des Loix naturelles, II, § 1, S. 103. Vgl. auch De Legibus Naturae, II, § 1, S. 70: "*Hominis* nomine Animal intelligimus mente praeditum; ipse Hobbius mentem alteram è praecipuis hominis partibus in libello de Natura humana agnoscit, cap. I. §. 3."

57 Traité philosophique des Loix naturelles, II, § XXII, S. 153: "La condition des Hommes est-elle pire, que celle des Bêtes, parce qu'il ont en partage la Raison? Et n'est-ce pas juger injustement des Hommes, que d'accuser leur Raison, comme fait Hobbes, d'être la cause de toutes les misères que la Discorde & la Guerre entraînent après soi, de sorte que, selon lui, elle les empêche de vivre ensemble aussi paisiblement, que font entr'eux les Animaux destituez de Raison?"

58 Ebd., S. 152-154. Cumberland bezieht sich dabei u.a. auf Leviathan, Chap. 17: "Thirdly, that these creatures, having not, as man, the use of reason, do not see, nor think they see any fault, in the administration of their common business; whereas amongst men, there are very many that think themselves wiser, and abler to govern the public, better than the rest; and these strive to reform and innovate, one this way, another that way; and thereby bring it into distraction and civil war. Fourthly, that these creatures, though they have some use of voice, in making known to one another their desires and other affections; yet they want that art of words, by which some men can represent to others that which is good in the likeness of evil; and evil in the likeness of good; and augment or diminish the apparent greatness of good an evil; discontenting men, and troubling their peace at their pleasure." Vgl. Thomas Hobbes: Leviathan or The Matter, Form and Power of a Commonwealth, Ecclesiastical and Civil. With an Introduction by Henry Morley [1651]. London 1885 (alle weiteren englischen Zitate aus dem Leviathan entstammen dieser Ausgabe).

ten Natur abspielt. Aus dieser Sicht wird die *conjunctio mentis et corporis* im Menschen als eine *Höherentwicklung* auf der Skala der Lebewesen gedeutet, die Cumberland zufolge nur eine logische Folgerung haben kann: "L'union d'une Ame avec le Corps Humains rend bien très-souvent la condition de l'Homme meilleure, que celle des Bêtes: mais certainement elle ne la rend jamais pire."[59] Wie noch zu zeigen sein wird, ist der ganze zweite Teil des zweiten Kapitels von *De Legibus Naturae* im Grunde genommen der Begründung dieser Aussage gewidmet.

2.2. Die naturale Basis der Artifizialität

Cumberlands Definition des Menschen findet in der Diskussion um das Verhältnis von Artifizialität und Naturalität in *De Legibus Naturae* ein interessantes Korollar, dessen Bedeutung über den Kontext seiner Entstehung – die Hobbes-Kritik – hinausgeht und eine wichtige Grundlage für das Verständnis der Begriffe ›Natur‹ und ›Kultur‹ schafft. Ausgangspunkt der Überlegungen Cumberlands ist die Hobbessche These, dass der Friede den Tieren *natürlich*, dem Menschen hingegen *künstlich* ist.[60] Hobbes' Position ist differenziert: Er streitet nicht ab, dass das Individuum im Naturzustand eine Disposition zum Naturgesetz hat, dennoch hält sich kein individuelles Bewusstsein in den äusseren Handlungen daran. Damit also bereits im Naturzustand ein Motiv zum Frieden entsteht, bedarf es eines emotionalen Gehalts, der den Subjektivismus überwindet und einen Konsens produziert hinsichtlich der Notwendigkeit, den Status der natürlichen Freiheit aufzugeben und sich dem Souverän bzw. dem Staat zu unterordnen. Die Angst vor einem gewaltsamen Tod schafft bei Hobbes diesen Konsens. Die Bedingungen für ein friedliches Zusammenleben werden also *artifiziell* geschaffen.[61] Entscheidend ist für den anthropologischen

---

59 Traité philosophique des Loix naturelles, II, § XV, S. 133; vgl. auch De Legibus Naturae, II, § XV, S. 102: "Mentis certè conjunctio cum hoc corpore conditionem illius meliorem saepissimè facit quàm brutorum animatium, deteriorem verò nunquam."

60 Traité philosophique des Loix naturelles, II, § XXII, S. 156: "*Hobbes* ne saurait prouver, qu'il manque à l'Homme rien de ce qui fait que les Bêtes vivent ensemble paisiblement. Car en vain ajoûte-il, Que l'accord des Hommes entr'eux n'est qu'artificiel, parce qu'il vient de leurs Conventions." Vgl. auch De Legibus Naturae, II, § XXII, S. 128 sowie Leviathan, Chap. 17: "Lastly, the agreement of these creatures is natural; that of men is by covenant only, which is artificial: and therefore it is no wonder if there be somewhat else required, besides covenant, to make their agreement constant and lasting; which is a common power, to keep them in awe, and to direct their actions to the common benefit."

61 Vgl. hierzu auch Izzo: Forme della modernità. Antropologia, politica e teologia in Thomas Hobbes, bes. Kap. 2, 9 (La paura della morte e le leggi di natura), S. 112-116, hier S. 114-116: "Gli uomini, nello stato di natura, non hanno alcuna risorsa cooperativa naturalmente data, ma possono attingere a risorse *naturali* per *creare artificialmente* le condizioni della loro convivenza" (S. 116).

Diskurs, wie Cumberland Hobbes wahrnimmt und welches Hobbes-Bild er an das 18. Jahrhundert vermittelt. So sind es vor allem diese im Kapitel 17 des *Leviathan* formulierten prominenten anthropologischen Prämissen der Hobbesschen Staatstheorie,[62] denen Cumberland widerspricht.

Cumberlands Antwort ist dementsprechend nicht weniger differenziert. Sie bewegt sich auf einer doppelten argumentativen Ebene: a) die *Naturalisierung des Menschen*, die ihn mit anderen Lebewesen vergleicht, und b) der Mensch, der von Natur aus ein *Moral*- und *Kulturwesen* ist. Es sei nämlich die innere Konstitution des Menschen (*causas naturales*), insofern dieser ein Lebewesen ist, die ihn dazu führt, mit anderen Menschen über die Praktizierung der *mutual benevolence* einen Konsens zu finden (*consensio*).[63] Cumberland stellt das Problem aber auch auf begrifflicher Ebene, indem er in Frage stellt, dass die *consensio* als *künstlich* bezeichnet werden könne, und zwar aus folgendem Grund: Wenn der Verstand Teil der menschlichen Natur ist, was Hobbes selbst an mehreren Stellen von *De cive* zugebe, so ist der Konsens bzw. die *societas*, die der Verstand durch einen Pakt zu beschliessen rät und also ein Produkt der rationalen menschlichen Natur ist, als *natürlich* zu bezeichnen.[64] Die praktische Vernunft (*rationem practicam*) wurde nämlich von der Natur (*à natura*) zum bestmöglichen Zweck eingerichtet, den der Mensch sich vornehmen kann, so wie die Natur ihm auch die optimalen Mittel gegeben hat, die er gebrauchen kann, um diesen Zweck zu

---

[62] Leviathan, Chap. 17: "The final cause, end, or design of men, who naturally love liberty, and dominion over others, in the introduction of that restraint upon themselves, in which we see live in commonwealths, is the foresight of their own preservation, and of a more contented life thereby; that is to say, of getting themselves out from that miserable condition of war, which is necessarily consequent, as hath been shown in chapter xiii., to the natural passions of men, when there is no visible power to keep them in awe, and tie them by fear of punishment to the performance of their covenants, and observation of those of laws of Nature set down in the fourteenth and fifteenth chapters." Vgl. zum Problem der anthropologischen Grundlegung der Staatstheorie bei Hobbes jetzt Stiening: Psychologie und Handlungstheorie im Leviathan, S. 55-105, hier S. 100-105.

[63] Traité philosophique des Loix naturelles, II, § XXII, S. 156: "Je réponds, moi, qu'il y a dans la constitution interne des Hommes, entant qu'Animaux, des Causes naturelles, qui les portent à s'accorder ensemble pour exercer une Bienveillance réciproque; & des Causes entièrement semblables à celles qui se remarquent dans toutes sorte de Bêtes, dans les *Bœufs*, par exemple, dans les *Lions*, dans les *Abeilles*." Vgl. auch De Legibus Naturae, II, § XXII, S. 128: "Respondeo. Pares planè esse causas naturales hominibus intrinsecas quatenus sunt animalia, quae eos ad consensionem de exercenda mutua inter se benevolentia perducant; [...]."

[64] Ebd.: "[...] *Hobbes* accorde quelquefois, que la Raison est une partie de la Nature Humaine, & une Faculté Naturelle; [...] Or il s'ensuit de là, que, quand la Raison conseille de former, par des Conventions, une Société particulière; cet accord vient de la Nature Humaine, ou de la Nature Raisonnable, & par conséquent qu'on doit l'appeler un accord naturel, quoi qu'il soit bien plus fort, & accompagné de plus d'engagemens, qu'aucune Société qu'on remarque entre les Bêtes." Vgl. auch De Legibus Naturae, II, § XXII, S. 129: "[...] Hobbius concedit rationem esse humanae naturae partem ac facultatem naturalem, ut *de Cive cap.* 1. ast. 1, cap. 2. §1. [...]."

erreichen.⁶⁵ Was der Verstand zusätzlich bewirkt, ist die bewusste Lenkung der Anlagen (*propensiones*) zum Frieden hin (*ad concordiam*); diese sind allen Lebewesen (*animales*) natürlich, bei den Tieren (*brutis*) wirken sie jedoch sehr konfus und blind, also *nur* vorbewusst.⁶⁶ Cumberland verbindet hier den Naturgesetzbegriff mit stoischen Argumentationsmustern,⁶⁷ die beide auf dasselbe hinauslaufen: Der Mensch ist das Tier, welches von Natur aus konsens- bzw. moralfähig ist.

Auch das Verhältnis der Begriffe ›natürlich‹ und ›artifiziell‹ wird gegen Hobbes' ›negative‹ Anthropologie⁶⁸ umgedeutet. Der Kernpunkt ist dabei die Überwindung der Opposition ›natürlich‹-›artifiziell‹, die als *vereinbare* bzw. *relationale* Konzepte begriffen werden. Die *consensio* gilt als natürlich, selbst wenn der Gebrauch von Sprachzeichen, durch die der Konsens bzw. die Konvention bezeichnet werden, arbiträr ist. Der Konsens, der durch den Pakt ausgedrückt ist, betrifft vor allem *mutual-benevolence*-Handlungen allgemeinster Art, um die es bei der Erforschung der Naturgesetze prinzipiell geht. Die Kraft der Pflicht (*vis obligandi*) geht dabei aus dem Pakt selbst hervor.⁶⁹ Artifizialität bzw. Konvention hat also bei Cumberland

---

65 Ebd.: "[…] il faut considérer, que la Raison Pratique est entièrment déterminée par la nature de la meilleure Fin que nous sommes capables de nous proposer, & des Moient les plus convenables dont nous pouvons faire usage pour y parvenir." Vgl. auch De Legibus Naturae, II, § XXII, S. 129.

66 Ebd.: "Tout ce que fait ici de plus la Raison, c'est de régler les penchans naturels à tous les Animaux, qui les portent à vivre paisiblement avec les autres de leur espèce, mais qui, dans les Bêtes, agissent d'une manière fort confuse & fort aveugle." Vgl. auch De Legibus Naturae, II, § XXII, S. 129.

67 Zur Überlagerung von stoischen und neoscholastischen Argumentationsformen in Cumberlands De Legibus Naturae vgl. auch Parkin: Science, Religion and Politics, S. 88.

68 De Legibus Naturae, II, § XX, S. 132: "[…] hominem erga suum genus magìs malevolum esse & insociallem quàm bruta animalia […]."

69 Traité philosophique des Loix naturelles, II, § XXII, S. 158: "Ainsi *Hobbes*, à mon avis, se trompe fort, de prétendre, qu'un accord entre les Hommes, exprimé par des Conventions, est purement *artificiel*, par opposition à ce qui est *naturel*. Je ne nie pas, que le sens des paroles, dont on se sert pour traiter ensemble, dépende originairement d'une institution arbitraire. Mais le consentement des Volontez à se rendre les uns aux autres des offices de Bienveillance, est tout-à-fait naturel, & les Paroles ne sont qu'un Signe de ce consentement. Or l'essence des Conventions consiste uniquement dans un accord de Volontez à faire, par exemple, un échange de services; & c'est aussi de là que vient toute la force qu'elles ont d'imposer quelque Obligation. Pour ce qui est de l'art & de la volonté d'établir certains Signes propres à marquer ce consentement de part & d'autre, cela est si facile, & les Hommes le connoissent si aisément, même sans aucune instruction, qu'on peut le regarder comme *naturel*, quoi que l'usage de tel ou tel Signe soit *arbitraire*: car j'aime mieux le qualifier ainsi, que de l'appeler *artificiel*. En un mot, le consentement des Hommes exprimé par des Conventions, sur-tout en matière des actes de Bienveillance les plus généraux, qui sont les seuls dont il s'agit dans cette recherche des Loix de la Nature; ou ne doit point être dit *artificiel*, ou, si on veut le nommer ainsi, il faut l'entendre d'une manière qui s'accorde avec ce qu'il y a de *naturel*, & non pas, ainsi que le fait Hobbes, en l'opposant au *naturel*, comme s'il étoit moins fort & moins durable. Car la manière de signifier un consentement naturel par des Paroles, dont l'usage est en quelque façon établi par l'art, ne diminuë rien de la force

eine naturale Basis und auf diesem relationalen Verhältnis basiert dann auch sein Ansatz zu einem *kulturgenetischen* Modell, dessen elementare Bestandteile sind: Selbsterhaltung, Verstand, Sprache, Moral (Gesetz), Konsens, Schrift.[70]

Der entscheidende Punkt ist aber, dass dieser Ansatz anthropologisch auf dem Vorreflexivitätskonzept fundiert ist. Das Vorreflexive erwächst aus der natürlichen Disposition des Körpers, die der Mensch mit den Tieren teilt. Gleichzeitig bildet es aber auch das entscheidende Kriterium, durch das sich der Mensch vom Tier unterscheidet, und zwar weil die Körperdisposition des Menschen bzw. die vorreflexive Struktur, die daraus resultiert, ihn in höherem Masse zu *benevolentia*-Handlungen befähigt als alle anderen Arten von Tieren (*homo a natura aptus fuerit factus ad majorem erga sibi congeneres benevolentiam, quam quodvis animalium genus*).[71] Das Vorreflexive bzw. die körperliche Disposition des Menschen bildet also die Basis seiner im Vergleich zum Tier höheren Erkenntnis- und Reflexionsfähigkeit (*perfectius intelligit*). Das Vorreflexive ist mithin die Verbindung zwischen der körperlichen Disposition des Menschen und seinem Bewusstsein oder ›Geist‹. Schematisch kann Cumberlands Ansatz wie folgt dargestellt werden:

& de la durée de ce consentement." Vgl. auch De Legibus Naturae, II, § XXII, S. 131.

70 Traité philosophique des Loix naturelles, II, § XXII, S. 158f.: "Il [sc. l'Homme] comprend mieux que les Bêtes, l'influence qu'a le Bien Public sur la conservation du Bien particulier de chacun. La Raison, dont il est doué, le dispose & à obéir, & à commander, selon qu'il est appellé à l'un ou à l'autre. Il sait faire usage de la Parole, d'une manière très propre à perfectionner & à embellir la force de sa Raison. Il connoît la Loi, & par-là il discerne une *Injure*, d'avec un simple *Dommage*, causé sans mauvais dessein. Enfin, lorsque les Hommes se sont accordez ensembles sur quelque chose par leur consentement, la Nature rend cet accord durable; & l'Art secondant la Nature, leur fournit de plus divers préservatifs contre les cas imprévûs, &, par l'usage de l'Ecriture, un moien de faire durer l'accord au de-là de vie de l'Homme." Vgl. auch De Legibus Naturae, II, § XII, S. 132. Diese Stellen aus Cumberlands Traktat dürften besonders auf Herders Konzeption über den ›natürlichen‹ Ursprung der Sprache (1771) gewirkt haben; vgl. hierzu Pross: Naturalism, anthropology and culture, S. 237f.

71 De Legibus Naturae, II, § XX, S. 132.

Die naturale Basis von Moral und Kultur:

Tier/Mensch	Mensch
	›*Kultur*‹
	Bewusstsein, ›Geist‹ - Sprachgebrauch (arbiträre Zeichen, artifiziell) - Konsens, Konvention (*mutual-benevolence-*Handlungen) - Moral (Gesetz) *reflexiv*
vorreflexiv - Moralinstinkte - Altruismus/Egoismus - Selbsterhaltung *propensiones naturales* - natürliche Disposition **Körper**	
›*Natur*‹	

Bedenkt man, dass Cumberland vom Vorreflexivitätskonzept aus, also von der Körperdisposition her, gegen Hobbes argumentiert, ist es folgerichtig, dass er jetzt auch noch mit anatomischen und physiologischen Argumenten im Detail aufzeigt, wie sich der Mensch vom Tier unterscheidet und dass dem Menschen die Moral sozusagen ›in den Knochen‹ liegt.

3. Die Physiologie des Humanen

3.1. Einbildungskraft und Gedächtnis

Cumberland vergleicht Mensch und Tier also auch vom Standpunkt ihrer unterschiedlichen physiologischen Struktur. Der Vorrang des Menschen gegenüber dem Tier, der sich an der Ausübung der Einbildungskraft und des Erinnerungsvermögens zeigt, hängt von der Organisation und Funktion der zugrundeliegenden materiellen Substruktur zusammen: dem Gehirn. Die erste Argumentserie betrifft demzufolge 1. den Bau des Gehirns und 2. die Qualität und Quantität des Blutes und der ›Lebensgeister‹ (*spiritus animales*), deren optimaler Zufluss zum Gehirn über die Halsschlagader (*carotis*) und die vertebralen Arterien erfolgt und vom aufrechten Gang des Menschen abhängt. Da die Körperhaltung mit dem Alter des Menschen variiert, sind diese mentalen Funktionen und der vitale Zyklus eines Individuums eng miteinander verwoben.[72] Der Mensch unterscheidet sich vom Tier in der Hinsicht, dass sein Gehirn auf die Perzeption und den Vergleich sinnlich wahrgenommener Objekte einen weit grösseren Einfluss hat. Seine sinnliche Aktivität erhöht die Fähigkeit, die Objekte zu vergleichen und diese hinsichtlich eines möglichen Nutzens oder Schadens zu beurteilen. Weil ausserdem sämtliche Nerven mit dem Gehirn oder Rückenmark verbunden sind, sind sämtliche Körperbewegungen, die willentlich oder bewusst ausgeführt werden, vom Gehirn gesteuert.[73]

---

72 Traité Philosophique des Loix naturelles, § 23, S. 160: "Voici donc en quoi consiste ces aides de l'*Imagination* & de la *Mémoire Humaine*. C'est 1. Dans la construction du Cerveau, qui, à proportion de la grosseur du Corps Humain, est beacoup plus grand, que celui de toute autre sorte d'Animaux. 2. Dans la qualité & la quantité du *Sang*, & des *Esprits Animaux* qui s'en forment: car ils sont plus abondans, & plus épurez, à cause de la posture naturelle du Corps Humain, qui est droit, & non courbé vers terre; ils ont plus de vigueur & de mouvement, parce que les tuyaux des *Artères Carotides* leur donnent une entrée plus libre & plus large dans le Cerveau. 3. La *Mémoire* en particulier est fort aidée par la longue durée de la Vie Humaine, soit dans l'Enfance, où la Mémoire se remplit d'une grande quantité d'Idées & de Mots, soit dans l'Age de maturité, où ce que l'on savoit déjà, & ce que l'on apprend de nouveau, se rangent par ordre, avec le secours d'un Jugement mieux formé." Vgl. auch De Legibus Naturae, § 23, S. 133f.

73 Ebd., S. 160f.: "Peut-on conclure autre chose d'une si grande différence qui se voit à cet égard entre l'Homme & le reste des Animaux, si ce n'est que la constitution naturelle du Cerveau de l'Homme lui donne une influence beaucoup plus grande & plus sensible, par rapport à la conduite des Actions Humaines. [...] il est certain que l'Homme, à la faveur de cette partie de son Corps, connoît plus exactement les Objets sensibles, les compares mieux les uns avec les autres, &, outre quelques autres effets naturels de moindre importance, peut examiner avec plus de soin, combien chaque chose, du nombre de celles où nous avons quelque pouvoir, est capable de causer de Bien ou de Mal, soit à chacun en particulier ou à plusieurs ensemble. De plus, comme tous les Nerfs viennent du Cerveau, ou de la Moëlle de l'Epine du dos, qui est une extension du Cerveau, & de même nature; cela nous fait voir très-évidemment, que tous les mouvemens du Corps qui dépendent en quelque manière

Cumberland bezieht sich hier auf das 26. Kapitel von Thomas Willis *De cerebri anatome* (1664): Dort beschreibt der Physiologe den Sympathikus (*nervus sympathicus*), den er *intercostalis* nennt, als eine spezifische anatomische Struktur des menschlichen Körpers, die zwischen mentalen (*conceptions of the brain*) und affektiven Funktionen (*affections*) vermittelt.[74] An das vegetative Nervensystem, das Willis bahnbrechend erforscht hat,[75] sind vor allem die inneren vitalen Organe angeschlossen (Herz, Verdauungsorgane, Leber, Niere, Geschlechtsorgane).

Ferner stellt Cumberland zwischen den Eigenschaften der Gehirnsubstanz und der Möglichkeit, menschliches Verhalten zu steuern, eine kausale Verbindung her. Dabei werden *mutual benevolence*-Handlungen zwischen rationalen Wesen als Resultat höherer kognitiver Aktivitäten angesehen, die mit dem spezifischen Gebrauch des Gehirns zusammenhängen.[76] Die grössere Gehirnmasse erhöht die kognitive Aktivität, das Gesichtsfeld ist grösser und die Beobachtungsgabe schärfer, als dies beispielsweise bei Vögeln und Fischen der Fall ist, die dennoch ein gewisses soziales Verhalten

---

de notre direction, sont réglez & gouvernez par le moien du Cerveau. On le comprendra plus distinctement, si on lit ce que dit WILLIS, pour montrer que tous les Nerfs qui servent aux Mouvemens volontaires, tirent leur origine du Cerveau, proprement ainsi nommé." Vgl. auch De Legibus Naturae, § 23, S. 134f.

74 "The beginning of the Intercostal Nerve are two or three shoots reflected or turned back from the Nerves of the fifth and sixth pair, and united into the same Trunk, *Fig. 9. D.a.a.b.* Here we may wonder at the birth of this Nerve, as it were borrowed; for it grows as a shrub upon another tree or shrub; and therefore dispenses the common virtues and influences of either with a double branching, *viz.* Both its own and that of its parent: by which ramification or branching it comes to pass, that there are very quick commerces and consent between the conceptions of the Brain and the affections of the *Præcordia*, also between the Actions and Passions almost of all the parts of the whole Body, which belong to the involuntary Function. For in that the Trunk of the intercostal Nerve proceeds from the Nerves of the fifth and sixth pair nigh their beginnings, that is a sign that both the influence of the animal Spirits, and the instincts for the performing of motions, are derived chiefly into it from the Cerebel; to wit, from whose annular process the aforesaid pairs of Nerves arise." Vgl. Thomas Willis: The Anatomy of the Brain and Nerves. In: The Remainig Medical Works of that Famous and Renowned Physician Dr. Thomas Willis, Englished in 1681 by Samuel Pordage. London 1681, Chap. XXVI, S. 160.

75 Carl Zimmer: Soul Made Flesh. The Discovery of the Brain – and How It Changed the World. New York/London u.a. 2004; nach wie vor grundlegend: Hansruedi Isler: Thomas Willis. Wegbereiter der modernen Medizin. Stuttgart 1965, bes. S. 77-93 (zu De cerebri anatome); vgl. auch William F. Bynum: The Anatomical Method, Natural Theology, and the Functions of the Brain. In: Isis, 64 (1973), S. 445-468 (zur komparativen Neuroanatomie).

76 Traité Philosophique des Loix naturelles, § 23, S. 161: "De tout cela il suit manifestement, que la plus grande quantité de la Substance du Cerveau, & le plus d'activité qu'on y remarque dans l'Homme, en comparaison des autres Animaux, lui servent naturellement à diriger avec plus de délibération, de soin, & d'attention, les divers mouvemens & les diverses actions qui en dépendent; car ce sont-là les usages particuliers du Cerveau. Or cette direction ne peut ce faire, qu'en se proposant la plus excellente Fin, qui est le Bien Commun de l'Univers, & surtout des Etres Raisonnables, par une Bienveillance réelle & effective envers eux." Vgl. auch De Legibus Naturae, § 23, S. 135.

zeigen. Die Höherentwicklung des Menschen, sein Glück und Wohlbefinden hängen also mit dem Gebrauch des Gehirns und der mit diesem verbundenen Organen der Sinneswahrnehmung und der willentlichen Bewegung zusammen.⁷⁷ Von der Grösse der Windungen und Krümmungen des Menschenhirns macht Willis denn auch abhängig, dass menschliches Verhalten weniger fixiert und weniger instinktgeleitet ist als das anderer Lebewesen; so sei der Mensch beispielsweise zu einem freien und variablen Gebrauch seiner kognitiven und sensitiven Funktionen befähigt und nicht zu einer einzigen Tätigkeit determiniert; kleinere Quadrupeden ebenso wie Fische und Vögel hätten überhaupt gar keine solchen Windungen, weshalb solche Lebewesen nur in der Lage seien, weniger Dinge und fast nur Dinge von einerlei Art zu verstehen oder durch Nachahmung zu lernen.⁷⁸ Cumberland bezieht sich in Fragen des Verhältnisses zwischen anatomisch-organischer Konstitution und psychischer Kapazität wiederum auf zwei Beispiele von Willis, der Geistesschwäche auf eine Deformation des Nervenplexus (*infolding*) des *intercostal nerve*, also auf eine Beeinträchtigung des sympathetischen Nervennetzwerkes zwischen Gehirn

---

77 Ebd., S. 161f.: "Il faut donc qu'une si grande capacité du Cerveau de l'Homme, & und quantité proportionné de tant d'admirables instrumens qui y sont joints, tels que sont tous les Organes des Sens, & des Mouvemens volontaires, aient été faites pour de plus nobles usages. Quelques sortes d'Oiseaux, & de Poissons, ont le Cerveau si petit, que leurs yeux sont aussi gros & aussi pesans, & quelquefois plus; comme je l'ai appris, avec bien d'autres choses curieuses en fait d'Anatomie, de mon bon Ami le Docteur Hollings, Médecin très-docte, et très-expérimenté. Ces Oiseaux, & ces Poissons, ne laissent pas d'avoir assez de disposition naturelle à vivre avec les autres de leur espèce. Combien plus les Hommes en général doivent-ils en avoir, eux qui sont pourvûs d'Organes si vastes pour augmenter leur connoissance? Sur-tout puisque la plus grande partie de la Félicité Humaine consiste dans l'usage du Cerveau, pour chercher la Vérité, & le plus grand Bien." Vgl. auch De Legibus Naturae, § 23, S. 135f.
78 The Anatomy of the Brain and Nerves [1681], Chap. X, S. 92: "For as the animal Spirits, for the various acts of Imagination and Memory, ought to be moved within certain and distinct limited or bounded places, and those motions to be often iterated or repeated through the same tracts or paths: for that reason, these manifold convolutions and infoldings of the brain are required for these divers manners of ordinations of the animal Spirits, to wit, that in these Cells or Store-houses severally placed, might be kept the species of sensible things, and as occasion serves, may be taken from thence. Hence these folds or rollings about are far more and greater in a man than in any other living Creature, to wit, for the various and manifold actings of the superior Faculties; but they are garnished with an uncertain, and as it were fortuitous series, that the exercises of the animal Function might be free and changeable, and not determined to one. Those Gyrations or Turnings about in four footed beasts are fewer, and in some, as in a Cat, they are found to be in a certain figure and order: where this Brute thinks on, or remembers scarce any thing but what the instincts and needs of Nature suggests. In the lesserfour-footed beasts, also in Fowls and Fishes, the superficies of the brain being plain and even, wants all cranklings and turnings about: wherefore these sort of Animals comprehend or learn by imitation fewer things, and those almost only of one kind; for that in such, distinct Cells, and parted one from another, are wanting, in which the divers Species and Ideas of things are kept apart."

und Herz zurückführt.⁷⁹ Aus Willis Affensektion zieht Cumberland den Schluss – und Edward Tyson wird ihm in seinem berühmten Traktat über die *Anatomy of a Pigmy* (1699) folgen⁸⁰ –, dass die Grösse des Affenhirns im Verhältnis zu dessen Körper der Grund ist, weshalb der Affe unter den Tieren derjenige ist, welcher der menschlichen Intelligenz am Nächsten kommt.⁸¹ Damit ist auf der Linie Cumberland-Willis-Tyson – methodisch abgestützt auf der komparativen Anatomie – die zentrale Frage nach dem Verhältnis des Menschen zum nächst höherentwickelten Quadrupeden, dem Orang-Outang, mit der sich sowohl die klassifikatorische Methode eines Linné als auch die Naturgeschichte und Naturforschung eines Buffon, Haller oder Bonnet beschäftigen werden, vorgegeben.⁸²

Weitere Argumente beziehen sich auf die Funktionen des Blutkreislaufs im menschlichen Körper, welche die Imagination, das Gedächtnis und das praktische Verhalten bzw. die Klugheit (*prudentia*) stützen: Das betrifft zum einen das Verhältnis der Blutmenge zum restlichen Körpergewicht, die etwa doppelt ist im Vergleich zu anderen Tieren, und zum anderen das wärmere Blut, welches die Hirnrinde mit einer viel grösseren Menge von aktiveren *spiritus animales* – "d[en] eigentlichen Träger[n] der Funktion des Nervensystems"⁸³ – versorgt.⁸⁴ Diese *spiritus*-Funktion,

---

79 The Anatomy of the Brain and Nerves [1681], Chap. XXVI, S. 162: "When of late we had dissected the Carcass of a man that was a Fool from his birth, we could find no defect or fault in the Brain, unless that its substance or bulk was very small. But the chief note of difference which we observed between the parts of this man and of a man of judgment, was this, That the aforesaid infolding of the intercostal Nerve, which we call the Internuncius of the Brain and Heart, proper to man, was very small in this Fool, and beset with a weaker guard of Nerves. Whilst we were writing these, we made an Anatomy of a Monkey, whose Brain differed little from that which is seen in a Dog or a Fox, unless that it was much more capacious in the proportion to the bulk of his Body, and the turnings and windlings of it were larger. The orbicular Prominences called *Nates* and *Testes*, also the ringy Protuberance, sent down from the Cerebel, came nearer the figure and magnitude of those parts in a man."

80 Vgl. Edward Tyson: Orang-Outang, sive Homo Sylvestris: or the Anatomy of the Pygmie compared with that of a Monkey, an Ape, and a Man. London 1699.

81 Traité Philosophique des Loix naturelles, § 23, S. 161: "D'où vient que les Singe est celui de les Animaux qui approche le plus de l'intelligence de l'Homme." Vgl. auch De Legibus Naturae, § 23, S. 136. Vgl. auch Bynum: The Anatomical Method, S. 462: "Tysons work represented the first detailed study of the anatomy of a tailles (anthropoid) ape ever carried out. His animal, which he called an Orang-Outang, or pigmy, is known to us as the chimpanzee. Tyson formulated his argument in a way which significantly furthered the notion of a structural gradation extending from man through the animal kingdom."

82 De Angelis: Von Newton zu Haller, S. 284-288 u. S. 305f.

83 Isler: Thomas Willis, S. 78.

84 Traité Philosophique des Loix naturelles, § 24, S. 162: "De là s'ensuit, que la proportion du Sang de l'Homme avec le reste de son Corps, est presque en raison double, eu égard à celle du Sang des autres Animaux Terrestres. Dans les Poisson, & dans les Oiseaux, la masse du Sang est encore beaucoup moindre, en comparaison de la grosseur de leurs Corps. Les Ecrivains d'Anatomie [sc. W. Charleton, R. Lower, F. Glisson, W. Harvey] conviennent aussi, que le Sang Humain est plus chaud, que celui des autres Animaux. Or c'est de l'abondance

die vom aufrechten Gang begünstigt wird, setzt den Menschen besser in die Lage, Verstandesoperationen auszuüben; die höchste dieser Verstandesoperationen bestehe indessen darin, sich mit anderen rationalen Wesen freundschaftlich zu verbinden (*in amica consociatione*).[85]

Cumberland fasst hier also das Naturgesetz der *socialitas* als Resultat des bestmöglichen Gebrauchs des menschlichen Verstandes auf und nennt dafür weitere physiologische Gründe. Der Blutkreislauf innerhalb des Kopfes wird durch die Position der Jugularvenen (=Halsvenen) und der vertebralen Arterien beschleunigt; daher zirkuliert das Blut im Kopf schneller als in anderen Teilen des menschlichen Körpers oder als im Kopf anderer Tiere; diese raschere Zirkulation liefert auch rascher neues Blut und pumpt eine grössere Menge von Lebensgeistern ins Gehirn.[86] Bei diesem Argument stützt sich Cumberland explizit auf Richard Lowers Traktat *De corde* (1669), besonders auf einige Abschnitte des zweiten Kapitels, in

---

& de la chaleur du Sang, que vient l'abondance & l'activité des Esprits Animaux; [...]. Il suffit pour mon but, qu'ils conviennent presque tous, que le Sang, dont les parties les plus subtiles, ou les plus spiritueuses & les plus actives, ont été en quelque façon détachées & dégagées des autres par une fermentation, monte au Cerveau, afin que là les Esprits se séparent ou se distillent entiérement. Je veux seulement, qu'on remarque ceci, qui fait à mon sujet, c'est que, le Cerveau des Hommes aiant plus de capacité, & leur Sang étant en plus grande abondance, on comprend aisément que cela peut être cause qu'il s'y engendre une plus grande quantité d'Esprits, que dans le Cerveau de tous les autres Animaux; [...]." Vgl. Zimmer: Soul made Flesh, S. 180f.: "In other cases spirits ascend beyond the corpus callosum and struck the cortex, where Willis believed the higher faculties resided. With enough force, the spirits could even make a permanent impression on the cortex, creating a memory. Here in the cortex the circulating spirits gave rise to imagination, appetites, and even reasoning" (S. 181).

85 Ebd., S. 164: "Il ne faut pas non plus passer sous silence ce que contribue à l'effet, dont il s'agit, la posture de nôtre Corps, qui, pendant que nous veillons, est pour l'ordinaire droite. [...] mais encore une telle situation fait que le Cerveau produit une plus grande quantité d'Esprits Animaux, & d'Esprits plus vifs; par où nous sommes naturellement mieux en état d'exercer les plus excellentes fonctions de la Raison, qui aboutissent toutes à ce qui concerne une bonne union avec tous les autres Etres Raisonnables. Voici sur quel fondement j'estime que cette manière dont le Cerveau de l'Homme est situé, contribuë à la production d'une plus grande quantité d'Esprits Animaux, & d'Esprits actifs. Je le tire des principes de la Statique, appliquez aux fonctions & à la situation des Artères & des Veines, qui aboutissent à la Tête." Vgl. auch De Legibus Naturae, II, § 24, S. 137f.: "Summa autem omnium illarum functionum in amica consociatione cum rationalibus aliis continetur" (S. 138).

86 Traité Philosophique des Loix naturelles, § 24, S. 165: "J'ajoûterai donc ici une observation [...] c'est que les Veines qui appartiennent au Cerveau, sont situées de manière, qu'elles penchent en bas, ce qui fait que le Sang y circule plus vîte par sa propre pesanteur. Et comme les branches des *Veines Jugulaires*, & des *Vertébrales*, se vuident ainsi fort vîte; un nouveau Sang, qui sans cela seroit retardé par la résistance de celui qui est dans ces Veines, coule plus promtement des *Artères Carotides*, & des *Vertébrales*. Par le concours favorable de ces deux causes, je veux dire, de ce que le Sang monte avec plus de force par les Artères assignées en partage au Cerveau, & de ce qu'après s'être là déchargé des Esprits Animaux, il descend avec précipitation par les Veines d'un Homme qui se tient droit, le Sang circule dans la Tête plus vîte, que dans les autres Parties du Corps Humain, ou que dans la Tête des autres Animaux: & cette circulation plus promte fournit plûtôt du nouveau Sang, d'ou il se forme une plus grande quantité d'Esprits." Vgl. auch De Legibus Naturae, II, § 24, S. 139.

denen die Spezifika der Blutbewegung in der aufrechten Körperstellung des Menschen (*in Homine erecto*) erörtert werden.[87] Menschliches Blut fliesst aber noch aus einem anderen Grund mit grösserer Geschwindigkeit ins Hirn, und zwar weil die sogenannte *rete mirabile* (›wonderful net‹) im menschlichen Gehirn fehle.

Das *rete mirabile*-Beispiel hat mit Blick auf den grösseren Argumentationszusammenhang dieser Studie dennoch mehr als nur den Wert eines anatomischen Belegs für die Soziabilitätsthese. Das Beispiel exemplifiziert auch den Transformationsprozess von Wissensansprüchen in der Medizin, dem ich ein so grosses Gewicht bei der Formation der modernen Anthropologie zwischen dem 16. und dem 18. Jahrhundert zuschreibe. Denn obschon bereits Berengario da Carpi in der *Isagoge breves* (1522, 1530) die Präsenz der *rete mirabile* im menschlichen Gehirn verneint hatte, blieb der Wissensanspruch dennoch lange erhalten. Denn Berengario benutzte eine Form des Argumentierens, die auf der einen Seite Galens Autopsie als mangelhaft kritisierte, auf der anderen aber dessen Autorität bewahrte.[88] Das ändert sich bei Willis und Lower, die nun differenziert argumentieren und die veränderte epistemische Situation in den 1660er Jahren aufzeigen. Cumberland entnimmt ihren Texten Hinweise über den Bau der Halsschlagader (*Karotide*) im menschlichen Körper, durch die das Blut ohne Geschwindigkeitsverluste vom Herz in die diversen Hirnregionen gepumpt werden kann.[89] Auf der Basis einer

---

87 Richard Lower: Tractatus de Corde, Editio Quinta. Leiden 1708 [1669], Cap. II (Quomodo fluxus sanguinis pro diverso corporis situ & figura alteratur, Circuitus sanguinis in superioribus partibus celerior, in inferioribus tardior), hier S. 146-148: "Quemadmodum (ut prius dictum) pro animalibus diversitate, influxus spirituum in Cor diversus est, ita pro vario corporis situ, & figura, sanguinis per partes fluxus discrimen subit. Cum enim certissimum sit, sanguinis venosi refluxum non ab attractione Cordis ulla, sed à propulsu arteriosi sanguinis provenire, facile est concipere, quantum partium quoque situs ad facilitandum aut retardandum hunc motum conferat: veluti in Homine, cum in pedes erigitur, sanguis à venis Iugularibus, & Vena Cava descendente citius & facilius, suo quasi pondere, in Cordis sinus delabitur; [...] qui autem est in partibus inferioribus, & Vena Cava ascendente, difficilius, & contra naturam suam, solum ab arterioso sanguine versus Cor propellitur, & vi quadam urgetur; [...]. I. In Homine erecto quoniam sanguis à superiore corpore, nullo fere alieno adminiculo, satis facile in Cor defluit, & sanguis ab inferiore parte corporis non nisi sanguinis arteriosi impulsu, & quandoque musculorum contractione in exercitio, ægre usque sursum urgetur; ideo circuitum ejus in partibus superioribus celeriorem quoque fieri necesse est: [...]."
88 Vgl. Kap. 2, 3.2. sowie Kap. 4 in dieser Arbeit.
89 Traité Philosophique des Loix naturelles, § 24, S. 165f.: "Il faudroit encore ici parler d'une autre cause qui fait que le Sang des Hommes monte avec plus de vîtesse dans le Cerveau, c'est que leur Artére Carotide n'est pas, comme celle de la plupart des Bêtes, divisée en une infinité de rameaux, entrelacez comme des filets, où le Sang perd beaucoup de son mouvement: mais elle a un seul conduit, large & ouvert, par où le Sang coule jusqu'au Cerveau. De là il arrive nécessairement, que toutes ses parties, & les Esprits aussi par conséquent, se meuvent avec plus d'impétuosité; que toute la circulation se fait en moins de tems; & que la place est plutôt libre à l'entrée d'un nouveau Sang: toutes choses qui contribuent beaucoup à rendre

detaillierten anatomischen Beschreibung stellt Willis bei Quadrupeden und Menschen grundsätzlich dieselbe Art von Verflechtung und Verästelung der Arterien *(ingraftings of the Arteries)* zwischen der *Dura mater* und der Schädelbasis fest,⁹⁰ während allein Lower explizit auf das Fehlen der *rete mirabile* im menschlichen Gehirn hinweist; obwohl die gewundene Form der Blutgefässe die Funktion habe, den Impetus des Blutes zu brechen, gelange dieses dennoch unbehindert ins Gehirn. Lower visualisiert den neuen Wissensanspruch auch anhand einer anatomischen Zeichnung im Anhang seines Buches.⁹¹

Cumberland zufolge reichen die bislang dargestellten Argumente zum Menschenhirn allerdings nicht aus, um die Operationen der Seele auf ein mechanizistisches *matter-and-motion*-Modell reduzieren zu können; im Gegenteil denkt er mit Marcello Malpighi (*De cerebro cortice*, Cap. 4), dass eine stets genauere Kenntnis der Gehirnfunktionen ein Modell, das Seelenoperationen mit Bewegungen der Gehirnmaterie erklärt, immer unglaubwürdiger macht.⁹² Das deutet auf eine Konzeption des menschlichen Körpers

---

les Esprits Animaux plus actifs & plus abondans. Mais le grand WILLIS & Mr. LOWER, ont traité tout cela si exactement & si à fonds, qu'ils ne nous ont pas laissé de quoi glâner. On doit recourir à leurs Ouvrages, comme à des Originaux. Il me suffit d'en avoir emprunté les Observations qu'on vient de lire pour les appliquer à mon sujet." Vgl. auch De Legibus Naturae, II, § 24, S. 140.

90 The Anatomy of the Brain and Nerves [1681], Chap. VII (Of the thinner Meninx or Pia Mater, of its stretching out, as also of the Infoldings of the Vessels every where interwoven with it), S. 82: "We have already shewn, that these Vessels are variously and very much ingrafted or inoculated among themselves, not only the Arteries with the Veins, but what is more rare and singular, Arteries with Arteries; to wit, the Carotidick Arteries of one side, in many places, are united with the Carotides before united. The joynings together of the Carotides, in most living Creatures, are made about the Basis of the Skull under the *Dura Mater* [harte Hirnhaut], and that after a diverse manner; in some communicated through the Vessels of the wonderful Net from one side to the other; in others (as in a Horse we have observed with a certain admiration) the arterious chanel is produced between the Trunks of the *Carotides*, whereby the blood may be carried from one side to the other, and so on the contrary. But besides, between the *Dura Mater*, about the Basis of the Head, the same kind of ingraftings of the Arteries are still seen in man and all perfect four-footed beasts. The reason of these seems to be partly, that the blood to be carried from the Heart into divers Regions of the Brain, might be exactly mingled as to its parts and particles, before it come to the place designed. For the Torrent of the blood, because divided into lesser rivulets, is incident to languish in so long a circuit, and its Spirits to be depauperated, and lastly it self to grow cool; unless that various courses of its *Latex* should anew inkindle this vital flame about to be extinguished or dye."

91 De corde [1708], Cap. II (Effectus, quos celerior, aut tardior circulatio in partibus adfert), S. 152: "[...] quandoquidem igitur Cerebrum humanum rete mirabili (quod seri superflui partem à sanguine exciperet, & à Cerebro præverteret) omnino destituitur, atque vasa sanguifera, tortuoso licet ductu ad frangendum sanguinis impetum formata sint, eum tamen illibatum in Cerebrum deponunt, ut *Tab.* 5. *fig.* 3. ostendit; [...]."

92 Traité Philosophique des Loix naturelles, II, § 24, S. 166: "J'ajoûterai seulement, qu'encore qu'il y âit dans la Tête de l'Homme tant de choses, qui, aidant à l'*Imagination* & à la *Mémoire*, sont de quelque usage aux fonctions de l'Ame; tout cela ne suffit nullement, pour que l'on

hin, die diesen als einen im Vergleich zum Tier höher entwickelteren Organismus begreift, der unterschiedliche Grade von Bewusstsein (verstanden als etwas von Materie Verschiedenes) hervorzubringen in der Lage ist. Wie stark Cumberland dabei von seinem kulturgenetischen Modell aus denkt, zeigt das letzte Argument dieser Serie, bei dem erst richtig verständlich wird, weshalb die Einbildungskraft und vor allem das Gedächtnis für die *mutual-benevolence*-These als Grund der Soziabilität eine so zentrale Rolle spielen.

Das Gedächtnis begreift Cumberland als einen riesigen Wort- und Gedankenspeicher, der die millionenfache Kombination von einfachen und zusammengesetzten Wörtern bzw. Sätzen ermöglicht und in dem ein potentiell unerschöpfliches Erfahrungswissen aufbewahrt bleibt. Diese Auffassung verbindet er mit entwicklungspsychologischen Annahmen über das Verhältnis von Lebensdauer, Erfahrung und Lernen, die ›Klugheit‹ (*prudentia*) hervorbringen. Der Mensch hat zudem gegenüber dem Tier den Vorteil, dass er mit seinen Artgenossen auch über zeitliche und räumliche Distanzen hinweg kommunizieren kann. Hierzu gebraucht er die Sprache, durch die er sein in der lebensweltlichen Praxis erworbenes Wissen vermittelt.[93] Ein solches Modell der Produktion von Kultur bzw. der Anwendung von Kulturtechniken lässt sich aus Cumberland somit letztlich aus dem Argument der geist-körperlichen Höherentwicklung des Menschen gegenüber dem Tier gewinnen, die Hobbes zuvor mehrheitlich zu Ungunsten des Menschen interpretiert hatte.

---

puisse réduire ses opérations propres, dont nous avons fait mention ci-dessus, à la méchanique de la *Matière* & du *Mouvement*. Je crois, au contraire, que MALPIGHI a eû raison de dire que, plus on connoîtra la nature et les fonctions du Cerveau, & plus on desespérera d'expliquer jamais les opérations de l'Ame par les mouvemens qui se font dans cette partie de notre Corps."

93 Traité Philosophique des Loix naturelles, II, § 25, S. 166f.: "Nôtre Mémoire a certainement une capacité prodigieuse. Elle renferme quelque milliers de Mots, & plus d'un million de pensées, ou de Propositions composées de ces Mots; outre une variété prèsque infinie de Choses & d'Actions, que nous observons pendant le cours de nôtre Vie. [...]. HOBBES ici, comme en matière d'autres choses, ne fait pourtant pas difficulté de donner l'avantage aux Bêtes, par dessus les Hommes. Voici ce qu'il dit, dans son *Leviathan*, où il traite de la *Prudence*. *Il y a d'autres Animaux, qui, n'aiant qu'un an, observent plus de ces sortes de choses qui servent au bien qu'elles se proposent, & les recherchent avec plus de prudence, que ne fait un Enfant, âgé de dix.* [...] Ainsi je laisse aux Lecteurs à juger, si, dans ce que dit ici nôtre Philosophe, il n'y a pas plus de mauvaise foi & de malignité, que de vérité & de franchise. Il reconnôit souvent, qu'une Expérience de plusieurs années, sur-tout quand on est âge mûr, produit naturellement la Prudence: & il ne veut pourtant pas voir, que l'Homme a en cela quelque avantage sur les Bêtes, qui vivent moins de tems, qui en croissant n'acquiérent que peu d'intelligence, & qui, si elles apprennent quelque chose par l'expérience, ne sauroit jamais le communiquer aux autres de leur expéce, sur-tout quand elles sont en des lieux ou des tems fort éloignéz, aussi commodément que les Hommes peuvent le faire, & qu'ils le sont ordinairement, d'une manière qui tourne à l'augmentation de leur Prudence, & à l'avancement de leur Bonheur réciproque."

3.2. Die Nerven der Moral

Eine zweite Serie von physiologischen Argumenten führt Cumberland an, um zu begründen, dass der menschliche Körper zur Regulierung der Affekte und der Leidenschaften damit zur Ausübung der *mutual benevolence* disponiert ist. Die Grundlage bilden dabei die Überlegungen über den reziproken Altruismus, der bei Lebewesen Empfindungen auslöst, die der Selbsterhaltung förderlich sind.[94] Die Affektregulation ist beim Menschen aufgrund zweier anatomischer Strukturen gegeben: 1. durch den Nervenplexus (*plexus nervorum homini proprium*); 2. durch die Verbindung zwischen den *Praecordia* (die das Herz umgebenden Membranen) und dem Diaphragma (Zwerchfell) sowie zwischen dem Nerven des Diaphragmas und dem Nervenplexus.[95]

Eine Verbindung zwischen diesen anatomischen Befunden und dem Gegenstand des Rechts sieht Cumberland dadurch gegeben, dass sich die stärksten menschlichen Affekte an Objekten entzünden, die zugleich Objekte des Rechts, des natürlichen oder des zivilen Rechts sind. So verfolgt dieses ganz explizit das Ziel, die Verteilung von Gütern und Dienstleistungen zu regeln bzw. über Eigentums- und Besitzverhältnisse zu befinden. Also haben die anatomischen Strukturen, die im menschlichen Körper dazu dienen, Affekte zu erregen oder zu mässigen (*ea omnia in humano corpore quae passionibus movendis aut sistendis inserviunt*), auch bei der Regelung von Besitzansprüchen, also in der ganzen Materie des natürlichen Rechts, eine relevante Funktion.[96] Cumberland überträgt hier seine Kenntnisse

---

94 Vgl. Kap. 6, 2. 2.1. in dieser Arbeit.
95 Traité Philosophique des Loix naturelles, II, § 26, S. 167f.: "Passons à ce qu'il a de particulier dans le Corps Humain, qui met les Hommes mieux en état de gouverner leurs Passions, & de les déterminer à chercher de faire du bien, plûtôt que du mal, aux autres de leur espéce. Il faut poser ici pour fondement, ce que j'ai déjà remarqué en expliquant le *troisième indice*, tiré de la nature commune à l'Homme avec le reste des Animaux, c'est que les Passions qui tendent à la recherche de quelque Bien, sont celles qui naturellement causent plus de plaisir à tous les Animaux; & qu'ainsi ils ont du panchant à ces sortes de Passions, comme plus favorables à leur conservation, aussi nécessairement, que tous leurs principes internes les portent avec plus de force à conserver leur Vie & leur Santé, qu'à l'affaiblir & la ruïner. Cela posé, je dis, qu'il y a dans le Corps Humain deux choses, qui font que les Hommes sont plus disposez, que les autres Animaux, à bien régler leurs Passions: l'une, parce qu'elle les met en état de le mieux faire, qu'eux: l'autre, parce qu'elle leur rend ce soin plus nécessaire pour la conservation de leur Santé, & par conséquent de leur Vie. [...] Les deux choses dont il s'agit, sont I. Un *entrelacement de Nerfs*, particulier à l'Homme. 2. L'union, par laquelle le *Péricarde* est attaché au *Diaphragme*, & une semblable communication entre le *Nerf du Diaphragme*, & *l'entrelacement de Nerfs* particulier à l'Homme, lequel est principalement pour l'usage des membranes qui environne le Cœur." Vgl. auch De Legibus Naturae, II, § 26, S. 142f.
96 Traité Philosophique des Loix naturelles, II, § 26, S. 168: "Je crois qu'il suffit d'exposer ici en peu de mots les observations des Anatomistes, & d'appliquer à mon sujet ce qu'ils ont dit en général des Passions qui dépendent de là. Il est clair, que les plus fortes Passions des Hommes s'excitent en matière des choses qui sont l'objet des Loix, Naturelles ou Civiles. Car le

über das Verhalten von Lebewesen – etwa den reziproken Altruismus als eine grundlegende Strategie der Selbsterhaltung – auf das Verhalten von Menschen in zivilen Gesellschaften, die Handel, Güter- und Geldverkehr kennen. In seiner naturrechtlichen Argumentation bauen also biologisch-ethologische, psychologisch-affektive, nervenphysiologische und ökonomische Konzepte aufeinander auf. Auf den ökonomischen Faktor ist weiter unten nochmals zurückzukommen. Für den medizinischen Teil sind wiederum Willis Ausführungen zum vegetativen Nervensystem die Quelle.

Willis konzentriert sich wiederum auf die Funktion des vom Sympathikus (*intercostal nerve*) ausgehenden Nervennetzwerkes (*infolding*), das sich auf die viszeralen Teile des menschlichen Körpers erstreckt. Dabei fungiert der Sympathikus vermittelst dieses Netzwerkes als Kommunikationskanal zwischen Gehirn und Herz: Die Gedanken des Gehirns wirken sich auf das Herz aus (*conceptus cerebri afficiunt Cor*), wodurch die Blutgefässe des Herzens und das Diaphragma in Bewegung gesetzt werden; dies verändert wiederum die Blutbewegung und die Atmung sowie die Qualität der Lebensgeister, die aus dem Blut entstehen. Cumberland hebt besonders die Passage hervor, in der Willis die körperlichen Bedingungen der Affektregulierung und der moralischen Empfindung beschreibt: Um die Gedanken zu kontrollieren, die man sich bezüglich von Trieben oder Urteilen bildet – darin zeigen sich die Wirkungen der Klugheit (*prudentia*) sowie aller ethischen Qualitäten (*virtutes*) –, ist es nötig, dass das Blut nicht flutartig ins Herz strömt, sondern dass es in der Brustgegend aufgehalten wird. Durch die Wirkung der Nerven des Sympathikus werden die Wallungen des Blutes und des Herzens beruhigt.[97] Wenn ich richtig sehe, beschreibt

---

but de toutes les Loix est d'établir, ou de maintenir, un Partage de Biens & de Services, c'est-à-dire, ce qu'on appelle le Mien & le Tien. Or il n'y a rien qui fasse de plus fortes impressions sur le cœur des Hommes. Ainsi il est hors de doute, que tout ce qu'il a, dans le Corps Humain, qui se trouve naturellement propre à exciter ou à calmer les Passions, sert beaucoup aussi à introduire & à entretenir la différence du Mien & du Tien, & par conséquent les Loix Naturelles, qui roulent toutes là-dessus. I. Pour venir maintenant à l'*Entrelacement des Nerfs*, je vais copier quelque peu de ce qu'en dit WILLIS, dans son Traité *de l'Anatomie du Cerveau*." Vgl. auch De Legibus Naturae, II, § 26, S. 143: "Patet autem affectus hominum vehementissimos in materia circa quam Leges, sive Naturales sive Civiles versantur, exeri; quoniam in his agitur de rerum & operarum humanarum divisione aut faciendâ, aut stabiliendâ, id est, de Meo & Tuo; [...]."

97 Traité Philosophique des Loix naturelles, II, § 26, S. 168f.: "Le Nerf Intercostal par le moien de ces branches, fait l'office du Messager, qui porte & communique tour à tour les sentimens du Cerveau au Cœur, & du Cœur au Cerveau. Par cette communication, les idées du Cerveau font impression sur le Cœur, & mettent ses Vaisseaux en mouvement, aussi bien que le Diaphragme: ce qui cause diverses altérations dans le mouvement du Sang, & dans la Respiration, & change un peu la qualité des Esprits, qui naissent du Sang. POUR bien règler, ajoûte WILLIS, les pensées qu'on forme par rapport aux actes de Désir ou de Jugement, (en quoi se déploient les effets de la Prudence, & de toutes les Vertues) il faut que le Sang ne se

Willis hier die physiologische Grundlage eines psychischen Aktes, bei dem Gehirn- und Herzbereich vermittelst des Sympathikus rasch interagieren; dabei ist durch die Wirkung der Nerven bzw. durch die Entstehung von Empfindungen im Brustbereich ein Individuum in der Lage, moralisch zu handeln. Wichtig ist dabei, dass hier erklärt wird, dass die Affektkontrolle auf einer vorreflexiven körperlichen Disposition wie dem vegetativen Nervensystem beruht bzw. ein solches voraussetzt.

Auch in den weiteren physiologischen Argumenten bemüht sich

---

meuve pas à grands flots dans le Cœur, & que les mouvemens du Cœur même soient tenus en bride & réglez par les Nerfs.'" Vgl. auch De Legibus Naturae, II, § 26, S. 144: "'Nervus (inquit Willisius) intercostalis per hosce furculos internuncii specialis loco est, qui Cerebri & Cordis sensa mutua ultrà citràque refert. Ex hoc commeatu cerebri conceptus afficiunt Cor, ejusque vasa una cum diaphragmate commoveri faciunt, unde sanguinis motus & respiratio varie alteratur, & spirituum inde procreandorum conditio nonnihil immutatur. Addit etiam, ut cogitationes circa appetituûs aut judicii actus (in quibus Prudentiae ac virtutum vires conspiciuntur) ritè eliciantur, sanguinis fluctus in pectore coerceri, ac ipsius cordis inordinationes à nervis tanquam habenis regi, inque motus aptos componi oportet.'" Vgl. auch Willis: The Anatomy of Brain and Nerves [1681], Chap. XXVI (The Explication of the Intercostal Pair of Nerves which are described in the former Chapter as to their Offices and Uses: and first the upper Branching of them is considered), S. 162: "But in Man the intercostal nerve, besides its offices in the lower Belly, common to him with other Animals, serves in the place of special Internuncius also before the Cloister of the Breast, which bears the mutual senses of the Brain and Heart this way and that way, or to and fro. For when, besides the nerves of the wandring pair; stretched out also into the humane Præcordia, (which certainly seem sufficient for the executing of the offices of the Function merely vital) so many noted branches are sent forth from the aforesaid intercostal infolding, what kind of office should be attributed to these, unless that they should contain the animal Spirits, by whose work and ministry the mutual respects and affections of the Brain and Heart should be communicated to one another? Whilst I consider this difference of either kind, it comes into my mind, that Brutes are like Machines framed with a more simple furniture and with less workmanship, and therefore furnished with a motion of one kind only, or determined for the doing still the same thing. But in Man divers series of motions, and as it were complications of wheels within wheels, appear. For indeed, by the passage of the aforesaid infolding, the conceptions of the Brain presently affect the Heart and its Vessels, and cause the rest of the Appendix, together with the Diaphragma, to be moved. Hence the motion of the blood and its inkindling in the Heart, together with the Pulse and Respiration, are altered: and for that cause, from the Heart being altered, not only impressions are retorted upon the Brain by the passage of the same nerves, but also the blood it self, its course being changed, drives to the Brain with a different or unaccustomed fluctuation, and so by moving the animal Spirits with various impulses, causes first one sort of conceptions, and then others to be produced: and so by reason of these reciprocal affections of the Heart and Brain, which are wont by a long series to be propagated vicissively, a multiplicity of thoughts and Phantasms arises. Hence both the ancient Divines and Philosophers placed wisdom in the Heart. Certainly the Works of Prudence and Vertue depend very much on the mutual commerce which happens to the Heart with the Brain: because, that cogitations about the acts of the Appetite or Judgement may be rightly described, it is behoveful for the flood of the blood to be restrained in the Breast, and the inordinations of it and of the Heart it self to be governed by the Nerves, as it were by Reins, and to be composed into requisite and apt motions. We might say more concerning this, but that this Speculation is from our purpose, and belongs more properly to Pathology or the Doctrine of the Passions of the Soul."

Cumberland, psychophysische Prozesse zwischen dem Gehirn und anderen inneren Körperorganen anhand von Daten über nervöse Strukturen zu verdeutlichen. So weist er darauf hin, dass der menschliche Organismus für die Übertragung der Gefühle des Schmerzes und der Lust ins Gehirn optimal organisiert ist. Der Grund liege in der komplexen Interaktion der Nerven und deren Konnex mit den vitalen Organen des Körpers, die Willis beschreibt: Das betrifft besonders die Verbindung zwischen den Herzmembranen *(Praecordia)* und dem Zwerchfell *(Diaphragma)*, die bei den Tieren separat bleiben, sowie der Konnex zwischen dem Nervenplexus und dem Nerv des Diaphragma; hinzu kommt die bereits beschriebene Verbindung des Netzwerkes des Sympathikus *(intercostal nerve)* mit den Viszera, mit denen das Herz kommuniziert.[98]

Entscheidend ist, dass Cumberland aus Willis Daten über die komplexen Funktionen des vegetativen Nervensystems im menschlichen Körper drei relevante Aspekte festhält: Diese Nerven dienen 1. dazu, bestimmte Bewegungen zu erzeugen oder zu hemmen, 2. dem Gehirn, Schmerz- und Lustempfindungen zu übertragen und 3. das Zusammenspiel mit den anderen Nervenpartien zu aktivieren, mit denen sie vernetzt sind.[99] Daraus

---

98   Traité Philosophique des Loix naturelles, II, § 27, S. 169: "2. L'autre chose, que j'ai dit qu'il y a ici à considerer, c'est la *connexion du Péricarde avec le Diaphragme*, qui sont entiérement separez dans les autres Animaux: à quoi j'ai jugé à propos d'ajoûter la *communication entre le* Plexus *particulier à l'Homme, & le Nerf du Diaphragme*. Car, comme WILLIS le remarque au même endroit, on voit deux Nerfs, & quelquefois trois, qui, de ce *Plexus* vont aboutir au Nerf du *Diaphragme.* Et il ne faut pas oublier de dire, que le même *Nerf intercostal,* où commence cet entrelacement, jette une infinité de rameaux dans toutes les parties du Bas-Ventre, de maniére que le Cœur communique en quelque sorte avec tous ces Nerfs." Vgl. auch De Legibus Naturae, II, § 27, S. 144 sowie Willis: The Anatomy of Brain and Nerves [1681], Chap. XXVI, S. 162-164: "We have already intimated for what use the Vertebral branch is inserted into its cervical infolding. There is the same reason for this as for the other Vertebrals, which communicate with the intercostal Nerve almost in its whole passage. But for that the nerve of the *Diaphragma* is radicated in the same Vertebral nerve, from whence a branch comes into this infolding, I say from that a reason may be taken, why the motion of the *Diaphragma* intimately conspires with the *Præcordia,* yea and with the conceptions of the Brain: which kind of Sympathy of the *Diaphragma* with the other parts, because it is requisite to be more strict and noted in man, it is observed, That not only the Vertebral branch cometh between the infolding and the root of the nerve of the Diaphragma, but two and sometimes three nerves are sent from this infolding into the trunk it self of the nerve of the Diaphragma, *Fig. 9 e e.* [...]. The intercostal Nerve in an Man, both in this infolding and in the whole descent through the *Thorax,* receives many Vertebral nerves, as if sparing of its own stock, and greedy of anothers, but sends forth from it self not a shoot: whatever of Spirits is remaining either from the influence above, or comes to it by the by, is reserved wholly for a largess to be bestowed on the *Viscera* of the lower Belly."
99   Traité Philosophique des Loix naturelles, II, § 27, S. 169: "Il suffit pour mon but, de dire quelque chose de leur usage [sc. des nerfs] en général, sur quoi les Anatomistes sont d'accord. Ces Nerfs servent donc I. A produire certains mouvemens, ou à les arrêter. 2. A porter au Cerveau les Sentimens de Douleur ou de Plaisir, qui s'exercitent par l'entremise des Parties dans lesquelles ils s'insinuent. 3. Enfin, à faire agir de concert les autres Nerfs, avec lesquels

ergeben sich Cumberland zufolge eine Reihe von Konsequenzen: Wie die Erfahrung zeige, werden die vitalen und viszeralen Organe des menschlichen Körpers durch die starken Leidenschaften (*vehementiores passiones*), die sich auf moralische Gegenstände beziehen (*circa bonum aut malum*), unterschiedlich affiziert, unabhängig davon, ob diese Gegenstände uns oder andere Menschen betreffen, vor allem aber sind die Emotionen im Spiel, wenn unsere Interessen auch solche der anderen tangieren.[100] Es sei gewiss, dass die emotionale Affizierung vermittelst des vegetativen Nervensystems entsteht und vielleicht auch durch das arterielle Blut. Daraus folgt, dass das menschliche Herz stärker durch die *passiones* betroffen ist als das der anderen Tiere, weil dieses vermittelst der spezifischen Verbindung Nerven-Herzmembran mit den Viszera kommuniziert und weil das Herz und die Viszera in allen Arten von Leidenschaften durch ein stärkeres Gehirn (*á fortioris Cerebri viribus*) und durch aktivere Lebensgeister bewegt werden als das bei anderen Tieren geschieht. Die Leidenschaften können also im Menschen eine raschere oder langsamere Blut- und Herzbewegung bewirken als bei anderen Tieren, bei denen die Herz-Viszera-Kommunikation viel schlichter gestaltet ist.[101]

Im letzten Punkt dieser Argumentserie befürwortet Cumberland die Erforschung der nervenphysiologischen Grundlage aller Leidenschaften, deren Symptome sich auf dem menschlichen *Gesicht* manifestieren. Den anatomischen Traktaten von Willis und Lower waren nämlich Daten über

---

il sont entrelacez." Vgl. auch De Legibus Naturae, II, § 27, S. 145.
100 Ebd., S. 169f.: "Cela étant, je suppose, comme un fait certain par une infinité d'expériences, que, dans nôtre Corps, le *Cœur*, le *Diaphragme*, & tous les Viscéres du Bas-Ventre, comme l'*Estomac*, le *Foie*, la *Rate*, les *Vaisseaux Spermatiques* &c. sont diversement affectez dans toutes les Passions vives qui ont pour objet le Bon ou le Mal, soit que l'un & l'autre nous regarde nous-mêmes, ou qu'il se rapporte à autrui; sur-tout quand nôtre intérêt se trouve mêlé avec celui des autres par une suite de la nature même des Choses, comme on peut toûjours le remarquer aisément, à cause de la ressemblance manifeste de la constitution de tous les Hommes en général." Vgl. auch De Legibus Naturae, II, § 27, S. 145.
101 Ebd., S. 170: "Or il est certain, que ces impressions se font par l'entremise des Nerfs, dont il s'agit, qui tiennent à ces Viscéres, & peut-être aussi par le concours du Sang qui coule dans les Artéres. D'où je conclus, que, dans les Passions dont j'ai parlé, le Cœur de l'Homme reçoit de plus fortes impressions, que celui des autres Animaux, parce qu'il communique ou sympathise avec les autres Viscéres, par cette liaison des *Nerfs* & du *Péricarde*, qui est particuliére au Corps Humain; comme aussi parce que, dans toute sorte de Passions, le Cœur, & les autres Viscéres, sont mis en mouvement par l'influence d'un Cerveau plus fort, & d'Esprits plus actifs, qu'ils ne le sont dans les autres Animaux. Or le Cœur, & le Sang qui en sort, étant la source de la Vie, de la Santé, & par conséquent de tout Plaisir dont nous joüissons; il faut nécessairement, que les Passions, qui, en nous ont plus de force, que dans les Bêtes, pour augmenter ou retarder ce mouvement du Cœur & du Sang, nous frappent aussi plus vivement, qu'elles ne frappent ces Animaux, dont le Cœur ne sympathise par en tant de maniéres avec leurs Viscéres. Outre que leurs Cerveaux sont plus paresseux; & leurs Esprits, soit qu'on les considére dans le Sang, ou dans les Nerfs, moins actifs." Vgl. auch De Legibus Naturae, II, § 27, S. 145.

das Lachen und das Seufzen zu entnehmen, die aus der Herz-Viszera-Kommunikation im menschlichen Körper resultieren. Cumberland sieht diese als eine Art Symptom der beiden menschlichen Grundaffekte – Lust und Schmerz –, denen alle anderen *passiones* verwandt seien. Dabei sei der von Willis beschriebene Konnex zwischen dem Nervenplexus und dem Zwerchfellnerven der Grund, weshalb das Lachen (*Risibility*) für den Menschen spezifisch ist (*a proper Affection of Man*). So reagieren beim Lachmechanismus, dessen psychophysiologische Grundlage Willis detailliert beschreibt, der Mund und das Gesicht auf die Herzfunktionen wie durch einen sympathetischen Effekt.[102] Die soziabilitätstheoretische bzw. anthro-

---

102 Traité Philosophique des Loix naturelles, II, § 27, S. 170f.: "Mais, outre les deux phénomènes généraux dont je viens de parler, j'en trouve, dans les Traitez d'Anatomie, deux particuliers, & développez exactement, qui résultent aussi de cette communication qu'il y a entre le Cœur, & les autres parties intérieurs du Corps Humain; ce son, le *Rire*, & les *Soupirs*. Là-dessus il m'est venu dans l'Esprit, que ces phénomènes sont une espèce de Symptômes des deux Passions principales, auxquelles nous sommes sujets: le prémier, d'une grande Joie; l'autre, d'une grande Douleur. D'où j'enfére, que toutes les autres Passions ressemblent à celles-ci, & qu'ainsi il y a lieu d'esperer, par une parité de raison, que l'on pourra aussi avec le tems découvrir & expliquer leurs Symptômes particuliers. [...] Je remarque d'abord après WILLIS, que la communication, indiquée ci-dessus, entre le *Plexus* particulier à l'Homme, & le *Nerf du Diaphragme* nous montre la véritable raison, pourquoi le *Rire* est propre à la Nature Humaine. C'est qu'un mouvement agréable d'Imagination fait impression sur le Diaphragme, en même tems que sur le Cœur. Les Nerfs, qui viennent au Plexus, tirent alors le Diaphragme, en haut, & le font sauter à diverses reprises. Comme le *Péricarde* y est attaché, le *Cœur*, & les *Poûmons*, en sont aussi ébranlez. Et le même Nerf intercostal se joignant en haut aux Nerfs de la machoire; aussi-tôt que le mouvement a commencé dans le Cœur, ceux de la Bouche & du Visage y répondent par sympathie." Vgl. auch Willis: The Anatomy of Brain and Nerves [1681], Chap. XXVI, S. 163: "Truly from hence not only the joynt action or *Sympraxis* of the *Diaphragma* with the *Præcordia* may be derived; but also the genuine cause is here manifest, why Risibility is a proper Affection of a man. For as often as the Imagination is affected by any pleasant of wonderful conception, presently the Heart desires to rejoyce, and as it were by shaking off its load to be eased: wherefore that the blood might be more swiftly emptied out of its right bosom into the Lungs, and consequently out of the left into the *Aorta*, the *Diaphragma*, instigated by the passage of the nerves going out of this infolding, is drawn upward by a more rapid *Systole*, and raises up the Lungs, as it were making iterated leaps, and causes them, by their more frequent striking together, to drive out both the Air and the blood. Then forasmuch as the same intercostal Nerve, which communicates lower with the nerve of the Diaphragma, is continued also higher with the maxillary Nerves, a cackling being made in the Breast, with it the gesture of the Mouth and Face pathetically answers." Vgl. auch Lower: De corde [1708], Cap. II (Quomodo risus perficitur, & si nimius sit, quomodo circulationem sanguinis impedit), S. 94f.: "Respiratio igitur a duobus præcipue impeditur, à Risu nempe, & Singultu. I. In Risu enim diaphragma à musculis infimi ventris, viscera sua in id impellentibus, in pectoris cavitatem sursum usque adigi, & tremulo gradu, (veluti ad aërem per partes excutiendum,) pro formando intra laryngem risu, relaxari videtur; quo fit, ut, cum pericardio ipsi accrescat, Cor ipsum ejusque basin ad sua ipsius vasa, tam qua sanguinem excipere, quam qua ejicere solet, arcte adigat, impingatque; adeo ut, occlusis quasi Cordis foribus, circuitus sanguinis pro tempore intermittatur, quod ex tumore venarum omnium in collo, facie, & fronte plane patet: quamprimum autem risus definit, & diaphragma ad debitum situm rediens Cor iterum deducit, ut systolen suam, & diastolen repetere valeat, sanguini circuitus suus redit, & venarum tumor iste, qui prius in risu apparuit, vasis iterum

pologische Relevanz des Lachens ist gemäss Cumberland dadurch gegeben, dass der Mensch, indem er lacht, nicht nur sich selbst gefällt, sondern sich dadurch auch innerlich wünscht, anderen Menschen zu gefallen.[103]

Cumberland benutzt diese Befunde, um seine zentrale These weiter zu präzisieren: Die im Vergleich zum Tier komplexere Körperorganisation selbst (*ex ipsa fabrica corporis nostri*) bzw. die daraus resultierende intensivere Gefühlswahrnehmung dient dem Menschen als permanente ›Warnanlage‹, die ihm ›signalisiert‹, in der Affektkontrolle die grösstmögliche Mühe aufzuwenden. Wie bei keinem anderen Tier können nämlich auf dem menschlichen Gesicht die äusseren Zeichen innerer emotionaler Vorgänge – etwa das Erröten bei Scham und die Blässe bei Angst und Zorn – abgelesen werden; das ist anatomisch auf die Durchsichtigkeit der Kutikula, der obersten Hautschicht, zurückzuführen.[104]

---

depletis, omnino evanescit: rem ita se habere constat, quoniam in longiore risu, præsertim in parvulis, (quem nutrices sæpe justo diutius provocant) non solum facies à nimia sanguinis copia, propter impeditum ejus recursum, livescit, sed & mors ipsa importunas istas blanditias aliquando excipit, ut historiæ passim testantur."

103 Traité Philosophique des Loix naturelles, II, § 27, S. 171: "Le *Rire* est un assaisonnement trés-agréable de la Vie Humaine, & sur-tout d'une bonne Société. Il n'y presque aucun usage dans la Solitude, ou dans les Passions qui ont pour objet quelque Mal, telles que sont la *Colére*, l'*Envie*, la *Haine*, la *Crainte*. Ainsi il faut le mettre au rang des choses, qui le plus souvent rendent agréable le commerce des Hommes les uns avec les autres, & qui ne le font trouver desagréable que rarement. L'Homme se plaît merveilleusement à la répétition de ce mouvement par intervalles, & rien ne chasse mieux toutes les impressions fâcheuses de la Tristesse. D'où l'on peut conclure, que la Nature Humaine, par cela même qu'elle est disposée d'une maniére convenable pour travailler à sa propre conservation, a aussi du panchant au Rire, qui est un attrait de la Société, tout particulier à l'Homme; & qu'ainsi, à cet égard, le soin de nous-mêmes, & le désir de plaire aux autres, sont liez naturellement ensemble." Vgl. auch De Legibus Naturae, II, § 27, S. 146f. Das Thema des Gesichts als Informationsquelle über seelische und körperliche Befindlichkeiten findet dann auch Eingang in die Textgattung *Anthropologia* des frühen 18. Jahrhunderts, die in der Regel nicht mehr ist als ein Kompendium des anatomischen Wissens über den menschlichen Körper; vgl. z.B. die Anthropologia Nova: Or, A New System of Anatomy. Describing the Animal Oeconomy, and A Short Rationale Of many Distempers Incident to Human Bodies. Illustrated with above Fourscore Figures, drawn after the Life. By James Drake, M.D. late Fellow of the College of Physicians and RS. The Second Edition Corrected. Bd. 1. London 1717, bes. Chap. IX (Of the Face), S. 305: "For tho' it [sc. the face, SDeA] be the most regarded, as well by the judicious as voluptuous part of Mankind, for Information as well as Pleasure; and tho' we bei thence inform'd in many Cases, not only of the Passions of Mens Minds, but the Distempers of their Bodies likewise; [...]." Vgl. zur Textgattung ›Anthropologia‹ im 18. Jahrhundert (vor Platner) auch die Überlegungen unten in Kap. 6., 4.

104 Traité Philosophique des Loix naturelles, II, § 29, S. 175: "A l'égard du Visage, CICERON a remarqué, qu'on ne le trouve tel dans aucun autre Animal; parce qu'il n'y a aucun, sur la face duquel on remarque jamais tant de signes des pensées & des passions internes: ce qui est d'un usage, pour former & pour entretenir la Société entre les Hommes; & leur serviroit de rien, s'ils vivoient chacun à part. Nous comprenons tous, quels sont ces Signes, quoi que nous ne puissions guères les exprimer en détail. Voici ceux qui s'observent le plus aisément, c'est que l'on *rougit*, quand on a honte de quelque chose; & l'on *pâlit*, au contraire, quand on a peur, ou que l'on est colère. Ces deux Symptômes se font remarquer

Während also das Gesicht die Soziabilität begünstigt, sind ferner die Hände nicht nur als Instrument kultureller Produktionen im weitesten Sinne – der Landwirtschaft, der Plantagenwirtschaft, des Gebäudebaus, Festungen und Schiffen etc. – zu sehen, sondern erhalten erst dann ihren eigentlichen Nutzen, wenn Menschen einander helfen und eine friedliche Gesellschaft aufbauen.[105] Cumberland schildert detailliert, wie etwa die anatomische Struktur der menschlichen Hand – speziell auch ihre Distanz vom Zentrum der Bewegung im Schultergelenk – die Tragfähigkeit begünstigt und die Wurfkapazität erhöht, und wie sie – als Folge des aufrechten Ganges und der Elastizität der Muskeln – enorme Kräfte zu mobilisieren in der Lage ist.[106] Dieses Kraftpotential und die Kraftbalance unter Individuen, die dadurch entsteht, sieht Cumberland als weiteres Motiv, das Menschen dazu bringt, ihre Kräfte eher einzusetzen, um anderen zu helfen, als ihnen zu schaden.[107]

---

sensiblement, parce que la petite peau de nôtre Visage étant transparente, on apperçoit aisément l'abondance ou le peu de Sang qui y passe, & ses divers mouvemens." Vgl. auch De Legibus Naturae, II, § 28, S. 152.

105 Traité Philosophique des Loix naturelles, II, § 29, S. 176: "Pour ce qui est des *Mains*, la disposition naturelle de cet Organe du Corps Humain, considéré comme jointe aux Bras, est tout-à-fait singulière, & elle les rend un instrument propre en diverses manières à ce qui regarde l'*Agriculture*, le *Plantage*, la construction des *Bâtimens*, des *Fortifications*, des *Vaisseaux*, & autres sortes d'Ouvrages Méchaniques. Mais tout cet appareil ne seroit presque d'aucun usage, si les Hommes ne se prêtoient du secours l'uns aux autres, & ne formoient entr'eux des Sociétez paisibles." Vgl. auch De Legibus Naturae, II, § 28, S. 153.

106 Traité Philosophique des Loix naturelles, II, § 29, S. 177f.: "En effet, lors qu'on veut soûtenir avec la Main & porter quelque chose de fort pesant; la Main, avec le poids qu'elle tient, se baisse vers le côté, par le mouvement des jointures du Bras, de manière qu'elle s'éloigne aussi peu qu'il est possible de la Ligne de direction, c'est-à-dire, d'une Ligne droite, que l'on conçoit tirée du Centre de Gravité de tout le composé, qui résulte de nôtre Corps & du Poids à soûtenir, jusqu'au Centre de la Terre. D'où il arrive, que le Poids pèse avec le moins de force sur ce Centre de Gravité. C'est ce que font machinalment, et sans autre maître que l'Expérience, ceux qui n'ont aucune connoissance des principes de la Gravitation; & ils ne pourroient le faire, si la Main n'étoit aussi commodément ajustée à l'Epaule, & à la situation droite du Corps. Lors, au contraire, que nous voulons, avec nôtre Main, imprimer du mouvement à quelque Corps d'une moindre pésanteur, à une Pierre, par exemple, que l'on jette; à un Marteau, ou à quelque autre Instrument, dont on se sert; cette structure très-convenable de la Main, fait que nous apprenons à la hausser; de sorte qu'étant alors plus éloignée du Centre de son mouvement, elle se meut plus vite, & agit avec plus de force: de même que, plus une Fronde est longue, & plus, toutes choses d'ailleurs égales, le Pierre, qui est jettée, reçoit un plus haut degré de force, à cause de la plus grande distance où elle est du Centre de son mouvement. [...] Voilà qui donne à nos Mains un nouveau degré de force, & en même tems un avantage qui nous est tout-à-fait particulier, comme étant une suite de la situation droite du Corps Humain. Ajoûtons encore, que la vertu élastique qu'ont un grand nombre de Muscles, répandus presque par tout nôtre Corps, contribuë à produire ces mouvemens, & concourt aussi avec la distance du Centre, [...], à augmenter leur vîtesse." Vgl. auch De Legibus Naturae, II, § 28, S. 154f.

107 Traité Philosophique des Loix naturelles, II, § 29, S. 178: "A la vérité ces instruments particulier à l'Homme, qui lui donnent de plus de grandes forces, que n'en ont les Bêtes, peuvent être emploiez, contre leur destination naturelle, à commettre des Meurtres, & à faire du mal

In Horizont dieser Überlegungen wird schliesslich klar, wie die bereits erwähnte Beziehung zwischen medizinischem Wissen, zivilem Recht und ökonomischen Faktoren gemeint war: Cumberland reduziert Tugend, mit der das Naturgesetz konform ist, auf die Regulierung der Affekte, die sich auf die Güterverteilung beziehen und also auch starke Eigeninteressen von Mitgliedern einer zivilen Handels- und Konsumgesellschaft betreffen.[108] Die Affektregulierung wird daher auf die Mittel bezogen, die das Gemeinwohl (*bonum commune*) befördern sollen. Solche Mittel sind freie Handlungen (*actiones liberae*), die eine gerechte Verteilung von Gütern und Dienstleistungen etablieren oder aufrechterhalten; dies trägt (nach der naturrechtlichen Definition des Zwecks von Gesellschaft) am Meisten zum Glückbefinden aller Menschen bei (*quae ad omnium foelicitatem plurimum facit*). Diese freien Handlungen werden durch die Naturgesetze geregelt,[109] also von Handlungsprinzipien wie die *mutual benevolence* oder den reziproken Altruismus.

Man tut gut daran, den von Cumberland hier eingebrachten Blick auf die *commercial society* ernst zu nehmen. Denn bezieht man ökonomische Interessen nicht nur auf die Individuen einer Gesellschaft, sondern auch auf ganze Staaten, die um die Eroberung globaler Handelsmärkte konkurrieren, so zeichnet sich bei Cumberland bereits jene Veränderung in der Wahrnehmung von sozialen und staatspolitischen Beziehungen ab, die der Cambridger Historiker der politischen Ideen, Istvan Hont, mit David Hume als ›Jealousy of Trade‹ bezeichnet hat.[110] Die Ökonomie bildet denn auch einen fundamentalen Faktor in der Politik von Staaten wie England und Frankreich,

---

aux autres Hommes en diverses manières. Mais il est clair, à mon avis, que tout ce qui rend les Hommes en général plus puissans, fournit à chacun, s'il fait attention au pouvoir égale des autres, qui balance le sien, des motifs à vouloir les assister de ses forces plûtot que de leur nuire; & par conséquent que cette considération est propre à inspirer des sentimens de Bienveillance mutuelle." Vgl. auch De Legibus Naturae, II, § 28, S. 155.

108 Traité Philosophique des Loix naturelles, II, § 27, S. 171: "C'est ainsi que la structure même de nôtre Corps nous avertit continuellement de la nécessité où nous sommes de veiller avec tout le soin possible au gouvernement de nos Passions. Et cela est de très-grande importance pour mon sujet, puisque toutes *Vertus*, & par conséquent la pratique de toutes les *Loix Naturelles*, se réduisent à bien régler les Passions, qui ont pour objet l'établissement ou la conservation du Partage de toutes choses entre nous." Vgl. auch De Legibus Naturae, II, § 27, S. 145f.

109 Ebd., S. 173: "Et nous n'en saurions trouver ici d'autres [sc. Regeln, SDeA], que celles qui nous enseignent à tourner toutes nos Passions vers l'usage des Moiens nécessaires ou utiles pour obtenir la plus grande & la plus excellente Fin, c'est-à-dire, le Bien Commun. Or les seuls Moiens qui dépendent ici de nous, ce sont les Actions Libres, par lesquelles on établit ou l'on maintient un juste PARTAGE d'un grand nombre de Choses & de Services, qui contribuë beaucoup au Bonheur de tous les Hommes. Les Règles, qui nous prescrivent l'usage de tels Moiens, ne sont autres chose que les Loix Naturelles, […]. Et ces Moiens sont les actes de *Justice Universelles*, ou de toute sorte de *Vertus*, conformes aux Loix Naturelles." Vgl. auch De Legibus Naturae, II, § 27, S. 149.

110 Hont: Jealousy of Trade, bes. Introduction, S. 1-156, hier S. 1-6.

die etwa in der Zeit des Siebenjährigen Krieges, als auch Humes Schrift *Jealousy of Trade* (1758) erschien, einen globalen Konflikt austrugen, bei dem es u.a. um die Handelsmärkte in Nordamerika und in Indien ging. Gleichzeitig bildet die Idee der *commercial society* die Grundlage der posthobbesschen Entwicklung der politischen Theorie im späten 17. Jahrhundert, an der auch Pufendorf teilnahm.[111] Denn das Kriterium der politischen Ökonomie, wie sie später David Hume und Adam Smith konzipieren, ist die Einbeziehung des Handels in die *ragion di stato*, d.h. in die ›realpolitischen‹ Belange von Staaten, wie es das vor dem 17. Jahrhundert nicht gab; zumindest wird aus Humes Sicht der Handel als Voraussetzung für die Erhaltung von Staaten als eine neue Dimension der Politik gegenüber der Renaissance (Machiavelli) und dem frühen 17. Jahrhundert (Hobbes) gesehen, die dieses Phänomen nicht berücksichtigten.[112]

Natürlich ist dies nicht der Ort, um dieses Thema weiter zu vertiefen. Dennoch ist es umso wichtiger, die Relevanz der anthropologischen Voraussetzungen der *commercial society*, wie sie Cumberland formuliert, hervorzuheben. Bedenkt man nämlich den antihobbesschen Ansatz Cumberlands, so bekommen seine Aussagen einen Sinn, der bislang kaum in den Blick der Forschung gelangt ist.[113] Denn gerade vor dem Hintergrund von Cumberlands Überlegungen zum reziproken Altruismus – als eine neben dem Egoismus zu berücksichtigende Strategie der Selbsterhaltung[114] – wird klar, auf welcher anthropologischen Grundlage die von Smith und Hume befürwortete "logic of reciprocity"[115] bzw. "commercial reciprocity"[116] eigentlich beruht.

---

111 Hont: Jealousy of Trade, Chap. 1 (The Language of Sociability and Commerce: Samuel Pufendorf and the Theoretical Foundations of the "Four-Stages" Theory), S. 159-184.

112 Ebd., Introduction, S. 8f.: "Truly modern politics, in his [sc. Humes, SDeA] view commenced when trade became the focus of political attention. Jealousy of trade was thus a post-Machiavellian development" (S. 9).

113 Mir ist in der Tat schleierhaft, warum Istvan Hont in seiner Studie den englischen Naturrechtstheoretiker Cumberland in diesem Zusammenhang nicht berücksichtigt. Vgl. aber Hont/Bödeker: Naturrecht, Politische Ökonomie und Geschichte der Menschheit, S. 87: "Die sich im Laufe des 18. Jahrhunderts entwickelnde Theorie der »commercial society« läßt sich nicht als bloßer Reflex des entstehenden Kapitalismus oder des Liberalismus einer aufsteigenden Bourgeoisie interpretieren, sondern muß vielmehr als Ergebnis einer Verlagerung der Fragestellung innerhalb des naturrechtlichen Theoriekonzepts hin zu Fragen der Geselligkeit, der Leidenschaften und Interessen, der moralischen Verantwortlichkeit und, ganz besonders wichtig, einer »philosophischen Geschichte« begriffen werden."

114 Vgl. oben Kap. 6, 2. (›Biologie der Moral‹).

115 Hont: Jealousy of Trade, Introduction, S. 6: "Like a number of other leading thinkers in the eighteenth century, Hume argued that trade and war followed fundamentally different logics. Prospectively, war was a one-way affair, with a winner and a loser; trade, on the other hand, was inherently based on reciprocity. Though not altruistic, it could only continue on the basis of mutual benefit."

116 Ebd., S. 7: "Smith, however, also recognized, that although commercial reciprocity might prevent the use of war as an instrument of economic aggrandizement, world markets would still continue to exhibit warlike ruthlessness. Eighteenth century political economists fre-

Cumberlands Blick auf die sozioökonomische Realität der 1660 Jahre in England – auch Barbeyrac zählt in seinen Pufendorf-Kommentaren Handel und Eigentum zur *conditio humana*[117] – ist damit mit der Wahrnehmung eines Clauberg um 1650 durchaus vergleichbar, der die grossen Veränderungen seines Jahrhunderts vor allem im Bau des Fernrohrs und in der Schifffahrt sah. Man könnte also sagen, dass Pufendorf und Cumberland in ihrer Analyse und Theorie der Gesellschaft eine Realität vor Augen hatten, die einerseits durch den technischen und naturwissenschaftlichen Fortschritt, andererseits durch die marktwirtschaftlichen Interessen von Grossmächten wie England, Frankreich oder Spanien in den von ihnen eroberten kolonialen Gebieten hervorgebracht worden war. Die Ausweitung der Anthropologie auf das Studium der aussereuropäischen Völker und Kontinente unter Einbeziehung der Ethnographie ab der Mitte des 18. Jahrhunderts bekommt somit von der Wahrnehmung auf die *commercial society*, welche die Naturrechtstheoretiker einbringen, einen entscheidenden Impuls.[118]

4. Die ›posthobbessche‹ Entwicklung der Anthropologie

4.1. Die Probabilität des Moralinstinkts

Die Beziehung zwischen Naturrecht und Medizin, wie sie sich um 1670 kostituiert, bildet einen neuen systematischen Ausgangspunkt der Reflexion über den Menschen. Das bedeutet, dass Cumberlands Argumentation *gegen* Hobbes nicht nur eine alternative Erklärung der Prinzipien menschlichen Verhaltens zutage fördert. Gleichzeitig legt sie auch den Grund für die *posthobbessche* Entwicklung der Anthropologie, deren zentrales Merkmal die Verbindung von Körper und Geist ist. Die These ist also, dass Cumberlands Ansatz eine Idee des ›ganzen‹ Menschen beinhaltet, die das Projekt der ›Anthropologie der Aufklärung‹ mitbegründet.

Auf dem gesamtheitlichen Konzept vom Menschen insistiert Cumberland bis in die letzten Paragraphen des zweiten Kapitels von *De Legibus Naturae*: Die menschliche Natur umfasst nicht nur den Geist und den Kör-

---

quently chose to study those intersections of politics and commerce that they saw as the proximate causes of the modern civilizing process."

117 "It is sufficient, that in the State that Things now are, Commerce, as well as Propriety of Goods, is necessary among Men, in the Condition they are; so that we may say, that the Settlements of Commerce in General are very conformable to the most pure Reason, and the Law of Nations, so called in the most agreeble Sense." Zitiert nach Hont: Jealousy of Trade, S. 184. Diese Passage, die Adam Smith in seiner *Theory of Moral Sentiments* zitiert, befindet sich in Barbeyracs erster Fussnote zu Pufendorf: Le Droit de la Nature et des Gens, Kap. V, 1.1.

118 Vgl. hierzu unten Kap. 6, 4.2.2.

per als zwei essentielle Teile, sondern ist als deren Verbindung zu begreifen (*consociationem earum inter se*).[119] Dies bildet die philosophische Prämisse von Cumberlands biologischer, psychologischer und physiologischer Argumentation. Damit kann er die Hobbesschen Thesen als unbegründet zurückweisen: Hobbes habe nirgends Argumente zum Körper oder zum Geist des Menschen gegeben, die ein ›Recht-auf-alles‹ rechtfertigen; von den *natural passions*, die Hobbes im *Leviathan* (Kap. 17) dafür verantwortlich mache, ganz zu schweigen.[120] So gehören zu den natürlichen Ursachen der Selbsterhaltung – im Sinne des Naturgesetzbegriffs – eben auch *altruistische* Motive.[121] Das hat Konsequenzen für das Menschenbild, das Cumberland zeichnet: Durch die Verbindung von Körper und Geist sind die Menschen in der Lage, ein *bonum comune*, ja sogar ein Modell von Gesellschaft oder von Regierung zu *erkennen* und zu *wollen*. Das Modell ist hier nicht von vornherein bestimmt (wie bei Hobbes), sondern prinzipiell noch offen. Die Erkenntnis beruht auf einem *Selbstgefühl*: Wir fühlen in uns selbst, dass unser Körper nicht nur mit unserem Geist verbunden ist, sondern dass der Geist eine grosse Anzahl von Gedächtnishandlungen, Affektregungen und vor allem Muskelbewegungen lenkt.[122] Die Eindrücke in unserem Geist setzen einen Erkenntnisprozess in Gang, der zu einer politischen Idee oder Modell führt; dies drängt uns ständig, unterschiedliche Dinge (*res diversae*) zu denken, die sich aber wiederum gegenseitig stützen und die im Blick auf die Erforschung der Ursachen des

---

119 Traité Philosophique des Loix naturelles, II, § 31, S. 181: "Enfin, la Nature Humaine renferme non seulement l'Ame & le Corps, comme autant de parties essentielles, mais encore l'union de l'une avec l'autre." Vgl. auch De Legibus Naturae, II, § 30, S. 159.

120 Traité Philosophique des Loix naturelles, II, § 31, S. 180: "ICI je prie le Lecteur de remarquer, qu'HOBBES n'a nulle part rien indiqué de naturel & d'essentiel au Corps ou à l'Ame de l'Homme, comme le font les choses dont nous avons traité, qui fournisse à chacun un motif invincible, ou qui le détermine nécessairement d'une manière, à se regarder lui seul comme aiant droit à toutes choses. Mais tantôt il attribue cela aux Passions, supposition que nous avons réfutée ci-dessus: […]." Vgl. auch De Legibus Naturae, II, § 30, S. 158.

121 Traité Philosophique des Loix naturelles, II, § 31, S. 181: "Pour bien juger de ce qui est naturel, il faut examiner les Pouvoirs & les Panchans nécessaires, essentiels, & constans, de chaque Chose; & dans l'Homme, ceux sur-tout qui servent à conserver sa Vie, & son Bonheur ordinaire, plûtôt que les dérèglemens accidentels des Passions, qui tendent à les détruire l'un & l'autre. Il est certain que, pendant que nous vivons, & que nous sommes en bon état, les Causes de la conservation de nôtre Vie & de nôtre Santé, sont plus fortes, que les contraires, qui y donnent quelque atteinte; & qu'ainsi c'est par l'influence des prémières, que nous devons juger de nôtre propre nature." Vgl. auch De Legibus Naturae, II, § 30, S. 158f.

122 Traité Philosophique des Loix naturelles, II, § 31, S. 181f.: "Ce qui me donne lieu de faire remarquer, que les Hommes peuvent par-là [sc. par l'union de l'âme avec le Corps, SDeA] être amenez à la connoissance & au désir d'un Bien commun à plusieurs Natures, & même d'une Société ou d'un Gouvernement entre des Natures différentes; […] En effet, nous sentons en nous-mêmes, que naturellement, & par conséquent en vertu d'un établissement divin, nôtre Corps est non seulement uni à nôtre Ame, mais encore dépend de sa direction, dans un grand nombre d'actes de Mémoire, de mouvemens des Passions, & sur-tout de mouvemens des Muscles."

›glücklichen Lebens‹ (*foelicitas vivendi*) als ein einziges Ganzes zu betrachten sind. Dazu ist es notwendig, dass einzelne Kräfte der menschlichen Natur anderen subordiniert werden. Ein geordnetes Zusammenspiel dieser wirkenden Kräfte (*ordinatus plurium causarum concursus*) ist also nötig, um in der menschlichen Natur angenehme Empfindungen auszulösen. Von Vorteil ist die reziproke Hilfe der Teilfunktionen der menschlichen Natur (*mutua officia partium*), schädlich deren Trennung (*separatio*), durch die der natürliche Tod droht.[123]

Relevant sind diese Textstellen, weil sie mir helfen, die Kriterien für den erfolgten *anthropologischen* Wandel herzuleiten und anhand von Beispielen zu verdeutlichen. Von einer ›posthobbesschen‹ Entwicklung der Anthropologie, wie ich sie nenne, kann zunächst einmal insofern gesprochen werden, als gegenüber Hobbes, der vor allem die *natural passions of man* als Motiv für die notwendige Konstruktion des absoluten Staates nennt, hier die Gesamtheit der zusammenwirkenden Kräfte des Menschen – geistig-kognitive, der *memoria*, emotional-affektive, motorische – im Mittelpunkt steht. Obwohl der Geist bzw. der bewusste Teil der menschlichen Natur bestimmte psychische und körperliche Funktionen zu lenken in der Lage ist, geschieht dies nicht unabhängig von der körperlichen Disposition, die auch vorbewusst auf das Handeln wirkt. Hinzu kommt, dass dieses anthropologische Modell jetzt auch im Horizont des *epistemologischen* Wandels beurteilt wird, der sich seit 1700 vollzieht. Gegenüber dem ›Wahren‹ der metaphysischen Systeme des 17. Jahrhunderts wird das ›Wahrscheinliche‹ als Erkenntnisgrad aufgewertet, und zwar nicht nur als Kategorie der Ästhetik,[124] sondern auch der Moralphilosophie. So nimmt beispielsweise Barbeyrac Ideen der Erkenntnistheorie Lockes in seiner Pufendorf-Interpretation auf.[125]

Es ist daher kein Zufall, dass in einem Kommentar zum zweiten Kapitel von *De Legibus Naturae*, den der Cumberland-Übersetzer John Maxwell verfasst hat,[126] die *benevolence* als *probables Wissen* angesehen wird. Barbeyrac

---

123 Ebd.: "Cela [sc. dieses Selbstgefühl, SDeA] imprime dans nos Esprits une idée ou un modèle de Gouvernement, par où nous sommes continuellement sollicitez à penser, combien de choses différentes, mais qui s'aident les unes les autres tour-à-tour, doivent être nécessairement considérées comme un seul Tout, dans la recherche des Causes d'une Vie Heureuse: combien il est nécessaire que quelques-unes des Parties de nous-mêmes soient déterminées par les autres: de quelle utilité est l'ordre des Parties entr'elles, & combien un concours réglé de plusieurs Cause est nécessaire pour produire prèsque toutes les effets agréables à nôtre Nature: combien sont avantageux les secours réciproques que les Parties se prêtent, & combien est pernicieuse la séparation des unes d'avec les autres, qui menace d'une Morte naturelle." Vgl. auch De Legibus Naturae, II, § 30, S. 159f.
124 Vgl. etwa Gianvincenzo Gravina: Delle antiche favole [1698] u. La ragion poetica [1708], Lib. 1, III (Del verisimile e del convenevole). In: Ders.: Scritti critici e teorici. Hg. von Amedeo Quondam. Bari 1973, S. 78 u. S. 202f.
125 Vgl. oben Kap. 6, 1. Vgl. auch Hont/Bödeker: Naturrecht, Politische Ökonomie und Geschichte der Menschheit, S. 85.
126 Richard Cumberland: A treatise of the laws of nature. Hg. von John Maxwell. London 1727

nimmt diesen Kommentar in seiner französischen Cumberland-Ausgabe vollständig auf: Es sei "très-probable", so Maxwell, "que les dispositions naturelles des Hommes à la *Bienveillance* sont plus égales, qu'on ne croit communément; & que la différance qu'il y a entr'eux à cet egard, vient principalement de l'*Habitude*."[127] Maxwell bezieht die *bienveillance* konkret auf Situationen der Alltagserfahrung und denkt darüber nach, wie sie durch Bildung und Erziehung gefördert werden kann.[128] Als Moralinstinkt (*instinct de la bienveillance*), wie sie Maxwell bzw. Barbeyrac bezeichnet, avanciert Cumberlands Konzept – neben der Selbstliebe (*Amour d'eux mêmes*) – zu einer zentralen Kategorie der naturrechtlichen Interpretation der Natur des Menschen.[129] Die *mutual benevolence* bildet somit einen Grundpfeiler der Anthropologie der Aufklärung und liegt – wie zu Recht bemerkt wurde – noch Schillers kulturanthropologischer Kategorie des ›Naiven‹ zugrunde.[130]

Die soziale Ethik bildet die eine Seite der Anthropologie, die Physiologie die andere, gemäss der doppelten Struktur des Naturgesetzbegriffs, von dem ich ausgegangen bin.[131] Bedenkt man Cumberlands physiologischen Argumente gegen Hobbes, mag es eigentlich kaum erstaunen, dass

---

(zitiert nach Parkin: Science, Religion and Politics, S. xi).
127 Traité Philosophique des Loix naturelles, II, § 31, S. 182, Anm. 2.
128 Ebd., S. 182f.: "'La politesse des Personnes d'un rang distingué consiste principalement à se rendre agréables, & à éviter tout ce qui seroit capable de choquer quelcun de leur Compagnie: [...] Que la Bienveillance ce dépend principalement de l'Habitude on peut tirer un autre usage très-considérable, qui regarde l'*Education des Enfants* & de la *Jeunesse*. Il est trés-certain, que cet âge, fléxible par lui-même, est le plus propre à jetter les fondemens de l'Habitude: & cependant c'est celui qu'on néglige prèsque entièrement, par rapport aux choses qui peuvent former à des sentimens de Bienveillance. On ne seroit guère, à mon avis, alléguer d'autre raison, pourquoi toutes les autres dispositions, que la Raison approuve, se renforcent, à mesure qu'une personne avance en âge & en connoissances; pendant que celle-ci, la plus aimable & la plus noble de toutes, diminuë & déchet."
129 Ebd., S. 182: "[...] 'en particulier, il paroît que l'Auteur de la Nature veut que les Hommes en général s'aident les uns les autres; parce qu'il a fait les Hommes de telle manière, & tellement ajusté la Nature des Choses à la constitution de la Nature Humaine, que les Hommes, en partie, par l'instinct de la Bienveillance, en partie, & principalement, par l'Amour d'eux mêmes, pendant qu'ils cherchent leur propre avantage, agissent en plusieurs occasions pour le bien des autres.'"
130 Wolfgang Riedel: »Der Spaziergang«. Ästhetik der Landschaft und Geschichtsphilosophie der Natur bei Schiller. Würzburg 1989, hier S. 71-77, der aber Cumberlands fundamentaler Beitrag, von dem die ganze englische (Shaftesbury, F. Hutcheson, D. Hume, A. Smith, A. Ferguson etc.) und deutsche! (C. F. Gellert, J. F. Abel, C. M. Wieland) *moral-sense*-Philosophie abhängt, nicht sieht. Vgl. etwa Francis Hutcheson: Erläuterungen zum moralischen Sinn. Hg. von Joachim Buhl. Stuttgart 1984 [Originaltitel: Illustration on the Moral Sense], S, 66f.: "Diese Motive des Eigennutzes darzustellen und die Menschen zu allgemein nützlichen Handlungen zu bewegen, ist sicherlich die notwendigste Aufgabe der Moral. Sie wurde von den Moralisten der Antike, von Dr. Cumberland, Pufendorf, Grotius und Shaftesbury sehr gut gelöst."
131 Vgl. oben Kap. 4, 1.

gerade die Muskelbewegung und die Sensibilität der Nerven um 1750 zum Gegenstand der experimentellen Physiologie Albrecht von Hallers werden. Im Göttinger Laboratorium führten Haller und seine Forschergruppe von Doktoranden eine grosse Anzahl von Experimenten durch, die das Phänomen der Irritabilität hervorbrachten. Die Irritabilität etablierte sich als bahnbrechendes physiologisches Konzept, das noch bis zum Ende des 18. Jahrhunderts kontrovers diskutiert wurde.[132] Ein zentraler Punkt, auf dem besonders Haller insistierte, war, dass die Irritabilität als Kontraktionskraft – des Herzens, der Muskeln, der Viszera, des Diaphragmas etc. – auch unabhängig von der Verbindung dieser Organe zum Gehirn wirkt, im Bewusstsein also keine Spuren hinterlässt. Dies war ein Aspekt, dem – wie noch zu zeigen sein wird – besonders die Physiologie Platners von 1794 widersprechen sollte.[133]

4.2. Der Seelenbegriff der Anthropologie

Hallers Verständnis der Irritabilität als Fibernkontraktion, deren Wirkung nicht ins Bewusstsein gelangt und die von der Sensibilität der Nerven verschieden ist, weist aber bereits auf ein Problem hin, das sich am Naturgesetzbegriff verdeutlichen lässt. Da der Naturgesetzbegriff des 18. Jahrhunderts eine doppelte Struktur aufweist – eine physische und eine ethische –, entsteht für den Mediziner dadurch grundsätzlich die Möglichkeit, entweder *nur* die physische Seite zu betrachten und damit von der ethischen abzusehen oder es besteht die Möglichkeit, beide Seiten gemeinsam in den Blick zu nehmen. Letzteres würde bedeuten, seelisch-moralische Aspekte in die Betrachtung des Körpers einzuschliessen. Haller beispielsweise schliesst jede Betrachtung des Seelischen aus seiner experimentellen Forschung aus, nicht nur weil er sich vom Stahlianismus abgrenzen wollte, sondern weil bei ihm auch starke theologische Bedenken existierten, die Seele im physiologischen Kontext zu behandeln. Darüber hinaus deckt sich seine Haltung auch mit epistemologischen, methodologischen und evidenztheoretischen Annahmen, die seiner experimentellen Methode in signifikanter Weise zugrundeliegen.[134]

Die variable Handhabung der Teile des Naturgesetzbegriffs hat Kon-

---

[132] Hubert Steinke: Irritating Experiments. Haller's Concept and the European Controversy on Irritability and Sensibility, 1750-90. Amsterdam/New York 2005, Kap. 2. Vgl. auch Albrecht von Haller. Leben – Werk – Epoche. Hg. von Hubert Steinke, Urs Boschung und Wolfgang Pross. Göttingen 2008.
[133] Vgl. hierzu unten Kap. 6, 4.2.1.
[134] De Angelis: Von Newton zu Haller, 2. Teil, Kap. 3, 2. (Das Begründungsproblem von Hallers Irritabilitätslehre im Rahmen des naturrechtlichen Rationalitäts- und Evidenztypus'), S. 321-342.

sequenzen für die Anthropologie. Zu berücksichtigen ist nämlich, dass
– auch unabhängig von der Position einzelner Forscher – die zweiteilige Struktur des Naturgesetzbegriff ein systematisches Kriterium bildet,
das die Anthropologiekonzepte des 18. Jahrhunderts zu begreifen und zu
ordnen ermöglicht. Es geht im Folgenden dennoch nicht so sehr darum,
zwischen Anthropologiebegriffen zu unterscheiden,[135] sondern darum, zu
zeigen, dass sich die Anthropologieformen, wie sie das 18. Jahrhundert
kennt, einheitlich aus dem Naturgesetzbegriff begründen lassen.

Aus der bisherigen Argumentation sollte nämlich klar geworden sein,
dass der Naturgesetzbegriff, wie er im 17. Jahrhundert bei Descartes und
Cumberland verwendet wird, im Blick auf den Gegenstand ›Natur des
Menschen‹ einen Ansatzpunkt bietet, der es erlaubt, eine Form von Anthropologie herauszukristallisieren, in der der physische und der ethische
Teil der menschlichen Natur nicht unabhängig voneinander betrachtet
werden. Gleichzeitig ist diese Anthropologieform, die sich eben aus dem
genannten Naturgesetzbegriff heraus entwickelt, von dem Textgenre ›Anthropologia‹ sowie ähnlichen frühneuzeitlichen Textformen (*De natura hominis*, *De homine*, etc.) zu unterscheiden, die im Wesentlichen noch dem
Casmannschen Grundschema (1594) verpflichtet sind.[136] Casmanns dualistische Aufteilung des Textgenre *Anthropologia* in die Bereiche *Psychologia*
(Geist) und *Somatotomia* (Körper) bleibt noch bis weit ins 18. Jahrhundert
erhalten und führt dazu, dass bei den Medizinern das Textgenre *Anthropologia* bzw. *Anthropographia* praktisch mit dem Textgenre *Anatomia* oder
Physiologia zusammenfällt.

Dass diese beiden Anthropologieformen – die auf dem Naturgesetzbegriff beruhende und die des medizinischen Textgenres – in der ersten
Hälfte des 18. Jahrhunderts koexistieren, zeigen beispielsweise zwei im selben Jahr 1737 erscheinende Texte, denen bislang kaum Aufmerksamkeit
geschenkt wurde. Es handelt sich zum einen um die *Dissertatio de Anthropologia* des Mediziners Friedrich Christian Cregut (1675-1758), die dem Werk
seines berühmteren sächsischen Kollegen Johann Gottfried Berger (1659-1736) *Physiologia medica sive de Natura humana* vorangestellt ist.[137] Zum ande-

---

135 Dies tut – m.E. mit geringem Erkenntnisgewinn – zum Beispiel Tanja van Hoorn: Das anthropologische Feld der Aufklärung. Ein heuristisches Modell und ein exemplarischer Situierungsversuch. In: Natur – Mensch – Kultur. Georg Forster im Wissenschaftsfeld seiner Zeit. Hg. von Jörn Garber und Tanja van Hoorn. Hannover-Latzen 2006, S. 125-141.

136 Vgl. oben Kap. 3; vgl. zur Textgattung ›Anthropologia‹ in der Frühen Neuzeit auch Udo Benzenhöfer/Rotzoll: Zur "Anthropologia" (1533) von Galeazzo Capella, die dieses eine Beispiel noch im humanistischen Kontext verorten; Leinkauf: Selbstrealisierung. Anthropologische Konstanten in der Frühen Neuzeit, S. 132f, der zu Recht hinweist, dass sich das anthropologische Denken (egal ob in einer Textgattung oder nicht) bis zu Leibniz (mit der Ausnahme von Hobbes) dadurch kennzeichnet, dass es "eine metaphysisch-theologische Fundierung behalten hat" (S. 133).

137 Johann Gottfried Berger: Physiologia Medica sive de Natura Humana Liber bipartitus. Ite-

ren geht es um eine kommentierte Edition von Pufendorfs Werk *De officio hominis et civis* – dem sehr einflussreichen Kompendium seiner Naturrechtstheorie.[138] Im weiteren Verfahren ist also erstens zu begründen, warum sich beim Textgenre *Anthropologia* bis zu Platner im Prinzip kaum etwas verändert, und zweitens inwiefern die im Pufendorf-Kommentar geäusserte Charakterisierung der menschlichen Natur in der Naturgeschichte Buffons weiter ausgebaut und ergründet wird und dadurch der sogenannten ›anthropologie culturelle‹ den Weg ebnet.

4.2.1. Die vorreflexive Tätigkeit des Geistes

Bei Creguts *Dissertatio de Anthropologia* handelt es sich wohl um eine der letzten, wenn nicht die letzte umfassende Darstellung des medizinischen Textgenres der ›Anthropologia‹ bzw. ›Anthropographia‹. In diesem Texttypus ist, wie Cregut zu Beginn ausführt, das Wissen über den menschlichen Körper in seinem natürlichen und gesunden Zustand dargestellt.[139] Cregut bespricht eine Liste von medizinischen Autoren, die seit der Antike und Renaissance bis in die 1730er Jahre über diesen Gegenstand geschrieben haben,[140] ähnlich wie Haller später in der von ihm edierten und kommentierten Ausgabe von Boerhaaves *Methodus Studii Medici* (1753) einen Abriss über die Autoren gibt, die über den Gegenstand der *physica* geschrieben haben.[141]

---

rum in lucem prodit cura Frider. Christiani Cregut [...] cujus Dissertatio de Anthropologia ejusque praecipuis tam antiquis quam modernis scriptoribus introductionis loco praemittitur. Francofurti, Apud Haered. Beati Stock & Schilling, 1737.

138 Vgl. unten Kap. 6, 4.2.2.

139 Friedrich Christian Cregut: Dissertatio de Anthropologia [1737], fol. a*v*: "Uti autem in arte pingendi ii perfectiores habentur, qui Hominum formas nitide pingere perdidicerunt, ita illi Doctiores sunt Anthropographie, qui tam de internarum quam externarum corporis humani partium, venarum, arteriarum, nervorum, vasorum ac relinquorum canalium, membranarum, ossium, tendinum, musculorum, viscerum omnium, & structurae ac fabricae accuratiorem habent cognitione. [...] Talem Hominis tractationem in Medicorum Scholis etiam Physiologiae nomine insigniunt. Alli suos in hac materia labores, Libros de Natura Humana, imò libros de oëconomia animali, Doctrinam de usu partium corporis humani vocarunt, quae diversae nuncupationes unum idemque significant. Nimirum omnes pro objecto habent Hominem, cujus statum naturalem ac sanum considerant, atque omnes actiones, quae vel a sola Anima, vel a solo Corpore, vel ab utriusque connubio pendent, explicare, extricare, & evidenter demonstrare conantur."

140 Es sind u.a. die folgenden Autoren erwähnt: Hippocrates, Galen, Plinius, Mondino de' Liuzzi, Berengario da Carpi, Dryander, Günther von Andernach, Jacobus Sylvius, Vesal, Falloppio, Fernel, Volcher Coiter, Varolio, Caspar Bauhin, Casmann, Fabricius ab Aquapendente, Harvey, Wesling, Casseri, Aselli, Pecquet, J. Riolan, Sennert, Descartes, Th. Bartholin, Malpighi, Ruysch, van Helmont, Highmoore, H. Conring, Loewenhoek, Swammerdam, Glisson, Stenon, Borelli, Baglivi, G. E. Stahl, Coschwitz, F. Hoffmann, Boerhaave, Heister, J. G. Berger.

141 Vgl. Herman Boerhaave: Methodus Studii Medici. Emaculata, & Accessionibus locupletata

Creguts Definition von ›Anthropologia‹ deckt sich semantisch weitgehend mit dem Lexem ›Anthropologie‹, das sich in den grossen lexikographischen Werken des frühen 18. Jahrhunderts wie Zedlers *Universal-Lexicon* oder Walchs *Philosophisches Lexicon* findet.[142]

Bemerkenswert ist dennoch, dass in beiden Lexikoneinträgen darauf aufmerksam gemacht wird, dass die "Lehre von dem Menschen [...] aus einer gedoppelten Natur, einer physischen und moralischen" besteht[143] bzw. dass "wenn man das Wort Anthropologie überhaupt nehmen will, auch die Lehre von der moralischen Beschaffenheit des Menschen abzuhandeln, ja auch die Vernunfft=Lehre dahin zu ziehen wäre; [...]"; dennoch "hat man die moralische Betrachtung des Menschen in die Ethic und die Untersuchung des menschlichen Verstandes in die Logic lociret." [144] Dieses Verständnis von Anthropologie und die getrennte Behandlung der Disziplinen Physiologie, Ethik und Logik lässt sich gemäss der doppelten Struktur des Naturgesetzbegriffs gut erklären. Mehr noch: Walch schildert genau, wie der Zusammenhang zwischen der moralischen und der physischen Natur verstanden wird: "Diese [sc. die moralische Natur] aber [beruhet] in dem Gemüthe, welches theils sich selbsten, theils auch den natürlich belebten Leib durch willkührliche Bewegungen regieret, und dessen natürlichem Gegenverhältnisse sowohl mit dem Leibe, als auch mit der von Gott intendierten wahren Glückseligkeit." Abgesehen davon, dass in der ›Glückseligkeit‹ überhaupt im naturrechtlichen Denken den Zweck von Gesellschaft gesehen wird, macht Walch auch noch auf einen Umstand aufmerksam, der die Behandlung der Anthropologie durch die Mediziner betrifft: "Doch man muß hier dem gewöhnlichen Gebrauche dieses Worts [sc. *anthropologia moralis*] nachgeben, massen man in der Anthropologie, welche insonderheit die Medici erklären, auf den moralischen Zustand des Menschen nicht siehet."[145]

Wenn nun in der Zeit nach Creguts Bericht Mediziner Texte verfassen, in denen sie nicht nur den physischen Teil des menschlichen Körper, sondern auch den ›seelisch-moralischen Zustand‹ des Menschen berücksichtigen, so heisst dies aus systematischer Sicht erst einmal, dass sie nicht mehr im Rahmen des traditionellen medizinischen Textgenre ›Anthropologia‹ schreiben, sondern dass sie sich bereits im konzeptuellen Rahmen einer Anthropologie bewegen, die beiden Seiten des Naturgesetzbegriffs

---

Ab Alberto ab Haller. Editio Prima Veneta. T. 1, Pars IV, Cap. II (Auctores qui de Physica scripserunt). Venedig 1753.

142 Vgl. Johann Georg Walch: Philosophisches Lexicon [...]. Leipzig 1726, S. 106f.; Johann Heinrich Zedler: Grosses vollständiges Universal Lexicon Aller Wissenschaften und Künste [...]. 64 Bände und 4 Supplement-Bände. Halle/Leipzig 1732-1754, Bd. 2 (1732), S. 522.
143 Philosophisches Lexicon [1726], S. 106.
144 Großes vollständiges Universal Lexicon [1732], S. 522.
145 Philosophisches Lexicon [1726], S. 107.

Rechnung zu tragen beabsichtigt.¹⁴⁶ Die Frage ist nur, wie weit die Mediziner des 18. Jahrhunderts dieses anthropologische Projekt jeweils vorangebracht haben und – wichtiger noch – wie sie den Seelenbegriff auffassten. Denn irgendeinen Grund muss Platner ja gehabt haben, als er den Medizinern noch 1772 vorwarf, sie würden in ihrem Fach einen ›philosophischen Denkverzicht‹ betreiben und Fragen über die menschliche Seele aus der Physiologie gänzlich heraushalten.¹⁴⁷

Damit berühre ich in meiner Untersuchung einen fundamentalen Punkt. Denn es ist auch das Ziel dieses Kapitels, die Konstituierung der ›Anthropologie der Aufklärung‹ aus der Verbindung zwischen Naturgesetz und Medizin heraus zu erklären und hierzu einige relevante Bezüge zu verdeutlichen. Dazu bieten Willis Forschungen zum vegetativen Nervensystem, wie sie besonders auch im Text von Cumberland bzw. Barbeyrac dem 18. Jahrhundert vermittelt werden, ein geradezu paradigmatisches Beispiel. Es geht im Speziellen darum, exemplarisch Autoren in den Blick zu nehmen, bei denen jene Kombination von physiologischer und moralphilosophischer Argumentation in den Mittelpunkt rückt, die für die zweite Hälfte des 18. Jahrhunderts so charakteristisch werden sollte.

So entpuppt sich als Kenner von Thomas Willis' Nervenphysiologie kein Geringerer als der Schweizer Ästhetiktheoretiker und Moralphilosoph Johann Georg Sulzer (1720-1779), dessen Schriften zur Psychologie gewiss zu den Grundlagentexten eben dieser ›Anthropologie der Aufklärung‹ gehören. Einen zentralen Aspekt bildet dabei Sulzers Konzept der ›dunklen‹ oder ›verworrenen‹ Vorstellungen. Sulzer legt nämlich der Theorie der dunklen Begriffe (*notiones obscurae*), die auf Leibnizens kleine

---

146 Dies scheint beispielsweise auch bei der "Gruppe der Hallenser ›vernünftigen Ärzte‹" in den 1740er Jahren der Fall gewesen zu sein, die Carsten Zelle ins Gespräch gebracht hat; vgl. ders.: ›Vernünftige Ärzte‹ Hallesche Psychomediziner und Ästhetiker in der anthropologischen Wende der Frühaufklärung. In: Innovation und Transfer. Naturwissenschaft, Anthropologie und Literatur im 18. Jahrhundert. Hg. von Walter Schmitz und Carsten Zelle. Dresden 2004, S. 47-62, Zitat S. 53. Gerade das "affektaffine Forschungsprogramm (Affektenlehre, Lachen, Weinen, Seufzen, Schmerz)" bei Johann Gottlob Krüger, Johann August Unzer und Ernst Anton Nicolai (ebd., S. 55-59) scheint direkt an die Ansätze von Thomas Willis und Richard Lower anzuknüpfen, die spätestens Cumberlands *Traité Philosophique des Lois naturelles* (1744) auch in Deutschland bekannt gemacht hat (vgl. oben Kap. 6, 3.2.). Darauf dass Cumberland "auch in Deutschland als der prominenteste Gegner von Hobbes" galt, hat Friedrich Vollhardt hingewiesen; vgl. ders.: Ueber Eigennutz und Undank. Knigges Beitrag zur moralphilosophischen Diskussion der Spätaufklärung. In: Zwischen Weltklugheit und Moral. Der Aufklärer Adolph Freiherr Knigge. Hg. von Martin Rector. Göttingen 1999 (Das Knigge Archiv Bd. 2), S. 45-67, hier S. 57f. Damit wären die Hallenser ebenfalls in die ›posthobbessche‹ Entwicklung der Anthropologie einzuordnen.

147 Platner: Anthropologie für Aerzte und Weltweise. Erster Theil, Vorrede, S. IIIf.: "Indessen glaube ich, daß die Moralphilosophen mehr von dem menschlichen Körper wissen, als die Aerzte von der Seele; denn man rechnet noch immer die Erkenntnis des menschlichen Körpers eher zur Philosophie, als die Erforschung der Seele zum System der Arzneykunst."

Schrift *Meditationes de cognitione, veritate et ideis* (1684) zurückgeht,[148] ein nervenphysiologisches Substrat zugrunde, das er von Willis übernimmt. Es handelt sich bei der Willis-Rezeption in Sulzers Schrift *Erklärung eines psychologischen paradoxen Satzes* (1759)[149] um einen bemerkenswerten Befund, dem die Aufklärungsforschung bislang kaum Rechnung getragen hat.[150] So führt Sulzer den Wissensanspruchs, "daß die Leidenschaften bloß aus verworrenen Vorstellungen entstehen" auf den "physicalischen Grund" zurück, "daß nichts in der Seele vorgehe, ohne daß zu gleicher Zeit eine gewisse gleichförmige Bewegung in dem Nervensysteme erfolge, so daß einer jeden Vorstellung in der Seele eine gewisse Erschütterung in den Nerven entspricht."[151] Dabei erklärt Sulzer die Verwandlung einer dunklen Vorstellung in Empfindung durch die Verbindung, die zwischen den Gehirnnerven und den Nerven im Brustbereich besteht.[152] Dies entspricht

---

148 Vgl. zur Bedeutung von Leibniz' Schrift für die Psychologie und Kunsttheorie des 18. Jahrhunderts den Kommentar von Wolfgang Pross zu Herders Viertes kritisches Wäldchen. In: Johann Gottfried Herder: Werke. Bd. 2. Hg. von W. Pross, S. 864-884.

149 Vgl. Erklärung eines psychologischen paradoxen Satzes: Daß der Mensch zuweilen nicht nur ohne Antrieb und ohne sichtbare Gründe sondern selbst gegen dringende Antriebe und überzeugende Gründe handelt und urtheilet [1759]. Zitiert nach: Johann George Sulzer: Vermischte Philosophische Schriften. Aus den Jahrbüchern der Akademie der Wissenschaften zu Berlin gesammelt. Leipzig 1773, S. 99-121. Sulzer setzt sich in diesem Aufsatz hauptsächlich mit der doppelten Frage auseinander: 1. Woher kommen die dunklen Vorstellungen (S. 107-110) und 2. Wie ist zu erklären, dass diese dunklen Vorstellungen unserem Willen überlegen sein können (S. 110-119). Dabei versucht er u.a. die Fragen zu klären, wie dunkle Vorstellungen unsere Urteile beeinflussen, welcher Zusammenhang zwischen dunklen Vorstellungen, Empfindungen und ›inneren‹ Handlungen der Seele (Urteile) besteht und wie Vorurteile entstehen.

150 Vgl. hierzu exemplarisch Wolfgang Riedel: Erster Psychologismus, S. 9f. Eine Ausnahme bildet Wolfgang Pross: "Meine einzige Absicht ist, etwas mehr Licht über die Physik der Seele zu verbreiten". Johann Georg Sulzer (1720-1799). In: Kulturelle Beziehungen zwischen der Schweiz und Deutschland in der Zeit von 1770-1830. Hg. von Helmut Thomke, Martin Bircher und Wolfgang Pross. Amsterdam/Atlanta 1994, S. 133-148, der den Einfluss der Ärzte Daniel Georg Coschwitz (1679-1729) und vor allem Johann Gottlob Krüger (1715-1759) auf Sulzers physiologische Begründung der ästhetischen Empfindungen in dessen Schrift *Untersuchungen über den Ursprung der angenehmen und unangenehmen Empfindungen* (1751/52) hervorhebt (ebd., S. 141-148). In den von Pross zitierten Passagen aus Krügers *Naturlehre* (4 Bde., Halle ²1748-1755, 16. Kapitel: Von der Empfindung überhaupt, § 296, S. 546-548) ist dennoch der Aspekt der Wechselwirkung zwischen Kognition (Vorstellungen) und neurophysiologisch begründeter Empfindung, der in Sulzers Abhandlung *Erklärung eines paradoxen Satzes* im Mittelpunkt steht, praktisch ausgeblendet. Vgl. jetzt auch Élisabeth Décultot: Von der Seelenkunde zur Kunsttheorie. Zu Sulzers *Untersuchung über den Ursprung der angenehmen und unangenehmen Empfindungen* (1751/52). In: Scientia Poetica, 12 (2008), S. 69-88, die u.a. Sulzers Aufwertung der sinnlichen Empfindungen betont.

151 Vermischte philosophische Schriften [1759], S. 112.

152 Ebd., S. 112f.: "Bey der bloßen Vorstellung wirken nur die Nerven des Gehirns, und je mehr die Vorstellung zusammengesetzt ist, desto größer ist die Anzahl der sich bewegenden Nerven. Wenn sich die Vorstellung in Empfindung verwandelt, so theilt sich diese Bewegung den Nerven der Brust mit. Das Gehirn scheint also der Sitz der Gedanken, und das Zwerchfell [sc. das Diaphragma in Willis Terminologie, SDeA] der Sitz der Empfindung und der unsern

ziemlich genau der Funktion, die Willis dem Sympathikus (*intercostalis*) als Vermittler zwischen den Vorstellungen im Gehirn und den Empfindungen im Herz-/Brustbereich zuschreibt.[153]

Es gibt allerdings noch einen weiteren Grund, um anzunehmen, dass Sulzer in seinen Schriften zur Psychologie zumindest Cumberlands Werk rezipiert hat: Es ist Sulzers Lösung des "Problem[s] des altruistischen moralischen Vergnügens",[154] das in seiner Auffassung vom Menschen grundlegend ist und das er auf eine vorreflexive Disposition zurückführt: "Ich bemerke also, daß jedes verständige Wesen durch seine Natur bestimmt ist, an allem Guten und Bösen, das andre betrifft, ohne alle vorhergegangene Ueberlegung, Theil zu nehmen."[155] Diese vorreflexive Struktur der menschlichen Seele, die schon Cumberland mit einem altruistischen Vergnügen (*plaisir*) verbindet und als Beleg für die *mutual-benevolence*-These anführt, wird nun von Sulzer unter die moralischen Empfindungen subsumiert, die von der "Teilnehmung an fremdem Interesse"[156] notwendig ausgelöst werden. Damit bildet sich mit der einsetzenden Cumberland-Rezeption in der Schweiz und Deutschland ab der Mitte der 1740er Jahren ein für Sulzer relevanter historischer Kontext, der ihm auch im Blick auf die nervenphysiologische Grundlegung seiner psychologischen Theorien ermöglichte, von den rein mechanistischen Ansätzen der Physiologie Distanz zu nehmen.[157] Das bedeutet, dass

---

Willen ausrichtenden Kräfte der Seele zu seyn. Die Verbindung, welche zwischen den Nerven des Gehirns und zwischen den Nerven der Brust statt findet, ist uns zwar unbekannt; man bemerket aber doch stets, daß bey einer gewissen Verwirrung in den Ideen, die Erschütterung von dem Gehirne zu der Brust fortgehe; und dieß ist der Augenblick, in welchem die Vorstellung die Empfindung hervorbringt."

153 Vgl. hierzu oben Kap. 6, 3. 3.2.
154 Pross: "Meine einzige Absicht ist, etwas mehr Licht über die Physik der Seele zu verbreiten", S. 141.
155 Johann Georg Sulzer: Untersuchung über den Ursprung der angenehmen und unangenehmen Empfindungen. Vierter Abschnitt. Von den moralischen Empfindungen. In: Ders.: Vermischte Philosophische Schriften, S. 1-98, bes. S. 77-98, Zitat S. 85. Vgl. auch ebd., S. 86 u. 87f.: "Weil also die Idee eines Guts oder Uebels eben die Eindrücke auf uns macht, als das Gute oder Uebel selbst, das sich auf unsre Glückseligkeit bezieht, so ist deutlich, das [sic] auch das Gute anderer Menschen, vermöge seiner Natur die angenehme, und ihr Uebel die unangenehme Empfindung in uns erregen muß. Woraus die Wahrheit meines Grundsatzes erhellet: daß wir einen natürlichen Hang haben, an dem Guten und Uebel anderer Theil zu nehmen.. [...] Wenn man diese Erfahrungen mit allen ihren Umständen, und die Gründe, womit ich diese Eigenschaft der Seele a priori erwiesen habe, wohl überlegt, so sieht man klar, daß diese Eigenschaft in der Natur jedes denkenden oder geistigen Wesens nothwendig gegründet ist, und weder Gewohnheit, noch Vorurtheil, noch Erziehung den geringsten Theil daran haben."
156 Ebd., S. 87.
157 Zu denken ist hier etwa an Sulzers Kritik an Krügers Konzept der Nerven als ›gespannte Saiten‹, von denen der Grad der Empfindung abhänge; vgl. Vermischte philosophische Schriften [1751/52], S. 57: "Man kann nicht sagen, daß die Nerven eine zitternde Bewegung empfangen, die sie eine merkliche Zeit behalten; denn die Nerven sind weder gespannte Seiten

Sulzers psychophysiologische Konzeption in die umfassende Theorie der Natur des Menschen einzuordnen ist, die der Cumberlandsche Naturrechtsdiskurs generiert hat.[158] Nicht anders verhält es sich mit Jean-Baptiste-René Robinets Überlegungen zum ›instinct moral‹ in *De la nature* (1761-1766) als vorreflexive Struktur der Psyche ("[l]a voye de l'instinct est facile: elle ne presuppose ni idee ni connoissance ni raisonn.[ment]"; dieser Instinkt habe "seul toutes les qualités necessaire[s] d'une regle de moralité", indem er über ein Nervennetz ("un organ moral, une extension nerveuse fibrillaire") Innen- und Aussenwelt verbindet und über eine spezifische Weise der Moralempfindung verfügt ("les objets moraux deviennent sensibiles par impression de leurs sens particulier"); es wundert daher nicht, dass Herder, der Robinets Konzeption einer belebten organischen Materie u.a. heranzieht, um den cartesischen Körper-Geist-Dualismus zu überwinden, gerade diese Passagen zum Moralinstinkt aus dessen Schrift exzerpiert.[159]

Die philosophische Dimension der Anthropologie restituiert Platner bekanntlich durch sein *commercium*-Modell von Körper und Seele, die "in ihren gegenseitigen Verhältnissen, Einschränkungen und Beziehungen" betrachtet werden.[160] Ähnlich wie bei Cumberland stützt sich Platner dabei auf das Selbstgefühl bzw. auf die moralische Empfindung;[161] gleichgültig

---

[sic], noch steife Körper. Wären sie das, so würde die Empfindung auch auf einen einzigen augenblicklichen Eindruck fortdauren, welches aber der Erfahrung zuwider spricht. So bald man das Auge schließt, oder das Ohr verstopft, hören die Empfindungen auf; dahingegen sie anhalten würden, wenn die Nerven irgend eine merkliche zitternde Bewegung hätten." Vgl. hierzu auch Pross: "Meine einzige Absicht ist, etwas mehr Licht über die Physik der Seele zu verbreiten", S. 147f. sowie auch die Darstellung von Sulzers Theorie der Empfindungen bei Gabriele Dürbeck: Einbildungskraft und Aufklärung. Perspektiven der Philosophie, Anthropologie und Ästhetik um 1750. Tübingen 1998, S. 134-139, die aber die Verbindung zu Willis und Cumberland nicht sieht.

158 Psychologisch-anthropologische Fragen, die mit der naturrechtlichen Konzeption der Natur des Menschen zusammenhängen, behandelt Sulzer u.a. ausführlich in seiner Abhandlung: Psychologische Betrachtungen über den sittlichen Menschen [1769]. In: Ders.: Vermischte Philosophische Schriften, S. 282-306: "Es sey aber welcher Grund es wolle, der den Menschen zu handeln bestimmet, so bleibt noch immer die Frage übrig, welches muß die besondere Bestimmung dieses Grundes seyn, wenn die Handlungen tugendhaft sey sollen. Der Bösewicht handelt eben so sehr als der Tugendhafte in Absicht auf seinen Nutzen, oder aus Eigenliebe; man kann also fragen: welches ist die physikalische Verfassung, sowohl der tugendhaften Seele, als derjenigen, die es nicht ist?" (ebd., S. 282).

159 Vgl. hierzu Pross: Herder und die Anthropologie der Aufklärung. Nachwort zu: Herder: Werke. Bd. 2., hier S. 1160f., der Herders Robinets-Exzerpte aus dessen Nachlass publiziert hat; vgl. ebd., S. 1226-1229, Zitate S. 1226f. u. S. 1228.

160 Platner: Anthropologie für Aerzte und Weltweise, Vorrede, S. XVII.

161 Ebd., Vorrede, S. XIf.: "Meine Empfindung sagt mir, daß ich frey bin, daß ich gut und böse handeln kann, und nun kann es mir einerley seyn, wie dieses nach dem Zusammenhange meiner Seele mit der Welt möglich ist. Und eben so sagt mir meine Empfindung, daß auf die Wirksamkeit gewisser Gegenstände Ideen in meiner Seele und aus Vorstellungen meiner Seele wieder Bewegungen meines Körpers erfolgen."

gegenüber den traditionellen metaphysischen Lösungen des Leib-Seele-Problems interessiert ihn einzig die Frage, "ob ich noch sonst etwas für die Glückseligkeit des Menschen interessantes von den Verhältnissen der Seele und des Körpers erfahren kann."[162] Platners *commercium*-Modell zielt also primär auf die Erforschung des menschlichen Glücks im Sinne der naturrechtlichen Konzeption der Natur des Menschen. In dieser Hinsicht erhebt er die Anthropologie als ›Wissenschaft vom Menschen‹ zu einer (moral)philosophischen Disziplin.

Wir tun also gut daran, Platners *commercium*-Modell in seinem innovativen Potential ernst zu nehmen, denn davon ausgehend beurteilt er die Entwicklung der Medizin in seinem Jahrhundert, und zwar nicht nur in der *Anthropologie* von 1772, sondern auch aus der Perspektive seiner *Quaestiones physiologicae* von 1794, die bislang kaum in den Blick der Anthropologieforschung der Spätaufklärung gelangt sind.[163] Entscheidend ist der Seelenbegriff, den Platner hier verdeutlicht. In seine Architektonik der Geisteskräfte schliesst Platner nämlich auch Perzeptionen ein, die der Geist von seinem Körper hat, wobei die Tätigkeiten des Geistes, die von hier aus folgen, allesamt dunkel und vollends ohne Bewusstsein sind; dieser Punkt müsse in der Physiologie minutiös erklärt werden, ohne gleich damit der Stahlschen Lehre das Wort zu reden.[164]

Grundsätzlich betont Platner viel stärker als Haller die Rolle der Nerven, die in sich selbst die primäre Ursache der Fibernkontraktion haben können. In ihnen sucht er das Lebensprinzip, wobei er darunter nicht die vollständige Struktur der Nerven versteht, sondern den subtilen Spiritus, der die Nervenfibern durchwirkt. Platner operiert hier mit dem Begriff der ›Lebenskraft‹. Die Hallersche Irritabilität als selbstbewegende innere Kraft der Muskelfibern hält Platner für einen wahren Befund, es sei jedoch kontrovers, ob die ›Lebenskraft‹ (*vis vitalis*) mit der Irritabilität ende. Obschon die Nerven nicht irritabel seien, weil deren Struktur zur Kontraktion nicht

---

162 Ebd., Vorrede, S. XII. Vgl. zu den Platnerschen Anthropologiekonzeptionen Hans-Peter Nowitzki: Der wohltemperierte Mensch. Aufklärungsanthropologien im Widerstreit. Berlin, New York 2003, S. 165-249. Kritisch dazu: Gideon Stiening. In: Wezel-Jahrbuch. Studien zur europäischen Aufklärung. Bd. 5 (2002), S. 195-216, bes. S. 209-211.
163 Vgl. jetzt De Angelis: Unbewusste Perzeptivität und metaphysisches Bedürfnis, bes. S. 254-260. Die folgenden Überlegungen knüpfen teilweise an diesen Aufsatz des Verfassers an.
164 Vgl. Ernesti Platneri Qaestionum Physiologicarum Libri Duo Quorum Altero Generalis Altero Particularis Physiologiae Potiora capita Illustrantur Praecedit Prooemium Tripartitum De constituenda Physiologiae Disciplina. Leipzig 1794, Lib. I, I (De natura animi quantum ad physiologiam), S. 50: "Sed quoniam illae perceptiones, quibus animum statuimus admoneri de corporis sui statu, et actiones quae hinc consequuntur, omnes obscurae sunt et conscientia nostra prorsus exclusae: ne id repugnans cuidam videatur, animum multa percipere et agere sine conscientia, hoc locus omnium diligentissime est in physiologia explicandus. Nam multos vidi, qui, ne Stahlianam disciplinam probarent, hac una difficultate impedirentur; scilicet laborantes in perceptionibus et actionibus destitutis conscientia."

geeignet ist, hindere nichts daran, dass die Muskelkontraktionen durch Nervenimpulse ausgelöst werden; weil alle Muskelfibern innerviert seien, so sei der Stimulus zwar in den Nerven, dessen Empfindung (*sensus obscurus*) aber im Geist; aus der Fibernbewegung resultiert also eine dunkle Empfindung, wobei es die Lebenskraft sei, die in Abhängigkeit von der Struktur eine Bewegung hervorbringt oder nicht.[165] Das steht ziemlich konträr zu dem, was Haller über die Wirkung der Nervenkraft gesagt hatte, die ihm zufolge nie in der Lage wäre, eine Empfindung auszulösen.

Platner geht es also darum, die von Haller im vierten Band der *Elementa physiologiae corporis humani* (1762) strikt festgelegte Grenze zwischen der Klasse der autonom-unbewussten, wie etwa dem Herzmuskel, und der nicht-autonomen, also dem Willen unterworfenen vitalen Bewegungen zu überwinden.[166] Das tut Platner, indem er gegenüber den Alternativen Struktur (z.B. der Muskelfiber) oder Wille, die Haller als Ursachen von Muskelbewegungen angibt, einen dritten Weg geht. Zu diesem Zweck nimmt Platner eine Neuauslegung von Georg Ernst Stahls physiologischer Theorie vor und zieht hierzu Gottfried Wilhelm Leibniz' Schrift heran, die dieser über die *Theoria medica vera* Stahls verfasst hat; die Schrift war 1768 in der von Louis Dutens edierten sechsbändigen Genfer Leibniz-Werkausgabe erschienen.[167] Das zeigt, dass Platner hier vor einem komplexen Text- bzw. Wissenshintergrund argumentiert. Aufgrund seiner Leibniz-Lektüre versucht er den *motus vitalis* mit Hilfe des Konzepts der *appetitio obscura* als einer vorrationalen Perzeption zu begreifen.[168] So entstehe der *motus vitalis* nicht aufgrund von Überlegung (*ratiocinatio*), sondern durch eine

---

[165] Quaest. physiol., Lib. I, IV (De vi vitali), S. 105f.: "Ergo ut nervi ad contractionem inepti sint: tamen contractionis fibrarum possunt in se primariam causam habere. Nos autem vitae principium in nervis quaerentes, ipsos integros nervos non intelligimus, sed subtilem spiritum eorum fibras pervadentem. [...] Sed hoc nimirum caput controversiae est, an vis vitalis huiuscemodi irritabilitate terminetur. Qualis etsi non contigit nervis, utpote ad eam carentibus structurae commoditate: tamen nihil impedit, quo minus contractiones fibrarum muscularum illorum impulsu fiant: hoc pacto, ut, cum nulla earum nervos non habeat, stimulus in nervis fit, eius autem sensus (quamlibet obscurus) in animo; sensum denique fibrarum motus consequatur. Itaque vis vitalis nunc motum aliquem edit, nun nullum edit."

[166] Ebd., S. 117: "[El. Ph.] L.[iber] IV. Sect. V. §. 11.: "'Monuisse sufficiat, classes musculorum voluntati obnoxiorum, et eorum, qui vitali imperio reguntur, aeternum fixas esse, neque in ullo homine aut arbitrarium aliquem musculum in spontaneam classem transire, aut vicissim vitalem musculum in eam migrare tribum, quae voluntati obsequitur."'

[167] Gottfried Wilhelm Leibniz: Animadversiones Circa Assertiones aliquas Theoriae Medicae verae Clar. Stahlii; cum ejusdem Leibnitii ad Stahlianas observationes Responsibus [1707]. In: Gothofredi Guillelmi Leibnitii: Opera omnia. Nunc primum collecta, in Classes distributa, praefationibus & indicibus exornata, studio Ludovici Dutens. Bd. 2. Zweiter Halbband: Physicam generalem, Chymicam, Medicinam, Botanicam, Historiam Naturalem, Artes & c. Genf 1768, S. 128-161.

[168] Zum Begriff der ›vorrationalen Perzeption‹ vgl. Leinkauf: Der Naturbegriff des 17. Jahrhunderts und zwei seiner Interpretamente: "res extensa" und "intima rerum"; ders.: Der Naturbegriff in der Frühen Neuzeit. Einleitung.

vorbewusste Seelenregung, die nicht voluntativ, sondern vital sei, d.h. ein innerer Zweck, nicht distinkt, dunkel und einem gewissen Erhaltungstrieb des Körpers eingeschrieben.[169]

Es sei daher übertrieben, wenn Stahl sage, die *mens* lenke sämtliche Lebensfunktionen des Körpers. Der Fehler liege aber in der Wortwahl, nicht im Inhalt der Stahlschen Aussage. Denn Stahl habe darunter nicht die *voluntas*, sondern lediglich die *appetitio* verstanden.[170] Es gibt nämlich, so Platner, viele Tätigkeiten des Geistes in der Lenkung körperlicher Prozesse, denen kein Bewusstsein beigegeben ist und die einzig durch dunkle Perzeptionen ausgelöst werden. Demnach kann diejenige Bewegung, die von einer dunklen Empfindung ausgeht, wie sie Platner der Wirkung der Nerven zuschreibt, weder unter das Bewusstsein, noch unter die *voluntas* fallen.[171]

Mit seinem Konzept einer vorbewussten bzw. vorreflexiven Perzeption erforscht Platner somit genau jenen Mittelbereich zwischen der körperlichen Disposition des Menschen und dessen Geist, dem Cumberland in *De Legibus Naturae* als naturale Basis von Moralität und Kultur eine so gewichtige Rolle zugewiesen hatte.[172] Damit wird klar, welchem Projekt der Anthropologie der Aufklärung Platner mit seiner revidierten animistischen Physiologie das Wort redet: Er arbeitet die physiologische Grundlage eines Seelenbegriffs heraus, der den ganzen menschlichen Bewusstseinszusammenhang erfasst und der vor allem auch den kognitiv-perzeptiven Bereich – ob vorbewusst oder bewusst – als mit dem Körper intrinsisch verbunden ansieht. Denn sowohl für Cumberland als auch für Platner, der Cumberland gelesen hat,[173] ist die Befähigung des Menschen zu moralischem und kulturellem Handeln von seiner ›ganzen‹ Natur aus zu beurteilen.[174]

---

169 Quaest. physiol., Lib. I, IV, S. 117: "Motus vitales non ratiocinatione fieri, sed ratione, non animali voluntate, sed vitali, i.e. propter finem; quamvis non distincte cogitatum, sed obscuro tantum quodam corporis conservandi desiderio involutum atque comprehensum."
170 Ebd., S. 118: "Itaque hoc nimium est, quod Stahlius dicit, mentem totius corporis quasi gubernacula tenere, eiusque functiones omnes insigni cum prudentia regere ac moderari. Sed hoc in verbis, ut opinor, non in sententia vitium est. [...] Ergo non voluntas, sed quaedam duntaxat appetitio est a Stahlio intellecta. Attamen demto voluntatis vocabulo non tollitur animi vis."
171 Ebd.: "Etenim multae sunt animi, in tractandis atque regendis corporis nostri instrumentis, actiones, quibus nulla adiuncta conscientia sit, solis obscuris perceptionibus elicitae. Atqui ille sensus, quem dicimus nervorum ministerio excitari, cum omnium maxime obscurus sit, et conscientiae expers: nec in eum motum, qui inde nascitur, aut conscientia cadere potest, aut voluntas."
172 Vgl. hierzu oben Kap. 6, 2.2.2 sowie Kap. 6, 3.
173 De Angelis: Unbewußte Perzeptivität und metaphysisches Bedürfnis, S. 251.
174 Die Einordnung von Platners Anthropologie und Physiologie in den Grunddiskurs des Naturrechts wird in De Angelis: Unbewusste Perzeptivität und metaphysisches Bedürfnis, passim, ausführlich erörtert.

Dass dieser Seelenbegriff für die Anthropologie, die auf dem Naturgesetzbegriff gründet, entscheidend ist, zeigt auch Platners Beurteilung der Physiologie des – von ihm durchaus geschätzten – Halleschen Arztes Johann August Unzer. Gemäss Unzer, so Platner, sei es nicht einmal gewiss und bewiesen, dass die Nervenstimuli im Herzbereich immer zum Gehirn gelangen würden. In dessen Buch *Erste Gründe einer Physiologie der Eigentlichen Thierischen Natur Thierischer Körper* (Leipzig 1771) schreibe Unzer den Nerven Kräfte und Bewegungen zu, die nicht nur von den Geisteskräften, sondern auch von der Verbindung mit dem Gehirn getrennt seien. Also sage und behaupte er, dass viele Nervenimpulse, vor allem diejenigen, die dem Bewusstsein und dem Willen nicht unterstellt seien und das Gehirn nicht direkt berührten, im Geist keine Perzeption – sei es eine bewusste, sei es eine unbewusste – auslösten. Als Ursache dieses Umstands nenne Unzer u.a. die Ganglien (Nervenknoten), die den Nervenstimuli ein Hindernis seien und diese vom Gehirn fernhielten.[175] Insofern ist es auch aus der Perspektive Platners richtig, wenn man im Blick auf die Halleschen Ärzte von einer ›limitierten Anthropologie‹ spricht, die eben nicht den ›ganzen‹ Menschen im Blick habe.[176]

4.2.2. Anthropologie als ›discours ethnologique‹

Die Verbindung von Naturrecht und Medizin bzw. das interdependente Verhältnis des physischen und des ethischen Teils des Naturgesetzes stellen also die zentrale Voraussetzung dar für die Herausbildung der Anthropologie als ›Wissenschaft vom Menschen‹ um die Mitte des 18. Jahrhunderts. Zu diesem Zeitpunkt werden nämlich die physischen und die ethischen Gesetze des menschlichen Zusammenlebens zudem auch in der Dimension einer ›natürlichen Geschichte des Menschen‹ als Gattungswesen reflektiert.

---

175 Quaest. physiol., Lib. I, IV, S. 115f.: "Sed si Hallerum miramur, qui neget stimulos nervorum cordis, quamvis ad cerebrum propagatos, in animo sensum excitare: quid de Vnzero dicamus, subtilissimo homine ac physiologo vere docto, cui ne hoc quidem ratum ac demonstratum est, illos semper ad cerebrum pervenire? Nam in libro eo, quem scripsit de animalium natura, nervis attribuit vires et actiones, non solum ab animi vigore, verum etiam a cerebri societate seiunctas. Igitur ait atque contendit, fieri multos impulsus nervorum, praecipue eorum, qui conscientiae ac voluntati non subsint, qui cerebrum prorsus non contingant, nedum in animo perceptionem aut coniunctam cum conscientia, aut non coniunctam excitent. Tum causas affert, quibus nervorum impulsus a cerebri contagione arceantur: […] deinde ganglia, quorum impedimentis stimuli, caeterquin satis fortes, a cerebro prohibeantur." Vgl. zu Unzers Konzept von ›Nervenreizbarkeit‹ auch Steinke: Irritating Experiments, S. 207.
176 Yvonne Wübben: Limitierte Anthropologie. Grenzen des medizinisch-philosophischen Transfers am Beispiel von Johann August Unzer. In: Physis und Norm. Neue Perspektiven der Anthropologie im 18. Jahrhundert. Hg. von Manfred Beetz, Jörn Garber und Heinz Thoma. Göttingen 2007, S. 49-68, hier S. 63.

Wie es im Kommentar zu einer *De officio*-Ausgabe aus dem 18. Jahrhundert heisst, sei die Forschungsmethode, die Pufendorf verfolgt, also den *jus naturale* von der Natur des Menschen aus zu eruieren, allen anderen Methoden, auch den antiken, vorzuziehen; Pufendorf gehe nämlich nicht vom ursprünglichen und perfekten Zustand aus, den man sich im Verstand als Fiktion erdenken könne und der für rein idealisch zu halten sei, sondern von derjenigen Natur des Menschen, "die wir in uns erfahren und von der wir wissen, dass sie allen anderen gemein ist."[177] Gemessen an dem, was ich über die ›Biologie der Moral‹ und die ›Physiologie des Humanen‹ dargelegt habe, kann sich der heutige Leser eventuell besser vorstellen, wie diese bedeutsame Interpretation des Pufendorf-Kommentators gemeint war. Sie legt nahe, dass die modernen Naturrechtstheoretiker in ihrem Versuch, die ›Natur des Menschen‹ zu ergründen, nicht bei rein mentalen Konstrukten oder fiktional-hypothetischen Modellen der Menschheitsgeschichte, wie das etwa die Naturzustandstheoreme waren,[178] stehen blieben, sondern – ganz im Sinne von Claubergs Forderung an den cartesianischen Philosophen – sich *realitätsnah* verhielten und auch naturwissenschaftliches, psychologisches und medizinisches Wissen in ihre Theoriebildung konstitutiv einbezogen.

In der Mitte des 18. Jahrhunderts wird die Soziabilitätsthese aus einer globaleren Perspektive an der Realität getestet. Das geschieht etwa im Werk von Buffon, der im Rahmen seiner juristischen Studien Pufendorfs Texte gelesen[179] und das *socialitas*-Prinzip in seine vergleichende Naturge-

---

177 Vgl. Samuel Pufendorf: De Officio Hominis & Civis Juxta Legem Naturalem Libri Duo. Selectis Variorum Notis, maximque propriis illustravit, celeberrimi BUDDEI Historiam Juris Naturalis Notis adauctam praemisit, Indicemque rerum subjunxit Tho. Johnson, A.M. Editio Secunda longe auctior & emendatior. London 1737, Cap. III (De Lege Naturali), S. 172. Anm. 2: "Restat denique alia investigandi methodus, (quam persequitur auctor noster) omnibus longe praeferenda; *scil.* non â naturâ hominum repetendo; non â statu isto integro & perfecto, quem quidem sibi in mente fingere possunt & mere idealem esse arbitror; sed â tali hominum naturâ, qualem in nobis experimur, aliisque nobiscum communem esse intelligimus."
178 Die vorhandenen Naturzustandskonzepte in den Naturrechtstheorien des 16. und 17. Jahrhunderts (Cardinal Cajetan, F. Suárez, L. de Molina, H. Grotius, Hobbes, Pufendorf) diskutiert Franco Todescan: Natura e stato di natura. Storicità e ipoteticità dello stato di natura nelle dottrine giusnaturalistiche del sec. XVII [2001]. In: Ders.: Etiamsi Daremus. Studi sinfonici sul diritto naturale. Padova 2003, S. 83-94.
179 Frank W. P. Dougherty: Buffons Bedeutung für die Entwicklung des anthropologischen Denkens im Deutschland der zweiten Hälfte des 18. Jahrhunderts. In: Die Natur des Menschen. Probleme der Physischen Anthropologie und Rassenkunde (1750-1850). Hg. von Gunter Mann und Franz Dummont. Stuttgart/New York 1990, S. 221-279, hier S. 236f.: "Daß Buffon Pufendorf kannte, dürfte nicht erstaunlich sein, da sich Georges-Louis, als Sohn des *président à mortier au Parlament de Bourgogne* Benjamin LeClerc, an der juristischen Fakultät der Université de Dijon zwischen 1723 und 1726 auf seine *licence de droit* vorbereitet hatte […]; seine Kenntnis Pufendorfs wird aber durch eine Stelle in seiner *Correspondance* belegt […], in der Buffon um die Sendung der *Introduction à l'histoire générale et politique de l'univers*

schichte integriert hat: Für Buffon hängt Geselligkeit (*société*) weniger von physischen Übereinstimmungen, wie bei den Tieren, als von moralischen Beziehungen (*relations morales*) ab, auf denen eben die Erfahrung des Menschen gründet: Dieser hat, so Buffon, seine Kräfte und Schwächen gemessen; er hat gemerkt, dass er von alleine für seine Bedürfnisse nicht aufkommen kann; er hat erkannt, dass es einen Vorteil hat, den schrankenlosen Gebrauch des Willens zu hemmen, weil er dadurch das Recht gewinnt, auf den Willen anderer Ansprüche zu erheben; er hat gesehen, dass ihn die Einsamkeit bedroht, und er hat in der Gesellschaft Sicherheit und Frieden gesucht usw.; die Vereinigung in der Gesellschaft (*réunion*) ist also nach Buffon das Resultat der Geschichte des Menschen und des optimalen Gebrauchs seines Verstandes.[180] Buffon folgt hier Pufendorfs Interpretation der historisch realen Existenz des Naturzustandes und lehnt sich an dessen Überlegungen über den ursprünglichen Zustand verstreut lebender Familienhaushalte, die bei zunehmender Bevölkerungsdichte und Konfliktgefahr dazu übergingen, in staatlichen Gemeinschaften zusammenzuleben.[181]

Anschauungsmaterial für seine *Histoire naturelle de l'homme* (1749) entnimmt Buffon der zeitgenössischen Reiseliteratur, die über den Grad der Realisierung des Naturgesetzes der *socialitas* in anderen Teilen der Erde ausführlich berichtet. So spekuliert Buffon über die Gründe, weshalb es bei den soge-

---

[...] bat" (ebd., S. 265f., Anm. 78). Vgl. auch ders.: Gesammelte Aufsätze zu Themen der klassischen Periode der Naturgeschichte. Göttingen 1996, S. 70-88, hier S. 84 u. 347f.

180 Vgl. Georges-Louis Leclerc Comte de Buffon: Homo duplex [1753]. In: Œuvres complètes de Buffon. Bd. 2. Paris 1853, S. 346-366, hier S. 359: „Parmi les hommes, la société dépend moins des convenances physiques que des relations morales. L'homme a d'abord mesuré sa force et sa faiblesse, il a comparé son ignorance et sa curiosité, il a senti que seul il ne pouvait suffire ni satisfaire par lui-même à la multiplicité de ses besoins, il a reconnu l'avantage qu'il aurait à renoncer à l'usage illimité de sa volonté pour acquérir un droit sur la volonté des autres, il a réfléchi sur l'idée du bien et du mal, il l'a gravée au fond de son cœur à la faveur de la lumière naturelle qui lui a été départie par la bonté du Créateur, il a vu que la solitude n'était pour lui qu'un état de danger et de guerre, il a cherché la sûreté et la paix dans la société, il y a porté ses forces et ses lumières pour les augmenter en ses réunissant à celles des autres: cette réunion est de l'homme l'ouvrage le meilleur, c'est de sa raison l'usage le plus sage. En effet il n'est que tranquille, il n'est fort, il n'est grand, il ne commande à l'univers que parce qu'il a su se commander à lui-même, se dompter, se soumettre et s'imposer des lois; l'homme, en un mot, n'est homme que parce qu'il a su se réunir à l'homme."

181 Pufendorf: Über die Pflicht des Menschen, 2. Buch, Kap. 1, §7, S. 143: "Das ging so lange [sc. der Zustand der Schwäche, SDeA] bis die Menschen, die sich inzwischen bedeutend vermehrt hatten, die Nachteile des Lebens in der Vereinzelung erkannten und nach und nach dazu übergingen, in staatlichen Gemeinschaften zu leben, zunächst in kleineren Staaten, so wie sie gerade nahe beieinander wohnten, und später in größeren Staaten, die sich durch freiwilligen oder gewaltsamen Zusammenschluss aus mehreren kleineren bildeten." Vgl. hierzu Thomas Behme: Samuel Pufendorf: Naturrecht und Staat. Eine Analyse und Interpretation seiner Theorie, ihrer Grundlagen und Probleme. Göttingen 1995, S. 69-71 ›Status Naturalis qui revera existit‹).

nannten ›wilden Völkern‹ Nordamerikas nicht zur Bildung von ›zivilisierten‹ Gesellschaften gekommen ist: die Anzahl der Menschen sei noch zu klein und deren Siedlung in diesen Regionen zu neu gewesen, als dass ihre Bewohner die Notwendigkeit oder auch die Vorteile verspürt hätten, sich in der Gesellschaft zu vereinigen.[182] Als Gegenbeispiel zitiert Buffon die Missionarsberichte über den ›Jesuitenstaat‹ Paraguay:[183] Dort gelang es den Missionaren, die eingeborenen Guaranì-Indianer vor dem gefährlichen Zugriff von Kolonisten und Sklavenhändlern zu schützen.[184] Die Jesuiten gründeten Städte und kümmerten sich nicht nur um die religiöse Unterweisung, sondern auch um die Schulbildung, die Krankenfürsorge und die wirtschaftliche Blüte der Siedlungen; 1767 wurden die Jesuitenkolonien aber auf Druck der weissen Grossgrundbesitzer und der Kolonialverwaltung durch die spanische Krone aufgehoben und die Jesuiten vertrieben.[185] Dieses Beispiel zeigt, dass die sich um 1750 konstituierende ›Wissenschaft vom Menschen‹ nun auch das ›reale‹ Leben von Personen und Völkern in den Blick nimmt, die sich im Zentrum von globalen wirtschaftlichen und politischen Interessen befanden. Zu diesem Zeitpunkt hatte sich die Anthropologie bereits zu einem ›discours ethnologique‹ weiterentwickelt, der die *relations morales* der menschlichen Gattung, ihrer verschiedener ›Rassen‹ und Gesellschaften in globaler und vergleichender Perspektive nachzeichnet.[186]

---

182 Buffon: Variété dans l'espèce humaine [1749]. In: Ders., Œuvres complètes. Bd. 2, S. 137-221, hier S. 199: „La multiplication des hommes tient encore plus à la société qu'à la nature, et les hommes ne sont si nombreux en comparaison des animaux sauvages que parce que qu'ils se sont réunis en société, qu'ils se sont aidés, défendus, secourus mutuellement. Dans cette partie de l'Amérique [sc. l'Amérique septentrionale comprise entre la mer du Nord et la mer du Sud, depuis le golfe du Mexique jusqu'au nord] dont nous venons de parler, les bisons sont peut-être plus abondants que les hommes; mais de la même façon que le nombre des hommes ne peut augmenter considérablement que par leur réunion en société, c'est le nombre des hommes déjà augmenté à un certain point qui produit presque nécessairement la société; il est donc à présumer que, comme l'on a trouvé dans toute cette partie de l'Amerique aucune nation civilisée, le nombre des hommes y était encore trop petit, et leur établissement dans ces contrées trop nouveau pour qu'ils aient pu sentir la nécessité ou même les avantges de se réunir en société; [...]."
183 Ebd., S. 208: „Le Paraguay n'a été conquis que de cette façon; la douceur, le bon exemple, la charité et l'exercice de la vertu, constamment pratiqués par les missionaires, ont touché ces sauvages, et vaincu leur défiance et leur férocité; ils sont venus souvent d'eux-mêmes demander à connaître la loi qui rendait les hommes si parfaits; ils se sont soumis à cette lois et réunis en société: rien ne fait plus d'honneur à la religion que d'avoir civilisé ces nations et jeté les fondements d'un empire, sans autres armes que celles de la vertu."
184 Christian Heitzmann: Europas Weltbild in alten Karten. Globalisierung im Zeitalter der Entdeckungen. Katalog der Ausstellung der Herzog August Bibliothek, Wolfenbüttel, 19.2.-4.6 2006. Wolfenbüttel 2006, S. 153-155, hier S. 153 (s. auch die dort angegebene Forschungsliteratur).
185 Ebd., S. 155.
186 Vgl. zum Bedeutungswandel des Anthropologiebegriffs nach 1750 Michèle Duchet: Anthropologie et histoire au siècle des Lumières. Paris [1971] 1995, Introduction, S. 9-20, bes. S. 12f.:

Konstituierender ereignisgeschichtlicher Faktor dieser Entwicklung war ein neuer Schub von Entdeckungsfahrten, welche die Europäer in der zweiten Hälfte des 18. Jahrhunderts in die Südsee-Inseln führten.[187] Dabei geht es nicht nur darum, hinzuweisen, dass diese Reisen von der räumlichen bzw. wirtschaftlichen Expansion der Grossmächte Frankreich und England angetrieben wurden, die in der Zeit nach dem Siebenjährigen Krieg um die Gewinnung neuer Handelsmärkte konkurrierten.[188] Wichtiger noch ist die Feststellung, dass die Beobachtung, Deutung und Vergleichbarkeit der ›relations morales‹ eben dieser neuentdeckten Ethnien und Kulturen, zum Grundprinzip der ethnologischen Praxis wurde, die aus diesen Reisen in signifikanter Weise hervorgegangen war.[189] Entscheidend ist hier aber, dass die "ethnographischen Erfahrungen"[190] bzw. die Wahrnehmungsweisen- und die Auslegungsmuster der Reisenden – im Zentrum standen hier besonders Johann Reinhold und Georg Forster – weitgehend von den anthropologischen Kategorien geprägt waren, die ich im Laufe dieses Kapitels aufgezeigt habe und die – wie wir gesehen haben – auch Buffon übernommen hat.[191] Die anthropologischen Kategorien, wie sie aus den

"Aujourd'hui, quand il est question du monde sauvage, nous savons qui parle: l'ethnologie et l'anthropologie sont les sciences dont l'objet spécifique est l'étude des sociétés dites sauvages, c'est-à-dire des sociétés sans histoire et sans écriture. Mais au XVIIIe, le discours ethnologique et le discours anthropologique n'existent qu'à l'intérieur du discours philosophique en général. Nous n'avons pas cherché à les isoler arbitrairement, mais seulement à les identifier comme parties constituantes d'un discours nouveau qui, dès la fin du XVIIIe s., portera les nom d'*anthropologie* [...] Dès lors il était légitime de considérer tous les fragment de discours qui se donnent comme object, entre 1750 et 1788, cette science générale de l'homme. Au premier chef bien sûr, *l'Histoire naturelle de l'homme* de Buffon, mais aussi tous les textes qui traitent de l'homme physique, de l'espèce humaine, des différentes races, des sociétés humaines, de leur formation et de leur progrès, de l'origine du language, des intentions et des techniques."

187 Das Thema der ›Südsee‹ und die literarische Gattung des ›Reiseberichts‹ haben in den letzten Jahren besonders die ›kulturalistische‹ Perspektive der Literaturwissenschaft besonders angeregt; vgl. etwa Dirk Sangmeister: Das Feenland der Phantasie. Die Südsee in der deutschsprachigen Literatur zwischen 1780 und 1820. In: Georg-Forster-Studien, 2 (1998), S. 135-176.

188 Hont: Jealousy of Trade, S. 6-8. Vgl. auch oben Kap. 6., 3.2 ›Die Nerven der Moral‹.

189 Hans Erich Bödeker: Aufklärerische ethnologische Praxis: Johann Reinhold Forster und Georg Forster. In: Wissenschaft als kulturelle Praxis 1750-1900. Hg. von Hans Erich Bödeker, Peter Hanns Reill, Jürgen Schlumbohm. Göttingen 1999, S. 227-253; ders.: Die »Natur des Menschen so viel möglich in mehreres Licht [...] setzen«. Ethnologische Praxis bei Reinhold und Georg Forster. In: Natur - Mensch – Kultur. Georg Forster im Wissenschaftsfeld seiner Zeit, S. 143-170 (s. dort auch die akualisierte Forschungsliteratur dazu).

190 Bödeker: Aufklärerische ethnologische Praxis, S. 230.

191 Dieser Punkt ist in dem ansonsten sehr informativen Aufsatz von Bödeker: Aufklärerische ethnologische Praxis nicht in aller Deutlichkeit hervorgehoben worden. Dies kann ebenso von der neuesten ›kulturhistorisch‹ orientierten Forschung gesagt werden, die sich gegenüber den "Formen des Wissens und der Erkenntnis über die koloniale Welt" durchaus sensibel zeigt; vgl. etwa Hans-Jürgen Lüsebrink: Von der Faszination zur Wissenssystematisierung: die koloniale Welt im Diskurs der europäischen Aufklärung. In: Das Europa der Aufklärung und die außereuropäische koloniale Welt. Hg. von Hans-Jürgen Lüsebrink. Göttingen 2006, S. 9-18, hier S. 10.

Prinzipien der Pufendorfschen und Cumberlandschen Theorie der Genese von Gesellschaft und Kultur hervorgingen, – *socialitas*, *mutual benevolence*,[192] Selbsterhaltung, Vierstadientheorie, Regierungsform, Handel, Sprache und Kommunikation etc. – haben sich denn auch in der Darstellungsweise der ethnographischen Daten im neuen Textgenre des ›philosophischen Reiseberichts‹ niedergelegt, für den Georg Forsters *Reise um die Welt* ein paradigmatisches Beispiel bildet.[193] Wie aus den im Folgenden zitierten Stellen aus Forsters Text zu entnehmen ist, erweist sich der naturrechtliche Diskurs über den Menschen auch im Blick auf den ›discours ethnologique‹ der europäischen Spätaufklärung als konstitutiv:

> [...] man erwartete von ihm [sc. die Britische Regierung von Georgs Vater, SDeA] eine philosophische Geschichte der Reise, von Vorurtheil und gemeinen Trugschlüssen frey, worinn er seine Entdeckungen in der Geschichte des Menschen, und in der Naturkunde überhaupt, ohne Rücksicht auf willkürliche Systeme, blos nach allgemeinen menschenfreundlichen Grundsätzen darstellen sollte; [...].[194]

Forster deutet die Anrede eines einheimischen Mädchens der Südsee als Zeichen von Friedensstiftung: "Diese Art feyerliche Anreden zu halten, und wie wir's auslegten, Frieden zu stiften, ist bey allen Völkern der Südsee üblich."[195] Daneben deutet Forster auch die aggressive Variante der Regulierung sozialer Handlungen, wie etwa die Praxis des Kannibalismus:

> Es war jetzt das dritte Mal, daß sie selbst [sc. die *Tanneser*, SDeA], durch die deutlichsten Zeichen, sich für Menschenfresser ausgaben; mithin muß diese Barbarey wohl in der That bey ihnen im Schwange seyn. Gemeiniglich pflegt man dieselben dem äußersten Mangel an Lebensmitteln Schuld zu geben, [...]. Wohl ungleich wahrscheinlicher und richtiger läßt sich diese widernatürliche Gewohnheit aus der *Begierde* nach *Rache* herleiten. Selbsterhaltung ist ohnläugbar das erste Gesetz der Natur: blos um diese zu befördern, pflanzte sie unsern Herzen Leidenschaften ein. In der bürgerlichen Gesellschaft sind wir, vermittelst gewisser Gesetze und Verordnungen, freywillig dahin überein gekommen, daß nur einigen wenigen Per-

---

192 Vgl. Johann Reinhold Forster: Bemerkungen über Gegenstände der physischen Erdbeschreibungen, Naturgeschichte und sittlichen Philosophie auf seiner Reise um die Welt gesammelt. Uebersetzt und mit Anmerkungen versehen von dessen Sohn Georg Forster. Berlin 1783; auf S. 255 bezeichnet Forster die Feuerländer als Wilde: wegen der Rauheit des Klimas, indem sie wohnen, seien sie "ohne eigenes gegenseitiges Band, ohne wechselseitige Zuneigung, jedem Angrif blosgestellt [...] andre Regel als das Gesetz des Stärkeren [...] von aller Menschlichkeit und mittheilenden Liebe entwöhnt!" Vgl. hierzu auch Dougherty: Buffons Bedeutung für die Entwicklung des anthropologischen Denkens, S. 266.
193 Das "Verhältnis zwischen ethnographischer Erfahrung und anthropologischer bzw. kulturgeschichtlicher Theorie" reflektiert jetzt anhand vertiefter historischer Studien von Quellen aus dem 18. Jahrhundert Lucas Marco Gisi: Einbildungskraft und Mythologie. Die Verschränkung von Anthropologie und Geschichte im 18. Jahrhundert. Berlin/New York 2007, bes. Kap. 5 (Erfahrung und Theorie), Zitat S. 240; vgl. ebd., Kap. 6 (Geschichtsphilosophie und Anthropologie), bes. S. 352-357 (zu J. R. u. G. Forsters Reiseberichte).
194 Vgl. Georg Forster: Reise um die Welt [1778-1780, ²1784]. Hg. von Gerhard Steiner. Frankfurt/M. 1967 [1983], Vorrede, S. 10f.
195 Forster: Reise um die Welt, S. 167.

sonen die Sorge überlassen seyn soll, das Unrecht zu rügen, was jedem Mitgliede insbesondere widerfährt: Bey den Wilden hingegen verschafft sich ein jeder selbst Recht, und sucht daher, bey der geringsten Beleidigung oder Unterdrückung, seinen Durst nach Rache zu befriedigen. Diese feindselige Gesinnung ist uns aber eben so gut von Natur eigen, als das sanftere Gefühl der allgemeinen Menschenliebe, und, so entgegengesetzt diese beyde Leidenschaften auch zu seyn scheinen; so sind sie doch im Grunde zwey der vornehmsten Triebräder, durch deren gegenseitige Einwirkung die ganze Maschine der menschlichen Gesellschaft in beständigem Gange erhalten, und für Zerrüttung bewahrt wird.[196]

Ferner interpretiert Forster den Grad von Zivilisation in den Süd-See-Inseln nach der Pufendorfschen Vierstadientheorie:

Dem geringen Umfange der Inseln im Süd-Meer, und dem gänzlichen Mangel an wilden vierfüßigen Thieren muß man es zuschreiben, daß die ersten Einwohner sich nicht, so wie die mehresten anderen Wilden, blos von der Jagd nähren, auch nicht ganz allein von der Viehzucht leben konnten, sondern, fast seit dem ersten Augenblick ihrer Niederlassung, gleich auf den Ackerbau bedacht seyn mußten, vornehmlich in solchen Gegenden, wo es nicht viel Fische gab. Ohne diese Nothwendigkeit, den Feldbau zu treiben, würden die Bewohner der Inseln, zwischen den Wendekreisen, wohl durchgehends noch nicht zu *dem* Grade von Civilisation gelangt seyn, den wir würklich bey ihnen angetroffen haben.[197]

In einer längeren Passage verbindet Forster Fragen zur Staatsverfassung, Bevölkerungsdichte, Gesellschaftsbildung und Regierungsform und reflektiert den Zusammenhang zwischen dem Handel und dem Grad der Zivilisationsentwicklung:

Die Staatsverfassung ist, dem gegenwärtigen Zustande der Nation gemäß, noch sehr unvollkommen. Jedes Dorf, jede Familie, ist unabhängig, und vereinigt sich mit den Nachbarn nur alsdenn, wenn ihr gemeinschaftlicher Nutzen es durchaus so erfordert, zum Beispiel, wenn feindliche Einfälle zu befürchten sind. Leute von Jahren und von bewährter Tapferkeit, scheinen bey dem großen Haufen in gewissem Ansehen zu stehen, Rangordnung aber sonst noch unbekannt zu seyn. Das Interesse so vieler kleinen Partheyen, muß einander oft geradehin zuwider seyn, und sie folglich in Streitigkeiten verwickeln, die dann dem Mißtrauen und der der Rachsucht unaufhörliche Nahrung geben. Diesem Übel kann allein in der Folge, vermittelst einer stärkeren Bevölkerung, abgeholfen werden; der Wachsthum dieser letzteren wird sie nemlich, dringender als jede andere Ursach, nöthigen, auf eine gewisse gesellschaftliche Vereinigung zu denken, und die Regierungsform auf festeren Fuß zu setzen. Die Verfertigung der Waffen, auf welche sie jetzt den größten Theil ihrer Zeit verwenden müssen, würde alsdenn, bey müßigen Stunden, gleichsam nur zum Zeitvertreib dürfen vorgenommen werden, und die Folgen eines solchen öffentlichen Ruhestandes, gegenseitiges Zutrauen und allgemeine Sicherheit, würden ihnen Muße verschaffen, es in der Zierlichkeit, aller Arten von Handarbeiten, eben so weit zu bringen, als die Einwohner der freundschaftlichen Inseln. Wie viel der Umgang mit den benachbarten Insulanern

---

196 Ebd., S. 771f.
197 Ebd., S. 808.

zu Beschleunigung dieses Zeitpuncts beytragen möchte, läßt sich so genau nicht angeben; im Ganzen aber ists wohl ausgemacht, daß, durch den Handel, der Fortgang der Civilisation ungemein befördert wird.[198]

Schliesslich schildert Forster das Beispiel der Deutung einer Kommunikationssituation zwischen den Bewohnern:

> Sie [die Einwohner] riefen ihr Losungswort *Pesseräh* manchmal mit einer so kläglichen Stimme, und so gedehnt aus, daß wir glaubten, sie wollten damit betteln, wenn wir sie aber darauf ansahen, so war in ihren Mienen nicht die geringste Bestätigung dieser Vermuthung, nichts begehrendes, nichts als das unbedeutende Angaffen der tiefsten Dummheit ausgedrückt.[199]

Nach diesen vom Naturrechtsdiskurs generierten Mustern liessen sich beliebige andere Texte des Genre ›Reiseliteratur‹ des 18. Jahrhunderts deuten.

---

198 Ebd., S. 809f.
199 Ebd., S. 926:

Epilog

Mit Blick auf dieses Kapitel ist somit festzuhalten, dass es sich beim Naturrecht bzw. Naturgesetz um einen fundamentalen *Begründungsdiskurs* über den Menschen handelt, der nicht nur eine Reihe von Einzeldiskursen – den physiologischen, den ›biologischen‹, den psychologischen, den moralphilosophischen, den ethnologischen etc. – bündelt, sondern der gesamthaft betrachtet auch das initiiert, was ich die ›posthobbessche Entwicklung der Anthropologie‹ bezeichnet habe. Deren vielleicht bedeutendstes Merkmal ist die Beziehung zwischen der (moralisch gedeuteten) Kategorie des Vorreflexiven bei Cumberland und der vorbewussten Perzeption bei Platner, die einen Mittelbereich zwischen der Disposition des Körpers und den höheren Operationen des Bewusstseins definieren und eine Theorie des ›ganzen‹ Menschen im psychophysischen Bereich erst ermöglichen. Diese Theorie des Bewusstseinszusammenhangs überwindet nicht nur die frühneuzeitliche dualistische Anthropologie des Textgenres ›Anthropologia‹, sondern bildet auch eine Alternative zu den mechanistisch konzipierten Physiologien des 18. Jahrhunderts, gegen die sich Platners Physiologie vielleicht am Konsequentesten gewendet hat. Zwischen dem Ansatz von Cumberland (1672) und demjenigen von Platner (1794) entfaltet sich also jene Machtstruktur in der Anthropologie des ›langen‹ 18. Jahrhunderts, die bis um 1800 die Kultur der Auklärung mitkonstituiert hat und die in der Spätaufklärung mit der Machtstruktur des Kantianismus kollidiert.[1]

Platner kritisiert nämlich nicht nur jene Physiologien, welche die menschliche Seele ausschliessen, sondern auch generell den Rationalisierungsprozess der Kultur in den 1790er Jahren, den die kritische Philosophie Kants entscheidend vorantreibt und der sich nicht zuletzt an Kants Kritik am Naturrecht äussert.[2] Gegenüber der ›Mechanisierung‹ des Staatsapparates, dem Rationalisierungsschub in den Wissenschaften sowie gegenüber einer Physiologie, welche die menschliche Maschine zu erklären vorgibt, setzt Platner – in Gegentendenz zu diesen Phänomenen – den Akzent auf die menschlichen Rechte und auf die moralischen Bedürfnisse des Menschen. Dies erfordert eine Physiologie, die auch die problematischen Fragen des menschlichen Daseins – wie die Unsterblichkeit der Seele, die Angst vor dem Nichtsein nach dem Tod etc. – reflektiert. Gerade hier bekommt etwa seine physiologische Hypothese des ›Ätherkörpers‹, der – verbunden mit dem

---

1   Es ist kein Zufall, dass Platner Cumberlands De Legibus Naturae (Lübeck/Frankfurt/M. 1683) rezipiert und in die Bibliographie der 2. Auflage seiner Philosophischen Aphorismen aufgenommen hat. Vgl. Ernst Platner: Philosophische Aphorismen nebst einigen Anleitungen zur philosophischen Geschichte. Anderer Theil. Frankfurt/Leipzig ²1790, ›Verzeichniß der angeführten Schriften‹, unpag.

2   De Angelis: Unbewusste Perzeptivität und metaphysisches Bedürfnis, hier S. 245-248.

unsterblichen Geist – die Persönlichkeit eines Individuums auch über dessen Tod hinaus aufbewahrt, ihren metaphysischen Sinn, der seinen Grund in einem grundlegenden menschlichen Bedürfnis hat.³

Die Frage nach der Angst vor dem Tod, die Platner stellt, hat an Aktualität kaum eingebüsst. Heute gehen wir mit dieser Frage nur etwas anders um. Wie etwa Ernst Tugendhat klug ausgeführt hat, lässt sich die "Angst vor dem eigenen Nichtsein" angesichts des Todes bzw. die Angst, "daß das eigene Leben in nichts übergeht" "intellektuell [nicht] wegargumentieren."⁴ Auch wenn diese Angst heute durch eine "biologische Hypothese" verständlich gemacht werden kann: Die Individuen einer Population "müssen also, um überleben zu können, mit dem Bedürfnis, stets weiterleben zu wollen, ausgestattet sein."⁵ Geschweige denn, dass – wie schon Cumberland wusste – "es für Menschen wesentlich ist, sich um ihre Zukunft zu sorgen" und dass dieses Merkmal "in der Sprache und in dem Zeitbewußtsein [gründet], die dieser Spezies eigen sind."⁶

Eine Schlussfolgerung aus dieser Studie muss daher lauten, dass erst die in ihr erforschten Quellen zur Geschichte der Anthropologie der Frühen Neuzeit verständlich machen, wie sich zumindest ein Teil der "Kulturthemen" konstituieren, durch welche die Literatur und ihre Darstellungsformen – nach dem Selbstverständnis der Kulturwissenschaften – an der "Wahrnehmung der lebensweltlichen und historischen Erfahrung" teilnehmen.⁷ Dies würde allerdings wiederum heissen, dass eine wissensgeschichtlich fundierte Literatur- und Kulturwissenschaft im Prinzip auch ohne Foucault auskommen kann.⁸

---

3   Ebd, 260-266.
4   Ernst Tugendhat: Anthropologie statt Metaphysik. München 2007; hier S. 159-175 ›Unsere Angst vor dem Tod‹, Zitate S. 162 u. S. 175.
5   Ebd., S. 163.
6   Ebd.
7   Lesbarkeit der Kultur. Literaturwissenschaften zwischen Kulturtechnik und Ethnographie. München 2000. Hg. von Gerhard Neumann und Sigrid Weigel. Einleitung der Hg., hier S. 14-16: "Zu den klassischen Kulturthemen zählen: Sexualität (als Mittel der Reproduktion der Gattung) und die Konstruktionen der Geschlechterdifferenz, Nahrungsverhalten (als Organon der natürlichen Reproduktion des Individuums), die Einstellung gegenüber dem oder den Fremden (als Begründung und Abgrenzung des Eigenen), Aggressionsverhalten (als Regulationsmuster, als Quellpunkt differenter Strategien in der Spannung von Selbstbehauptung und Anerkennung des ›Anderen‹) und Todeserfahrung (als Umgang mit der Grenzerfahrung von Lebenszeit)" (ebd., S. 14).
8   Vgl. Gideon Stiening: "Glücklicher Positivismus"? Michel Foucaults Beitrag zur Begründung der Kulturwissenschaften. <http://www.germanistik.ch/publikation.php?id=Gluecklicher_Positivismus>, S. 1-60, hier S. 41-43 u. S. 46f.

Literaturverzeichnis

1. Quellen

Aicardo, Paolo: [Vorrede] Federico Pendasio Philosopho Clarissimo Paulus Aicardus. S. D. [Patav.vii. Ian. MDLXXIII]. In: Constantii Varolii Medici Bononensis, De Nervis Opticis [...]. Ad Hieronymum Mercurialem. Padua 1573.

– De peste in universum, praesertim verò de Veneta et Patavina, singulari quadam eruditione tractatur A. Hieronymo Zaccho; Girolamo Mercuriale: De morbis cutaneis, et omnibus corporis humani excrementis tractatus. In: Girolamo Mercuriale: Opuscula aurea, et selectiora. Venedig 1644.

[Alberti, Valentin] Διπλοῦν Κάππα Quod est Cartesianismus Et Coccejanismus Belgio hodie molesti, nobis suspecti, Juvante EO, qui unus est Bonus, In Panegyrin Doctoralem Theologicam XVII. Sept. A. MDCLXXIIX. Adducti, Et qua Errores, Nostraeque Ecclesiae INTERESSE Examinati à L. Valentino Alberti, Log. & Metaph. P.P. Ord. SS. Theol. Extraord. Collegii B.M. Virg. h.t. Praeposito & Acad. Decemviro. Leipzig 1678.

– Διπλοῦν Κάππα Quod est Cartesianismus Et Coccejanismus [...] examinati à Valentino Alberti, S.S. Theol. Doctore & Prof. Publico, Consist. Elect. & Ducal. Assesore, Alumnorum Saxon. Ephoro, & Academiae Decemviro. Wittenberg 1708.

[Alexander von Aphrodiasias] Alexandri Aphrodisei Enarratio De Anima ex Aristotelis institutione, Interprete Hieronymo Donato, Patritio Veneto. Locaque librariorum vitio partim depravata/ partim penitus omissa/ Nuperrime per doctissimum virum recognita/ restitutaque. Venedig 1538.

– Quaestiones Naturales et Morales et de Fato [...], De Anima Liber Primus, Hieronymo Donato patritio Veneto interprete. De anima liber ij unà cum commentario de Mistione. Angelo Caninio Anglariensi interprete. Venedig 1549.

– Praeter Commentaria Scripta Minora. De Anima Liber cum Mantissa. Hg. von Ivo Bruns (Supplementum Aristotelicum II, 1). Berlin 1887.

– L'anima. Hg. von Paolo Accattino und Pierluigi Donini. Roma-Bari 1996.

– De Intellectu. Introduzione, testo greco rivisto, traduzione e commento di Paolo Accattino. Torino 2001.

– Supplement to On the Soul. Translated by R.W. Sharples. London 2004.

[Aquin, Thomas von] Summa Sacrae Theologiae, in qua quicquid in utroque testamento continetur, ut docte, ita et pie et fideliter, per quaestiones et responsiones explicatur, divo Thomae Aquinate Doctore Angelico Autore, in tres potissimum partes quatuor tomis contentas, divisa; nunc à pluribus mendis, quibus antè scatebat, ad Romanum Pij quinti Pontificis maximi exemplar, diligenti collatione, ac summo studio epurgata. Cuius prima pars hoc primo tomo pertractatur, Reverendissimi Thomae A Vio Caietani, Tit. S. Xisti presbyteri Cardinalis Commentariis illustrata. […]. Antwerpen 1576.

- Summa theologica. Hg. von Jacques Paul Migne. 4 in 3 Bdn. Paris 1864.

- Quaestiones disputatae Volumen I. De Veritate. Hg. von Raymundus Spiazzi O. P. [...] 8. revidierte Auflage. Torino/Roma 1949.

[Aristoteles] Aristotelis liber qui decimus Historiarum inscribitur, nunc primum latinus factus a Iulio Caesare Scaligero viro clarissimo et commentariis illustratus. Lyon 1584.

- Commentarii Collegii Conimbricensis S.J. in tres libros de Anima Aristotelis Stagiritae. Leiden ³1604.

- ΑΡΙΣΤΟΤΕΛΟΥΣ Περὶ ζώων ἱστορίας. Aristotelis Historia de animalibus. Iulio Caesare Scaligero interprete. Cum eiusdem commentariis. Toulouse 1616.

- Aristoteles Latine – interpretibus variis, edidit Academia Regia Borussica Berlin 1831. ND hg. u. eingel. von Eckhard Kessler. München 1995.

- Naturalia parva Francisco Vatablo et Nicolao Leonico Interpretibus, De sensu et sensili. In: Aristoteles Latine, S. 226a-232a.

- Parva naturalia. Francisco Vatablo et Nicolao Leonico Interpretibus. De somno et vigilia. In: Aristoteles Latine, S. 234b-236b.

- Parva naturalia. Francisco Vatablo et Nicolao Leonico Interpretibus. De iuventute et senectute, de vita et morte [1531]. In: Aristoteles Latine, S. 241a-242a.

- De anima. Ioanne Argyropylo Byzantino Interprete. In: Aristoteles Latine, S. 209a-226b.

- De animalium generatione. Theodoro Gaza interprete. In: Aristoteles Latine, S. 350a-384b.

- Nikomachische Ethik. Übers. u. komm. von Franz Dirlmeier. Berlin 1979.

- De arte poetica. Translatio Guillelmi de Moerbeka. Accedunt expositio media Averrois sive 'Poetria' Hermanno Alemanno interprete et specimina translationis Petri Leoni. Hg. von Laurentius Minio-Paluello. Bruxelles-Paris 1968.

- Aristotle's De anima. [Kommentiert von] Ronald Polansky. Cambridge et al. 2007.

[Aselli, Gaspare] De Lactibus Sive Lacteis Venis Quarto Vasorum Mesaraicorum genere Novo Invento Gasparis Asellii Cremonensis Anatomici Ticinensis Dissertatio Qua Sententie Anatomice multe vel perpera recepte convelluntur vel parum percepte illustrantur. Mailand 1627.

Aslacus, Conradus: Physica & Ethica Mosaica, ut Antiquissima, ita vere Christiana, Duobus Libris Comprehensa. Hanau 1623.

[Augustinus] S. Aurelii Augustini Hipponensis Episcopi De Trinitate Libri Quindecim. In: Opera omnia. Hg. von Jacques Paul Migne. Paris 1845-46 (Patrologia Latina, Bd. 42).

[Averroès] Averrois Cordubensis Commentarium Magnum in Aristotelis De anima Libros. Hg. von F. Stuart Crawford. Cambridge (Mass.) 1953 (Corpus Commentariorum Averrois in Aristotelem. Versionum Latinarum, VI, 1).

– L'intelligence et la pensée. Gran Commentaire du *De Anima* Livre III (429a 10-435 b 25). Traduction, introduction et notes par Alain de Libera. Paris ²1998.

Avicenna Latinus: Liber de Anima seu Sextus de Naturalibus. I-III. Hg. von S. van Riet. Louvain/Leiden 1972.

Bacon, Francis: Works. Hg. von James Spedding, Robert Leslie Ellis, Douglas Denon Heath. Bd. 1. London 1858. ND Stuttgart-Bad Cannstatt 1963.

[Bartholin, Thomas] Thomae Bartholini [...] Anatomia, ex Caspari Bartholini Parentis Institutionibus, Omniumque Recentiorum & propriis Observationibus. Tertiùm ad sanguinis Circulationem Reformata. Leiden 1651.

– De lacteis thoracicis in homine brutisque nuperrimè observatis, historia anatomica, publicè proposita Respondente M. Michaele Lysero. Hafniae 1652.

– Vasorum Lymphaticorum Historia Nova. In: Messis Aurea [...].

– De Lacteis Thoracicis Historia Anatomica. De Lacteis Thoracicis Dubia Anatomica. In: Messis Aurea [...].

– Anatome Ex omnium Veterum Recentiorumque Observationibus Imprimis Institutionibus b.m. Parentis Caspari Bartholini. Ad Circulationem Harvejanam, et Vasa Lymphatica Quartum Renovata. Leiden 1673.

– Anatome Quartum Renovata: non tantum ex institutionibus b.m. Parentis, Caspari Bartholini, Sed etiam ex omnium cum Veterum, tum Recentiorum Observationibus: Ad Circulationem Harveianam, & Vasa Lymphatica directis. Leiden ⁴1677.

Baumgarten, Alexander Gottlieb: Ästhetik. Lateinisch-Deutsch. Hg. von Dagmar Mirbach. 2 Bde. Hamburg 2007.

[Benedetti, Alessandro] Alexandri Benedicti physice Anatomice sive historia corporis humani, Impressum in alma Parisiorum academia Per Henricum Stephanum artis formulariae industrium opificem/ ex opposito scholae Decretorum habitantem [1514, ¹1502].

Berengario da Carpi: Commentaria cum amplissimis additionibus super Anatomia Mundini una cum textu ejusdem in pristinum et verum nitorem redactum. Bologna 1521.

- Isagoge breves et exactissimae in anatomiam humani corporis. Bologna 1522 [²1530].

- On Fracture of the Skull or Cranium. Übers. u. eingel. von L.R. Lind (Transactions of the American Philosophical Society. Bd. 80, 4, 1990, i-xxv, S. 1-164).

Berger, Johann Gottfried: Physiologia Medica sive de Natura Humana Liber bipartitus. Iterum in lucem prodit cura Frider. Christiani Cregut [...] cujus Dissertatio de Anthropologia ejusque praecipuis tam antiquis quam modernis scriptoribus introductionis loco praemittitur. Frankfurt 1737.

Birch, Thomas: A history of the Royal Society of London. London 1756-1757. ND Bruxelles 1967-1968.

Boerhaave, Herman: Methodus Studii Medici. Emaculata, & Accessionibus locupletata Ab Alberto ab Haller. Editio Prima Veneta. Venedig 1753.

[Boethius] Anicii Manlii Severinii Boethii: Isagogen Porphyrii Commenta. Hg. von Georg Schepps und Samuel Brandt. Wien/Leipzig 1906. (Corpus Scriptorum Ecclesiasticorum Latinorum, Bd. 48).

[Buffon, George-Louis Leclerc, Comte de] Œuvres complètes de Buffon. 12 Bde. Paris 1853.

[Caietanus] Commentaria Reverendissimi patris fratris Tho. de Vio Caietani artium sacrae theologiae almique ordinis praedicatorum professoris ac eiusdem ordinis Cardinalis Magistri super tres libros Aristotelis de anima una cum quaestione subtilissima de infinitate primi motoris: novissime recognita cunctisque erroribus castigata. Venedig 1514.

Caimo, Pompeo: De calido innato Libri Tres. Venedig 1626.

Calov, Abraham: Gnostologia [¹1632, 1637]. In: Scripta Philosophica. Rostock 1650-51.

[Calvin] Commentarii in Quinque Libros Mosis, I: Commentarius in Genesin [1554]. In: Ioannis Calvini Opera quae supersunt omnia. Bd. 23 [Corpus Reformatorum 51]. Hg. von W. Baum, E. Cunitz, E. Reuss. Braunschweig 1882.

- Calvin's Commentary on Seneca's De Clementia. With Introduction, Translations and Notes by F.L. Battles und A.M. Hugo. Leiden 1969.

[Capodivacca] Hieronymi Capivaccei Patavini Olim Medici praeclarissimi Opera omnia. Quinque Sectionibus comprehensa [...]. Hac quinta editione eiusdem auctoris [...]. Venedig 1606.

[Casmann] Psychologia Anthropologica; Sive Animae Humanae Doctrina, Methodicé informata, capitibus dissecta, singulorumque Capitum disquisitionibus, ac controversarum questionum ventilationibus illustrata. Partim Scholasticis Praelectionibus, partim vero Disputationibus, cum publicis, tum privatis in illustri COMITIS BENTHEMICI, & c. Schola Steinfurtensi, tractata ab OTHONE CASMANNO. Hanau 1594.

- Secunda Pars Anthropologiae: hoc est; fabrica humani corporis; methodice descriptiva. Hanau 1596.

- Cosmopoeia et Uranographia Christiana, seu Commentationum disceptationumque physicarum, Syndromus Methodicus et Problematicus II. De Mundo in genere, & Coelo. [...]. Ex Dei Verbo, Philosophicis cum veteribus, tum recentioribus liberius philosophantibus methodice propositus & in capita distinctus. Frankfurt 1598.

[Casseri, Giulio] Iulii Casserii Placentini Olim in Patavino Gymnasio Anatomiae & Chirurgiae Professoris Celeberrimi Tabulae Anatomicae LXXVIII Cum supplemento XX Tabularum Danielis Bucretii Vratislaviensis, Phil. & Med. Doct. Qui & omnium Explicationes addidit. Venedig 1627 [Frankfurt/M. 1632, Amsterdam 1645].

- Anatomische Tafeln/Mit Denselben Welche DANIEL BUCRETIUS hinzugethan/ und aller beygefügten Erklärung; Zu Nutz und Ehren der Wundärzte/Insonderheit aber Derer in den Hochlöblichen Königreichen Dännemarck und Norwegen Wohnenden. Auff Anordnung D. SIMONIS PAULLI, Ihr. K. May. zu Dännemarck/Norwegen/ec. Hoff-Medici, für diesen ins Deutsche übergesetzet/nun aber allererst an den Tag gegeben/ Nebenst einer Lateinischen Zugabe/ In sich begreiffend Die Einführung der Anatomen-Kunst/ und derer offentlichen Ubung/ Auff der uhralten und weitberühmten Königlichen Academien Kopenhagen. Frankfurt/M. 1656.

Clauberg, Johann: Defensio Cartesiana, Adversus Jacobum Revium Theologum Leidensem, et Cyriacum Lentulum Professorem Herbornensem: Pars Prior Exoterica, in qua Renati Cartesii Dissertatio de Methodo vindicatur, simul illustria Cartesianae Logicae & Philosophiae Specimina exhibentur. [Duisburg] 1652.

- Disputatio Physica de Origine Fontium et Aquis Quam Favente Deo per Opt. Max. Praeside Admodum Reverendo Clarissimo Viro, Dn. IOHANNE CLAUBERGIO, SS. Theologiae & Philosophiae in Athenaeo Teutoburgensi, Professore Publico omnium examini subjicit IOHANNES AXIUS Sigenâ-Nassovicus Die 16. Martij ab hora 10. ad merid. In Auditorio Publico. Teutoburgi Clivorum [Duisburg] 1652.

- Logica vetus et nova [1654, 1658], Modum inveniendae ad tradendae veritatis, in Genesi simul, & Analysi, facili methodo exhibens. In: Opera omnia philosophica, S. 765-910.

- Unterschied Zwischen der Cartesianischer, Und der sonst in Schulen gebräuchlicher Philosophie, Beschrieben durch Iohann Clauberg, Der. H. Schrift und Weißheit Lehrer/ in der Hohen Schule zu Duißburg. Duisburg 1657.

- Opera Physica, Id est, Physica Contracta, Disputationes Physicae, Theoria Viventium, & Conjunctionis Animae cum Corpore Descriptio. Accedunt ejusdem Metaphysica de ente. Johanni De Raei Philosopho & Medico in inclyta Batavorum Academia Leydensi Celeberrimo Johannes Claubergius S. P. D. [Physica, Quibus Rerum Corporearum Vis & natura, Mentis ad Corporum relatae proprietates, denique Corporis ac Mentis arcta &

admirabilis in Homine conjunctio explicantur.] Amsterdam 1664.

- Differentia Inter Cartesianam Et aliàs in Scholis usitatam Philosophiam Conscripta per Johannem Claubergium, SS. Theol. & Philos. Professorem in Universitate Duisburgensi; Nunc autem ex Lingua Germanica in Latinam translata. [...]. Berlin 1680.

- Opera Omnia Philosophica. Partim antehac separatim, partim nunc primum edita. Hg. von Joh. Theod. Schalbruchius. 2 Bde. Amsterdam 1691.

[Coccejus, Johannes] Collatione de Foedere et Testamento Dei: Ad illustrandam Methodum & analogiav doctrinae pietatis in Scripturis traditam, institutam a Johanne Coccejo. S. Th. & Hebr.L.Prof. Franeker 1648.

- Summa Doctrinae De Foedere et Testamento Dei [...]. Editio secunda auctior & emendatior. Leiden 1654.

- Lexicon et Commentarius Sermonis Hebraici et Chaldaici Veteris Testamenti. Accedunt Interpretatio Vocum Germanica, Belgica ac Graeca ex LXX Interpretibus; Et necessari Indices. Amsterdam 1669.

- Explicatio Catecheseos Heidelbergensis. In: Operum Johannis Coccei, Dum Viveret in Academia Lugduno-Batava S.S. Theologiae Professoris, Tomus Sextus, Amsterdam 1673. In: Opera omnia, S. 3-84.

- Opera omnia Theologica, Exegetica, Didactica, Polemica, Philologica Divisa in Octo Volumina. Amsterdam 1675.

- Summarischer Unterricht Von dem Bunde und Testamente Gottes/Ehemals zu verschiedenen Zeiten erkläret und vermehret Von Joh. COCCEJUS, Weyland Doctor und Professor der Heil. Schrifft auff der Hohen-Schule zu Leiden/Nunmehro aus dem Lateinischen ins Hoch.Teutsche gebracht durch Andreas Hoppenroht/Von Bremen/Weyland Diener am Wort Gottes bey der Christl. Reformierten-Gemeinde zu Düsseldorf. Bremen 1694.

- ΠΡΟΘΕΩΡΙΑ De Ratione Interpretandi in Philologiam Sacram. In: Johannes Coccejus: Opera Theologica et Philologica, Divisa in Duo Volumina. Amsterdam 1706. Bd. 1, S. 62-75.

[Colombo, Realdo] Anatomia, Das ist Sinnreiche/ künstliche/ Begründete Auffschneidung/ Theilung/ unnd Zerlegung eines vollkommenen Menschlichen Leibs und Cörpers/ durch alle desselbigen innerliche und eusserliche Gliedtmassen und Gefäß/ so wol mit eygendtlicher Beschreibung erkläret/ als mit lebendigen Contrafacturen fürgebildet. [...] Erstlichen Durch den hochgelehrten/ Realdum Columbum Cremonensem, der Medizin Doctorn/ auch deroselben bey der weitberühmbten Universitet zu Rom/ fürtrefflichen Professorn und Anatomicum in Latein begriffen/ beneben Paulo IV. Pont. Max. consecrieret: Anjetzo aber zu nützlicher/ auch nohtwendiger Erklärung/ ja Vollkommenheit und Ergäntzung des Operis, vermehrt: Zumal in die Teutsche Zung und Spraach übersetzt. Mit angefügter Analogischer Zugaab. Darinn SCELETA BRUTA, oder Beschreibung und Contrafacturn der BeinCörper underschiedlicher Thier begriffen, so alle dem Leben nach gebildet sind. Durch IOHANNEM ANDREAM SCHENCKIUM der Medicin Studiosum. Franckfurt am Mayn 1609.

Coiter, Volcher: Externarum et internarum principalium humani corporis partium tabulae, atque anatomicae exercitationes observationesque variae, novis, diversis ac artificiosissimis figuris illustratae, Philosophis, Medicis, inprimis autem anatomico studio addictis summè utiles. Autore Volchero Coiter Frisio Groeningensi, inclytae Reipublicae Norimbergensis Medico Physico Et Chirurgo. Nürnberg 1572. In: Opuscula Selecta Neerlandicorum De Arte Medica. Bd. 18. Amsterdam 1955.

Cregut, Friedrich Christian: Dissertatio de Anthropologia Ejusque Praecipuis tam Antiquis Quam Modernis Scriptoribus Introductionis Loco Praemittitur. In: Johann Gottfried Berger: Physiologia Medica [1737], fol. a-g3.

Cremonini, Cesare: Apologia dictorum Aristotelis de calido innato. Adversus Galenum. Venedig 1626.

– Apologia Dictorum Aristotelis de origine, et principatu Membrorum Adversus Galenum. Venedig 1627.

Cumberland, Richard De Legibus Naturae Disquisitio Philosophica, In qua Earum Forma, summa Capita, Ordo, Promulgatio, & Obligatio è rerum Natura investigantur; Quinetiam Elementa Philosophiae Hobbianae, Cum Moralis tum Civilis, considerantur & refutantur. London 1672.

– Traité philosophique des Loix naturelles, où l'on recherche et l'on établit, par la nature des choses, la forme de ces lois, leurs principaux chefs, leur ordre, leur publication et leur obligation: on y refute les Elémens de la Morale & de la Politique de Thomas Hobbes. Par le Docteur Richard Cumberland depuis Evêque de Peterborough. Traduit du Latin par Monsieur Barbeyrac, [...]. Avec des notes du traducteur, qui y joint celles de la Traduction Angloise. Lausanne/Genève 1744.

[Cusanus] Nicholas of Cusa: The Catholic Concordance. Hg. u. übers. von Paul E. Sigmund. Cambridge/New York et al. 1991.

– Dialogus De Deo Abscondito [...] Editus a domino Nicolao de Cusa, cardinale Sancti Petri ad Vincula. In. Nicolaus von Cues: Texte seiner philosophischen Schriften, nach der Ausgabe von Paris 1514, sowie nach der Drucklegung von Basel 1565. Bd. 1. Hg. von Alfred Petzelt. Stuttgart 1949, S. 203-207.

[Danaeus, Lambertus] Lambertus Danaeus: Physice Christiana, sive Christiana De Rerum Creatarum Origine, et Usu Disputatio. Tertia Editio. Aliquot locis ab ipso autore aucta, cui etiam accessit Index duplex [...]. Genève 1588.

[De Back, Jacob] Jacobi de Back apud Roterodamenses Medici ordinarii Dissertatio de Corde, In qua agitur De nullitate Spirituum, De Haematosi, De Viventium Calore, &c. Praemissum Ad Lectores Alloquium, Annexa Appendix pro circulatione Harveyana. Rotterdam 1648. In: Guilielmi Harvaei Medici Regij Exercitatio anatomica de Cordis et Sanguinis Motu. Rotterdam 1648.

- Dissertatio de Corde. Cum copioso Tam Rerum quàm Capitum indice. Editio Tertia. Rotterdam ³1660.

[De Neufville, Gerhardus] Physiologia seu Physica Generalis, De Rerum Naturalium, atque etiam substantiae corporeae, communi natura, primis principiis & causis communissimisque affectionibus, Aphoristicé proposita & perspicuè explicata: cui praeit Isagoge in Elementa Physica, qua Ratio & methodus acquirendae cognitionis seu scientiae rerum naturalium breviter exponitur: Auctore Gerhardo de Neufville, Philos. & Medicin. D. & Professore, ac Reip. Bremensis Physico primario. Bremen 1645.

- Cosmologia et Anthropologia, Sive Physica specialis partes duae principaliores, Ad modum physicae generalis, quam praedictus author Anno 1645 edidit, aphoristicè explicatae, & perspicuè traditae; Jam demum aliquot disputationibus pulicé in illustri Gymnasio Bremensi habitis pro studiosa Juventutis usu in lucem emissa ab Henrico Harmes, M.D. eiusdémque ut & Physicae Professore ordinario. Bremen 1668.

[Descartes, René]: Œuvres de Descartes. Hg. von Charles Adam/Paul Tannery. Principia Philosophiae. Bd. VIII (Première Partie). Paris 1996.

[Drake, James] Anthropologia Nova: Or, A New System of Anatomy. Describing the Animal Oeconomy, and A Short Rationale Of many Distempers Incident to Human Bodies. Illustrated with above Fourscore Figures, drawn after the Life. By James Drake, M.D. late Fellow of the College of Physicians and RS. The Second Edition Corrected. Bd. 1. London 1717.

[Dryander, Johannes] Anatomiae, hoc est, corporis humani dissectionis pars prior [...] Per Io. Dryandrum Medicum & Mathematicum. Marburg 1537.

[Duns Scotus] Johannes Duns Scotus: Contingency and Freedom. Lectura I 39. Hg. von A. Vos Jaczn/H. Veldhuis/A. H. Looman-Graaskamp/E. Dekker/N. W. Den Bok. Dordrecht/Boston/London 1994.

Epistolae medicinales diversorum authorum, nempe Joannis Manardi Med.[ici] Ferrariensis. Nicolae Massae Med.[ici] Veneti. Aloisii Mundellae Med.[ici] Brixiensis. Ioannis Baptistae Theodosii Med.[ici] Bononiensis. Ioannis Langii Lembergii Med.[ici] Principum Palatinor. Rheni. Adjectis Indicibus duobus, quorum prior Epistolarum argumenta, posterior rerum ac vocum toto opere memorabilium elenchum continet. Leiden 1556.

[Fabrici da Aquapendente, Girolamo] Hieronymi Fabricii ab Aquapendente: De visione, voce, auditu. Venedig 1600.

- De Venarum Ostiolis. Padua 1603.

- Opera Physica Anatomica. De Formato Foetu. De Venarum Ostiolis. De Formatione Ovi, & Pulli. De Locutione, & eius Instrumentis. De Brutorum Loquela. Cum Indicibus Capitum; et Rerum Notatu dignarum novis, & copiosissimis, et Figuris Aenei. Padua 1625.

[Fernel, Jean] Ioannis Fernelii Ambiani de Abditis Rervm Cavsis Libri Dvo Denvo ab ipso authore recogniti, compluribusque in locis aucti, ad Henricum Franciae Regem Christianissimum. AEditio secunda. Paris 1551.

Ficino, Marsilio: Platonic Theology. Vol. 2. Books V-VIII. English Translation by Michael J.B. Allen. Latin Text edited by James Hankins. Cambridge (MA)/London 2002.

Forster, Johann Reinhold: Bemerkungen über Gegenstände der physischen Erdbeschreibungen, Naturgeschichte und sittlichen Philosophie auf seiner Reise um die Welt gesammlet. Uebersetzt und mit Anmerkungen versehen von dessen Sohn Georg Forster. Berlin 1783.

Forster, Georg: Reise um die Welt [1778-1780, ²1784]. Hg. von Gerhard Steiner. Frankfurt/M. 1967 [1983].

[Fracastoro, Girolamo] Hieromymi Fracastorii Veronensis De sympathia et Antipathia rerum Liber unus. Venedig 1546.

[Galenus, Claudius] Claudii Galeni: De anatomicis administrationibus libri novem Joanne Guinterio Andernaco Medico interprete. Paris 1531.

- Claudii Galeni De Hippocratis et Platonis placitis [...] novem libris (quorum primus desideratur) nunc latinitate donatum. Joanne Guinterio Andernaco interprete. Paris 1534.

- De Hippocratis et Platonis Dogmatibus, Iano Cornario Medico Physico interprete, Liber Septimus, c. 6. In: Galeni Operum Primus Tomus Classem Primam Continet, Quae Humani Corporis Fabricam [...]. Ioannis Baptistae Montani Praefatio. Basel 1549.

- Opera omnia. Hg. von Carl Gottlob Kühn. 20 Bde. 1821–1833. ND Hildesheim 1964ff.

- On the doctrines of Hippocrates and Plato. Hg. von Phillip De Lacy. Berlin 1978–1980 (Corpus Medicorum Graecorum V, 4, 1, 2).

- On Respiration and the Arteries. An edition with English translation and commentary of *De usu respirationis, An in arteriis natura sanguis contineatur, De usu pulsuum*, and *De causis respirationis*. Hg. von David J. Furley und J. S. Wilkie. Princeton 1984.

Galilei, Galileo: Dialogo sopra i due massimi sistemi del mondo tolemaico e copernicano. Hg. von Ottavio Besomi und Mario Helbing. 2 Bde. Padova 1998.

Gardiner, John: A Discourse Concerning the Circulation of the Blood: Beeing An

Answer to the Objections latery alledg'd agaist it; especially by Dr. Brown, in his Anatomical Lecture upon that Subject. London 1702.

[Gilbert, William] Guilielmi Gilberti Colcestrensis, Medici Londinensis, De Magnete, Magneticisque Corporibus, Et De Magno magnete tellure; Physiologia nova, plurimis & argumentis, & experimentis demonstrata. London 1600.

– De Magnete. Transl. by P. Fleury Motteley. New York 1991 [¹1893, 1958].

[Goclenius, Rudolph] De ortu animi. In: ΨΥΧΟΛΟΓΙΑ: Hoc est, De Hominis Perfectione, Animo, et in Primis Ortu Hujus, commentationes ac disputationes quorundam Theologorum & Philosophorum nostrae aetatis, quos versa pagina ostendit. Philosophiae studiosis lectu jucunda & utiles. Recensente Rodolpho Goclenio, Professore in Academia Marpurgensi Philosophico. Marburg 1590, S. 301–304.

– Theses et Quaestiones philosophicae [...] excerptae ex eiusdem scholiis et notis ad exercitationes [...]. Marburg 1593.

– Adversaria: ad Exotericas aliquot Julii Caesaris Scaligeri acutissimi Philosophi exercitationes. Marburg 1594.

– ΨΥΧΟΛΟΓΙΑ: hoc est, De Hominis Perfectione, Animo, et in primis ortu Hujus, commentationes ac disputationes quorundam Theologorum & Philosophorum nostrae aetatis, quos proximè sequens praefationem pagina ostendit. Nunc correctae & auctae à Rodolpho Goclenio, Professore in Academia Marpurg. Logico. Marburg 1597.

– Analyses In exercitationes aliquot Julii Caesaris Scaligeri, de Subtilitate, quas è dictantis or exceptas Philosophiae studiosis exhibet & communicat M. Johannes Schroderus Suecus. Marburg 1599.

– Isagoge in Peripateticorum et Scholasticorum Primam Philosophiam, quae dici consueuit Metaphysica. Accesserunt disputationes huius generis aliquot. Frankfurt 1598.

– Isagoge. Einführung in die Metaphysik 1598. Übersetzt, mit einer Einleitung, Anmerkungen und einem Verzeichnis von Autoren und Werken versehen von Hans Günter Zekl. Würzburg 2005.

Gravina, Gianvincenzo: Scritti critici e teorici. Hg. von Amedeo Quondam. Bari 1973.

[Harvey, William] Exercitatio anatomica de motu cordis et sanguinis in animalibus, Guilielmi Harvei Angli, Medici Regii, & Professoris Anatomiae in Collegio Medicorum Londinensi. Frankfurt 1628. ND Milano 2003.

– Exercitationes de generatione animalium, quibus accedunt quaedam de partu, de membranis ac humoribus uteri, et de conceptione. London 1651.

[Heidanus, Abraham] Abrahami HEIDANI Consideratien, over Eenige saecken onlanghs voorgevallen in de Universiteyt binnen Leyden. Den tweeden Druck verbetert. Leiden 1676.

— Considerationes ad res quasdam nuper gestas in Academia Lugduno-Batava. Hamburg 1678.

[Hippokrates] Hippocrate: La nature de l'homme. Hg., übers. u. komm. von Jacques Jouanna. 2. verb. Aufl. Berlin 2002.

Hobbes, Thomas: Leviathan or The Matter, Form and Power of a Commonwealth, Ecclesiastical and Civil. With an Introduction by Henry Morley. London [1651] 1885.

— De cive. The Latin Version. Hg. von Howard Warrender. Oxford 1983.

[Horst, Gregor] Gregor. Horsti, D. De Natura Humana Libri Duo, Quorum prior de corporis structura, posterior de anima tractat. Ultimò elaborati, Commentariis aucti, figurisque novis Anatomicis aere incisis exornati. [...]. Frankfurt/M. 1612.

Javelli, Crisostomo: Solutiones Rationum animi mortalitatem probantium quae in defensorio contra Niphum excellentissimi domini Petri Pomponatij formantur. In: Pomponazzi, Pietro: Tractatus acutissimi/utillimi/et mere peripatetici, ff. 109-112.

Kepler, Johannes: Gesammelte Werke. Bd. 2. Astronomiae pars opticae. Hg. von Franz Hammer. München 1939.

— Optics. Paralipomena to Witelo & Optical Part of Astronomy. Translated by William H. Donahue. Santa Fe/New Mexico 2000.

— Astronomia Nova. Neue, ursächlich begründete Astronomie. Übersetzt von Max Caspar. Durchgesehen und ergänzt sowie mit Glossar und einer Einleitung versehen von Fritz Krafft. Wiesbaden 2005 [München ^{1}1929].

Landi, Bassiano: De humana historia, vel singularum hominis partium cognitione, libri duo, nunc primum et scripti, et in lucem editi. Basel 1542.

— In tres Aristotelis Libros de Anima iam pridem ab eodem e graeco in latinum studiose conversos, oppido quam elegans, ac nova expositio. Venedig 1569.

— Bassani Landi Placentini, Medici clariss. Anatomiae Corporis Humani, sive; De Capitis, Cerebri, cordis, pulmonis, ossium, nervorum, membranorum, venarum, arteriarum, musculorum, intestinorum, renum, caeterumque omnium & singularum corporis humani partium, constitutione ac cognitione, Libri Duo: Domicilium illud Animae Nobilissimum corpus, naturae vires admirandas, artificiumque praecellentissimum, iucunde, dilucide, cumulate enucleantes: Nunc primum in lucem editi, & duplici Indice, tam capitum, quam rerum ac verborum instructi. Frankfurt 1605.

Leibniz, Gottfried Wilhelm: Animadversationes Circa Assertiones aliquas Theoriae

Medicae verae Clar. Stahlii; cum ejusdem Leibnitii ad Stahlianas observationes Responsibus [1707]. In: Gothofredi Guillelmi Leibnitii: Opera omnia. Nunc primum collecta, in Classes distributa, praefationibus & indicibus exornata, studio Ludovici Dutens. Bd. 2. Zweiter Halbband: Physicam generalem, Chymicam, Medicinam, Botanicam, Historiam Naturalem, Artes & c. Genève 1768.

Leoniceno, Nicolò: De Plinii in Medicina Erroribus. Hg. von Loris Premuda. Milano/Roma 1958

[Liceti, Fortunio] De ortu animae humanae libri tres Fortunii Liceti Genvensis, Philosophi, et Medici, In Pisana Academia Professoris. Genua 1602.

- ΨΥΧΟΛΟΓΙΑ ΑΝΘΡΟΠΙΝΗ, Sive De Ortu Animae humanae libri III. In quibus multa arcana ac secreta naturae, tum de semine, tum de foetu, ut et assimilatione parentum et liberorum, panduntur ac revelantur, Avctore Fortvnio Liceto; Genuensi, Philosophiae & Med. Doct. & Acad. Pisana Professore celeberrimo. Frankfurt 1606.

- De Monstrorum Natura, Caussis, et Differentis Libri Duo. Auctore Fortunio Liceto Genuense. In Patavino Lyceo Philosopho Ord. Ad Eminent. Principem Io: Franciscum Ex Comit: Guidiis Cardinalem a Balneo. Padua 1634.

Lower, Richard: Tractatus de Corde. Item De Motu, Colore, & Transfusione Sanguinis, Et Chyli in eum transitu. Ut et De Venae Sectione, His accedit Dissertatio De Origine Catarrhi, In qua ostenditur, illum non provenire à Cerebro. Editio Quinta, prioribus longe Auctior, cum Figuris Aeneis. Leiden 1708.

[Magirus, Johannes] Ioannis Magiri, Doctoris Medici et Philosophi Clarissimi, Anthropologia, Hoc est: Commentarius eruditissimus In aureum Philippi Melanchthonis libellum de Anima; Completus & locupletatus Opera Georgii Caufungeri D. Med. & Physici Reip. Fridbergensis ordinarii. Frankfurt 1603.

Mansi, Johannes Dominicus: Sacrorum Conciliorum Nova et Amplissima Collectio. Paris 1901 (ND Graz 1961).

Matricula Nationis Germanicae Artistarum in Gymnasio Patavino (1553-1721). Hg. von Lucia Rossetti. Padova 1986.

Melanchthon, Philipp: Philosophiae Moralis Epitomes. Libri Duo. 1538.

- In Primum Librum Ethicorum Aristotelis Enarrationes. In: Corpus Reformatorum. Bd. 16.

- Loci communes theologici. Basel 1550.

- Liber de anima. Wittenberg 1553.

- Epigrammatum Libri Tres [1560]. In: Humanistische Lyrik des 16. Jahrhunderts. Lateinisch und deutsch; ausgewählt, übersetzt, erläutert und herausgegeben von Wilhelm Kühlmann, Robert Seidel, Hermann Wiegand et al. Frankfurt/M. 1997, S. 340-343 u. S. 1146-1148.

- Opera quae supersunt omnia. In: Corpus Reformatorum. Hg. von Carl Gottlieb Bretschneider. Bd. 13. Halle a. S. 1846.

- Opera quae supersunt omnia. In: Corpus Reformatorum. Hg. von Carl Gottlieb Bretschneider und H.E. Bindseil. Bd. 16. Halle a.S. 1850.

- Opera quae supersunt omnia. In: Corpus Reformatorum. Hg. von Carl Gottlieb Bretschneider und H.E. Bindseil. Bd. 21. Braunschweig 1854.

Messis Aurea Triennalis, Exhibens; Anatomica: Novissima et Utilissima Experimenta: Ex Editione Siboldi Hemsterhuis, Med. Doct. & Chirurg. Leiden 1654.

[Meyer, Lodewijk] Louis Meyer: La Philosophie Interprète de L'Écriture Sainte, übersetzt, kommentiert und eingeleitet von J. Lagrée und P.-F. Moreau. Paris 1988.

Molilna, Luis de: Concordia liberi arbitrii cum gratiae donis, divina praescientia, providentia praedestinatione et reprobatione [...] D. Ludovico Molina [...]. [1588]. Paris 1876.

[Pecquet, Jean] Ioannis Pecqueti Diepaei Experimenta Nova Anatomica, Quibus incognitum hactenus Chyli Receptaculum, & ab eo per Thoracem in ramos suque subclavios Vasa Lactea deteguntur. (...). Paris 1654.

- Diepaei Experimenta Nova Anatomica, Quibus Incognitum hactenus Chyli Receptaculum, & ab eo per Thoracem in ramos usque Subclavios VASA LACTEA deteguntur. Eiusdem Dissertatio Anatomica, De Circulatione Sanguinis, & Chyli Motu. Hardervici 1651.

- Diepaei Experimenta Nova Anatomica. [...] Huic secundae Editioni, quae emendata est, illustrata, aucta, Accessit De thoracicis Lacteis Dissertatio [...]. Paris 1654.

[Pendasio, Federico] Lectiones excellentissimi Philosophi Federici Pendasii in Libros de Anima [pag. 1-224]. Biblioteca Universitaria di Padova, Ms 1264.

- Federici Pendasii Mantuanii Philosophi, in Gymnasio Patavino primo loco Philosophiam profitentis in Librum tertium de Anima lectiones dictatae 1577 quas ego Aloysius Quirinus excepi [pag. 225-860]. Biblioteca Universitaria di Padova, Ms 1264.

- Federici Pendasii in Gymnasio Patavino atque Bononiensi primi Professoris de Animae immortalitate [pag. 861-997]. Biblioteca Universitaria di Padova, Ms 1264.

[Peucer, Caspar] De essentia, natura et ortu animi hominis Commentatio Clariss. Viri Casparis Peuceri, Philosophi Medici eximii: in gratiam clarissimi viri Victorini Schoenfeldt, Mathematici Sch. Marpurg. Recognita à Rodolpho Goclenio. In: ΨYΧΟΛΟΓΙΑ [1597], S. 171–196.

Petrus Hispanus: Tractatus (called afterwards) Summulae Logicales [ca. 1230]. Hg. von Lambert M. De Rijk. Assen 1972.

Pico della Mirandola, Giovanni: Über die Würde des Menschen. Lateinisch-deutsche Ausgabe. Hg. von August Buck und übers. von Norbert Baumgarten. Hamburg 1990.

Platner, Ernst: Anthropologie für Aerzte und Weltweise. Erster Theil. Leipzig 1772. Reprint Hildesheim 2000.

– Philosophische Aphorismen nebst einigen Anleitungen zur philosophischen Geschichte. Anderer Theil. Frankfurt/Leipzig 1790.

– Qaestionum Physiologicarum Libri Duo Quorum Altero Generalis Altero Particularis Physiologiae Potiora capita Illustrantur Praecedit Prooemium Tripartitum De constituenda Physiologiae Disciplina. Leipzig 1794.

[Platter, Felix] De Corporis Humani Structura et Usu Felici Plateri Bas. Medici Antecessoris Libri III. Tabulis methodicè explicati, Iconibus accuratè illustrati. [Basel] 1583.

[Plinius Secundus] Historia Naturale Di Plinio Secondo, Tradotta per M. Lodovico Domenichi; Con le postille in margine, Nelle quali, o vengono segnate le cose notabili, o citati altri Auttori, che della stessa materia habbiano scritto, o dichiarati i luoghi difficili, o posti i nomi di Geografia moderni. [...]. Venezia 1573.

[Pomponazzi, Pietro] Petri Pomponatii Mantuani: Tractatus acutissimi/utillimi/et mere peripatetici. Venedig 1525. ND Casarano 1995.

– Corsi inediti dell'insegnamento padovano, Bd. 2: «Quaestiones Physicae et Animasticae Decem» (1499-1500; 1503-1504). Hg. von Antonino Poppi. Padova 1970.

– Abhandlung über die Unsterblichkeit der Seele. Lateinisch-Deutsch. Übers. u. eingel. von Burkhard Mojsisch. Hamburg 1990.

– Trattato sull'immortalità dell'anima. Hg. von Vittoria Perrone Compagni. Firenze 1999.

[Pufendorf, Samuel] Le droit de la Nature et des Gens, ou Systeme General Des Principes les plus importans de la Morale, de la Jurisprudence, et de la Politique. Traduit du Latin de seu Mr. Le Baron de Pufendorf. Par Jean Barbeyrac, Professeur en Droit & en Histoire à Lausanne. Avec des Notes du Traducteur, & une Préface qui sert d'introduction à tout l'Ourvrage. Quatrième Edition, revûë & augmentée considerablement. Tome Premier. Basel 1732.

– De Officio Hominis & Civis Juxta Legem Naturalem Libri Duo. Selectis Variorum Notis, maximque propriis illustravit, celeberrimi BUDDEI Historiam Juris Naturalis Notis adauctam praemisit, Indicemque rerum subjunxit Tho. Johnson, A.M. Editio Secunda longe auctior & emendatior. London 1737.

– On the Natural State of Men. The 1678 Latin Edition and English Translation. Hg. von Michael Seidler. Lewiston et al. 1990.

- Über die Pflicht des Menschen und des Bürgers nach dem Gesetz der Natur [1673]. Hg. u. übers. von Klaus Luig. Frankfurt/M./Leipzig 1994.

- Unvorgreiffliche Bedencken über der deputirten von der Priesterschafft requeste wegen der abschaffung der Cartesianischen Philosophie. In: Samuel Pufendorf: Kleine Vorträge und Schriften. Texte zu Geschichte, Pädagogik, Philosophie, Kirche und Völkerrecht. Hg. von Detlef Döring. Frankfurt/M. 1995. Einleitung S. 388–431, Text S. 432–441.

- Briefwechsel. Hg. von Detlef Döring. In: Samuel Pufendorf: Gesammelte Werke. Hg. von Wilhelm Schmidt-Biggemann. Bd. 1. Briefwechsel. Berlin 1996.

- De jure naturae et gentium. Erster Teil: Text (Liber primus – Liber quartus. Hg. von Frank Böhling. In: Samuel Pufendorf: Gesammelte Werke. Hg. von Wilhelm Schmidt-Biggemann. Bd. 4: De jure naturae et gentium. Berlin 1998.

- Eris scandica und andere polemische Schriften über das Naturrecht. Hg. von Fiammetta Palladini. In: Samuel Pufendorf: Gesammelte Werke. Hg. von Wilhelm Schmidt-Biggemann. Bd. 5. Berlin 2002.

- Commentatio super Invenusto Veneris Lipsicae Pullo, Valentini Alberti Professoris Lipsiensis Calumniis et Ineptis Opposita (^{1}1688). In: Eris scandica und andere polemische Schriften über das Naturrecht. Hg. von Fiammetta Palladini. (=Samuel Pufendorf: Gesammelte Werke. Hg. von Wilhelm Schmidt-Biggemann. Bd. 5. Berlin 2002).

- Jus feciale divinum. Hg. von Detlef Döring. In: Samuel Pufendorf: Gesammelte Werke. Hg. von Wilhelm Schmidt-Biggemann. Bd. 9: Jus feciale divinum. Berlin 2004.

Rhetorica ad Herennium. Lateinisch-Deutsch. Hg. und übers. von Theodor Nüßlein. Zürich 1994.

Riccioli, Giovanni Battista: Astronomiae Reformatae Tomi Duo, Quorum Prior Observationes, Hypotheses, et Fundamenta Tabularum, Posterior Praecepta pro usu Tabularum, Et ipsas Tabulas Astronimicas CII. continet. Prioris Tomi in Decem Libros Divisi, Argumenta Pagina sequenti exponuntur, [...]. Bologna 1665.

Rolfinck, Werner: Dissertationes Anatomicae methodo syntheticâ exaratae, Sex Libris comprehensae, Theoricis & Practicis veterum, recentiorum, propriisque observationibus illustratae, & ad Circulationem Accomodatae. Nürnberg 1656.

Rudbeck, Olof: Nova Exercitatio Anatomica, Exhibens Ductus Hepaticos Aquosos et Vasa Glandularum Serosa. In: Messis Aurea [...], S. 277-279.

Scaliger, Julius Caesar: Exotericarum exercitationes liber quintus decimus de subtilitate ad Hieronymum Cardanum. Lutetiae 1557.

Schneider, Conrad Victor: Liber de Catarrhis Secundus, quo Galenici Catarrhorum meatus, perspicuè falsi revincitur. Wittenberg 1660.

[Seneca] Lucius Annaeus Seneca: De vita beata et al., übers. von Manfred Rosenbach. Darmstadt 1971.

[Stigelius, Johannes] De anima, Commentarii Clarissimi Atque Doctissimi Viri, D. Philippi Melanchthonis, explicatio. Tradita A Iohanne Stigelio. Wittenberg 1581.

Suárez, Francisco: Disputationes Metaphysicae [1597]. In: Ders.: Opera omnia, editio nova, a Carolo Berton. Bd. 25. Paris 1861.

Sulzer, Johann Georg: Vermischte Philosophische Schriften. Aus den Jahrbüchern der Akademie der Wissenschaften zu Berlin gesammelt. Leipzig 1773.

[Themistios] Omnia Themistii opera, hoc est, Paraphrases et orationes, Alexandri Aphrodisiensis Libri duo De anima, et De fato unus. Hg. von Vittore Trincavelli. Venedig 1534.

Tomasini, G. F.: Gymnasium Patavinum. Udine 1654. ND 1986.

Tyson, Edward: Orang-Outang, sive Homo Sylvestris: or the Anatomy of the Pygmie compared with that of a Monkey, an Ape, and a Man. London 1699.

Valla, Lorenzo: Repastinatio Dialecticae et Philosophie. Hg. von Gianni Zippel. Padova 1982.

[Varolio, Costanzo] Constantii Varolii Medici Bononensis. De Nervis Opticis nonnulisque aliis praeter communem opinionem in Humano capite observatis. Ad Hieronymum Mercurialem. Padua 1573.

– Anatomiae, sive De Resolutione corporis humani. Ad Caesarem Mediovillanum Libri IIII [...]. Eiusdem Varolii & Hier. Mercuriali, De nervis opticis, nonnullisque aliis, praeter communem opinionem in humano capite observatis, Epistolae. Frankfurt 1591.

[Vesalius, Andreas] Andreae Vesalii Bruxellensis: de Humani corporis fabrica Libri septem. Basel 1543. ND Bruxelles 1964.

[Vives, Juan Luis] Ioannis Lodovici Vivis Valentini: De anima et vita libri tres. Opus insigne, nunc primum in lucem editum. Basel 1538. ND hg. von Mario Sancipriano. Torino 1973.

– The Passions of the Soul. The Third Book of De Anima et Vita. Introduction and Translation by Carlos G. Noreña. Lewiston et al. 1990 (Studies in Renaissance Literature Volume 4).

Voetius, Gisbert: Selectae disputationes theologicae. Utrecht 1648-56.

Walch, Johann Georg: Philosophisches Lexicon [...]. Leipzig 1726.

Weigel, Erhard: Speculum Uranicum Aquilae Romanae Sacrum, Das is Himmels-Spiegel/Darinnen Ausser denen ordentlichen/ auch die ungewöhnlichen Erscheinungen des Himmels mit gebührenden Anführungen abgebildet/ Vornehmlich aber Der im Gestirne des Adlers jüngsthin entstandene Comet/ Nebenst einer neuen Himmels-Charte unter dem Adler des H. Römischen Reichs dargestellet wird [...]. Jena 1661.

– Speculum Temporis civilis Das ist Bürgerlicher Zeit-Spiegel, Darinnen die so wohl bey den Christen und im H. Römischen Reich, jetzt und vor Alters üblichen Zeiten, als Tage, Stunden, Monaten, Jahre, deren Periodi oder Reihen, und Epochae oder Zahl-Wurtzeln, wie auch Fest-und Feyer-Tage, und dero Cyclische Sonn- und Mond-Zeiger, nechst andern zu gemeinnütziger Nachricht und bessern Verstand der historischen Scribenten dienlichen Chronologischen Anmerckungen, klärlich abgebildet [...]. Jena 1664.

– Speculum Terrae, Das ist/ Erd-Spiegel/ Darinnen der Erdcreis Nach seinen Eigenschaften an Land und Wasser: Nach denen Völckern und Einwohnern seiner Länder: Nach der Figur und Grösse seines Cörpers: Nach der Länge und Breite seiner Fläche: Nach der Lage seiner Theile/ so wohl gegen einander und in gewissen Gegenden; als unter denen Sternen in gewissen Zonen und Climen: sampt andern Geographischen Anmerckungen/ abgebildet [...]. Jena 1665.

– Werke. Bd. 3: Analysis Aristotelica et Euclide restituta. – Clavis Pansophiae 3,3. Hg. von Thomas Behme. Stuttgart-Bad Cannstatt 2008.

Willis, Thomas: The Anatomy of the Brain and Nerves. In: The Remainig Medical Works of that Famous and Renowned Physician Dr. Thomas Willis. Englished in 1681 by Samuel Pordage. London 1681. Facsimile Hg. von William Feindel. Birmingham 1978.

[Wittich, Christoph]: Dissertationes Dvae Qvarum Prior De S. Scriptura in rebus Philosophicis abusu, examinat, 1. An Physicae genuinum Principium sit Scriptura? 2. An haec de rebus naturalibus loquens accuratam, semper veritatem, an potius sensum & opinionem vulgi saepius sequatur? Altera Dispositionem & Ordinem totius universi & principalium ejus corporum tradit, sententiamque Nobilissimi CARTESII, de vera Quiete & Vero motu Terrae defendit, [...]. Amsterdam 1653.

– Consideratio theologica de Stylo Scripturae Quem adhibet cum de rebus naturalibus sermonem instituit. Leiden 1656.

– Consensus Veritatis in Scriptura Divina et Infallibili Revelatae cum Veritate Philosophica a Renato Des Cartes detecta, Cujus occasione Liber II. & III. Principiorum Philosophiae dicti des Cartes maximam partem illustrantur cum Indice. Nijmegen 1659.

– Theologia pacifica, in qua varia Problemata Theologica inter Reformatos Theologos agitari solita ventilantur. Leiden 1671.

– Consensus veritatis [...]. Editio secunda à multis mendis emaculata & non parum aucta. Leiden 1682.

[Worm, Olaus] Olai Wormii et ad eum Doctorum Virorum Epistolae, Medici, Anatomici, Botanici, Physici & Historici Argumenti: Rem vero Literariam, Linguasque & Antiquitates Boreales potissimum illustrantes. In Duos Tomos divisae. Hanau 1751.

[Zabarella, Iacopo] Commentarii Jac. Zabarellae Patavini, In III. Aristot. Libros de Anima. Nunc demum à mendis Quamplurimis Typographicis, quae priore editione irrepserant; summo labore purgati, & in Germania commodioribus & distinctioribus typis in Studiosorum utilitatum editi. Cum indice Quaestionum dubiarum, Propositionum, Rerum & Verborum locupletissimo, apprimeque necessario. Cum Gratia & Privilegio Sacrae Caesarae Maiestatis. Frankfurt 1606.

Zedler, Johann Heinrich: Großes vollständiges Universal Lexicon Aller Wissenschaften und Künste [...]. 64 Bände und 4 Supplement-Bände. Halle und Leipzig 1732-1754.

2. Forschungsliteratur

Accattino, Paolo: Generazione dell'anima in Alessandro di Afrodisia, De anima 2.10-11.13? In: Phronesis, XL/2 (1995), S. 182-201.

Acta Scaligeriana. Actes du Colloque International organisé pour le cinquième centenaire de la naissance de Jules-César Scaliger (Agen, 14–16 septembre 1984). Hg. von J. Cubelier de Beynac und M. Magnien. Agen 1986.

Allen, Michael John Bridgeman: Synoptic Art. Marsilio Ficino on the History of Platonic Interpretation. Firenze 1998.

Appold, Kenneth G.: Abraham Calov's Doctrine of *Vocatio* in Its Systematic Context. Tübingen 1998.

– Das Melanchthonbild bei Abraham Calov (1612-1686) In: Das Melanchthonbild und Melanchthonrezeption in der Lutherischen Orthodoxie und im Pietismus. Hg. von Udo Sträter. Wittenberg 1999, S. 81-92.

Armogathe, Jean-Robert, Belgioioso, Giulia (Hg.): Descartes: Principia Philosophiae (1644-1994). Atti del Convegno per il 350° della pubblicazione dell'opera. Parigi, 5-6 maggio 1994, Lecce, 10-12 novembre 1994. Napoli 1996.

van Asselt, Willem J.: The Federal Theology of Johannes Cocceius (1603-1669). Leiden u.a. 2001.

Bachmann Medick, Doris: Cultural Turns. Neuorientierungen in den Kulturwissenschaften. Reinbek bei Hamburg 2006.

Baldini, Ugo: La formazione scientifica di Giovanni Battista Riccioli. In: Copernico e la questione copernicana in Italia dal XVI al XIX secolo. Hg. von Luigi Pepe. Firenze 1996, S. 123-182.

– Die Philosophie an den Universitäten. In: Grundriss der Geschichte der Philosophie. Die Philosophie des 17. Jahrhunderts. Bd. 1. Allgemeine Themen, Iberische Halbinsel, Italien). Zweiter Halbband. Hg. von Jean-Pierre Schobinger. Kap. 2: Die Schulphilosophie. Basel 1998, S. 621-668.

Barcia Goyanes, Juan José: El mito de Vesalio. Valencia 1994.

Baroncini, Gabriele: Forme di esperienza e rivoluzione scientifica. Firenze 1992.

Battles, Ford Lewis: God Was Accommodating Himself to Human Capacity. In: Interpretation. A Journal of Bible and Theology, 31 (1977), S. 19-38.

Baur, Jörg: Art. ›Ubiquitätslehre‹. In: TRE. Bd. XXXIV, 2/3, S. 224-241.

Beck, Andreas J.: Zur Rezeption Melanchthons bei Gisbertus Voetius (1589-1676), namentlich in seiner Gotteslehre. In: Melanchthon und der Calvinismus, S. 317-342.

Behme, Thomas: Samuel Pufendorf: Naturrecht und Staat. Eine Analyse und Interpretation seiner Theorie, ihrer Grundlagen und Probleme. Göttingen 1995.

Beierwaltes, Werner: Selbsterkenntnis und Erfahrung der Einheit. Plotins Enneade V 3. Text, Übersetzung, Interpretation, Erläuterungen. Frankfurt/M. 1991.

Benn, Gottfried: Essays und Reden. In der Fassung der Erstdrucke. Hg. von Bruno Hillebrand. Frankfurt/M. 2006.

– Szenen und Schriften. In der Fassung der Erstdrucke. Hg. von Bruno Hillebrand. Frankfurt/M. 2006.

Benzenhöfer, Udo/Rotzoll, Maike: Zur "Anthropologia" (1533) von Galeazzo Capella. Die früheste bislang bekannte Verwendung des Begriffs Anthropologie. In: Medizinhistorisches Journal. Bd. 26 (1991), S. 315-320.

Bernardini, Paola: La scienza dell'anima. Le questioni epistemologiche del commento al « De anima » conservato nel ms. Siena, Biblioteca Comunale, L.III.21, ff. 134ra-177ra: ff. 136ra-138va. In: Studi medievali, Serie Terza, XL (1999), S. 897-939.

– Nota su alcune tematiche dei commenti al *De anima* della facoltà delle arti (ca. 1250-60). In: Gianfranco Fioravanti et al. (Hg.): Il commento filosofico nell'occidente latino (secoli XIII-XV). Atti del colloquio Firenze-Pisa, 19-22 ottobre 2000, Société Internationale pour l'Étude de la Philosophie Médiévale. Brepols 2002, S. 311-325.

Berns, Jörg Jochen (Hg.): Gedächtnislehren und Gedächtniskünste in Antike und Frühmittelalter [5. Jahrhundert v. Chr. bis 9. Jahrhundert n. Chr.]. Dokumentsammlung mit Übersetzung, Kommentar und Nachwort. Tübingen 2003.

Bialas, Volker: Johannes Kepler. München 2004.

Bierma, Lyle D.: The Structure of Heidelberg Catechism: Melanchthonian or Calvinist In: Melanchthon und der Calvinismus, S. 29-43.

Billanovich, Myriam: Benedetto Bordon und Giulio Cesare Scaligero, in: Italia Medioevale e Umanistica, XI (1968), S. 187–256.

Birchler, Walter: Die Augenanatomie des Fabricius ab Aquapendente (1537-1619). Übersetzung von „Oculi dissecti historia" mit Kommentar. Diss. Zürich 1979.

Bizer, Ernst: Die reformierte Orthodoxie und der Cartesianismus. In: Zeitschrift für Theologie und Kirche, 55 (1958), S. 306-372.

Blair, Ann: Mosaic Physics and the Search for a Pious Natural Philosophy in the Late Renaissance. In: Isis, 91 (2000), No. 1, S. 32-58.

Bödeker, Hans Erich/Hont, Istvan: Naturrecht, Politische Ökonomie und Geschichte der Menschheit. Der Diskurs über Politik und Gesellschaft in der Frühen Neuzeit. In: Naturrecht – Spätaufklärung – Revolution. Hg. von Otto Dann und Diethelm Klippel. Hamburg 1995, S. 80-89.

– /Reill, Peter Hanns/Schlumbohm, Jürgen (Hg.): Wissenschaft als kulturelle Praxis 1750-1900. Göttingen 1999.

– Aufklärerische ethnologische Praxis: Johann Reinhold Forster und Georg Forster. In: Wissenschaft als kulturelle Praxis 1750-1900, S. 227-253.

– Die »Natur des Menschen so viel möglich in mehreres Licht [...] setzen«. Ethnologische Praxis bei Reinhold und Georg Forster. In: Natur - Mensch – Kultur. Georg Forster im Wissenschaftsfeld seiner Zeit, S. 143-170.

Böhm, Gottfried: "Zwischen Auge und Hand: Bilder als Instrumente der Erkenntnis. In: Mit dem Auge denken. Strategien der Sichtbarmachung in wissenschaftlichen und virtuellen Welten. Hg. von Bettina Heintz und Jörg Huber. Wien/New York, 2001, S. 43-54.

Boenke, Michaela: Körper, Spiritus, Geist. Psychologie vor Descartes. München 2005.

Bookmann, Friederike et al. (Hg.): Miscellanea Kepleriana. Festschrift für Volker Bialas zum 65. Geburtstag. Augsburg 2005.

Bori, Pier Cesare: Pluralità delle vie. Alle origini del Discorso sulla dignità umana di Pico della Mirandola. Milano 2000. Testo latino dell'Oratio, traduzione italiana a fronte e sinossi, a cura di Saverio Marchignoli, S. 97-158.

Borkenau, Franz: Der Übergang vom feudalen zum bürgerlichen Weltbild. Studien zur Geschichte der Philosophie der Manufakturperiode. Paris 1934. ND Darmstadt 1988.

Borst, Arno: Das Buch der Naturgeschichte. Plinius und seine Leser im Zeitalter des Pergaments. Heidelberg 1994.

Bourdieu, Pierre: La distinction. Paris 1979.

Bouwsma, William J.: John Calvin. A Sixteenth Century Portrait. New York/Oxford 1988.

Branca, Vittore: L'umanesimo veneziano alla fine del Quattrocento. Ermolao Barbaro e il suo circolo. In: Storia della Cultura Veneta. Hg. von Girolamo Arnaldi und Manlio Pastore Stocchi. 6. Bde. Vicenza 1976-1986, Bd. 3: Dal Primo Quattrocento al Concilio di Trento, 1. Teilband, 1980, S. 123-175.

Braun, Bernhard: Ontische Metaphysik. Zur Aktualität der Thomasdeutung Cajetans. Würzburg 1995.

Bröer, Ralf/Hofheinz, Ralf: Gesundheitspädagogik statt Tröstung. Die theologische Bewältigung von Krankheit bei Philipp Melanchthon und Caspar Peucer. In: Sudhoffs Archiv 85 (2001), Heft 1, S. 18-44.

Brunelli, G.: Art. Ercole Gonzaga. In: Dizionario Biografico degli Italiani, 57 (2001), S. 711a-722b.

Bucciantini, Massimo: Galileo e Keplero. Filosofia, cosmologia e teologia nell'Età della Controriforma. Torino 2003.

Büttner, Manfred: Die Geographia generalis vor Varenius. Geographisches Weltbild und Providentiallehre. Wiesbaden 1973.

Burckhardt, Jacob: Die Kultur der Renaissance in Italien [1860]. Hg. von Walter Rehm. Stuttgart 1994

van Bunge, Wiep: Van Velthuisen, Batelier und Bredenburg on Spinoza's interpretation of the Scriptures. In: L'Hérésie Spinoziste, S. 49-65.

– /Klevert, Wim (Hg.): Disguised and Overt Spinozism around 1700. Leiden et al. 1996.

– Einleitung zu: Balthasar Bekker: Die bezauberte Welt (1693). Mit einer Einleitung hg. von Wiep van Bunge. Stuttgart-Bad Cannstatt 1997, S. 7-61.

– From Stevin to Spinoza. An Essay on Philosophy in the Seventeenth-Century Dutch Republic. Leiden u.a. 2001.

– (Hg.): Special theme. Spinoza and Dutch Cartesianism. Würzburg 2006.

Burioni, Matteo: *Corpus quod est ipsa ruina docet*. Sebastiano Serlios vitruvianisches Architekturtraktat in seinen Strukturäquivalenzen zum Anatomietraktat des Andreas Vesalius. In: Zeitsprünge. Forschungen zur Frühen Neuzeit, Bd. 9 (2005), Heft 1/2: Zergliederungen – Anatomie und Wahrnehmung in der Frühen Neuzeit, S. 50-77.

Burnett, Charles: The Second Revelation of Arabic Philosophy and Science: 1492-1562. In: Islam and the Italian Renaissance. Hg. von Charles Burnett und Anna Contadini. London 1999, S. 185-198.

Bylebyl, Jerome J.: The Medical Meaning of *Physica*. In: Osiris (1990), 6, S. 16-41.

Bynum, William F.: The Anatomical Method, Natural Theology, and the Functions of the Brain. In: Isis, 64 (1973), S. 445-468.

Campe, Rüdiger: Evidenz als Verfahren. Skizze eines kulturwissenschaftlichen Konzepts. In: Vorträge aus dem Warburg-Haus. Bd. 8 (2004), S. 105-133.

Campi, Emidio/De Angelis, Simone/Goeing, Anja-Silvia/Grafton, Anthony T. (Hg.): Scholarly Knowledge. Textbooks in early modern Europe. Genève 2008 (Travaux d'Humanisme et Renaissance N° CDXLVII).

Camporesi, Piero: The Anatomy of the Senses. Natural Symbols in Medieval and Early Modern Italy, Cambridge. Oxford 1994. [Originaltitel: Le officine dei sensi. Milano 1985].

Canone, Eugenio (Hg.): Bibliothecae Selectae. Da Cusano a Leopardi. Firenze 1993 (Lessico Intellettuale Europeo, Bd. LVIII).

Canziani, Guido: *Ego Cogito, Humanus Corpus, Nostrae Mentis Natura*. La conoscenza dell'unione anima-corpo nei *Principia*. In: Descartes: Principia Philosophiae (1644-1994), S. 105-152.

Cardano, Girolamo. Le opere, le fonti, la vita. Hg. von Marialuisa Baldi und Guido Canziani. Milano 1999.

Carlino, Andrea: La fabbrica del corpo. Libri e dissezione nel Rinascimento. Torino 1994.

– Paper Bodies: A Catalogue of Anatomical Fugitive Sheets 1538-1687. London 1999.

– „Knowe thyself." Anatomical figures in early modern Europe. In: Res 27. Anthropology and aesthetics, S. 53-69.

– De la distinction anatomique au seizième siècle. In: L'anatomie chez Michel-Ange. De la realité à l'idéalité. Hg. von Chiara Rabbi-Bernard. Paris 2003, S. 113-144.

Castaldi, Francesco: A Geocentrist Without Vocation, Father Giovan Battista Riccioli. In: Physis, XLI (2004), 1, S. 67-95.

Céard, Jean/Fontaine, Marie-Madeleine/Margolin, Jean-Claude (Hg.): Le Corps à la Renaissance (Actes du XXXe Colloque de Tours 1987). Paris 1990.

Clarke, Edwin/O'Malley, Charles Donald (Hg.): The Human Brain and Spinal

Cord. A Historical Study illustrated by Writings from Antiquity to the Twentieth Century. Second Edition, Revised and Enlarged With a New Preface by Edwin Clarke. San Francisco ²1996.

Colpe, Carsten/Holzhausen, Jens (Hg.): Das Corpus Hermeticum Deutsch. Übersetzung und Kommentierung in drei Teilen. Teil I: Die griechischen Traktate und der lateinische ‚Asclepius'. Stuttgart 1997.

Copenhaver, Brian P.: Magic and the Dignity of Man: De-Kanting Pico's *Oration*. In: The Italian Renaissance in the Twentieth Century. Acts of an International Conference Florence, Villa I Tatti, June 9-11, 1999. Hg. von Allen J. Grieco et al. Firenze 2002, S. 295-320.

– Magie und Würde des Menschen: Picos *Oratio* vor und nach Kant. In: Scientiae et artes (2004), S. 65-97.

Courcelle, Pierre: Connais-toi toi-même. De Socrate à Saint Bernarde. Études Augustiniennes. 3 Bde. Paris 1974-75.

Cranz, Edward F.: Alexander Aphrodisiensis. In: Catalogus Translationum et Commentariorum: Medieval and Renaissance Latin Translations and Commentaries. Hg. von Paul Oskar Kristeller. Bd. 1. Washington 1960, S. 77-135.

Cunningham, Andrew: The Anatomical Renaissance. The Resurrection of the Anatomical Project of the Ancients. Aldershot 1997.

– Il "Teatro della struttura di tutto il mondo animale: Fabrici e le sue illustrazioni anatomiche. In: Il teatro dei corpi. Le *pitture colorate* d'anatomia di Girolamo Fabrici D'Acquapendente, S. 74-82.

Danneberg, Lutz/Niederhauser, Jürg (Hg.): Darstellungsformen der Wissenschaften im Kontrast. Aspekte der Methodik, Theorie und Empirie. Tübingen 1998 (Forum für Fachsprachen-Forschung. Hg. von Hartwig Halverkämper, Bd. 39).

Danneberg, Lutz: Schleiermacher und das Ende des Akkommodationsgedankens in der *hermeneutica sacra* des 17. und 18. Jahrhunderts. In: 200 Jahre „Reden über die Religion". Akten des 1. Internationalen Kongresses der Schleiermacher-Gesellschaft Halle 14.-17. März 1999. Hg. von Ulrich Barth und Claus-Dieter Osthövener. Berlin/New York 2000, S. 194-246.

– Logik und Hermeneutik im 17. Jahrhundert. In: Theorie der Interpretation vom Humanismus bis zur Romantik – Rechtswissenschaft, Philosophie, Theologie. (Beiträge zu einem interdisziplinären Symposion in Tübingen, 29. September bis 1. Oktober 1999). Hg. von Jan Schröder. Stuttgart 2001, S. 75-131.

– /Pott, Sandra/Schönert, Jörg/Vollhardt, Friedrich (Hg.): Säkularisierung in den Wissenschaften seit der Frühen Neuzeit. Bd. 2: Zwischen christlicher Apologetik und methodologischem Atheismus. Wissenschaftsprozesse im Zeitraum von 1500 bis 1800. Berlin/New York 2002.

- Die Anatomie des Text-Körpers. Das Lesen im *liber naturalis* und *supernaturalis*. (Säkularisierung in den Wissenschaften seit der Frühen Neuzeit. Bd. 3). Berlin/ New York 2003.

- Überlegungen zu kontrafaktischen Imaginationen in argumentativen Kontexten und zu Beispielen ihrer Funktion in der Denkgeschichte. In: Imagination und Innovation. Hg. von Toni Bernhart und Philipp Mehne. Berlin 2006 (=Paragrana. Internationale Zeitschrift für Historische Anthropologie, Beiheft 2 (2006), S. 73-100.

- Epistemische Situationen, kognitive Asymmetrien und kontrafaktische Imaginationen. In: Ideen als gesellschaftliche Gestaltungskraft im Europa der Neuzeit. Exempel einer neuen Geistesgeschichte. Hg. von Lutz Raphel und Heinz-Elmar Tenorth. München 2006, S. 193-221.

- Das Gesicht des Textes und die beseelte Gestalt des Menschen. Zu Formen der Textgestaltung und Visualisierung in wissenschaftlichen Texten sowie zu Problemen ihrer Deutung. In: Medizinische Schreibweisen, S. 13-72.

- Kontrafaktische Imaginationen in der Hermeneutik und in der Lehre des Testimoniums. In: Begriffe, Metaphern und Imaginationen in Philosophie und Wissenschaftsgeschichte. Hg. von Lutz Danneberg et al. Wiesbaden 2009 (Wolfenbütteler Forschungen, Bd. 120), S. 287-449.

Daston, Lorraine/Park, Katharine: Wonders of Nature 1150-1750. New York 1998.

- Baconsche Tatsachen. In: Rechtsgeschichte 1 (2002), S. 36-55.

- Early Modern History Meets the History of the Scientific Revolution: Thoughts Towards a Rapprochement. In: Zwischen den Disziplinen? Perspektiven der Frühneuzeitforschung. Hg. von Helmut Puff und Christopher Wild. Göttingen 2003, S. 37-54.

- /Stolleis, Michael (Hg.): Natural Law and Laws of Nature in Early Modern Europe. Jurisprudence, Theology, Moral and Natural Philosophy. Aldershot 2008.

De Angelis, Simone: Zur Galen-Rezeption in der Renaissance mit Blick auf die Anthropologie von Juan Luis Vives. Überlegungen zu der Konfiguration einer 'Wissenschaft vom Menschen' in der Frühen Neuzeit. In: Tradita et Inventa. Beiträge zur Rezeption der Antike. Hg. von Manuel Baumbach. Heidelberg 2000, S. 91-109.

- Zwischen *generatio* und *creatio*. Zum Problem der Genese der Seele um 1600 – Rudolph Goclenius, Julius Caesar Scaliger, Fortunio Liceti. In: Säkularisierung in den Wissenschaften seit der Frühen Neuzeit. Bd. 2, S. 94-144.

- Rezension von: Thomas Borgard: Immanentismus und konjunktives Denken. Die Entstehung eines modernen Weltverständnisses aus dem strategischen Einsatz einer 'psychologia prima' (1830-1880). Tübingen 1999. In: Arbitrium 1/2002, S. 83-86.

- Von Newton zu Haller. Studien zum Naturbegriff zwischen Empirismus und deduktiver Methode in der Schweizer Frühaufklärung. Tübingen 2003 (Frühe Neuzeit, Bd. 74).

- Bildungsdenken und Seelenlehre bei Philipp Melanchthon. Die Lektüre des *Liber de anima* (1553) im Kontext von Medizintheorie und reformatorischer Theologie. In: Anfänge und Grundlagen moderner Pädagogik, S. 97-119.

- Pufendorf und der Cartesianismus. Medizin als Leitwissenschaft und die Rolle der Bibelhermeneutik in seiner Verteidigung des Naturrechts um 1680. In: IASL, 29/1 (2004), S. 128-171.

- Anthropologie und Gesetz. Konzepte von der Natur des Menschen im 16. Jahrhundert: Vives und Melanchthon. In: Scientiae et artes. 2. Halbband, S. 871-893.

- Rezension von: Adam Christian Thebesius (1686-1732) und die Entdeckung der Vasa Cordis Minima. In: Cardanus. Jahrbuch für Wissenschaftsgeschichte. Bd. 4 (2004), S. 110b-118b.

- La discussione di Girolamo Fracastoro sull'anima tra medicina e filosofia della natura all'inizio del Dialogo. In: Girolamo Fracastoro. Fra Medicina, Filosofia e Scienza della Natura. (Atti del Convegno Internazionale di studi in occasione del 450° anniversario della morte. Verona-Padova, 9-11 ottobre 2003). Hg. von Enrico Peruzzi und Aleesandro Pastore. Firenze 2006, S. 213-228.

- Melanchthon in der Frühaufklärung. Melanchthonrezeption, humanistische Hermeneutik und kopernikanisches Weltbild bei den cartesianischen Theologen um 1650. In: Fragmenta Melanchthoniana. Bd. 3. Melanchthons Wirkung in der europäischen Bildungsgeschichte. Hg. von Günter Frank und Sebastian Lalla. Heidelberg. Ubstadt-Weiher u.a. 2007, S. 167-191.

- Unbewußte Perzeptivität und metaphysisches Bedürfnis. Ernst Platners Auseinandersetzung mit Haller in den *Quaestiones physiologicae* (1794). In: Aufklärung. Interdisziplinäres Jahrbuch zur Erforschung des 18. Jahrhunderts und seiner Wirkungsgeschichte, 19 (2007), S. 243-273.

- Paduaner Anatomie in Deutschland. Argumentationsweisen, Wissensansprüche und Autorität (1540-1660). In: Italien und Deutschland. Austauschbeziehungen in der gemeinsamen Gelehrtenkultur der Frühen Neuzeit. Hg. von Emilio Bonfatti (†), Herbert Jaumann und Merio Scattola. Padova 2008, S. 17-74.

- Die Liebeskrankheit und der Eros-Mythos. Zur Beziehung von medizinischen und poetischen Texten in der Renaissance. In: Medizinische Schreibweisen, S. 73-97.

- From text to the body. Commentaries on *De Anima*, anatomical practice and authority around 1600. In: Scholarly Knowledge, S. 205-227.

- Darstellungsformen medizinischen Wissens. Einführung. In: Kulturen des Wissens im 18. Jahrhundert. Hg. von Ulrich Johannes Schneider. Berlin/New York 2008, S. 571-576.

- Rezension von: Volker Remmert: Widmung, Welterklärung und Wissenschaftslegitimierung. Titelbilder und ihre Funktionen in der wissenschaftlichen Revolution. Wiesbaden 2005 (Wolfenbütteler Forschungen, Bd. 110). In: Isis, 99 : 4 (2008), S. 844-846.

- *Demonstratio ocularis* und *evidentia*. Darstellungsformen von neuem Wissen in anatomischen Texten der Frühen Neuzeit. In: Spuren der Avantgarde. Theatrum Anatomicum. Hg. von Helmar Schramm, Ludger Schwarte, Jan Lazardzig. Berlin/New York 2010 (Theatrum Scientiarum V), S. 168-193.

- Autopsie und Autorität. Zum komplexen Verhältnis zweier Basiskonzepte und ihrer Funktion in der Formation einer ›Wissenschaft vom Menschen‹ im 17. und 18. Jahrhundert. In: Welche Antike? Konkurrierende Rezeptionen des Altertums im Barock. Hg. von Ulrich Heinen. Erscheint: Wiesbaden: Harassowitz Verlag (Wolfenbütteler Arbeiten zur Barockforschung).

- Sehen mit dem physischen und dem geistigen Auge. Formen des Wissens, Vertrauens und Zeigens in Texten der frühneuzeitlichen Medizin. In: Diskurse der Gelehrtenkultur in der Frühen Neuzeit. Ein Handbuch. Hg. von Herbert Jaumann. Erscheint: Berlin/New York: Walter de Gruyter Verlag.

Dear, Peter: *Totius in verba*. Rhetoric and Authority in the Early Royal Society. In: Isis, Vol. 76 (1985), Nr. 281, S. 145-161.

Décultot, Élisabeth: Von der Seelenkunde zur Kunsttheorie. Zu Sulzers *Untersuchung über den Ursprung der angenehmen und unangenehmen Empfindungen* (1751/52). In: Scientia Poetica, 12 (2008), S. 69-88.

De Ferrari, Augusto: Art. ›Giulio Cesare Casseri‹. In: Dizionario Biografico degli Italiani. Bd. 21 (1978), S. 453b-456a.

Derathé, Robert: Jean-Jacques Rousseau et la Sciences Politiques de son temps. Paris 1995

Descola, Philippe: Par-delà nature et culture. Paris 2005 (Bibliothèque des Sciences Humaines).

Dibon, Paul: Der Cartesianismus in den Niederlanden. In: Grundriss der Geschichte der Philosophie. Die Philosophie des 17. Jahrhunderts. Hg. von Jean-Pierre Schobinger. 4 Bde. Basel 1988-2001. Bd. 2.1. (1993), S. 349-374.

Dingel, Irene: Concordia controversa. Die öffentlichen Diskussionen um das lutherische Konkordienwerk am Ende des 16. Jahrhunderts. Gütersloh 1986.

Djalma Vitali, Emanuele: Manardo e Fuchs di fronte ai problemi medici del loro tempo. In: Atti del Convegno internazionale per la celebrazione del V centenario della nascita di Giovanni Manardo 1462–1536, S. 286-290.

Documenta Reformatoria. Hg. von J. N. Bakhuizen van den Brink et al. Bd. 1. Kampen 1960.

Döring, Detlef: Pufendorf-Studien. Beiträge zur Biographie Samuel von Pufendorfs und zu seiner Entwicklung als Historiker und theologischer Schriftsteller. Berlin 1992.

– Untersuchungen zur Entwicklung der theologischen und religionspolitischen Vorstellungen Samuel von Pufendorfs. In: Religion und Religiosität im Zeitalter des Barock. Hg. von Dieter Breuer. Wiesbaden 1995 (Wolfenbütteler Arbeiten zur Barockforschung, Bd. 25), S. 873-882.

– Samuel Pufendorf und die Heidelberger Universität in der Mitte des 17. Jahrhunderts. In: Späthumanismus und reformierte Konfession. Hg. von Christoph Strohm, Joseph S. Freedman und Herman J. Selderhuis. Tübingen 2006 (Spätmittelalter und Reformation Neue Reihe 31), S. 293-323.

Dougherty, Frank W. P.: Buffons Bedeutung für die Entwicklung des anthropologischen Denkens im Deutschland der zweiten Hälfte des 18. Jahrhunderts. In: Die Natur des Menschen. Probleme der Physischen Anthropologie und Rassenkunde (1750-1850). Hg. von Gunter Mann und Franz Dummont. Stuttgart/New York 1990, S. 221-279.

– Gesammelte Aufsätze zu Themen der klassischen Periode der Naturgeschichte. Göttingen 1996.

Duchet, Michèle: Anthropologie et histoire au siècle des Lumières Paris 1995 [1971].

van Dülmen, Richard/Rauschenbach, Sina (Hg.): Macht des Wissens. Die Entstehung der modernen Wissensgesellschaft. Köln/Weimar/Wien 2004.

Dürbeck, Gabriele: Einbildungskraft und Aufklärung. Perspektiven der Philosophie, Anthropologie und Ästhetik um 1750. Tübingen 1998.

Durling, Richard J.: Girolamo Mercuriale's *De modo studendi*. In: Osiris, 2nd series, 6 (1990), S. 181-191.

Ebbersmeyer, Sabrina: Warum nicht mehr Aristoteles? Zum Funktionswechsel der *auctoritas* im Kontext der Moralphilosophie. In: Autorität der Form – Autorisierung – Institutionelle Autorität, S. 123-140.

Eckart, Walter U.: "Auctoritas" versus "Veritas" or: Classical authority and its role for the perception of truth in the work of Daniel Sennert (1572-1637). In: Clio Medica, 18 (1983) 1/4, S. 131-140.

– Philipp Melanchthon und die Medizin. In: Melanchthon und die Naturwissenschaften seiner Zeit, S. 183-202.

Ehrenpreis, Stefan: Kirchen, Bildungswesen und Gesellschaft im 17. und 18. Jahrhundert. Herzogtum Berg und Grafschaft Mark im Vergleich. In: Zeitschrift des Bergischen Geschichtsvereins, 99 (1999-2001), S. 71-113.

Engelbrecht, Jörg: Zwischen den Kulturen. Die Universität Duisburg und die Niederlande in der Frühen Neuzeit. In: Deutsch-niederländische Wechselbeziehungen von der frühen Neuzeit bis zur Gegenwart. Hg. von Guillaume van Gemert und Dieter Geuenich. Essen 2003 (Schriftenreihe der Niederrhein-Akademie, Bd. 5), S. 90-103.

Erhardt, Walter: Medizin – Sozialgeschichte – Literatur. In: IASL, 29. Bd. (2004) 1. Heft, S. 118-128.

Evans, R. J. W.: The Wechel Presses: Humanism and Calvinism in Central Europe 1572-1627. In: Past & Present. Supplement 2 (1973), S. 1-74.

Everson, Stephen: Aristotle on Perception. Oxford 1997.

Ewald, William: The Biological Naturalism of Richard Cumberland. In: Jahrbuch für Recht und Ethik, 8 (2000), S. 125-141.

Fabbri, Natacha: Cosmologia e Armonia in Kepler e Mersenne. Contrappunto a due voci sul tema dell'*Harmonice mundi*. Firenze 2003.

Favaro, Giuseppe: Fu il Rolfinck scolaro ed aiuto dell'Acquapendente? In: Atti dell'Istituto Veneto di scienze, lettere ed arti, 86/II (1926-27), S. 1259-1269.

Fehr, Ernst/Fischbacher, Urs: Strong Reciprocity, Human Cooperation and the Enforcement of Social Norms. In: Human Nature 13 (2002), S. 1-25.

– The nature of human altruism. In: Nature. Vol. 425. 23 October 2003, S. 785-791.

– Social Norms and human cooperation. In: Trends in Cognitive Science. Vol. 8. No. 4 April 2004, S. 185-190.

Feingold, Mordechai: The Origins of the Royal Society Revisited. In: The Practice of Reform in Health, Medicine, and Science, 1500-2000, S. 167-183.

Ferrari, Giovanna: Public Anatomy Lessons and the Carnival: the Anatomy Theatre of Bologna. In: Past and Present, 117 (1987), S. 50-106.

– L'esperienza del passato. Alessandro Benedetti. Filologo e medico umanista. Firenze 1996.

Fichtner, Gerhard: Disput mit Leonhardt Fuchs. Die frühesten medizinischen Thesendrucke in Tübingen. In: Medizinhistorisches Journal 36 2 (2001), S. 111-183

Fiorato, Adelin Charles: Jules-César Scaliger bien ou mal sentant. In: Acta Scaligeriana, S. 13–33.

Fiorentino, Francesco: Pietro Pomponazzi. Studi storici su la scuola bolognese e padovana del secolo XVI. Firenze 1868.

Fiorillo, Vanda: Tra egoismo e socialità. Il giusnaturalismo di Samuel Pufendorf. Napoli 1992.

- /Vollhardt, Friedrich (Hg.): Il diritto naturale della socialità. Tradizioni antiche ed antropologia moderna nel XVII secolo. Torino 2004.

Frank, Günter: Die theologische Philosophie Philipp Melanchthons (1497-1560). Leipzig 1995. (Erfurter Theologische Studien, Bd. 67).

- Philipp Melanchthons »Liber de anima« und die Etablierung der frühneuzeitlichen Anthropologie. In: Humanismus und Wittenberger Reformation. Festgabe anlässlich des 500. Geburtstages des Praeceptor Germaniae Philipp Melanchthon am 16. Februar 1997. Hg. von Michael Beyer und Günther Wartenberg. Leipzig 1996, S. 313-326.

- /Rhein, Stefan (Hg.): Melanchthon und die Naturwissenschaften seiner Zeit. Sigmaringen 1998.

- /Meerhoff, Kees (Hg.): Melanchthon und Europa. 2. Teilband Westeuropa. Stuttgart-Bad Cannstatt 2002 (Melanchthon-Schriften der Stadt Bretten, 6).

- Die Vernunft des Gottesgedankens. Religionsphilosophische Studien zur frühen Neuzeit. Stuttgart-Bad Cannstatt 2003.

- /Köpf, Ulrich (Hg.): Melanchthon und die Neuzeit. Stuttgart-Bad Cannstatt 2003 (Melanchthon-Schriften der Stadt Bretten, 7).

- /Selderhus, Herman J. (Hg.): Melanchthon und der Calvinismus. Stuttgart-Bad Cannstatt 2005 (Melanchthon-Schriften der Stadt Bretten, 9).

- /Speer, Andreas (Hg.): Der Aristotelismus in der Frühen Neuzeit – Kontinuität oder Wiederaneignung? Wiesbaden 2007 (Wolfenbütteler Forschungen, Bd. 115).

French, Roger K.: Natural Philosophy and Anatomy. In: Le corps à la Renaissance, S. 447-460.

- Dissection and Vivisection in the European Renaissance. Aldershot u.a. 1999.

Friedensburg, Walter: Geschichte der Universität Wittenberg. Halle a. S. 1917.

Friedl, Gabriele: Deutsche Medizinstudenten an der Universität Padua im 15., 16. und 17. Jahrhundert und deren Einfluß auf die Entwicklung der Medizin im deutschen Sprachraum. Diss. Universität des Saarlandes. Homburg, Saar 1994.

Fuchs, Thomas: Die Mechanisierung des Herzens. Harvey und Descartes – Der vitale und der mechanische Aspekt des Blutkreislaufs. Frankfurt/M. 1992.

Gadebusch Bondio, Mariacarla: La *carne di fuori*. Discorsi medici sulla natura e l'estetica della pelle nel '500. In: Micrologus, XIII (2005), S. 537-570.

Garber, Jörn/Thoma, Heinz (Hg.): Zwischen Empirisierung und Konstruktionsleistung: Anthropologie im 18. Jahrhundert. Tübingen 2004.

– /van Hoorn, Tanja (Hg.): Natur – Mensch – Kultur. Georg Forster im Wissenschaftsfeld seiner Zeit. Hannover-Latzen 2006.

Garin, Eugenio: La cultura nel Rinascimento. Profilo storico. Bari 1967.

Gaukroger, Stephen: Descartes's System of Natural Philosophy. Cambridge 2002.

Giese, Ernst/von Hagen, Benno: Geschichte der medizinischen Fakultät der Friedrich-Schiller-Universität Jena. Jena 1958.

Giglioni, Guido: Girolamo Cardano e Giulio Cesare Scaligero. Il dibattito sull'anima vegetativa. In: Girolamo Cardano, S. 313–339.

Gilson, Étienne: L'affaire de l'immortalité de l'âme à Venise au debut du XVIe siècle. In: Umanesimo europeo e umanesimo veneziano. Hg. von Vittore Branca. Firenze 1963, S. 31-61.

Ginzburg, Carlo: Montrer et citer. La vérité de l'histoire. In: Le débat, n. 56 (1989), S. 43-54.

Gisi, Lucas Marco: Einbildungskraft und Mythologie. Die Verschränkung von Anthropologie und Geschichte im 18. Jahrhundert. Berlin/New York 2007 (spectrum Literaturwissenschaft; 11).

Glosse, Jürgen: Croce, Burckhardt und der Schwund des Geschichtlichen. In: Storia della Storiografia, 42 (2002), S. 111-143.

Göbel, Christian: Griechische Selbsterkenntnis. Platon – Parmenides – Stoa – Aristipp. Stuttgart 2002.

Gossiaux, Pol-P.: L'Homme et la Nature. Genèses de l'anthropologie à l'âge classique 1580-1750. Anthologie. Bruxelles ^{2}1995.

Goudriaan, Aza: Philosophische Gotteserkenntnis bei Suárez und Descartes im Zusammenhang mit der niederländischen reformierten Theologie und Philosophie des 17. Jahrhunderts. Leiden u.a. 1999.

– (Hg.): Jacobus Revius: A Theological Examination of Cartesian Philosophy. Early Criticisms (1647). Leiden. Boston 2002.

Graßhoff, Gerd/Treiber, Hubert: Naturgesetz und Naturrechtsdenken im 17. Jahrhundert. Kepler – Bernegger – Descartes – Cumberland. Baden-Baden 2002.

Gray's Anatomy. The Anatomical Basis of Medicine and Surgery. 38th Edition. Edinburgh/London u.a. 1995.

Groß, Dominik, Steinmetzer, Jan: Strategien der Selbstautorisierung in der frühneuzeitlichen Medizin: Das Beispiel Volcher Coiters (1534-1576). In: Medizinhistorisches Journal, 40 (2005), S. 275-320.

Grunert, Frank: Normbegründung und politische Legitimität. Zur Rechts- und Staatsphilosophie der deutschen Aufklärung. Tübingen 2000.

Hallensleben, Barbara: Thomas De Vio Cajetanus. Erneuerer der Theologie für eine erneuerte Kirche. In: Theologen des 16. Jahrhunderts. Humanismus – Reformation – Katholische Erneuerung. Eine Einführung. Hg. von Martin H. Jung und Peter Walter. Darmstadt 2002, S. 65-82.

Hartbecke, Karin: Natur und Selbstbewegung. Die Umdeutung des galenistischen Naturbegriff durch den Anatomen Francis Glisson. In: Der Naturbegriff in der Frühen Neuzeit, S. 283-298.

– Metaphysik und Naturphilosophie im 17. Jahrhundert. Francis Glissons Substanztheorie in ihrem ideengeschichtlichen Kontext. Tübingen 2006 (Frühe Neuzeit, Bd. 113).

– /Schütte, Christian (Hg.): Naturgesetze. Historisch-systematische Analysen eines wissenschaftlichen Grundbegriffs. Paderborn 2006.

Hartung, Gerald: Die Entdeckung des Menschen im Zeitalter der Renaissance. Dilthey, Groethuysen und Cassirer. In: Dilthey und Cassirer, S. 149-170.

Hasse, Dag Niklaus: Avicenna's *De anima* in the Latin West. The formation of a Peripatetic Philosophy of the Soul 1160–1300. London/Turin 2000 (Warburg Institute Studies and Texts 1).

– Die humanistische Polemik gegen arabische Autoritäten. Grundsätzliches zum Forschungsstand. In: Neulateinisches Jahrbuch, 3 (2001), S. 65-79.

Heitzmann, Christian: Europas Weltbild in alten Karten. Globalisierung im Zeitalter der Entdeckungen. (Katalog der Ausstellung der Herzog August Bibliothek, Wolfenbüttel, 19.2.-4.6. 2006). Wolfenbüttel 2006.

Helm, Jürgen: Die Galenrezeption in Philipp Melanchthons *De anima* (1540/1552). In: Medizinhistorisches Journal, 31 (1996), S. 298–321.

– Die »spiritus« in der medizinalhistorischen Tradition und in Melanchthons »Liber de anima«: In: Melanchthon und die Naturwissenschaften seiner Zeit, S. 219-237.

– „Medicinam aspernari impietas est."– Zum Verhältnis von Reformation und akademischer Medizin in Wittenberg. In: Sudhoffs Archiv, Bd. 83, Heft 1 (1999), S. 22-41.

– Religion and Medicine: Anatomical Education at Wittenberg and Ingoldstadt. In: Religious Confessions and the Sciences in the Sixteenth Century. Hg. von Jürgen Helm und Anette Winkelmann. Leiden u.a. 2001, S. 51-68.

Herrlinger, Robert: Volcher Coiter, 1534-1576. Beiträge zur Geschichte der medizinischen und naturwissenschaftlichen Abbildung I, 1952. Nürnberg 1952.

– /Putscher, Marielene: Geschichte der medizinischen Abbildung. Bd. 1: Von der Antike bis 1600. Bd. 2: Von 1600 bis zur Gegenwart. München 1967 u. 1972.

Heßler, Martina (Hg.): Konstruierte Sichtbarkeiten. Wissenschafts- und Technikbilder seit der Frühen Neuzeit. München 2006

Hirai, Hiro: Le concept de semence dans les théories de la matière à la Renaissance. De Marsile Ficin à Pierre Gassendi. Turnhout (Belgium) 2005.

Hirsch, August (Hg.): Biographisches Lexikon der hervorragenden Ärtzte aller Zeiten und Völker. Berlin, Wien ²1929. ND München. Berlin 1962.

Hont, Istvan: Jealousy of Trade. International Competition and the Nation-State in Historical Perspective. Cambridge (Massachusetts). London 2005.

van Hoorn, Tanja: Das anthropologische Feld der Aufklärung. Ein heuristisches Modell und ein exemplarischer Situierungsversuch. In: Natur – Mensch – Kultur. Georg Forster im Wissenschaftsfeld seiner Zeit, S. 125-141.

– Rezension von: Ernst Platner (1744-1818). Konstellationen der Aufklärung zwischen Philosophie, Medizin und Anthropologie. In: Das Achtzehnte Jahrhundert, Jahrgang 33, Heft 1 (2009), S. 132-135.

Hüning, Dieter (Hg.): Der lange Schatten des Leviathan. Hobbes' politische Philosophie nach 350 Jahren. Berlin 2005.

Hüttemann, Andreas (Hg.): Kausalität und Naturgesetz in der Frühen Neuzeit. Stuttgart 2001 (Studia Leibnitiana, 31).

Howell, Kenneth J.: God's Two Books. Copernican Cosmology and Biblical Interpretation in Early Modern Science. Notre Dame. Indiana 2002.

Illies, Christian: Philosophische Anthropologie im biologischen Zeitalter. Zur Konvergenz von Moral und Natur. Frankfurt/M. 2006.

Iofrida, Manlio: Linguaggio e verità in Lodewijk Meyer (1629-1681). In: L'Hérésie Spinoziste. La discussion sur le *Tractatus Theologico-Politicus*, 1670-1677, et la Réception Immédiate du Spinozisme (Actes du Colloque international de Cortona, 10-14 Avril 1991). Hg. von Paolo Cristofolini. Amsterdam. Maarseen 1995, S. 25-35.

Isler, Hansruedi: Thomas Willis. Wegbereiter der modernen Medizin. Stuttgart 1965.

Israel, Jonathan I.: The Dutch Republic. Its Rise, Greatness, and Fall 1477-1806. Oxford 1995.

- Radical Enlightenment. Philosophy and the Making of Modernity 1650-1750. Oxford 2001.

Izzo, Francesca: Forme della modernità. Antropologia, politica e teologia in Thomas Hobbes. Roma/Bari 2005.

Jaumann, Herbert: Bibelkritik und Literaturkritik in der frühen Neuzeit. In: Zeitschrift für Religions- und Geistesgeschichte, 49, 2 (1997), S. 123-134.

- Iatrophilologia. Medicus philologus und analoge Konzepte in der frühen Neuzeit. In: Philologie und Erkenntnis. Beiträge zu Begriff und Problem frühneuzeitlicher ‚Philologie'. Hg. von Ralph Häfner. Tübingen 2001, S. 151–176.

- Handbuch Gelehrtenkultur der Frühen Neuzeit. Bd. 1: Bio-bibliographisches Repertorium. Berlin. New York 2004.

- Rezension von: Corpus Paracelsisticum. Dokumente frühneuzeitlicher Naturphilosophie in Deutschland. In: Scientia Poetica, 12 (2008), S. 327-339.

Jensen, Kristian: Protestant Rivalry – Metaphysics and Rhetoric in Germany c. 1590–1620. In: Journal of Ecclesiastical History, 41/1 (1990), S. 24–43.

Jütte, Robert: Die Entdeckung des „inneren" Menschen 1500-1800. In: Erfindung des Menschen. Schöpfungsträume und Körperbilder 1500-2000. Hg. von Richard van Dülmen. Wien u.a. 1998, S. 241-258.

Kandel, Eric R.: Auf der Suche nach dem Gedächtnis. Die Entstehung einer neuen Wissenschaft des Geistes. Aus dem Amerikanischen von Hainer Kober. München 2006.

Kemp, Martin: 'The mark of truth': looking and learning in some anatomical illustrations from the Renaissance and eighteenth century. In: Medicine and the five senses. Hg. von William F. Bynum und Roy Porter. Cambridge 1993, S. 85-121.

- Vision and Visualisation in the illustration of Anatomy and Astronomy from Leonardo to Galileo. In: 1543 and all that. Image and Word, Change and Continuity in the Proto-Scientific Revolution. Hg. von Guy Freeland/Anthony Corones. Dordrecht/Boston/London 2000, S. 17-51.

Kennedy, Rick: A History of Reasonableness: Testimony and Authority in the Art of Thinking. Rochester 2004.

Kessler, Eckhard: The Intellective Soul. In: The Cambridge History of Renaissance Philosophy. Hg. von Charles B. Schmitt/Quentin Skinner. Cambridge 1988, S. 485-534.

- /Lohr, Charles H./Sparn, Walter (Hg.): Aristotelismus und Renaissance. In memoriam Charles B. Schmitt. Wiesbaden 1988. (Wolfenbütteler Forschungen Bd. 40).

- The Transformation of Aristotelianism during the Renaissance. In: New Perspectives on Renaissance Thought. Essays in the history of science, education and philosophy in memory of Charles B. Schmitt. Hg. von John Henry und Sarah Hutton. London 1990, S. 137-147.

– Pietro Pomponazzi: Zur Einheit seines philosophischen Lebenswerkes. In: Verum et Factum. Beiträge zur Geistesgeschichte und Philosophie der Renaissance zum 60. Geburtstag von Stephan Otto. Hg. von Tamara Albertini. Frankfurt/M. u.a. 1990, S. 397-419.

– Physik oder Metaphysik. Zum Begriff einer Wissenschaft von der Natur in der Methodendiskussion der „Schule von Padua" im beginnenden 16. Jahrhundert. In: Aristotelica et Lulliana magistro doctissimo Charles H. Lohr septuagesimum annum feliciter agenti dedicata. Hg. von Fernando Domínguez et al. Steenbrugis 1995 (Instrumenta Patristica XXVI), S. 223-244.

– Metaphysics or Empirical Science? The two faces of Aristotelian Natural Philosophy in the Sixteenth Century. In: Renaissance Readings of *Corpus Aristotelicum*, S. 79-101.

King, R.A.H: Aristotle on Life & Death. London 2001.

Klausnitzer, Ralf: Literatur und Wissen. Zugänge – Modelle – Analysen. Berlin/New York 2008.

Koch, Hans-Theodor: Melanchthon und die Vesal-Rezeption in Wittenberg. In: Melanchthon und die Naturwissenschaften seiner Zeit, S. 203-218.

Köhler, Theodor, W.: Grundlagen des philosophisch-anthropologischen Diskurses im dreizehnten Jahrhundert. Die Erkenntnisbemühung um den Menschen im Zeitgenössischen Verständnis. Leiden u.a. 2000.

Koelbing, Huldrych M.: Renaissance der Augenheilkunde 1540-1630. Bern/Stuttgart 1967.

– Anatomie de l'oeil et perception visuelle de Vésale à Kepler. In: Le Corps à la Renaissance, S. 389-397.

– Ocular Physiology in the Seventeenth Century and Its Acceptance by the Medical Profession. In: Analecta medico-historica, 3: Steno and Brain Research in the Seventeenth Century, S. 219-224.

Kohler, Robert E./Findlen, Paula/Shapin, Steven: The Generalist Vision in the History of Science. In: Isis, 96: 2 (2005), S. 224-243.

Kondylis, Panajotis: Die Aufklärung im Rahmen des neuzeitlichen Rationalismus. Stuttgart ²1986 [1981].

– Wissenschaft, Macht und Entscheidung. In: Ders.: Machtfragen. Ausgewählte Beiträge zu Politik und Gesellschaft. Darmstadt 2006, S. 130-156.

Krafft, Fritz: „Die Arzei kommt vom Herrn, und der Apotheker bereitet sie": Biblische Rechtfertigung der Apothekerkunst im Protestantismus: Apotheken-

Auslucht in Lemgo und Pharmako-Theologie. Stuttgart 1999 (Quellen und Studien zur Geschichte der Pharmazie, Nr. 76).

Kühlmann, Wilhelm/Telle, Joachim: Humanismus und Medizin an der Universität Heidelberg im 16. Jahrhundert. In: Semper apertus. Sechshundert Jahre Ruprecht-Karls-Universität Heidelberg 1386-1986. Hg. von Wilhelm Doerr. Bd. 1 (1985), Mittelalter und Frühe Neuzeit 1386–1803. Berlin et al., S. 255-289.

- /Seidel, Robert/Wiegand, Hermann (Hg.): Humanistische Lyrik des 16. Jahrhunderts. Lateinisch und deutsch; ausgewählt, übersetzt, erläutert und herausgegeben von dens. et al. Frankfurt/M. 1997.

- /Telle, Joachim (Hg.): Corpus Paracelsisticum. Dokumente frühneuzeitlicher Naturphilosophie in Deutschland. Bd.1: Der Frühparacelsismus. Erster Teil; Bd. 2: Der Frühparacelsismus. Zweiter Teil. Tübingen 2001 u. 2004 (Frühe Neuzeit, Bde. 59 u. 89).

Kuhn, Heinrich C.: Venetischer Aristotelismus im Ende der aristotelischen Welt. Aspekte der Welt und des Denkens des Cesare Cremonini (1550-1631). Frankfurt/M. u.a. 1996.

Kusukawa, Sachiko: The Transformation of Natural Philosophy. The Case of Philip Melanchthon. Cambridge 1995.

- (Hg.): Philip Melanchthon: Orations on Philosophy and Education. Cambridge 1999.

- From Counterfeit to Canon: Picturing the Human Body, Especially by Andreas Vesalius (Max-Planck-Institut für Wissenschaftsgeschichte, Preprint 281, 2004).

- The Uses of Pictures in the Formation of Learned Knowledge: The Cases of Leonhard Fuchs and Andreas Vesalius. In: Transmitting Knowledge. Words, Images, and Instruments in Early Modern Europe. Hg. von Sachiko Kusukawa und Ian Maclean. Oxford 2006, S. 73-96.

Kutzer, Michael: Tradition, Anatomie und Psychiatrie: Die mentalen Vermögen und ihre Gehirnlokalisation in der frühen Neuzeit. In: Medizinhistorisches Journal. Bd. 28 (1993). Heft 4, S. 199-228.

de Lange, Albert: Melanchthon und die Niederlande im 19. Jahrhundert. Melanchthon und die Neuzeit, S. 275-323.

Lardet, Pierre: L'Aristotélisme „pérégrin" de Jules-César Scaliger. In: Les Études philosophiques, 3 (1986), S. 349–369.

Latour, Bruno: Wir sind nie modern gewesen. Versuch einer symmetrischen Anthropologie. Frankfurt/M. 2008 [Paris 1991].

Laurent, Pierre: Pufendorf et la Loi Naturelle. Paris 1982.

Laurenza, Domenico: La ricerca dell'Armonia. Rappresentazioni anatomiche nel Rinascimento. Firenze 2003.

Lefèvre, Wolfgang/Renn, Jürgen/Schöpflin, Urs (Hg.): The Power of Images in Early Modern Science. Basel/Boston/Berlin 2003.

Lehmann, Hartmut: Von der Erforschung der Säkularisierung zur Erforschung von Prozessen der Dechristianisierung und der Rechristianisierung im neuzeitlichen Europa. In: Ders. (Hg.): Säkularisierung, Dechristianisierung, Rechristianisierung im neuzeitlichen Europa. Göttingen 1997, S. 9-16.

Leinkauf, Thomas: Der Naturbegriff des 17. Jahrhunderts und zwei seiner Interpretamente: "res extensa" und "intima rerum". In: Berichte zur Wissenschaftsgeschichte, 23 (2003), S. 399-418.

- (Hg.): Dilthey und Cassirer. Die Deutung der Neuzeit als Muster von Geistes- und Kulturgeschichte. Hamburg 2003.

- (Hg.): Der Naturbegriff in der Frühen Neuzeit. Semantische Perspektiven zwischen 1500 und 1700. Tübingen 2005 (Frühe Neuzeit, Bd. 110).

- Der Naturbegriff in der Frühen Neuzeit. Einleitung. In: Der Naturbegriff in der Frühen Neuzeit, S. 1-19.

- Selbstrealisierung. Anthropologische Konstanten in der Frühen Neuzeit. In: Bochumer Philosophisches Jahrbuch für Antike und Mittelalter 10 (2005), S. 129-161.

Leinsle, Ulrich Gottfried: Das Ding und die Methode. Methodische Konstitution und Gegenstand der frühen protestantischen Metaphysik. Augsburg 1985.

- Methodologie und Metaphysik bei den deutschen Lutheranern um 1600. In: Aristotelismus und Renaissance, S. 149–161.

Lewalter, Ernst: Spanisch-Jesuitische Scholastik und Deutsch-Lutherische Metaphysik des 17. Jahrhunderts. Ein Beitrag zur Geschichte der Iberisch-Deutschen Kulturbeziehungen und zur Vorgeschichte des Deutschen Idealismus. Darmstadt 1967.

Lindberg, David C.: Theories of Vision from Al-Kindi to Kepler. Chicago/London 1976.

Lines, David A.: Natural Philosophy in Renaissance Italy: The University of Bologna and the Beginning of Specialisation. In: Early Science and Medicine, 6, 4 (2001), S. 267-317.

Lipton, Peter: The Epistemology of Testimony. In: Studies in History and Philosophy of Science. Vol. 29. Nr. 1 (1998), S. 1-31.

Lohr, Charles H.: The Sixteenth-Century Transformation of the Aristotelian Natural Philosophy. In: Aristotelismus und Renaissance, S. 89-99.

– Latin Aristotle Commentaries. Bd. 2 (Renaissance Authors). Firenze 1988.

Longo, Oddone: Teste calde e cervelli freddi. Il radiatore cerebrale, Aristotele e Galeno. In: Lares. Trimestrale di studi demoetnoantropologici, Anno LXIII, n. 1 (1997), S. 17-63.

de Lubac, Henri: Die Freiheit der Gnade. 1. Band: Das Erbe Augustins. Einsiedeln 1971.

– Surnaturel. Études historiques [1945/46]. Nouvelle édition avec la traduction intégrale des citations latines et grècques. Édition préparé et préface par Michel Sales, s.j. Paris 1991.

Lüsebrink, Hans-Jürgen (Hg.): Das Europa der Aufklärung und die außereuropäische koloniale Welt. Göttingen 2006 (Das achtzehnte Jahrhundert Supplementa, Band 11).

– Von der Faszination zur Wissenssystematisierung: die koloniale Welt im Diskurs der europäischen Aufklärung. In: Das Europa der Aufklärung und die außereuropäische koloniale Welt, S. 9-18.

Maclean, Ian: Textauslegung und Hermeneutik in den juristischen und medizinischen Fächern der späten Renaissance: Auctoritas, ratio, experientia. In: Theorie der Interpretation vom Humanismus bis zur Romantik – Rechtswissenschaft, Philosophie, Theologie. Beiträge zu einem interdisziplinären Symposion in Tübingen, 29. September bis 1. Oktober 1999. Hg. von Jan Schröder. Stuttgart 2001, S. 31-46.

– Logic, Signs and Nature in the Renaissance. The Case of Learned Medicine. Cambridge 2002.

Mahoney, Edward P.: Agostino Nifo and Neoplatonism. In: Il neoplatonismo nel Rinascimento. Hg. von Pietro Prini. Roma 1993, S. 205-231.

– Antonio Trombetta and Agostino Nifo on Averroes and Intelligible Species: A Philosophical Dispute at the University of Padua. In: Storia e cultura nel Convento al Santo di Padova. Hg. von Antonino Poppi. Vicenza 1976, S. 289-301.

– Two Aristotelians of the Italien Renaissance. Nicoletto Vernia and Agostino Nifo. Aldershot et al. 2000.

Mc Ginn, Colin: Das geistige Auge. Von der Macht der Vorstellungskraft. Aus dem Englischen von Klaus Laermann. Darmstadt 2007. (Originaltitel: Mindsight – Image, Dream, Meaning. Harvard 2004).

Magnien, Michel: Bibliographie Scaligérienne. In: Acta Scaligeriana, S. 293–331.

Mahlmann-Bauer, Barbara (Hg.): Melanchthon und die Marburger Professoren (1527–1627). 2 Bde. Marburg 1999.

- Anschaulichkeit als humanistisches Ideal. Johannes Dryander, Medicus atque Mathematicus Marpurgensis (1500-1560). In: Gemeinnützige Mathematik – Adam Ries und seine Folgen. Hg. von Jürgen Kiefer und Karin Reich. Akademie gemeinnütziger Wissenschaften zu Erfurt. Acta Academiae Scientiarum 8 (2003), S. 223-266.

- (Hg.): Scientiae et artes. Die Vermittlung alten und neuen Wissens in Literatur, Kunst und Musik. 2 Halbbände. Wiesbaden 2004 (Wolfenbütteler Arbeiten zur Barockforschung, Bd. 38).

Maier, Anneliese: Das Prinzip der doppelten Wahrheit. In: Dies.: Metaphysische Hintergründe der spätscholastischen Naturphilosophie. Roma 1955, S. 3-44.

Mandelbrote, Scott: William Petty and Anne Green: Medical and Political Reform in Commonwealth Oxford. In: The Practice of Reform in Health, Medicine and Science, 1500-2000, S. 125-149.

Mandressi:, Rafael Le regard de l'anatomiste. Dissections et invention du corps en Occident. Paris 2003.

Mani, Nikolaus: Die historischen Grundlagen der Leberforschung, II. Teil. Die Geschichte der Leberforschung von Galen bis Claude Bernard. Basel/Stuttgart 1967.

Marquard, Odo: Zur Geschichte des philosophischen Begriffs »Anthropologie« seit dem Ende des achtzehnten Jahrhunderts. In: Ders.: Schwierigkeiten mit der Geschichtsphilosophie. Aufsätze. Frankfurt/M. [1973] ³1992, S. 122-144 u. S. 213-248.

Martellotto Forin, Elda (Hg.): Acta Graduum Academicorum. Ab Anno 1501 ad annum 1525. Bd. III.1. Padova 1969.

Marti, Hanspeter: Dissertation und Promotion an frühneuzeitlichen Universitäten des deutschen Sprachraums. Versuch eines skizzenhaften Überblicks. In: Promotion und Promotionswesen an deutschen Hochschulen der Frühmoderne. Hg. von Rainer Müller. Köln 2001, S. 1-44.

Martin, John Jeffries (Hg.): The Renaissance. Italy and Abroad. London/New York 2003.

Mauri, E.: Gli statuti della ‹Natio Germanica Iuristarum› di Padova nel XVII Secolo. In: Quaderni per la Storia dell'Università di Padova, 24 (1991), S. 155-182.

Meijering, Ross: Literary and Rhetorical Theories in Greek Scholia. Groningen 1987.

Mengal, Paul: La constitution de la psychologie comme domaine du savoir aux XVIème et XVIIème siècles. In: Revue d'Histoire des Sciences Humaines 2. Les origines de la psychologie européenne (16e-19e siècles). Paris 2000, S. 5-27.

Menk, Gerhard: „Omnis novita periculosa". Der frühe Cartesianismus an der Hohen Schule Herborn (1649-1651) und die reformierte Geisteswelt nach dem Dreißigjährigen Krieg. In: Comenius. Erkennen – Glauben – Handeln. Internationales Comenius-Colloquium Herborn 1984. Hg. von Klaus Schaller. Sankt Augustin 1985, S. 135-163.

Meschini, Franco Aurelio: Neurofisiologia cartesiana. Firenze 1998.

Mettenleiter, Andreas: Adam Christian Thebesius (1686-1732) und die Entdeckung der Vasa Cordis Minima. Biographie, Textedition, Medizinhistorische Würdigung und Rezeptionsgeschichte. Stuttgart 2001.

Mikkeli, Heiki: An Aristotelian Response to Renaissance Humanism. Jacopo Zabarella on the Nature of Arts and Sciences. Helsinki 1992.

Moretti, Bruno: Con „L'uomo immagine di Dio" al centro dell'antropologia teologica. In: Studi tomistici, 42 (1991), S. 187-198.

Müller, Ernst/Schmieder, Falko (Hg.): Begriffsgeschichte der Naturwissenschaften. Zur historischen und kulturellen Dimension naturwissenschaftlicher Konzepte. Berlin 2008.

Mugnai Carrara, Daniela: La biblioteca di Nicolò Leoniceno. Tra Aristoteles e Galeno: cultura e libri di un medico umanista. Firenze 1991, S. 25-27.

Mulsow, Martin: Frühneuzeitliche Selbsterhaltung. Telesio und die Naturphilosophie der Renaissance. Tübingen 1998 (Frühe Neuzeit, Bd. 41).

– Diltheys Deutung der »Geisteswissenschaften« des 17. Jahrhunderts. Revisionen, Aktualisierungen, Transformationen. In: Dilthey und Cassirer, S. 53-68.

Musolff, Hans-Ulrich/Göing, Anja-Silvia (Hg.): Anfänge und Grundlagen moderner Pädagogik im 16. und 17. Jahrhundert. Köln et al. 2003.

– Wiederkehr der Metaphysik und moderne Bildungstheorie. Zur Interpretation der Schulphilosophie in Curricula des 17. Jahrhunderts. In: Anfänge und Grundlegungen moderner Pädagogik, S. 139-188.

Nanni, Romano: Galileo Galilei 1613-1616. Naturphilosophie und Bibelexegese. In: Zeitsprünge. Forschungen zur Frühen Neuzeit. Bd. 5 (2001) Heft 3/4, S. 217-253.

Nardi, Bruno: Saggi sull'Aristotelismo Padovano dal Secolo XIV al XVI. Firenze 1958.

– Il commento di Simplicio al *De anima* nelle controversie della fine del secolo XV e del secolo XVI. In: Ders.: Saggi sull'Aristotelismo Padovano dal Secolo XIV al XVI, S. 365-442.

– Studi su Pietro Pomponazzi. Firenze 1965.

- L'origine dell'anima umana secondo Dante. In: Ders.: Studi di filosofia medioevale. Roma 1979, S. 9–68.

Neumann, Gerhard/Weigel, Sigrid (Hg.): Lesbarkeit der Kultur. Literaturwissenschaften zwischen Kulturtechnik und Ethnographie. München 2000.

Niekerk, Carl: Zwischen Naturgeschichte und Anthropologie. Lichtenberg im Kontext der Spätaufklärung. Tübingen 2005.

Nowitzki, Hans-Peter: Der wohltemperierte Mensch. Aufklärungsanthropologien im Widerstreit. Berlin/New York 2003.

Nutton, Vivian: *De placitis Hippocratis et Platonis* in the Renaissance. In: Le opere psicologiche di Galeno (Atti del terzo colloquio galenico internazionale, Pavia, 10-12 settembre 1986). Hg. von Paola Manuli und Mario Vegetti. Napoli 1988, S. 281-309.

- «Prisci dissectionum professores: Greek Texts and Renaissance Anatomists». In: The Uses of Greek and Latin. Hg. von A.C. Dionisotti, A. Grafton und J. Kraye. London 1988, S. 111-126.

- Greek Science in the sixteenth-century Renaissance. In: Renaissance and Revolution. Humanists, scholars, craftsmen and natural philosophers in early modern Europe. Hg. von J. V. Field und F. A. J. L. James. Cambridge 1993, S. 15-28.

- Wittenberg anatomy. In: Medicine and the Reformation. Hg. von Ole Peter Grell und Andrew Cunningham. London 1993, S. 11-32.

- The rise of medical humanism: Ferrara, 1464-1555. In: Renaissance Studies, 11, 1 (1997), S. 2-19.

- Representation and Memory in Renaissance Anatomical Illustration. In: Immagini per conoscere. Dal Rinascimento alla Rivoluzione Scientifica (Atti della Giornata di Studio, Firenze, Palazzo Strozzi, 29 ottobre 1999). Hg. von Fabrizio Meroi/Claudio Pogliano. Firenze 2001, S. 61-80.

- André Vesale et l'Anatomie Parisienne. In: Cahier de l'Association Internationale des Études Françaises, 55 (2003), S. 239-249.

Ongaro, Giuseppe: La generazione e il „moto" del sangue nel pensiero di F. Liceti. In: Castalia, XX (1964), S. 75–94.

- Il »De humana historia« (1542) di Bassiano Landi (Atti della VI Biennale della Marca e dello Studio Firmano, Fermo, 29-30 Aprile 1-2 Maggio 1965). Fermo 1965, S. 265-278.

- La medicina nello Studio di Padova e nel Veneto. In: Girolamo Arnaldi, Manlio Pastore Stocchi (Hg.): Storia della Cultura Veneta. 6 Bde. Vicenza 1976-1986. Bd. 3: Dal Primo Quattrocento al Concilio di Trento. 2. Teilband, 1981, S. 75-134.

- /Gamba, Antonio: Esperimenti di Johann Georg Wirsung sulla circolazione del sangue. In: Atti e Memorie dell'Accademia Patavina di Scienze, Lettere ed Arti, Vol. – CIV (1991–1992) – Parte II: Classe di Scienze Matematiche e Naturali, S. 53-80.

- L'insegnamento clinico di Giovan Battista da Monte (1489–1551). Una revisione critica. In: Physis, 31 (1994), S. 357-369.

- Bassiano Landi e Andrea Vesalio. In: Atti e Memorie dell'Accademia Patavina di Scienze, Lettere ed Arti, Bd. CX (1997-98) – Parte II: Memorie della Classe di Scienze Matematiche e Naturali, S. 32-54.

- La controversia tra Pompeo Caimo e Cesare Cremonini sul calore innato. In: Cesare Cremonini. Aspetti del Pensiero e Scritti. Bd. 1, S. 87-110.

Oesterreicher, Wulf/Regn, Gerhard/Schulze, Winfried (Hg.): Autorität der Form – Autorisierung – Institutionelle Autorität. (Pluralisierung & Autorität. Hg. vom Sonderforschungsbereich 573. Ludwig Maximilians-Universität München. Bd. 1). Münster 2003.

Olivo, Gilles: Descartes crititque du dualisme cartésien ou l'homme des *Principia*: union de l'âme et du corps et vérité éternelles dans les Principia, IV, 188-198. In: Descartes: Principia Philosophiae (1644-1994), S. 231-253.

Osterhammel, Jürgen: Die Verwandlung der Welt. Eine Geschichte des 19. Jahrhunderts. München 2009.

Osterhorn, Ernst-Dietrich: Die Naturrechtslehre Valentin Albertis. Ein Beitrag zum Rechtsdenken der Lutherischen Orthodoxie des 17. Jahrhunderts. Diss. Berlin 1962.

Pade, Marianne (Hg.): Renaissance Readings of *Corpus Aristotelicum* (Proceedings of the conference held in Copenhagen 23-25 April 1998). Copenhagen 2001.

Pagel, Walter: Le idee biologiche di Harvey. Aspetti scelti e sfondo storico. Milano 1979 [Originaltitel: William Harvey's Biological Ideas. Basel/New York 1966].

Palladini, Fiammetta: Samuel Pufendorf discepolo di Hobbes. Per una interpretazione del giusnaturalismo moderno. Bologna 1990.

- Die Bibliothek Samuel Pufendorfs. In: Samuel Pufendorf und die europäische Frühaufklärung. Werk und Einfluss eines deutschen Bürgers der Gelehrtenrepublik nach 300 Jahren (1694–1994). Hg. von Fiammetta Palladini und Gerald Hartung. Berlin 1996, S. 29–39.

- (Hg.): La Biblioteca di Samuel Pufendorf. Catalogo dell'asta di Berlin del settembre 1697, edito, con introduzione e note da Fiammetta Palladini, con una prefazione in tedesco/mit einem deutschen Vorwort e la riproduzione anastatica dell'originale. Wiesbaden 1999 (Wolfenbütteler Schriften zur Geschichte des Buchwesens, Bd. 32).

- Samuel Pufendorf als Moralphilosoph. In: Jahrbuch für Recht und Ethik, 8 (2000), S. 199-207.

Panaccio, Claude: Le discours intérieur de Platon à Guillaume d'Ockham. Paris 1999.

Pardo-Tomás, José: L'anatomia rinascimentale: un soggetto storiografico rinnovato. In: Il teatro del corpo, S. 31-44.

Parisi, Francesca: Contributi per il soggiorno padovano di Hartmann Schedel: Una silloge epigrafica del codice latino monacense 716. In: Quaderni per la Storia dell'Università di Padova, 32 (1999), S. 1-76.

Park, Katherine: The Criminal and the Saintly Body. Autopsy and dissection in Renaissance Italy. In: Renaissance Quarterly 47 (1994), S. 1-33.

Parkin, Jon: Science, Religion and Politics in Restoration England. Richard Cumberland's De Legibus Naturae. Suffolk. Rochester, NY 1999.

Pelling, Margaret/Mandelbrote, Scott (Hg.): The Practice of Reform in Health, Medicine, and Science. 1500-2000. Aldershot 2005.

Perfetti, Stefano: Aristotle's Zoology and its Renaissance Commentators (1521-1601). Leuven 2000.

Pesce, Mauro: Il *Consensus veritatis* di Christoph Wittich e la distinzione tra verità scientifica e verità biblica. In: Annali di storia dell'Esegesi 9/1 (1992), S. 53-76.

Pethes, Nicolas: Literatur- und Wissenschaftsgeschichte. Ein Forschungsbericht. In: IASL, 28, 1, (2003), S. 181-231.

- /Richter, Sandra (Hg.): Medizinische Schreibweisen. Ausdifferenzierung und Transfer zwischen Medizin und Literatur (1600-1900). Tübingen 2008 (Studien und Texte zur Sozialgeschichte der deutschen Literatur, Bd. 117).

Petroni, Angelo Maria: I modelli L'invenzione e la Conferma. Saggi su Keplero, la rivoluzione copernicana e la »New philosophy of Science«. Milano 1990.

Piaia, Gregorio (Hg.): La Presenza dell'Aristotelismo Padovano nella Filosofia della Prima Modernità. Roma/Padova 2002.

Pinchard, Bruno: Présentation générale. L'architecture formelle et le passage de l'histoire. In: Rationalisme Analogique et Humanisme Théologique. La culture de Thomas de Vio 'Il Gaetano'. Actes du Colloque de Naples 1er-3 novembre 1990 réunis par Bruno Pinchard et Saverio Ricci. Napoli 1993, S. 11-27.

Pine, Martin L.: Pomponazzi and the problem of „double truth". In: Journal of the History of Ideas, 29, 2 (1968), S. 163-176.

- Pietro Pomponazzi: Radical Philosopher of the Renaissance. Padova 1986.

- Pietro Pomponazzi's attack to Religion and the problem of the De fato. In: Atheismus im Mittelalter und in der Renaissance. Hg. von Friedrich Niewöhner und Olaf Pluta. Wiesbaden 1999 (Wolfenbütteler Mittelalter-Studien, Bd. 12), S. 145-172.

Pluta, Olaf: The Transformation of Alexander of Aphrodisias' Interpretation of Aristotele's Theory of the Soul. In: Renaissance Readings of *Corpus Aristotelicum*, S. 147-165.

Pörksen, Uwe: Blickprägung und Tatsache. Veranschaulichungsstufen der Naturwissenschaften – von der hypothetischen Skizze bis zum öffentlichen Idol. In: Darstellungsformen der Wissenschaften, S. 321-347.

Pomata, Gianna: *Praxis Historialis*: The Uses of Historia in Early Modern Medicine. In: Empiricism and Erudition Early Modern Europe. Hg. von Gianna Pomata und Nancy G. Siraisi. Cambridge, Massachusetts/London 2005, S. 105-146.

Poppi, Antonino: Saggi sul pensiero inedito di Pietro Pomponazzi. Padova 1970.

- Introduzione all'Aristotelismo Padovano. Seconda edizione riveduta e ampliata. Padova 1991 [1970].

- Cremonini e Galilei inquisiti a Padova nel 1604. Nuovi documenti d'Archivio. Padova 1992.

- Cremonini, Galilei e gli inquisitori del Santo a Padova. Padova 1993.

- La difficile integrazione dell'Aristotelismo Padovano nella teologia tridentina: Iacopo Zabarella e Antonio Possevino. In: Aristotelica et Lulliana, S. 245-258.

- La lettera del cardinale Carlo Conti a Galileo su cosmologia aristotelica e Bibbia (7 luglio 1612): l'approdo galileiano alla nuova ermeneutica biblica. In: Ders.: Ricerche sulla teologia e la scienza nella Scuola padovana del Cinque e Seicento. Soveria Mannelli 2001, S. 189-217.

- Zabarella, or Aristotelianism as a Rigorous Science. In: The Impact of Aristotelianism on Modern Philosophy, S. 35-63.

Powers, Richard: Das Echo der Erinnerung. Roman. Aus dem Amerikanischen von Manfred Allié und Gabriele Kempf-Allié. Frankfurt/M. 2006.

Pozzo, Riccardo: Die Etablierung des naturwissenschaftlichen Unterrichts unter dem Einfluss Melanchthons. In: Melanchthon und die Naturwissenschaften seiner Zeit, S. 273-287.

- Philosophy, Medicine, and Aristotles *De Anima* at Helmstedt at the Close of the Renaissance. In: Scientiae et artes. 2. Halbband, S. 831-841.

- (Hg.): The Impact of Aristotelianism on Modern Philosophy. Washington D.C. 2004.

Pross, Wolfgang: »Natur« Naturrecht und Geschichte. Zur Entwicklung der Naturwissenschaften und der sozialen Selbstinterpretation im Zeitalter des Naturrechts (1600–1800). In: IASL, 3 (1978), S. 38-67.

– Die Konkurrenz von ästhetischem Wert und zivilem Ethos. Ein Beitrag zur Entstehung des Neoklassizismus. In: Der theatralische Neoklassizismus – ein europäisches Phänomen? Hg. von Roger Bauer u.a. Bern u.a. 1986, S. 64-126.

– (Hg.): Johann Gottfried Herder: Werke. Bd. 2. München/Wien 1987.

– Herder und die Anthropologie der Aufklärung. Nachwort zu: Johann Gottfried Herder: Werke. Bd. 2, S. 1128-1216.

– "Meine einzige Absicht ist, etwas mehr Licht über die Physik der Seele zu verbreiten". Johann Georg Sulzer (1720-1799). In: Kulturelle Beziehungen zwischen der Schweiz und Deutschland in der Zeit von 1770-1830. Hg. von Hellmut Thomke, Martin Bircher und Wolfgang Pross. Amsterdam/Atlanta 1994, S. 133-148.

– Le péché et la constitution du sujet à la Renaissance. In: Rue Descartes. Collège international de philosophie, n° 27 Dispositifs du sujet à la Renaissance. Paris 2000, S. 79-116.

– (Hg.): Johann Gottfried Herder: Werke. Bd. III/1: Ideen zur Philosophie der Geschichte der Menschheit. Bd. III/2 (Kommentar). München/Wien 2002.

– Naturalism, anthropology and culture. In: The Cambridge History of Eighteenth-Century Political Thought. Hg. von Mark Goldie und Robert Wokler. Cambridge. New York et al. 2006, S. 318-247.

– Mozart in Mailand. In: Hunderteinundneunzigstes Neujahrsblatt der Allgemeinen Musikgesellschaft Zürich. Auf das Jahr 2007. Korbach (D) 2006.

– Rezension von: Modell »Zauberflöte«: Der Kredit des Möglichen. Kulturgeschichtliche Spiegelungen erfundener Wahrheiten. Hg. von Mathias Mayer. Hildesheim 2007. In: Scientia Poetica, 12 (2008), S. 340-358.

– Die Stellung der Phantasie in der Architektonik der Seele. Zur Rezeption der aristotelischen Seelenschrift zwischen 1500 und 1600. In: Ders.: Freiheit und Willkür: Die Selbsterfindung des Menschen in der Renaissance (unpubl.).

Rancière, Jacques: Les noms de l'histoire. Essai de poétique du savoir. Paris 1992.

Randall, John Herman: The Career of Philosophy. From the Middle Ages to the Enlightenment. New York/London 1962.

Regn, Gerhard: Autorisierung. In: Autorität der Form – Autorisierung – Institutionelle Autorität, S. 119-122.

Reinecke, Michael: Galen und Vesal. Ein Vergleich der anatomisch-physiologischen Schriften. Münster 1997.

Remmert, Volker: Widmung, Welterklärung und Wissenschaftslegitimierung. Titelbilder und ihre Funktionen in der wissenschaftlichen Revolution. Wiesbaden 2005 (Wolfenbütteler Forschungen, Bd. 110).

Riedel, Wolfgang: »Der Spaziergang«. Ästhetik der Landschaft und Geschichtsphilosophie der Natur bei Schiller. Würzburg 1989.

– Erster Psychologismus. Umbau des Seelenbegriffs in der deutschen Spätaufklärung. In: Zwischen Empirisierung und Konstruktionsleistung, S. 1-17.

Riondato, Ezio/Poppi, Antonino (Hg.): Cesare Cremonini. Aspetti del pensiero e scritti (Atti del Convegno di Studio – Padova, 26-27 febbraio 1999) 2 Bde. Padova 2000.

Rippa Bonati, Maurizio/Pardo-Tomás, José (Hg.): Il teatro dei corpi. Le pitture colorate di Girolamo Fabrici D'Acquapendente. (Katalog der Ausstellung Venezia, Sale Monumentali della Biblioteca Nazionale Marciana (Libreria Sansoviniana), 17 dicembre 2004 – 8 maggio 2005). Milano 2004.

Riva, Alessandro: Priorità anatomiche nelle *tabulae pictae*. In: Il teatro dei corpi, S. 147-152.

Rizzolatti, Giacomo/Sinigaglia, Corrado: Empathie und Spiegelneurone. Die biologische Basis des Mitgefühls. Aus dem Italienischen von Friedrich Griese. Frankfurt/M. 2008.

Rocca, Julius: Galen on the Brain: Anatomical Knowledge and Physiological Speculation in the Second Century A.D. Leiden 2003 (Studies in Ancient Medicine, Vol. 26).

Rosenberg, Rainer: Literaturwissenschaft als Kulturwissenschaft. In: Weimarer Beiträge 53 (2007) 2, S. 165-187.

Rossetti, Lucia: Werner Rolfinck e lo Studio di Padova. Nuovi documenti inediti. In: Quaderni per la storia dell'Università di Padova, 9-10 (1976-1977), S. 231-238.

– (Hg.): Gli stemmi dello Studio di Padova. Trieste 1983.

– Matricula Nationis Germanicae Artistarum In Gymnasio Patavino (1553-1721). Padova 1986.

– Cesare Cremonini e la "Natio Germanica Artistarum". In: Cesare Cremonini. Aspetti del pensiero e scritti. Bd. 1, S. 131-134.

Rossi, Paolo: I segni del tempo. Storia della Terra e Storia delle Nazioni da Hooke a Vico. Milano 1979.

Russo, Lucio: Die vergessene Revolution oder die Wiedergeburt des antiken Wissens. Berlin u.a. 2005.

Sandkühler, Hans Jörg: Kritik der Repräsentation. Einführung in die Theorie der Überzeugungen, der Wissenskulturen und des Wissens. Frankfurt/M. 2009.

Sangmeister, Dirk: Das Feenland der Phantasie. Die Südsee in der deutschsprachigen Literatur zwischen 1780 und 1820. In: Georg-Forster-Studien, 2 (1998), S. 135-176.

Samoggia, Luigi: Manardo e la scuola umanistica filologica tedesca con particolare riguardo a Leonard Fuchs. In: Atti del Convegno internazionale per la celebrazione del V centenario della nascita di Giovanni Manardo 1462–1536. Ferrara, 8-9 settembre 1962. Ferrara 1963, S. 241-251.

Sawday, Jonathan: The Body Emblazoned. Dissection and the Human Body in Renaissance Culture. London 1995.

Scattola, Merio: Das Naturrecht vor dem Naturrecht. Zur Geschichte des ‚ius naturae' im 16. Jahrhundert. Tübingen 1999.

- *Notitia naturalis de Deo et de morum gubernatione*: die Naturrechtslehre Philipp Melanchthons und ihre Wirkung im 16. Jahrhundert. In: Melanchthon und die Marburger Professoren. Bd. 2, S. 865-882.

Schäfer, Bärbel: Johann Stigels antirömische Epigramme. In: Melanchthon in seinen Schülern. Hg. von Heinz Scheible. Wiesbaden 1997 (Wolfenbütteler Forschungen, Bd. 73), S. 51-68.

- Die Anfänge der Universität Jena. Johann Stigels Briefwechsel im ersten Jahrfünft der Hohen Schule (1548-1553). Edition, Übersetzung, Kommentar. Neuried 1999.

Schmale, Wolfgang (Hg.): Kulturtransfer. Kulturelle Praxis im 16. Jahrhundert. Innsbruck u.a. 2003.

Schmidt-Biggemann, Wilhelm: Philosophia perennis. Historische Umrisse abendländischer Spiritualität in Antike, Mittelalter und Früher Neuzeit, Frankfurt/M. 1998.

- Was ist eine probable Argumentation? Beobachtungen über Topik. In: Rhetorische Anthropologie. Studien zum Homo rhetoricus. Hg. von Joseph Kopperschmidt. München 2000, S. 383-397.

- Wissen und Macht an der Schwelle zur Neuzeit. Ein Beispiel: Nikolaus von Kues. In: Macht des Wissens, S. 13-38.

Schmitt, Charles B.: Towards a Reassessment of Renaissance Aristotelianism. In: History of Science, 11 (1973), S. 159-193.

- Aristotle and the Renaissance. Cambridge (MA)/London 1983.

- Aristotle among the physicians. In: The medical renaissance of the sixteenth century, S. 1-15.

- Per una nuova interpretazione dell'Aristotelismo Rinascimentale. In: Ders.: Filosofia e scienza nel Rinascimento. Hg. von Antonio Clericuzio mit einem Nachwort von Charles Lohr. Milano 2001, S. 1-23.

Schnepf, Robert: Gottes Handeln und der Lauf der Natur. Probleme und Perspektiven der theologischen Vorgeschichte des neuzeitlichen Naturgesetzbegriffs im Mittelalter. In: Naturgesetze. Historisch-systematische Analysen eines wissenschaftlichen Grundbegriffs, S. 87-114.

Schweikardt, Christoph Johannes: Theoretische Grundlagen galenistischer Therapie im Werk des Gießener Arztes und Professors Gregor Horst (1578-1636). Ein Vergleich zu Jean Fernel (1497-1558), dem Leibarzt des französischen Königs Heinrich II. Diss. Gießen 1995.

Selderhuis, Herman J.: Ille Phoenix: Melanchthon und der Heidelberger Calvinismus 1583-1622. In: Melanchthon und der Calvinismus, S. 45-59.

- Eine attraktive Universität – Die Heidelberger Theologische Fakultät 1583-1622. In: Herman J. Selderhuis und Markus Wriedt (Hg.): Bildung und Konfession. Theologenausbildung im Zeitalter der Konfessionalisierung. Tübingen 2006, S. 1-30.

Seidl, Horst: La dottrina di Sant'Agostino sulla SS. Trinità dinnanzi ad alcuni problemi attuali. In: Studi tomistici 61 (1996), S. 153-165.

Shapiro, Barbara J.: A Culture of Fact. England 1550-1720. Ithaca. London 2000.

Siegel, Rudolph E.: Galen on Psychology, Psychopathology, and Function of the Nervous System. An analyses of his doctrines, observations and experiments. Basel, München u.a. 1973.

Siraisi, Nancy G.: Vesalius and the Reading of Galen's Teleology. In: Renaissance Quarterly 50 (1997), S. 1-37.

- The Clock and the Mirror. Girolamo Cardano and Renaissance Medicine. Princeton 1997.

- Introduction. In: Early Science and Medicine, 6, 4 (2001), S. 259-266.

- History, Antiquarianism, and Medicine: The Case of Girolamo Mercuriale. In: Journal of the History of Ideas, 64, 2, (2003), S. 231-251.

- Medicina Practica. Girolamo Mercuriale as teacher and textbook author. In: Scholarly Knowledge, S. 287-305.

Smith, Pamela H.: Art, Science, and Visual Culture in Early Modern Europe. In: Isis, 97 (2006), S. 83-100.

Smith, Roger: The Norton History of The Human Sciences. New York/London 1997.

Snelders, H.A.M.: Science and Religion in the Seventeenth Century: The Case of the Northern Netherlands. In: Italian Scientists in the Low Countries in the XVIIth and XVIIIth Centuries. Hg. von C.S. Maffioli und L.C. Palm. Amsterdam/Atlanta 1989, S. 65-77.

Specht, Rainer: Regulae quaedam sive leges naturae. In: Kausalität und Naturgesetz in der Frühen Neuzeit, S. 65-75.

Spruit, Leen: Species intelligibilis. From Perception to Knowledge. Renaissance Controversies, Later Scholasticism, and the Elimination of the Intelligible Species in Modern Philosophy. 2 Bde. Leiden/New York/Köln 1995.

von Staden, Heinrich: Herophilus. The art of medicine in Early Alexandria. Cambridge 1989.

Steinke, Hubert: Irritating Experiments. Haller's Concept und the European Controversy on Irritability and Sensibility, 1750-90. Amsterdam, New York 2005.

– /Boschung, Urs/Pross, Wolfgang (Hg.): Albrecht von Haller. Leben – Werk – Epoche. Göttingen 2008.

Steinle, Friedrich: Von a-priori-Einsichten zu empirischen Regularitäten: Der Gesetzesbegriff und seine Alternativen in der frühen Royal Society. In: Kausalität und Naturgesetz in der frühen Neuzeit, S. 77-98.

Stiening, Gideon: *Deus vult aliquas esse certas noticias*. Philipp Melanchthon, Rudolph Goclenius und das Konzept der *notitiae naturales* in der Psychologie des 16. Jahrhunderts. In: Melanchthon und die Marburger Professoren. Bd. 2, S. 757-787.

– Psychologie. In: Melanchthon und die Marburger Professoren. Bd. 1, S. 315–344.

– Verweltlichung der Anthropologie im 17. Jahrhundert? Von Casmann und Magirus zu Descartes und Hobbes. In: Säkularisierung in den Wissenschaften seit der Frühen Neuzeit. Bd. 2, S. 174-218.

– Rezension von: Hans-Peter Nowitzki: Der wohltemperierte Mensch. Aufklärungsanthropologien im Widerstreit. In: Wezel-Jahrbuch. Studien zur europäischen Aufklärung. Bd. 5 (2002), S. 195-216.

– „Partes Metaphysicae sunt duae: Deus & Mentes." Anmerkungen zur Entstehung und Entwicklung der Psychologie als Metaphysica specialis zwischen Rudolph Goclenius und Christian Wolff. In: Die Psychologie Christian Wolffs. Systematische und historische Untersuchungen. Hg. von Oliver-Pierre Rudolph und Jean-François Goubet. Tübingen 2004, S. 207-226.

– Rezension von: Zwischen Empirisierung und Konstruktionsleistung: Anthropologie im 18. Jahrhundert. Hg. von Jörn Garber und Heinz Thoma. Tübingen 2004. In: Das Achtzehnte Jahrhundert, Jahrgang 29, Heft 2 (2005), S. 244-254.

- Psychologie und Handlungstheorie im Leviathan. Neue Anmerkungen zum sogenannten 'Strauss-Problem'. In: Der lange Schatten des Leviathan, S. 55-105.

- "Glücklicher Positivismus"? Michel Foucaults Beitrag zur Begründung der Kulturwissenschaften. <http://www.germanistik.ch/publikation.php?id=Gluecklicher_Positivismus>, S. 1-60.

Stöve, Eckhart: Art. ›Tommaso Gaetano, Caetano‹. In: Dizionario Biografico degli Italiani, 39 (1991), S. 567a-578a.

Stolberg, Michael: Formen und Strategien der Autorisierung in der frühneuzeitlichen Medizin. In: Autorität der Form – Autorisierung – Institutionelle Autorität, S. 205-218.

- Frühneuzeitliche Heilkunst und ärztliche Autorität. In: Macht des Wissens, S. 111-130.

Stolleis, Michael: Rezension von: Fiammetta Palladini (Hg.): La biblioteca di Samuel Pufendorf. In: Ius Commune. Zeitschrift für Europäische Rechtsgeschichte. XXVI (1999), S. 423–425.

Straumann, Benjamin: Hugo Grotius und die Antike. Römisches Recht und römische Ethik im frühneuzeitlichen Naturrecht. Baden-Baden 2007 (Studien zur Geschichte des Völkerrechts, Bd. 14).

Strohm, Christoph: Ethik im Frühen Calvinismus. Humanistische Einflüsse, philosophische, juristische und theologische Argumentationen sowie mentalitätsgeschichtliche Aspekte am Beispiel des Calvin-Schülers Lambertus Danaeus. Berlin/New York 1996.

Stukenbrock, Karin: "Der zerstückte Cörper": Zur Sozialgeschichte der anatomischen Sektionen in der frühen Neuzeit (1650-1800). Stuttgart 2001.

Tavuzzi, Michael: Chrysostomus Javelli, O.P. (ca. 1470-1538). A Bibliographical Essay. Part I. Biography. Part II: Bibliography. In: Anglicum 67 (1990), S. 457-482, sowie 68 (1991), S. 109-121.

Temkin, Owsei: Galenism. Rise and Decline of a Medical Philosophy. Ithaca. London 1973.

Todd, Robert B.: Themistius. In: Catalogus Translationum et Commentariorum: Medieval and Renaissance Latin Translations and Commentaries. Bd. 8. Hg. von Virginia Brown. Washington D.C. 2003, S. 85a-86a.

Todescan, Franco: Natura e stato di natura. Storicità e ipoteticità dello stato di natura nelle dottrine giusnaturalistiche del sec. XVII [2001]. In: Ders.: Etiamsi Daremus. Studi sinfonici sul diritto naturale. Padova 2003, S. 83-94.

- *Socialitas* e stato di natura in Pufendorf. In: Il diritto naturale della socialità. Tradizioni antiche ed antropologia moderna nel XVII secolo, S. 139-157.

Toellner, Richard: Zum Begriff der Autorität in der Medizin der Renaissance. In: Humanismus und Medizin. Hg. Rudolf Schmitz und Gundolf Keil. Weinheim 1984, S. 159-179.

Tolley, Bruce: Pastors & Parishioners in Württemberg During the Late Reformation 1581–1621, Stanford 1995.

Torrance, Thomas F.: The Hermeneutics of John Calvin. Edinburgh 1988.

Tosi, Renzo: Dizionario delle Sentenze Latine e Greche. Milano 1996 [¹1991].

Trevisani, Francesco: Descartes in Germania. La ricezione del cartesianiesimo nella Facoltà filosofica e medica di Duisburg (1672-1703). Milano 1992.

Trinkhaus, Charles: L'Heptaplus di Pico della Mirandola: Compendio tematico e concordanza del suo pensiero. In: Giovanni Pico della Mirandola. Convegno internazionale di studi nel cinquecentesimo anniversario della morte (1494-1994). Hg. von Gian Carlo Garfagnini. Firenze 1997, S. 105-125.

Tugendhat, Ernst: Anthropologie statt Metaphysik. München 2007.

Verbeek, Theo: Descartes and the Dutch. Early Reactions to Cartesian Philosophy, 1637-1650. Carbondale. Edwardsville 1992.

– Johannes Clauberg: A Bio-Bibliographical Sketch. In: Johannes Clauberg (1622-1665) and Cartesian Philosophy in the Seventeenth Century. Hg. von dems. Dordrecht u.a. 1999, S. 181-199.

Vermij, Rienk: The reception of the new astronomy in the Dutch Republic. 1575-1750. Amsterdam 2002.

Vidal, Fernando: Les sciences de l'âme XVIe-XVIIIe siècle. Paris 2006.

Vollhardt, Friedrich: Ueber Eigennutz und Undank. Knigges Beitrag zur moralphilosophischen Diskussion der Spätaufklärung. In: Zwischen Weltklugheit und Moral. Der Aufklärer Adolph Freiherr Knigge. Hg. von Martin Rector. Göttingen 1999 (Das Knigge Archiv Bd. 2), S. 45-67.

– Selbstliebe und Geselligkeit. Untersuchungen zum Verhältnis von naturrechtlichem Denken und moraldidaktischer Literatur im 17. und 18. Jahrhundert. Tübingen 2001.

de Waal, Frans: Der Affe in uns. Warum wir sind, wie wir sind. München/Wien 2006.

Walker, Daniel P.: Medical *Spirits* and God and the Soul. In: Spiritus. IV° Colloquio Internazionale Roma, 7-9 gennaio 1983. Hg. von Marta Fattori und Massimo Bianchi. Roma 1984 (= Lessico Intellettuale Europeo XXXII), S. 223-244.

van der Wall, Ernestine: Orthodoxy and Scepticism in the Early Dutch Enlightenment. In: Scepticism and Irreligion in the Seventeenth and Eighteenth Centuries. Hg. von Richard Popkin und Arjo Vanderjagt. Leiden u.a. 1993, S. 121–141.

– Cartesianism and Cocceianism: a natural alliance? In: De l'humanisme aux Lumières, Bayle et le protestantisme. Mélanges en l'honneur d'Elisabeth Labrousse. Paris 1996, S. 445-455.

– The Religious Context of the Early Dutch Enlightenment. Moral, Religion and Society. In: The Early Enlightenment in the Dutch Republic, 1650-1750. Selected Papers of a Conference held at the Herzog August Bibliothek. Wolfenbüttel 22-23 March 2001. Hg. von Wiep van Bunge. Leiden/Boston 2003, S. 39-57.

Wear, A./French, R. K./Lonie, I. M. (Hg.): The medical renaissance of the sixteenth century. Cambridge 1985.

Webster, Charles: The Great Instauration. Science, Medicine and Reform 1626-1660. Bern u.a. 2002 [London ¹1975].

Wengert, Timothy: „We will Feast Together in Heaven Forever": The Epistolary Friendship of John Calvin and Philip Melanchthon. In: Melanchthon in Europe. His Work and Influence beyond Wittenberg. Hg. von Karin Maag. Michigan 1999 (Texts and studies in Reformation and post-Reformation thought), S. 19-44.

Wimböck, Gabriele et al. (Hg.). Evidentia. Reichweiten visueller Darstellung in der Frühen Neuzeit. Münster 2007 (Pluralisierung & Autorität. Hg. vom Sonderforschungsbereich 573 an der Ludwig Maximilians-Universität München, Bd. 9).

Wübben, Yvonne: Limitierte Anthropologie. Grenzen des medizinisch-philosophischen Transfers am Beispiel von Johann August Unzer. In: Physis und Norm. Neue Perspektiven der Anthropologie im 18. Jahrhundert. Hg. von Manfred Beetz, Jörn Garber und Heinz Thoma. Göttingen 2007, S. 49-68.

– Aufklärungsanthropologien im Widerstreit? Probleme und Perspektiven der Anthropologieforschung am Beispiel von Hans-Peter Nowitzkis *Der wohltemperierte Mensch*. In: Archiv für das Studium der neueren Sprachen und Literaturen, 244. Band, 159. Jahrgang, 1. Halbjahresband 2007, S. 3-26.

Yoffie, Adina M.: Cocceius and the Jewish Commentators. In: Journal of the History of Ideas, 65, 3 (2004), S. 383-398.

Zambelli, Paola: Pietro Pomponazzi's *De immortalitate* and his clandestine *De incantationibus*: Aristotelianism, eclecticism or libertinism? In: Bochumer Jahrbuch für Antike und Mittelalter, 6 (2001), S. 87-115.

Zanier, Giancarlo: Il *De sacra philosophia* (1587) di Francisco Vallés. In: Ders.: Medicina e Filosofia tra '500 e '600. Milano 1983, S. 20-38.

– La biologia teoretica nell'ultima fase del pensiero pomponazziano. In: Filosofia, Filologia, Biologia: Itinerari dell'Aristotelismo Cinquecentesco. Hg. von Danilo Facca und Giancarlo Zanier. Roma 1992, S. 105-130.

Zen Benedetti, Francesca: Nuove ricerche sull'anatomico fiammingo Adriaan van den Spieghel (1578-1625). In: Quaderni per la Storia dell'Università di Padova, 5 (1972), S. 45-82.

Zelle, Carsten: Sinnlichkeit und Therapie. Zur Gleichursprünglichkeit von Ästhetik und Anthropologie um 1750. In: "Vernünftige Ärzte". Hallesche Psychomediziner und die Anfänge der Anthropologie in der deutschsprachigen Frühaufklärung. Hg. von dems. Tübingen 2001, S. 5-24.

- Johann August Unzers Gedanken vom Träumen (1746) im Kontext der Anthropologie der "vernünftigen Ärzte" in Halle. In: Zwischen Empirisierung und Konstruktionsleistung, S. 19-30.

- ›Vernünftige Ärzte‹ Hallesche Psychomediziner und Ästhetiker in der anthropologischen Wende der Frühaufklärung. In: Innovation und Transfer. Naturwissenschaft, Anthropologie und Literatur im 18. Jahrhundert. Hg. von Walter Schmitz und Carsten Zelle. Dresden 2004, S. 47-62.

Zimmer, Carl: Soul Made Flesh. The Discovery of the Brain – and How It Changed the World. New York/London u.a. 2004.

Zinner, Ernst: Entstehung und Ausbreitung der copernicanischen Lehre. Zweite Auflage, durchgesehen und ergänzt von H.M. Nobis und F. Schmeidler. München ²1988 [Erlangen ¹1943].

Zittel, Claus: "Truth is the daughter of time". Zum Verhältnis von Theorie der Wissenskultur, Wissensideal, Methode und Wissensordnung bei Bacon. In: Wissensideale und Wissenskulturen in der frühen Neuzeit. Hg. von Wolfgang Detel und Claus Zittel. Berlin 2002, S. 213-238.

- Demonstrationes ad oculos. Typologisierungsvorschläge für Abbildungsfunktionen in wissenschaftlichen Werken der frühen Neuzeit. In: Zeitsprünge. Forschungen zur Frühen Neuzeit, Bd. 9 (2005), Heft 1/2: Zergliederungen – Anatomie und Wahrnehmung in der Frühen Neuzeit, S. 97-135.

Zonta, Claudia A.: La presenza degli Slesiani nelle università europee e italiane dal XVI al XVIII secolo. In: Studenti, Università, Città nella Storia Padovana (Atti del Convegno, Padova, 6-8 febbraio 1998). Hg. von F. Piovan und L. Sitran Rea.Trieste 2001, S. 403-423.

- Schlesische Studenten an italienischen Universitäten. Eine prosopographische Studie zur frühneuzeitlichen Bildungsgeschichte. Köln/Weimar/Wien 2004.

Zorzi, Marino: I codici di argomento medico della Biblioteca Marciana. In: Dalla scienza medica alla pratica dei corpi. Fonti e manoscritti marciani per la storia della sanità. Hg. von Nelli-Elena Vanzan Marchini. Padova 1993, S. 17-43.

Zurbuchen, Simone: Patriotismus und Kosmopolitismus. Die Schweizer Aufklärung zwischen Tradition und Moderne. Zürich 2003.

Namenregister

A

Abel, Jakob Friedrich 396
Accattino, Paolo 106, 185
Acquapendente, Girolamo Fabrici da 99, 113, 142-144, 146-154, 199, 204, 217f., 246, 259, 261f., 399
Agricola, Rudolph 324
Aicardo, Paolo 127f., 130, 132-135
Alberti, Valentin 283, 286, 302f., 306, 309-317, 329f., 334, 339, 342, 347
Albertus Magnus 169, 247
Alexander von Aphrodisias 75, 78-80, 84, 86, 88, 90, 92, 95f., 101-103, 105-109, 111-114, 116-120, 142-145, 152, 181f., 185-187, 194
Alhazen 148
Allen, Michael J.B. 132
Ambrosius, Kirchenvater 49
Andreae, Tobias 273, 293, 300
Andreas, Johannes 220
Appold, Kenneth G. 329
Aquin, Thomas von 7, 29, 38f., 45f., 67, 70, 72-74, 184
Aranzio, Giulio Cesare 139, 230
Aratos von Soloi 42
Aristoteles 7, 13, 15, 20, 22, 25, 61, 66-68, 70f., 73, 75-77, 81, 84, 86, 88, 94-96, 100f., 104, 114, 117f., 120-122, 124, 126, 143, 145, 147f., 151-154, 156, 158, 161, 172-174, 178f., 182, 185, 190, 195, 199, 201f., 204f., 208f., 211f., 216, 225f., 228f., 239, 244, 251f., 261, 272, 277, 281, 286, 288, 335
Arnauld, Antoine 273

Asclepius 131
Aselli, Gaspare 223-225, 250, 256, 266, 335, 399
Aslacus, Conradus 343
Asselt, Willem J. van 303, 309, 312f., 330
Augustinus 43, 45, 129, 172, 192
Averroès 20, 59, 69, 79, 81, 101, 102-105, 107, 109, 112, 114, 119, 162, 190, 244
Avicenna 32, 67, 240, 281

B

Bachmann Medick, Doris 5
Bacon, Francis 7, 267-270, 299, 343
Baglivi, Giorgio 399
Baldini, Ugo 93f., 98, 297
Barbaro, Ermolao 23, 78f., 277
Barbeyrac, Jean 355-357, 360, 363, 393, 395f., 401
Barcia Goyanes, Juan José 90, 235
Baroncini, Gabriele 245, 261
Bartholin, Thomas 13, 61, 217, 223f., 250-253, 255f., 266, 268, 289, 334-337, 399
Bartoletti, Fabrizio 222
Battles, Ford Lewis 324
Bauhin, Caspar 217, 399
Baumgarten, Alexander Gottlieb 20f.
Baumgartner, Hieronymus 33
Baur, Jörg 321
Bayle, Pierre 284, 302
Beck, Andreas J. 318
Beckmann, Nicolaus 339
Behme, Thomas 410
Beierwaltes, Werner 125, 128
Bekker, Balthasar 320
Bellarmin, Kardinal 312
Belloni, Luigi 336

Benedetti, Alessandro 128f., 260
Benn, Gottfried 12
Benzenhöfer, Udo 3, 398
Berengario da Carpi 136, 380, 399
Berger, Johann Gottfried 398f.
Bernardini, Paola 66f.
Berns, Jörg Jochen 79
Bialas, Volker 154
Bierma, Lyle D. 330
Billanovich, Myriam 158, 183
Birchler, Walter 149
Birch, Thomas 364
Bizer, Ernst 292, 319
Blair, Ann 343
Bock, Hans, der Ältere 281
Bödeker, Hans Erich 2, 392, 395, 412
Boenke, Michaela 86
Boerhaave, Herman 399
Boethius 22f., 174, 233
Böhm, Gottfried 263
Bohn, Johannes 287
Bonnet, Charles 378
Bordon, Giulio 182
Borelli, Giovanni Alfonso 399
Borgard, Thomas 12
Bori, Pier Cesare 130, 132
Borkenau, Franz 7, 49f.
Borst, Arno 23
Bourdieu, Pierre 141
Bouwsma, William J. 324
Boyle, Robert 14
Branca, Vittore 23, 78f.
Braun, Bernhard 73
Bröer, Ralph 48
Bucciantini, Massimo 154
Bucretius, Daniel 262
Buffon, Georges Louis, Le Clerc, Comte de 17, 359, 362, 378, 399, 409-412
Bunge, Wiep van 290, 302, 320, 329
Burckhardt, Jacob 123f.

Buridan, John 85
Burioni, Matteo 227
Burman, Frans 301
Burnett, Charles 102, 104
Büttner, Manfred 296
Bylebyl, Jerome J. 35
Bynum, William F. 376, 378

C

Caimo, Pompeo 218-223, 247
Caius, John 235
Calov, Abraham 329
Calvin, Johannes 41, 49f., 305, 307, 321f., 324, 340
Campanella, Tommaso 344
Campe, Rüdiger 258
Camporesi, Piero 126, 129, 130
Canziani, Guido 273
Capella, Galeazzo 398
Capodivacca, Girolamo 99, 146
Cardano, Girolamo 59, 61, 123, 158, 167, 177-179
Cardinael, S.H. 296
Carlino, Andrea 90, 129, 134-136, 141, 224
Casmann 399
Casmann, Otto 3, 6, 17, 198-203, 205, 208, 210, 273, 275f., 343, 398
Casseri, Giulio 149, 217, 261f., 265, 399
Castaldi, Francesco 315
Caufunger, Georg 58
Celsus 237, 240
Cicero 28, 128, 133, 152, 174, 201, 233, 268, 275, 324
Cimbriaco, Quinto Emiliano 129
Clauberg, Johann 269, 273, 283, 292f., 296, 298-301, 305, 325-328, 343, 351, 393, 409
Clavius, Christoph 304
Coccejus, Johannes 283, 296, 301,

309, 311-313, 317, 319, 320, 328-333, 347
Coiter, Volcher 206, 215, 281f., 399
Colombo, Realdo 113, 205
Conring, Hermann 61, 399
Contarini, Gasparo 137
Contarini, Niccolò 222
Copenhaver, Brian P. 124, 131
Cornarius, Ianus 33
Cortese, Gregorio 137
Coschwitz, Daniel Georg 399, 402
Courcelle, Pierre 128
Cranefield, Paul F. 202
Crawford, F. Stuart 102
Cregut, Friedrich Christian 398-400
Cremonini, Cesare 95f., 99, 219, 247
Crollius, Oswaldus 344
Cumberland, Richard 7-11, 16, 19, 210, 279, 351f., 354f., 359-361, 363, 365, 367f., 370-384, 386, 387, 388-396, 398, 401, 403, 404, 407, 416, 417
Cunningham, Andrew 90, 113, 142f., 148, 215, 235, 237
Cusanus 7

D

Danaeus, Lambertus 340, 343
Danneberg, Lutz 13, 94, 229, 231-233, 252, 260, 289f., 292, 306, 315, 321, 325
Daston, Lorraine 7, 14, 196, 255, 270f.
De Angelis, Simone 2f., 6, 11, 13-15, 18, 20, 26, 29, 31, 38, 52, 126, 133, 144, 159f., 178, 197, 205, 213, 232, 255, 259f., 261, 279f., 341, 354, 378, 397, 405, 407, 416
Dear, Peter 255
De Back, Jacob 30, 225f., 248, 266, 275-278

Décultot, Élisabeth 402
De Ferrari, Augusto 262
Derathé, Robert 355
Descartes, René 3, 7, 204, 273, 286, 293f., 296, 300, 302, 309f., 313, 320, 352, 355, 398f.
Descola, Philippe 5
de Soto, Domingo 73
Dibon, Paul 318f., 323
Dilthey, Wilhelm 6
Dingel, Irene 322
Dionysius Aeropagita, Kirchenvater 50
Djalma-Vitali, Emanuele 54
Domenichi, Lodovico 133
Donà, Girolamo 78f., 85
Döring, Detlef 16, 284, 302, 308, 313, 333, 347
Dougherty, Frank W.P. 409, 413
Drake, James 389
Dryander, Johannes 259, 399
du Bois, Jacobus 295, 304
Duchet, Michèle 411
Duns Scotus, Johannes 170, 190
Dürbeck, Gabriele 404
Durling, Richard J. 240
Dutens, Louis 406

E

Ebbersmeyer, Sabrina 232
Eckart, Walter U. 34
Eckart, Wolfgang 214
Ehrenpreis, Stefan 301
Engelbrecht, Jörg 301
Erasistratos 215
Erasmus von Rotterdam 284, 331
Erhart, Walter 18
Eristratos 235, 237
Evans, R.J.W. 230
Everson, Stephen 144
Ewald, William 351

F

Fabbri, Natacha 154
Falloppia, Gabriele 113, 261, 399
Favaro, Giuseppe 221
Fehr, Ernst 10
Feingold, Mordechai 359, 361
Ferguson, Adam 396
Fernel, Jean 163, 281, 399
Ferrari, Giovanna 123, 129, 135f., 139, 230, 258f., 261
Fichtner, Gerhard 32
Ficino, Marsilio 124-126, 130, 132, 272
Findlen, Paula 151
Fiorato, Adelin Charles 158, 190
Fiorentino, Francesco 70, 97
Fiorillo, Vanda 350
Fischbacher, Urs 10
Fleck, Ludwik 264
Fludd, Robert 344
Forge, Louis de la 273
Forster, Georg 17, 412-415
Forster, Johann Reinhold 17, 412f.
Foucault, Michel 255, 417
Fracastoro, Girolamo 126, 175f.
Frank, Günter 38, 42, 64, 184, 342
Fregoso, Federico 137
French, Roger 90, 234
Friedensburg, Walter 32
Friedl, Gabriele 222
Friedrich II von Hohenstauffen 102
Fuchs, Leonhart 32, 35, 53
Fuchs, Thomas 247, 274, 277f.

G

Gadebusch Bondio, Mariacarla 127
Gaetano da Thiene 81
Galen 7, 13, 24-28, 32f., 35, 37f., 43, 45, 52f., 56f., 61f., 82, 86f., 123, 145-147, 149, 163, 178, 211, 213, 215f., 218, 224-226, 230, 234f., 236-238, 240, 242f., 245, 246, 250-252, 259, 263f., 281, 288, 335, 380, 399
Galilei, Galileo 210f., 216, 231, 252, 285, 290f., 307, 315, 329
Gamba, Antonio 336
Gardiner, John 61
Garin, Eugenio 28
Gaukroger, Stephen 204, 354
Gellert, Christian Fürchtegott 396
Giberti, Gian Matteo 137
Giese, Ernst 60, 62, 223
Giglioni, Guido 167f., 172, 179, 196
Gilbert, William 299, 344
Gilson, Étienne 65, 76
Ginzburg, Carlo 19, 258
Gisi, Lucas Marco 413
Glisson, Francis 160, 196, 399
Glosse, Jürgen 123
Göbel, Christian 128
Goclenius, Rudolph 30, 42, 59, 158-161, 163f., 167-176, 178-181, 183-185, 187-189, 191-194, 196, 198, 200, 202f., 205
Gonzaga, Ercole, Kardinal 135-137
Gossiaux, Pol-P. 1
Goudriaan, Aza 313, 355
Grafton, Anthony T. 158
Graßhoff, Gerd 154, 352, 360
Gravina, Gianvincenzo 395
Gregor XIII, Papst 135
Groß, Dominik 215, 281
Grotius, Hugo 15, 284, 331, 409
Grunert, Frank 309, 314, 342
Guinther von Andernach 86, 213, 234, 399

H

Hagen, Benno von 60, 62, 223
Hallensleben, Barbara 74
Haller, Albrecht von 160, 196f., 378, 397, 399, 405f.

Hartbecke, Karin 7, 196
Hartung, Gerald 131
Harvey, William 1, 61, 99, 142,
   150f., 204, 217, 223, 225, 239,
   245-247, 252, 274-278, 335,
   358, 364-367, 399
Hasse, Dag Nikolaus 67, 104
Heidanus, Abraham 301, 303, 317,
   320-322, 328, 330
Heister, Lorenz 261, 399
Heitzmann, Christian 411
Helm, Jürgen 37f., 41, 47, 52
Helmont, Jean Baptiste van 196, 399
Herbinius, Johannes 295
Herder, Johann Gottfried 8, 359, 373,
   402, 404
Hermes Trismegistos 130, 132
Herophilos 215, 235, 237
Herrlinger, Robert 257, 281
Heßler, Martina 259
Highmore, Nathaniel 364, 399
Hippokrates 2, 13, 32f., 62, 209, 211,
   213, 216, 225f., 229, 230-233,
   240f., 244, 251f., 264, 271,
   281, 399
Hirai, Hiro 163, 344
Hobbes, Thomas 8f., 290f., 360,
   363f., 366, 369-372, 374, 392-
   396, 398, 409
Hoffmann, Friedrich 399
Hofheinz, Ralf 48
Hont, Istvan 2, 17, 391-393, 395, 412
Hoorn, Tanja van 2, 398
Horne, Johannes van 335
Horst, Gregor 208-211
Howell, Kenneth J. 290, 292, 295,
   307
Hülsemann, Johannes 313, 317
Hulsius, Antonius 313, 316, 319
Hume, David 391f., 396
Hutcheson, Francis 396
Hüttemann, Andreas 352

Huygens, Christiaan 359f.

I

Ibn Rushd 101
Iessenius von Iessen, Iohannes 153
Illies, Christian 8
Iofrida, Manlio 319f., 328
Isler, Hansruedi 376, 378
Israel, Jonathan I. 318, 320
Izzo, Francesca 360, 370

J

Jacobus Sylvius 234, 399
Jaumann, Herbert 23, 60, 158, 210,
   331, 333
Javelli, Crisostomo 66f., 73, 75f., 89,
   120, 182, 202
Jensen, Kristian 181
Jütte, Robert 124

K

Kalverkämper, Hartwig 256, 260
Kandel, Eric R. 21
Kant, Immanuel 416
Keckermann, Bartholomäus 330
Kemp, Martin 260
Kennedy, Rick 152, 232f., 268
Kepler, Johannes 86, 142, 144, 150f.,
   153-156, 205, 208, 231, 252,
   291
Kessler, Eckhard 76, 79, 81, 83, 90,
   92
King, R.A.H. 117, 239
Klausnitzer, Ralf 18f.
Koch, Hans-Theodor 34
Koelbing, Huldrych M. 147, 150,
   151, 154
Kohler, Robert E. 151
Köhler, Theodor W. 66
Kondylis, Panajotis 8, 30
Kopernikus, Nicolaus 271, 304

Krafft, Fritz 62, 155
Krüger, Johann Gottlob 401-403
Kues, Nicolaus von 49f.
Kühlmann, Wilhelm 51, 54, 210, 344
Kuhn, Heinrich C. 96
Kusukawa, Sachiko 37, 53, 259
Kutzer, Michael 288

L

Landi, Bassiano 88f., 134
Lange, Albert de 318
Lange, Christian 287
Lardet, Pierre 182, 190
Latour, Bruno 5, 14
Laurenza, Domenico 87, 123
Lefèvre, Wolfgang 259
Lehmann, Hartmut 120
Leibniz, Gottfried Wilhelm 11, 197, 398, 401f., 406
Leinkauf, Thomas 3, 124f., 131, 194, 398, 406
Leinsle, Ulrich Gottfried 171, 189
Lentulus, Cyriacus 293
Leonardo da Vinci 123
Lewalter, Ernst 31
Libera, Alain de 102f., 105
Liceti, Fortunio 160, 194-196
Lindberg, David C. 150, 154f.
Lines, David A. 98f.
Lipstorp, Daniel 296
Lipton, Peter 255
Liuzzi, Mondino de' 123, 136, 399
Locke, John 284, 356, 395
Loewenhoek, Anthony van 399
Lohr, Charles H. 64f., 71, 79, 90-92, 101, 120, 137, 145, 182, 254
Longo, Oddone 240
Lower, Richard 61, 275, 379-381, 401
Lubac, Henri de 73
Ludwig, Daniel 287
Lüsebrink, Hans-Jürgen 412

Luther, Martin 49f., 137
Lyser, Michael 287
Lysius, Henricius 223

M

Machiavelli, Niccolò 392
Maclean, Ian 209f., 232
Maestricht, Pieter van 294
Magirus, Johannes 54, 58f., 60
Magnien, Michel 161, 163f., 185
Mahlmann-Bauer, Barbara 32, 35f., 38, 42, 51f., 58, 62, 259
Mahoney, Edward P. 74.
Maier, Anneliese 68, 94
Malebranche, Nicolas 273
Malpighi, Marcello 381, 399
Manardi, Giovanni 53
Mandelbrote, Scott 361
Mandressi, Rafael 90
Mani, Nikolaus 251, 336
Mansi, Johannes Dominicus 93, 95
Mantino, Jacob 102
Manuzio, Aldo 32
Maresius, Samuel 323
Marquard, Odo 4
Marti, Hanspeter 300
Mauri, E. 217
Maxwell, John 360, 395f.
Mc Ginn, Colin 19
Meijering, Ross 260
Melanchthon, Philipp 7, 16, 22, 29, 31-48, 50, 51-56, 58-61, 137, 174, 185, 202, 204, 210, 288, 313, 317f., 320-322, 326, 329, 338, 341f., 350
Mengal, Paul 22, 198
Menk, Gerhard 292
Mercuriale, Girolamo 127, 137f., 229f., 240, 242, 253
Meschini, Franco Aurelio 273, 300
Mettenleiter, Andreas 287
Meyer, Lodewijk 319f., 323, 328

Mikkeli, Heikki 146
Milichius, Jacob 35, 61
Molina, Luis de 7, 73, 279, 352-354, 409
Monte, Giovan Battista da 62, 88
Moretti, Bruno 45f.
Moses 28, 39, 324, 339, 341
Mugnai Carrara, Daniela 23
Müller, Ernst 11
Mulsow, Martin 6, 65, 74, 344
Murer, Joseph 262
Musolff, Hans-Ulrich 159

N

Nanni, Romano 290
Nardi, Bruno 69, 78, 81, 99f., 169, 172, 192
Needham, Walter 364
Neufville, Gerhardus de 269-275, 277, 343
Neumann, Gerhard 417
Nicolai, Ernst Anton 401
Niekerk, Carl 17
Nierop, D.R. 296
Nifo, Agostino 75f.
Nollius, Henricus 344
Nowitzki, Hans-Peter 405
Nutton, Vivian 23f., 32f., 37, 52f., 86, 213, 220, 234-236, 257

O

Olivo, Gilles 273
Ongaro, Giuseppe 62, 87, 113, 151, 195, 219, 247, 336
Opitz, Martin 262
Oporinus, Johannes 88
Origenes 172
Osterhorn, Ernst-Dietrich 302

P

Pade, Marianne 64

Pagel, Walter 150, 163
Palladini, Fiammetta 284f., 288, 302, 338f., 345, 350
Panaccio, Claude 71
Paracelsus, Theophrastus 344
Pardo Tomás, José 90
Pareus, David 316
Parisi, Francesca 213
Parkin, Jon 351, 359, 364, 372, 396
Park, Katharine 90f., 123, 196
Paulus, Apostel 39, 42, 129
Pecquet, Jean 223f., 249f., 252, 266, 335, 399
Pendasio, Federico 91, 93, 95-117, 119-122, 127f., 135-138, 140-144, 181, 204, 254
Pereira, Benito 209
Perfetti, Stefano 99f., 158, 161
Pesce, Mauro 292
Pethes, Nicolas 19
Petrarca, Francesco 123, 129
Petroni, Angelo Maria 154
Petrus Hispanus 152, 233
Petty, William 361
Peucer, Caspar 35f., 192
Philalethus, Irenaus 295
Philoponos 78
Piaia, Gregorio 64
Piazzoni, Francesco 261
Piccolomini, Francesco 99
Pico della Mirandola, Giovanni 28, 123, 124, 130-133
Pier Leone da Spoleto 126
Pinchard, Bruno 72f.
Pine, Martin L. 68-70, 84
Platner, Ernst 2, 6, 11f., 197, 205, 389, 397, 399, 401, 404-408, 416
Platon 44, 57, 76, 228, 244, 281
Platter, Felix 142, 144, 150f., 153-155f., 205
Plinius 23, 28, 133, 275, 399

Plotin 128
Pluta, Olaf 85, 181
Plutarch 272
Pole, Reginald, Kardinal 137
Poliziano, Angelo 331
Pomata, Gianna 88, 145, 256, 269
Pomponazzi, Pietro 6, 64, 66-69, 72, 75-82, 84, 86, 90, 97, 132, 136, 137, 181f., 187, 247
Poppi, Antonino 79, 81, 95f., 145, 181f., 290, 307
Pörksen, Uwe 264
Powers, Richard 21
Pozzo, Riccardo 35, 52
Pross, Wolfgang 2, 4f., 8, 16, 23, 26, 28, 49f., 352-354, 359, 373, 402-404
Ptolemäus, Claudius 304
Pufendorf, Esaias 308
Pufendorf, Samuel 15-17, 210, 280, 283-292, 298f., 301f., 306-309, 311, 313, 333f., 336f., 339, 342, 344-347, 349f., 356, 359, 362, 392f., 395, 399, 409f., 414
Putscher, Marielene 257

Q

Quintilian 15, 152, 233, 260, 324
Quirinus, Aloysius 100

R

Raey, Johannes de 300f., 310
Rancière, Jacques 18
Randall, John Herman, Jr. 143
Regius, Henricus 296
Regn, Gerhard 214
Reinecke, Michael 238
Remmert, Volker 315
Renn, Jürgen 259
Revius, Jacobus 293, 295, 313, 316
Riccioli, Giovanni Battista 297, 315

Riedel, Wolfgang 3f., 396, 402
Rindfleisch, Daniel 262
Riolan, Jean 61, 278, 399
Riva, Alessandro 262
Rizzolatti, Giacomo 11
Robinet, Jean-Baptiste-René 404
Rocca, Julius 28
Rolfinck, Werner 60-62, 217, 221-228, 244, 249f., 261f., 287, 335
Rosenberg, Rainer 5
Rossetti, Lucia 219, 221f.
Rossi, Paolo 204, 310
Rotzoll, Maike 3, 398
Rudbeck, Olof 217, 223f., 255f., 266, 335
Rudolph II, Kaiser 153
Russo, Lucio 215, 235
Ruysch, Frederik 399

S

Sabbioni, Girolamo 221
Samoggia, Luigi 53
Sanctorius Sanctorius 210
Sandkühler, Hans Jörg 19
Sangmeister, Dirk 412
Sawday, Jonathan 90
Scaliger, Joseph Justus 30, 331
Scaliger, Julius Caesar 59, 158-164, 167-175, 177-183, 186, 188-194, 196, 198, 200f.
Scattola, Merio 38f., 41
Schäfer, Bärbel 54
Schedel, Hartmann 213
Schegk, Jacob 184
Schenck, Johannes Andreas 205f., 207
Schiller, Friedrich 396
Schmidt-Biggemann, Wilhelm 43, 49, 50, 232
Schmieder, Falko 11
Schmitt, Charles B. 64, 78, 117, 152

Schneider, Conrad Victor 248f.
Schnepf, Robert 352f., 355
Schoockius, Martinus 295
Schöpflin, Urs 259
Schroeter, Johannes von 61
Schucki, Eusebius 222
Schütte, Christian 7
Schwarz, Josua 310, 339
Schweikardt, Christoph Johannes 208, 210
Scotus, Michael 102f., 114
Seidl, Horst 43
Selderhuis, Herman J. 56, 318, 322, 324
Seneca 227
Sennert, Daniel 60, 222, 334, 399
Severinus, Petrus 344
Shaftesbury, Anthony Earl of 396
Shapin, Steven 151
Shapiro, Barbara J. 270
Sharples, Robert W. 114
Siegel, Rudolph E. 28, 45, 240
Simplicios 78
Sinigaglia, Corrado 11
Siraisi, Nancy G. 57, 98f., 123, 127, 158, 223
Smith, Adam 392f., 396
Smith, Pamela H. 259
Smith, Roger 1
Snelders, H.A.M. 293, 296
Spanheim, Friedrich 319
Specht, Rainer 355
Speer, Andreas 64
Spieghel, Adriaan van den 217f., 222, 261f.
Spinoza, Baruch de 320, 328, 333
Spruit, Leen 84
Staden, Heinrich von 215, 235
Stahl, Georg Ernst 197, 399, 406f.
Steinke, Hubert 397, 408
Steinle, Friedrich 360
Steinmetzer, Jan 215, 281

Stenon 399
Stiening, Gideon 1, 3, 9, 36, 58, 158f., 163, 184f., 198, 371, 405, 417
Stigelius, Johannes 54-57, 62
Stolberg, Michael 214
Stolleis, Michael 7, 284
Stöve, Eckhart 67
Straumann, Benjamin 15
Strohm, Christoph 340
Stukenbrock, Karin 261
Suárez, Francisco 7, 73, 159, 279, 352f., 355, 409
Sulzer, Johann Georg 401-404
Swammerdam, Jan 399

T

Tagliacozzi, Gasparo 139, 230
Tavuzzi, Michael 182
Telesio, Bernardino 344
Telle, Joachim 51, 210, 344
Temkin, Owsei 52
Tempier, Stephan 94
Tertullian, Kirchenvater 172
Thebesius, Adam Christian 287
Themistios 78, 88, 103, 170
Todd, Robert B. 88, 91
Todescan, Franco 350, 409
Toellner, Richard 214
Toletus, Franciscus 209
Tolley, Bruce 56
Tomasini, G.F. 218, 221
Torrance, Thomas F. 324
Tosi, Renzo 128
Treiber, Hubert 154, 352, 360
Trevisani, Francesco 269, 274, 292, 300f., 343
Trincavelli, Vittore 88
Trinkhaus, Charles 124
Tugendhat, Ernst 417
Tyson, Edward 378

U

Unzer, Johann August 401, 408
Ursinus, Zacharias 322

V

Valla, Lorenzo 22f., 28, 82, 133, 272, 324, 331
Vallés, Francisco 209, 468
Valverde de Hamusco, Juan 205
Varenius, Bernhard 296
Varolio, Costanzo 126f., 133, 135, 137-142, 149, 204, 210f., 229-233, 236-243, 245, 248, 251, 253-255, 257, 259f., 263f., 289, 399
Vasquez, Gabriel 73
Velthuysen, Lambertus van 295
Verbeek, Theo 301
Vermij, Rienk 290
Vesalius, Andreas 13, 34f., 49, 51, 56, 87f., 90, 113, 123, 140, 146, 151, 205f., 213, 219-221, 223f., 226, 230f., 234-238, 248, 257, 259, 261, 281, 399
Vidal, Fernando 22
Vio, Tommaso, de, Kardinal Cajetan 66f., 69-75, 84, 120, 122, 182, 184, 409
Vives, Juan Luis 7, 16, 22-25, 27-31, 37, 44, 52, 82, 210, 277
Voetius, Gisbertus 296, 313f., 329
Volder, Burcherus de 319
Völker, Stefan 52, 62
Vollhardt, Friedrich 16, 401

W

Waal, Frans de 10
Walch, Johann Georg 400
Wale, Jan de 336
Walker, Daniel P. 41
Wall, Ernestine van der 303
Webster, Charles 362
Wechel, Johann 230
Weigel, Erhard 344, 345
Weigel, Siegrid 417
Welack, Mathias 55
Wengert, Timothy 41
Wesling, Johann 222f., 261, 399
Wieland, Christoph Martin 396
Willis, Thomas 13, 230, 275, 288, 361f., 376-381, 384-386, 388, 401-404
Wimböck, Gabriele 260
Wirsung, Johann Georg 217
Wittich, Christoph 290-298, 301, 303-309, 311, 319f., 323, 325, 328, 334, 339, 340f., 343, 346, 350
Wolff, Christian 3, 159, 184
Worm, Olaus 217, 220f.
Wren, Christopher 359f.
Wübben, Yvonne 1, 408

Y

Yoffie, Adina M. 331

Z

Zabarella, Iacopo 99, 145, 181, 188, 200, 330
Zambelli, Paola 68f.
Zanier, Giancarlo 79, 209
Zedler, Johann Heinrich 400
Zekl, Hans Günter 159
Zelle, Carsten 1, 401
Zen Benedetti, Francesca 218
Zimmer, Carl 376, 379
Zinner, Ernst 292, 295f.
Zittel, Claus 260, 268
Zonta, Claudia A. 217, 262
Zorzi, Marino 32
Zurbuchen, Simone 355
Zwingli, Huldrich 137

www.ingramcontent.com/pod-product-compliance
Lightning Source LLC
Chambersburg PA
CBHW031322230426
43670CB00006B/216